JN268916

ピエール・ベール（1647-1706）

叢書・ウニベルシタス　816

# ピエール・ベール伝

ピエール・デ・メゾー
野沢　協 訳

法政大学出版局

LA VIE

DE

M^R^. BAYLE:

*Par Mr.* DES MAIZEAUX.

*NOUVELLE EDITION.*

TOME PREMIER.

A LA HAYE,

Chez P. GOSSE & J. NEAULME.

M. DCC. XXXII.

デ・メゾーのフランス語版『ベール氏伝』
単行本（1732年）第１巻の扉

# 凡例

一、本書はピエール・ベールの年少の友人ピエール・デ・メゾー（またはデメゾー）（一六七三―一七四五）が著わした『ベール氏伝』（Pierre Des Maizeaux（Desmaizeaux), La Vie de Mr. Bayle）（一七三〇年）の全訳である。「ベール氏」では現代の読者に通用しないので、標題は『ピエール・ベール伝』と改めた。

一、原著は最初、ベールの『歴史批評辞典』（第一版はロッテルダム、一六九六年）の第五版（第四版と表記、二折判（フォリオ）四巻、アムステルダム、一七三〇年）の第一巻巻頭に収められ、その後、一七三二年に、刊行地をハーグと表記して（実際はパリだとする説もある）、十二折判二巻の単行本としても出版された。翻訳の底本として用いたのは、「新版」と表記するその単行本である。

一、本書の記述の形式は、ベールの『歴史批評辞典』の各項目に倣っている。長い伝記だが、章や節に分れておらず、文中の各所にまま数ページにわたる長い脚註が付けられており、ページによっては本文が上の二、三行だけで、あとはみな脚註という個所も少なくない。原著のこうした造りを訳書でそのまま再現することはできないので、原著の脚註はそれが付いている本文の段落のあとに、活字のポイントを落として収めることにした。本文や脚註に付せられた短い傍註も同じである。

一、行間に（一）、（二）、（三）……とあるのは、本文への傍註を受ける個所である。

同じく（A）、（B）、（C）……とあるのは、本文への脚註を受ける個所である。脚註の文中に（a）、（b）、（c）……とあるのは、脚註への傍註を受ける個所である。以上の三つはいずれも原註を受けるものだが、前記のとおりそれらの原註は各段落のあとに置いた。

一、行間に〔一〕、〔二〕、〔三〕……とあるのは、訳註を受ける個所である。脚註や傍註にそれが付く場合には、行間ではなく文中に置いた。訳註は巻末に纏めて収めた。

一、本文および原註の中で〔 〕印によって囲まれた部分は、訳者が補足したものである。ごく簡単な語句・人名の説明、原著者が明示していない引用書やその著者の指示に充てられている。

一、固有名詞以外の片仮名書きの部分は、ラテン語の文章の訳である。

一、本書にはベールの著作が随所に引用されているが、この訳書と同じ法政大学出版局から刊行された『ピエール・ベール著作集』で訳出された作品については、そこにある邦訳に準拠して、その個所（巻とページ）を指示しておいた。その指示の中で「著作集」とあるのは、むろんこの『ピエール・ベール著作集』のことである。

一、原著にも本訳書にも、付録として次の三つの文書が収められている。

1、「カルラの暦」というラテン語で書かれたベール自筆の履歴書。原著にはそのラテン語原文とフランス語訳とが併記されているが、邦訳はもちろん一つに止めた。これはベールの死後、遺されたその書類の中から発見されたものだが、記述は一六八七年までで、それ以降の分は欠けている。この履歴書は作成された時期も不明で、一六八七年以降の分を誰が削除したかについても正確には分っていない。削除したのはベール自身か、ベールの遺言執行人だったジャック・バナージュか、ベールの書類を相続した従兄弟の子シャルル・ブリュギエール・ド・ノーディスか、という三つの可能性が考えられ、ラブルースなどはベール自身であろうと推定しているだけである。

2、ベールの初期の著作『マンブール氏の《カルヴァン派史》の一般的批判』（一六八二年）を焚書にするというパリ警視総監ラ・レニの命令書（一六八三年三月六日付）。

3、ベールの『歴史批評辞典』について審議したロッテルダムのワロン教会（改革派フランス語教会）長老会議の議事録（一六九七年十一月三日―一六九八年十二月二十日）。

一、さらに、訳註のあとの巻末には、原著にはないが、デ・メゾーのベール伝より前に書かれた二つの略伝を参考資料として収めた。それは次のようなものである。

1、ベールの死の直後に、ロッテルダムで発行される新聞『学芸著作史』の一七〇六年十二月号に掲載された追悼文「ベール氏讃」。これはその後、ベールの書簡集の巻頭などにも掲げられたもので、筆者はベールの親友ジャック・バナージュと推定されている。翻訳の底本としては、『学芸著作史』に載った最初のテキストを用いた。

2、デュ・ルヴェ師なる人物が著わした『ベール氏とその著作の歴史』。これは、ジュネーヴで一七一五年に出版された『歴史批評辞典』の第三版（海賊版、二折判（フォリオ）三巻）の第一巻巻頭に収められたもので、同時に、ジュネーヴの同じ書店から十二折判の単行本としても刊行された。翻訳はこの単行本のテキストを底本としている。

# 目次

# ピエール・ベール略年譜

太字の作品は法政大学出版局刊の『ピエール・ベール著作集』に収録されているもの。

一六四七年　十一月十八日、ピレネー山脈北麓のル・カルラ（現名アリエージュ県カルラ＝バイル。ちなみに、土地の人はベールを「バイル」と呼ぶ）で、プロテスタントの牧師の子に生まれる（スピノザ、ロックより十五歳、ライプニッツより一歳年少）。

一六四八―五二年　フロンドの乱。

一六四九年　ピュリタン革命でイギリス王チャールズ一世処刑。

一六五〇年　デカルト歿。

一六五五年　ガッサンデイ歿。

一六五七年　フォントネル生まれる。

一六六〇年　イギリスで王政復古。

一六六一年　ルイ十四世の親政始まる。

一六六二年　パスカル歿。

一六六六年　ピュイローランスの学院で学ぶ。

一六六七年　ミルトン『失楽園』。

一六六八―六九年　ピュイローランスのプロテスタント大学で哲学を学ぶ。

一六六九年　三月、トゥールーズでカトリックに改宗。

一六七〇年　八月、プロテスタントに再改宗。これにより、いわゆる「再転落者」となり、法の保護を奪われる（一六六五年六月二十日の再転落禁止令により、違反者は永久追放）。九月、ジュネーヴへ逃亡し、家庭教師をしつつカルヴァンの大学で神学を学ぶ。その頃からフランスでプロテスタント圧迫強まる。スピノザ『神学・政治論』、パスカル『パンセ』のポール＝ロワイヤル版。

一六七二年　コッペで家庭教師をする。オランダ戦争始まる。

一六七四年　ルアンで家庭教師をする。

一六七四―七五年　マールブランシュ『真理の探求』。

一六七五年　セダンのプロテスタント大学の哲学の教授となる。同僚に神学教授ピエール・ジュリユー。
一六七七年　スピノザ歿。同『エティカ』。
一六七八年　シモン『旧約聖書の批評的歴史』。
一六七九年　オランダ戦争終わる。ホッブズ歿。
一六八〇年　マールブランシュ『自然と恩寵を論ず』。
一六八一年　七月、セダンのプロテスタント大学、強制閉鎖される。十月、オランダのロッテルダムへ移り、そこの市立大学の歴史・哲学の教授となる。同じく同僚に神学教授ピエール・ジュリユー。ポワトゥー地方で先行的ドラゴナード（軍隊によるプロテスタントの強制改宗）。ジュリユー『フランス僧族の政策』、ボシュエ『世界史論』。
一六八二年　『彗星雑考』初版、および『マンブール氏の《カルヴァン派史》の一般的批判』を刊行。ジュリユー『罪なくして苦しめられている者の最後の努力』。
一六八三年　『彗星雑考』第二版を刊行。
一六八四年　学芸新聞『文芸共和国便り』の刊行を始める。
一六八五年　『《マンブール氏のカルヴァン派史の一般的批判》の著者の新たなる手紙』を刊行。六月、ベールの文筆活動のため、故郷で兄ジャコブ逮捕され、十一月にボルドーで獄死。フランス全土でドラゴナード。十月にナント勅令廃止され、フランスでプロテスタンティズム非合法化される。数十万のプロテスタント、国外へ亡命。
一六八六年　『ルイ大王のもと、カトリック一色のフランスとは何か』、および『〈強いて入らしめよ〉というイエス・キリストの言葉に関する哲学的註解』第一、第二部を刊行。ジュリユー『牧会書簡』（至一六八九年）、同『教会の真の体系』、同『予言の成就』、クロード『フランス王国で残酷にしいたげられているプロテスタントの抗議』、フォントネル『世界多数論』。
一六八七年　病気のため、『文芸共和国便り』の刊行をやめる。

『…哲学的註解』第三部を刊行。
ジュリュー『二つの主権者の権利について』、フォントネル『神託史』、ラ・ブリュイエール『人さまざま』、ニュートン『プリンキピア』。
一六八八年　『〈強いて入らしめよ〉というイエス・キリストの言葉に関する哲学的註解・補遺』を刊行。
イギリスで名誉革命起こる。アウグスブルク同盟戦争始まる。ボシュエ『プロテスタント教会変異史』。
一六八九年　『亡命者の手紙に対する新改宗者の返事』を刊行。
ロック『寛容についての書簡』。モンテスキュー生まれる。
一六九〇年　ベールの作と疑われた『亡命者に与うる重大なる忠告』が出版され、以後数年間、オランダ在住の亡命プロテスタントを二分して、ベール（派）とジュリュー（派）の文書合戦続く。
ロック『人間知性論』、同『統治論二篇』。
一六九二年　『批評辞典腹案』を刊行。
一六九三年　オランイェ派の圧力により、ロッテルダム市立大学を免職。
一六九四年　『彗星雑考付記』を刊行。
アルノー歿、ヴォルテール生まれる。
一六九六年　『歴史批評辞典』初版を刊行。
一六九七年　アウグスブルク同盟戦争終わり、亡命プロテスタントの勝利の帰国ならず。
一六九九年　フェヌロン『テレマックの冒険』。
一七〇一年　『歴史批評辞典』第二版を刊行。
スペイン王位継承戦争始まる。
一七〇二年　南仏セヴェンヌ地方でカミザール戦争（プロテスタント農民の武装蜂起）起こる。
一七〇三年　『田舎の人の質問への答』第一巻を刊行。
サン＝テヴルモン歿。
一七〇四年　『続・彗星雑考』を刊行。
ボシュエ、ロック歿。
一七〇五年　『田舎の人の質問への答』第二、第三巻を刊行。

一七〇六年　『田舎の人の質問への答』第四巻を刊行。十二月二十八日、胸の病のため、ロッテルダムで看取る者なく死ぬ、享年五十九歳。

一七〇七年　『田舎の人の質問への答』第五巻、および二篇の『マクシムとテミストの対談』刊行される。ビュフォン生まれる。

一七一〇年　ライプニッツ、『弁神論』でベールに反駁。バークリ『人知原理論』。

一七一一年　シャフツベリ『人間・風習・意見・時代の諸特徴』。ヒューム生まれる。

一七一二年　ルソー生まれる。

一七一三年　ディドロ生まれる。

一七一四年　ライプニッツ、『単子論』執筆。

一七一五年　フェヌロン、マールブランシュ歿。ルイ十四世歿し、フランスの「偉大な世紀」終わる。

# お知らせ

ベール氏の作品〔一〕が好評なのは、次々と頻繁に版を重ねることがよく示している。著者の生前に出たはじめの二つの版〔二〕は競って読まれ、かなり短時日に売り切れた。著者の伝記は最近の諸版〔三〕にしか載っていないので、デ・メゾー氏の手になるその伝記だけ別に本にすれば、最初の二版を買ったかたをはじめ、世の人に役立つはずと思ったのである。この『ベール氏伝』に続いて同氏の書簡集が出るはずで、デ・メゾー氏が一七二九年にアムステルダムから十二折判三巻本で出した版では活字にされなかった多数の手紙がそこで増補される予定である。ベール氏の生涯を調べるに当たってデ・メゾー氏がどんなやりかたをしたか、本書の執筆に際してどういう資料を使ったかは、以下に添える手紙に見られよう。

# デ・メゾー氏からド・ラ・モット氏〔四〕への手紙

ロンドン、一七二九年十二月十三日

ようやく、貴方から課せられた仕事が終わりました。でも、かけた時間の短かさが出来栄えに現われていまいか、お言い付けに従おうとする熱意のあまり拙速に陥って、いいものを作ろうという欲求に応えられなかったのではないか心配です。資料は前から揃っていたとはいえ、それだけでは足りませんでした。整理し配列する仕事が残っていましたが、それも並大抵のことではありません。貴方のような友人なら努力だけで多としてくださり、御要望に応えようとした熱意に免じて、出来たものの欠点はお赦しいただけると確信しますが、友人が何より考えるのは相手の善意でも、読者は出来栄えにしか目を向けません。あんなに書き急いだ私が、拡げるべきものを縮めすぎたり、縮めるべきものを拡げすぎたり時にしなかったことはありえません。文体もひどく雑です。不揃いがないかどうかすら分りません。書く先から原稿のノートを渡していったため、全篇を見たことはまだ一度もなく、したがって部分部分を照らし合わせることもできなかったからです。読者にそのことを知っていただきたいと思います。そうすれば、読む人も本書の欠点を赦す気になるでしょう。また、そもそも貴方が悪の元凶なのですから、それに精一杯手を打つ責任が貴方にはおありです。弁明のかわりになれそうな「お知らせ」の言葉もそれに加えてください。特に、ああいう覚書に基づいて執筆するよう貴方から促されたのは、『〔歴史批評〕辞典』の索引をすでに印刷している最中だったことを忘れずに言っていただきたいものです。

もっとも、本書の悪い面をおっしゃった上で、いい面を強調してくださることもできます。出来た形はいかに不備でも、素材については自信を持ってお話しいただけます。素材は私のものではないからです。私はちゃんとした覚書に基づいて仕事をしました。ベール氏が亡くなったあと、氏の友人のシャフツベリ伯爵殿〔五〕から、ベール氏の生涯と著作について集められる限りの詳細を伝えてほしいという依頼を受けました。私が最初に問い合わせたのはバナージュ氏〔六〕で、この人から沢山のものを提供され、シャフツベリ卿から依頼された文書〔七〕の中にそれを生かしました。この文書は非常に不完全な英訳が一七〇八年に出版されました。バイーズ氏〔八〕もベール氏の若い頃について色々教えてくれました。この人はベール氏の親類だったのです。そのほか、ド・ラ・リヴィエール氏〔九〕、アバディ氏〔一〇〕、ユエ氏〔一一〕なども挙げられましょう。私が刊行したベール氏の手紙類〔一二〕も限りなく役立ちました。さらに、この人の旅行、勉強、著作の執筆と印刷、その他生涯のはじめの四十年間にあったいろんなことの時期を画定する間違いない指針がありました。指針とはベール氏自身で、この人は「カルラの暦」という題で、自分の生涯の歴史的・年代記的日録〔一三〕を残していたのです。私がその日録を入手したのは学識豊かで御親切なパリ高等法院弁護士マレ氏〔一四〕のお蔭で、必要な説明も同氏が添えてくださいました。スエーデン女王〔一五〕に関係する手紙や、その他、本書の執筆に生かされている非常に重要ないくつかの文書を手に入れたのもマレ氏からです。

ついでに指摘しておけば、『〔歴史批評〕辞典』のジュネーヴ版〔第三版、一七一五年、二折判（フォリオ）三巻〕の巻頭に置かれた『ベール氏とその著作の歴史』〔一六〕は、あの日録とベール氏の手紙類を基にして書かれたものです。この小品はデュ・ルヴェ師〔一七〕の筆になります。この人はそれをド・ラ・モノワ氏〔一八〕に送り、ド・ラ・モノワ氏は私が原本を持っている或る覚書でそれに多くの訂正を加えました。この文書がド・ラ・モノワ氏のものとされたのは、たぶんそのせいでしょう。デュ・ルヴェ氏はベール氏の日録の不完全な写ししか持っておらず、そのためしょっちゅう間違いを犯しました。自分のせいでミスをしたことも少なくありません。「『ベール氏とその著作の歴史』の厳密な見直し。追加と訂正を含む。著作や英語で発表された伝記から引いた種々の詳細ないし逸話を添える」[一九]という題の文書で、それらの間違いは指摘されました。ベール氏の日録を参照できたら、筆者はその批判をもっと先まで推し進め、いくつかの思い違いを避けられたでしょう。また、正確で一貫した伝記を書くつもりはなかったので、時によると主題をほったらかしにして脱線してしまいました。もっとも、一七二二年にジュネーヴで刊行されたベール氏の『辞典』の『補遺』に付せられているデュ・ルヴェ氏の作品の新版にも、そういう脱線がそのまま取り入れられています。あの小品を改善するより分量だけふやすことを考えたためでしょう。それに、追加は乱雑にされていて、少なからぬ間違いが見られ、多くの重要な事実が落ちています。

『ベール氏伝』には、付録がわりに巻末に置いて証拠書類として使える短い文書を三つ添えました。第一は「カルラの暦」です。原文ではほんの二、三語、または略語を使ってしか言ってないことも、仏訳ではちゃんと説明しておきました[二〇]。第二の文書は『マンブール氏の《カルヴァン派史》の一般的批判』を断罪した警視総監ド・ラ・レニ氏[二一]の「命令」で、特異な内容のものです。第三は「ベール氏の『辞典』に関するロッテルダムのワロン教会長老会議の議事」で、長老会議の訴訟手続のすべてとベール氏の声明が載っています。この文書は未発表のものです。

以上の内から、執筆される「お知らせ」のために適当と思われるものをなんでもお取りになって結構です。「お知らせ」では、私に覚書を提供してくれた人たちの名をお挙げになることが必須ではないかと思われます。そういう人に私が抱く当然の感謝の印としてです。でも、その点は安んじて貴方にお任せしましょう。自分の利益をこれ以上立派な手に委ねることはできないのですから。そこで残るは、貴方の御厚誼が今後とも続いてくださるようにお願い申し、貴方への全き献身を請け合うことしかありません。

敬具

デ・メゾー

# ピエール・ベール伝

ベール氏は一六四七年十一月十八日に、パミエとリューの間にあるル・カルラというフォワ伯爵領の村落に生まれ、洗礼時にピエールという名を付けられた。父親はモントーバン出身の良家の出で、ジャン[二二]といった。ル・カルラの牧師で、ジャンヌ・ド・ブリュギエール[二三]と結婚していたが、このジャンヌの母親はデュカス家の人だったから、ベール家はデュカス家と、ブリュギエール家の本家であるシャラーブル家という、貴族として名高いフォワ地方の二つの名家に属していた。ベール氏には兄弟が二人いた。兄はジャコブ[二四]といい、父の同僚としてル・カルラ教会の牧師をした。弟はジョゼフ[二五]といい、家産の地所の名を取ってデュ・ペイラという添名を付けていたが、若くして死んだ。

ベール氏は子供の頃から煥然・鋭敏な才気と理解の早さ、物覚えの良さで注目されたが、加えて、こういう大きな利点を役立てるのに必要な、知りたい学びたいという熾烈な欲求を持っていた。熱心に食い入るような目で親に尋ね、意味が全部はっきり分らなければ返事をされても引き下がらず、こういう家庭の学校で受ける細々した教育を何ひとつ無駄にしなかった。この良い素質を父親は実に入念に育んだ。ラテン語を教えた上、十二歳半で[一]ギリシャ語の勉強を始めさせ、以後数年、古典を読ませてこの両国語を上達させた。だが、牧師の務めで多くの時間を取られる上に、自分ひとりの手では息子に十分能力を発揮させられないので、結局、人文課程の仕上げとして息子をピュイローランスの「プロテスタント」大学へ行かせることにした。ベール氏がその地へ着いたのは一六六六年の二月だった[二]。年齢は十九年目に入っていたが、その年頃の者を普通支配する様々な情念も、親もとから離れて暮らすことも、文芸への強い情熱をなんら弱めはしなかった。休み時間まで利用して、若い者には大切な娯楽にほかの生徒が興じる時にも、一人だけ自室へ下がって勉強三昧の楽しみにひたるのだった。

（一）　一六六〇年六月十九日。

（二）　一六六六年二月十二日。

その年の九月[一]には、休暇を利用して家族に会いに行った。しかし、気晴らしのためのこの時間も、ベール氏には勉強の時間になった。あまり勉学に打ち込んだため、とうとう体をこわしてしまった。少しでも良くなるとすぐまた支配的情念に身を委ねたため、たちまち病気がぶり返し、こうして何度も病[二六]が再発して、一年半以上もル・カルラに引き留められた。それから、小母のポール・ド・ブリュギエールの嫁ぎ先だったサヴェルダンにあるバイーズ氏の家へ行かされた[二]。旅の目的は転地療養と、勉強から切り離すためだったが、あいにくそこで本をみつけてしまった。サヴェルダンの牧師のリヴァル氏[二七]は大の蔵書家だったのだ。ベール青年にはこれが誘惑になり、そのためあやうく命を落としかけた。ほとんどぶっつづけに読書ばかりしていたため、危険な熱病にかかり、なかなか治らなかった。恢復には長い時間がかかった。ようやく外へ出られるようになると、バイーズ氏の田舎の別荘へ移された。別荘はアリエージュ川のほとりにあり、この川のおかげでとても気持のいい場所だった[三]。その川のそばで過ごした楽しい日々の思い出から、後にベール氏は『〔歴史批評〕辞典』の一項目をこの川に充てたのである。

（一）　九月九日。
（二）　一六六八年五月二十九日。
（三）　「オーリエージュ」の項を参照。

健康が完全に恢復するとル・カルラへ帰り[一]、少しして、勉強を続けるためピュイローランスへ戻った[二]。また猛然と勉学を再開したが、相変らず大学の課業のかたわら、手当たりしだいにありとあらゆる本を読んだ。宗教論争書も例外ではなかったが、好みの著者はプルタルコスとモンテーニュだった。大学へ行く前に父親のもとに長くいたこと、大学へ入ってからも病気勝ちだったことから、勉強はひどく遅れて、論理学を始めたのは二十一歳になってからだった。だから、「勉強を始めるのが遅かった」と或る著作で嘆いたのも無理からぬことである。[三]

（一）　九月二十七日。

（二）　十一月五日。

（三）〔ベール〕『《批評辞典に関する公衆の判定》と題する文書についての考察』、第十九節。『歴史批評辞典』、第四巻、六五ページ。

なんとか遅れを取り戻そうと前に倍して励んだが、ピュイローランスでは思うように速く勉強が進まないため、この大学をやめて、フランスでも屈指の有名な大学があるトゥールーズへ行こうと決めた。同市に着いたのは一六六九年の二月で、[一]或る家に下宿して、イエズス会の学院で行なわれる哲学の授業を聴きに行った。これはべつに異例のことではなかった。教会会議で禁じられてはいたが、改革派の人が子供をイエズス会士の所へ勉強に行かせることはよくあったからだ。とはいえ、トゥールーズ滞在はベール氏の一家に悲しい結果をもたらした。この人は改宗してしまったのである。ピュイローランスで何冊か宗教論争書を読んでひどく動揺を来していたが、トゥールーズへ来てから、同じ家に泊る司祭と議論をして疑念がいっそう募ったのだった。相手の言う理屈に答えられないため、自分は間違っていたと思い、トゥールーズ到着後一カ月にしてこの人はローマの宗教に帰依してしまった。[二]入学手続をし、さっそく次の日から論理学の勉強を再開した。

（一）　二月十九日。

（二）　三月十九日。

改宗の知らせに家族はみな胸を痛めた。息子を深く愛する父親は特にそうだった。リューの司教のベルティエ氏〔二八〕は、あんなことをしたからにはベール青年はもう親からの援助をなんら当にできまいと思い、気前よく生活費を持ってくれた。ベール氏は一六九三年にパリ高等法院弁護士のパンソン氏〔二九〕に送った手紙の中で、そのことに感謝の意を表している。(A)

(A)『メナージュ語録』〔三〇〕にこういう言葉が載ったところだった。「ベール氏は牧師の子である。氏の改宗に貢献したリューの司教殿は、自腹を切ってこの人をトゥールーズで勉強させてやったが、勉強が終わると相手は元の宗派へ戻ってしまった。」この言いかたはベール氏には一般的すぎるように見えた。パンソン氏に不満を洩らして、こう言っている。(a)「私を語る時のメナージュ氏〔三一〕の言いかたはいささか漠然としすぎていて、誤解を招きかねません。私が勉強したのは終始リューの司教殿の庇護と恩恵を受けてだったと誰もが想像するでしょう。本当はこうなのです。文法とラテン語と修辞学の勉強は親もとかピュイローランス大学ですでにしており、私は同じ大学で哲学課程を始めましたが、それは四、五カ月だけでした。その後、宗教論争書を読んだため自分の宗教に疑念だらけになったまま、トゥールーズへ行きました。たまたま同宿した或る司祭と議論したことも私の疑念をいや増して、とどのつまり、良からぬ宗教を奉じていると思い込ませるだけでした。私はその宗教からとび出して、トゥールーズのイエズス会の学院で哲学課程を続けました。私はリュー司教区の生まれでしたが、そのリューの司教殿が私の改宗と、家族が私に憤っていること、また私が勉強好きで品行も良く、知力もいささかあることをお聞き及びになり、庇護の手を差し伸べて、父の憤激が原因で家からの仕送りを断たれた私に下宿代を払うだけの金をくださったのです。こうして私は哲学課程を終えました。つまり、トゥールーズには一年半いたことになります。その後、教育から最初に受けた影響が盛り返したため、私は生まれた時の宗教へ戻らねばと思い、ジュネーヴへ去って、そこで勉強を続けました。私がこんなことを申すのは、あの偉い高僧から恩恵を受けたことを恥じるためではありません。敬意と非常な感謝の念とともに、あの高僧の思い出は今でも大事に持ち続けております。でも結局のところ、極端で大袈裟な間違った考えを持たれないように配慮する義務が、自分のためにも隣人のためにも人にはあります……云々。」

(a) この手紙は活字にされていない。

これほど前途有望な、牧師の子だけにいっそう引き立つ人物を獲得したことは、トゥールーズでは大いに誇りとされた。この青年が公開でテーゼを提説する番になると、盛大な豪華絢爛たる会を開いてやろうということになった。僧族や高等法院や市のトップメンバーが顔を揃えた。お歴々がこんなに大勢聴きに来たことは大学の歴史にかつてなかった。テーゼは聖母に捧げたもので、聖母(一)の肖像画で飾られ、その肖像には受験者の改宗を示す象徴的な図が沢山付いていた。明晰で聡明で慎しいこの人の答えかたは全員の拍手を浴びた。

（一）　幼児イエスを腕に抱いたもの。

母方の小父でカトリックのお嬢さんと結婚していたロス・ド・ブリュギエール氏〔三二〕は、ベール氏がテーゼを提説した時たまたまトゥールーズにいたため、そのテーゼを一部ル・カルラへ持ち帰り、夫人がそれを部屋に飾っておいた。ベール氏の父親はロス・ド・ブリュギエール氏の家へ来た折に、あの公開の討論で息子がピカ一だったこと、種々の名誉を与えられ拍手を浴びたことを聞かされた。善良な父は嬉しそうに聴いて、息子が改宗した悲しみを一瞬忘れたかに見えた。しかし、ロス・ド・ブリュギエール夫人からテーゼを見せられ、「神ノ母ナル処女へ」という言葉が付いた聖母の絵を目にするや烈火のごとく怒り出した。近くから見ようとしたけれども、苦痛に我を忘れてテーゼをビリビリに破るのではと心配して、みんな近寄らせなかった。滝のような涙を流しながら父親は急いで出て行き、あんなひどい物を目にするおそれがある限りこの家には二度と来ないと言った。

その間、カトリック側はベール青年を獲得しただけでは足りず、一家全員を獲得する計画を立てた。兄から始めるべきだと思われた。リューの司教殿はベール氏に兄さんへ手紙を書きなさいと言い、トゥールーズへ来させられたら兄さんの改宗は間違いないと請け合った。正しい選択をしたと心底思っていたベール氏は、兄を愛してもいたので、次のような手紙を送った(二)。

（二）　手紙は一六七〇年四月十五日付である。原本は私のところにある。上書きは「ル・カルラ。ル・カルラの牧師、子ベール氏へ」。

「親愛なる兄上、

兄上を熱烈に愛し、兄上の幸福を図りたいという思いに燃える私としては、兄上の仕合わせをもたらすどんな機会もなおざりにできませんので、いつか当市で一日を過ごしにおいでになり、現世にとっても来世にとっても非常に重要な多くのことについて兄上と話し合う手段をお与えくださるよう切にお願いする義務があると感じております。現状のありのままや、それの好ましい運びをあえてお見せできれば、それが兄上の精神にもなにがしかの影響を与え、次のことを告白していただけるものと確信いたします。世界を統べるあの至高の叡知が特別の仕方で多くのバネの調整に努めてきたこと、この叡知は自身の栄光と私たちの救いに資さないことは何もしない以上、すべてが兄上の仕合わせに協力しようとするかに見える様々なものの競合によって、父上の精神と兄上の精神の内に、起こりうる最も幸多き、最も輝かしい変化を起こそうと試みてきたことです。

言うことがまるで分らない、自分には謎だと兄上はきっとおっしゃるでしょう。でも、お答えいたします。この点について少しでも話し合えば、私の意図が奈辺にあるか容易にお分りいただけましょう。そして次には、兄上と多大の利害関係のある多くのものを調整する事の運びが、何かそこから超自然的なものを期待できるほどうまくいっていると私が申したことにどれほど大きな根拠があったかもはっきりごらんになれるはずです。この問題については、これ以上打ち明けた説明はいたしません。できるだけ早く会いに来てくださいという私の頼みを兄上はおことわりになるまいと期待するからですし、その時に一対一で語り合えればもっとくわしくお話しできるからです。できれば今週中にもおいでください。兄上を愛するが故に〔日に〕四度以上も溜息をつき、兄上が至福の門口に立たれることを心から願う者のこの焦慮を癒しに来てください。来られたことを兄上もきっと後悔なさいますまい。申し上げることは、兄上ほど堅実に道理を弁えたおかたなら満足していただけるような内容ですから。

たしかに、御自分の考えと合わないものは何事によらず良くないとお思いになるほど兄上が不治の病に冒されておられるなどと考えたら、兄上を傷つけることになりましょう。私は兄上をもっと高く買っておりますし、兄上を知る人もみな、天性これほど善良で廉直を旨とされる兄上なら、道理に適った提案とあらばなんでも好まれるはずだと思うのに吝（やぶさか）ではありません。そういうものに慣れておられないにしても、逆のものを是とする予断を山ほどお持ちであるにしても、です。こうした理由から、私がお話しすることも兄上を御不快にはしないであろう、そんなことを語ろうとする者には完全に耳を塞ぐおそれがあるほど兄上を怖気付かせることはあるまいと確信しております。

一度お会いしたいという同じ頼みを世の多くの人にしたら、はなから胡散臭がられ、警戒され、何を言おうと言わない先から断罪されるおそれがありましょう。でも兄上なら、話も聞かずに私を断罪することなどおできになるまいと思います。単なる好奇心からにせよ、なんのことか知りたいとお思いになり、分るまで判断を停止されるのではないでしょうか。その点では、正しいやりかたをしたいというお気持しか兄上の胸の内に見て取ることはできません。

なにがしか良き期待を抱く根拠としてあと残るのは、古今の経験が異論の余地なく裏付ける真実に立脚した次のような判断を下そうと兄上が固く決意しておられるものと思うことです。こと宗教ではどんな改変も有害きわまりなく、自己の権威で改革者を自任しようとする個人は叛徒、離教の徒、毒麦を播く者、傲慢でかたくなで妬みに燃えた者としかみなされないという判断です。実際、神がキリスト教会を壊滅・荒廃に陥るに任せ、御自身の明かりをことごとくその教会に隠し、御自身の光をことごとくその教会から奪い、しかも同時に、どこの馬の骨とも知らぬ単なる一個人に異常なほど豊かな恩寵を授けたため、その一個人が言うなれば真理の復興者になり、迷える者を道へ連れ戻す導き手になり、真の信仰の導管・媒介・土台・柱石になり、時代の栄光のために生まれたかに見える若き君主について或る詩人が言った〔三三〕〔三四〕

少ナクトモ、コノ若者ガ、
希望ヲ失ッタ国ヲ救ワント乗リ出スコトヲ
禁ジタモウナ〔一〕

という言葉をその一個人について言えるなどということにどれだけの可能性があるでしょうか。

〔一〕ヴェルギリウス『農事詩』、第一巻、五〇〇、五〇一行〔邦訳、未来社刊『牧歌・農耕詩』、二二二ページ、河津千代訳〕。

たしかに、こんな幻想に納得するとは無謀・無思慮・盲目でしょう。個人が教会を改革し新たに立て直すよりは、個人とその行ないに起こる悪弊を教会が矯正し改革し、教会が教育し、教会が個人の誤りを直すという方が、神の摂理の秩序にも、地上における神の子の代理人〔ローマ法王〕に賜わる光を広く行き渡らせることで教会を統治しつつ聖霊がする信徒たちの世話にも適っています。なぜなら、人類を修復する種になるものを洪水の水から守ろうとした神が、ノアの箱舟に乗っていた者を全員死滅させ、しかも同時に、妻と一緒にどこかの洞穴へ逃げ込むか、何か分らぬ侵入不能な隠れ家で逆巻く水を遣り過ごすかしたた或る人物を登場させたなどと主張するのは、まさに狂気の沙汰だからです。したがって、信仰の僅かなパン種のようなものを異端者や非キリスト教徒の劫掠からいつまでも守ろうと意図する聖霊が、自分の嫁である教会が偶像崇拝と迷信と盲目状態に陥るのを放置する一方で、信仰を弘め、それの権利を回復させ、それを廃墟の下から再興さすために、僧院の名も知らぬ独房や礼拝堂の片隅からルターとカルヴァンを引っぱり出したなどと称するのは全く根拠のない夢物語です。

それでも、道理も真実性もありそうにないとはいえ、こう考えることができるかもしれません。教会の全面を被い尽くしたとする全体的な頽廃の中で、福音の宣布者たるべくあの二人を神が滅ぼすまいとしたのは、ああいうすべての無秩序や汚穢に染まらず、あの二人が清くおのれを持してきたからだ、それは時代の悪徳に染まらなかった褒美として神がロトとノアを滅びから守ったのと同じだ、と。でも、そんな考えを抱くためには、あまねく知られていることに全く無知でなくてはなりますまい。宗教改革のあの二大配達人が悪徳に全く身を持ち崩していたのは周知の事実だからです[一]。極度に犯罪的な仕方で仕事を始めたこと、つまり、正義も聖潔もこの上なく几帳面に遵守するよう義務づける〔独身の〕誓いを破るのがその第一歩だったことは言わないとしても[二]。

（一）〔ベール〕『マンブール氏の《カルヴァン派史》の一般的批判』、第十一信、第八節、および『歴史批評辞典』の「カルヴァン」、「ルター」の項を参照。

（二）『……一般的批判』、第九信を参照。

当市へおいでくださる時、以上のような考察が兄上の備えの中にあることが分っていてほしいものです。それなら、兄上もいっそう仕付けやすくおなりになるに相違ありませんから。それにしても、ただ寛容によって、絶滅させようという気を王様が起こされないという一事によってこの王国で存在するにすぎないという、そちらの派が全体として持つ不安定さと凋落ぶりから、考えるたびに兄上のことが心配になります。実際、この件ではなんでも思いどおりにできる君主が、黙認するという協力を停止する気を起こさないというだけの理由で存続するにすぎないのは、時々刻々、滅亡の危険に晒されることだとお思いになりませんか。主権者の気分が極端から極端へ移れないような時はないからです。

〔バプテスマの〕聖ヨハネの洗礼にやって来たパリサイ派やサドカイ派の人は、来るべき怒りを避けようと誰が君らを仕向けたのかと聖ヨハネに訊かれましたが、[三五]兄上もそのパリサイびとやサドカイびとを見倣ってくださるように願ってやみません。いつの日か、聖霊の恩寵と神の祝福のお蔭で、同じ問いかけを兄上にもできるものと期待しております。この質問は兄上にもさぞかし快い、胸温まるものでしょう。そのことを万物の最高支配者にお願いし、兄上の救いを図るためならば自分の血を全部捧げてもいいと思っております。こう申すのは兄上お一人のためではなく、父上、母上、弟、親類全部のためでもあります。ヨセフの再来のように家中が助かるための道具になれたら、[三六]こんなに嬉しいことはありません。さようなら、親愛なる兄上。今申したことをよくよくお考えの上、私の言いたいことはなんなのかお確かめになるため、できるだけ早くお出ましください。[一]〈まず神の国と神の義とを求めよ、さらば凡（すべ）てその余の物は汝らに加えらるべし〉という聖パウロの言葉が成就するのがごらんになれましょう。」

（一）これは聖パウロの言葉ではなく、マタイ伝第六章三十三節にあるイエス・キリストの言葉である。

この手紙は宗教に関する限り兄ベール氏にさしたる感銘を与えなかった。未来の希望をちらつかされても、宗教論争の決まり文句をぶつけられても、兄はまるで心を動かさなかった。ただ、或る種の表現にはとても敏感で、弟がローマの宗教とともに、その宗教が信心家に吹き込むとげとげしい精神を身につけたのではないかと心配になった。それに較べると父親は寛大で、この手紙はどこかの改宗勧誘員が書き取らせたものだろうから、ああいう表現も息子から出たのではないと思った。これは息子が書いたものとは思えない、息子はじきに正道へ立ち返るはずで、自分は希望を持っていると父は言った。

トゥールーズには従兄弟のノーディス・ド・ブリュギエール氏〔三七〕が来ていた。とても頭のいい明敏な青年だった。この人はベール氏と同じ家に泊っていて、しょっちゅう宗教について議論をした。双方が言える反論を活潑に出しあった上で、それを冷静に検討し、それぞれの強みと弱みを探った。ノーディス氏は自分の宗教〔プロテスタンティズム〕をよく知っていたし、二人の間の固い友情は議論からとげとげしさをなくし、それをいっそう自由に、また検討をいっそう公平なものにしていた。偶然起きたにすぎないかに見えるこういう内輪の議論で、ベール氏はしばしば答に窮し、ローマ教会の或る種の教義を疑わしく思うようになった。内心では時々、十分検討もせずにそんな教義を信じたことを自らに責めた。というのも、宗教についての検討をこの人は不可欠の義務とみなしていたからである。真理を確信する手段も、またしたがって、神の意志を知りそれに従えるようになる手段もこれしかないと思っていたからだ。ローマ教会がいかに服従を求めようと、自分の改宗を図ろうとしたのはやはり検討という途を通じてだっただけに、この考えはますます強固なものとなっていた。

その頃、ド・プラダル・ド・ラルボン氏〔三八〕がトゥールーズへ来た。頭が良くて、陽気な上に礼儀正しく、一目見るなり誰でも好きになる人だった。だから、その地方切っての名士たちからも引っぱり凧になっていた。この人がトゥールーズへ出かけるたびに、父ベール氏は息子に会ってくれと頼んでいた。ド・プラダル氏がじきにベール青年から信頼を得ることを期待したのである。果してそれは大成功を収め、その結果ベール氏は或る日、あの選択はいささか早まったと思う、今ではローマの宗教の内に苦痛になるものが沢山みつかるとこの人に言った。ド・プラダル氏はその告白に喜んで、さっそくベール氏の家族に知らせた。家族にとっては言いようのない喜びだった。ベール氏の所へ兄を行かせることに決め、二人が会えるように取りはからってほしいとド・プラダル氏に頼んだ。兄ベール氏はド・プラダル氏と一緒にトゥールーズへ行き、ド・プラダル氏はよくするようにベール青年を食事に招いた。しばらく二人で話をし、召使が下がったあと、小部屋にいた兄ベール氏が出て来て弟の前に立った。嬉しさ、苦しさ、驚きのあらん限りがベール青年を捉え、口を利くこともできなくした。青年は兄の膝を掻き抱き、涙で濡らした。兄ベール氏も涙を抑えられず、弟を抱き起こして、実に優しい、胸を打つ調子で語りかけたため、ベール青年は心の底をさらけ出して、一刻も早くトゥールーズから去りカトリック教を棄てたいと明言することしか考えなかった。それでも、逃亡したらリューの司教殿もイエズス会の神父たちも怒るに相違ないので、慎重を期すべきだと思われた。そのため、ベール氏の出発は数日遅れた。計画が実行されたのは一六七〇年の八月である。

ベール氏は一年半いたトゥールーズをこっそり脱け出し[一]、ローラゲ地方マゼールの近くにあるデュ・ヴィヴィエ氏[三九]の別荘に身を隠した。トゥールーズから六里（リュー）、ル・カルラから三里（リュー）の所だった。兄は翌日、近隣の数人の牧師とともにそこへ出向き、次の日[二]にベール氏はサヴェルダンの牧師リヴァル氏[四〇]の手によって棄教した。立会人は兄と、マゼールの牧師ギユマ氏[四一]と、カルモンの牧師でサヴェルダンの牧師の甥に当たるリヴァル氏[四二]だった。その日のうちにベール氏はジュネーヴへ発たされた[四三]。

（一）　一六七〇年八月十九日。
（二）　八月二十一日。

後にベール氏は、一時トゥールーズにいてイエズス会のもとで勉強したことを誹謗され、反駁する必要を感じたため、改宗と改革派教会への復帰の経緯を自ら語った[B]。

（B）　いわく、（a）「確かなのは、ピュイローランス大学の哲学課程にいた頃、ベール氏がノートを読むだけに止まらず、二、三の宗教論争書にまで手を伸ばしたことである。それも普通するような精神で、つまりあらかじめ抱く意見をいっそう固めるためではなく、プロテスタントの大原則にしたがって、乳とともに吸った教理が真か偽か検討するためだった。そのためには両方が言うことを聴かねばならない。そこで、ローマ・カトリック教徒の言い分を彼ら自身の本で見たいという興味を起こした。そして、宗教について議論が起こる時はそれの決定に服する義務が個々人にあるような物言う審判者を地上に一切認めないという教義に対する反論が実にもっともらしく思われたため、そういう反論を読むと自分で自分に答えることができず、まして、トゥールーズで議論の相手になった二、三の精緻な宗教論争家に対抗して自分の原理を守り抜くことはとてもできないところから、自分は離教の徒で救いの道から外れている、太い幹にこそ繫がるべきで、プロテスタントの諸教派はその幹から切り払われた枝のようなものだと思ってしまった。その幹に合流した上で、ベール氏はイエズス会の学院で哲学の勉強を続けた。(b)ローマ教会が支配するどこの国でも、勉強する人が資格と身分を問わずほぼ全員やることである。しかし、被造物に捧げるのを目にする過度な崇拝がなんとも胡散臭く思われたし、哲学のお蔭で化体を不可能とみなすようになったため、この人は、かつて自分を負かした反論には詭弁があるのだという結論に至り、更めて両宗教を検討して、プロテスタント教が奪われている無数の現世的利益も、プロテスタント教に従う時は避けがたく見える無数の不都合も考慮せず、その宗教に復帰しようと決心したのである。」

(a)〔ベール〕『ロッテルダム陰謀の架空なることを証明す』、一三九ページ以下。

(b)哲学課程ではまだ四、五カ月しか勉強していなかった。『ロッテルダム陰謀の架空なることを証明す』の一五一ページと、先の註(A)で引いたパンソン氏〔四四〕への手紙を参照。

ベール氏は九月二日にジュネーヴへ着き、勉強を再開した。逍遙哲学〔アリストテレス＝スコラ哲学〕はイエズス会士の所ですでに学んで十分身につけていたから、それを擁護する際も大いに熱を入れたが(一)、それでも、〔フランスと違って〕ジュネーヴでは学校で教えているデカルト哲学を検討すべきだと思った。そして程なく、アリストテレス派の実りなき煩瑣な議論よりも新哲学のよく考えた原理の方を好むようになった。才能のあるベール氏はやがてジュネーヴで異彩を放たずにいなかった。誰もがこの人のことを褒めるので、共和国市民代表のド・ノルマンディ氏〔四五〕は、自分の子供たちの勉強を見てくれないかとこの人に頼んだ。(二) ベール氏は引き受けたが、生涯続いた友情の契りをバナージュ氏(四六)と結んだのもド・ノルマンディ氏の家でだった。当時ジュネーヴで勉強中のバナージュ氏はド・ノルマンディ氏宅に下宿していたからである。ミニュトリ氏(四七)との間にもそれに劣らぬ固い友情が結ばれ、歳月も場所の距たりもおろそかにさせぬ文通で常に変わらず育まれた。ベール氏(五〇)はジュネーヴ大学の神学教授となるピクテ、(四八)レジェ(四九)両氏とも特別の繋がりを作り、市民代表のファブリ氏や、トゥレッティーニ氏、(五一)ビュルラマキ氏、(五二)サルトリ氏(五三)等々のような国家または教会の幾多のトップメンバーからも特段の尊敬と好意を寄せられた。

(一) 〔ベール〕『ロッテルダム陰謀の架空なることを証明す』、一四四、一四五ページ。
(二) ド・ノルマンディ氏宅に入ったのは一六七〇年十一月二十一日。

ジュネーヴへ来て二年もたたない頃、ジュネーヴから二里の所にあるヴォー地方の男爵領コッペの領主のドーナ伯爵(五四)が、息子たちの傅育係を探してくれとバナージュ氏に頼んだ。バナージュ氏は打って付けの人がいると言ってベール氏の名を挙げ、同時にベール氏にもその話を伝えた。最初のうち、ベール氏はあまり気乗りがしなかった。ジュネーヴで味わう楽しみを手放して田舎に埋れる決心がつかなかったのだ。それでもやはりコッペへ行き、(一) プロイセン王の傅育官から国務大臣になるドーナ伯爵殿、(五五)オランダ陸軍中将でモンスの総督をしドナンの事件(二)(五六)で命を落としたドーナ＝フェラシエール伯爵、(五七)それに若死にした三人目の弟(五八)という三兄弟の教育に当たった。この若殿たちの所には二年いたが、その間、孤独を紛らわそうとしてミニュトリ氏や、後にローザンヌ大学で最高の地位に就くコンスタン氏(五九)とさかんに文通をした。ベール氏が書く手紙は哲学、文芸、大好きな政治向きのニュース(三)など頭に浮かぶあらゆるものをテーマにしており、考えをきちんと辿ろうとせずに書きなぐっていると自ら白状する(四)とおりだった。しかし、こんな文通をしてもコッペで味わう退屈は癒されないので、ベール氏はこの地を去ろうと心に決めた。フランスへ帰っていたバナージュ氏にその旨通知し、何か世話してほしいと頼んだところ、バナージュ氏から、ジュネーヴで勉強している自分の親戚がルアンへ戻れと命じられたのでそのお供をしてくれないかと言われ、あの町で何かみつけてあげると期待を持たされた。[五] ベール氏はその知らせを受けて大喜びしたが、厄介なのはドーナ伯爵と別れる口実をみつけることだった。結局、自然に考えれば伯爵としても反対できるはずのない名目を使った。父親が重態で、看病のため大急ぎで帰れと命じられたと言ったのである。[六]

(一) 一六七二年五月二十三日。
(二) 一七一二年七月二十四日。
(三) 一七二九年にアムステルダムで出版された『ベール氏書簡集』にあるミニュトリ氏に宛てた一六七三年二月二十七日付の手紙、二四ページを参照。
(四) ミニュトリ氏に宛てた一六七三年一月三十一日付の手紙の二〇ページ〔六〇〕、一六七三年五月二日付の手紙の二五、二六ページ、一六七四年三月八日付の手紙の三七、三八ページ。
(五) ミニュトリ氏に宛てた一六七四年五月十七日付の手紙、五二ページ。
(六) コンスタン氏に宛てた一六七四年五月十五日付と五月二十四日付の手紙の四八、五三ページ。

適任の人を生徒たちにみつけてやってから、一六七四年の五月二十九日にコッペを発った。友達に会う時間しかジュネーヴには足を止めず、バナージュ氏の親類と一緒に六月十五日にルアンへ着いた。最初、或る商人の家に住み込んで、息子の教育に当たった。バナージュ氏が世話してくれたポストというのがそれだったのだ。その商人はルアンの近くに土地を持っており、ベール氏は生徒に付いてそこに五、六カ月いさせられた。コッペを去る原因だった退屈がこの田舎でもまた襲って、それを紛らわすには前と同じ薬を使った。身内や友達に宛ててさかんに手紙を書き、ちょっとした作品すら二、三物したのである。書いたものを送ってくれとミニュトリ氏にせがまれると、それは勘弁してくれとベール氏は言い、こんなことを手紙に書いた。(一)「ノルマンディに独居しつつも貴方と会話してきたことを知っていただければ、それだけで結構なのです。私の記憶に貴方がいつまでも居られることがそれで十分分るのですから、悲しさのあまり書きとめた不消化な考えの渾沌(カオス)などわざわざお読みになるには及びません。」初冬にルアンへ戻ったが、この町の利点といえば父バナージュ氏(六一)、ビゴ氏(六二)、ド・ラロック氏(六三)、その他何人かのすぐれた学識者としばしば話ができることしかなかった。ルアンにいたのはその冬の間だけで、生徒には勉学への素質がまるでないのが分ったため、親にそう言ってこの家を出た。

(一)　一六七五年三月十七日付の手紙、六六ページ。

氏の情熱はもっぱらパリに注がれていた。そこに花開く学芸や、数多ある立派な図書館、毎週あらゆるテーマで開かれ、会場は学者の私宅だが出たい人は誰でも受けいれるのを喜びとする講演会――こういうものがベール氏にはたまらないほど強い魅力だった。そこで、あの大都市にいられる方法をみつけてくれと友達に頼んだ。提供されたのはパリへ来る予定だった或る若い地方貴族のお付きの地位で、ベール氏はパリへ行くべく一六七五年三月一日にルアンを発った。お付きをする予定の若者は結局パリへ来なかった(二)が、リュヴィニ侯爵(六四)殿の推薦で、パリ高等法院評定官のド・ベリンゲン氏(六五)やラ・フォルス公爵夫人(六六)の弟に当たるド・ベリンゲン(六七)兄弟の傅育係になった。その家に入ったのは四月三日、パリへ着いてから一カ月後だった。

(二)　ミニュトリ氏に宛てた一六七五年三月十七日付の手紙。

まだルアンにいた頃、ベール氏は母親のたっての頼みで、〔ルアン高等法院の〕某大審部長官がルアンへ招いたフェルディナン氏(六八)に肖像を描いてもらった。パリへ着くと、その肖像を母親へ送り、手紙を添えた。情愛と敬意に溢れた手紙で、心のありようを実によく伝えているから、この小文にも挿入せずにいら

れない。以下に掲げよう。一六七五年四月十六日付である。(一)

(一) 上書きは「ル・カルラ。ベール夫人へ」。

「深く尊敬する母上、

心の肖像と顔の肖像とを一緒にお送りするつもりでしたが、私の愛情と敬意の深さを十分言い表わせるほど強い表現がみつからず、まずい肖像で心を歪めたくないので、画家の手になるものだけお送りすることにしました。ありのままの肖像画を描くことが画家にたやすかったのと同様に、心に起こることを私がちゃんと言い表わすのもたやすいと思っていたのです。筆を執る前からすでに、適切で意味深い千もの用語が先を争って詰めかけて来るような気がしました。それでもいざ実行する段になると、必要なものが自分の想像力の内にみつからず、不本意ながらその企てを諦めるほかありませんでした。

深く尊敬する母上、この欠を補うために、世界一感謝と愛情と敬意に溢れたものを御想像ください。そうすれば、私が母上に対してどうであるかも、手紙で言い表わせなかったものが何かもきっとお分りいただけましょう。私の肖像画を母上があんなに御所望と知って嬉しく存じました。こんなにお待たせしてしまったのは私のせいではないことを納得していただけたら、もっともっと嬉しいでしょうが。母上の肖像画がなくても、少なくともお姿はいつまでも私の胸に描かれております。押印をしたように、心の上に刻まれておりますから。

私たちに無償の恵みをいつでも垂れてくださった神様が、どうかますますわが家に目をかけられて、深く尊敬する母上に心配事も悲しみも病苦もない長寿を賜わりますように。また私にも、大事な人の幸福がいつももたらす喜び楽しみを母上に味わっていただけるという保護の手を差し伸べてくださいますように。私は生まれつき不運を恐れず、幸福を強くは願いませんが、それでも私を愛するあまり、私に起こることをよろず母上がわがことのようにお感じなのを思うと、そういう平衡も無関心もたちまちやんでしまいます。そのため、私の不幸は母上を苦しめると思って、私は幸福を望みます。私の仕合わせが母上の喜びのすべてだと考えるにつけ、私の不運が迫害の手を弛めないのを遺憾にも思います。自分ひとりのためでしたら、そんなことにあまり痛痒は感じまいとあえて期待しているのですが。　　敬白」

パリに滞在してベール氏は望みが叶った。文人たちと付き合い、各種の本を読むこともできた。バナージュ氏は当時セダンにいて、神学の勉強の仕上げをしている最中だった。ベール氏は文壇のニュースをこの人に送っていたが、バナージュ氏は常々その手紙を牧師でセダン大学の神学教授をするジュリユー氏〔六九〕に読んで聞かせていた。ジュリュー氏は今後も再三この小文に登場するから、ここでまずその性格を描いておこう。これは洞察力に長けた、想像力の豊かな人で、文章はうまく、筆は速かった。多くの点で改革派の説から外れてはいたが、それでも正統信仰の熱烈な守り手を自任していた。(C) 自惚れが強く、どこでも支配したがり、自尊心のあまり、自分にあるつもりのメリットに比肩できるような、あるいはそれを曇らせかねないすぐれた人にはよろず我慢がならなかった。友誼に篤かったが、それも友人たちが自分にどれだけ敬意を表すかを規準にしていた。要求する尊敬心を欠くだけで、この人の憤激の的に、不倶戴天の敵になった。権柄ずくで人騒がせな気性から、行く先々に不和を持ち込み、皆の鼻つまみになっていた。メールやヴィトリの教会から去らざるをえなかったのも、セダンで何度も屈辱を味わされたのもそのためである。それでもセダンでは有力な派を作っていた。

(C) この人は一六七〇年に、ソーミュールの牧師のデュイソー氏〔七〇〕が書いた『キリスト教の合同』という本への回答を公にしたが、その回答は異端的な命題を含むとしてサントンジュ地方教会会議で断罪された。次に洗礼の必要性をめぐる論考を著わしてローマ教会の誤謬の一つを擁護したが、その文書を没にする決心を当人にさせるのはひと苦労だった。自作『改革派の道徳のための弁明』(a) から異端的な命題を削らせるのもそれに劣らず難事だった。それでもこの人は他の一部の神学者と手を組んで、恩寵について特殊な説を立てたオルレアンの牧師パジョン氏〔七二〕を迫害した。その説も結局のところ、フランス改革派教会が教える絶対的予定と最終的堅忍の教義へ帰着するというのに。(b)

(a) 一六七四年刊。
(b) 〔バナージュ・〕ド・ボーヴァル氏〔七二〕の『ジュリュー氏の弁明への回答』、一〇ページを参照。

その頃、哲学教授の一人だったピトワ氏〔七三〕が亡くなったため、バナージュ氏が後任にベール氏はどうかとジュリュー氏に持ち掛けた。自分も全力で推そうとジュリュー氏は約束した。ジュリュー氏がそんな気になったのは、自分が嫌うもう一人の哲学教授の息子のブラジ氏〔七四〕がピトワ氏の後任に選ばれようと運動しているのに不安を募らせていたからだった。つまり、ベール氏を買っていたからというより、「支配欲〔一〕という好みの情念を満足させるためだったのである。学内にある自分の派も自分自身が望むほど強くなかったし、ベール氏の競争相手を哲学の講座に据えるという反対派の目論見が成功したら、自分にとっても悲しみと苦しみしかあるまいとジュリュー氏は見越していた。だから候補が誰であろうと、恐れる競争相手を排除してその候補を勝たせるために大騒ぎをしたろう。」ジュリュー氏はバナージュ氏に言って、すぐセダンへ来るようにとベール氏に手紙を書かせた。しかし、ベール氏は固辞した。あの地方ではバナージュ氏だけが秘密を知っているかつての改宗が皆の知るところとなり、再転落者(ルラプス)取締り法との絡みで厄介なことが起き、セダンの改革派が虐待されるのではと心配したからである。ベール氏に辞退されてジュリュー氏は非常に驚き、理由を知りたがった。バナージュ氏は訳を教えたが、そんなことはここへ来る障害にならないとジュリュー氏は思った。秘密を知っているのはわれわれだけだから、何も危険はないというのだった。バナージュ氏は更めて手紙を書いてベール氏を安心させ、ベール氏はセダンへ行くべく八月二十二日にパリを発った。

（一）〔ベール〕『《架空の陰謀》に対抗して著わされた様々な小冊子についての手紙』、四、五ページ。

（D）「再転落者(ルラプス)」と呼ばれたのは、ローマの宗教へ改宗したのにそれを棄て、プロテスタント教に舞い戻った改革派の信者のこと。再転落者(ルラプス)という名目で改革派の多くの信者に嫌がらせをすることは一六五七年から始まっていたが、それははじめ宮廷からのはっきりした命令なしに行なわれた。(a)それを対象にした最初の勅語は一六六三年四月に出たが、そういう者は法令の厳しさに応じて罰せられるとあるだけだった。こんな表現は正確に言うと何も意味していなかった。この新犯罪への罰則を決めた法令がまだなかったからである。それでも、この勅語は改革派いじめに利用され、遡及的な効力を持つとすら言われた。そこから無数の混乱が生じたため、国王はやむなく一六六四年九月に決定を下し、あの勅語が高等法院に登録される以前のことにまで勅語の規定を及ぼすのを禁止した。それでも国王は、最初の勅語の漠然とした不確定な用語に不満だったため、一六六五年六月に別の勅語を出し、再転落者(ルラプス)を永久に王国から追放するとした。ベール氏はこの第二の勅語に該当したのである。この勅語はそれでもまだ穏やかすぎると思われたため、一六七九年三月に第三の勅語が出、再転落者(ルラプス)は加辱刑の上、王国から永久に追放され、その財産は没収されることになった。(b)ベール氏は自分の正体が分り再転落者(ルラプス)としていじめられるのが怖かったので、自分に手紙をくれる時は上書きの名前の綴りを変えてほしい、BayleではなくBéleと書いてほしいと頼んだ。(c)

（a）〔エリ・ブノワ〕『ナント勅令史』〔七七〕、第三巻、六六、一三二、二三〇、四二八ページを参照。

（b）同じ『ナント勅令史』の第三巻五二〇、五八二ページ、およびその巻の巻末にある「勅令・勅語……集」の一〇九、一五一ページ、第四巻一八、三七四ページ、およびその巻の巻末にある「勅令……集」の七、一〇六ページを参照。

（c）ミニュトリ氏に宛てた一六七五年三月十七日付の手紙、七四ページ、および一六七六年二月六日付の手紙、一〇三ページ〔七八〕を参照。

セダンへ着くとすぐ、(二)バナージュ氏が反ジュリュー派にいる数人の友人に紹介してくれた。筆頭は雄弁術の教授のデュ・ロンデル氏〔七九〕だった。みんな不公平なことはしないと〔八〇〕約束してくれた。ベール氏はじきにこういう助けが要ることを痛感するようになった。対立候補は三人おり、ベール氏は他国者(よそ)なのに競争者たちはこの町の子だったため、氏を排除すべくあらゆる手が動員されたからである。それでも結局討論になった。候補たちは、本も使わず準備もせずに一日でテーゼを作ることを申し合わせた。与えられた主題は「時間」だった。九月二十八日はテーゼ作成のためみな部屋に閉じこもり、ベール氏は十月二十三、二十四日の昼食後に公開で自分のテーゼを提説した。討論の仕方は実に明晰で厳密で、推理の力にも長けていたため、対抗者たちの顔も運動も甲斐なく、大学評議会はこの人に軍配を上げた。こうした経緯はコンスタン、ミニュトリ両氏に宛てた手紙に載っている。(E)〔八二〕

(E) コンスタン氏にはこう言っている。(a)「ほぼ四カ月前、当地の哲学教授になるようにという招きを受けてパリを後にしました。来てみると、大学内のケチな派閥争いが色々あるらしく、討論で勝ち負けを決めるほかなくなりました。私もその危険を冒したわけですが、私の弱い力を強めるなり、私より強くない対抗者にぶつからせるなりして神が私の無知を補ってくださったため、結局、林檎(あら)は私に与えられました。……テーゼが一部だけ手もとに残っていますので、思い切ってそれをお送りいたします。粗書きのテーゼで、本も使わず準備もせずに一日で作ることを申し合わせたのです。自宅で書く自由があると外援軍がペテンをはたらくおそれがあったので、それを防止するためでした。あいにく、出された論題は実に厄介なものでした。」

ミニュトリ氏にはこう言っている。(b)「いろんな理由から哲学教授への招きをお受けすることにして、去る八月末にパリを発ち、当地へ来ました。ここへ着いてから、あちこちに散らばっている哲学的な観念を大あわてで掻き集め、たえず訓練に励んできた三人の競争相手と対戦せざるをえませんでした。大変な気遣いがなかったかどうかは御想像に任せます。結局、運が良かったのか、競争相手が無知だったのか、とにかくパスして、今は徒刑囚のように働かされています。その日その日の講義の準備をし、生徒のために毎日五時間ずつ割かねばなりません。こんな苦役でフラフラになってしまいました。何事にも慣れるものなので、ようやく息をつき始めたにすぎません。」

(a) 一六七五年十二月十七日付の手紙、九七、九八ページ。

(b) 一六七六年二月六日付の手紙、一〇〇ページ。

教授就任が決まったのは十一月二日、宣誓したのは四日、開講したのは十一日だった。

それから少しして、ジュネーヴ大学がミニュトリ氏を歴史と文学の教授に選任したことが分った。知らせてくれたのは当のミニュトリ氏で、受けたテストや出会った反対の詳細も忘れずに述べられていた。ベール氏は友の就職を祝い、細かく書いてくれたことに礼を言った。いわく、[一]「教授御就任をめぐるいろんな事実をお教えくださって非常に嬉しく思いました。貴方が実に輝かしく才気と学識を発揮なさったことを大ざっぱには知っていて、考えられないほどの満足をすでに感じていたとはいえ、それでも順を追って細かくお教えいただいたため満足感が倍化したからです。とにかく、私たち哲学者というのは何物にもまさって方法を好むもので、方法に欠けるとどんなものでも魅力的には見えないのですから。こんなことを申すのは、今後私のハチャメチャな手紙をお浴びになることはもうなくなる、今までのように考えや言葉の混乱した不消化なゴタまぜの山で貴方を圧しつぶすことはもうやめる、という期待を持っていただくためです。新しい地位に就いて、私も方法を弁えるようになりました。その効き目を貴方がお感じにならなかったら、誰も感じる人はいないでしょう。それにしても、御自分の祖国で貴方があれほどの妨害に遭われたとは実に意外です。当地では、哲学教授の座から私を排除するため大騒ぎしたことに誰も驚きはしませんでした。私は他国者で、競争相手たちは土地っ子だったからです。逆に、私に好意的な人がいたことが大のスキャンダルとされました。でも、貴方の就任にお国の人たちがみな躊躇なく賛成しなかったとは実に驚きです。大学に多大の実りと輝きをもたらすことだったのに。」

（一）　一六七六年四月四日付の手紙、一〇四ページ。

セダンでどれほど反対に遭ったにせよ、ベール氏の才能を見て、[八二]やがてみな嫌でもこの人を敬愛するようになった。セダン総督のギスカール伯爵殿[八三]もよくベール氏を家へ招いて話し合った。その後マーストリヒトの文学の教授になるデュ・ロンデル氏もこの人に友情のありったけを注いで、それは死ぬまで変わらなかった。ジュリユー氏ですらベール氏のすぐれた資質に感銘を受け、この人の穏やかさ、慎しさ、公正さに魅せられて、そんなことができるとはたぶん自分でも思わなかったほどこの人には真情を吐露するのだった。一六九一年に同氏はそのことを公に告白している。すでにベール氏と見苦しくも絶交し、この人の破滅を企んでいた頃のことである。いわく、(一)「あの男は、私が神学教授で大学評議員をするセダン大学で、空席になった哲学の講座を埋めるべく推薦された人である。或る友人が、非常に有能で研鑽する学問を花咲かす力に富んだ秀才の青年としてあの男を推薦してくれた。その点は嘘ではなかった。彼はやって来て、公開のテストでも終始能力を発揮した。しかし、その友人も彼自身も、かつてした反逆〔改宗〕と、トゥールーズのイエズス会士の間に長くいた(二)ことを私に隠すのを適当と思わなかったため、再転落者（ルラプス）取締り法との絡みで私は非常に困惑した。とはいえ、本人が言うとおり心から正道へ立ち返ったものと思ったので、そのことは誰にも言わず、あえて無視することにした。あの男は何年も大学にいたが、生活ぶりは非の打ち所がなく、顰蹙を買うような言動は何ひとつしなかった。そのすぐれた天分と実直な生活態度に私は強い愛着を抱き、白状するが、誰に対しても今までしたことがないほどあの男を心から愛した。」

(一)〔ジュリユー〕『ジュリユー氏の弁明』、二四ページ、第一段。
(二)ベール氏はイエズス会士の所にいたわけではない。

哲学の講義の執筆には二年かかり、それが余分な仕事になって大学の職務の間隙を埋めたため、友人に手紙を書く時間もなかった。ミニュトリ氏にはこう言っている。(一)「四月一日付の見事なお手紙にも、短い書付でしか御返事できませんでした。この二年間、生徒たちにしなければならない沢山の演習やら、『講義』の執筆やら、色々疲れる仕事で掛り切りになっていたからです。お蔭様で、そういういやな苦役からもやっと解放されました。講義は書き終えましたし、文学士にするためのテーゼも提説が終わりました。

ようやく休暇です。」

（一） 一六七七年八月二十九日付の手紙、一三〇ページ。

その後も長く、休暇は多少のんびりできる唯一の時期だった。講義の手直しや追加、公的・私的な授業などで暇は全然なかった[二]。別の手紙でミニュトリ氏にそう言っている。

（二） 一六七八年十二月十五日付の手紙、一四〇ページ。

メッスの牧師のアンシヨン氏[八四]が以前、『神・魂・悪に関する理性的思索』という題で一六七七年にアムステルダムから出版されたポワレ氏[八五]の書をこの人に送って、意見を求めていた。ベール氏は、その書を通読する際に引っ掛かった難点を盛るラテン語の文書を一六七九年にアンシヨン氏へ送った。それにはお礼の手紙を添え、仕事にかまけて要望にもっと早く応えられなかったこと、反論にも望むほどの力と規則どおりの形を持たせられなかったことを詫びた。いわく、「シカシマダ、ソノ目論見ヲヤリ抜クノニ必要ナダケノ余暇ガ私ニハアリマセンデシタ。私ノ職務カラスル日々ノ務メハソレホド辛イモノナノデス。トリワケ、カホドノ重荷ニマダ慣レズ、必要トサレル学識ヲマダ十分具エテイナイ者ニトッテハ。毎度教室デサセラレル説明以外ノモノヤ、マシテ、イクツカハ突然起コル他ノ無数ノ仕事ニ慣レルトイウコトハ、知力ヲ加エルコトニハホトンドナラナイノデス。」アンシヨン氏はその文書をポワレ氏に回送し、ポワレ氏は回答を物してアンシヨン氏へ送った。それには手紙を添えて、これほどの厳密さ、思慮深さ、慧眼さ、礼儀正しさを示す論争相手を登場させたことに礼を言った。ポワレ氏はベール氏の反論を自分の回答と一緒に、一六八五年にアムステルダムで出た自作の新版に収録し、前記の二つの手紙をそれに添えた。この小品は、哲学の最も高度な問題についてもベール氏が深く思索していたことを示している。この人が呈した異議のいくつかは、ポワレ氏も容易に切り抜けられなかった[一]。

（一）デ・メゾー氏に宛てた一七〇五年七月三日付の手紙、一〇二七ページを参照。

秋の休暇を利用してベール氏はパリへ短い旅行をし、そこからルアンへ行ってバナージュ氏に会った[一]。

（二）ミニュトリ氏に宛てた一六八〇年元旦付の手紙、一五三ページを参照。

その頃、ド・リュクサンブール氏[八六]の事件[八七]が世間を騒がせていた。この人は不敬・妖術・毒物使用の罪で「毒薬裁判所」に訴えられて収監されていたが、結局不起訴になり、訴訟は停止された。パリにいた時この事件の経緯を知ったベール氏は、あの元帥が裁判官の前で悪魔と契約を結んだことを弁解する弁明の演説を面白半分にしたためた。あんな契約をしたのは、一、欲しい女を全部物にするため、二、戦争で連戦連勝するため、三、訴訟でいつも勝訴するため、四、いつまでも王様の寵愛に浴するためだというのだった。演説はこの四点に分れていたが、元帥やその他多くの人に対する痛烈な諷刺が盛られていた。ベール氏は次に別人の名を使ってこの演説の批判を書いたが、それは諷刺文そのものよりさらに諷刺的なものだった。ベール氏はこの二篇をミニュトリ氏へ送って、感想を聞かせてくれと言った。相手が自由に語れるように、自分の作だということは伏せておいた。いわく[一]、「リュクサンブール公爵の半生を描くためにこの人の名で物された演説がありますので、写しをお送りいたします。時間があったら、その演説への批判のようなものも写してさしあげましょう。それらについて感想をお寄せ願えると有難いのですが。パリにいる友達が二篇目の筆者を識っていて、たぶんその友人への好意から、あんな演説はくだらないという考えに傾いており、どちらについても感想を書くと私に約束させたからです。しかし、私には時間がない上に、この種の作品を解剖して長所・短所を明らかにする能力は私より貴方の方がずっとおありなので、これに二、三時間割いてくださるようにお願いいたします。そうすれば、私の友達も希望が叶えられますし、私の判断などよりも貴方の判断の方を高く買うに相違ありません。物の価値をよく知っている人ですし、支払いも私の財布からするより貴方の財布からする方がいいと思うはずですから。」

（一）一六八〇年三月二十四日付の手紙、一六二、一六三ページ。一六八一年元旦付の手紙、一六九ページをも参照。

同じ頃、ル・ヴァロワ神父[八八]というカーンのイエズス会士がルイ・ド・ラ・ヴィルという偽名を使って、『教会の教理と対立し、聖体に関するカルヴァンの謬見と合致する、物体の本質と特性をめぐるデカルト氏の見解』という本をパリで出版した。著者はデカルト派にトリエント宗教会議[八九]の権威を対置するだけに止まらず、延長が物質の本質であることを証明するためクレルスリエ氏[九〇]、ロオー氏[九一]、マールブランシュ神父[九二]などが用いた理由をできる限り弱めて、推論によってもデカルト派に反対していた。ベール氏はこの書を読んで、よく書けていると思った。証明しようとすることが無敵の力で証明されていると考えた。それはつまり、デカルト氏の原理はローマ教会の信仰に反しカルヴァンの教えに合致するということで、それは実際証明するのも難しくないとミニュトリ氏への手紙でベール氏は言った[一]。そして、論証付きのテーゼを生徒たちに提説させたいと思っていたので、この問題について一篇の論考を著わし、デカルト氏の原理を擁護して、ル・ヴァロワ神父に攻撃される哲学者たちの言った理由に十分な力を取り戻させ、あの神父の立てる例外という例外、屁理屈という屁理屈を打ち崩した。特に力を入れたのは、物質は可入的ではありえないのを示すことだった。

（一）一六八〇年三月二十四日付の手紙、一六五ページ。

一六八〇年の十一月、十二月に、めったに見たことがないような大彗星が出現した。民衆は、言い換えればほぼすべての人が驚き怯えた[一]。彗星は何か凶事の前兆だという古来の偏見からまだ脱していなかったからだ。自分でも言うように、ベール氏もこの「凶兆」に不安を抱く多くの人からたえず質問攻めにされていた。できるだけ安心させはしたけれども、哲学的な推理だけではかばかしくいかなかった。こういう大きな自然現象を神が見せるのは、悔い改めることで頭上に落ちかかる禍を避ける時間を罪びとに与えるためだという答がいつも返って来たからである。彗星をそんな用途に充てるのを神の属性は許さぬという論拠を使わなければ、それ以上論じても全然無駄だと氏は思った。そしてこの点を思索し、じきに、「彗星が不幸の前兆ならば、神は偶像崇拝を世界で強化するために奇蹟を行なったことになる」という神学的な理由を考え付いた。これはどんな本でも読んだことがなく、話に聞いたおぼえもなかったので、目新しいアイデアだと思い、それについて『メルキュール・ガラン』紙〔九三〕に載せられそうな手紙を書くという考えを起こした。書き始めたのは一六八一年の一月十一日で、手紙一通の枠に収まるようにできるだけ努力したが、問題が内容豊富なため思うように短くできないので、この手紙を別個に出版すべき一個の著作とみなさざるをえなくなった。そこでもう、わざと短くしようとはせず、それぞれの事柄を自由に詳述した。それでも、『メルキュール・ガラン』を出す〔ドノー・〕ド・ヴィゼ氏〔九四〕のことが相変らず頭にあった。そこで意を決して例の手紙〔九五〕をその人に送り、『メルキュール・ガラン』紙の印刷者にこれを渡してくださ い、警視総監ド・ラ・レニ氏の許可だけで済むならその許可を、王様の允許が要るならその允許を取ってくださいと頼んだ。送ったのは五月二十七日だった。〔ドノー・〕ド・ヴィゼ氏は作者の名前も知らぬまま原稿をしばらく温めておき、どうなったかという問い合わせを受けると、原稿を読んでもらった或る人からド・ラ・レニ氏はこの件の責任を負いたがるまい、王様の允許を申請するにはあらかじめ〔ソルボンヌの神学〕博士たちの承認を得なくてはと教えられたと返事をした。博士たちの承認を得るというのは骨が折れ時間もかかる退屈な手続で、そんなことをする暇はなかった。そこで原稿を取り戻し、彗星についての手紙をパリで出版するのは断念した。もっとも、手紙はそういう狙いで書いたものだったから、著者もローマ・カトリック教徒の文体を使い、国事については〔ドノー・〕ド・ヴィゼ氏の言いかた、褒めかたをまねていた。パリで本を出そうとする者にはこういうやりかたが絶対に必要だったし、いろんな面で『メルキュール・ガラン』紙のまねをすればド・ラ・レニ氏の許可も王様の允許も取りやすいとベール氏は考えたのである。手紙をソルボンヌの或る博士に宛てたものと偽ったのもそのためだった。

（一）『彗星雑考』第三版の「おしらせ」を参照。

フランス改革派は当時悲惨な状態だった。その破滅が図られるようになってすでに久しかった。特権は徐々に剥奪されてゆき、ナント勅令への違反が何か犯されない年はなかった。とうとう、改革派の諸大学を廃校にすることが決められた。たしかに、セダン大学は免除されると考える余地はあった。セダン公国は一六四二年まで主権国家だったからである。ブイヨン公爵[九六]がそれをルイ十三世に譲った時も、現状を維持するとルイ十三世が約束していた。ルイ十四世も条約を批准し、プロテスタント教が現に浴する権利・特権をみな維持することを更めて許していた。しかし、こういうあらゆる利点も大学を救えなかった。それどころか、セダン大学をまっさきに廃校にすることをルイ十四世は命じさえした。決定が下ったのは一六八一年七月九日、通告されたのは同十四日だった。

その頃、ファン・ズーレン氏[九七]というロッテルダム出身の若者がセダンにいた。後に同市の市長になるファン・ズーレン氏[九八]の親戚だった。この青年は[二]セダンでベール氏と同じ下宿におり、しばしば会話を交えては勉強の糧にしていた。この教授に心からなる友情を抱いていたので、大学の廃校決定が届いたその日に、青年は思い切ってその決定を親類のパーツ氏[九九]へ送った。パーツ氏というのはロッテルダムの市会議員で、非常に学問があり、文人に好意を寄せる人だった。決定を送るに当たっては、ベール氏が失職したことを同時に知らせた。同氏のことを非常に褒めた手紙だったので、お役に立ちたいという返事が来た。ベール氏はそこでパーツ氏に手紙を送って好意を謝し、今後ともよろしくと頼んだ。パーツ氏は豊かな知力と洞察力に加えて、学問とりわけ哲学を非常に愛する人だった。立派な人物で一目も二目も置かれていたが、共和国の内紛さえなければさらに大きな権威を持ったろう。この人はオランイェ家〔一〇〇〕と対立する派のリーダーと目されていて（二）、スペインへ特派大使として行ったあと、市政へ復帰するのに多少の困難があったのもそのためだった（三）。それでも見事この妬みに打ち克ち、ロッテルダムの為政者たちも審議の際はよろずこの人の助言を指針にしていた。

（一）〔ベール〕『ロッテルダム陰謀の架空なることを証明す』、序文一六二、一六三ページ。
（二）この人はコルネリス・デ・ヴィット氏〔一〇一〕の義弟だった。
（三）『ロンドン・ガゼット』紙〔一〇二〕の一六七五年十月四日号、ハーグからの十月八日付の記事を参照。

ベール氏はそれとともに、ジュリュー氏にもロッテルダムで就職口をみつけてやろうと思い、この人のこともパーツ氏によろしく言ってほしいとファン・ズーレン氏に頼んだ。ファン・ズーレン氏はロッテルダムで自ら運動すべくセダンを発ち、パーツ氏に強く進言したので、パーツ氏もジュリュー氏のために一肌脱ごうという気になった（一）。

（一）〔ベール〕『ロッテルダム陰謀の架空なることを証明す』、序文一六三ページ以下。

オランダからの返事を待ちつつ、ベール氏は大学廃校後も六、七週間セダンにいた。だが、とうとう待ちくたびれて九月二日にセダンから去り、同月七日にパリへ着いた。ロッテルダムへ行くか、イギリスへ行くか、フランスに足を止めるかまだ未定だった（一）。セダンから発つ前に、ギスカール伯爵殿〔一〇三〕〔セダン総督〕がこの人をローマの宗教に改宗させようとあらん限りの努力をした。改宗したらどれだけ得か言い聞かせたが、この人の心は動かせなかった（二）。ようやく、ルアンへ行ってそこからイギリスへ渡ろうとしていた時、ロッテルダム市が年金と哲学を教える権利を与えるというパーツ氏の返事が来た。ジュリュー氏の件も順調にいっているとパーツ氏は付け加えていた。こうして、ベール氏は十月八日にパリを発ち、三十日にロッテルダムへ到着して、ファン・ズーレン氏の一家やパーツ氏に温かく迎えられた(三)。

(一) 同、一六八ページ、および、ミニュトリ氏に宛てた一六八一年九月十七日付の手紙、一七二ページ。
(二) 〔ベール〕『架空の陰謀』、二九〇ページ。
(三) 〔ベール〕『ロッテルダム陰謀の架空なることを証明す』、序文一六九ページ。

ベール氏の後を追うようにジュリュー氏もやって来たが、ロッテルダムへ着くなり手荒なことを口走り、パーツ氏をひどく怒らせてしまった。赦されたのもひとえにベール氏に免じてだった(一)。ロッテルダム市は二人のために「市立大学(エコール・イリュストル)」を創設し、ジュリュー氏が神学の教授に、ベール氏が哲学と歴史の教授に任命されて、五百フロリンの年金を貰うことになった。ベール氏があまねく好評な開講演説をしたのは十二月五日、非常に多くの学生に哲学の最初の授業をしたのは八日だった。

(一) 同、一六九、一七〇ページ。

それから程なく、彗星についての手紙を出版してもらうよう、有能で頭のいいロッテルダムの本屋のレールス氏[一〇四]に渡した。作者と分らせないために用心を重ねて、ローマ・カトリック風の文体も、『メルキュール・ガラン』[一〇五]のまねをした言いかたや褒め言葉も何ひとつ変えなかった。宗教故にフランスから去った者が書いたのではないと思わすのに、そういう言葉遣いに若(し)くものはないと考えたのだ。印刷が進む間に、『メルキュール・ガラン』の筆者へ送った原稿にはなかったものを色々と挿入した(一)。この書は一六八二年三月十一日に刷り上がり、『ソルボンヌの博士L・A・D・C氏への手紙。哲学・神学より引きしいくたの理由によりて、彗星はいかなる不幸の前兆にもあらざることを証明す。いくたの道徳的・政治的考察、いくたの歴史的考究、いくつかの俗見に対する反駁を付す。ケルン、ピエール・マルトー書店[一〇六]、一六八二年』という題で出版された。

（二）　第三版の序文。

身許を隠すため、ベール氏は第三者が書いたとする序文がわりの「読者へのおしらせ」を付し、その人は手紙を公表するが作者を知らないことにしておいた。その序文で刊行者は、この書を活字にした多くの理由を述べた上、さらに次のことを挙げていた。いわく、「この決意をいっそう固くしたのにはさらに強力な理由があった。この手紙を送られたソルボンヌの博士が非常に精密で練りに練った返事を準備しているということを、確かな筋から聞いたのである。文筆家という肩書になど関心のない博士のことであるから、受けとった手紙を第三者が公表して、その要点に関する立派で博学な考察を自分も公にするよう促さないかぎり、ただ友達のために書くというだけで満足してしまうおそれが強い。ここで言う要点とは、たとえばいにしえの異教徒への摂理の対応いかんといったようなことで、神は異教徒がそれでますます偶像崇拝に深いりするのをご存知なのに、それでも彼らの間で奇蹟を行なわれたかどうかという問題、神は非キリスト教徒の間に時として前兆を設けられたかどうかという問題、純自然的な出来事は偶然的な事件の確実な前兆たりうるかどうかという問題、無神論は偶像崇拝より悪いかどうか、ありとあらゆる罪悪の必然的な源かどうかという問題、神はこの世がけがらわしい偶像崇拝にひたるよりは、神が知られずにいることを好まれえたかどうかという問題、その他いろいろあって、ああいう学識ある大神学者なら、それぞれについて、まことに有益で発表の価値があるいろんな考えを温めているかもしれない。」〔邦訳、著作集第一巻、八ページ〕

だが、こんな偽装をいくらしても、ベール氏が彗星についての手紙の著者であることはじきに知れてしまった。レールス氏はすでに原稿をパーツ氏に見せて、誰から受け取ったか言っていたし、パーツ氏もそれを友人たちに隠さなかった。(一)それどころか、秘密を明かせば作者のためになるとすら思った。(二)直接にか間接にか、とにかくこのルートでジュリュー氏もそれを知り、ほかの人が秘密を知ってるのに自分に知らせないのはひどいじゃないかとベール氏をなじったので、ベール氏はいきさつを述べて、あの本のいくつかの点につき釈明をした。(三)ジュリュー氏も同書を褒めたが、(四)本当はベール氏の名誉に我慢ならなかった。友人たちの栄光に嫉妬するのが常だったからだ。

(一)〔ベール〕『ロッテルダム陰謀の架空なることを証明す』、序文一七〇ページ。
(二)〔ベール〕『架空の陰謀』、二〇六ページ。
(三)『ロッテルダム陰謀の架空なることを証明す』、序文一七一ページ。
(四)『架空の陰謀』、二〇七ページ。

その頃、パーツ夫人が亡くなった。(一〇七)夫人はベール氏への尊敬の証しとして、これで本を買ってくださいと二千フロリンを遺贈した。後段で見るように、ベール氏はいつまでもこの恩を忘れなかった。ちょうどマンブール氏が(一〇八)『カルヴァン派史』を発表したところだった。この本は非常に重要な問題を扱っていて、ローマ教会と袂を分って以来のフランス改革派の精神と行状について裁断を下すのが狙いだった。彼らがカトリック教徒から軽蔑され憎まれるようにと、マンブール氏の筆は術策のあらん限りを使った。著者の不誠実と危険な目論見に憤慨したベール氏は、その史書に反駁しようと肚を決めた。復活祭の休暇を利用してその仕事をし、手紙形式の回答を物したが、ただ、一歩一歩敵を追いかけるのが適当とは思わなかった。世の人の迷いを覚まし、マンブール氏が重んじられる価値などないのを示すためには、同氏が報じる事柄をなんなら真実と仮定した上で、この人の悪意と逆上、読者に吹き込もうとする残酷な血に飢えた格率などを明らかにするような一般的考察をすれば足りると考えたのである。あの作家の生涯と、した喧嘩の色々な詳細をベール氏は面白おかしく語り、よく似ているがあまり有難くないその肖像を描き上げた。「（一）これは苦々しい不機嫌な批判ではなく、軽妙な冷かしだった。それでも分別と道理に充ちた冷かしで、相手を困惑させまごつかせるには重々しい真面目くさった論法などよりその方が向いていた。」

（一）〔バナージュ・〕ド・ボーヴァル氏〔二〇九〕の「ベール氏讃」〔二一〇〕。

執筆を始めたのは五月一日、終えたのは同十五日だったから、最後の手紙で自ら言うように、かなり大部の本なのに二週間で書いたことになる。身許を隠すため、この人はできるだけの用心をした。「お知らせ」では書肆に、これらの手紙は偶然手に入ったものだがすぐ公にすべきだと思った、これはメーヌ地方に住む或る田舎貴族に宛てて実際に書いたもので、書いた時もそれぞれの手紙に載っている日付のとおりだと読者に知らせてほしいと言付かっている、などと言わせた。ロッテルダムで印刷させることさえ避けた。そのかわり、アムステルダムの見物に行った時原稿を持参し、五月三十日にアブラハム・ウォルフガング書店に渡した。本は七月はじめに『マンブール氏の《カルヴァン派史》の一般的批判。ヴィル＝フランシュ、ピエール・ル・ブラン書店、一六八二年』という題で出版された。ベール氏が出た本を受け取ったのは同月十一日だった。

この作品はマンブール氏の攻撃から実に見事に守られた改革派のみならず、穏健で分別のあるカトリック教徒からも賛同された。何部もフランスへ持ち込まれ、引っぱり凧になった。作品の良し悪しを判断する能力に長けたコンデ親王〔二一一〕も、この本を読んで飽きなかった。たしかに、親王はマンブール氏が好きでなかったのである。あの歴史家は、年金をくれる宮廷を喜ばそうとして、親王の祖先たちを褒めそやしながら、この殿下のことはことさら何も言わなかったのだ。ベール氏がすかさずそれを槍玉に上げたため（一）、親王殿は感謝したのだった。この作品はマンブール氏をいたく悲しませた。それが高く買われていることにこの人は絶望した。そこで、あの本を断罪してほしいとド・ラ・レニ氏〔一二〕に何度も頼んだが、ド・ラ・レニ氏は自分も楽しんで読んでいたし、マンブール氏が辱しめられるのがいやでもなかったので、毎度聞き流していた。マンブール氏は最後に国王へ直訴して、『マンブール氏の《カルヴァン派史》の一般的批判』をグレーヴ〔パリ市庁舎前の広場〕で焚書にせよ、同書の印刷・販売・頒布をすべての印刷業者・書籍業者に禁止せよというド・ラ・レニ氏への命令を出してもらった。ド・ラ・レニ氏は言い付けどおりにし、宣告文にはマンブール氏が望む言葉を全部入れた。文筆家、それも腹を立てた文筆家が書いたものと一目で分るような文章になった(二)。しかしマンブール氏に報復するため、この人は宣告文を三千部以上も印刷させて、パリの辻々に貼り出した。みんな好奇心をいたく唆られ、誰もがマンブール氏への批判を手に入れたがった。

(一)　第十九信、二六八、二六九ページ〔邦訳、著作集補巻、二一九ページ〕。

(二)　宣告文はこの小文の最後でお見せする予定。

作品は出るが早いかオランダで売り切れてしまい、ベール氏は八月からさっそく新版の準備をした。分量を半分ほど増やし、序文を付けたが、その序文でも相変らず読者を騙す韜晦を続けた。この版は十一月の末頃に刷り上がり、出来た本を受け取ったのは同月二十九日だった。

プロテスタント派切っての文筆家たちの間からマンブール批判の著者を特定しようと、フランスでは長いこと作者探しが行なわれた。結局落ち着いたのは、改革派の立場を輝かしく主張しているクロード氏〔一三〕ではないかということだった。ベール氏が彗星についての手紙の著者だと知っている友人たちでさえ、文体が違うためこの批判まで同氏のものとすることは考えなかった。だから、身許が割れたのは全くの偶然だった。文体の一致・不一致から来る推測で匿名書の著者を突き止めようとするほど不確かなことはないのを示して、この人が自ら教えてくれたとおりだった。いわく、[一]「同じ人が書いたものでも全部が全部似てないことは経験で分っている。マンブール神父への『一般的批判』は『彗星雑考』の直後に刊行されたが、この二作が同じ著者のものとは誰も思わなかったようである。『批判』の第一版が売り切れるまで、本当の著者は疑いをかけられなかった。作者はフランスにいるものとみんな思っていた。第二版でもう少しはっきりしたかもしれないが、全くの偶然から或ることが起こらなかったら、おそらく今でも分らないだろう。偶然とは、本屋から回されて来た或る匿名子の手紙に返事を出すに当たって、返事の原本ではなく写しを送ってほしいと本屋に頼むのを著者が忘れたことである。その匿名子は子クロード氏の友人[一二四]だったので、この人に私の返事を見せて、書体に見覚えがあるか尋ねた。そしてクロード氏が誰の字か教えたため、著者はもう秘密にする理由がなくなった。文体の一致からではそこまで突き止められなかったろう。そう努力したわけではないが、マンブール批判の文体には『彗星雑考』の文体と全然違う性格を持たせたからである。」

（一）〔ベール〕『架空の陰謀』、二〇四、二〇五ページ。

ジュリュー氏[一二五]もマンブール氏への回答を著わしたが、こちらはもっと大部で細かいものだった。それは『カルヴァン派史と法王教史の比較論、または宗教改革者と宗教改革と改革派のための弁明、全四部、マンブール氏の《カルヴァン派史》と題する攻撃文書を駁す[一]』という題で一六八三年に出版された。よく書けた本で、マンブール氏に実に強力な反論を呈していたが、『一般的批判』の特色だったのびのびした自然な筆致も、鋭い辛辣な考察も、とげとげしい言葉を使わずに相手の欠点を槍玉に上げ、逆上せずに論争問題を扱うような論じかたもそこにはなかった。こういう違いはすぐに感じられた。宗教的な偏見にもかかわらず、カトリック教徒ですらベール氏の本は褒めざるをえなかったが、ジュリュー氏の本はみんなことさら馬鹿にした。メナージュ氏〔一一六〕もこう言っていた。（二）「『マンブール神父のカルヴァン派〔史〕の批判』は見事な本で、神父自身も評価せざるをえなかった。私にそう告白したのである。もっとも、普通はわざと読んでないかのような言いかたをしたが。宗教を別にすれば、ベール氏が言ったことはみな実に鋭く、実に道理があると思う。ジュリュー氏が同じテーマで書いたものも読んでみたいと思ったが、この二つは大違いである。ベール氏のものは君子の本だが、ジュリュー氏のものは説教好きな婆さんの本だ。デュムーラン〔一一七〕その他がカトリック教を攻撃して書いたおよそ味気ないことを、あれもこれも下手に蒸し返しただけである。」二つの作品への判定がこんなに違ったことに、ジュリュー氏は限りない不快を感じた。ベール氏を競争相手とみなすようになり、この人が大方の賛同を得たのを許せなかった。この事件は彼の心に憎悪と嫉妬の種を播いた。

（一）　四折判二巻と十二折判四巻に印刷された。
（二）　『メナージュ語録』〔一一八〕、一六九四年のパリ版、第二巻、二二一、二二三ページ。

ベール氏がセダンで交際した文人の中に、同市で生まれたフェティゾン氏〔一一九〕という若い牧師を挙げなくてはならない。この人はセダンから去って、シャンパーニュ地方にあるド・ブリクモー氏〔一二〇〕の家で（一）牧職に従事していたが、ベール氏に手紙を送って、フランスの内乱〔十六世紀の宗教戦争〕をめぐる改革派の弁明を対談形式で著わしたと伝えた。ベール氏がこの作品を見たがったので、フェティゾン氏はそれを送り、この書を「フィラレット」つまりベール氏自身に献じた。ベール氏はこの作品を世に出る価値があると思って印刷させた。（二）一六八三年のはじめに、それは『改革派のための弁明、フランスの内乱の正しい観念とナント勅令の真の基礎を見る、或るプロテスタントと或るカトリック教徒の興味ある対談』という題で出版された。ローマ・カトリック教徒の「パトリス」があの内乱につき改革派に対してされた最も強い、最も忌わしい非難を総動員し、党派心と反抗心で動いている、国王の独立性に反する考えを抱いているということも忘れずに加えるのに対して、プロテスタントの「ウゼーブ」が、自分の宗教と命とブルボン〔二二一〕家の権利を守るために改革派が武器を取ったのを正当化し、ルイ十三世自身の証言を使って、改革派はいつでも正統の君主に忠実だったこと、その考えは国王の主権と対立するどころか、それを確立し強化することを目指しており、ローマ・カトリック教徒の方こそこの権威を人民ないし法王に依存させることを示すという結構だった。

(一) エーヌ河畔にあるド・ブリクモー氏の領地はサン＝ルーといった。ド・ブリクモー氏はその後宗教故にフランスから出国し、ブランデンブルク選挙侯殿〔二二二〕が同氏をクレーヴェ地方リプシュタットの要塞司令官にした。

(二) ハーグ、アブラハム・アロンデウス書店、十二折判。

一六八二年の暮れに、ベール氏は結婚を強く勧められた。いい縁談（はなし）だった。「若くて綺麗でとても良識があり、優しく〔二二三〕賢く自制心の強い、最低一万五千〔二二四〕エキュ持参金のあるお嬢さん」(一)だった。有名なピエール・デュムーランの孫娘でジュリュー夫人の妹で後にバナージュ〔二二五〕氏の夫人になるデュムーラン〔二二六〕嬢の計らいで事は順調に進んだため、ベール氏の側にしかもう障害は残らなかった。だが、この人は昔から結婚にひどく気乗り薄のようだった。家事や家庭の煩わしさは文人に、研究と思索に幸福のすべてを置く哲学者にふさわしくないと思っていた。それに、必要なものだけで満足していたから、金持になることは仕合わせというよりむしろ障害と思われた。この人を翻意させよう、労せずに得られる利益を受けさせようとデュムーラン嬢は手を尽くしたが、結局うまくいかなかった。

(一) デュムーラン嬢からベール氏への一六八二年十二月十二日付の手紙。『ベール氏書簡集』(アムステルダム版、一七二九年)、一九二ページ。

翌年、ベール氏は彗星についての手紙の新版を出した。前の版より大部で正確なものだった。刷り終えたのは一六八三年九月二日で、友達への贈呈用として本屋から百二十部受け取った。第一版のタイトルはやめにして、かわりに『一六八〇年十二月の彗星出現に際して、ソルボンヌの某博士に送った諸考察。ロッテルダム、ライニール・レールス書店、一六八三年』というタイトルを付けた。前の版にあった長い序文も削り、書肆の名で短い「お知らせ」を置いて、この第二版が第一版よりどの点で優っているか指示した。

その頃、ベール氏の数人の友人が自作の宗教論争書をこの人のところへ送って、適当と思ったら出版してほしいと頼んだ。最初に受け取ったのは[一二七]、改革派を相手に議論する十七の「方法」または仕方を提唱し是認する、一六八二年[一二八]のフランス僧族会議が起草した覚書への反駁だった。その反駁は当時ルアンの牧師だったバナージュ氏のものだった。それには著者の友人という名のベール氏に宛てた手紙が添えられ、あの僧族会議をめぐる興味深い詳細が盛られていた[一]。この作品は『一六八二年にフランス僧族会議の諸氏が提案せる方法の検討』という題で出版された[二]。バナージュ氏は原稿をジュリュー氏に見せてほしいと言い、ジュリュー氏は巻頭に「賛同の辞」を寄せた。ベール氏へ送られてきた他の作品は、いずれもモンペリエの弁護士ブリュエス氏[一二九]の本への回答だった。ブリュエス氏はコンドン、ついでモーの司教だったボシュエ氏[一三〇]の『カトリック教会教理説明』という本に対する反駁で、改革派の間でも異彩を放っていた人だった。だがその後宗旨替えをし、新改宗者の通例で、もといた派をやっつける本を書いた。その本は一六八三年に『プロテスタントの分離を生ぜし理由の検討。トリエント宗教会議と、プロテスタント諸教会の信仰告白と、聖書に基づき偏見なしに行ないしもの』という題で出た。人の気を引く穏やかな筆致の本で、一見私心なさそうに見え、皮相な弱い精神の者はたちまち引っ掛かって騙されるおそれがあったので、応答すべきだと思われた。モー〔の司教〕殿の本に対抗して『改宗予防』という書を出していたジュリュー氏が、それの『続篇』を発表してブリュエス氏の本をやっつけた。ルアンの牧師の子で最近の教会会議により牧師に採用されたド・ラロック氏〔一三二〕もリングに上がった。この人がブリュエス氏への回答を書いてベール氏へ送ったので、ベール氏はすぐそれを印刷屋へ渡した。『欺かれた新改宗者、または、プロテスタントの分離を検討する際のブリュエス氏の見損い』という題だった。(三) それには「ロッテルダムの哲学と歴史の教授××氏へ」という献辞が付いていて、この書の構成・目的・見取図をド・ラロック氏が説明していた。献辞の頭に自分の名前が載ることをベール氏は望まなかったが、オランダを知る人や文人たちと多少付き合いのある人なら、誰に宛てたのか見抜くのは容易だった。ベール氏もド・ラロック氏の本を絶讃した。いわく、(四)「これは才気に充ちた若い著者の腕試しで、論敵を一歩一歩追いかけながら、相手が重大なミスをしたことを見せつけている。揶揄も時には放たれる。いささかきついが、デリケートなものだ。学殖も一役買っている。」

(一) 標題は「最近の僧族会議に関するB・A・R氏への手紙」で、B・A・R氏とは「ロッテルダムのベール氏」のこと。

(二) ロッテルダムのピエール・ド・グラーフ書店から出たが、扉には「ケルン、ピエール・マルトー書店」〔一三三〕とあった。十二折判である。

(三) ロッテルダム、ライニール・レールス書店、一六八四年、十二折判。

(四) 『文芸共和国便り』、一六八四年三月号、私の本では一〇一ページ。ランファン氏〔一三三〕に宛てた一六八三年十一月二十六日付の手紙をも参照。

当時ジュネーヴで神学を勉強していたランファン氏〔一三四〕もブリュエス氏への反駁を書いた。しかし、有能な人たちが同じ主題に取り組んでいると聞いたため、書き上げて発表するようにベール氏とジュリュー氏が勧めなかったら反古にするところだった。[一] ジュネーヴにしばらく滞在した後、この人はハイデルベルクへ行き、そこから原稿をベール氏へ送って、適当と思う手直しをしてくださいと頼んだ。ランファン氏は論争の細部まで下りようとはせず、一般的な原理について論じるだけに止めた。その本は一六八四年のはじめに『《プロテスタントの分離を生ぜし理由の検討》と題するブリュエス氏の本や、付随して同種の諸書に関する一般的考察』という題で出版された。[二] 巻頭には「お知らせ」が置かれ、ブリュエス氏はどれほど人を惑わすおそれがあるか、それに応答することがいかに必要かを示した上で、同氏の改宗は純世俗的な動機によるとして、この人の品行にすら攻撃を浴びせた。この「お知らせ」に続いて、「原稿を送るに際し或る友人に宛てた著者の手紙」という長い書簡があったが、或る友人とはベール氏のことだった。ランファン氏はその手紙でブリュエス氏の本の特徴を述べ、幾多の弱点を指示していた。この回答は非常に才気のある、また思慮深く穏やかな筆致のもので、こういう性質はランファン氏のあらゆる著作に漲っているものだった。

（一） ランファン氏に宛てた一六八三年九月八日付、同十一月二十六日付の手紙を参照。
（二） ロッテルダム、ライニール・レールス書店、一六八四年、十二折判。

ベール氏はかねがね、出た先から消えてゆくため「泡沫（ピエス・フュジティヴ）」文書と言われるものを集めるのが好きだった。そういう文書を保存する唯一の方法は一巻作れるだけの分量を纏めることだが、デカルト哲学をめぐるいくつかの書き物についてベール氏はその作業をした。『デカルト氏の哲学をめぐるいくつかの興味ある文書の集成。アムステルダム、アンリ・デボルド書店、一六八四年』という題でそれを公刊したのである。これには序文を付けてそれらの文書の沿革を述べ、フランスで作家たちが置かれる隷属状態を嘆いた。いわく、「近時フランスで見られるほど図書出版について堅苦しくやかましいやりかたをどこの国でもしたら、文芸共和国全体にとって非常に不幸なことであろう。この国では異端審問が長足に確立へ向かっており、幾多の良書の刊行を邪魔し、どんな有名作家をも尻込みさせている。実際、出版許可を出す役の者が三年も四年も見もせずに原稿を温めておき、見れば見るで、隷属と俗見から脱け出したかに見えるものをおしなべて非とするのだから、誰が尻込みせずにいられよう。著者というのは自作のために印刷機が十分速く回るとはけっして思わないものだから、三、四年も待たされた挙句、国王の允許を拒まれて著作を無期懲役にされたくなかったら自分がいちばん上出来と思う個所を削除せよなどと命じられるのは、著作家にとってなんという屈辱であろう。」その集成に収められたのは、一、イエズス会士とオラトリオ会の神父たちが結んだ一種の和議で、オラトリオ会側がデカルト哲学もジャンセニウス〔一三五〕の説も教えないと約束したもの。二、その和議についての指摘。三、ド・ラ・ヴィル氏、というよりはル・ヴァロワ神父の本〔一三六〕についての釈明。この文書は旅行記とガッサンディ〔一三七〕哲学の要約で知られたベルニエ〔一三八〕氏のものである。ル・ヴァロワ神父は、物質の本質は延長にあるとして化体の教義を破壊する新派の哲学者の内にベルニエ氏も入れていた。神父の本はフランスで大反響を呼び、デカルト派を総じて不安にした。パリで講演会を開いていたレジス〔一三九〕氏もそれを打ち切らざるをえなかった。ベルニエ氏も自分のことが心配になり、この釈明をしたためて、自分の哲学の原理と教会の決定との両立を図ったのである。集成にはさらに四として、マールブランシュ〔一四〇〕神父からル・ヴァロワ神父への回答が収められていた。ル・ヴァロワ神父はマールブランシュ神父に対して非常な敵意を示し、とりわけこの人の信仰を胡散臭く見せることに力を入れていたからである。この回答の次には、化体の可能性を説明する覚書があった。五、ベール氏が一六八〇年に生徒たちに提説させたテーゼで、「物体ノ本質ハ延長ニアルコトヲ一部ノデカルト派ガ証明スル理由ヲ逍遙学派〔アリストテレス＝スコラ学派〕ノ例外カラ守ル論考」というものだった。ベール氏はその論考に哲学上のテーゼをいくつか加え、中でも、場所・運動・時間などはまだ説明不能な仕方でしか定義されていないと主張した。六、『形而上学についての思索、ギヨーム・ヴァンデル著』という題でパリで印刷された文書。著者はド・ラニオン[一四一]師だった[二]。そこにはデカルト形而上学の要旨と、デカルトの『省察』にある最良のものが全部載っていた。デカルトのあの本以上によくこなれており、もっと簡潔で口当たりがいい、デカルトよりさらに先まで進んでいるとさえ見えた。ベール氏はそう判断したのである。

（一）　先の六一ページ〔本書、三四ページ〕を参照。
（二）　〔ベール〕『田舎の人の質問への答』、第一巻、第二十六章、二二三、二二四ページを参照。

ベルニエ氏の釈明は一六八二年にパリで出た『カトリック教会の信仰に反するデカルト氏の哲学。彼を擁護するために先頃出た印刷物への反駁を付す』[一四二]という本で反論された。その「印刷物」というのがベルニエ氏の書き物である。この本の著者はこう言っている。ド・ラ・ヴィル氏の本を見たが、物体の本質という問題についてはデカルト派の説を実にうまく攻撃していると思った、しかし、物質の偶有性ないし性質については彼らの意見に反駁していないので、この第二の点を取り扱い、併せて、作品を完全にするため第一点についても新たな議論を加えるべきだと思った、と。こうして同書は二部に分けられた。第一部で示したのは、「物体の本質が現実的な延長にあるとしたら、物がその本質なしに存在することはありえない以上、イエス・キリストの体は聖体の内に実在的に事実あることはできず、ただ象徴的に、つまり純然たる想像・思念として、または、現にない所に臨在すると思わせる想像上の理解としてそこにあるにすぎないことである。また第二部では、実体の内には実体そのもののほか何物もなく、そこに考えられる性質や偶有性はただの見かけで、そういう見かけがわれわれの感官を欺いて、実体の内には実際はなくただわれわれの思考の内にあるにすぎないのに、なんらかの実在的なものがその実体の内にあるように思わせるのだとデカルトのように措定すると、教会の教理が破壊されてしまうことを証明する。聖体の内でパンと葡萄酒の実体が亡んでイエス・キリストの体と血に全部変わっても、その実体の内にあった偶有性は依然として残ると教会は教えており、そのことは必然的に、これらの偶有性が実体と実在的に区別され実体なしにも存続できることを前提とするからである。」この本はほとんど知られておらず、ベール氏もそれについて語っていない。私がここでその作品に言及するのは、ベール氏が刊行した文書集と関係があるからにすぎない。

　文芸共和国の出来事を新聞風のもので世に知らせるという手法は、前世紀〔十七世紀〕の発明の中でも最もすぐれたものの一つである。発明者という名誉は、一六六五年に『学術新聞』[一四三]を発刊したパリ高等法院聖職者評定官のド・サロ氏[一四四]に帰せられる。この書はどこでも好評で、イタリアやドイツでまねされた。しかし、有能な人も本屋もこんなに多く、こんなに大きな出版の自由があるオランダで、文芸新聞を出すことをいまだに誰も思い付いていないのにベール氏は驚いていた。やってみたいという気には何度もなったが、その種の著作には時間も手間も凄くかかるのを考えて、手を出さなかった。そうこうするうち、一六八四年二月の末頃に、アムステルダムのアンリ・デボルド書店から『一六八四年一月の学術メルキュール』[一四五]という題の新聞が出た。パリの外科医のド・ブレニ氏[一四六]が興したものだった。ド・ブレニ氏というのはアイデアマンで、いくつか例を挙げれば、哲学その他の学問についていろんな講演会が行なわれるのを見て自分も講演会を開こうと思い立ち、「新発見アカデミー」なるものを自宅に設立したりした。「外科学講義」という名で外科医の徒弟に、「薬学講義」という名で薬剤師の徒弟に個人教授もし、鬘師の徒弟に「鬘講義」をすることさえ考え付いて、一定の金額さえ払えば誰でも入れた。医学にも手を出して、遂には「国王・王弟顧問官・侍医・技芸士、王命による医療新発見調査検証係」という肩書を名乗るまでになった。一六七九年にこの人は『医学万般の新発見』という一種の新聞を発刊し、毎月刊行したが、多くのすぐれた人に侮辱的な扱いをしたため、その新聞は一六八二年に顧問会議決定で廃刊にされた。ド・ブレニ氏はフランスで新聞を出す勇気がなくなり、オランダに目を付けて、ニオールの医師で当時アムステルダムに住んでいたゴーティエ氏[一四七]と組み、その人に記事を送った。この新しい新聞は本の抜萃ではなく、ほとんどが医学をめぐる多くの短い文書を収めたもので、曲付きの小唄、詩、政治ニュースなども載っており、かつての医学新聞以上に悪口が充満していた。

構想も出来もこんなに良くない作品を見てベール氏は刺激され、新聞を出すというかつての考えが蘇った。ジュリユー氏もそれをしきりに勧めた。自分が出す本を持ち上げてくれる確実な媒体が出来るのを喜んでいたのである。[一]ベール氏も勧めに負けて、一六八四年三月二十一日に新聞の仕事にかかった。四月四日にはデボルド氏[一四八]と印刷について取り決めをし、『文芸共和国便り』という題で三月号から月刊で出すことにした。『学術メルキュール』は一月号と二月号しか出なかったので、あれもベール氏が書いたと想像する人がいたため、その本のことは正式に否認せざるをえなかった。[二]『便り』の三月号は遅れて五月二日に出、四月号は六月二日に出たが、大いにピッチを上げたので、七月号は八月はじめに出、以下同様で、各月の号は翌月の初旬に出るようになった。序文で説明したプランは他の新聞とそう違わなかった。各号は二つの部分に分れ、第一の部分には詳細な抜萃、第二の部分には多少の指摘を伴った新刊書の目録が収められた。そうすれば、より多くの本を話題にし、抜萃を載せるべきだと思わない幾多の本も世に知らせられた。抜萃には飾りとして、著者の伝記、作品、論争などをめぐる面白く興味深い多くの指摘や、精妙でデリケートな幾多の考察を付した。学者のためだけに仕事をするのではなく、世俗人に喜ばれ役立つことも狙っていた。[三]要するに、「抜萃ではすべてが生き生きとして活気があった。どんな問題でも楽しくし、まずい選びかたや冷たく退屈な考察で読者を飽きさせずに、僅かな言葉で本を紹介する腕がこの人にはあった。判定は賢明で控え目で、作者を不愉快にすることも、讃辞を安売りして自分の立場を悪くすることもしたがらなかった。(四)」最初は褒めすぎだと皆に思われたので、途中から讃辞は控え目にすることにした。(五)傍(はた)からの意見を喜んで受けいれ、それを役立てる術(すべ)を知っていたのである。この本はあまねく好評だった。フランスでも禁止されまいとベール氏は期待していたが、それでもやはり禁止された。しかし、禁令にもかかわらず毎月多くの部数がフランスへ持ち込まれ、みな先を争って読んだ。

(一)〔ベール〕『ロッテルダム陰謀の架空なることを証明す』、序文一七七ページ。
(二)『便り』の一六八四年五月号、第三版の扉裏にある「お知らせ」を参照。
(三)ル・クレール氏〔一二四九〕に宛てた一六八四年六月十八日付の手紙を参照。
(四)〔バナージュ・〕ド・ボーヴァル氏〔一二五〇〕の「ベール氏讃」〔一二五一〕。
(五)一六八四年八月号の巻頭にある「お知らせ」を参照。

彗星についての手紙でベール氏を知っていたフリースラント州政府は、(一)三月二十九日にこの人をフラネケル大学の哲学教授に指名した。俸給は九百フロリンだった。(F)州政府の決議は四月二十一日付の手紙で伝えられ、ベール氏はその手紙を五月九日に受け取った。次の日に返事を出して、しばらく考えさせてほしいと言ったが、六月九日には辞退の手紙を送り、俸給もことわった。その俸給は今貰っている金額の倍近くにもなったが、真の哲学者には金より大事なものがあるからである。

(一)『彗星雑考付記』の「読者へのおしらせ」〔邦訳、著作集第一巻、四一五ページ〕を参照。
(F)決議の文章をそのまま引けば次のとおり。

「フリースラント州政府決議記録簿カラノ抜書キ

ベーリウス氏ヲフラネケルノ哲学教授ニ任ジ、給与七百五十フロリント、ホカニ租税免除ニヨル百五十フロリンヲ支給スル。一六八四年三月二十九日ノ決議。

以下ニ署名スル小官ノモトデ作成サレ保管サレル前記記録簿ノトオリデアル。

C・デ・ヘルトーグ」

フラネケルからの招聘について考えていた頃、ベール氏は弟ジョゼフ〔一五二〕の訃報に接した。(一) これは非常にすぐれた若者だった。ピュイローランスで神学の勉強を始め、その後、勉強の仕上げのため一六八二年にジュネーヴへ行って一年余り過ごし、それからボナック侯爵殿の息子(二)〔一五三〕であるデュッソン〔一五四〕氏の傅育係に所望されてパリへ発ったが、(三) 一六八四年五月九日に皆に惜しまれつつこの町で死んだのである。(四) 非常な才気と洞察力に加えて、敬神の念に篤い、実に慎しい人で、学識があり、勤勉で、名立たる人物になる能力を十分に具えていた。ベール氏はこの弟を心から愛し、また心から愛されていた。弟を亡くしたことはこの人にとって非常に大きな打撃だった。ランファン〔一五五〕氏にこう言っている。(五)「愚弟の死におくやみを頂き、感謝しております。弟のことは、手紙でも口頭でも皆さんがとても褒めてくださいました。私はあの子を心から愛していましたし、あの子の方もたぶんそれ以上に私を愛してくれました。あの子をこの世から連れ去られ、期待する慰めを私から奪われた神が称えられんことを。御自分を限りなく尊敬していた良き友を貴方も亡くされたのですから、その死を悼んでくださることにも多少の利害がおありになったわけですね。」

(一) 五月十六日。
(二) 〔ベール『歴史批評辞典』〕「オーリエージュ」の項を参照。
(三) ミニュトリ氏〔一五六〕に宛てた一六八二年七月九日付、一六八三年七月十五日付の手紙。
(四) ドーナ伯爵殿〔一五七〕からベール氏への一六八四年九月二十八日付の手紙を参照。
(五) 一六八四年八月八日付の手紙。

その頃、『〔マンブール氏の〕《カルヴァン派史》の一般的批判』の第三版が出た。第二版はジュネーヴで再刊されていた〔二五八〕が、それでもこの書はじき売り切れになった。この第三版の「お知らせ」でベール氏は次のように言った。本書が印刷されるのはこれが最後に決まっているので、必要な加筆・訂正をしてできるだけ完成に近付けたかったが、そうする勇気がなかったのは、すでに二回も本書を買った人たちをあまり悲しませたくなかったからである。そういう人が改訂・訂正・増補された新版に不満を洩らすのをよく耳にする。前の版が嫌になり、金をはたいたのが惜しくなるからというのである。だから、この第三版も先の版とそう違わないようにした。第二版をお持ちのかたには、その版だけでいいから今度の版に触指を動かすには及ばないとお知らせしておく——と。付け加えてこうも言った。それはこの版が前の二つよりましでないということではなく、その優越も考慮に値するほどではないということだ、と。しかし、こういう言いかたを額面どおり受け取ってはいけない。この第三版には重要な加筆・訂正があった。手紙の配列も多少変えたが、特に力を入れたのは曖昧だったり韻を踏んだりする言い回しを削って文体を直すことだった。その機会に、詩句とか同音語尾とか、同じ単語がいくつもの単語に掛かりえて、いろんな意味を形成しうる文とか、そういうものを避けるようにフランス語で書くのは難しいことを指摘した。

一六八五年のはじめには同書の続篇を『《マンブール氏のカルヴァン派史の一般的批判》の著者の新たなる手紙。第一部。矛盾、論過、その他同種の間違いを含むかに見えた《批判》のいくつかの個所を弁明し、それを機会にこれらの問題に関わる幾多の興味ある事柄を取り扱う。ヴィル゠フランシュ、ピエール・ル・ブラン書店、一六八五年』という題で発表した。巻頭には序文として長い「読者へのお知らせ」を置き、そこでこう断言した。この書の印刷を始めるのにさんざ渋った上で同意したあとでも、私はしばしば印刷を中止させたい誘惑に駆られた。なんらかの成功を収めた本を作ったあとで、迂濶に続篇など出すと失敗しないことは稀なのを考えたからである――と。続けて、「そういう続篇はまず決まってこう言われる。〈作者は息切れしたな〉、〈じっとしてりゃよかったのに〉、〈自分の力をもっと弁えるべきだったんだ〉、〈せっかく高く買われたのに、世評に応えられない危険を冒したのがそもそも大間違いなんだ〉などと。」〔邦訳、著作集補巻、四一六ページ〕こういう判断は道理に適っていることもあるが多くは全く不当なこと、続篇が前作ほど高く評価されないのは、著者のせいよりむしろ読者のせいであることをこの人は示した。しかし、それで不運が減るわけではないから、結論は、少数の特権的な作家を除いて、あとの人はみな、最初の作品が幸にして好評だったら作品相互の比較を恐れるいわれがあるということだった。付け加えて、この種の比較を怖がる理由が自分ほどある者はかつていなかったと言って、『《カルヴァン派史》の一般的批判』を引き立たせるのに幸にも寄与したものの、今では存在しないのでこの『新たなる手紙』を助けてはくれぬ幾多の事情を指摘した。だが結局、どう言われようが全く無関心でいようと肚を決めて、これが公になるのを黙認したのだ、と。それでも、読者にはこう注意しておいた。第二巻〔第十三信以下〕には、本書からおそらく期待される謹厳さにいささか欠けるような個所が二、三見られよう。軽口に堕しすぎる個所があるとすら思われるかもしれない。だからはっきり言明しておくが、自分には学者として書くつもりも、学者のために書くつもりもなかった。自分が書くのは、読書好きだがさして勉強しておらず、正確に言うと、勉強にはなるが疲れない真当な娯楽だけ求めるような無数の人のためである。本書を判定しようとする人には、これが作者の目的だったのを思い起こしていただかねばならない――と。われわれが持つのはこの書の第一部だけである。ベール氏はさらにあと二部出すつもりで、執筆すら始めていたが、書き上げられなかった〔二五九〕。いわく、〔二六〇〕「最初は、〔二六一〕この第一部に続いて第二部、第三部を作るつもりだった。第二部ではポワシ会談、第一次武装蜂起、詩篇の訳など大規模な考察に値する多くのことが『一般的批判』ではあまりに簡単にしか触れられていないと言った人を満足させる予定だったし、第三部では宗教論争上のいくつかの難問を説明する予定だった。しかし、この第二部、第三部について多少の用意はかなり前から出来ているとはいえ、ほかの仕事が邪魔をして仕上げられないおそれが強そうである。」〔邦訳、著作集補巻、四二三―四二四ページ〕

ベール氏はこの書を一冊ランファン氏（一六二）へ贈って、腹を立てるおそれはないから欠陥をなんでも指摘してほしいと言った。いわく（一）、「『一般的批判』の続篇を一冊御嘉納ください。……この最近作には自分でも満足していませんので、欠陥を率直に御指摘いただけると幸甚です。いささかでも私が腹を立てるのを心配なさらないでください。自分のささやかな作品について友人たちから腹蔵なく苦情を言っていただくほど有難いことはないのですから。これはテスト済みのことで、友人の批判に全然悲しみなど感じないことは経験から言えます。」

（一）　一六八五年四月二日付の手紙。

この続篇は『一般的批判』ほど当たらなかった。二つの作品はどう違うか、続篇をどう思うべきか、序文であれほど言ったのに無駄だった。そんなことに誰も注意を払わなかった。迷える良心の権利や善意の誤謬について第九信で言ったことすら聞いてもらえなかった。自分の考えを正しく説明するため、できる限り慎重を期したのに、である。半年後に『文芸共和国便り』で、マールブランシュ神父（一六三）が読者の怠慢をいささか嘆いているのにかこつけて、ベール氏はそのことに不満を洩らした。いわく（二）、「大方の読者はおかしな人たちだと認めざるをえない。いろんな注意をしてやっても、いとも恭しくお願いをして、こうするようにと勧めても、自分の気分や習慣に従うのをやめない。母親や夫の甲斐なき用心についていろんな小咄が作られたのに、著作家諸公の甲斐なき用心について小咄が出来ないのは不思議である。半年前に作品が上梓されたにすぎぬ私の知り合いの或る著作家などは、軽率な判断を下されないように万全の手を打ち、序文で肝要な注意を与え、読者を警戒する個所では、言うことをすぐに十分検討しないと間違えるぞとはっきり指示し、自分の真意を太字で示して、誤解する者は弁解の余地がなくなると脅しに類することをするほど用心したのに、そんなことはなんの役にも立たなかった。それでも専門家すら、避けさせようとあれほど苦労した罠にはまってしまったことを聞かされたのである。」

（一）一六八五年七月号、記事八、私の本では七八〇、七八一ページ。

『文芸共和国便り』の二年目を始めるに当たり、つまり一六八五年の三月号から、ベール氏は標題に加筆して、この本を匿名書でなくした。「ロッテルダムの哲学と歴史の教授B…氏著」という言葉を加えたのである。この号には「お知らせ」を付けて、この便りが執筆される場所を世の人にはっきりお知らせすべきだと思ったのは、ロッテルダムの為政者の皆さんが文芸を保護しておられること、新設の「市立大学（エコール・イリュストル）」にその皆さんが置いた教授の一人がこの書の著者であることを見てもらうためだと言い、慣例どおりその皆さんに本書を献じることはしないが、全篇をそれに捧げることに変わりはないと言明した。三月号の或る記事では、ロッテルダム市が昔から文芸を奨励してきたことを述べる某書の抜萃を掲げつつ、さらに強い表現を使った。ベール氏はこう付言したのである。（二）「同市が三年来していることほど学問への愛好をはっきり示すものはない。お察しのとおり、ここで言いたいのはロッテルダムの為政者の皆さんが一六八一年に寛大にも設立された〈市立大学（エコール・イリュストル）〉のことである。この『文芸共和国便り』から世の人がなんらかの教えや有益な骨休めを得られるなら、それはこの方々のお蔭である。この激務をやり抜ける生活の安らぎを、私はその方々から頂いているのだから。〈我ラニコノ安ラギヲ賜ワリタリ〉で、こういう集成が編まれるのもあの輝ける市会の庇護のもとである。当然のことながら、この機会に感謝の意を表し、この便りへの褒め言葉が何か言われるようであれば、それをことごとく同市の栄光に捧げるものであることを断言しておく。」

（一）記事八、私の本では三一二ページ。

一六八五年五月八日にベール氏は、〔一六四〕父親が去る三月三十日に亡くなったのを知った。非常に悲しい知らせだったが、〔一六五〕兄が宗教故に投獄されたと聞いた時、心痛はさらに倍化した。〔一六六〕『《カルヴァン派史》の一般的批判』がフランスで騒がれて、ベール氏が作者と判明するまで、リューの司教殿もこの人の消息を知らなかった。

トゥールーズ滞在中にこの人が逃亡して改革宗教へ戻ってしまった際の悲しみが、その本で更めて蘇った。兄を相手に復讐しようと司教は何度も図ったが、あの牧師は行動が賢明且つ慎重で、敵に尻尾を掴ませなかった。結局、司教はド・ルーヴォワ氏に〔一六七〕泣きついた。ド・ルーヴォワ氏も改革派への仕打ちを語る『一般的批判』のいくつかの個所に感情を害していたので、ル・カルラの牧師ベール氏を逮捕せよと命じた。六月十一日、巡査隊がこの人の家へ派遣され、牧師は書斎から引っ立てられてパミエの監獄へ連行された。七月十日にはさらにそこからボルドーのシャトー・トロンペット監獄へ移送され、悪臭のする不潔な土牢に入れられた。棄教を迫られたけれども、約束にも脅しにも侮辱にもこの人をぐらつかす力はなかった。牧師が示した堅忍と豪毅さには迫害者らも舌を巻いた。真理のために苦しむべく自分を召された神をこの人は称えるのだった。しかし、こうまで非道な扱いに虚弱な体質は耐え切れず、この人は五カ月にわたる牢獄生活の末、十一月十二日に息を引き取った。こうして、「〔二〕生涯示し続けた敬虔さをいとも麗しい死によって飾ったのである。その最期には、法王教徒として死なせようと全力を上げた連中すらも感嘆した。そういう者の攻撃にも輝かしく打ち克ったからである。」これは聖俗の歴史にも古今の著作家にも非常に通じた人だった。宗教への熱情にも穏やかさと賢明さが伴い、改革派がなめさせられる不幸を深く悲しみつつも、国王のお身への侵すべからざる忠誠と、国王の命令への全き服従の念をいつまでも持ち続け、キリスト教徒が主権者に対置すべきは哀願と涙だけだと確信していた(二)。

(一) 〔ベール〕『架空の陰謀』、三一三ページ。
(二) 一七一六年にアムステルダムで出版された『ベール氏とその著作の歴史』〔一六八〕の九八ページ以下にある、モントーバン納税区の地方長官ダゲソー氏〔一六九〕にした演説と、マゼールの長老会議にこの人がした返事を参照。

パーツ氏〔一七〇〕は当時、州政府の代表としてイギリスに行っていたが、あの国では寛容の問題がさかんに論議されていたので、その点をめぐるラテン語の手紙を九月十二日付でベール氏へ送り、ベール氏はそれを『H・V・PからB…ヘノ手紙(一)。イギリスノ最近ノ騒動ニツイテ。神事ヲメグル公的宗教ト異ナル見解ヘノ寛容ヲ論ズ』という題でロッテルダムから刊行した。その手紙でパーツ氏はまず、ジェームズ二世〔一七一〕についてイギリス人の精神と感情に起こった大きな変化に感嘆していた。即位に当たってあの君主が自分の宗教〔カトリック教〕を隠さなかったのを褒め称え、告白する宗教を平穏に享受させるとプロテスタントの臣民に約束したことを忠実に守るよう期待していた。手紙のあとの部分は、国王は自国に一宗教しか許容すべきでなく、人民は自分と同じ宗教の君主しか許容すべきでないという説への反駁に充てられていた。迫害根性ほど古代キリスト教の精神と対立するものはないのを示し、不寛容を擁護するために政治学者や神学者が挙げる理由を検討した上で、ローマ教会が僭称する無謬の権威に反対していた。また註では、前に言ったいくつかのことを説明し裏付け、プロテスタントのあらゆる宗派を同じ一つの会にするのもたやすいことを明らかにした。この手紙は柔和で穏やかな気持を吹き込むのに実に好適だと判断したため、ベール氏はそれをフランス語に訳してあげようと思った。その翻訳は十月に『H・V・P氏からB氏への手紙。イギリスの最近の騒動について。支配宗教に随わぬ者への寛容を語る[一]』という題で出た。手紙はフラマン語にも訳された。ベール氏はそれの抜萃を『便り』の一六八五年十月号に載せ、その記事の印刷後にパーツ氏が亡くなったため、新版には僅かな言葉であの大人物への讃辞を加えた。いわく[二]、「今述べた手紙を書いた**高名なるパーツ氏**が寛容について強力に論じたのはこれが最初ではない。アムステルダムで一六八四年に、はじめ四折判、次には二折判(フォリオ)で印刷された『すぐれた学者たちの教会・神学書簡集[三]』には、同じ問題を扱ったこの人の手紙がほかに数通収められている。氏の雄弁と堅実な精神を示す立派なモニュメントである。文筆家になる気があったら、もっともっと多くのものを生みだすのもこの人には朝飯前だったろう。大神学者、大法学者、大政治学者、大哲学者だったからである。物事の理解が実に的確で、それを驚くほど深く掘り下げ、これほど力強く論じる人も、これほど堂々たる言い回しをする人もかつてなかった。だが、この人は文筆稼業などよりもっと大きな仕事のために生まれついていたのである。フランスの大進出に祖国が茫然自失していた時、特派大使としてスペインへ行き国に多大の利益をもたらしたことは、この人の政治的能力のほどを世に知らせた。これだけの大人物が長生きできなかったとは、なんという損失であろう。五十五歳になるやならずで、今(こん)一六八五年の十月八日に身罷ったのである。非常な知力と深い学識のみならず、勇猛・廉潔・度量・誠意、その他君子を作りなす美質のすべてでかくも推奨すべき人だったのに。かように語る義務を私が負うのは、文芸共和国の新聞人としてである。しかし、あの高名な故人から受けた恩恵への感謝の念に即して語ったら、どのようなことを言うべきであろうか。」

（一） Hadriani Van Paets ad Belium（アドリアーン・ファン・パーツからベールへの）の略。
（二） ロッテルダム、ライニール・レールス書店、一六八六年、十二折判。
（三） 記事二、第三版一〇九三、一〇九四ページ。

ベール氏はその頃、マールブランシュ神父[一七三]をめぐってアルノー氏[一七四]との論争に巻き込まれた。あの博士は『自然と恩寵の新体系に関する哲学的・神学的考察』の中で、「快感はみな善であり、味わう者を現実に幸福ならしめる」というマールブランシュ神父の意見に猛反対していた。ベール氏はアルノー氏の同書の抜萃を作って、マールブランシュ神父への支持を表明した。いわく[一]、「〈快感はみな、味わう者を味わう時に幸福ならしめるが、われわれを物体〔身体〕に結び付ける快感は避けねばならない〉と言うほど罪のないことも確かなこともない。……しかし、こう言われよう。われわれの至福は徳だ、恩寵だ、神への愛だ、というよりも神のみだ、と。道具として、哲学者風の言いかたをすれば〈動力〉因としてはそのとおりである。しかし〈形相〉因としては、快感だけが、満足だけがわれわれの幸福である。」少し前ではこう指摘していた。「〔感覚的快楽をめぐる〕マールブランシュ神父の説を多少とも理解する人なら、そんなことが問題にされるのにきっと驚くだろう。アルノー氏がこの最近作の序文で自分の誠意を誓ったばかりなのを覚えていなかったら、この人は揚げ足とりをして論敵を道徳的に胡散臭く見せようとしたのだと思うだろう。」カッとなりやすいアルノー氏は、『《文芸共和国便り》の著者への意見』という文書を公にしてベール氏のこの考察に文句を言い、マールブランシュ神父の言う意味を自分は正しく摑んだ上で正しく反駁したと主張した。ベール氏は『便り』の十二月号にその文書の要旨を載せ、休暇を利用してそれを入念に検討すると約束した。そして約束どおり仕事をし、その回答は『感覚的快楽をめぐりマールブランシュ神父を支持する発言をしたことについて寄せられた意見に対する《文芸共和国便リ》の著者の答[二]』という題で二月二十五日に刷り上がった。アルノー氏も負けておらず、『感覚的快楽の幸福なるものを論ず[三]。マールブランシュ神父を支持しアルノー氏に反対して《文芸共和国便り》の一六八五年九月号で言ったことを正当化するためベール氏がした答への応答として[四]』という題の回答を著わした。それが出た時病臥中でなかったらベール氏はこの応答にも答えたろうが、健康を恢復して筆を執れるようになった頃にはもう時期遅れだと思ったので、別の著作で一言(ひとこと)触れるだけにした。(五)

(一)『便り』の一六八五年八月号、記事三、私の本では八七六ページ。
(二)ロッテルダム、ピエール・ド・グラーフ書店、一六八六年、十二折判。
(三)正しくは「八月号」。
(四)ケルン(ロッテルダム)、一六八七年、八折判。
(五)〔ベール〕『歴史批評辞典』、「エピクロス」の項、註(G)。

シュパイアーの帝国法院弁護士デッカー氏〔一七五〕が発表した匿名著作家論に多くの間違いが紛れ込んでいるのをベール氏が『便り』の一六八五年九月号で指摘したため、(一)同書の新版を出そうとするアルメロヴェーン氏〔一七六〕が、それを読んで間違いがみつかったら教えてほしいとベール氏に頼んだ。ヴィンディンギウス(ヴィンディング)〔一七七〕氏という学者もすでに、この書の第二版に印刷されたデッカー氏宛の手紙で作者の勘違いをいくつか訂正し、補遺もいくつか提供していたが、その手紙にも間違いがなくはなかった。ベール氏はアルメロヴェーン氏への返事でその両方を訂正し、幾多の匿名著作家の身許を明かし、最後に、ノートを調べ友達に相談する時間があったら、また隠れていようとした著者たちが気を悪くするおそれがなかったらもっとくわしい、もっと興味のある指摘ができたはずだと言った。この手紙は一六八六年三月六、七日付で、アルメロヴェーン氏はそれを『シュパイアー帝国法院弁護士兼代官ヨハン・デッカー著、匿名・仮名(かめい)著作についての推定。諸家の加筆を付す。増補第三版』という題でアムステルダムから刊行された(二)デッカー氏の本の新版に付した。ベール氏は『便り』の一六八六年四月号でそれを取り上げ、自分の手紙にある二、三の誤植を指示した。

（一）記事八〔一七八〕、私の本では一〇一三ページ。
（二）「新刊書目録」の第一項、私の本では四六〇ページ。

フランスでの改革派迫害にベール氏はかねがね心を痛めていたが、一六八五年十月に、改革派の権利と自由の担保であり保証でもあったナント勅令が廃止され、改革派の家々に龍騎兵（ドラゴン）が差し向けられて、ローマの宗教へ家人を無理やり改宗させるため、宿泊する兵隊がありとあらゆる乱暴狼藉をはたらいていると聞いて胸を締め付けられた。それで表向き服従する者もいれば、良心の光どおりに神に仕えようと異国へ亡命する者もいた。なのに、改宗勧誘員らは改革派にどんな暴力が揮われたことも否定し、プロテスタントが「ドラゴン十字軍」とか「ドラゴン流改宗」とか単に「ドラゴナード」とか呼ぶ「軍人の宿泊」を認める者も二、三いるかいないかだった。ベール氏はこの点について、『文芸共和国便り』でもたびたび非常に賢明で控え目な考察をした。だがとうとう、「異端を撲滅」し「フランスをカトリック一色」（一）にして「ルイ大王」が手に入れた「不滅の栄光」などということばかり言う無数の書き物にうんざりして、一六八六年三月に『ルイ大王のもと、カトリック一色のフランスとは何か』という題の小冊子を発表した。しかし、自分が作者だという疑いすら起こらぬように、この本は「サン＝トメール」〔フランス最北部の町〕で印刷されたと偽り、「お知らせ」を付けて、原稿はイギリスから戻ったばかりの宣教師に託された、異端者の逆上ぶりの証拠になるから活字にするようにその宣教師に勧められたと書肆に言わせた。

（一）新改宗者のゴートロー氏〔一七九〕が『ルイ大王のもと、カトリック一色のフランス、または、異端を誓絶した上でローマ教会の弁明をする自称改革派の数人のフランス人の対談』〔一八〇〕という本を一六八五年〔一八一〕にリヨンで出した。十二折判三巻本である。

この小品は三通の手紙からなっていた。本体をなす二通目は、某教会参事会員に宛てて、その友人だったロンドン在住の亡命者が送ったものである。改革派に対するフランスのやりかたが非常に強い、非常に苦々しい口調で批判されていた。迫害の片棒を担いだとしてフランスのカトリック教徒を全員洩れなく非難し、ローマ教会の恐ろしい肖像を描いて、不誠実と暴力がそれの真の特徴だと言っていた。改宗勧誘員には滑稽な策略と低級・粗雑な揚げ足とりを糾弾し、種々の決定、とりわけ七歳児がカトリック教を選ぶのを許す（一八二）決定の不正に抗議し、ナント勅令を廃止する勅令（一八三）で挙げられた理由は嘘なのを示すとして、ドラゴナードをヴィヴィッドな筆致で描き、カトリック教徒としてのカトリック教徒が宣誓をしても純然たる欺瞞だと言い、彼らの宗教熱心なるものを嘲り、カトリックの僧族はキリスト教を破滅させるとし、改宗勧誘員の所業をキリスト教徒を迫害した異教徒の所業に準（なぞら）え、カトリック教徒は他宗教の目にキリスト教を忌わしいものにしたと責め、人倫の掟からしても、万人に寄せるべき一般的な愛徳からしても、君子たるものはフランスで最近起こったことをシナの皇帝に知らせる義務がある、宣教師ははじめ黙認されることしか求めないけれども、ひたすら支配者になろうと狙っていること、彼らが獲得した信者たちの忠誠は当にならないことを皇帝に警告する義務があると主張した。そして最後に、司祭や修道士は行く先々に不和と反乱と残虐さを持ち込むと言った。以上がその手紙の概要である。

　ベール氏が自分の新聞でこれをどう判断するかお目にかけたら、きっと喜んでいただけよう。こう言うのである（一）。「激しすぎる、想像力を羽ばたかせすぎるとたぶん思われようが、考えは見事で、事の内容に関する限りその考えにはしっかりした根拠があるから、行き過ぎたものがあってもおそらく赦してもらえよう。間違いなく、ここではフランスの改宗勧誘員に、彼らをいたく困惑させることを言っている。何かに敏感であることを彼らの仕事が許容すればの話だが。言い回しが言い回しで、最初から最後まで筆遣いは強烈だから、この文書がかりに長くても長いと思う読者は少なかろう。」

（一）『便り』の一六八六年三月号、「新刊書目録」の第三項、私の本では三四六ページ。

筆者を知らないふりをして、ベール氏はこのように語っていた。この手紙に気を悪くしたくだんの教会参事会員は、それを友人であるロンドン在住の別の亡命者へ回送して感想を求めた。神と教会に反抗する宗教に対して使われた穏やかで愛徳に充ちた方法を神が祝福されたことに感謝し、自分も祈りを捧げて、貴方の回心の恩寵を得ようと努めるつもりだと請け合い、最後に、改革派の抗議が正しくないことを聖アウグスティヌスの書簡〔一八四〕が示しており、彼らを帰順さすために使われた方法を反駁の余地がないほど正当化しているから、それを読むようにと勧めていた。この手紙が〔作品を構成する〕三通の手紙の中の一通目だった。三通目の手紙では、その亡命者がとても穏やかに、また控え目に教会参事会員に答えていた。友人に見る感情の激発や針小棒大な表現は良くないと言い、フランスにも改革派の悲惨に温く同情して色々世話をやいてくれた真人間は無数にいた、司祭や修道士の内にすらいたから、フランスには一人も真人間がいなかったなどと友人が言ったのは間違っていると認めた。しかし改宗勧誘員に関する限り、同僚の筆でいくらやっつけられ、悪口のあらん限りを浴びせられてもそれを止めるつもりはない、改革派に暴力を揮ったのを否定するカトリック作家たちも同じだと言った。その点についてかなりきつい質問をいくつかし、フランスのカトリック教徒の間にも真人間は沢山いたと友人に意見したところ、そういう真人間はみな単にカトリック教徒として行動したのではなくフランス人として行動したのだ、人間は司祭から教理問答を教わった者としてなら信用できないが、フランス的な礼節のルールを教わった者としてなら信用できる、とその友人は主張したと語った。そして、自分はそんな区別（一）をせせら笑ったが、友人はそういう考えを盛った英語から訳したノートを見せてくれたと言った。いわく、「当地〔ロンドン〕には、立派な哲学者でもある学識豊かな長老派の人がいて、まだ活字になってはおりませんが、例の譬にある〈強いて入らしめよ〉という言葉について哲学的な註解をものしました。その註解は今フランス語に訳されています。私もそのノートを何冊か貸してもらい、非常な喜びをもって読みました。イギリス人は世界一深い思索的な精神の持ち主です。宗教問題での強制は悪であり理性にも福音にも反することを、これほど見事に証明したものはかつてなかったと思います。聖アウグスティヌスも、私たちに読めと言われている二通の手紙も、そこで完全に論破され、この人が当時の異端者を叩く時にも、迫害者の肩を持つ時と同じ程度の論理しか展開していなかったら、聖アウグスティヌスの報告にもとづいて、また聖アウグスティヌスの結論を聞いてペラギウス〔一八五〕を断罪した各宗教会議など、いとも簡単に喜んだり怒ったりするたわいのない存在になってしまうことが示されています。私もできるだけ、この作品の翻訳と印刷を急がせましょう。あなたのような服の人たち〔聖職者〕の支配的な精神にもかかわらず、カトリック教徒の中にもそれに賛成なさる人がたくさんおられるに相違ありません。」

（一）『カトリック一色のフランスとは何か』、一二五ページ〔邦訳、著作集第二巻、五七―五八ページ〕。

ここで予告する本は『〈強いて入らしめよ〉というイエス・キリストの言葉に関する哲学的註解。強制により改宗せしむるはこの上なく忌むべきものなることをいくたの論証的な理由によって証明し、改宗を強制する者のあらゆる詭弁と、聖アウグスティヌスのなせる迫害の弁明を駁す。ブラッグズのジョン・フォックス氏の英語本をJ・F氏訳す。カンタベリ、トマス・リットウェル書店、一六八六年』という題だった。ベール氏は『便り』の一六八六年八月号（二）でこの標題を紹介して、こう付け加えた。「『便り』の三月号、三四五ページで『カトリック一色のフランスとは何か』について語ったが、この註解の出版はその小論で予告されていた。それはきっと新型の註解であろう。つい二日前に海の向こうから標題が届き、作品自体もじきに送ると約束された。知らせの手紙で示唆されるほど改宗勧誘員の族（やから）を叩き伏せるようなものかどうかもじきに分ろう。」だが、これは見せかけにすぎなかった。この本は『カトリック一色のフランスとは何か』を出したアムステルダムのウォルフガング書店から出版された。刷り上がったのは十月で、ベール氏は『便り』の十一月号で話題にした(二)。

(一)「新刊書目録」の第二項、私の本では九六一ページ。
(二)「新刊書目録」の第三項、私の本では一三四七ページ以下。

作品は三部に分れていた。第一部でベール氏は「強いて入らしめよ」(一八六)という言葉の字義どおりの意味に反駁したが、これは神学的または批評学的な註解ではなく「哲学的註解」、つまり純推論的な作品なので、まず「自然の光、またはわれらの認識の一般的原理は、あらゆる聖書解釈の本源的な基準をなすものであること、とりわけ道徳の問題においては」〔邦訳、著作集第二巻、九一ページ〕という原理を立てた。またはは同じことだが、個々の教義は、聖書に含まれるものとして主張されるにせよ、ほかの仕方で提示されるにせよ、自然の光の明晰判明な概念によって反駁される場合にはすべて誤りである、とりわけ道徳についてでは、ということだった。そして、ローマ・カトリック教徒すら例外とせず、すべての神学者がこの格率に同意しているのを示した。この原理をうちたて証明した上で、次に、あの言葉の字義どおりの意味が誤りであることを明らかにしていった。それが誤りなのは、一、理性の最も純粋で判明な観念に反するからである。二、福音の精神に反するからである。三、神的・人間的な道徳の全面的な覆滅を含み、徳と悪徳を混同させ、それにより考えられる限りの混乱に門戸を開き、社会のあまねき破滅を招来するからである。四、福音を説く者に国内への立ち入りと滞留を禁じ、今いる者はどこからも追放する正当で理に適った理由を非キリスト教徒に与えるからである。五、その執行が幾多の罪悪を併発せざるをえないような普遍的命令を含むからである。六、キリスト教から偽りの諸宗教、とりわけ、迫害によって確立されたマホメット教を非とする強力な証拠を奪うからである。七、初代三世紀の教父たちが知らなかったものだからである。八、異教徒からの迫害に対する初代キリスト教徒の抗議を無意味で滑稽ならしめるからである。九、真のキリスト教徒を不断の圧迫に晒し、しかもこの圧迫を中止させるため、迫害される者とする者の間で争われる教義の内容自体しか挙げられなくするからである。こんなのはお粗末な論点先取にすぎず、この世が修羅の巷と化すのを防げないから。

「第二部」でベール氏はされかねない反論に答えているが、反論は左のようなものに還元された。一、「暴力を用いるのは、良心を束縛するためではなく、検討を拒む者を覚醒させるためである」〔邦訳、著作集第二巻、一六一ページ〕というもの。氏はこの言い訳に反駁して、「かたくな」と呼ばれるものを検討した。二、「字義どおりの意味がいまわしいものとされるのは、人間が用いる方法によって神が用いる方法を判断するためである。人間は情念によって動く時、判断を誤りがちなものだが、神が摂理の驚嘆すべき手段によって御業をなしとげられるため、この方法を使われることにはならない」〔邦訳、同一七二ページ〕というもの。ベール氏はこの考えが虚偽なのを明らかにし、迫害が通常招く結果を示した。三、「イエス・キリストが命じられた強制を刑場・刑車・絞首台のような姿で示すのは悪意に充ちた誇張である。罰金・追放その他些少の不都合のほかは語るべきでない」〔邦訳、同一八四ページ〕というもの。ベール氏はこの弁解の不合理を示し、字義どおりの意味を仮定すれば極刑の方が、フランスで用いられた訴訟沙汰・投獄・追放・龍騎兵の宿泊などより理に適うことを明らかにした。四、「字義どおりの意味を断罪すれば、神がユダヤ人の間に設けられた律法と、予言者が時としてした行為をも同時に断罪せざるをえない」〔邦訳、同一九七ページ〕というもの。ベール氏はそれに対して、ユダヤ国家に特有の理由から古き律法のもとでは許され勧められさえしても、福音のもとでは通用しないものが色々あることを明らかにした。五、

「強制という字義どおりの意味を非難するプロテスタントは、もっとも賢明なローマ皇帝と教父らをも断罪せざるをえない、また、場所によっては自らも他宗教を許容せず、たとえばセルヴェトゥス(一八七)のような異端者を死刑に処したこともあるから、自分自身をも断罪せざるをえない」〔邦訳、同二〇七ページ〕というもの。ベール氏は迫害を行なった古代のキリスト教徒の皇帝たちの行為を非難し、プロテスタントの君主たちの不寛容を許すのも、それが国益に必要な政治的行為である場合に限られた。そういう理由で、法王教は迫害を説き、そうする力がある時はいつでも実行してきた以上、法王教を取締る法律を作ることは許されると主張した。また付け加えて、セルヴェトゥスその他、最も基本的な教理について誤りを犯したごく少数の者の処刑は、現在では宗教改革初期の醜い汚点、遺憾で嘆かわしい法王教の残滓とみなされており、ジュネーヴの為政者が今日同じような裁判をしても、あんな暴力を入念に慎むことは疑いないと思うと言った。

第六の反論は、「寛容論は国家をありとあらゆる混乱の内に投じ、キリスト教の相貌を一変させる宗派の恐るべき雑多な集合を生みだしうるにすぎない」(一一)〔邦訳、同二一二ページ〕というものである。ベール氏はこの反論から自説の証拠を引き出している。いわく、「なぜなら、宗教がたくさんあることが国家に害を与えるのは、もっぱら、一方の宗教が他方を寛容しようとせず、迫害という方法でそれを併呑したがることから来るにすぎないからである。コレコソ悪ノ根源ナノダ。」付け加えて、「私の主張する寛容をみなが持していたら、十の宗教に分かれた国家にも、いろんな種類の職人が互に助けあう都市と同じ和合が保たれることだろう。せいぜい起こるのは、敬神と品行と学識で名を上げるのをきそう真面目な競争だけだろう。各宗教とも、善業を行なうことにますます強い執着を示し、面目にかけても、神の最良の友であることを証明したがるだろう。そればかりか、主権者があらゆる宗教を保護し、公正な態度で相互に均衡させる場合には、どの宗教も祖国をますます愛することを自慢しあうだろう。そういううるわしい競争が無数のしあわせをもたらすことは明白である。したがって寛容は、黄金時代をよみがえらせ、音色や調子の違う多くの声や多くの楽器の合奏と調和を生みだすにもっとも適したものなのである。こうした合奏の快さは、少なくとも、ひとつの声だけが一律に聞こえるのにも劣るまい。非常に違った多くの声、多くの音色のそういう美しい合奏を妨げるのは何か。それは、二つの宗教の一方が人心に残虐な暴圧をし、自分のために良心を犠牲にせよと他の宗教に強制しようとすることである。国王がそういう良からぬ不公平を助長し、修道士や聖職者の有象無象が抱く不穏な狂おしい欲望に俗権を任せてしまうことである。要するに、一切の混乱は寛容ではなく不寛容から来るのだ。」その上で、君主は「教会の育ての親」たるべしとはいかなる意味でかを明らかにした。

（一）『哲学的註解』、第二部、第六章、三六三、三六四ページ〔邦訳、同二二一―二二二ページ〕。

第七の反論は、「字義どおりの意味での強制を否定すれば、全面的な寛容を導入せざるをえない」〔邦訳、同二二三ページ〕というものである。ベール氏はこの帰結が真なのを認めたが、それが不合理なのは否定した。ユダヤ人のみならず、必要ならマホメット教徒や異教徒、ましてやソッツィーニ派を寛容してもなんら不都合はないのを示し、半寛容派が付す制限を検討し、「冒瀆」と呼ばれるものについていくつか指摘した上で、セルヴェトゥスを冒瀆者として罰する権利はなかったという結論を下した。〔一八八〕

最後の第八の反論は、「強制という字義どおりの意味が真理に加える暴力を正当化すると誤って仮定するのは、悪意のある曲解だ」〔邦訳、同二四一ページ〕というものである。ベール氏は答えて、あの帰結は正しい、字義どおりの意味を承認したら、正統派には異端者を迫害する権利があると称するのと同じく、異端者にも正統派を迫害する権利があることになると言った。それを証明するために原理として立てたのは、人はいつでも自己の良心の動きに随（したが）う義務があり、それに随っても罪を犯すおそれが時にあるとはいえ、随わなければ常に罪を犯すということだった。この原理は、「良心の命令に反してすることはみな罪である」という格率に基づく。そこから、自己の良心が悪いと教えることをしたり、すべきだと教えることをしなかったりする者はみな神を傷つけ、必然的に罪を犯すことになる。したがって、真理を認識する者がみなそれを擁護するため鉄火を用いることを神が実定法で命じたら、その法を啓示された者はみな、どうしてもそれに従わねばならないであろう。しかし、異端者は自分の意見を真実と思い込んでいるから、真理のためにせよと神が命じたことを自分の謬見のためにする義務を負うことになる。だから、誤謬を迫害せよと神が命じたことが本当だとすると、迷える者と自分がみなす正統派を異端者が迫害するのも許されることになるわけである。ベール氏は絶対的な真理と推定上の、または見かけの真理とを区別することで、この証拠を補強していた。こう言ったのである。誤謬がたまたま真理のお仕着せで飾られる場合、われわれは自分に真理と見えるものが絶対的に真理かどうか見分ける確かな印（しるし）を持たないから、自分に真理と見えるものにも真理にするのと同じ尊敬を払わねばならない。人間の弱さと人間が置かれる状態からして、われわれが絶対的な真理を認識することを神が厳格な意味でわれわれに要求するのは、その無限の叡知が許さなかった。神がわれわれに課したのは、われわれの力に見合った義務である。それは真理を探求すること、真摯に探求した上で、自分に真理と見えるものに足を止め、その見かけの真理を愛し、いかに困難でもそれの戒律に則って身を処すことだ――と。

「序論――註解の指摘とは異なるいくたの指摘を収む」と題した序文で、著者はこう言っていた。本書を著わしたのは『カトリック一色のフランスとは何か』を書いた或る亡命者に頼まれたからで、フランス語に訳してもらうために書いたのだし、きっかけもフランスで行なわれたプロテスタント迫害だったから、イギリスの本は一切引かず、引用する書はフランスの改宗勧誘員がよく知っているものに限った、と。序文では更めて迫害根性を攻撃し、一部のカトリック論争家に非常に強く激しく反駁した。ベール氏は自分の新聞で本書に触れてこう言った。(一)「著者は巻頭に、まさしく〈フィリッピカ演説〉(一八九)とも名付けうる長い序論を置いた。そこでする改宗勧誘員の定義は、定義される物にほとんど劣らぬほど残酷である。」序論の前には「読者へのお知らせ」があって、迫害を正当化するため聖アウグスティヌスが言った理由に反駁する第三部をすぐに出すと書肆が約束していた。

(一) 十一月号の前掲個所、一三四八、一三四九ページ。

『文芸共和国便り』のお蔭で、ベール氏は個人のみならず幾多の高名な団体からも尊敬を克ち得た。ベール氏からこの新聞を贈られていたアカデミー・フランセーズは手紙で礼を言い、貴方の功績とこの新聞の有益さは万人の認める所と請け合った。(二)イギリスの王立協会(ロイヤル・ソサイエティ)もこの人に手紙を送って、「文人の間の興味ある出来事を洩れなく集めるのに貴方が特段の注意を払われ、この『便り』で素晴しい才能を発揮なさっていることに気付きました」(一九〇)ので、貴方と「継続的で確実な文通」をしたい、そうすれば「お互にとって得でしょう」と申し入れ、さらに、「貴方への尊敬の最初の印(しるし)として」、レー氏(一九一)の『魚の自然誌』をお送りしますと付け加えた。ダブリン協会からもとても鄭重な手紙を受け取った。(三)これは学芸の進歩を図るために集まった学者・好事家の会だったが、数年しか続かなかった。

(一) バンスラード氏(一九三)の一六八五年五月十八日付の手紙、二四二ページ。
(二) 王立協会(ロイヤル・ソサイエティ)書記ホスキンズ氏(一九四)の一六八六年五月十三日付の手紙、二五六ページ。
(三) ダブリン協会書記スミス氏(一九五)の一六八六年十二月一日付の手紙、二七二ページ。

その一方、ベール氏はこの新聞のためいくつかの論争に巻き込まれ、いくつかの苦情を寄せられた。苦情が出た時は説明して分ってもらったり、不正確な覚書に基づいて犯したミスを喜んで訂正したりした。しかし、言いかたが言いかたのため、また問題が王侯に関わることのため、自分でも大変敏感になる非難もあった。これはベール氏の生涯の最も記憶すべき出来事の一つだから、この人に関係する文書はここで全部紹介する価値があろう。

『便り』(一九七)の一六八六年四月号で、(一)この人はスエーデンのクリスティーナ〔元〕(一九六)女王の名で流布される或る印刷物を話題にした。それはテルロン騎士(一九八)への返事で、あの君主がフランスのする〔プロテスタントへの〕迫害を断罪したものだった。ベール氏いわく、「出回っているような返事をスエーデン女王がテルロン騎士へ送ったというのが本当なら、フランスの告解所はどこでもあの女王に厳格な態度を示す可能性が強い。女王はそこで、改宗を促すフランスの手法を公然と断罪しているからである。とりわけ、教会の首長〔ローマ法王〕に対するフランスの僧族の振舞を考える時にはそうだ。カトリック教を告白する女王があんな手紙を書いたとは信じられないプロテスタントも多い。」その手紙を新聞に載せてくれと頼まれたので、ベール氏はそれを五月号に掲載した。(二)次のようなものである。(三)

(一)「新刊書目録」の第六項、私の本では四七二ページ。
(二) 記事四、五二九ページ以下。
(三) ローマ、一六八六年二月二日付。

「フランスでの異端の根絶なるものについて私の意見をお求めなので、この大問題について喜んで私見を申します。誰も恐れず誰にも阿(おもね)らないことを私はモットーにしていますので率直に告白しますが、あの大計画の成功を私はさほど確信しておらず、私たちの聖なる宗教にしごく有利なこととしてそれを喜ぶ気にもなれません。それどころか、こんな見たこともないやりかたは随所に多くの損害を生みだすものと予想されます。

ああいう新改宗者の誠実さを貴方は本当に確信しているのですか。むろん私も、そういう人が誠心誠意神と国王に服従するのを願ってはいますが、それでもかたくななのではないか心配ですし、私たちの聖なる玄義をあまりにもぞんざいに扱う宣教師〔軍人のこと〕たちに強制されたああいうカトリック教徒がこの先犯す瀆神という瀆神に責任を負いたくありません。軍人というのは使徒としておかしなもので、納得させるより殺すこと、犯すこと、盗みをはたらくことに向いた人種だと思います。疑いようのない種々の体験記も、軍人が自己流に宣教をしていることを教えてくれます。軍人の思いのままにされた人がかわいそうでなりません。破産した多くの家、乞食暮らしをさせられる多くの紳士を私は憐みますし、今のフランスの事態は同情なしには見られません。ああいう不幸な人たちが誤謬の内に生まれたのは気の毒ですが、それは憎むより憐むべきものだと思います。全世界を支配する皇帝の位をやると言われても、私はあの人たちの誤りを分け持ちたいとは思いませんが、あの人たちの不幸の原因になりたくもありません。

今のフランスは、病気を治すために腕も脚も切断される病人のように思われます。少し我慢し、少し優しくしてやれば、そんな病気は全快したはずなのに。心配でならないのは、病気が悪化して遂には不治の病になることです。灰の下の埋れ火がいずれ前より強く燃え上がり、異端が仮面を被ることでいっそう危険なものになることです。異端者や非キリスト教徒を改宗させる計画ほど褒められるものはありません。でも、やりかたは前代未聞で、全世界を改宗させるため主もそんな方法を使われなかった以上、この方法が最善のはずはありません。

あんな宗教熱や政略は理解を超えるもので、私には驚きですし、さっぱり分りません。それどころか、私は分らないのを喜んでいます。今がユグノーを改宗させ良きカトリックにする時期だとお思いですか。

ローマ教会にすべき尊敬と服従に対するこうも明らかな侵犯がフランスで行なわれている時ではありませんか。〈黄泉(よみ)の門はこれに勝たざるべし〉〔マタイ伝、第十六章、十八節〕という盛大な約束を主がされたのはローマ教会に対してですから、ローマ教会こそ私たちの宗教の唯一で揺るぎない土台です。なのに、ガリカン教会〔フランス・カトリック教会〕のスキャンダラスな自由が今ほど謀反に近い所まで行ったためしはありませんでした。フランスの僧族が署名し発表した最近の命題〔一九九〕はあまりに明らかな勝利しか異端に与えませんでしたし、異端はさぞかし、宗教のこの基本的な点で自分と教義・見解を同じくする人々に程なく自分が迫害されたことを喩えようもなく驚いたことと思います。

異端の根絶なるものを私が喜べない強い理由は以上のとおりです。ローマ教会の利益はむろん私には命と同じくらい大事ですが、それからしてもこの事態には胸が痛みます。また白状すれば、私はフランスをとても愛していますから、こうも美しい王国が荒廃するのを哀れにも思います。私の推測が間違っていて、万事が終結する時に神と御主君の国王が最大の栄光に飾られるのを心から願っています。この願いが心底からのものなのを貴方も疑われまいとすら確信しております。敬具」

同じ五月号(一)でベール氏は、「クリスティーナ女王が前掲の手紙を書いたことを確かな筋から保証された」と言い、六月号(二)ではさらに、「前号でも触れたように、クリスティーナがその筆になるとされるフランスの迫害に反対する手紙を本当に書いたということは、日に日に裏付けられている。それはプロテスタンティズムの名残りである〔二〇〇〕」と言った。

(一)「新刊書目録」の第一項、私の本では五九二ページ。
(二)「新刊書目録」の第六項、私の本では七二六ページ。

少しして、ベール氏は次のような手紙を受け取った。

「拝啓、
貴方にささやかな御注意を申しても悪いとは思われまいと期待しています。いずれお分りのように、この先お役に立つかもしれませんから。貴方は才人で、『文芸共和国便り』の読者もずぶの素人でなければ、貴方が才気豊かな人なのを認めます。しかし、人を傷つけず問題も起こさずに才人であることはできないのですか。あれほど物識りの貴方が、王侯とは尊ぶべきもの、触れれば必ず雷霆が落ちるおそれのある神聖なものだということを知らずにいていいのですか。こんなことを申すのは、貴方が『便り』でスエーデン女王について実に無礼な物言いをされたからです。それは女王の名で印刷された或る手紙についてです。貴方は四個所でその手紙に言及されますが、最後の個所は間違いなく羽を伸ばしすぎています。
高名なる〈クリスティーナ〉の名に少なくとも〈女王〉という名を加えたところで、貴方は義務を果したにすぎないでしょう。自分のような大歴史家は最大の君主にもそういう扱いをするのだ、フランス王やイギリス王を語る時もただ〈ルイ十四世〉、〈ジェームズ二世〉と言うのだなどと言わないでください。十四とか二とかいう数字はなにがしか特別視を伴い、言いかたの無遠慮さをやや修正しています。しかし、たとえば〈ルイは龍騎兵の宣教でプロテスタントを改宗させようと思い付いた〉とか、〈ジェームズはできれば穏やかな方法で王国に自分の宗教〔カトリック教〕を再建したがっている〉とか言ったら、これは実に滑稽な言いかたでしょう。貴方が去る六月号の七二六ページでするように〈クリスティーナが本当に書いたということは裏付けられている〉などと言うのもそれに劣らず滑稽です。過去にもたぶん未来にもこれほど高名な女王はこの世に少ないほどのかたを話題にしているというのに。陛下のことを語る際、かくも偉大な君主に払うべき敬意からしても、正しい書きかたを誇る者の文体に即しても、間違いなく、あの御名になんらかの肩書を付けるべきでした。

しかし、これもまだ『便り』のあの個所の不備の最たるものではありません。いちばんひどいのは記事の最後にある二、三の言葉です。〈それはプロテスタンティズムの名残りである〉と貴方は言います。そんなことは言わないでもよかったでしょう。才人を気取りたい気持で貴方は我を忘れたようです。でもそれは誤算でした。そこには才気などありはせず、あるのはただ無礼だけです。プロテスタントのそれとは反対の宗教をあんなに熱心に良き範を垂れて告白され、そのためにすべてを犠牲にしてこられ、陛下の内にそちらの宗教の〈名残り〉があるという貴方の発言を行動のすべてで打ち消しておられるような女王について、そんな言いかたをするものではありません。そのことを確信するには、貴方が『便り』で取り上げるその手紙を読むだけで足ります。同じ問題について女王がほかにもお書きになった幾多の手紙を読むだけで足ります。女王はフランス流のカトリック教徒ではなく、ローマ流の、つまり聖ペテロ、聖パウロ流のカトリック教徒です。ですから迫害には反対されるのです。実際、そんな異端者改宗法は使徒起源のものではありませんから。

なお、ここで言うのはみな私の一存で申すことで、女王の僕の一人として私にはそう言う義務があるからです。陛下が『便り』をお読みになることがもしあったら、なんと言われるか、どうなさるかは分りません。ただ、これは間違いありませんが、貴方がロッテルダム市の為政者からどれほど保護されていると自慢しても、そんなものは、あれほど偉大な君主がそうしようとされたらその恨みから貴方を守ってはくれますまい。ロッテルダムの為政者諸氏も公正で道理を弁えていますから、その時には貴方を保護してくれますまい。

御自分の名で印刷された、貴方が『便り』で紹介される手紙を陛下は否認なさいません。陛下がお書きでなかったものは最後の〈敬具〉という単語だけです。貴方のような才人なら、そのことを考えてあそこを訂正すべきでした。ああいう女王はごく少数の人にしかあんな言葉をお使いになれませんし、テルロン氏はその少数の中に入っていません。このことだけからも、女王御自身が手紙を印刷しようとされたのではないのが分りますし、それは誰でも知っていることです。『便り』でそれに言及なさりたければしてもかまいませんが、四月号の四七二ページにあるような冗談はやめてください。この御注意を役立ててくださるだけで結構です。

敬具

追伸　ここに私の名を書かないのは、そんな必要はないからですし、この手紙に御返事は無用だからです。貴方とお知り合いになる時が来たらそうしましょうが、まずは貴方が行ないを改めてくださらなくてはなりません、それが適当とお思いでしたら。」

ベール氏は、『便り』の八月号[一]にある「スエーデン女王をめぐる発言について寄せられた手紙に関する『便り』の著者の考察」という記事の中で弁明をした。その答は以下のとおりである。

（一）　記事九、私の本では九五二ページ以下。

「その手紙を書いた人は名を名乗らず、書いた時も所も明示していない。〈言うのはみな私の一存で申すこと〉で、〈女王の僕の一人として〉そう言う義務があるからだと述べるにすぎない。なんで文句を言うのか見てみよう。王侯に関わることだから、この人が示す苦々しさも怒りも私が自分の行ないをいとも静かに弁明するのをやめる理由になるとは思うまい。

苦情の第一は、〈去る六月号の七二六ページで、高名なる《クリスティーナ》の名に少なくとも《女王》という名を加えなかった〉ことである。しかし、それで偉大な君主への礼を失したなどと、多少道理を弁えた人なら考えないに決まっている。この人の名はあまりにも有名なので、ここで私がした表現も曖昧と思われるはずはない。なんらかの肩書を付けずに人を名前で呼ぶことは、通常軽蔑ないし親しさの印ではあるが、それが通則というわけでもない。名前だけでも高い地位がおのずと思い浮かぶ人もおり、そういう人の場合には主な肩書を付けようが伏せようがどうでもいい。付けたところで何も損われず、せいぜい無害な余剰にすぎない。削ったところで同じく何も損われず、取るに足らぬ省略にしかならない。王侯というのもその種の人で、だから会話や史書でも〈国王フランソワ一世〉、〈皇帝カルル五世〉などと言うより〈フランソワ一世〉、〈カルル五世〉、〈アンリ四世〉、〈フェリペ二世〉と言う方が多いのである。神の手でそれらの君主が引き上げられた高い地位は、肩書を削っても読者が非礼と解するのを許さないと想定されるから、みんな平気で手っとり早い方法を使うのである。手紙の筆者が指摘するように、〈フランソワ〉という名に付けられる〈一世〉という数字に特別視が伴うことは分っている。だが、そのこと自体、〈フランソワ〉という名前だけにも特別視が含まれる場合には〈一世〉という数字を付ける必要がなくなることを示している。だから毎日のように、〈アレクサンドロス〉はアリストテレスの弟子だったとか、〈スュレイマン〉はハンガリーを占領したとか言われるのだ。前者はマケドニア王で後者はトルコ皇帝だったと言う必要も、何世と数字を付す必要もないのである。どんなに厳密なフランスの作家でも、〈コンスタンティヌス、テオドシウス、ユスティニアヌスがこれこれの法律の真の作者だ〉と平気で言うだろう。同じ王家に例を求めようか。スエーデン王グスターヴ・アドルフの存命中にしろ歿後にしろ、〈グスターヴはこうした、ああした〉と言わなかった者、書かなかった者がどこにいよう。では、この人を語る際に王という肩書も、スエーデン王の連続の中で当てはまる何世という数字も付す必要がないのはどうしてか。それはこの人が〈グスターヴ〉という名をあまりにも有名にしたため、その名だけで十分に他と区別されるからである。今のケースもそれと同じだ。グスターヴ王の息女のスエーデン女王は〈クリスティーナ〉という名を非常に輝かしくしたため、この名を挙げるだけでその王位、その美質、その行動が全部思い起こされるからである。だから、父王を単に〈グスターヴ〉と呼んでも敬意を欠くことにならないように、息女を単に〈クリスティーナ〉と呼んでも失礼にはならず、むしろ逆に、この人たちが優越的にその名に値し、その名ひとつの内に讃辞が残らず含まれると示唆することになるのである。

二番目の苦情は、フランスでの迫害に反対する女王の手紙は〈プロテスタンティズムの名残りである〉という私の発言についてである。その点を実に激しく抗議しているが、それは言葉の意味が分っていないからである。あの君主は心からプロテスタント教を誓絶してないと私が言わんとしたかのように想像するが、そんなことを私は考えもしなかった。心から或る宗教を棄てるには、その宗教で教わったものを全部脱ぎ捨て、乗り換える会派で教えられるものを全部おしなべて信奉する必要はない。ローマ・カトリック教徒だった人がプロテスタントの会派へ加入したあとでも、たとえば司祭の独身、四旬節の肉断ち、金・土曜日の大斎などいくつかの点ではローマ教会の方がプロテスタント教会よりいいと思うと言明した場合、そのカトリック教徒の改宗を胡散臭がるのは全く不当なことだと思う。それを〈カトリック教の名残り〉とするのは正しいだろうが、その人は誠心誠意〈カトリック教〉を誓絶し、救いの港へ導く唯一の宗教として〈プロテスタンティズム〉に帰依したと思いつつそう言うこともできよう。だから、私の表現にああいう意味を持たせるのは、分りもせずに物事を判断したのである。あの表現に持たすべき意味は以下のようなものだ。

フランスの改宗勧誘員の行状をスエーデン女王が非とするのは、ローマ旅行以前に教わった宗教的原理のお蔭で、あの国で受けた新たな教育のせいではないということである。ローマでなど、迫害を非難することを学べるわけがない。〈カトリック教〉の一般的な精神がセクトの絶滅にあることすら事実である。フランスで行なわれたことを祝ってローマで公的な祝賀が催されただけではない。法王が枢機卿会や法王書簡でそれを褒め称えただけではない。ヨーロッパの全カトリック教徒も、少なくとも沈黙することでそれに賛同したのである。ならばスエーデンから持って来たのでなかったらあんな格率をどうして奉じられようか。〈女王はフランス流のカトリック教徒ではなく、ローマ流の、つまり聖ペテロ、聖パウロ流のカトリック教徒〉だからだ、と手紙の筆者は言う。しかし、それこそ〈プロテスタンティズムの名残り〉と呼んだものである。こうして、あの筆者も私も実際に考えていることは同じなのだ。

私が非難される最後の点は、『便り』に収録した手紙から〈敬具〉という語を削らなかったことである。〈陛下がお書きでなかったものはその単語だけです。ああいう女王はごく少数の人にしかあんな言葉をお使いになれませんし、テルロン氏はその少数の中に入っていません。このことだけからも、女王御自身が手紙を印刷しようとされたのではないのが分りますし、それは誰でも知っていることです〉と言われる。それにはこう答えねばならない。結びの〈敬具〉をカットすることが誠実さの要請だと私が思わなかったのは、それをカットしたら、手紙がスエーデン女王の手になることを世の人にいっそう真実らしく思わせるため偽造の印（しるし）を排除したのだと疑う余地を与えるからだった。それに、お考えは依然として同じであれ、とにかくあの手紙が公表されたことに驚き怒っているとおっしゃるあの君主の手紙の写しを私は入手したのである。その第二の手紙をここで全文お目にかけたら好事家に喜んでもらえようが、その希望に沿うことは万民法が許さない。すでに活字にされている泡沫文書（ピエス・フュジティブ）を載せるのと、活字にされてない文書を載せるのとは大違いである。単なる手書きの文書については、それになんらかの権利を持つ人が同意してくれるのを待つか、文書をどうしようとそういう人が意に介さないと想定する余地があるか、どちらかでなくてはならない。」

見知らぬ人はベール氏の返事に十分満足せず、さらに次のような手紙を寄せた。

「拝啓、
私の文（ふみ）への御返事を女王はごらんになりました。一方で貴方に非があったとしても、他方では貴方にも理があるとせねばなりません。単に〈クリスティーナ〉とお呼びするのが非礼だとは、陛下もお思いになりません。実際、陛下はその名を実に輝かしくなさったため、ほかに特別視の印（しるし）など要らないのです。いかに高貴な、いかに尊い肩書を付そうと、その名が世界中で得た輝きに何も加えることはできますまい。存命中の君主をそんなふうに扱うのは言いかたとして良くないと私は思っていましたが、それは間違いでした。大クリスティーナほど身分の高い、栄光に充ちた人には独自の物差があって、ほかの者では肩書が植え付ける尊敬・尊崇の念を人々の心の内に漲らすのに御自分の名前しか必要とされないのです。この点は貴方の勝ちで、私も兜を脱ぎます。

しかし、貴方がいささか不用意に口走った〈プロテスタンティズム〉という単語についてはそうはいきません。貴方は精神の明敏さのあらん限りを傾けて弁明しておられますが、私を手本にして非を認めなくてはいけません。ほかの点では女王も貴方の弁解にかなり満足しておいでですが、弁明のこの個所については全く御不満のようです。あれほどの精神の持ち主の前では、逃げ口上など探すべきではありません。女王に対して何か過ちを犯した場合、いちばん簡単で安全なのはそれを告白することです。いずれにしろ、あれほど創意に富んだ貴方の精神のことですから、弁明のため持ち出された理由などよりもっと陛下にふさわしいものを何か貴方に示唆すべきでした。もちろん、貴方から何を言われようと、陛下がお困りになるわけではありません。あのような女王は、一部の者の讃辞も冒瀆も等しく無視することしかおできになりません。しかし女王は、物の正しい価値を認めるためにお生まれになったようなかたです。あのように弁明などという手を使わなければ、貴方も、女王を傷つけながら罰を受けなかった世界で唯一の人間だと自慢することもできるでしょうに。

でも、自分への不満が何も残らぬようにしたかったら、もうやめにして、全面的且つ明確に前言を撤回しなくてはいけません。御自分がプロテスタントの宗教には何も負うておられぬこと、その宗教の内に生まれるのを神がお許しになったとしても、物心つかれて以来それを棄て、逆戻りなど一切なさらなかったこと、すでにその頃からカトリック教こそ唯一真実の宗教だと思っておられたこと、ユグノーを改宗させるためフランスで使われる方法を陛下が手紙で断罪なさったのも、プロテスタントの格率ではなくカトリック教の聖なる格率に基づいてだったこと、法王もあの手紙を正当に評価されたこと——少なくともこうしたことを貴方に知ってもらいたい、貴方とともに万人に知ってもらいたいと女王は望んでおられます。

先の手紙で貴方に対する扱いがいささか〈苦々し〉すぎる、〈怒り〉すぎるなどとおっしゃるのは正しくありません。貴方は私にいささかの恩義があり、私が手紙を書かなかったらもっともっと嘆く羽目になりかねないと思うからです。そのことを知っていただくために御注意申せば、私は女王の僕（しもべ）の中でもほんのはしくれにすぎず、陛下にお味方するのを誇りに思う者がこの国には沢山います。この先貴方が行ないを改めなければ、そういう人は私などとはまるで違う口調で物を言うでしょう。

女王を語る際に貴方が使われた（一）〈有名な〉という単語については何も言いませんでしたが、これも陛下のお気に入りませんでした。この単語の意味がフランス語とラテン語やイタリア語では完全に同じではなく、われわれはそれを悪い意味よりいい意味に取る場合が多いのは分っています。でも何事につけ、王侯を語る時はこういう多義を避けねばなりません。王侯については金と絹の言葉しか使うべからずと言われたことは貴方も御存知ないはずはありません。とりわけ、比類がないと思い切って言っても他者を傷つけるおそれがない、今話題にするような女王についてはそれが言えます。身分の高さという面ですら女王は比類がないのです。ほかの女王は正確に言うと夫ないし息子の臣下の筆頭者にすぎませんが、偉大なるクリスティーナは上には神しかないほど高く高貴な仕方で女王であらせられるのですから。

貴方に申すべきだったこと、貴方の御返事にお答えすべきだったことは以上のとおりです。私の御注意を今後とも役立ててくださるよう、また、お考え以上に私が貴方のいと慎しい僕(しもべ)であることをいずれ分っていただけるよう期待しております。

追伸　なお、女王の第二の手紙の写しを入手したが公表は憚ると『便り』の八月号で言っておられますが、陛下はかなり興味を持たれてその手紙を見たがっておいでですので、送ってさしあげるとお喜びでしょう。この機会に陛下宛の手紙をお書きになることすらできるはずです。御忠告は聞いて損になるものではありませんから、お聞き逃しなく。ただ、お知らせしておけば、この忠告を役立てられる際は、〈尊顔麗しき〉などという肩書を女王に使ってはいけません。ありきたりすぎて、そんなものを陛下はお望みではありません。手紙の上書きにはただ〈ローマ、クリスティーナ女王陛下〉とだけしてください。」

（二）　ベール氏はそういう表現はしていなかった。グスターヴ・アドルフについても少し先でするように、クリスティーナ〈の名はあまりにも有名なので〉と言っただけである。

ベール氏はこの申し入れを役立てて、十一月十四日にクリスティーナ女王に宛てて次のような手紙を書いた。

「謹啓、

今日陛下にお手紙を書くなどという大胆なまねは、陛下にお仕えする或るかたからお勧めを受けなかったら致さなかったはずであります。そのかたはまた、私が入手した手紙の写しを陛下へお送りするようにと忠告してくださいました。このような助言があれば無謀なまねをしても弁解になるだろう、世にも高名な女王に深甚なる敬意を表すためこの機会を役立てるべきだと考えたわけでございます。この輝かしい特典をお与えくださったかたのお名前を私は存じません。〈陛下の僕(しもべ)の一人〉という肩書以外で知られることを、そのかたは適当とお思いになりませんでした。しかし、陛下の御利益に対するそのかたの熱意は名乗られるこの資格に十分応えていると申さねばなりません。

　そのかたから伺ったところでは、人間とは思えぬほどの異常な美点のみならず、神が生を享けしめられた至高の御身分からしても万人が陛下に捧ぐべき尊敬にそぐわぬかに見えるものが『文芸共和国便り』にあるとのことでございました。罪を犯したつもりはないので私は言いようもなく驚愕し、同時に、自分の真意にも、道理を弁えたすべての者に常識が抱かせるはずの気持にもこれほど反した形で自分の言葉が解釈されたのにひどい苦しみを覚えました。陛下、そもそもいささかなりと知恵があり道理を弁えた者で、陛下を飾る無限に近い栄光と、それに全世界が捧ぐべき恭しい讃辞を知らぬ者が一人としておりましょうか。また、その点でおのれの義務を忘れかねないような者は、どれほどの恥をわが身に招くことでございましょうか。陛下、断言いたしますが、読み書きできるようになってこのかた、陛下が全世界の讃嘆の的であられることを私は存じ上げておりますし、文人多しといえども、学者たちが陛下に捧げてきた正当な讃辞を私ほど胸になみなみと蔵している者はございません。『アラリック』(一〇二)の中で、尊い御名が四方に輝きわたる陛下に触れた個所は今でも全部空で覚えていると申せます。ですから、かくも偉大な女王に捧ぐべきものに反すると思うようなことを、私が何ひとつ言うはずも考えるはずもございませんでした。それ故、陛下にお仕えするかたが私を罪ありとお思いになるのを知って、非常な苦しみを感じたわけでございます。私はただちに弁明の仕事にとりかかりましたが、僅かな点を除いて陛下が私の弁明に賛意を表してくださったことを知りました。それは私のこの上ない慰めでありますし、御下命いただけばあらゆる点で私の無実をお見せすることもそれ以上に難しくはないと確信しております。

この問題で頂いた二通目のお手紙には、私が公表することを陛下がお望みの事柄が一点指示されております。〈物心つかれるや〉陛下が生まれ育った宗教をお棄てになったということです。陛下の御命令ならこの新たな説明も公にいたしましょうが、ただ、陛下の大臣のお一人である或るかたのお勧めを受けて一通の手紙の写しを陛下にお送り申し上げ、併せて、いとも慎しい讃辞を陛下に呈上するにすぎない以上、陛下から御下命があるまで待つべきだと考えたしだいでございます。私の意図を悪く解釈する余地を与えたような言葉が口からうっかり洩れたのなら、お赦しくださるよう伏してお願い申し上げ、陛下への讃嘆と崇敬と心からの服従とを全世界に示すことこそ私の最大の情熱であると誠心誠意断言致すものでございます。

敬白」

（一） スキュデリ（二〇二）は『アラリック、または打ち負かされたローマ』という詩の巻十で、クリスティーナ女王に派手な讃辞を呈していた。

女王は一六八六年十二月十四日に次のような返事を送った。

「ベール様、

弁解のお手紙、拝受しました。この文(ふみ)で、私がそれに満足していることを証言いたします。私に手紙を寄せる機会を貴方に与えた者の熱誠に、私は感謝しております。貴方とお知り合いになれて嬉しいからです。私への敬意と厚意をあれほどお示しくださったのですから、喜んで貴方を赦してさしあげます。貴方から非難されたあの〈プロテスタンティズムの名残り〉なるものほど私の気に障(さわ)ったものはなかったことを御承知おきください。その点について私はしごくデリケートなのです。私に疑いの目を向けたら、私の名誉を傷つけ、私をひどく侮辱することにならざるをえませんから。さらに進んで、貴方が間違えたこと、後悔しておられることを世の人にお教えになればいいでしょう。私が全面的に貴方に満足するためには、まだこういうやり残しがあります。

お送りくださった手紙は、たしかに私のものです。印刷されていると貴方がおっしゃるのですから、何部かお送りいただけると幸甚です。フランスで何も恐れるものがないように、ローマでも私は何も恐れるものはありません。私の財産も血も命すらも教会のために捧げられていますが、私は誰にも阿らず、絶対に真実しか申しません。私の手紙を公表してくれた人たちには感謝しております。私は自分の考えを偽りませんから。有難いことに、その考えは否認するには高尚すぎ立派すぎます。但し、その手紙が私の大臣の誰かに宛てたものだというのは真実ではありません。私には敵もいれば妬む者もいますが、同様に友人も僕も到る所におります。フランスにもおそらくよそと同じくらいいるでしょう、宮廷がどう思おうと。これがありのままの真実で、貴方もそれに則られて差し支えありません。

でも、お思いになるほど簡単に貴方は無罪放免とはいきません。貴方に償いを課させてください。それは今後、題材のいかん、学問分野のいかんを問わず、見る価値さえあったら、ラテン語・フランス語・スペイン語・イタリア語で書いた興味のあることが載った本をなんでもお送りくださることです。小説や諷刺文も除外しません。特に化学書がありましたら、できるだけ早くお知らせください。貴方の新聞を送ってくださることもお忘れなく。費用はお払いいたします。勘定書をお送りいただくだけで結構です。貴方にしていただける御尽力で、これほど快いものも大事なものもありません。貴方に神の栄えのあらんことを。

クリスティーナ・アレクサンドラ」

ベール氏に残る仕事は、「あの君主が全面的に満足するため、自分が間違えたこと、後悔していることを世の人に教える」ことだけだった。『便り』の一六八七年一月号の巻頭でしたのはそのことである。いわく、「スエーデン女王が本紙一六八六年八月号の記事九をごらんになり、そこでした説明を御嘉納にならったと知って、私は考えられないほどの満足を味わった。正確に言うと、不幸にも女王のお気に召さなかったものは〈プロテスタンティズムの名残り〉という言葉だけだった。この点について女王はしごくデリケートであられるし、諸宗教を十分検討された末にローマ・カトリック教だけが真実だと思われ、心からそれに帰依したことを全世界に知ってほしいとお思いのため、その誠実さに些少の疑いでもかける余地を与えれば女王の栄光を傷つけることになるからである。だから、真意とは異なる意味に取られたような表現を使ったことを私は心から遺憾に思う。あらかじめ予想されたら、そんな表現はゆめゆめ使わなかったであろう。なぜなら、当初から全世界の讃嘆の的であられたかくも**偉大な女王**に万人とともに捧くべき尊敬は別としても、女王がそれのあらゆる美をとことん究めようとなさり、それを輝かしく保護されることで諸学問にお与えになった名誉の故に、この女王に讃辞を呈するという文人の特別の義務を私は喜び勇んで負うものだからである。」

こうしてベール氏は名誉な形でこの件を乗り切り、立腹した女王を宥めたばかりか、好意の印(しるし)をも手に入れた。だが、女王はやがて、「課し」てやった「償い」を同氏が果たせる状態にないのを知らされるという悲しみを味わった。ベール氏は過労に倒れたのである。公的・私的な授業のほか、それだけでも何人分もの労働を要する新聞を抱えていた氏は、『哲学的註解』の執筆で完全に力を使い果たしてしまった。一六八七年二月十六日に発熱に襲われ、その月の『便り』は仕上げられなかった。それでも、この体調不良はたいしたことになるまいと思っていたので、扉の裏で次のように発表した。「何度も下がっては仕事を再開しようとするとすぐぶり返すちょっとした熱と目の病気のため、とうとう今月号を不完全なまま刊行し、三月号が間もなく出ることを同時にお知らせせざるをえなくなった。」しかし、頭痛を伴って熱がどんどん上がったため、仕事は完全に放棄するほかなくなった。そこでこの書の継続を〔バナージュ・〕ド・ボーヴァル氏〔二〇三〕に頼み、ド・ボーヴァル氏は一六八七年九月号から『学芸著作史』という題で後継紙を始めた。印刷はロッテルダム、レールス書店である。序文で同氏はこう言った。「去る四月に『文芸共和国〔便り〕』の著者は、ド・バルザック氏〔二〇四〕なら〈傑作の列の開口部〉とでも呼びそうな多少の体調不良と多少の頭痛に見舞われたため、放棄せざるをえないその仕事を継続することを人を介して私に持ち掛けた。白状するが、あの人から白羽の矢を立てられた名誉におそらくいい気になったからであろう、こんな仕事をする際には当然すべき反省も十分せずに、私は引き受けてしまった。あの人に選ばれたということが私には功績のかわり、世の人には言い訳のかわりになるだろうと思い、何回か試しにやってみる決心をしたのである。」また付け加えて、「こんな細かいことにまで立ち入ったのだから、どうしてベール氏と同じ標題で続けなかったかということもきっと知りたいとお思いであろう。たしかに、そうした方が自然だったろう。しかし、ロッテルダムへの特殊な恩義、レールス書店でみつかる最良の本の数々、その他説明するに及ばないいくつかの理由から私は改題する方を選んだ。要するに、愛する者を亡くして悲しむ人を遇するように読者を遇するのが良いと思ったわけである。そういう人は、悲しみの種を思い出させたり、その観念を蘇らせたりしかねない場所へは絶対に連れて行ってはならない。同じ題で続けたら、『文芸共和国便り』の内に生みの親だった高名な著作家をみんないつまでも探したろう。また、同じ題でもその名に恥じるようなものだったら、まねのできない人を失った無念さ〔二〇五〕を倍化することにしかならなかったろう〔二〇六〕。」

その間、『文芸共和国便り』を印刷してきたデボルド氏は、同年八月までド・ラロック氏その他数人に同紙を続けさせ、九月から一六八九年四月まではフランス人牧師のJ・バラン氏（二〇七）が一人でその仕事をした。

『哲学的註解』の作者と思われないようにベール氏が用心したことはすでに見た。友人すら騙そうとしたのである。ランファン氏（二〇八）にはこう言っていた（一）。「あのロンドンの御仁たちはよっぽど印刷気違いなのですね。〈強いて入らしめよ〉という聖ルカの言葉についての『哲学的註解』もあの人たちの作とされています。法王教による迫害に反対するふりをしながら、ソッツィーニ派（二〇九）への寛容を説く所まで行ったものです。」あの『註解』がロンドンから来たと装ったのは、当時あの町にいた何人かの亡命牧師が大の寛容論者として通っており、ソッツィーニ派の疑いすらかけられていたからだった。それでもなおかつ、ベール氏はあの本の著者ではないかと疑われた。そんな嫌疑を封じるため、この人は『便り』の一六八七年四月号の扉の裏にこういう文章を載せてもらった（二）。「『マンブール氏〔の《カルヴァン派史》〕の一般的批判』の著者に悪意を抱く一部の者が〈強いて入らしめよ〉の哲学的註解をもこの人に帰すようなふりをしたので、この人はそういうひどい仕打ちに抗議して、批評のあらゆる規則にこれほど反する憶測を今後とも言い続ける者を自分に対する迫害者とみなすと宣言する義務があると思った。それくらいなら、ヴォワテュール（二一〇）の手紙をバルザック（二一一）のものにし、バウディウス（二一二）の手紙をブロンデル（二一三）のものにした方がましである。」

（一）　一六八七年二月三日付の手紙。
（二）　載っていない本もある。

『哲学的註解』はジュリュー氏（二一四）の気に入らなかった。穏和と節度、一言で言えば寛容があれほど強力に説かれる本をこの人が好んだはずはない。そこで反駁を企て、回答には『良心と君主という宗教問題における二つの主権者の権利について。宗教的無差別と普遍的寛容なるドグマを破壊するために。《〈強いて入らしめよ〉という譬の言葉に関する哲学的註解》と題する書を駁す』という題を付けた。巻頭では（一）、或る友人の「権威」と、あの本に対する自分自身の「悲しみ」から「天性にも意志にも反して文筆家を自任することになる」新進作家を装い、しかる後その友人にあの書についての感想を述べた。「あれは原本で、写しではありません。フランス産で、イギリス産ではありません」、さらに「作者は一人ではありません」。「これは徒党の作品で、真理に対する陰謀のようです。この本の文体ほど不揃いなものはありません。第一部は明晰でかなり力強い文体ですが、第二部には前の話者の資質にあるとは思えない混乱や分りにくさが見られる個所が散見します。訳者と称する人は時々、今ではもう良い慣用とはされないフランスの古語をことさらに使いますが、このペテンはいささかお粗末に見えます。ほかの所からは、もっと正確に書くだけのフランス語の知識が十分ありそうに思われますから。」しかし「読者へのお知らせ」では、「この哲学的註解の作者はフランス人の、したがって亡命した神学者たちである」とはっきり言った。後に、あの書を書いたとしてジュリュー氏がベール氏を非難しようとした時、ベール氏はいつも、これは数人のフランス人神学者の作だというジュリュー氏のこの言明を思い起こさせた。ジュリュー氏が幾多のフランス人神学者、とりわけベール氏をやっつけるため一六九一年に出した(二)諷刺的文書で、この誤った(二一五)判断をいかにして水で薄めようとしたかをお目にかけよう。こう言ったのである。「われわれが離散した次の年に、『哲学的註解』という悪書が出た。宗教的無差別、キリスト教内部での教義的無差別という邪説が、無礼の域まで達する無謀さ、厚かましさ(二一六)で説かれている本だった。その本に私は心を痛め、胸が張り裂かれたと言ってよい。『一般的批判』の第三巻第九信で、その説の源がどこにあるかは十分見抜けたが、文体その他幾多の状況から、これは徒党の作品で、何人もの人が共謀して出したものだと理解された。」

（一）〔ジュリュー〕『二つの主権者の権利について』、八ページ以下。
（二）〔ジュリュー〕『ジュリュー氏の弁明』、四ページ、第二段。

ベール氏は病に倒れる前に『哲学的註解』の第三部を書き終えて印刷屋に渡していた。印刷は二月末までに終わったが、本を受け取ったのは遅れて六月二十日だった。題名は『〈強いて入らしめよ〉というイエス・キリストの言葉に関する哲学的註解、第三部。聖アウグスティヌスがなせる強制的改宗勧誘員の弁明を駁す。カンタベリ、トマス・リットウェル書店、一六八七年』といった。そこでは聖アウグスティヌスの二通の手紙が反駁されていた。一つはヴィンケンティウスというドナトゥス派の司教に宛てた手紙で、聖アウグスティヌスが以前、異端者に対しては世俗権力の権威ではなくもっぱら神の御言葉と条理にだけ訴えるべきだと思っていたのに、今では逆の主張をする変節ぶりに驚いているとヴィンケンティウスに言われたのに答えたものだった。もう一通はアフリカで護民官の任にあるボニファキウスへ宛てた手紙で、異端者を滅ぼすために俗権を用いてもよいと主張したものだった。この二通の手紙は一六八五年にパリの大司教の命令で、『プロテスタントを帰順せしむるためフランス教会が行ないしことと、ドナトゥス派をカトリック教会に帰順せしむるためアフリカ教会が行ないしことの一致』と題する長い序文を付けて刊行され、序文の題名がそのまま本全体の題名にもなった。ベール氏は〔『哲学的註解』全体の〕序論でこの序文のいくつかの個所にすでに反駁していたが、ここでは上記二通の手紙に止まらず、聖アウグスティヌスがこの問題につき他のいくつかの手紙で言ったことにも答えた。

ジュリユー氏の回答を見るや、ベール氏はすぐ、「ロンドン、一六八七年五月二十／三十日」という日付の入った手紙を書肆へ送ってこう言った。「まだ間に合うようでしたら（すでに何部か売っておられてもかまいません）、以下の文章を第三部の頭に入れていただけませんか。」ついで、『二つの主権者の権利について…、《哲学的註解》と題する書を駁す』という論考を最近読んだが、あの註解に対する誤った、全く無力な攻撃だと思ったと言い、さらにこう付け加えた。「著者はのっけから、自分の意志にも才能にも反して、悲しみと一人の友人の意志からあえて筆をとるのだと告白しています。そんな告白をするとは、どうかしているのではないでしょうか。本を書く際には、悲しみなど入り込んではなりません。……その本は、強固であることがとりわけ肝要な個所でひどい弱点をかかえています。問題の所在を間違えて、幻と格闘しているのですから。幻とは、私に誤ってなすりつけた意見です。良心の光にしたがって行動しても罪を犯し神を傷つける場合が多いことを証明するのに、この人は苦心惨憺しています。誰がそのことを否定するでしょう。私も随所ではっきりそう言っているではありませんか。またこの人は、私が宗教的な無差別論を持ち込むと非難していますが、実は反対で、いつも良心にしたがって行動せよという説ほど無差別論と対立するものはいまだかつてなかったからです。宗教問題における主権者の立法権を語った個所にも、同じような錯誤が支配しています。聖書の引用もその本では非常に多いのですが、大方は間違った、聖アウグスティヌス風の解釈をしています。ひとことで言えば、著者はわかりもしないことに口を出し、証明すべきことを全然証明しないという詭弁ばかり犯しています。」〔邦訳、著作集第二巻、三〇一―三〇二ページ〕

体調不良が相変らず続いたため、ベール氏は転地療養を兼ねてアーヘンの温泉へ行く計画を立てた。八月八日にロッテルダムを発ってクレーヴェへ行き、十三日に到着、翌日にクレーヴェの城の牧師をするフエラン氏宅に宿を取り、九月十五日までそこにいた。その日にボワ＝ル＝デュックへ移り、そこからアーヘンへ行った。同行したのはロッテルダムの牧師のピエラ氏と、ヴァールスの牧師のファルジョン氏だった。ロッテルダムへは十月十八日に戻ったが、さらに数カ月静養せざるをえなかった。一六八八年三月二十二日付の手紙でコンスタン氏に言うとおりである。いわく、「病気になってから十三カ月余りになりますが、あれ以来、だらだら、ぶらぶらすることしかしておりません。文芸の仕事を多少再開できるようになったのも、ついこの春からです。温泉を飲みに行っていたアーヘンから帰って、当地で御子息にお目にかかりました。……ただあいにく、長い話がまだほとんどできないような状態でした。喋りすぎるときまって微熱が出るのです、病気の間、それがずっと悩みの種でした。少しでも会話をすると病気が悪化するのですから。」七月二十日付のランファン氏〔二二四〕への手紙では、もっと細かく説明している。いわく、「ほとんどこの世から去って生者の記憶から消えてしまった者をあのように思い出してくださったことを、心から有難く存じます。……クレーヴェへ旅行し、またアーヘンへも行って、当地へ帰ってからは冬の間中、世にも甚しい静寂主義（キュイエティスム）に陥っていました。まるで何ひとつ読み書きをしませんでした。ようやく、十分静養したと思って仕事を再開しましたが、それはまず公的な、次には私的なものも含めた哲学の授業だけで、あとは十全な無為の状態を守りました。それは今でも守っています。……読書はまだ再開していません。新聞すら見ません。怠惰の快い魔力を断ち切るのが怖さに、本屋へもめったに行きません。ですから、出版界で起こる新しいことは全く知りませんし、時たま偶然、これこれの本が出回っていると話に聞くだけです。」

ベール氏の病気に文人たちはみな胸を痛めたので、恢復を知った時は喜んだ。ルアン高等法院の評定官で、非常な有徳の士で、碑銘の文体に造詣の深い（一）デュ・ト・ド・フェラール氏〔二二五〕は、次のような美しい碑銘で喜びを表わした。

（一）『学問・芸術の歴史のための覚書』〔二二六〕、一七〇四年十二月号、記事四、オランダ版四四〇ページ以下にあるこの人への讃辞を参照。

イトモ学識豊カナルベールノ

## 健康恢復ニツイテノ祝賀詩

オンミガ死ヌルヲ許サザル栄光ハ、
オンミガ病ニ伏スノモ阻ム。
物書クヨロズノ人々ニ
愛サレ役立チシオンミハ、
批評ノ松明モテ照ラシ、
批判ノ指摘モテ改メキタレリ。
探究飽クナク、骨壷ヲ揺スリテ、
大イナル名ニ達セシ者ラヲ
花嫁ノ付添人ノゴトキ手デ、
永遠不滅ノモノトナシキタレリ。
オノガ労苦デ他者ノ労苦ヲナクスオンミハ、
我ラノ楽シミノタメ、断ジテナクナルベキニハアラズ。
何者ヲモ軽ンジザリシコトデ
崇ムベク、
何者ヲモ恐レザリシコトデ
マタ恐ルベク、
揺ラグ自由ヲ

血縁ノ真理モテ支ウルオンミハ、
真理ノ齢（ヨワイ）ト等シクナルニ値スルナリ。
一地域ニ役立タンタメ生マレシモノニアラザレバ、
サナガラ自ラ選ビシコトト思ウガゴトク、
オンミハ流謫ニ耐エ、
何物ニモ至近ノ位置ニアルト思ウガゴトク、
遠キ物ヲモ近キ物ヲモトモドモニ描キ出ス。
円キ地球ハ
オンミヲ学問ノ円形劇場ト化セシメタレバ、
客席ハ語ルオンミニ疲ルルハズナシトハイエ、
黙スルオンミニ耐ウルコトモ、
休ムオンミニ安ンズルコトモ
期待シタマウナ。
**元気デ、生キ、書ケ。**

蘇ル雄弁ノ開幕式ハ、
文人ラノ盛ンナル喝采ヲモテ
祝ワレル。

ベール氏はかねがねロッテルダムから去ることを考えていた。パーツ氏[二二七]の死去とジュリュー氏の乱暴な気性から、この町に嫌気がさしていたのである。そこで、当時ベルリンにいた有名なアバディ氏[二二八]に、同市で就職口をみつけてくれるよう頼んだ。ブランデンブルク選挙侯[二二九]が気前よく亡命フランス人を保護しているのを知っていたし、ランファン氏[二三〇]をはじめとしてベルリンには何人も友達がいたからである。アバディ氏から相談を受けたションベール元帥夫人[二三一]はベール氏を立派な人と知っていたから、ベルリンへ来たがっておられるのは嬉しいと返事し、ションベール氏[二三二]から選挙侯に話してもらうと約束した。だが、ちょうどその頃あの偉大な君主が病に倒れ、遂に他界した[一]ため、ションベール夫人の好意も実を結ばなかった。

（一）　一六八八年五月九日歿。

ベール氏は『文芸共和国便り』の一六八七年十月号の扉の裏に、書肆の名で次のような「お知らせ」を発表してもらった。「ロンドンから受け取った手紙によると、〈ブラッグズのジョン・フォックス〉というのは『哲学的註解』の作者の本名のアナグラムで、その人は近々、今印刷中の『二つの主権者の権利について』への回答に触れる機会を与えてくれるらしい。」これは、近く出る『哲学的註解』の続篇に世人を備えさせるためだった。果してその書は『〈強いて入らしめよ〉というイエス・キリストの言葉に関する哲学的註解・補遺。とりわけ、異端者も正統派と同等に迫害の権利を有することを論証して、論敵に残されたる唯一の逃げ道を完全にふさぐ。また誤謬の本性と起源をも語る。ハンブルク、トマス・リットウェル書店、一六八八年』という題で公刊された。長い序文で著者はこう言った。寛容と良心の権利をめぐる自分の説に反対する『教会の真の体系』[一][二三三]という本があって、『二つの主権者の権利について』という本も若い著者の腕試しではなく、書いたのはすでに何度も本を出した人だと聞いたため、この二つの書に答えることにして、全篇を三部に分ける。第一部は、強制派を全く沈黙させるのにしごく打って付けと思われる若干の補足をするため。第二部[二三四]は、自分とは異なる説を唱える『教会の真の体系』の三つの章や、『二つの主権者の権利について』の著者がするあらゆる反論、またこの人が自説の支えとして直接言ったすべてのことに答えるためだ――と。付け加えて、自分は大変熱心に計画の実行を急いだので、一六八七年の十二月末までに書き終えて原稿を印刷屋に渡したが、その後、これでは本が厚くなりすぎると気付き、第二部、第三部を削除すべきだと思った、とも。そこで、「印刷をやめてくれと書肆に通知した。さいわい、イギリスの状態、刑罰法規、宣誓条令[二三五]の廃止などを述べたところまでまだ印刷は進んでいなかった。その後の風向きを見ると、私が言ったことは時宜にかなっていなかったのだ。」〔邦訳、著作集第二巻、三九六ページ〕こんなに長くなった理由をベール氏はいくつも挙げている。中でも次のようなことを。「私の英語を訳した人たちが、言うところによると、この作品から生国のくさみを取り除くために長ったらしいスタイルを用いるほかなかったということ、さらに、その人たちが面白半分に、或る時は或る体系、別の時は別の体系にそれぞれ依存する多くのものを混ぜ合わせ、ここでは或る著作家の考えかたをまねながらスタイルはまねず、あそこでは別の著作家のスタイルをまねながら考えかたはまねず、こうしてやたらとチグハグを生じさせ、そのために、これも彼らの言によると、読者たちは彼らにも私にも近づけず――私の名前はいささか自由すぎるアナグラムで隠されていたにすぎないが――この『註解』の著者としていろんな人を想定し、彼らのほうはこんなにうまく変装し、匿名や偽名の本の作者探しをする連中にまんまといっぱいくわせたのを楽しんでいたということもある。」〔邦訳、著作集第二巻、三九五―三九六ページ〕序文の残りは、『教会の真の体系』の一節によって、自分の考えはあの著者の考えと同じだから、したがって自分は正統派で、あの著者こそ自分自身にも『二つの主権者の権利について』の著者にも答えるべきだということを示すのに充てられている。ベール氏はこうやって、両方の書を書いたジュリュー氏を自己矛盾に陥らせたのである。次に、この『補遺』で言ったことを裏付けようとする二、三の考察が付加されていた。

（一）　一六八六年刊行。

その頃レールス氏〔二三六〕はフュルティエール氏〔二三七〕の『〔万般フランス語〕辞典』を印刷していたが、印刷中に著者が亡くなったため、「序文」の執筆をベール氏に依頼した。この序文は逸品である。

一六八九年のはじめに『亡命者の手紙に対する新改宗者の返事。ドン・ドニ・ド・サント＝マルトの書《プロテスタントの抗議に答う》の補足として。パリ、ソルボンヌ広場、エティエンヌ・ノエル書店刊行のものによる、一六八九年』（二）という小冊子が出版された。ベネディクト会サン＝モール派のサント＝マルト神父〔二三八〕は一六八八年にパリで『フランスのいわゆる迫害に関するプロテスタントの抗議に答う。異端者に科すべき刑罰をめぐるカルヴァンおよびもっとも著名なるすべての牧師の説を示す』という本を出していたのである。この人の主張は、自分らが苛酷な扱いを受けるのに改革派が抗議するのは筋違いで、そもそもキリスト教徒の初期ローマ皇帝の法律や、異端者を殺すべしと説く宗教改革者らの格率に従ったら、改革派をもっともっと厳しく扱わねばならなかったはずだということだった。また、おのが宗教を守るため武器を取ったとして改革派を責め、一般にプロテスタントは君主の権力から自立してそれと敵対する立場まで行ってしまったと非難していた。この書の補足となる「新改宗者の返事」には「パリ、〔一六八八年〕十二月二十日」、「亡命者の手紙」には「アムステルダム、同月六日」という日付が入っていた。長い獄中生活の末オランダへ逃れていた亡命者は、とりわけセルヴェトゥス〔二三九〕の焚殺や改革派の武装蜂起について前に二人でした議論を新改宗者に思い起こさせ、貴方はいつもサント＝マルト神父の本を読むように言うとして、そういう事実をめぐる議論には踏み込まないで、「そんな暇があったら祈禱をし、神が黙示録でなさったすばらしい約束のことを瞑想したほうがましだと思った」〔邦訳、著作集第二巻、五七五ページ〕が、オランダ到着後、わが派の特に有能な人たちに意見を求めたところ、セルヴェトゥスの件については次の四つの答を貰ったと付け加えた。「第一に、党としてはあの訴訟に全然荷担していないから、最悪の場合にも、あれはせいぜい個人的な過ちにすぎないこと。第二に、この種の訴訟を正当化するためかつて筆をとった学者が何人かいたとしても、そういう学者は弟子を作れず、改革派の間ではずっと前から、そんな乱暴な意見は払拭されていること。第三に、あの問題で一部の人が説いたかもしれない説は、ごく少数の異端者しか対象にしていないから、残虐行為をこれほどあまねくくりひろげる連中にとって、逆ねじ[二四〇]の材料になどなるはずがないこと。さらに第四に、セルヴェトゥス以後、改革派の間でソッツィーニ派が処罰されたことはないし、カルヴァンの理論が法王教徒にまで押し拡げられたためしもないから、改革派は実践によって十分正しとされていること」〔邦訳、同五七五―五七六ページ〕である。宗教のため虐げられる臣民が武器を取ることについては、非常に有能で非常に敬虔な人たちから、良心の光に従う自由を手に入れるために、ほかの点では主権者に忠節を尽くす用意がありながら、なおかつ武器を取ることは合法で、父祖がこの点で何を言い何をしたにせよ、改革派はそれを恥じるに及ばないと保証されたと言った。そしてジュリュー氏の『牧会書簡』の最近の二号を送り、プロテスタント教会へ復帰するよう促したのである。いわく、「精神のバビロン〔ローマ教会〕から退去なさるのに今ほどの好機はありますまい。あなたがたは永世のみか現世でも破滅されるおそれがあります。地上に今日存在するもっとも完璧な君主の聖なる雄々しい[二四一]遠征に神がすでにして賜わった大成功は、真の教会が盛んな繁栄を享受する時が遂に来たことを知らせています。おわかりでしょう。あなたも御存知のように、私が言いたいのは、イギリスの情況があなたがたにとって万事思わしくないだけでなく、神があなたがたの〔カトリックの〕[二四二]王たちやとりわけ法王にかつて見られなかったほど分別を失わせ、次から次へ失策を犯させていることです。」〔邦訳、同五七

六―五七七ページ〕

（二）　細字で組んだ大型十二折判、六十ページ。

新改宗者は返事の冒頭で『牧会書簡』の或る号を批判し、次に、セルヴェトゥスの件につき亡命者に寄せられた四つの答を検討した。それを次の四つの問いに還元したのである。一、「セルヴェトゥスの処刑は或る個人の虫のいどころの悪さから来たものなのか、プロテスタントの一般的な賛同を受けたものなのか。」〔邦訳、著作集第二巻、五七九ページ〕二、「今日のプロテスタントは、異端者の処刑につき、前世紀のプロテスタントと異なる考えを持つか否か。」〔邦訳、同五八一ページ〕三、「異端者への刑罰をめぐる宗教改革者の説は、カトリックの博士らが処罰すべきものとする多数の迷える者に比較すればごく少数の異端者しか対象としない、と言うのは、この説を正当化できるものか否か。」〔邦訳、同五九五ページ〕四、「異端者への刑罰をめぐるカルヴァン派の実践は、彼らの神学者の上記のドグマを正当化できるか否か。」〔邦訳、同五九六ページ〕これらの問いのすべてについて新改宗者は否定論を取り、第二の問いを否定する時には、ベール氏の『一般的批判』とジュリュー氏の『〔宗教改革者と〕宗教改革〔と改革派のため〕の弁明』[二四三]がセルヴェトゥスの件につきマンブール[二四四]氏に答えたことと、ジュリュー氏の『牧会書簡』とルー[二四五]氏の『誘惑の回避』が同じ問題でモーの司教殿[二四六]に答えたことに同時に反駁した。ここまでは非常に穏やかだが、「プロテスタントの内乱と現在行なわれつつあるイギリス侵略についての考察」と題する続きではプロテスタントを猛烈に攻撃した。イギリス革命も私には意外でもなんでもなかった、民に暴動を起こさすのを常とする宗教がどこまでやれるかは先刻分っているからだなどと言い、付け加えて、この事件はそんなセクトを王国から一掃した君主の行為の弁明になる、プロテスタントが自画自讃するあの変化の速さは、カトリック教徒に虐げられるという恐怖がこの事件を動かしたバネではなかったことを物語る、ジェーム

〔二四七〕ズ王が廃位されたのはフランスの敵の情念に与しようとしなかったからにすぎず、フランスの敵はこの国の繁栄を妬んでいたのだ、しかし、ルイ十四世に対抗して結成されるどんな同盟も、この王の栄光をいや増し、その恐るべき力を到る所で思い知らせるだけだとした。また、カトリックの君主の方がプロテスタントの君主より寛容の大きな手本を示してきたとして、法王教徒の王たちを屈服させてローマへ勝利の入城をするメシアをユダヤ人のように待望するという、一部の者の壮大な期待を種に亡命者の全集団を罵倒した。改革派のフランス人がフランスの自派をプロテスタントの全部であるかのように、自分らの会堂の崩壊をプロテスタント教全体の崩壊であるかのようにみなすのは自惚れだと言い、彼らが夢幻(ゆめまぼろし)や黙示録の空想的な解釈に耽るのを非難して、まるでナント勅令があの聖典に盛られた聖霊の神託の主たる目的、主たる対象のようではないかと言った。そして最後に、彼らが「反乱と諷刺の精神」で動かされ、「一方では正統の主権者に反乱を起こし、他方では考えられるかぎりの恥ずべき中傷で地上を充たすという不治の持病」〔邦訳、同六一〇ページ〕にかかっているのを難詰したのである。この小冊子の頭には「オランダの書肆からのお知らせ」というのがあり、これは「返事」の筆者〔新改宗者〕が「手紙」の筆者〔亡命者〕へパリから四折判で印刷した形で送ったもので、文体が違うとはいえペリソン氏〔二四八〕がそれに大いに関与したのは疑いない、「返事」のきっかけになった「手紙」は同氏と親しい人に宛てられたからだと言われた。また付け加えて、非常に有能な或る著作家が今孜々として応答を執筆しており、とりわけ現時点では道徳の最もデリケートな問題の一つとされる事柄がそこでできるだけ面白く、〔二四九〕また忠実に論じられるはずだ、二、三カ月したらそれを配布できると思う、とも。

ベール氏はルー氏〔二五〇〕への手紙の一つでこの文書に言及していた。いわく〔一〕、「最近、貴方も私もジュリュー氏ほどではありませんがパリで批判されました。『新改宗者の返事』の中でです。この返事はペリソン氏の弟子、ないし同氏が獲得した新しい信者の作と言われています。ペリソン氏がそれに一枚噛んでいたら、氏はきっと、自作の『ジュリュー氏の妄想』〔二五一〕への回答としてアムステルダムで印刷されたちらし風の手紙(二)〔二五二〕は私が書いたものだという耳に入ったかもしれない噂はでたらめだと思ったにちがいありません。ペリソン氏は最近作で私についてとても紳士的な物言いをしたのに、あの〈新改宗者〉の言いかたはきついからです。お話しする作品は短くて、書きかたもかなりぞんざいですが、党にとっては侮辱的なものです。この国でそれが再刊されました。」「書肆からのお知らせ」に基づいてベール氏はこんな言いかたをしたが、語るのはみな戯れにすぎなかった。あの文書はパリで印刷されてはおらず、書肆の約束する応答など出なかったからである。

(一)　一六八九年二月二十四日付の手紙。
(二)　『《ジュリュー氏の妄想》の著者への答』という四折判八ページの文書。

オランダでは多くの人が、『新改宗者の返事』はペリソン氏が書いたものだと思った(一)。この人が改宗工作をさかんにしてきたことも、『宗教対立に関する考察』という題で宗教論争書をいくつも著わしたことも分っていただけに、そう思い込むのは容易だった。ジュリュー氏も迷わずにこの『返事』をペリソン氏のものとし(G)、異端者を罰するために剣を用いてもいいと主張するとプロテスタントが非難されているところから、プロテスタントがその点でいかに振舞うかはじきに分るはずだと言った。いわく(二)、「この書の第一部は、われわれの原理によっても異端者を迫害し、命を奪うまで追及するのは許されるということの証明に充てられている。そんな行き過ぎにわれわれがどうか陥らないように。だが、少なくとも著者にお願いしたいのは、われわれがいつの日か彼の派〔カトリック派〕を辱かしめ挫けるようになった時、このことを思い出してほしいということだ。異端者や偶像崇拝をするキリスト教徒〔カトリック教徒〕を殺すことが許されるなら、ましてや、そういう者の良心には乱暴をはたらかず、自らの盲目を認めざるをえなくするあらゆる手段を使って彼らに屈辱を与えることは許されるはずである。そうなったら、どちらの派が相手の節度をより必要とするかは時が教えてくれよう。」

（一）　ペリソン氏は『学芸著作史』〔二五三〕の一六九〇年二月号、二七六ページであの文書を否認した。

（G）　「フランスから来た時事問題に関する攻撃文書についての考察」というのを含む『牧会書簡』の或る号で、この人は、フランスで出版されるプロテスタント攻撃文書に触れた上で、こう付け加えている。(a)「つい先頃、『亡命者の手紙に対する新改宗者の返事。ドン・ドニ・ド・サント゠マルトの書の補足として』という題の攻撃文書が出た。あの御仁たちはいくら偽名に隠れてもすぐ正体がばれる。この問題についてあんな態度、あんな力で書ける新改宗者はいないからである。こんな書きかたをするには、迫害根性がしみついた古つわものでなくてはならない。間違えないように。あれは新改宗者などではない。(b)昔イエズス会士に習った生徒、それも先生の教えを実によく役立てた生徒だ。」当時ドルトにいて後ハーグへ移った亡命牧師のユエ氏〔二五四〕があの文書への回答を著わし、それは高く評価された。『スイスからオランダへの手紙』。ペリソン氏が新改宗者の名で著わした某書に対する、約束された回答の欠を補うために』という題だった。しかし、ユエ氏がそこで政治的寛容を主張し、セルヴェトゥスの処刑についてベール氏が言ったことを擁護してジュリュー氏を見捨てたため、ジュリュー氏はすっかり気を悪くして、子分を集めたライデン教会会議(c)〔二五五〕にユエ氏を告発し、牧師を罷免させた。ついで、不寛容理論を確立しようとする(d)『ソッツィーニ主義一覧』をはじめとして様々の攻撃文書でユエ氏をやっつけたが、しかし狙いはユエ氏ではなく、本当の標的はベール氏だった。寛容をめぐるユエ氏の説を断罪させることで、『哲学的註解』の作者とみなすべール氏を忌わしく見せようとしたのである。しかし、ベール氏をじかに攻撃する勇気はなかったため、ユエ氏に怒りをぶつけ、それを血祭りに上げたのだ。この秘密は、あらん限りの悪意を込めて異説家との戦いで上げた手柄を語る際に自ら明かしている。いわく、(e)「間もなく『哲学的註解』が出た。この本の執筆で、彼〔ベール〕はあやうく気がへんになりかけた。もう付ける薬はないと私は悟ったが、完全に彼と絶交する決心はつかず、心を開くとか友達として打ち明け話をするとかいうことをやめるだけにした。真人間の異教徒とまだ思っていたから、(f)迷える良心の権利という邪説は教会会議で断罪するよう追い求めつつも、積年の友情を慮(おもんぱか)って、彼の名前だけは出さずにおいた。何よりも、それほど斟酌する必要はなく、それを使って追及できる別の名前がたまたまみつかったからである。」

（a）〔ジュリュー〕『牧会書簡』、一六八九年四月一日号、四折版一一七ページ、第一段。

（b）ペリソン氏がローマの宗教へ改宗したのは一六七〇年だった。

（c）一六九一年五月。

（d）ランファン氏〔二五六〕に宛てた〔二五七〕一六九〇年五月二十五日付の手紙、コンスタン氏〔二五八〕に宛てた同七月二十六日付の手紙、および、それらに付した註を参照。

（e）〔ジュリュー〕『ジュリュー氏の弁明』、二四ページ、第二段。

（f）〔ベール〕『ロッテルダム陰謀の架空なることを証明す』、序文一七七ページ以下を参照。

（二）〔ジュリュー〕『牧会書簡』、一六八九年四月一日号、一一七ページ、第一段。

この脅しはジュリュー氏の予言説に基づいていた。(H) フランスの改革派迫害は一六八九年にやみ、国王の権威そのものにより全王国で宗教改革がうちたてられるという見通しを、この人は黙示録の内に発見していたのである。この変化の前ぶれである神異・奇蹟がすでにフランスで見られると言い、(I) そんな「奇蹟」を誰かが疑うと、疑う者を背神・不敬の徒としていた。(K)〔バナージュ・〕ド・ボーヴァル氏〔二五九〕がこの人の憤激を買ったのも、(二) ベール氏がこの人の敵意と憎悪を再燃させたのもそのためだった。(二) そんな見通しが誤りなのは結果から見せつけられたが、するとこの人は、宗教改革をフランスで再興するには武力によるしかないと思うようになった。(L) それが最後の手だったのである。そこであらゆる目論見をその方へ向け、著作でも民をこの大革命に備えさせ、(M) 主権者の権威は人民から来ること、人民と主権者の間には相互的な契約があることを証明するのに力を入れた。(三) 宗教を武力で擁護していいとも主張した。(四) フランスで出た多くの文書で猛烈に攻撃されるイギリス革命とウィリアム王の弁明も買って出た。(五) ジュリュー氏だけではない、亡命者が著わしたこの点をめぐる著作はほかにも色々と発表された。(N) オランダにある出版の自由を悪用して、ルイ十四世、ジェームズ王〔二六〇〕、そのお后の王妃などをやっつける小説もどきの文書や諷刺文書を公にする者さえいた。しかし、そういう誹毀文書は最下層の愚民にしか好まれず、しかも大方は亡命者が書いたものではなかった。

(H) ジュリュー氏は一六八六年に『予言の成就、または教会の近き解放。法王教は反キリストの帝国であり、その帝国の滅亡は遠くないこと、この滅亡は時ならずして始まり、現下の迫害は三年半後に終わりうること、しかる後に反キリストの滅亡が開始され、それは今世紀いっぱい続いて、来世紀はじめに完了し、そして遂にイエス・キリストの御代が地上に到来することを証明する書』という本を公にしていた。そこで予言していたのは、フランスでの改革派の「迫害は三年半以上は続きえず」、「王権によって宗教改革がうちたてられ」、「フランスは法王教を棄てて、全王国が改宗するだろう」ということだった。また付け加えて、「摂理はこの王国を非常な勢威に予定している」、「法王帝国の廃墟の上に自らの勢威を築くことで、王国は栄光の極点に達するだろう」、「フランスの全面的な宗教改革は流血を見ずに行なわれよう」(g)とも言われていた。ジュリュー氏の言いかたがあまりに自信ありげで断定的だったため、フランスでも諸外国でもそれを信じる改革派の人が無数にいた。人は誰でも望むことをたやすく信じ、悲惨な苦しい状況は信じやすさを増幅する。この壮大な約束が成就するのを現地で待たんものと、フランスへ戻る亡命者も少なくなかった。こんなのはフランスで蜂起を起こすよう改革派に促すための策略にすぎないなどとも言われたが、(h)ジュリュー氏は実際に、本心から、黙示録の「すべての神秘に分け入った」(i)つもりだったのである。ドラビキウス〔ドラビーツ〕〔二六一〕、コッテルス〔コッター〕〔二六二〕、クリスティーナ・ポニアトヴィア〔ポニアトフスカ〕〔二六三〕などの予言をこの人は感嘆の目で眺め、それをほとんど古代の予言者の書と同列に置いていた。

(g) 〔バナージュ・〕ド・ボーヴァル氏の『《牧会書簡》の著者ジュリュー氏の忠告に対する《学芸著作史》の著者の答』、二五ページを参照。

(h) ブリュエス〔二六四〕『現代狂信史』。〔ベール〕『歴史批評辞典』、「コッテルス」の項、註(H)、(I)を参照。

(i) 〔ジュリュー〕『予言の成就』の「すべてのキリスト教徒への忠告」。

(I) ベアルン地方やセヴェンヌ地方では天使たちが空で詩篇を唱うのが聞こえた(a)とか、ドーフィネ地方のクレでは羊飼いの女がエクスタシーに陥って天来の素晴しいお告げをし、解放が近いのを予告した(b)とか、ドーフィネ地方では何百人もの子供が同様のエクスタシーに陥っているとかいう、当時フランスからの手紙に載っていたことをこの人は奇蹟の列に入れていた。いわく、(c)「神の霊が子供らの上に降ったのである。前にクレの近くの羊飼いの女に降ったのと同じ仕方だ。その女の子は逮捕されると裁判官の前で、あんたがたがいくら苦労しても無駄だ、私を殺すことはできるが、神は私よりうまく語る子供をいくらでも出現させると言い切った。事の起こりは実に驚嘆すべきもので、いかに盲目な者でもそこに神の手を見ざるをえない。よその地方は勘定に入れなくても、ドーフィネ地方だけで今おそらく、エクスタシーに陥る子供が二、三百人はいるだろう。みんな眠り込み、睡眠中に神からの素晴しいお告げをし、立派に祈り、勧告し威嚇し約束し、ダビデの詩篇を唱い、未来を予言すらして、目覚めれば元の素朴な状態へ戻るのである。それだけではない。ヴィヴァレ地方では、起きている者も眠っている者も含めて民衆全体を神の霊が捉えた。開闢以来、そんなものもそれに近いものも見たことがないような印(しるし)と奇蹟を伴ってだ。見聞記が教えてくれよう。」(d)

(a)〔ジュリュー〕『牧会書簡』、一六八六年十二月一日号、四九ページ以下。
(b)同、一六八八年十月一日号、二〇ページ以下。
(c)同、一六八九年三月十五日号、一〇七、一〇八ページ。
(d)この見聞記は『ドーフィネ地方の小予言者の正確な報告を含むジュネーヴからの手紙』(一六六五)と題する四折判十四ページの文書。

(K)『牧会書簡』の今引いた号で、この人はそういう者を神の霊に反対する冒瀆者扱いした。いわく、(e)「神の霊に反対して、こういうことではえてして冒瀆まで行くあの呪われた俗世の霊に警戒してほしい。羊飼いの女の奇蹟や、天に響く声を信頼できる多くの証人が耳にした奇蹟を笑い物にした軽率な連中は、当然の報いとしていずれ恥じ入らされるだろう。それが有益な作用をして、神がその罪を彼らに帰されず、こういう予兆で告げられたことをわが目で見るという恩寵を彼らに賜わることを願うものである。……こんな軽率な断定家を見倣わぬ賢明な人たちは仕合わせだ。……指定された解放の時が近付くのを見て、それを期待する者を罵るような連中が勝ち誇ったところで怖くはない。神は時も出来事も支配しておられ、事は神が適当と思われる時にやって来る。われわれが計算を誤ることはありうるが、神が間違われることはない。」予言したことが何も起こらなかったのを見て、一六八九年三月にジュリュー氏はこんな言いかたをしていた。

（e）〔ジュリュー〕『牧会書簡』、一六八九年三月十五日号、一〇八ページ〔二六六〕。
（一）〔バナージュ・〕ド・ボーヴァル『《牧会書簡》の著書ジュリュー氏の忠告に対する《学芸著作史》の著者の答』、三三ページ以下、三九、四〇ページ。
（二）同『ジュリュー氏とベール氏の争いについての手紙』、二ページ。
（L）この人の言う「三年半」は一六八五年十月のナント勅令廃止が起点だったから終わりは一六八九年四月だったが、こと宗教についてフランスではなんの変化も見られなかった。それは予言を妄想扱いし、信用した者の軽信を罵る余地を与えたため、この人はいやでも、宗教改革がフランスでうちたてられる仕方について前説を放棄せざるをえなかった。最初の見通しではこの宗教改革は暴力を使わず、「王権により流血を見ずに」行なわれるはずだったが、イギリス革命や多くの君主の対仏大同盟から、宗教改革がフランスで勝利するのは征服という方法によるとこの人は思うようになった。（f）こんな告白をしたのである。「神はその大計画の実行者として、フランスの迫害者どもを挫き辱しめんがためウィリアム王を生まれさせたと私は確信するものである。」（g）「この人は自らその事業に手を藉そうとした。連続幾夜も思案した挙句、フランスの沿岸部にいくら民兵がいようと、さしたる困難もなく思いどおりの数の兵士を上陸させる艀（はしけ）のようなものを考え付いた。」（h）
（f）〔ベール〕『ロッテルダム陰謀の架空なることを証明す』、序文五六、五七ページ。
（g）〔ジュリュー〕『牧会書簡』、一六八九年七月一日号、一七三ページ、第二段。
（h）〔ベール〕『ロッテルダム陰謀の架空なることを証明す』、序文五八、五九ページ。
（M）『牧会書簡』でこの人は時事問題をめぐる幾多の考察をし、ヨーロッパ、とりわけイギリスの現況に見る摂理の驚異を開陳していた。（i）固く揺るぎない意志を持つようフランス改革派に勧め、近き解放を約束していた。『牧会書簡』は一六八九年七月で打ち切りにしたが、さっそく翌月には、『自由に憧れる奴隷のフランスの溜息』という月刊の新たな著作を出し始めた。〔二六七〕この書の狙いは、フランスの古来の自由が失われたこと、統治を改革し貴族制にするのが絶対必要なことを示すことにあった。
（i）〔ジュリュー〕『牧会書簡』、一六八九年二月十五日号九三ページ、三月一日号一〇二ページ、三月十五日号一〇七ページを参照。
（三）『牧会書簡』、一六八九年四月十五日号と五月一日号。

（四）同、一六八九年一月一日号。

（Ｎ）〔ドノー・〕ド・ヴィゼ氏〔二六八〕は『メルキュール・ガラン』に毎月発表するもののほか、これも毎月、『時事問題』という本を一巻ずつ出していた。ル・ノーブル氏〔二六九〕も多くの誹毀文書を公表したし、サント＝マルト神父〔二七〇〕は『イギリスに対するオランイェ公の企図をめぐる対談。あの行動はジュリュー氏がローマ教会に非難せし反キリスト教の特徴をプロテスタントに負わせるものなることを証明す』（パリ、一六八九年）という本を公にした。有名なアルノー氏〔二七一〕までがリングへ上がって、『アブサロムの再来、ヘロデの再来、クロムウェルの再来、ネロの再来、ヴィレム・ヘンリク・デ・ナッサウの真の肖像』という文書を出した。ジュリュー氏は一六八九年にハーグで出版した『イギリス国王・女王両陛下のための弁明。《ヴィレム・ヘンリク・デ・ナッサウの真の肖像》と題する誹毀文書を駁す』という本でこの文書に反駁した。

（五）同、一六八九年五月十五日号。

政論家や諷刺作家のこういう戦争のさなか、一六九〇年四月末に『フランスへの近き帰国につき、亡命者に与うる重大なる忠告。一六九〇年のお年玉として一亡命者に呈す。Ｃ・Ｌ・Ａ・Ａ・Ｐ・Ｄ・Ｐ氏著。アムステルダム、ジャック・ル・サンスール書店、一六九〇年』〔二七二〕という本が出た。或る友人に宛てた手紙という形式のもので、「パリ、一六九〇年元日」という日付が入っていた。著者はのっけから、一六八九年には異常な出来事が見られるという亡命者が抱いていた期待感をからかった。いわく、「ごらんなさい、一六八九年は終わりましたが、さして記憶すべきことは何も起こりませんでした。その年には途方もないことが起こるだろう、一六八九年はローマ教会一般にも不吉な年、フランスにはなおのこと不吉な年になるだろう、目にされるのはもっぱら大政治危機、奇蹟のごとき革命、一言で言えば世界の厄年に最もふさわしいことばかりだろうと貴方がたは期待しておいでした。しかし、実際に見られたのは反対に、万事が実に自然に、一様に、斑なく推移する図で、緒戦では双方が猛烈な敵意を燃やしたこれほどの全面戦争で、一六八九年ほど事件が起こらなかった例は歴史でも容易にお目にかかれないほどです。少なくとも確かなのは、絶対確実とみなしておられた一件、つまり皆さんの再興がならなかったことです。」〔一―二ページ〕続けて、「こんなことを申すのは、貴方がたを侮辱するためではありません。とんでもないことです。貴方も私の意見は御存知で、皆さんに対するやりかたに私が反対だったことも、フランスがあんなに多くの君子やすぐれた人材を失って、そういう人が異国に避難所を求めに行ったのを返す返すも残念に思っていることも御承知でしょう。ですから、一六八九年が貴方がたの予言どおりにならなかったのを喜ぶのも、貴方がたがそこから蒙る損害のためではなく、数の迷信や大衆の信じやすさが明白な経験によって裏切られるのを理性と良識のため喜ばねばならないからです。期待された事件が起こったらそれらはいっそう強まったはずですが、それに負けないほど迷信と軽信を弱められるような経験を言うのです。」〔二―三ページ〕その上で、フランス王の心中に改革派の再興に対する好意的な気持があるという噂について友人に祝いを述べ、王国の三身分〔僧族・貴族・町民〕の内で最も道理を弁えた人は、みな総じて、改革派にしかるべき自由を与えることに賛成するだろうと請け合った。付け加えて、「しかし貴方にも、諸外国にいるお仲間の亡命者にも一つだけ御注意させてください。フランスの土を踏まれる前に一種の検疫をされ、亡命地で吸って実に危険な、全く以て忌わしい二つの病気にかからせた悪い空気から身を浄めていただきたいのです。病気の一つは諷刺の精神、もう一つは市民社会の最大の禍である無政府状態をこの世へ持ち込むことになる或る種の共和主義的精神です。この二点について、あえて友人として申し上げます。」〔五―六ページ〕

「諷刺文書」という第一点については、悪罵とスキャンダラスな小咄を満載した誹毀文書の洪水に苦々しげに文句を言い、亡命者は敵意と復讐心しか示していないようだと述べた。亡命者がそういうものを公に否認したことはないから、その罪は亡命者の全集団が負うものだとし、さらに祖先にまで遡って、彼らの父祖が誹毀文書を野放図に横行させたのを非難した。こういう執拗な諷刺はいつでも異端の間違いない印(しるし)だとし、悪口というのはキリスト教の精神からどれほど遠いかを示した。初期キリスト教徒の我慢強さを亡命者に思い起こさせ、フランスへ亡命したイギリスのカトリック教徒やフランスの作家の穏やかさを彼らの暴言に対置した。この人は〔神聖ローマ〕皇帝やローマ法王——法王はフランスの友ではなかったから——すら容赦しなかった。それでも、亡命者を心から愛し、いつくしみ、同情していると称し、こんなにきつい言いかたをしたのは行ないを改めて諷刺文書を公に否認してほしいからにすぎないと断言した。こうして糾弾と罵倒の苦さを和らげたのである。次に「反乱文書」へ移って、以下のような主張をするものを全部それに含めると言った。「主権者と臣民は契約によって或る種のことを履行する義務を相互に課し合うから、主権者が約束したことを守らなければ、臣民はそれにより忠誠の誓いを解除され、新たな主人の臣となることもできる。全人民が主権者の違約を非とするにせよ、最も人数の多い最も枢要な部分がそれに同意するにせよ」〔七一ページ〕という主張である。改革派が内乱という内乱を起こしたのも、不穏な格率を今立てるのもそれが根拠になっていると言い、「帰謬法」〔二七三〕と呼ばれる討論法を使って〔二七四〕この説に〔二七五〕猛反対し、国王の絶対主権というドグマを熱っぽく主張した。ブカナン〔二七六〕、ユニウス・ブルトゥス、パレウスなどの原理に対して『カトリック教徒のための弁明』のアルノー氏やその他の論争家がしたあらゆる非難を掻き集め、こういう政治的異端に染まってないのを示すようなことを何かせよと亡命者に促した。イギリス王チャールズ一世〔二七七〕の死を長老派のせいにして、英国国教会がそれまであれほど熱心に擁護してきた主権者への服従という健全な説を捨て、君主を裁判にかけてもいいという長老派のドグマへ乗り換えたのを非難した。さらにプロテスタント、とりわけ亡命者を、到る所に反乱と無政府状態を持ち込む叛徒として描き、彼らの忠誠を君主は当にできないと言い切った。

こういう悪口に続いて、「ヴァルドー派の侵寇についての考察」という余談に類するものがあった。ヴァルドー派〔二七八〕は不当な扱いを受けてきたと著者は認めたが、それでも、武器を手に故国へ押し入り君主と戦った〔二七九〕のは弁解の余地がないとし、それを機に主権者の絶対権へ話を戻した。そして「結び」である。いわく、「ここまで来れば、皆さんに人一倍好意を抱くカトリック教徒でもこの王国の土を踏む前に貴方がたにしてほしいと思う〈検疫〉とはなんなのかお分りでしょう。それは、そちらの著作家たちが山のように発表してきた誹毀文書や反乱文書を是認したおぼえはないと断言なさるか、それを是認したことを心底悔んでいる、その害悪が分らなかったか、反対を叫ぶ力がなかったのを実に残念に思うと誓って言われることです。」〔二九六ページ〕そしてこの問題をまた取り上げ、次に一六八九年の戦況について多くの考察をし、戦局はフランスの勢威とルイ十四世の栄光を高める方に向いているとした。そこから、フランスの失敗をオランダが大喜びするシャムの革命〔二八〇〕に話を移した。また、プロテスタントの宗教論争、とりわけ内乱をめぐる論争は四、五年来不利になる一方だと言って、アンリ四世〔二八一〕に対するフランスのカトリック教徒の忠誠とジェームズ二世〔二八二〕に対するイギリスのプロテスタントのそれを対比した。この手紙を公表されても、適当と思う手直しをされてもかまわないとその友人に言い、友人がカトリックへ改宗するように、いとも信心深い祈りと祈願で締め括ったのである。付け加えて言うには、「その幸多き変心の時がまだ訪れてないのなら、せめて、君子という君子が祖国に対して持つべき気持を身に纏ってください。」〔四一一―四一二ページ〕

この『亡命者に与うる忠告』と『亡命者の手紙に対する新改宗者の返事』を較べてみれば、二つの作品が実によく似ているのに気が付くだろう。意見も同じ、非難も同じ、侮辱も同じで、言うなれば一方は他方の序章ないし下書きにすぎない。『忠告』では問題がより敷衍され、飾り立てられ、魅力を増し、文体もこちらの方が正確で生き生きとして、また激しい。

　本の頭にある序文を書いたのはロンドン在住の亡命者で、手紙の筆者が熱烈なカトリック教徒なのに劣らず、こちらは熱烈なプロテスタントだった。この文書には最初の数ページを読んだだけで仰天した、これを書いたのは自分の旧友で、肩書は弁護士だが、法廷よりも宗教論争書を読むのが仕事のような人だった、ただ、「ドラゴヌリ」〔ドラゴナード〕を公然と非としたことだけは証言してやらねばならない、それにしても、プロテスタントの全集団をも、正確に言えば母なる国というより酷薄な継母(ままはは)のフランスから去り、信仰の純粋さに即して神に仕えられる避難所を異国に求めた人々をも極度に辛辣な口調でやっつけるこんな暴言の山の預け先としてなぜ私を選んだのか理解に苦しむ、とその人は言った。いわく、「いつも示してきた公正さと穏やかさからこんなにも遠く隔たった、これほど無情で極端なやりかたをする理由は、第一に亡命者たちが、人倫に悖(もと)るのみならず、文字どおり反キリストの宗教にふさわしい、故国で蒙った野蛮な虐待に自由に抗議できる場所にいるため、フランスに対するその抗議をかなり激しい口調で公にしたことである。第二にイングランドとスコットランドのプロテスタントが、ローマ教会の不誠実さと残虐さをあれほど経験させられた上ではもう、物言わぬ牝羊のように屠殺場へ唯々として引かれて行くほどお人よしにはなれず、それよりは法律と国民の特権に則って軛をはねのけ、隷属からおのれを解き放ち、士師の時代にイスラエルの民にしばしばなさったように神が自分らのために出現させてくださった解放者を受けいれた方がいいと思ったことである。」〔序文三―四ページ〕付け加えて、自分はその旧友に返事を書くことに決めた、それもあんなに無情で意地悪い挑発をしたのを後悔させるほど強力な返事をするつもりだったが、あの文書を受け取ったままの形でお見せしたら自分の忿懣の正しさがもっとよく分ってもらえるだろう、あの文書からは未曽有の逆上ぶりを示す無数の個所を削り、準備中の返事で議論して正確に反駁するつもりのものしか残さなかった、と言った。そうしてこの返事のプランを述べ、返事が出る前にこの文書自体を公にするのが適当と思ったのは、自分がどう見られているか、どういう毒のある考察が自分に対してされているかを兄弟たちに知ってもらいたいからで、いずれ誰かが筆を執って、「諷刺文書」と「反乱文書」という二点からなる大筋についてだけ兄弟たちの弁明をしてくれるのを期待する、その間自分はほかの様々な項目を細かく調べ、詳細且つ強力に反駁されないものは何も残らぬようにするつもりだ、と付言した。『時事問題についての手紙』(二八三)の著者にそれをするよう促し、この人は諷刺作家の一人とされたから、そうすることに格段の利害関係があるはずだと言った。そして、友人の文書にどんな手直しをしたかを報告し、「神に嘉せられるウィリアム王」への讃辞で締め括ったのである。いわく、「正当な権利を以て同王をかく綽名し、神は彼の内に御心に適った者をみつけ、手を取って彼を導き、玉座の上に坐らせたというダビデに関する聖書の言葉を同王に当てはめることができる。但し、次のような有利な違いがある。ダビデが神に見放された義父の王国の所有者になったのは義父が死んでしばらくしてからにすぎないが、ウィリアム王のために神はこの恩恵を前倒しして、義父の生前から王冠をお与えになったのである。」〔序文二〇ページ〕また、プロテスタント教に人一倍敵意を抱く君主も、宗教的熱意を知らぬ者はないオーストリア王家〔ハプスブルク家〕やドイツのあらゆるカトリック系君主もあの「幸多き革命」に拍手をした、あの革命は明らかに、フランスのはかりごととジェームズ二世のはかりごとを挫いた摂理の奇蹟的な御業(みわざ)だ、あの企てを強力に阻む手段は無限にあったが、フランスもジェームズ二世も選(え)りに選って、革命を不可避にする唯一の途を選んだから、と付け加えた。

『亡命者に与うる忠告』はハーグ(二八四)で秘密出版されたものだが、たちまちそれに対する回答がいくつも出た。トロンシャン・デュ・ブルイユ氏は自作の『時事問題についての手紙』で亡命者の弁明をしたし(二)、

〔バナージュ・〕ド・ボーヴァル氏[二八五]も著者の苦情がいかに不当で道理を失しているかを自分の新聞で明らかにした。[二] ロンドンへ亡命していた牧師のクーラン氏[二八六]は、『亡命者の擁護。《フランスへの近き帰国につき亡命者に与うる重大なる忠告》と題する本を駁す』[三]という作品でもっと長い答をした。ベール氏は一六九二年に発表した或る著作で、これらの回答について次のような判定を下した。『亡命者に与うる忠告』を名指しした上で、こう付け加えたのである。[四]「私が言うのは、牧師が断食日の説教で聴衆を十戒違反者と貶す際にもあれほどの激しさを示したことはないような口調で、われわれにある誹毀文書と内乱への好みなるものを批判したあのお説教めいた本のことである。」続けて、「ちょうどいい機会だから、あの叱言屋の激しい非難は良い結果を生んだとここで言っておくのも悪くあるまい。良からぬ諷刺的小冊子がわれわれの間で前ほどどしゃ降りでなくなったのはあの非難が原因ではなかったかもしれないが、少なくとも確かなのは、わが派の最もすぐれた文筆家たちが、ああいう悪書の責任を亡命者全体に負わせようとするのは間違いだと世に知らしめる義務があると思ったのはあれのお蔭だということである。こうして、我らの大義に罪をなすりつけようとする意地悪な中傷を濯いでくれる同時代の記録が末代まで残されることになった。ああいう文書を否認したそのすぐれた文筆家たちもそれを匿名でしたではないか、などと言わないでほしい。この人たちは全員を代弁してそれに答え、その言明に反対すると上告した者は誰もいないのだから、集団全部がそれに同意している証拠である。それに、実に精妙且つ的確な筆で二週間置きに時事問題を論じる人〔トロンシャン・デュ・ブルイユ〕の名は、今では誰でも知っている。追随を許さぬ『学芸著作史』[二八七]の刊行者について言えば、その人の名を知らない者がどこかにいようか。……『重大なる忠告』に反対する『亡命者の擁護』を最近出した人の場合、これは仲間の代理として何かを請け合う時はきわめて信用に値する人物でしかありえない。諷刺的精神という非難には十分に答えているし、もう一点についても実に巧妙に自分の考えを説明している。すべてを考え合わせると、たしかに辛辣な非難をされる前に教会会議から委任を受けた人がちゃんと否認していたらもっと名誉になり、その否認ももっと本物になったろうが、それでもよほどの訴訟気違いでない限りこの非難はもう蒸し返せない。」あの書への回答はほかにもいくつか出た。(〇)

（一）『時事問題についての手紙』、一六九〇年五月一日号、五月十五日号、六月一日号、九月一日号。

（二）『学芸著作史』、一六九〇年四月号、記事十、三六四ページ。

（三）デーヴェンテル、一六九一年、十二折判百五十七ページ。

（四）〔ベール〕『批評辞典腹案と断片』、一一〇ページ。

（〇）弁護士でマーストリヒトの法学教授のニゼ氏〔二八八〕が一六九〇年に『《亡命者に与うる忠告》への簡潔な答』（a）を発表した。アバディ氏〔二八九〕はイギリス革命関係に絞って、『イギリス国民の擁護。イギリス革命につき神と自然と社会の権利を明白に確立す。《亡命者に与うる重大なる忠告》の著者に反対して』という本を一六九二年にロンドンで出版した。ド・ラレ氏〔二九〇〕も『《亡命者への忠告》に答う。D・L・R氏著。ロッテルダム、ライニール・レールス書店、一七〇九年』という題で非常にくわしい全面的な回答をした。これは注文で書いたものだった。レールス氏が『亡命者に与うる忠告』の新版を出そうとして、それに付けるため回答を書くようにド・ラレ氏に促したのである。『忠告』の再刊はパリ版を基にしており、その版の刊行年も書肆名もそのまま残されたが、パリ版では削られていた序文がまた付けられた。『忠告』とド・ラレ氏の回答は合わせて八折判一巻本である。

（a）『《フランスへの近き帰国につき亡命者に与うる重大なる忠告》と題する書への簡潔な答。M〔マーストリヒト〕のA〔弁護士〕G・N氏著。マーストリヒト、一六九〇年』。全七十五ページで、ほかに「読者へのお知らせ」と、マーストリヒトの某神学教授〔二九一〕が書いた序文が付いている。

〔バナージュ・〕ド・ボーヴァル氏はその新聞の一六九〇年五月号に、『亡命者に与うる忠告』の著者から貰った手紙の抜萃を載せた。(一) 著者いわく、「白状しますが、私の書き物が公にされたのを見て驚きました。そんなつもりで友人に託したのではありません。とりわけそこには賛成しかねる個所がいくつかあります。フランスで貴方がたにされた仕打ちを述べた個所です。言わされるようなことをかりに考えたら、そんなことをパリのどまんなかで語るなどという無思慮なことはするはずがなかったと貴方もお思いになるでしょう。必要な手直しをした再版をたぶんもうじきお送りするはずです。」そして一六九一年二月号には、同書が今印刷中だというパリからの手紙の抜萃が発表された。その手紙の筆者はこう言っていた。(二)「当地で現在、『亡命者に与うる忠告』を国王の允許付きで再版する作業が進められています。パリの大司教殿〔二九二〕やド・ラ・シェーズ〔二九三〕神父を怒らすことにしかならないものが種々あったため前の版では身を隠していた著者も、今度の版では書き足したり、あの御両人に喜ばれないものを減らすなりして平安を保つ方法をみつけました。」事実、この本は〔一六九〇年〕十月二十日付の国王の允許を付けて当時印刷中で、最初の全紙二枚分が翌年三月にオランダでも見られた。(三)第一版にあった序文は削られ、かわりに次のような「読者へのお知らせ」が入った。「この文書は筆者から外国にいる友達へ送られたが、そこで筆者の意に反する種々の書き変えをされて印刷に付された。だからフランスでありのままの形に戻して再版せざるをえない。筆者は誠心誠意誓って言うが、自分が気にかけている人たちに、十分な考察が払われていない或る種の重要な真理を知らせるに当たっても、自分には義務を果たしたいという意図しかなく、宮廷からの恵みや見返りなど全く眼中になかったので、自分の正体を知られることすら避け、普通の人が隠れて悪事をするようにこの善行も隠れてするのである。」しかし、書店のあるじが死んだため刊行は中断された。再開されたのは数カ月後で、〔一六九一年〕九月十九日付の新たな允許を付けて刷り上がったのは一六九四年十二月九日だった。允許にある説明は左のとおりである。「生前我らの佳き市パリで印刷・出版業を営みしガブリエル・マルタンの未亡人たる我らの愛するマリ・マグダレーヌ・ゲルランが、『フランスへの近き帰国につき亡命者に与うる重大なる忠告』と題する書の著者に我らがル・プティの署名と印璽を付せる一六九〇年十月二十日付の手紙によって、爾後十年間、我らの全王国で上記の書を印刷・販売・配布せしめるのを許可せしこと、この著者が申請者の夫たりし前記の故ガブリエル・マルタンにその権利を譲渡せるも、公衆に知られぬままに留まることを好みしため、その名義で発行されし上記の允許を我らのパリ市の書店組合の記録簿に登載することに難色を示せること、それがため、故ガブリエル・マルタンの病臥および死歿と相俟って、すでに始まりし上記著作の印刷が中断され、前記著者との協定ならびにその著者の同意の結果として、我らが上記の允許を申請者名義のものとせねばそれがさらに遅滞するはずなることを申し述べしにより、以上の理由から、上記申請者に好意的な計らいをせんものと、この手紙により、前記の書の印刷を継続すること、またはせしめることを許し認めし上、許し認めるものである、云々。」

（一）四一八ページ。
（二）二七九、二八〇ページ。
（三）ジュリュー『ベール氏を非とする最後の証憑』、一九ページ、第二段。〔ベール〕『ロッテルダム陰謀の架空なることを証明す』、二六七、三〇九ページ。

オランダではもう『亡命者に与うる忠告』〔二九四〕が話題にならなくなり、あの文書は忘れられてしまっていたが、（一）その時、一六九一年一月に、ジュリュー氏が人を介してバナージュ氏に〔二九五〕、ベール氏があの誹毀文書の作者だと思う、あいつをオランダ七州から出て行かすべきだと伝えた。バナージュ氏はなんとか翻意させようとしたが、相手は聞く耳を持たなかった。ベール氏はそこでバナージュ氏に、以前あの文書に答えるつもりでいたが、ジュリュー氏に誤解だと納得してもらうため更めてこれからその仕事をすると言い、同時にバナージュ氏に頼んで、この件につき会って釈明し疑いを晴らす用意があるとジュリュー氏に伝えてもらった。（二）だが、そんなことをしてもジュリュー氏の怒りはおさまらなかった。長年抱いてきたベール氏への憎しみは、今や憤怒に変わっていた。ベール氏の名誉を傷つける絶好の機会だと思ったのである。自分の自由になるのだったら、命を奪うこともしたであろう。こう言っているのである。[三]「値する限りの刑罰をこの男に科す力はなかったので、私はせめて公の場で名誉を失墜させてやろうと思った。」こういう精神でジュリュー氏は『《フランスへの近き帰国につき亡命者に与うる重大なる忠告》と題する反宗教・反国家・反イギリス革命文書の検討』を執筆したのである。そこではまず作者を突き止めようとして、本の形式を褒めた上で、本体の著者と序文の筆者は同一人にすぎず、その著者はプロテスタントでオランダにおり、隠れ蓑のつもりで書いた序文のためかえって正体がばれたことを示そうとした。さらに、名前はあえて出さないが、ベール氏を指すのは見え見えな仕方で著者の特徴づけをした。しかし、ベール氏がなぜあんな本を書いたのか、そのわけを説明する段になると極度の困惑に陥った。いわく、[四]「著者の狙いはなんなのか。これ以上奇妙な目論見がかつてあったろうか。何をしたかったのか。私は最初、これは懐疑家で、真理を弄び、賛成・反対の論をなし、まずわれわれを攻撃する本を作って、次にはわれわれを支持する本でそれを崩し、権利問題でも事実問題でも真理はデモクリトス[二九六]の言う井戸の中にあり、どんなことでも疑えるし請け合えるし擁護できるし反対できるのを示そうとするのがもっぱらの目的だと思った。今でも、そういうことが多少狙いの内にあったと思う。あれほど皆が騒がなかったら、著者は約束を守ったはずだと思う。ひどい反駁書が出ていたはずだと思う。ひどいというのは自分の主義に反する、心にもないことを言ったはずだからで、それに対してここでは自分の考えどおりに語っているのである。」

（一）〔ベール〕『架空の陰謀』、一九八、三五三ページ。〔ジュリュー〕『ベール氏を非とする最後の証憑』、三五ページ、第一段。〔ベール〕『ロッテルダム陰謀の架空なることを証明す』、三五一、三五二ページ。

（二）バナージュ氏の手書きの覚書。〔ベール〕『ロッテルダム陰謀の架空なることを証明す』、一三六ページをも参照。

（三）〔ジュリュー〕『ジュリュー氏の弁明』、二五ページ、第一段。

（四）〔ジュリュー〕『《フランスへの近き帰国につき亡命者に与うる重大なる忠告》と題する反宗教・反国家・反イギリス革命文書の検討』。

その上でジュリュー氏は著者の真の狙いをみつけ出そうと試みた。いわく、「主権者の独立で無際限な権力にこの上なく固執する著者は、自分の偶像であるフランス王に対して数年来かなり自由な書きかたがされるのを見て悲しくなり、とりわけイギリス革命と〔二九七〕ジェームズ王の廃位にすっかり憤り、とうとう我慢できなくなって、フランス王とジェームズ王の弁明をせざるをえなくなった。[一]」「極端な法王教と、プロテスタント教への憎悪というヴェールでやむなく身を隠したのもそのためである。[二]」「序文がなかったら自分もそのヴェールで足止めされ、どう考えていいか分らなかったろう[三]」とこの人も認めた。しかし、あの著者は見かけほどプロテスタント教に敵意を持ってはいないと思うと言った。いわく、「この人はそう見せかけるほどプロテスタント教に悪意を持っておらず、われわれに対する逆上も芝居の一部と思ってやるのが公正というものである。そんなことをするのは、この厚い帷に隠れてフランス王とジェームズ王と専制権力を擁護できるようにするためだ。[四]」そういう君主のために書くのは損得が動機だとすら思わなかった。いわく、「この熱心顔に損得が関わるはずがないことも証言してやらねばならない。権力に対しこの書を功績として自慢するつもりはさらさらなかったからである。正体がばれないように、用心に用心を重ねたのだから。[五]」

（一）同、三八ページ。

（二）三九、四〇、四一ページ。

（三）四〇ページ。

（四）四〇、四一ページ。

（五）　六九ページ。

しかし、著者に対してこういう公正な態度を示すのは、その著者をベール氏に似させるためにすぎなかった。『忠告』を語る時も同じだった。のっけから、標的のベール氏について思っていることを全部吐き出したのである。「文体は流暢で、滑らかで、陽気である。」「文彩は自然で、隠喩は成功し、文飾は巧みに選ばれ、所を得、ひそかな魅力で人を惹き付ける。」「快い学識に充ち」、「学殖が誠にうまく配合されている。(一)」衆目の見るところ、これらはみなベール氏に当てはまった。それから言うには、この著者は「相手を打ち倒すため次々と打撃を加え」、改革派に対して「かつて言われた最も破壊力に富むすべてのものを実に巧みに僅かなスペースに収めている」、「その本は宗教改革以来、改革派を攻撃するために書かれた最も有害な書で、宗教改革を最も醜悪な面から見せる。(二)」そんなことを言ったのは、ベール氏を忌わしい存在に仕立て上げるという目的にはこれも必要だったからである。しかし、いざ反駁する段になり、興奮して最初の目論見を忘れてしまうと、この書は「あまりにも常軌を逸した内容」で、そんなものを著わすには「体系も原理も道理も要らない」本にすぎなくなった。「上っ面（つら）だけで、中味は何もない。白と朱色を配合したツルツル、スベスベの小さな蝋人形だが、内部には肉も骨も神経もない」、「みつかるのは二つの異議だけだ。それもかなり痩せっぽちなのに、著者は想像力の豊かさとお宝の読書ノートでそれを太ったように見せかけている。(三)」「貧相な異議が二つあるきりで、あとは鍍金（メッキ）や刺繍、悪口、小咄、叱言（こごと）、ガラクタ、証明にならぬ脇道の考察にすぎない。(四)」「体系」のない本で、(五)「ちょっとした『百花集（ポリアンテア）』(二九八)、衒学の塊である。(六)」「書きかたは賢明・堅固というにはあまりに程遠く、人間というものを、鼻や耳を摑んで引き回す獣と思っているらしい。(七)」判定の規準は情念しかなかった。『忠告』を恐るべき作品のように表現したのも、それをベール氏のものとすることに一層の真実味を持たせるのが目的だった。ベール氏はフランス王とジェームズ王の弁明をしようとしたと言ったのである。当時の情勢では、同氏に対してこれほど敵意を掻き立てるものはなかったからだ。

(一) 同、五、六ページ。
(二) 七ページ。
(三) 九一、九二ページ。
(四) 九七、九八ページ。
(五) 一八〇ページ。
(六) 二一〇ページ。
(七) 九八ページ。

その頃ジュネーヴに、商売は繁昌しないが大のアイデアマンのグーデという商人がいて、君主の間の争いを調停しヨーロッパに平和をもたらそうと思い付き、『全般的平和によって現下の戦争を終結させるための案をイレーヌとアリストが与える八つの対話』という本を著わした。この対談は講和の案を盛ったもので、ヨーロッパの各君主、各国家に保有すべき領土を指定していた。たとえばフランスはフランシュ＝コンテ地方とフランドルの征服地とルクセンブルクを領有すべきだが、ピレネー講和[二九九]以後にカタルーニャで占領した土地と、ナイメーゲン講和[三〇〇]以後にドイツで占領した土地をストラスブールを除いて返還すべしとされた。またモン＝ロワイヤル、フォール・ルイ、ユナング（ヒューニンゲン）の要塞を取壊し、かわりにモンス市とエノー（ヘーネハウエン）地方の全部と、ほかに好みの土地をいくつか得るべしとされた。ロレーヌもフランスに与えられ、ロレーヌ公はセルヴィアとブルガリアと、新国家の首都としてベオグラードを得るはずだったが、この条項は後に変更されて、ブラバン（ブラバント）地方と、スペイン領ネーデルラントの残りの部分がロレーヌ公の取り分とされた。フランスはフリブール（フライブルク）市と取壊されたユナング（ヒューニンゲン）の要塞をスイスに返し、〔神聖ローマ〕皇帝も森林四市〔三〇一〕とブリスガウ地方とズントガウ地方をスイスに割譲するはずだった。オランジュ公領とアヴィニョン伯爵領、ヴナスク伯爵領もフランスに譲渡され、かわりにオランイェ（オランジュ）公にはジェクス代官区、ローマ法王にはサヴォイア公が払う年五万エキュの貢納金が与えられ、その見返りとしてサヴォイア公はカサーレ（カザル）とピネローロ（ピニュロル）を得るはずだった。フランスの改革派にはカトリック教徒がオランダで持つのと同じ良心の自由を保証する恒久的な勅令が与えられるが、改革派がローマの宗教を攻撃することは許されないとされた。インド諸国の貿易はオランダが独占し、オランダに不安を与えるおそれのあるネーデルラントのいくつかの砦はフランスが取壊すことになっていた。ウィリアム王はイギリス王と認められ、ジェームズ王はエルサレムと全パレスチナの王になるべしとされた。オスマン帝国を滅ぼすためにキリスト教徒の君主たちが連合し、バイエルン選挙侯がコンスタンチノープルの皇帝となり、テケイ〔三〇二〕伯爵がベオグラードとセルヴィア、ブルガリア、ボスニア、ラスキア（ラシュカ）、モルダヴィア、ワラキアの諸地方を得、モルダヴィアとワラキアはポーランドに朝貢するはずだった。エジプトとシリアの一部とロードス島はフランスに与えられた。グーデ氏いわく、（一）「それの利点は、自分でもじっとしていられず他人にもじっとさせない、動き回ってばかりいる落ち着きのないフランス人の気質に、遠隔の地で、非キリスト教徒の犠牲において仕事を与えることである。全体の利益にとって、これは些細なことではない。」平和を恒久的ならしめるため、ヨーロッパの君主たちは四万の兵の維持費としてスイスに年六十万エキュの金を払い、その軍は平和を破ろうとする者にいつでも襲いかかる用意をしている。この部隊には必要とあらば、〔神聖ローマ〕皇帝と帝国の君主たちが臨戦態勢に保つ三万の兵が加わるはずだという。

（一）　第二対談、二七、二八ページ。

グーデ氏はこの平和計画に見る自分の素晴しい天才ぶりに惚れ惚れして、読んでもらえそうな人に手当たりしだい見せた。フランス弁理公使にもその話をした。公使はそんなものを馬鹿にしたが、[一]グーデ氏はめげなかった。自分の姻戚に当たるミニュトリ氏[三〇三]とベール氏の繋がりを知っていたため、この人はミニュトリ氏に、「ベール氏その他、外国にいる多くの名士がどう思うか[二]」知りたいので平和計画をベール氏へ送ってほしいと頼んだ。ミニュトリ氏は一六九〇年九月に、作者の名は伏せたまま、はじめの六つの対談をベール氏へ送り、同時に、「プロテスタンティズムの利益と親愛な兄弟である亡命者たちの利益をあの計画で図るつもりがないようなら、あんなものには目もくれなかったでしょうが、万事承知している当人が、続きを見れば心配ないと請け合いました[三]」と言った。

（一）〔ベール〕『ロッテルダム陰謀の架空なることを証明す』の二〇四ページにあるジュネーヴからの手紙の抜萃。
（二）同一九四ページにあるミニュトリ氏からジュリュー氏への手紙。
（三）〔ベール〕『架空の陰謀』、五、六ページ。

亡命者関係の条項は、ベール氏へ送ってない第七対談のために取ってあったのである。ミニュトリ氏ははじめの六つの対談をブランデンブルク選挙侯[三〇四]の弟ルートヴィヒ公[三〇五]の傅育官だったグレーベン男爵殿[三〇六]、ソールズベリの監督バーネット氏[三〇七]、ブリュッセル駐在オランダ弁理公使のフルスト氏、フレモン・ダブランクール氏[三〇八]、〔バナージュ・〕ド・ボーヴァル氏[三〇九]に見せてほしいと頼み、さらに、できるだけ多くの有能の士や政治家に読んでもらって感想を聞かせてほしいと依頼した[一]。ベール氏は写しを取らせて、ミニュトリ氏が指名した人たちに送った。評判はあまりかんばしくなかった。「良く書けていると思われなかったのみならず、プラトンの『国家論』、ド・シュリ氏[三一〇]が計画を残したキリスト教国家のアイデア[三一一]のような数々の妄想がみつかった[二]。」ベール氏はそれを読まなかった。原稿を読むのが大嫌いな上に、ほかに仕事があったし、読んでもらった人たちも高く買わなかったので読む気がなくなったのである。(三)この人はミニュトリ氏に世間の評価を伝え、さらにこう付け加えた。「フランスが長年征服していた土地を全部剥ぎ取り、近隣に疑惑を持たれるおそれがなくなるほどこの国を弱めるならともかく、そうでないような全面的平和計画はみんな拒否されるはずなのを、著者は確かなことに数えて差し支えありません。(四)」(五)その文書の写しを取っていた頃、ベール氏はロッテルダムのアシェール書店(三二)へ行くと、その本屋から「こんな原稿を渡されたので目を通して感想を聞かせてほしい、売り物にならないかどうかだと言われた。ベール氏は最初のページを見るや否や、自分が写しを取らせた文書だとすぐ分り、店内にいる何人もの亡命者の前ではっきり口に出してそう言った。怒ったように見えたのは、写字生がこの著作を印刷に付そうと思い付いたのではないかと恐れたからである。ジュネーヴから依頼を受けたのは、原稿のまま人に見せ、寄せられた意見に基づいて作者が手直しできるように玄人筋の感想を聞くことだけだったからだ。……しかしアシェール氏は、写しの持ち主がそれを手放すのはベール氏に返す時だけだろうと言って安心させ、この作品をどうするかはベール氏の自由だと思ったのか、出版させてくれと頼んだ。ベール氏は、この文書を印刷に付せという命令は受けていないが、そういう運びになって自分の一存で決められるようなら、ほかの人より貴方にお願いしましょうと返事をし、アシェール氏も大変感謝しているように見えた。

それからしばらくして、ミニュトリ氏がベール氏に手紙を寄せ、作者ははじめの六つの対談をローザンヌで刊行する準備をしている、あとの二つはその間に仕上げるつもりらしいと知らせて来た。ベール氏はアシェール氏にそう伝えたが、アシェール氏はだからといって計画を変更すべきだとは思わなかった。オランダ版の方がスイス版より出来が良く販路も広いので、スイス版がオランダ版の売れ行きの支障になるとは思えなかったからである。そこでベール氏は、もっぱらアシェール氏を喜ばすため、再刊してくれる書店がロッテルダムにあるからと言ってローザンヌ版の印刷全紙を刷った先から送ってもらおうと持ち掛けた。よかろうということになり、手紙を寄せるたびにミニュトリ氏は、作者が赤を入れた全紙を送るとベール氏に期待を持たせた。また、作品の分量は大幅に増えるはずで、形式もほぼ全面的に改善される、作者が特に強調するのは安全保障という点で、亡命者関係の条項も少なからぬ亡命者に喜んでもらえたような出来になったと言った。全紙は一向に来なかったので、ミニュトリ氏は本屋が気をそらさぬようにしてくれとベール氏に頼んだ。(六)「全紙が遅延している間、アシェール氏は思い付いて時々ベール氏に、不評を招くおそれがあるか知らずにはあの計画を印刷できないと言った。ベール氏はそのたびに、適当と思う人に読んでもらうのがいいだろうと答えたが、アシェール氏が貴方の意見も聞きたいと言うので、自分はしない、あの計画は読んでないし、原稿のうちは読まないと応じた。〔フレモン・〕ダブランクール、〔バナージュ・〕ド・ボーヴァル両氏、その他何人か読んだ人の感想すら率直に伝えた。そんなことを聞いてもアシェール氏はめげなかった。〔自分が前に出版した〕ジュリュー氏の予言から、妄想だらけの本ほど印刷屋には好都合なのが経験で分っていたからである。」(七)「結局、全紙の遅れをどう考えていいか分らなくなっていた頃、ベール氏はモンス攻囲戦の最中に、(八)第一版の刊本がハーグにあるという知らせを受けた。そこで本屋に、平和計画の件は諦めるように勧めた。あの砦の攻囲がどう転ぼうと情勢は一変しそうなだけに、それはなおさらのことだった。本屋もすでにそういういい決心をしていたのが分った。」

(一)〔ベール〕『架空の陰謀』、二〇ページ以下。
(二)同、一三、一四ページ。
(三)七ページ以下。
(四)二〇、七七ページ。

（五）一六ページ以下。
（六）二二、二三ページ。
（七）二四ページ。
（八）モンスは十六日間の塹壕戦の末、一六九一年四月九日に開城した。

ローザンヌで印刷された平和計画をめぐるはじめの六つの対談をジュリュー氏が入手した時、『亡命者に与うる忠告』とベール氏を攻撃するジュリュー氏の文書が現に印刷中だった。この作品は彼には未知のものだった。「ミニュトリ氏はベール氏への手紙でも、原稿を見せるべき人の内にジュリュー氏を名指しで挙げてはいなかった。ベール氏とジュリュー氏の繋がりの深さはかねがね話に聞いていたので、そうするまでもないときっと思ったのであろう。有能な人たちに見せてほしいと友達〔ベール〕に頼むだけで、ジュリュー氏がまっさきに見るのは確実だと思ったのであろう。ベール氏としても、友人から名指しの委任を受けていなかったとはいえ、本来なら必ずジュリュー氏にまず見せたはずである。しかし、自分の体系からあまりにひどくかけ離れた平和計画などベール氏に読まされるのを、ジュリュー氏が侮辱と受け取るのではないかと恐れたのである。〔あの平和計画では〕プロテスタントの宗教がフランスで支配宗教になる予定ではないことが、ミニュトリ氏の最初の手紙からベール氏にはよく分っていた。また、〔ジュリュー氏の〕あの体系は昔から好きでなく、ジュリュー氏のスパイの前でその件につきあけすけに語りすぎたこともおそらくはあったろうから、今でもすでにジュリュー氏のひそかな憎しみを買っていた。そんなわけで、大事件の予言の正否というような名誉に関わるデリケートな問題では、ほんの些細なことでもジュリュー氏の感情を害し、出所が出所なため侮辱と受け取られるのではないかと、当然ながらベール氏は恐れたのである。」

（一）〔ベール〕『ロッテルダム陰謀の架空なることを証明す』、一九四、一九五ページの註。

果して、あの平和計画にジュリュー氏は極度に腹を立てた。しかし、あの文書はずっと前にベール氏のところへ送られていたものだとアシェール氏から教えられ、原稿の件でベール氏とアシェール氏の間にあったことを語られるに及んで、この人は自制が利かなくなった。いつも妄想ばかりするジュリュー氏は、ベール氏に対する憤怒のあまり、絵空事の平和計画より千倍も絵空事な説を組み立てた。『《亡命者に与うる忠告》の検討』の頭に「公衆に与うる重大なる忠告」という一文を置いて、「『亡命者に与うる忠告』の作者の狙い」について自分が今まで言ったことはみな「まっ暗な場所で全然目が見えぬ精神のあがきにすぎなかった」と言い切った。付け加えて、「たしかに目がくらんでいたのである。どうしてすぐに秘密の全部を少なくとも推量できなかったのか、今では理解に苦しむ。[一]」「胡散臭い、胡散臭がられて当然の連中は、友人たちを正当化するのに〈ナンノタメカ〉という一語にまさる方法をみつけなかった。白状すれば、私自身にもこの核心的な点からためらいが生じ、実のところあの本の源を疑うことは全くできず、困惑に陥っていた。だが遂に、不法の秘密が暴かれるのをお望みの神は、別の思いがけない発見からわれわれがもっと先まで分け入れるようになるのをお許しになった。だから、次のことを知ってもらいたい。ここにあるのは、国王たちの権威を守ろうと目論む一個人の作品ではないのである。そんなふうに想像したのは間違っていた。[二]」「ここにあるのはパリとフランスの宮廷に中心を置く、南から北へ拡がる陰謀の所産である。[三]」付け加えて、「ジュネーヴにはフランス弁理公使の蔭に隠れた親仏派がおり、この派にはあらゆる身分、あらゆる性格の人がいて、その徒党はオランダにいる全く類似の徒党と連絡を取り合っている。[四]」「ジュネーヴとオランダにあるこの二つの親仏派は互に連絡を取り合っている。どちらも目的は同じで、望める限り有利な講和を結んでフランスを苦況から脱け出させることにある。両者が目論むのは連合国を分断し、主権者に対する謀反の精神を民に吹き込み、連合国が与えられる条件で講和を受けいれざるをえないようにすることだ。さらに、この二つの派は何をするにもフランスの宮廷と示し合わせ、その命令を受けている。(五)」あの宮廷の狙いと指示に基づいて、北の陰謀の頭であるベール氏が『亡命者に与うる忠告』を書き、北の陰謀のエージェントであるグーデ氏が、弁理公使が下書きを書いてヴェルサイユが手を入れた『平和についての対話』を著わした、その本をベール氏が、ヨーロッパ中、特にオランダとイギリスへ容易にばらまけるようにロッテルダムで活字にする仕事を請け負った、というのであった。(六)その上で、この人はベール氏を「背神の徒」、「不敬の徒」、「名誉心も宗教心もない男」、「裏切者」、「ペテン師」、「国家の敵」、「唾棄し体刑に処してしかるべき奴」などと呼んだ。

(一)「公衆に与うる重大なる忠告」、三ページ以下。
(二)同、五ページ。
(三)同、七ページ。
(四)同、七、八、九ページ。
(五)同、四二、四三ページ。
(六)同、三七ページ以下。

それでも、『亡命者に与うる忠告』についての告発が単なる「推定」にしか基づかぬことをこの人は認めていた。いわく、(一)「公平無私な顔をしたがる人の中には、もしかすると、罪状の立証も十分しないのに人を公衆の憎悪に晒すのはあまりに残酷な攻撃だと言う向きがあるかもしれない。……しかし、国家社会の安全を図ろうとする時に、罪状の立証が必要なのか。皆が警戒するように、強い推定に基づいて、悪意のある者を暴いてはいけないのか。」奇妙なのは、あの文書でプロテスタントの破滅を企んだとベール氏をこう告発する最中にも、その非難を崩してしまうような告白がこの人の口から洩れることだった。こんなことを言っていたのだ(一)。「そのうちには、これもプロテスタントに、今まで出た多くのプロテスタント攻撃文書を上回るほどの害は与えなくなろう、これも御多分に洩れず忘れられるはずだが、当面は、同盟をばらばらにして講和を結ばせるのに寄与するからフランスに益をもたらし、偶然とはいえプロテスタント自身にも益をもたらすだろうと著者は思ったのである」。『平和計画』については、この文書はフランスの宮廷との合作で連合国を分断しかねないとしたのに、「この書は全篇これ妄想で、自分も妄想家でなければそんなものにわざわざ反駁する人はいない(三)」などと言った。公平な人ならこういう考察で目を開かれたはずだったが、ジュリュー氏の気持は動かされなかった。この人が求めるのはベール氏の罪を濯ぐことではなく、有罪にすることだったからである。ジュリュー氏は〔バナージュ・〕ド・ボーヴァル氏にもくってかかり、『亡命者に与うる忠告』がパリで再刊されているという、この人が自分の新聞に載せた手紙(四)は同氏が偽造したものだと非難した。しかし、その新版の最初の数枚はすでにオランダでも目にされていたから、これは疑いをかけられないようにする策略で、一枚目にある国王の允許は偽物だと主張した。

(一) 同、一一〇、一一一ページ。
(二) 同、五七ページ。
(三) 同、八〇ページ。
(四) 先の二五五、二五六ページ〔本書、一一七―一一八ページ〕を参照。

『亡命者に与うる忠告』を攻撃するこの人の文書は、『《亡命者に与うる重大なる忠告》と題する反宗教・反国家・反イギリス革命文書の検討(一)』という題で出た。前述のとおり、「公衆に与うる重大なる忠告」が巻頭に置かれていた。

(一) ハーグ、アブラアム・トロワイエル書店、一六九一年、十二折判。

ベール氏はこの「公衆に与うる忠告」を読むが早いか、「ロッテルダムの裁判官(バイイ)のル・グラン氏の所へ行って、告発者が一緒に監獄へ入り、自分(ベール)が有罪でなかったら科されるはずの刑に服す気があったら、自分にも入獄の用意があると伝えた。(一)また、ロッテルダムの二人の高官や、人物・地位ともに名立たるハーグの二、三の人にも、ジュリュー氏から告発を受けたこと、自分の言い分を聞かずには有罪にしないという公正さしか国家には求めないことを告げた。(二)」おそらく、そこまでにしておいた方がよかったろう。いくらジュリュー氏でも、司法官の前に出頭してベール氏を訴えるようなことはあえてしなかったはずである。挙げようにも法的な証拠など何も持っていなかったから、みんなジュリュー氏の推定を嗤って、この人を中傷者と宣告したろう。しかし、ジュリュー氏が反国家陰謀の首魁としてベール氏を公に告発した以上、ベール氏としても同じ方法で身のあかしを立てるべきだと思ったのである。回答にはこういう題を付けた。『架空の陰謀、または、或る平和計画と《フランスへの近き帰国につき亡命者に与うる重大なる忠告》と題する誹毀文書に関し、J氏が同文書の《検討》の中で悪意を以て最近公にせし作り話と中傷を駁す。ロッテルダム、ライニール・レールス書店、一六九一年』、十二折判。

（一）〔ベール〕『架空の陰謀』、第二版一〇八、一〇九ページ。この小文で引用するのはその版である。
（二）同、一二五三ページ。

ベール氏は同書でまず、『平和計画』の件で自分がしたことを物語り、私がすでに述べたようなことを言った。ジュリュー氏がその記述で述べた虚偽、陥った迷妄を洗いざらい指摘した。告発の第二項をなす『亡命者に与うる忠告』については、最初別の著作で扱おうと決めていたが、書き出すと本が大きくなりそうで、そう早く出そうにないのを考えて、あらかじめ「回答の序章」を出しておくのが適当と思った。『亡命者に与うる忠告』がプロテスタントの作だという点ではジュリュー氏と同意見だったが、最も蓋然性の高い根拠からフランスで著わされたに相違ないのをお見せするとベール氏は約束した。あれはオランダで書いたもので、作者もパリにいれば素顔を見せるはずだというジュリュー氏の推測に、こうしてことごとく反駁したのである。また、あの作者の書きかたと自分の書きかたの違いを示し、ジュリュー氏がそれで『忠告』の著者を特定したと称し、ベール氏だと結論づけた特徴に反論を呈して、パリで作られる同書の新版をめぐるこの人の指摘や屁理屈の滑稽さを見せた。また、ジュリュー氏の推定もベール氏を裏切者、背神の徒、対神・対人大逆罪として公に告発するのを許さないことを示し、ベール氏を有罪にしようとしてこの人がペテンと不誠実と最も腹黒い悪意を動員したことを証明した。ジュリュー氏が『忠告』の著者にあるとする特徴はベール氏が著者でないという推定を形作り、この推定の方がベール氏が著者だと証明するためにこの人が挙げたどんなものより格段に強いのを示して、最後にジュリュー氏の告発のおさらいをし、それを二十五の項目に帰着させた。その内の第十八項は、（二）「ベール氏はおのが無神論をほとんど秘密にしていない、どんな宗教的行為によっても世人を教化せず、宗教心も神への愛もないから、彼の崇める神格の筆頭はルイ十四世と呼ばれる」というものだった。ベール氏は付け加えて言った。「この十八項目から論敵はけっして脱け出せないに相違ない。最後の項目だけでも一生の仕事になり、赤恥をかく材料しかそこにみつけられまい。私はそこで今か今かと彼を待ち構える。これは非常に重要な点だから、そこでは勝つかくたばるかしかない。私が書いたものか、信用に値する証人を使ってそれを証明せねばならない。……でなければ、神は自分に予言の能力を授けられたから、自分には人の心の内が読めるのだということを、曖昧でない印（しるし）によって示さねばならない。……この人は情念ですっかり盲目になったため、かりに自分の立場が正しいとしたら、そこに詰め込んだ沢山の事柄でそれを自ら駄目にしてしまったことにも気付けなかった。そもそも、ほかのあらゆる項目で成功しても、最後の項目で失敗したら、公正な場でこの人は絞首刑を避けられようか。無神論はどこでも極刑を科せられるではないか。また、告発者は偽証を証明されたら、罪を証明された時被告が受けたはずなのと同じ刑罰を受けるべきではないか。……繰り返し言うが、これほど軽率且つ愚かに混乱を来す告発者には、怒りよりむしろ同情を覚える。……誰もが知っているように年に四回聖体拝領をし、公的な祈りや説教の主要部分にもかなり頻繁に列席する者が〈どんな宗教的行為〉もしていないのを証明するなどと牧師が約束するのを見て、誰が笑わずにいられよう。この人に見せてやるつもりだが、私の背神なるものは彼の言うえせ奇蹟、えせ予言、啓示と称するものなどに拍手したがらなかったことにしかない。仲間の亡命者を狂信の瀬戸際で支え、彼自身が妄想をさらに先まで持って行くのを間接に防ぐのに寄与したことを、私はけっして恥じないであろう（二）。」

（一）　同、三三四ページ以下。
（二）　同、三三八ページ。

これは考証上、学問上の問題をめぐる文人同士の喧嘩ではなく、これには名誉が懸り、国事犯罪が立証されたら生死すら懸っていたから、ベール氏は密告者に手加減すべきだとは思わず、それを徹底的に暴露したため、相手の傲りも誇りもこれほどひどい打撃に耐えられなかった。ジュリュー氏は為政者に訴え、自分をありのまま描いた次のような請願書をロッテルダムの「市長諸賢」に提出した。

「長年多くの仕事によって畏（かしこ）くも神の大義を擁護してまいったジュリュー氏は、ベール氏が著わした恐ろしい誹毀文書について閣下たちに裁きを求めるものであります。前記ベールはその文書で、ジュリュー氏を詐欺師、悪党、ペテン師、中傷者、悪人のごとく扱い、法王教の軛を振り払った君主たちをも極悪人扱い、人殺し扱いし、ほかにも宗教改革に対し名誉毀損に類することを多々述べております。ジュリュー氏は、おのれの潔白が保護され、前記の書が禁止され引き裂かれ破り捨てられ、作者がかくもひどい侮辱の故にしかるべく処罰され、ジュリュー氏が公の場で自らを擁護することを許され――但し、その際はキリスト教的な慎みと節度を以てすることをお約束いたします――、ベール氏がこれ以上ジュリュー氏を攻撃する本を著わすのを禁じられるよう懇願つかまつるものであります。」

ベール氏は言った。(一)「これは世界中でかつて見たことのないほど激しい、同時にまた道化た文書である。何よりも対神・対人大逆罪として告発する原告に被告を攻撃する文書を書くことが許され、被告には原告に反対して筆を執ることが禁じられるようにせよとは気が狂ったのではなかろうか。騎士が敵と決闘させてほしいと君主に求め、但しその敵は両手両足を縛って木に括り付けてほしいと言っても、これほどまでに滑稽ではなかろう。しかし、ベール氏は『架空の陰謀』で〈法王教の軛を振り払った君主たちを極悪人扱い、人殺し扱いし、ほかにも宗教改革に対し名誉毀損に類することを多々述べ〉たとその諸賢の前で告発した原告の大胆な所業はあまりにも猛り狂った誹謗で、かような請願書でかような虚偽を述べたことが立証されるという不幸しか訴訟で味わわなかったとしても、こんな告発をしたことを原告は当然後悔するはずである。」

（一）〔ベール〕『ロッテルダム陰謀の架空なることを証明す』、序文六五、六六ページ。

ロッテルダムの市長たちの方は、それに較べれば自らの公正さ、英明さにずっと適った態度を取った。「ベール氏にもジュリュー氏にもできるだけ早く仲直りするように勧め、市の助役のバイエル氏があらかじめ検査したもの以外は互を攻撃する文書を書くのを双方に禁じ、ロッテルダムで前から出版されていた『架空の陰謀』を攻撃する匿名小冊子を出し続けることも禁止(二)」したのである。それらの誹毀文書についてはいずれ述べよう。

（二）〔ベール〕『ロッテルダム陰謀の架空なることを証明す』、四ページ。

ジュネーヴの陰謀なるものについてあんな言いかたをしたため、ジュリュー氏はジュネーヴ全市の憤激と軽蔑を招いた。市民代表の一人はその点に関しオランダの或る友人に次のような手紙を送った。(一)「申し上げますが、ジュリュー氏の書きかたは当地で顰蹙を買い、あらゆる君子、良識人の間で氏は評判を落としました。当市に対してなぜあんなことを書かねばならなかったのか理解できません。言ったことは絶対嘘で、でっちあげです。唯一真実なのは、グーデという商人がお節介にも平和計画など書いたことだけです。」或る個人が書いた手紙の抜萃も以下に掲げよう。(二)「黒々とした毒液を一杯に湛えて、友であろうと敵であろうと、いや国家にまで、出会いがしらに見境なく咬みつくような男が、憤激の目で見られないことはありえません。ジュネーヴの為政者に一体何をされたから、あのように為政者と民を仲たがいさせ、プロテスタント陣営からも〔スイス〕連邦の仲間からも為政者が悪く思われるようにするのでしょうか。でも、この件で言えるのは、あの人のする誹謗が当地では非常な軽蔑の目で見られたということだけです。」

(一) 同、序文三五、三六ページ。
(二) 同、序文三六、三七ページ。

ミニュトリ氏もこの問題についてジュリュー氏に大変きつい調子の手紙を書いた。いわく、(一)「これほど良心と名誉に関わる問題でこれほど不当な扱いを受けた当市の大小参事会や多くの要人が、正当な憤りを示す世にも屈辱的な証拠を貴方に突き付けようとしないかどうかは分りません。ただ、ベール氏に加勢するため自分も戦場に出なければ正義のルールに悖るということは私にもよく分ります。これからお話しするようないきさつで、貴方がベール氏の大罪とされることはもっぱら私から発しているのですから。」そして次に、平和計画についてベール氏と自分の間にあったことを逐一語ったが、内容はベール氏が『架空の陰謀』でして私が前段で紹介した記述と完全に合致していた。根拠薄弱な憶測に基づいてジュリュー氏がベール氏と並んで自分をあの「陰謀」に加わらせたのをミニュトリ氏は非難した。こんな言いかたをしたのである。「貴方に不利な同種の推定をした時、誰かが別段検討もせずに、すぐさま一書を公にして、貴方と貴方のお仲間を名誉と信義と宗教を欠く者として告発しても本当にかまわないのですか。」そして誤りを認めるよう、ベール氏の罪を濯ぐためこの手紙を公表する義務を自分に負わせないようジュリュー氏に促すのだった。

(一)〔ベール〕『ロッテルダム陰謀の架空なることを証明す』の一八九、一九〇ページにあるミニュトリ氏からジュリュー氏への一六九一年五月十九/二十九日付の手紙。

ジュリュー氏はジュネーヴにいる数人の友人からも手紙を貰ったが、ジュネーヴの陰謀など信用するな、あの平和計画を深刻に受け取るなと注意したものばかりだった。(一) にもかかわらずジュリュー氏は、為政者の知らぬ間に、その禁令を破って『《亡命者への忠告》の著者を非とする新たなる証憑。著者の弁明の無効を併せて示す。ジュリュー氏の某友人著。第一部』という文書を公にした。為政者の禁令を偽装ですり抜けようと友人の名で書いたのである。この文書では、ジュネーヴの陰謀と平和計画について前に言ったことを全部更めて言い張った。この第一部に続いて、『ロッテルダムの哲学教授ベール氏を非とする最後の証憑。《亡命者への忠告》について。国家当局への訴えに関する弁駁書として』という題の第二部がじきに出た。この最後の文書では、オランダとイギリスに反乱を起こさせて連合国の計画を挫き、こうしてフランスに世界王国の地位をもたらし、結果的にプロテスタント教を滅ぼそうと狙った、フランスの宮廷に中心を置く南から北へ拡がる危険な陰謀の話はもうしなかった。あんなことを言ったため自分が笑い物になり馬鹿にされたのを見たからである。そこで問題を変えて、「自分の意図にも利益にも反する平和計画を国家の知らぬ間に印刷に付そうとした」(二) ことしかもうベール氏に非難しなかった。『亡命者に与うる忠告』については、前からしていたベール氏への告発を繰り返し敷衍しただけで、ベール氏が二十五項目に還元した虚偽と誹謗の申し開きをするかわりに、悪口と罵詈雑言を延々と書き連ねた。為政者が自分にもベール氏にも書くのを禁じたことすらあえて否定しなかった。いわく、「たしかに、市と国家を治める当局をよっぽどひどいものと思わなければ、国家への裏切者として訴えられた者と、国家への熱情からその男を訴えた者とを当局が同列に置けるなどとは考えられまい。ジュリュー氏ほど激しく攻撃された者から防戦の権利を取り上げることには正義もへちまもないだろう。教会の教化のためにも、著作で知られるあらゆる場所で自分の名を正当化することに同氏は利益を感じるのである。（三）」それでも、バイエル氏が事前に検査したもの以外何を公にすることも二人が等しく禁じられていたのは全く真実だったから、（四）あの為政者は弁駁書のこの個所を読んで、ジュリュー氏が逆の主張をする大胆さに驚愕した。（五）

（一） 同、序文一一、一二ページ。
（二） 〔ジュリュー〕『最後の証憑』、一五ページ、第一段。
（三） 同。
（四） 〔ベール〕『ロッテルダム陰謀の架空なることを証明す』、二二五、二二六ページ、序文六四ページ。
（五） ランファン氏〔三一三〕に宛てた一六九一年八月四日付〔三一四〕の手紙。

ジュリュー氏の『最後の証憑』が刊行される前に、『架空の陰謀』を攻撃する色々な匿名文書が出た。ジュリュー氏の告発を繰り返し、新手の誹謗を上乗せしたものだった。たとえば、『《架空の陰謀》についてロッテルダムの哲学と歴史の教授ベール氏へ送る手紙』〔三一五〕で、これはジュリュー氏の子分の牧師〔三一六〕がした激しい大道演説だった。また『ベール氏の《架空の陰謀》に関する一般的指摘』で、それには「続篇一」と「続篇二」が付いていた。これは最初、ロッテルダム在住の亡命者バザン・ド・リムヴィル氏〔三一七〕のものとされたが、（一）同氏は全然関わりないと断言し、（二）その後、ロブトン氏〔三一八〕のものだと分った。ベール氏は友人の名で

『《架空の陰謀》に対して発表された小冊子類についての手紙』という全十二ページの文書を活字にして、それらの誹毀文書に答えない理由を世に知らせた。為政者の禁令のため、自分は『架空の陰謀』で約束した回答をやめたのに、ジュリュー氏の方は市長たちへの約束を偽って『新たなる証憑』を発表したと皆が信じていると言い、付け加えて、ジュリュー氏のこの最新の文書には答えるつもりだが、同じことばかり繰り返したり、内容を誤解し字句も削った『架空の陰謀』のくだりについて悪口を言ったり、意地の悪さと軽率さを両々具えた嘘を並べたりすることしかしない他の多くの文書については、そんなものへの反駁に時間を費すのは適当と思わないと述べた。意地の悪さと軽率さの実例としては、今言った二つの文書から引いたものをいくつか挙げた。『ベール氏へ送る手紙』を著わしたくだんの牧師は応答しようとして、『《架空の陰謀》を擁護するため書かれたB氏支持の手紙の簡潔なる反駁』という全二十一ページの文書を発表した。『小冊子類についての手紙』は〔バナージュ・〕ド・ボーヴァル氏が書いたと思ったのである。この人がした或る告発と、ベール氏の答、それに原告の応答とをここで紹介しておこう。二つの文書と著者の性格がそれだけで十分分るはずである。例の牧師はベール氏を欲が深いと非難した上で、こう付け加えていた（三）。「貴方は欲が深いと言う時、私はその言葉を厳密に取っているのではありません。貴方が金に目がないのは蓄財が目的ではないと言われています。そう言われるのですから、そう思ってもかまいません。それでも貴方はお好きな用途のため金に目がないのでしょう。なんに使うかは私の知ったことではありませんが。……でも、貴方が『文芸共和国便り』を打ち切った本当のわけを世間の人が知らないとお思いですか。体をこわしたことが口実になったのをみんな知らないではありません。でも、同時に知っているのは、はじめ貰ったより多くの報酬を得ようとして、本屋が値上げの要求に応じなかったため契約が破棄され、それで貴方が作品を打ち切ってしまったことです。つまり貴方は、評判が高まるにつれてますます欲が深くなったのです。」事実を確かめるため必要な手を打ちもせずに、これほど自信ありげな報告をするなどと想像できようか。それでもベール氏の言葉を聴こう。いわく、[四]「なんとかいう大道演説家の嘘はどう形容していいか分りません。この人は最近、ベール氏が『文芸共和国便り』を打ち切ったのは要求どおりの金額を本屋が出そうとしなかったのがもっぱらの理由だということを確かな事実として公表しました。本屋はまだピンピンしています。名前はアンリ・デボルド[二三九]といって、アムステルダムのカルヴェルストラートに住んでいます。どうだったのかは世にも簡単に分ることです。なのに、ここに一人の男がいて、問い合わせても素敵な手紙の出版が一両日しか遅れるはずはなかったのに問い合わせる労すら取らず、公の場で破廉恥な嘘に掛り合うことをあえてしているのです。デボルド氏の署名をみんなに見せて、この男に赤恥をかかすこともできます。多少とも恥ずかしさを感じる力があればの話ですが。」しかし、その著者には赤面する力などなかった。冷たくこう答えたのである。[五]「『文芸共和国便り』の打ち切りについて言ったことに関し、アンリ・デボルドに相談する義務があるとは思わなかった。ああいう言いかたをしたのは、その頃上記デボルドのために仕事をしていた或る印刷屋の証言に基づいている。その印刷屋は事実を偽ることでなんら得する男ではなかったから、ありのままに語っていると思ったのである。そんな話を信用するのは、事柄自体の重要性はほとんどなく、肝腎の問題に大きな益も大きな害も与えはしないからだ。」誹毀文書の書き手らの方法とは、このようなものだった。ただの噂話に基づいて、ベール氏の不名誉になるものを集められる限り掻き集めて公表し、虚偽を証明されたら「話を信用する」のだなどとうそぶいたのである。その点はジュリュー氏のまねをしていたにすぎない。この人の弁駁書のたぐいにも空想と虚偽が溢れ返っていた。たとえば、ベール氏は「トゥールーズのイエズス会士のもとに三年いた」などとこの人は何度も繰り返したが、実際はベール氏がイエズス会士のもとにいたことなどなく、前述のとおりトゥールーズに滞在したのも一年半にすぎなかったのだ。ジュリユー氏は到る所にスパイを置いていて、それが世間の噂を手紙に書いたり〔口頭で〕報告したりしていたが、報告の仕方は通常不正確だった。そういうスパイが亡命者の屑だったことは想像がつく。中にはひどく評判の悪い者もいて、ジュリユー派の一部の人も赤面したほどだった。或る友人などは我慢できなくなってこの人に手紙を送り、ロンドンへ亡命した或る牧師との繋がりは貴方の不名誉になると伝えたが、ジュリユー氏からこんな返事を寄せられた。「あれはペテン師です、たしかに。でも正統派ですよ。」以来、この牧師は通常「正統派のペテン師」と呼ばれるようになった。〔三二〇〕

（一）〔バナージュ・〕ド・ボーヴァル『《架空の陰謀に関する一般的指摘》の作者をめぐるS氏への手紙の写し』、一ページ。

（二）『《架空の陰謀》と題する書が惹き起こした大スキャンダルについての対談』、一五七ページ。

（三）『《架空の陰謀》についてベール氏へ送る手紙』、二七、二八ページ。

（四）『《架空の陰謀》に対して発表された小冊子類についての手紙』、六、七ページ。

（五）『《架空の陰謀》を擁護するため書かれたB氏支持の手紙の簡潔なる反駁』、一五、一六ページ。

ベール氏の手紙に対しても、『《架空の陰謀に対して発表された小冊子類についての手紙》と題する誹毀文書をめぐる××氏への手紙』という全十二ページの文書が出た。作者は『ベール氏へ送る手紙』に輪をかけた自信たっぷりの調子で、あの手紙を〔バナージュ・〕ド・ボーヴァル氏が書いたものとしていた。その点を別にすれば、同じ精神がどちらの文書にも見て取れた。この三つの文書が出る前に、〔バナージュ・〕ド・ボーヴァル氏が『《架空の陰謀に関する一般的指摘》の作者をめぐるS氏への手紙の写し』という全八ページの文書を発表して、〔バザン・〕ド・リムヴィル氏だと思った『一般的指摘』の作者を巧みに揶揄した上で、ジュリユー氏の請願書を紹介してその滑稽さを暴いた。ジュリユー氏が自分とベール氏を別扱いせよと言う不当さについても若干の考察をした。

『架空の陰謀』の第一版がじきに捌けたため、ベール氏は大幅に増補した改訂第二版を作った。扉の裏には短い「お知らせ」を入れて、最初の数章だけで本書を判定しないようにと読者に頼んだ。はじめの部分は無味乾燥にならざるをえず、細々した論議を避けるわけにもいかなかったが、全部読む労を取ってくれれば続きはもう少し溌剌として退屈でもないのがお分りになろう、と。この版が店頭に出たのは刷り上がりと同時ではなかった。ベール氏は販売を長いこと差し止めた。(一) ロッテルダムの市長たちが書店という書店にこの件をめぐる印刷物の販売を禁止していたからである。しかし、ジュリュー氏が弁駁書のたぐいを発表しているのを見て、ベール氏も『架空の陰謀』の第二版を出す権利があると思った。(三二) 但し、刊行地がロッテルダムだということも、改訂増補した第二版だということも扉で指示しなかった。(三二) 標題は第一版とやや違うから、ここで紹介しておこう。『架空の陰謀、または、或る平和計画と《フランスへの近き帰国につき亡命者に与うる重大なる忠告》と題する誹毀文書に関し、ジュリュー氏が同文書の《検討》の中で悪意を以て最近公にせし作り話と中傷を駁す。ケルン、ピエール・マルトー書店、一六九一年』、十二折判。

(一) ミニュトリ氏に宛てた一六九一年八月二十七日(三二)付の手紙。

この版でベール氏は、無神論という非難についてジュリュー氏に非常に激しく詰め寄った。この項目の重要性を示せる限り示してそこに力点を置き、その非難を証明せよとひときわ強く告発者に促した。挑戦も侮辱も、立証の義務を相手に負わせられるならなんでも使った。(二) こんなふうに攻め立てられたジュリュー氏は長老会議に訴えて、告発を立証すると約束した。なのに、ほんの数日でそれを撤回してしまい、覚書を二、三提出するよう長老会議が委任してくれるなら委員としてお役に立ちたいとだけ申し出た。これには長老会議もびっくりしてしまった[二]。この人は前から長老会議で、ベール氏を攻撃する極度に逆上した演説を一再ならずしていた。「あいつとは和解したくありません。悪魔と和解したくないのと同じです[三]」などと宣言するほどだった。長老会議の議事録には、「この人はベール氏にしていた宗教をめぐる告発を撤回した。今後ベール氏に対する訴えは、初審では長老会議にしか提起できない[四]」とあって、ジュリュー氏はその個所を破棄させようと必死になったが無駄だった。そうこうするうちに、この人は『《彗星雑考》と《マンブールのカルヴァン派史の一般的批判》の著者の道徳的格率と宗教的原理の簡潔なる点検。教会裁判官に知る意志あれば、それに宛てる弁駁書として[五]』という文書を公にした。あの二作のいくつかの個所を紹介して、それらが無宗教へ導くのを見せようとしたものだった。その文書を入手すると、ベール氏はすぐその日に『ロッテルダムの哲学と歴史の教授ベール氏の宣言、《道徳的格率の簡潔なる点検》という題で最近発表された小文書をめぐって[六]』という文書を発表した。そこではジュリュー氏が問題をすりかえたのを示し、無神論という告発を立証せよと更めて迫り、中心的なこの第一点が解決し次第どんな異説についても申し開きをしようと約束した。また、一六九一年五月はじめにライデンで開かれた教会会議[三三三]で断罪を求められた[三三四]ジュリュー氏の諸命題への追加として、同氏の本から引いたいくつかの命題を加えた。「（長老会議）で『簡潔なる点検』が配布され、当然の結果が生じたのである。長老会議は訴訟の重大性にかんがみて、それを検討することを決議した。ただし、告発者の言説や文書にもとづいて、私の説に不利な予断を持つことはなかった。長老会議は形式にのっとって裁判の準備を始め、私のほうも、無実を明らかにする用意がいつでもあると言明した。裁判が実際に行なわれなかったのは私のせいではない[七]。」しかし、訴訟手続はなんら取られなかった。

（一）　三三七ページ。

(二)〔ベール〕『ロッテルダム陰謀の架空なることを証明す』、一四ページ。
(三)同、三〇ページ。
(四)ランファン氏〔三二五〕に宛てた一六九一年八月二十四日付の手紙。
(五)四折判全八ページ。
(六)十二折判全二十四ページ。
(七)〔ベール〕『彗星雑考付記』、一五、一六ページ〔邦訳、著作集第一巻、四二四ページ〕。

ベール氏の数人の友人はこの人に味方して、ベール氏支持の文章を書くことまでした。〔バナージュ・〕ド・ボーヴァル氏は『ジュリユー氏とベール氏の争いについての手紙』を発表して、君子の目で市民社会の義務という面から見ればジュリユー氏はベール氏に対する低劣さを取り繕えないことを証明し、次にジュリユー氏の攻撃から自分の身を守った。先に見たように、あの神学者はこの人を、『亡命者に与うる忠告』がパリで再版されているという手紙の抜萃を自分の新聞で偽造したと非難していたのである。『証憑』でも同じ攻撃を蒸し返し、さらに新手の罪をなすりつけた。この人が『亡命者に与うる忠告』を「刊行(二)」した、これは「宗教なき男」だと非難し、あの手紙の抜萃は偽物だったと言い張ったのだ。いわく、「偽物なのは確かである。連中に申し入れるが、抜萃を取った元〔三二六〕の手紙を双方が指名した四人の君子の手に預けて、どこから来たのか、実際に書かれたのなら誰が書いたのか、前後になんと言われたか調べてもらおうではないか。やれるものならやってみよ。やらなければ手紙は偽造か、この件に関わりのある文通者が書いたものか、連中の秘密を暴くようなことが一杯載っている証拠であろう。こんな挑戦を連中が受けて立たないのはよく分っている。そんな勇気はないだろうから。」〔バナージュ・〕ド・ボーヴァル氏はそれを言葉どおりに受け取った。審判を二人指名するよう公証人を介してジュリユー氏に促し、あとの二人は自分が指名すると約束して、その四人の前にあの手紙を再提出しようと言った。しかしジュリユー氏は尻ごみして、自分が言い出したのに手紙を調べてもらおうとしなかった。ベール氏はミニュトリ氏[三二七]への或る手紙で〔バナージュ・〕ド・ボーヴァル氏のこの文書について語っている。いわく、[二]「友達の中でも、私のために筆を執った人はバナージュ氏[三二八]の弟の〔バナージュ・〕ド・ボーヴァル氏しかおりません。ジュリュー氏はこの人を少なくとも私に負けないほど憎んでおり、あらゆる誹毀文書で掛り合いにしています。とうとう、私と一緒にこの人を『亡命者に与うる忠告』の作者にしてしまいました。〔バナージュ・〕ド・ボーヴァル氏はそこで私たちの争いについて全紙二枚半の『手紙』を著わし、あの人を繊細・巧妙に針でつつきました。」ユエ氏[三二九]も『ベール氏の或る友人からジュリュー氏の友人たちへの手紙』というベール氏支持の文書を発表して、『新たなる証憑』と『一般的指摘』の幾多のくだりを槍玉に上げた。非常に分別のある、穏やかな書きかたをした小品だった。

（一）〔ジュリュー〕『新たなる証憑』、一〇ページ、第一段。
（二）ミニュトリ氏に宛てた一六九一年八月二十七日付の手紙。

ジュリュー氏は乱暴な迫害者根性によるのと同じく、異説的な意見でも苦情の的になっていた。いくつかの教会は数次の教会会議でジュリュー氏の著書を検討せよと要求し、そこに見られる異端と瀆聖の一覧表が起草されて、(P)『一六九一年五月二日[三三一]にライデンで集まる教会会議を構成する牧師・長老諸氏への手紙』[三三〇]という題で、ライデンで開催される教会会議へ送られた。この告発は、かねがね教会会議で少なからぬ牧師としていた口論と相俟って、『ネーデルラント・ワロン諸教会の牧師・監督者に宛てた牧師・神学教授ジュリュー氏の弁明』という文書を公にせざるをえなくした。だが、そこでは自説を正当化するのではなく、自分が教会にしたと称する多大の貢献なるものを華々しくこれ見よがしに開陳するだけで、この自画自讃が済むと、あとは苦情を言う牧師たちへの悪口雑言を書き連ね、更めてベール氏に怒りをぶちまけた。

「値する限りの刑罰をこの男に科す力はなかったので、私はせめて公の場で名誉を失墜させてやろうと思った[一]」と白状したのもその文書の中だった。苦々しい口調で「国家の寛大さ[二]」を嘆いたのである。〔バナージュ・〕ド・ボーヴァル氏の文書はジュリュー氏の痛い所を衝いていたから、この人は同氏に対して猛烈にいきり立った。挑戦したとおりにするのを自分からことわったくせに、「彼が『亡命者への忠告』の共犯者であることを自分は立証した」とか、あいつが「パリ版という喜劇の主役だ[三]」とか言い張った。〔バナージュ・〕ド・ボーヴァル氏は『ジュリュー氏の弁明への回答』を発表してジュリュー氏の誹謗に反駁し、この人が教会の支え、正統信仰の闘士だったと自慢するのは滑稽なのを示した。そして、審判者を取り決めてわれわれの争いを厳格に裁定してもらおうと更めて公に促したが、この督促は空振りに終わった。その後、〔バナージュ・〕ド・ボーヴァル氏はジュリュー氏が自分への償いも釈明もしたがらないのを見てロッテルダム長老会議に宣言文を寄せ、「ジュリュー氏を中傷者、不徳義漢とみなすと断言[四]」した。

(P) ジュリュー氏が一六九〇年に、〔バナージュ・〕ド・ボーヴァル氏の新聞はどこでも私を付け回すが、いない所でばかり私を探すと文句を言った(三二二)ため、〔バナージュ・〕ド・ボーヴァル氏はその抗議は不当だと答えた。いわく、(a)「そんなことをしたのはただ一度、寛容を語った時だけで、攻撃を控えたことは何度あったか数知れない。その機会が自然に訪れた時ですら私がそれを避けなかったら、あの人はずっと前に、今のような雷を私に落としていただろう。あの人の著作の内にモー〔の司教〕殿(三二三)やド・サント＝マルト神父(三二四)が観察させた汚点という汚点を私が指摘したことがあるだろうか。ジュリュー氏が反キリスト倒壊の時期を画定できず、理由として〈こと予言では、神もそれほど細かくは見ないのである〉(*)と言ったのを、一人は驚愕の目で槍玉に上げていたではないか。『予言の成就』の或る章(†)が「聖霊が幻視で混乱させたものを整理する」という御立派な標題を掲げたことを、もう一人は咎めていたではないか。ほかにも、あの人の『イエズス会士の宗教』に対して悲しげな非難の声を上げた者が多々いるではないか。ある本では、三王国〔イングランド、スコットランド、アイルランド〕を手放したばかりのジェームズ二世にフランス王が〈私の右にお坐んなさい、貴方の敵を私が貴方の足台の下にひれ伏させるまで〉と言う短詩（モテ）を紹介した上で、ジュリュー氏がおどけた口調でこう続けるのである。〈素晴しい変身だ。国王が父なる神に、イギリス王が子なる神になったのだ。この三位一体を完成するために、ウェールズ公〔三三五〕〔イギリス王太子〕を聖霊にすべきだと思う〉。イエス・キリストとウェールズ公の間にあの類似性をみつけた時も、ジュリュー氏はほぼ同じような冗談を言った。〈聖母マリアの夫のヨセフが最初のイエスの本当の父でなかったように、王妃の夫のジェームズ二世も第二のイエスの父ではないのかもしれない〉。

ためにもならず宗教への敬意も欠くこういう表現は、数次の教会会議に告発された。『ジュリュー氏の第二の弁明への答』〔三三六〕はそれで一項を設けて「ジュリュー氏の瀆聖」という題を付け、そういう例を沢山挙げた。中にはこんなものがある。(b)「どこへ行ってもまず腕前を披露するあいういかさま医者のまねなど使徒たちはしなかった」、「永遠の御言葉（ロゴス）が晩年にはデカルト派になったのを見て、アリストテレスの弟子たちはびっくりしているにちがいない」。ソーラン氏〔三三七〕は『ジュリュー氏の神学の検討』で、この冷かしにはそれとよく似た以下のものを加えられようと言っている。「この奇蹟を神はおやりになれるだろうか。おそらく彼らはこう思っているだろう。おやりにはなれない、異例の大掛りなことをなさるにはもうお年を召しすぎている、と。」(c)

(a)〔バナージュ・ド・ボーヴァル〕『《牧会書簡》の著者ジュリュー氏の忠告に対する《学芸著作史》の著者の答』、二六ページ。

(*)〔ジュリュー〕『予言の成就』、第一版第二巻、第十二章。

(†)同、第一版第二巻、第二章。

(b)〔バナージュ・ド・ボーヴァル〕『〔ジュリュー氏の学説の検討。〕《ジュリュー氏の第二の弁明》と題する中傷文への答〔として〕』、一九ページ以下。

(c)〔ソーラン〕『ジュリュー氏の神学の検討』、第一巻、三三二ページ。

(一)〔ジュリュー〕『ジュリュー氏の弁明』、二五ページ、第一段。

(二)同、二四ページ、第二段。

(三)同、二六ページ、第二段。

(四)〔バナージュ・ド・ボーヴァル〕『隣人愛をめぐるジュリュー氏の二つの説教に関する考察』〔一六九四年〕、三六ページ。

ベール氏はジュリュー氏の最新の諸作への回答を『ジュリュー氏がベール氏に対して発表せる〈証憑〉なるものにより、ロッテルダム陰謀の架空なることを証明す。アムステルダム、カルヴェルストラート、アンリ・デボルド書店、一六九一年』という題で出した。ベール氏の友人の名で書いたこの回答は三つの部分からなっていた。一、「ジュリュー氏の友人が発表せる『新たなる証憑』により、ロッテルダム陰謀の架空なることを証明す、または、ベール氏の友人から××氏への手紙」。これは平和計画陰謀を主張するためジュリュー氏が発表した弁駁書への反駁で、ミニュトリ氏がその件でジュリュー氏へ送った手紙で終わっていた。二、「『亡命者に与うる忠告』についてベール氏を攻撃するジュリュー氏の弁駁書に関する一般的指摘」。これはジュリュー氏が『新たなる証憑』で述べたことを細部にわたって反駁しようとするものではなく、証明すべき事項の長い一覧表を示して、それを立証しなければ弁駁書はなんの力も持てないことを示したものだった。三、「この訴訟で勝利がどちらにあるか正しく判定する仕方を示す序文」という長い前書き。そこでは、ジュリュー氏の告発とそこから生じた結果をこと細かに知らせていた。告発は「ジュネーヴの陰謀」、『亡命者に与うる忠告』、「フランスの宮廷との付き合い」という三つの項目に帰着したが、ベール氏はさらに「『ジュリュー氏の弁明』についての考察」を加えて、ジュリュー氏が言った幾多の虚偽を暴いた。中には、ベール氏がロッテルダムで就職したのはジュリュー氏のお蔭だというのもあったが、事実は全く逆なことをベール氏は明らかにした。「読者へのお知らせ」では、序文の最後の数葉を除いてこの本はずっと前に書き上げていたから、印刷屋も著者に負けないくらい勤勉だったらジュリュー氏の「証憑」なるもののほんの数日後に出ていたはずだと言い、次に各部分の内容を述べて、この一件におけるジュリュー氏の恥ずべきやり口について若干の考察をしていた。なお、自ら指摘するとおり、ベール氏もこの書では『架空の陰謀』でしたよりジュリュー氏に対して節度を守っていた。

ほぼ同時に、ベール氏は『《架空の陰謀》なる書が惹き起こせる大スキャンダルについての対談。ケルン、ピエール・マルトー書店、一六九一年』を発表した。この書は五篇の対談を収めたものだった。フィロデームとアガトンという二人の話者は、ジュリュー氏を教会のため心身をすりへらしてきた神の偉大な僕（しもべ）とみなし、同氏をあんなに手荒に扱ったベール氏はけしからんと思う人である。この二人が「陰謀家」たちとした会話のことを報告しあい、陰謀家が挙げたベール氏支持の理由と自分らがした返事を紹介するという結構である。皮肉の連続の内にジュリュー氏の肖像が描かれ、多くの点でベール氏が正当化されていた。

最近の教会会議（一）で受けた屈辱、自説について四方から寄せられる苦情に対し、次の教会会議のために弁明を用意せざるをえないこと、加えて、自分が反対したのに義弟のバナージュ氏〔二三八〕がロッテルダム教会の常任牧師に任命された悲しみ――こういうことが重なってジュリュー氏はすっかり悲嘆に暮れ、一六九一年九月に神経衰弱になってしまった（二）。筆を執れる状態ではなくなり、ベール氏との論争については何も出ないまま三、四カ月過ぎた。それでも結局、代役の『一般的指摘』の作者が思い立って再び舞台に登場し、『ロッテルダム陰謀の架空なることを証明す』に反対する『失権せる哲学者。《ベール氏の架空の陰謀に関する一般的指摘》の続篇三として〔二三九〕』という文書を発表した。ベール氏の友人たちはこんなものを相手にするなと勧めたが、この人は反駁の必要ありと思った。シルヴェストル氏〔二四〇〕に以下のような理由を挙げている。いわく（三）、「答えるなとお勧めの中傷文ですが、貴方もあれをお読みになっていたら、その耐えがたい不正の程を筆者に思い知らせたのもきっと是認してくださると存じます。そんなことをするのは何よりも、この人が出す用意をしている類似の無数の小冊子を芽のうちに刈り取るためです。責任を問うぞと脅（おど）かさなかったら、そういう文書ではどんな偽造も平気でするでしょうから。さらに、サルトル氏〔三四一〕の証言を黙殺したら、同氏も気を悪くするだろうと思うのです。」この点を説明するため、次の指摘をしておこう。ジュリュー氏は『簡潔なる点検』にロンドンから来た一通の手紙を発表したが、そこでは、「ピュイローランスでベール氏と一緒に勉強した」或る人（ロンドン在住の亡命牧師サルトル氏のこと）が、ベール氏は「すっかり身を持ち崩して法王教徒になってしまい、そればかりかトゥールーズへ行って、イエズス会士のもとに三年前後いた」、この改宗についてベール氏に手紙を送ったところ、「すでにイエズス会的な魂を持つ正真正銘の法王教徒らしい刺のある返事」を受け取った、後に「ベール氏がトゥールーズから去ったあと、ジュネーヴで」その人はベール氏と会ったが、ベール氏は「その人の手紙と〔自分の〕返事を思い出して言い訳をし、あの件は他言してくれるなと頼んだ」と言っていた、と断言されていた。ベール氏は『ロッテルダム陰謀の架空なることを証明す』の中で、自分の改宗を除くこれらすべての事情に虚偽を申し立てた。「イエズス会士のもとにいた」ことなど一度もないと否定し、ベール氏が「刺のある返事」をし後にジュネーヴで「言い訳」をしたという相手の名を言えと手紙の筆者に促した。そこで、ジュリュー氏の密偵だった手紙の筆者はサルトル氏に勧めて、ベール氏に手紙を書かせた。その手紙でサルトル氏は、「ピュイローランスで勉強していた頃に貴方はその町を留守にしたが、数日後、トゥールーズのイエズス会の僧院へとびこんだのが分った、その件について私は、若者ならそういう際に書いてもいいような手紙を貴方へ送ったが、ひどく刺のある返事を貰ったと言ったこと、また、およそ三年後に私はジュネーヴで貴方に会ったが、その時貴方は、ジュネーヴにしばらく滞在するつもりで、その計画に支障があってはいけないからトゥールーズでのことは他言しないでほしいと言った、と話した」〔四〕ことも認めた。『失権せる哲学者』はその手紙の抜萃を公表したが、「私の手紙を貴方が受け取ったとも、それに返事を出したとも

あえて断言はしません、私が受け取った手紙を見た多くの人は貴方が書いたのではないと思いました」[五]と

サルトル氏が明言する個所をカットしてしまった。なのに、あの中傷文はこの手紙をベール氏への攻撃の証拠として、この人の不誠実を証明するため持ち出したのである。ベール氏があの文書に答えざるをえなかったのはまさにそのためだった。回答の題は『小冊子の小作者に与うる忠告、この人の《失権せる哲学者》について。一六九二年』といった。そこではあの著者の不誠実さと軽率さ、またその無駄な繰り返しの例をいくつも挙げ、サルトル氏の手紙を根拠にしようとするいくつかの虚偽も槍玉に上げた。また、あの牧師には自分から手紙を送って今返事を待っていること、サルトル氏がすでに共通の友人を介して、ベール氏が満足するようにあの件を説明すると請け合っていることなどをあの著者に教えた。

(一) 一六九一年八月にナールデンで開かれた教会会議。五つの教会から寄せられた異端・不敬という告発に対して、ジュリュー氏に弁明書を提出せよと命じた。
(二) コンスタン氏〔三四二〕に宛てた一六九一年十月八日付の手紙。
(三) 一六九一年十二月十七日付の手紙。
(四) サルトル氏からベール氏への一六九一年十月六日付の手紙。
(五) 〔ベール〕『小冊子の小作者に与うる忠告』、二九、三〇ページ。

ジュリュー氏が無神論という告発を立証せよとベール氏に迫られて、告発を証明すると長老会議に約束し、その後約束を撤回して、この件についての覚書を提供することだけ申し出、長老会議の命令も待たずに『簡潔なる点検』を出したため、ベール氏がやむなく『宣言』を発表して、ジュリュー氏が問題をすりかえたのを示し、同時に、〔無神論という〕肝腎の点を立証せよと同氏に促したことはすでに見た。こういう再三の督促にジュリュー氏は答えず、その年〔一六九一年〕は長老会議へのはたらきかけもしなかった。しかし、一六九二年一月に長老会議が改選されると、さっそく訴訟手続をまた始めた。ベール氏

いわく[一]、「最初〔彼〕は訴訟当事者と認められるのをいやがっていたが、程なく当事者にならざるをえないことを自ら認め、気にいらない者を誰彼となく忌避しだした。ほぼ同じ頃、私のほうでも、自分に浴びせられるひどい中傷の理非を質(ただ)してもらうため、長老会議に訴え出た。この問題はじきに形式にのっとって黒白をきめられそうだったが、告発者は日曜ごと[二]にいろんな口実をかまえて現われず、何週間も棒に振らせてしまった。最後にようやく、いついつならよいと長老会議に通知してきた。知らせを受けて私は間違いなく出頭したが、告発者は本題へ入るかわりに、問題を教会会議へ付託せよと言いだした。その要求に、彼は思いつくかぎりの理由をつけた。私は逆に、長老会議にこの件の初審裁判権を持たせるため全力をあげ、近隣のワロン教会〔フランス語教会〕の牧師数人とロッテルダムのフラマン教会〔オランダ語教会〕の牧師数人にたのんで、この長老会議へ合流してもらうこと、さらには市政担当者にお願いして、何人か代表として派遣してもらい、審理に立ち会わせることを提案した。しかし、私の要求はことごとく多数決で否決された。私の相手は、問題を教会会議へ付託するという決定を手に入れた。それから数日後、ズィリック・ゼーで教会会議が開かれ〔一六九二年五月〕、彼も自らそれに出席したが、われわれの訴訟については一言も口にしなかった。長老会議の文書を教会会議へ送ることにすら賛成しなかった。長老会議はそれを代表に委任していたのであるが。」

（一）〔ベール〕『彗星雑考付記』、一八、一九ページ〔邦訳、著作集第一巻、四二六ページ〕。
（二）長老会議が集まる定例日。

その頃、ベール氏は「カルス・ラレボニウス」という偽名を使って、『教会の真の体系』というジュリユー氏の本をやっつけるラテン語の著作を発表し、[三四三]コメニウスの『あけはなたれたる語学の門』[一]という本の題ほど耳慣れたものはないので、『ロッテルダムの牧師・神学教授の世にも名高きピエール・ジュリュー氏によりあらゆる宗教にあけはなたれたる天国の門。〈門ハ開カレヌ、イカナル君子ニモ閉ザサレヌベシ〉。アムステルダム、ピエール・シャイエ書店、一六九二年』（四折判）というタイトルを付けた。この作品はずっと前に書き上げていて、『架空の陰謀』でも印刷を待つばかりのものとして語られていた。即ち[二]、「私の知っている或る人のところには、『あけはなたれたる天国の門』という題の、印刷を待つばかりのラテン語の論考がある。あの著者〔ジュリュー〕の『教会の〔真の〕体系』は宗教改革を消すスポンジのようなもので、それの必要性を全く消滅させ、どんな宗教でも君子はみな救われるとしていることを示したものである。」それはジュリュー氏のいちばん痛い所を衝いていた。あの作品はこの人の最良の本とされ、ジュリュー氏のあらゆる書物の中でもニコル氏[三四四]が応答の価値ありと思ったのはこれだけだったからである[三]。ジュリュー氏は不寛容な人なのに、キリスト教のあらゆる宗派のみならずユダヤ教徒にもマホメット教徒にも異教徒にも天国の門をあけはなったのをベール氏は示した。この本は学者なら誰でも分る言語〔ラテン語〕で書かれていたため、ジュリュー氏をいたくくやしがらせた。それに答えるという冒険はあえてしなかったが、結局、自説を擁護するために『ジュリュー氏のための第二の弁明、または、《一六九一年五月二日にライデンで集まる教会会議を構成する牧師・長老諸氏への手紙》と題してライデン、ナールデン両教会会議に提出されし匿名の誹毀文書への答』という文書を公にした時、巻末に「お知らせ」のようなものを付けてことさらにあの本を馬鹿にし、複数の人が書いた二通の手紙の抜萃を紹介した。その人たちはさんざあの本の悪口を言ったが、同時に、それを読んでいないと白状したのである。ライデン教会会議へ宛てた『手紙』の著者〔バナージュ・ド・ボーヴァル〕は、『ジュリュー氏の学説の検討。《ジュリュー氏の第二の弁明》と題する中傷文への答として』という文書でジュリュー氏のこの『弁明』に反駁したが、ジュリュー氏のこういう下手な策略も見逃さなかった。[四]いわく、「『あけはなたれたる天国の門』という本についてジュリュー氏がしたほど愉快な空威張りはまずお目にかかれない。有能な人たちの言うところによると、この人の『教会の〔真の〕体系』はあの本でひっくり返され、再起不能に陥ったらしい。この人は、偽物か本物か知らないが手紙の抜萃を二つ掲げてそれに答えているけれども、その一つはあの本を全然読んでないと言い、もう一つは五、六節、十ないし十二ページは読んだと言う。この匿名子の判断を世人が信用するなどと思うのはなんともぞんざいな切り抜けかたで、皆をよほどのお人よしと考えているのであろう。この匿名子はもしかするとジュリュー氏自身かもしれない。ラテン語の本は今ではもう近寄りがたく、そんなものに引っ掛かるのはごめんなので、この人は二人の無名子の判断を口実にして、自分には反駁できない作品を馬鹿にしたのであろう。」ベール氏は『あけはなたれたる天国の門』の冒頭で、この本はスコラ学者のスタイルで書く、「修辞学者風ノ文体デハナク、逍遙学派〔アリストテレス＝スコラ学派〕ノ伝統ニ即シテ書ク」と注意していた。また教養学的な方法も使ったから、多くの人はこの書を読むのに嫌気がさし、その結果、同書はベール氏の他の作品ほど引っぱり凧にならなかった。というのも、それを別にすれば同じ明快さ、同じ推理の力が見られたからである。

(一)〔ベール〕『歴史批評辞典』の「コメニウス」の項を参照。
(二) 第一版一六三、一六四ページ、第二版一九二、一九三ページ。
(三)「コメニウス」の項の註(N)〔三四五〕〔邦訳、著作集第三巻、八一〇―八一一ページ〕を参照。
(四)〔バナージュ・ド・ボーヴァル〕『ジュリュー氏の学説の検討』、二二一ページ、第一段。

『一般的指摘』〔三四六〕の著者〔ジャン・ロブトン〕が『ジュリュー氏とベール氏の争いについての手紙集。新たなる証憑たりうる後者の矛盾を暴く』によって更めて舞台に登場した。手紙は計五通で、発信地はコペンハーゲンとあったが、それでも書いた人はじきに分った。そこでは、今まで書かれたベール氏への攻撃が別の形で繰り返され、ベール氏が答えたことは歪曲されたり黙殺されたりしていた。ベール氏はそれを機に『小冊子の小作者に与うる新たなる忠告、ジュリュー氏とベール氏の争いについての手紙集に関して。アムステルダム、一六九二年』を発表して、あの著者に答えない理由を述べ、その書に溢れる論過や悪意や詐欺的な歪曲の見本を示すだけにした。その本には自分の手紙にサルトル氏が寄せた返事も収録したが、(一)「貴方がピュイローランスから去ったあと、トゥールーズのイエズス会の僧院にとびこんだのが分ったと前に申したのは、ピュイローランスではそう言われ、みんなそう思ったという意味」にすぎません、「貴方がトゥールーズへ行かれてから、ジュネーヴでお会いするまでの年月とか、初めてお話しした場所とか、約三年かそれ以下かとかいう、それ以外の細かな状況については、私の記憶違いだったところで、貴方にとっても私にとってもたいしたことではありますまい」、トゥールーズから送られてきた「返事」については、「それを自分で書いたことに貴方が同意なさらない以上、私もそう保証はしません、確信は全然ないのですから」と白状したものだった。つまり、自分が前に主張してジュリュー氏やその手先が勝ち誇ったことをサルトル氏は全部撤回したのである。

（一）『小冊子の小作者に与うる新たなる忠告』、三四ページ以下。『ベール氏書簡集』、四一九ページ以下。

ベール氏はこの文書に「××氏から『小冊子の小作者に与うる新たなる忠告』の著者への手紙」というのを付した。手紙の筆者は、自分に言われてベール氏が、ジュリュー氏の第二の弁明にあった『あけはなたれたる天国の門』の著者への猛烈な罵倒をめぐる考察を印刷屋へ送る寸前だったのに削除したのを褒めそやし、あの本がジュリュー氏にとっていかに屈辱的なものだったかを示して、あの牧師が怒ったことの皮肉な弁明をした。著者のラテン語に寄せられた非難にも答えて、次のように言った。(一)「ラレボニウス氏はそんな非難を予想してなかったというのが非常に真実味のあるところだと思います。巻頭でも巻末でも、スコラ学者風のスタイルをわざと選んだとはっきり言ってありますし、論敵がラテン語の文体について判断を下すのは盲人が色彩について判断を下すのと同じようなものだと思っていたからです。純理的な著作で大学風の文体を使うのは良くないなどと思うのは、二、三のお粗末な弁駁書の反駁をして嘘と矛盾の目録を作ることしか考えなかった者に美しいフランス語で書けと言うのに劣らず不当なことです。弁駁書とか目録とかいった訴訟文書で、文体の美しさをいつから鼻に掛けるようになったのですか。それ自体で読む価値があるようにしたい作品なら執筆には精魂込めるものですが、告発者の文書に反駁しただけの人がそれほど念を入れたでしょうか。その種の反駁をわざわざ読む人など少ないことは分っていたのです。予断を持たない人にはそんなものを読む必要はなかったのですし、予断を持つ人にはユークリッドの証明でも歯が立たないでしょう。そういうことが分ったので、文体に時間をつぶしはしなかったのです。」その友人は次に、自分の言うことを信じてくれたらベール氏も小冊子の作者を取り憑いた悪霊に任せておいて、回答など一言（ひとこと）も言わなかったろう、反駁を相変らず続けるのは残念だと言った。お粗末な論理を立てたとか、不正確な引用をしたとか、どういう答が返って来たかも無視して同じことばかり繰り返したとかいくら証明しても、相手に書くのをやめさせる力はなく、いつの間にか火が消えかけたと気が付くたびに相手はその火をまた熾（おこ）そうとするだろう、と。さらに、本来ならベール氏が槍玉に上げてしかるべきことをあの作者が多々述べていたのを明らかにした。ベール氏が今一度答えようと準備していたからである。

（一）『小冊子の小作者に与うる新たなる忠告』、六五ページ。〔ベール『歴史批評辞典』〕「コメニウス」の項の前掲個所をも参照。

ベール氏はその文書の頭に「読者へのお知らせ」を置き、そこで次のように認めた。大方の友人は『《架空の陰謀》に関する〔一般的〕指摘』の著者〔ジャン・ロブトン〕になど答えないように勧めた、その忠告を容れたら自分としても、あんな片々たる中傷文が自然の内に存在するのを知ってるような顔はしなかったろう、そのいくつかの部分に反駁したことを友人たちは残念がった、それでもこれは賛否が分れる問題なので友人の意見に全面的には従わなかった、ただ、一種中間の道を取り、あの指摘屋の文書に一歩一歩答えないのはなぜか知ってもらうため何か公にすることにした、と。いわく、「その種の答に踏み込まない主な理由は次の点にある。〔三四七〕一、あの作者は寄せられた反駁に応答もせず、同じことばかり繰り返していること。二、こういう多くの細かい議論に世間の人はもううんざりしていること。三、反駁しようとする個所をこの作者はあまりにひどく改竄するから、私心のない読者なら公正さをはたらかせて、この人物の間違いを自分の目でみつけるはずだと期待すべきこと、だ。しかし、自分の言葉を鵜呑みにしてくれと言うのは間違いだから、その証拠を二、三出しておかねばならなかった。そこで、最初の『小作者に与うる忠告』でもこの第二の『忠告』でも、不正確な引用やでたらめな論結にかけてはこの人が何をやりかねないか、いくつか見本を挙げてお見せすることにした。加えて、それ以外の点では、判定者たらんとするすべての読者に、双方の文書を突き合わせてくださいとお願いせねばならなかった。以上が、一方で若干の答をし、他方で全部には答えない理由である。」ベール氏は同時に、ジュリュー氏が大部の弁駁書を今印刷中で、密偵らが例によってそれをさかんに褒めそやしているのを知っていたし、また同じことを二度に分けてしないため、その弁駁書を読んで反駁に値するかどうか見るまで第二の『忠告』の発表を延ばそう、反駁に値するようだったらそれへの反駁をこの文書に付けようと決めていたため、この小文は出るのが遅れてしまったが、弁駁書はまだ出そうにないと最近聞いたため、『新たなる忠告』の発表をもうこれ以上延ばしたくなかった、ただあらかじめ約束しておくが、密告者〔ジュリュー〕の新手の仕掛もそうする価値があるならたちまちひっくり返してみせる、と言った。

その弁駁書はしばらくして、『形式にのっとれる弁駁書、または法廷の規則に即した《亡命者への忠告》の著者を非とする証拠の提出。死刑に値する大罪については、かかる証拠に基づいて、起訴されし犯罪人を有罪とするものなることを示す』という題で出版された。ジュリュー氏はそれに「お知らせ」を付けて、八カ月来病気ですっかり弱っていたため、『亡命者に与うる忠告』の著者に対する執筆を継続できなかったが、ほかの人たちがその穴埋めをしてくれたと言った。また付け加えて、この『弁駁書』は自分が加えた数章を別にすればパリの或る弁護士が書いたものだとも言った。この文書には形式以外、何ひとつ新味はなかった。すでに百遍も反駁されたジュリュー氏の「推定」なるものが蒸し返され、それがいろんな項目に配列されて、ジュリュー氏やその支持者の誹毀文書から引いた註釈を付せられていた。ベール氏は賢明にもこんな文書を相手にしなかった。読もうとすらしなかったことはミニュトリ〔三四八〕氏に伝えているとおりである。いわく、（一）「ジュリュー氏はまたまた私を攻撃する大部の『弁駁書』を発表しましたが、誰も私に読めと勧めてくれませんでした（私もその勧めに従いました）。昔からの揚げ足とりをただ繰り返しただけで、そんなものが完全に論破されたのを知っているような顔もしません。話によると、〈ジュネーヴの陰謀〉や〈平和計画〉も戦列に復帰させているようですが、貴方〔三四九〕に手紙を書いて貴方の無罪を認めたことも、そんなことで私を攻撃したのは間違っていた、もう一つの告発だけにしておくべきだったと支持者の中の特に過激な分子でさえ白状したことも考えに入れてないそうです。」たしかにジュリュー氏の支持者たちも、『亡命者に与うる忠告』についての告発だけにすればよかったと思っていたが、そう思ったのはあくまでも後知恵で、ジュネーヴの陰謀に関するジュリュー氏の発言が明らかに虚偽で絵空事なのを目にしたからにすぎなかった。

（一）　一六九二年〔三五〇〕八月二十八日付の手紙。

この件で出た文書はこれが最後だった。ベール氏が賢明にも沈黙したお蔭で、あの論争は終止符を打った。この人はすでにジュリュー氏の「推定」なるものをことごとく崩していたし、ジュリュー氏の支持者の文書も（前に指摘したとおり）退屈で味気ない繰り返しと、滑稽な論理と、ベール氏が言ったことの誤解・曲解にすぎなかったのである。

（原著第一巻、終わり）

その間にも、『亡命者に与うる忠告』の本当の作者が誰かについては意見の一致が見られなかった。この本はフランスで知れると、ペリソン氏[三五一]が書いたものとされた。ロンドンの有名な医師で毎週『観察者』[三五二]という匿名文書を出していたウェルウッド氏[三五三]も、一六九〇年の八月二十二日号でそう言った。ジュリュー氏[三五四]があの本をベール氏に帰そうと思い付くより半年も前のことだった。ベール氏が作者だと思うとジュリュー氏が言い出したのは一六九一年一月にすぎず、この件で氏が公にした本は四月末に初めて出たからである。(一)ウェルウッド氏はこう言った。(二)「最近世間を騒がせている『亡命者に与うる忠告』という本が先頃手に入った。過日のイギリス革命との関係でヨーロッパの全プロテスタントの行為を誹謗するという目的で、フランスの或る学者が書いたものである。……私は作者を知っているだけではない。パリの大司教[三五五]から伝えられたジェームズ王[三五六]とフランス王の命令で書いたものだと読者に請け合ってもいい。」ウェルウッド氏の『観察者』は仏訳され、『時代史』[三五七]と題してオランダで出版されていたから、ジュリュー氏はこの個所を見て猛烈に逆上した(三)。こんなことを言ったのである。これは「注文で書いたものだ。偽(にせ)の版、偽の允許、『学芸著作史』〔三五八〕に載った手紙の抜萃などと同断である。」さらに、「震源を突き止めるのは雑作なかった。イギリスにいる同じ人物(四)が、ベール氏が『忠告』の作者なのをあの地でただひとり否定し〈本当の作者はパリでみつかるだろう〉と到る所で触れ回りながら、同時に海のこちら〔オランダ〕の友人たちのため、その友人たちに頼まれて、この話を或る新聞に突っ込んだ。仏訳版だけに入れたということすらありえなくはない。連中はどんな虚偽でもやりかねないからだ。」そして、ウェルウッド氏に侮辱的な扱いをした末に滑稽な言い訳をし(五)、『形式にのっとれる弁駁書』の「お知らせ」でもそれを繰り返したのである。いわく、「お知らせせねばならないが、『最後の証憑』にある『時代史』の著者へのきつい言葉はなかったことにしてほしい。当時、私は著者を全然知らなかったのである。その後、非常な君子で非常に有能な人だと分った。」〔「お知らせ」九ページ〕

(一)〔ベール〕『架空の陰謀』、二一七ページ。
(二)〔ウェルウッド〕『改革新報、または新観察者』、第三巻、第七号。
(三)〔ジュリユー〕『最後の証憑』、三四ページ、第二段。
(四) ド・ラ・バスティード氏〔三五九〕のこと。
(五) 三六ページ、第一段。

ウェルウッド氏は一六九二年に「付録」という題で『観察者』の弁明を発表し、同書のいくつかの個所の釈明をした。その中には、『亡命者に与うる忠告』に関係するものもあった。いわく(一)、「あの本がフランスで出回るとすぐ、イギリスにはまだ入って来ないうちに、その後宗教のため漕役船へ送られたフランスの或る立派な貴人がこの書のことを教えてくれ、付け加えて、これはフランスの宮廷と示し合わせて書いたもので、パリでは誰もがペリソン氏を作者と見ていると言った。私はそこで、この友人に手紙を送り、その件をもっとくわしく調査してくれと頼んだ。それへの返事にはこうあった。〈御依頼どおり、ペリソン氏と親しい或る友人を使って、この噂が本当かどうか同氏に問い合わせてみました。ペリソン氏はその人に、自分が書いたと思うなら思ってもいいが、自分からそうだとはっきり認めることはしたくないと言い、かりに自分が作者でも、あの本を公に自分の作と認めることは自分にとっても王様への御奉公にとっても適当でないと付言しました〉。要するに、ペリソン氏が『亡命者に与うる忠告』の作者だというのは自分の意見でもあり、パリであまねく受けいれられた意見でもあるとその高名な人物は言い、ここで紹介する必要はないが、蓋然性のある多くの論拠でそれを裏付けたのである。それから程なく、肝腎の本がロンドンでも見かけるようになったので、私はそれを機に友人が言ったことを報告し、同時にその証言に基づいて、〈作者を知っている〉つもりだと請け合った。作者とはペリソン氏のことで、この人とは九年前にパリで会い多少の面識があったのである。」

（一）〔ウェルウッド〕「『改革新報』への付録」、一三ページ。

ド・ラ・バスティード氏も（二）〔三六〇〕ペリソン氏を『亡命者に与うる忠告』の作者と思っていた。そのことをおおっぴらに口にして、そのためジュリユー氏に嫌われた（三）。ド・ラ・バスティード氏の証言は非常な重みを持っていた。この人は二十五年余もペリソン氏の親友だったし、かつてはペリソン氏とともにフーケ〔三六一〕氏の下で働きをし、ペリソン氏がバスティーユへ入れられた時は宗教論争上の問題について規則的に文通していたからである。というのも、すでにその頃からペリソン氏はカトリックへ傾いていたからだ。これほど深い繋がりがあれば、この人はペリソン氏の考えも好みの言い回しも熟知していた。ペリソン氏の宗教論争書も沢山読んでおり、そのいくつかには自ら反駁もしていた。『亡命者に与うる忠告』が出た時、この本とペリソン氏の書との間にあまりに大きな一致点がみつかったため、この人は躊躇なくペリソン氏を作者と思ったのである。ペリソン氏の存命中はその件で何か書くのは適当と思わなかったが、同氏の死後にこの一致を証明するため一つの[三][三六二]論考を著わした。そこではこう言っている。「私がここでしようとしたのは、『宗教対立に関する考察』の著者〔ペリソン〕こそが『亡命者に与うる忠告』の著者でもあり、後者は正確には前者の続き・付録にすぎないことを全部合わされば明瞭に示す種々の一般的・個別的考察を書き留めておくことだった。」一般的考察で指摘したのは、ペリソン氏が文学にも教会史・世俗史にも大変造詣が深く、聖書も教父も宗教論争家も勉強しており、ローマ法にも通じていて、何年か法廷に通っていたため事あるごとにそれを典拠に使いたがり、また国王の一代記の執筆を仰せつかっていたためあらゆる出版物を集め政治上・宗教上の出来事について覚書や考察を書き留めていたこと、さらに、宗教論争書でも頻繁にプロテスタントに呼びかけたり勧告したり、心を神まで高めたり神に祈ったりフランス王を褒めそやしたりしていたことで、こういう特徴は全部合わせると『忠告』の著者に当てはまるばかりか、『忠告』の著者にしか当てはまらぬように見えることだった。しかし、この一致をさらにはっきりさせるため、この人は個別的指摘で『忠告』の多くの個所を紹介し、それを『考察』の類似の個所と並べて置いた。比較の対象に選んだのは特に、『ジュリュー氏の妄想』という題で一六八九年に出た『考察』の第三巻だった。たとえば、その書の巻末でペリソン氏は、一六八九年中にフランスへ戻れると請け合ったジュリュー氏の予言のことで亡命者を辱しめたが、『忠告』もまさにそこから始まるのを示した。『考察』でペリソン氏はこう言っていた。ジュリュー氏は「当代でも、真理〔カトリック信仰〕が今日持ちうる最も名高い保護者・守り手のすべてに胆汁〔怒り〕と毒液を吐きかけ、地位も功績も眼中にない。」『忠告』の著者もこう言う。「どんなに高貴な地位の高い人でも、貴方がたは尊敬に値するとは思いませんでした。どういう理由からしても誹毀文書の侮辱から守られるべき王侯こそ、貴方がたの多くの本でとびきりひどい、狂ったような中傷の的にされました。」どちらの本でもローマの法律がしょっちゅう引かれ、多数者の権威が掲げられ、ドラビキウス〔三六三〕（ドラビーツ）の予言やドーフィネ地方の小予言者〔三六四〕が嘲笑の的になり、ヨーロッパ情勢が論じられ、ルイ十四世の栄光がさかんに持ち上げられている、等々である。あの書をベール氏の作とするためジュリユー氏が挙げた漠然たる類似に較べれば、この比較の方が無限に強力なのは否定できまい。序文については、ド・ラ・バスティード氏も当然ながら、本文の著者が書いたものとはしていない。作者が自分に反駁するばかりか、自作を諷刺し、それのおぞましい肖像を描こうとするのは自然と思えないからである。

（一）『学芸著作史』〔三六五〕、一七〇四年十二月号、記事十四、五四八ページにあるこの人への讃辞を参照。

（二）一七一六年にアムステルダムで出版された『ベール氏とその著作の歴史』〔三六六〕という文書にある「『ベール氏とその著作の歴史』の厳密な見直し」の一八二ページ以下を参照。

（三）その論考は「『ベール氏とその著作の歴史』の厳密な見直し」の二九七ページ〔以下〕で活字にされたが、ド・ラ・バスティード氏は活字になったものより正確な写しをくださった。

ド・ラ・バスティード氏は論考の最後で、おのずと生じる異議に答えている。いわく、「著者はどうして、ほかの作品でしたようにこの文書でも名乗りを上げ、そこで披露するかに見える才気・学殖・宗教熱という功績を少なくとも自派の間で失わないようにしなかったのか、と今もし尋ねられたら、必ずしも立ち入れない種々の秘められた理由のほかに、この人は全面的に、または永久に隠れるつもりではなく、世人の反応を見るため一時（いっとき）立札の裏に潜もうと思っただけであることがかなりはっきりしている。終わり頃で、それを送る〈相手〉に、〈これを印刷に付す〉のはかまいませんが〈私の名前だけは勘弁してください〉と言っているのが見られるからである。まるで、自分の名前をあからさまに出すのは適当でないが、言外に分らせるならかまわないと言わんとしたかのようだ。生まれた時はプロテスタントで、亡命者の少なからぬ人の近親でもあり姻戚でもあっただけに、当局の目に亡命者を忌わしい者、胡散臭い者としてその帰国に門戸を閉ざすかに見える文書の作者として公然と登場することをこの人がいささか嫌ったのも自然だった。だが、主たる理由はおそらく、結果をあまり考えずにしたにせよ、そうやってプロテスタントに取り入るつもりだったにせよ、とにかくあの文書の随所でわが派〔プロテスタント〕への迫害の仕方についてかなり自由な意見を述べ、かなりきつい表現をしたため、噂が弘まったようにパリの大司教[三六七]やイエズス会士に問題にされたことだったろう。果して、『忠告』の新版を作る作業がパリで、それもペリソン氏掛り付けの印刷・出版業者だったマルタン氏[三六八]の手で始められたのに、ペリソン氏の命令で行なわれたにもかかわらず作業は停止され中断された。その後、世を去る少し前に、この人は自分の見ている前で同書の新版を自ら作らせたが、自派〔カトリック教徒〕が気を悪くした個所を削除または変更し、前からあった序文のかわりに自作の短い序文を入れた上でのことだった。」

もっとも、『忠告』が出てから程なく、ペリソン氏がオランダへ手紙を送って作者が誰か問い合わせ、沢山褒美を貰えるからと餌をちらつかせて著者に覆面を脱がせようとしたのも事実である[一]。それはペリソン氏が作者を知らなかったこと、したがって『忠告』を書いたのはペリソン氏ではなかったことを示すものかもしれない。しかし、ド・ラ・バスティード氏ならこう答えることもできたろう。ペリソン氏があんなことをしたのはうまく身を隠すためにすぎなかった、それにこの想定はパリ版の允許で覆されてしまう、そこには、『忠告』の著者は「一六九〇年十月二十日付の允許を取得」したが、「公衆に知られぬままに留まることを好みしため、その名義で発行されし上記の允許をパリの書店組合の記録簿に登載することに難色を示せること」と述べられており、それは著者の名が尚書局では既知のもので、オランダに問い合わせの手紙を出すまでもなかったことを示している、と。

（二）〔ジュリュー〕『《フランスへの近き帰国につき亡命者に与うる重大なる忠告》と題する反宗教・反国家・反イギリス革命文書の検討』、二四、二五ページ。〔ベール〕『ロッテルダム陰謀の架空なることを証明す』、序文一二ページ。

ベール氏は一六九〇年十月の或る手紙で、『亡命者に与うる忠告』はド・ラロック氏〔三六九〕が書いたとするのが当時「世間の声」〔三七〇〕だったことを教えてくれる。(一)ド・ラロック氏は一六八六年二月にフランスから出国し(二)、翌年ヴァリヤスの『異端の歴史』〔三七一〕第一巻に対する『批判的指摘』〔三七二〕を発表して評価された。この人が書いたブリュエス氏〔三七三〕への答についてはすでに触れた。(三)イギリス、ドイツ、デンマークを旅した後、同氏はまたオランダに寄り、そこから一六九〇年六月頃、つまり『亡命者に与うる忠告』の出版後一カ月ないし六週間でフランスへ戻ってローマの宗教に改宗してしまった。私は一七〇七年にベール氏の伝記の仕事を始めた時、バナージュ氏〔三七四〕から若干の説明を提供してもらったが、『亡命者に与うる忠告』については次のような返事をいただいた。(四)「ベール氏に関係することを自信を持って語ってくれというお話なので申しますが、『亡命者に与うる忠告』の問題を今さら論議すべきだとは思いません。あの人を著者と疑うわけではないのですが、当初からの推測を私はいまだに捨てておりません。あの人が原稿を託されて出版し、序文を加え、多少手を入れたということです。ハルトゥスケル氏〔三七五〕も私の推測を裏付けてくれました。ド・ラロック氏はパリで獄中にあった頃、あの本を自分の作としてしばしば挙げていたと保証したからです。でも、これは忌わしい問題ですから、ベール氏の敵に再度金切声を上げさせるより、忘れさせた方がいいでしょう。」しばらくして送ってくれたもっとくわしい覚書でも、バナージュ氏はこう言っていた。(五)「ベール氏が序文を書いた、やがて改宗するド・ラロック氏からベール氏が原稿を託されたと私は昔から思っていたし、今でもそう思っている。ド・ラロック氏はあの作品をずっと自分のものと主張した。私の間違いでなければ、ベール氏の弁明をあれほど弱々しくした秘密のすべてはそこにある。作者が昔から自分の友達だったので、ベール氏は本についても作者についても自分の考えをあえて言わなかったのだ。」ド・ラロック氏は「あの作品をずっと自分のものと主張した」とバナージュ氏は指摘するが、事実、或る種のことが問題になるたびごとに、「それは僕が『亡命者に与うる忠告』で言ったことですよ」または「証明したことですよ」とド・ラロック氏は昔から言っていた。この人の友人たちも文学界の逸話として、ド・ラロック氏があの本の作者だとしょっちゅう言った。これは非常に信頼できる人たちが証言している事実である。

(一) コンスタン氏〔三七六〕に宛てた一六九〇年十月二十四日付の手紙。
(二) ルー氏〔三七七〕に宛てた一六八六年二月十七日付の手紙。
(三) コンスタン氏に宛てた前記の手紙。
(四) 一七〇七年八月十九日付の手紙。
(五) バナージュ氏の手書きの覚書。

このように、内容は全く相対立するのにどちらにも支持者がいる二つの説があるわけである。もっとも、もう一つ第三の説があって、それが今までは優勢だったように見える。あの作品をベール氏のものとする人が少なくないのである。但し、理由は人によりまちまちで、中にはジュリユー氏の証言を根拠にする向きもある。だが、あんな人の証言をどれだけ信用できるというのか。しかも、あの人は「ジュネーヴの陰謀」なるものを『亡命者に与うる忠告』と切り離せないほど固く結び付けたから、一方の告発が虚偽を証明されたら、もう一方も必然的に崩れざるをえなかった。なのに、あの〔ジュネーヴの〕陰謀は絵空事にすぎなかったと確信するようになっても、この人はなおかつ『亡命者に与うる忠告』については告発を続けた。もっともその後、二つを切り離すのは得策でないと気付いて、恥ずかしげもなく陰謀という告発をまた蒸し返したが。

中にはまた、あの文書にベール氏の文体が見られると思って、それを根拠にベール氏の作とする人もいる。しかし、それこそまさに、ベール氏の作ではないという判断へ導くべきものだった。文体の一致という証拠がもともと不確かなのは別にしても、あの文書の文体はベール氏の他の作品の文体と非常に異なるように見えるからである。こちらの文体の方が純正で、流暢で、規則にも適っているのだ。『亡命者に与うる忠告』をよくよく検討したド・ラレ氏〔三七八〕も、ベール説に大いに傾いてはいたが、それでもあえて結論は出さず、次のように言った(一)。「私としては、他人を納得させようとするほど自分も納得しておらず、疑わしいことを決めつけるほど大胆でもないのを感じる。」

(一)『《亡命者への忠告》に答う』の序文で。

最後に、あの文書を印刷したムートイェンス氏〔三七九〕の証言に基づいてベール氏のものとする人もいる。あの本屋は多くの人にベール氏が著者だと言ったと断言されている。私は、あの本の校正をしたルイ氏がムートイェンス氏の報告を裏付けていると聞いたので、この件につき若干の説明をしてほしいとルイ氏に頼んだ。同氏は私に返事を書くのを適当と思わなかったが、私の手紙を御親切にも氏に渡してくれた或るかた――人間としても文筆家としても卓越したかたである――に口頭で次のように言ったという。「あの本の校正をする前からベール氏の字体は知っていましたし、その後も知悉する機会は色々ありました。原稿は始めから終わりまでベール氏の筆跡でした。ムートイェンス氏に返す前に中の一枚から切り取った断片を今でも保存しています」と。私が知りえた限りでは、こんなに明確な証言はない。ただ、こんな証言を聞いた上ではベール氏が著者なのをかりに疑わないとしても、ジュリュー氏が帰した有害な意図や犯罪的な目論見をこの人に非難するのは不正を犯さずにはできないだろう。ジュリュー氏があの文書を蘇らせた時の状況が、氏のする告発をいっそう加重させていた。迫害によって亡命者は全財産を手放し、祖国の安らぎを捨てて異郷へ退去するよう強いられていたし、その傷はいまだに血を流していた。そういう状態では、誰でも批判されるのに我慢できず、からかわれたらいきり立つものである。何事も悪い意味に取り、語る者の意図には立ち入らず、根拠のない適用もするものである。しかしながら、その意図こそがわれわれの判断の規準とならねばならない。罪のないからかいと苦々しい非難、有益な叱責と乱暴な悪口が区別されるのも、まさにその意図からである。さて、ベール氏が亡命者全体の名誉を傷つけようとしたとか、君主たちの目に亡命者を忌わしく映らせ、その帰国に乗り越えがたい障害を置こうとしたとかいうことはおよそ考えられない。そんなことをしたら、自分の性格も、してきたことも、ほかのすべての作品も否認することになったろう。ほかの作品ではあれほど見事に改革派を擁護し、その苦しみにあれほど同情していたからである。それに、『忠告』にあるどんなに強い批判も亡命者のごく小部分にしか、オランダ在住の一握りの亡命者にしか関わらなかった。物を書くのはそういう亡命者だけだったからだ。スイス、ドイツ、イギリスなどにいる亡命者は何も印刷などしなかった。(一) ベール氏もそれを知らないではなかったから、そういう人を標的にすることはありえなかった。オランダにいても何も書かない人、一部の仲間の行状を非難すらした人も同じである。

(一)　ジュリュー氏は言う。「ロンドンに住んだり、イギリス全土に散らばっていたり、ベルリンやブランデンブルクやヘッセンやスイスやドイツ全土やジュネーヴにいる亡命者も潔白とせねばなるまい。そういう場所で、誹毀文書と呼ばれるあの手の小冊子が出ていると私も言うつもりはないからだ。こういった文書が出るのはホラント州だけである。」（『《フランスへの近き帰国につき亡命者に与うる重大なる忠告》と題する反宗教・反国家・反イギリス革命文書の検討』、六七、六八ページ）

このように、ベール氏がかりに『亡命者に与うる忠告』の著者だったとしても、執筆の動機については次のこと以外に言えまい。多くの亡命者が絵空事や黙示録的な幻視で徒（あだ）な希望を抱き、それでヨーロッパ中の笑い物になるのを見てこの人が悲しんだこと、諷刺と悪罵を事とするような精神を極度に嫌っていたため、亡命者が尊敬すべき人も容赦しない、王侯をすら攻撃する誹毀文書を書き散らすのに憤ったこと、『マンブール氏〔の《カルヴァン派史》の一般的〕批判』の報復として自分の兄も残酷な仕打ちをされたから、ましてフランスに残留する改革派の信者たちがああいう諷刺文書の仕返しを受けるおそれがあったこと、あの王国では国王が絶対的とみなされ、そうではないと言うことが許されないのを知っていたから、その主権を攻撃する亡命者の文書は彼らを忌わしい存在にし、その帰国を阻むものでしかないことを分らせようとしたこと、改革派教会で教えられる国王の独立性と主権という説の中で育ってきたから、この人が反対の説をあれほど激しくやっつけたのに驚いてはならないこと、またイギリスの事情をよく知らなかったため、英国国教会にどんな危険が迫るとも思わず、革命を必要から生じたものではなく政略の所産とみなしていたこと、ローマ・カトリック教徒の仮面を被ったのも自分の勧告に一層の権威を与え、それをより強烈に、より辛辣に、より印象深くするためだったこと、ジュリュー氏自身に言わせても『忠告』の著者は亡命者をフランスへ帰れるようにする〔二〕のが目的で、そんなのは「フランスの法王教徒が考えることではない〔一〕」から、ベール氏も指摘したとおり、この人は「法王教徒の利益よりプロテスタントの利益を重視しており、したがって過激な法王教徒として言ったことは本心ではなく、あくまでも変装した人物のふりをしようとするための言葉だった」こと、また、これもベール氏が言っていたように〔三〕、あの著者は「人一倍感情的で悪意のあるカトリック教徒の言う新旧の反論や、〔アウグスブルク同盟戦争の〕緒戦の出来事をめぐるおべっか遣いらの考察や、一部の著作家のせいで亡命者全体が言われる悪口を掻き集めたにすぎず、それもこれも、改革派迫害者の悪意をも追従者の虚栄をも挫いて、予言のせいで置かれる滑稽な立場——〔神聖ローマ〕皇帝が支配する諸国から逃亡したプロテスタントにも、それはかつて非常に有害なはたらきをした[四]――から亡命者を引き出してやる有益な否認・回答の材料を提供するためだった」こと、である。さらに、自分の予言で亡命者を熱狂させ、『忠告』の著者が中傷文扱いする幾多の文書を発表して著者の主たる標的をなしていたジュリュー氏が亡命者に対する一種の支配権を獲得したため[Q]、亡命者の全集団を利害関係者にしない限り、ここで文句を言うああした文書を否認させることもできなかったという事情を加えることもできよう。いや、そういう手段すら成功しなかった。本来ならその否認をすべきだった教会会議も沈黙を守った。ジュリュー氏から猛烈に迫害されるのを恐れて、誰も口を開く勇気がなかったのである。さらに言えるのは、ベール氏がカトリック教徒[三八〇]に言わせる非難は総じてすでに千度も反駁されていたもので、ベール氏自身もマンブール[三八一]に反駁する手紙の中でそれに成功裡に答えていたこと、そして最後に、ベール氏は『忠告』に反駁するつもりでいたから[五]、侮辱的な告発などしてその仕事から逸らすのではなく、その仕事をするように氏に促すべきだったことである。

(一) 〔ジュリュー〕『《フランスへの近き帰国につき亡命者に与うる重大なる忠告》と題する反宗教・反国家・反イギリス革命文書の検討』、一三ページ。

(二) 〔ベール〕『ロッテルダム陰謀の架空なることを証明す』、序文一〇九、一一〇ページ。

(三) 同、序文一一一、一一二ページ。

(四) 〔ベール『歴史批評辞典』〕「コメニウス」の項、註(K)〔邦訳、著作集第三巻、八〇九―八一〇ページ〕を参照。

(Q) ジュリュー氏が上げた手柄をいくつか紹介しておこう。この人は信仰の審問官を気取って、大方はオランダへ亡命していた多くのフランス人牧師を攻撃した。ソッツィーニ派[三八二]と非難して、教会会議に告発した。その牧師たちの罪は穏健な考えの持ち主だったことにすぎないが、ジュリュー氏によれば寛容こそ異端の内でも最大のものだったのだ。ユエ氏[三八三]に酷い迫害をしたのもその面からだった。(a) また異端者ないし異端者の片棒を担ぐとしてハンブルクの牧師ラ・コンセイエール氏[三八四]、ジャクロ氏[三八五]、パパン氏[三八六]なども告発した。パパン氏はパジョン氏[三八七]の甥で、恩寵問題ではパジョン氏と同意見だった。(b) この人は『〔摂理と恩寵に関する〕神学論集』という著作で、ジュリュー氏に反対して自説を擁護した。ジュリュー氏はそこでこの人を葬ろうと決めた。口実にしたのは、『信仰を真の原理に還元し正しい限界内に収む』というパパン氏の小さい本だった。これはデュイソー氏〔三八八〕のもの〔三八九〕と同じ狙いの本で、(c) つまり、キリスト教徒を宗教の基本原理へ引き戻すことで再統合し、論争問題については寛容の精神を持たそうとしたものだった。この本の出版にパパン氏自身は関与しなかった。原稿は「地位も功績も擢んでた或る人の書斎に」(d) あって、それがベール氏の手に渡り、同氏が巻頭の二ページを加えて、一六八七年に前記の題で出版したのである。(e) ジュリュー氏は教会会議にこの本を断罪させ、パパン氏をあまりに激しく迫害したため、パパン氏はやむなくフランスへ戻って、モーの司教殿〔三九〇〕〔ボシュエ〕の腕の中へとびこんでしまった。ベール氏もミニュトリ氏〔三九一〕への手紙でそのことを語っている。いわく、(f)「パパンが反逆した〔カトリックに改宗した〕のは御存知でしょう。我らの偽予言者〔ジュリュー〕の本〔三九二〕に反駁などして、あの狂信者の猛烈な迫害に晒されなかったら、そんなことはしなかったでしょうに。パパンに証明された矛盾や詭弁を否定できないため、あの狂信者は仕返しとして到る所に手紙を送り、パパン氏を職にありつかせるな、あれは危険な異端者だ、等々と通知したのです。パパンはドイツでもオランダでもイギリスでも生活の資を得ようとしましたが、どこへ行っても敵の画策で門戸は閉ざされていました。とうとう飢えに迫られてフランスへ戻り、『信仰を真の限界に還元す』〔三九三〕という本に賛意を表していたバーネット氏〔三九四〕の手紙をモーの司教殿に渡したのです。」

やっつけたい相手を異端として非難できない時、ジュリュー氏は相手を政府に胡散臭がらせ、悪意のある者に仕立て上げた。ロッテルダムの牧師ル・ジャンドル氏〔三九五〕がドーフィネ地方の小予言者〔三九六〕について書いたのではないかと疑って、その嫌疑に基づき、「フランスと文通している、国家へのひそかな憎悪を抱いている」とル・ジャンドル氏を長老会議に訴えたりした。しかしル・ジャンドル氏は償いを求め、ジュリュー氏を「中傷者、不徳義漢」とみなすと宣言して、その宣言が文書化され署名された上、長老会議に手渡された。ジュリュー氏は精一杯後退したが、ル・ジャンドル氏に容赦なく追い詰められ、恥ずかしくも相手の主張に同意せざるをえなかった。告発状は彼の面前で、その承諾のもとに破り捨てられた。(g) この人は嫌う相手の親類や友達にまで憎悪を押し拡げ、自分と争ったことがない人も憎んだ。裏切者、フランスのスパイとしてそれを国務大臣に告発した。市民社会の絆をなす信頼の念などお構いなしに、口で報告されたり手紙で言われたりしたことを洗いざらい自分の手紙で公表し、昔の友人が嫌いになると、その人たちから前に打ち明けられたことを攻撃のために使うのだった。(h)

ジュリュー氏の肖像のいくつかの点をさらに紹介しておこう。絵筆を取るのは〔バナージュ・〕ド・ボーヴァル氏〔三九七〕である。

いわく、(i)「ジュリュー氏は到る所にトラブルと不和を持ち込んだ。この人の手は万人を相手にし、万人の手はこの人を相手にした。セダン大学にもこの人とともに不和が入り込み、お蔭で大学は派閥・徒党に分れてしまった。ロッテルダムの説教壇で最初にしたことからこの人に何を期待すべきか占った人は、予測をたがえることはなかった。〈ああ美しきかな、平和を告ぐる者の足よ〉〔ロマ書、第十章、十五節〕という言葉についての説教だったが、壇から降りるとこの人は席順について同僚にイチャモンをつけた。それでも、優先権と虚栄心をめぐるこの喧嘩には負けて赤恥をかいた。この数年、ジュリュー氏はわれわれの間であらゆるものを混乱させ、その自惚れた野心的な精神は到る所に戦の松明を持ち込んだ。〈ナンラノ凱旋モ与エザル戦争〔内乱〕ヲ行ナウ〉〔ルカヌス『ファルサリア』、巻一〕である。流亡という共通の不幸のため本来なら団結すべきフランス人をこの人は分裂させ、自分の派だけを言うなれば割拠させようとしている。この人が種を播き念入りに育てる憎悪は、一つ一つが障壁になって彼らを隔離してしまう。兄弟たちの評判を犠牲にして自分ひとりが栄光を得んがため、この人は大審問官を気取り、世界司教のごとく振舞う。教会同士を戦わせ、自分が火を付けた喧嘩で教会の集まりの謹厳さも品位も低下させ失墜させた。一方ではアムステルダム、ライデン両教会会議〔三九八〕のメンバーが、ジュリュー氏に言われてこの両会議が数々の不正を犯した、不正だけならまだしも、今に至るまで弁解できない数々の嘘をついたと世人を前に抗議すれば、他方ではズィリック＝ゼーの教会会議〔三九九〕に不満なジュリュー氏が、苦情を連ねた印刷物を州政府に送り、〈乱暴、圧迫、ありとあらゆる行き過ぎ、教会と国家の自由のあらゆる基本法を踏みにじろうとする企み〉などとその会議を非難した。教会会議を貶しそれの名誉を傷つけるこういう相互の非難ほど、この種の会議を卑しめるものはない。これらの混乱はみなジュリュー氏がそもそもの原因である。この人は告発し、右に左に殴りかかる。人をそっとしておけと諫める友人の忠告は〈肉と血の勧め〉(k)だなどと宣う。筆を執るのももう誹毀文書を書くためにすぎず、武器を置いたと思っても機会がありしだいまた取り上げる。いつでも自分が攻撃側で、原告で、自分の専制支配を認めぬものをことごとく根絶やしにするため鉄火を用い、欺瞞と中傷を助けに呼ぶ。宗教の旗差物を掲げ、〔ローマ法王庁の発する〕祭務停止宣告のような具合で、自分の前に膝を屈しない者を皆殺しにできるなら喜んで出掛けよう。どう見ても、ジュリュー氏は多くの逃亡者に新たな種類の迫害をもたらした。おそらくこちらの迫害の方が、祖国から追い出した迫害よりも痛いだろう。安息を求めて流謫の地へ来たのに、それをこの迫害は奪ったわけだし、さらに不幸の極み、悲惨の極みと言うべきだが、せっかくそこからの避難所を求めて来た狂ったような宗教熱心が行なう数々の邪曲を別の名のもとに味わわせる不正な抑圧者を自国民の内にみつけたからである。」

（a）前段の註（G）を参照。第一巻、二二二ページ〔本書、一〇五ページ〕にある。

（b）註（G）、同。

（c）同じ註を参照。

（d）〔ジュリュー〕『パリ、オルレアン、ブロワの信徒に宛てた牧会書簡』の六ページ第一段にあるパパン氏からジュリュー氏への手紙。

（e）『宗教問題での対立する二つの道』〔四〇〇〕というパパン氏の本の序文、リエージュ版（一七一三年）一一、一二ページ。

（f）一六九二年十一月十一日付の手紙。

（g）〔バナージュ・〕ド・ボーヴァル『ジュリュー氏の二つの説教に関する考察』、三〇、三一、三七ページ。

（h）同、五三、五四ページ。

（i）同、七ページ。

（k）〔ジュリュー〕『ジュリュー氏の弁明』、二五ページ、第二段。

（五）〔ベール〕『ロッテルダム陰謀の架空なることを証明す』、三〇七ページ、および〔バナージュ・〕ド・ボーヴァル氏の『ジュリュー氏の弁明への回答』、八ページを参照。

あの文書と、それがベール氏のものなら著者の狙いについて公正な人が下せる判断は以上のようなものと思われる。それでも「ベール氏はどんなに信用する人にも、あの本は自分のものではないといつも誓って言ったから、この本は氏の著作目録から抹消せねばならない。少なくともこれだけの理由があれば、同氏に不利な証拠としてこの本を挙げるべきではない。氏は一貫してこの書を否認した以上、氏の思い出を傷つけるためこの書を証人に呼ぶことは公正というものが許さない。」これは〔バナージュ・〕ド・ボーヴァル氏の言葉をそのまま引いたものである。

あんな告発を受けたことで、ベール氏は文学活動を中断されていた。勉強のためには十分な安らぎと全き静けさが要るからである。〔バナージュ・〕ド・ボーヴァル氏はすでに〔『学芸著作史』の〕一六九〇年十一月号で(二)『辞典類またはその他の図書に散在する無数の誤りを訂正すべき批評辞典の腹案』という書を予告していた。続けて、「これは或る有能な人物が製作を目論んでいる書物の題である。同氏はその計画について学者たちの意見と知識を得たいと念じており、近く序文を印刷して、腹案につき細かく説明する予定。」この著作家とはベール氏のことだった。氏は数カ月後にこの『腹案』を出版するつもりで、印刷も同年十二月に始まった。AからCまでの項目はほぼ全部書き上がっており、それを印刷する間にほかの項目と序文を用意する予定だった。しかし、ジュリュー氏の猛烈な攻撃のため、最初の〔全紙〕一枚が印刷されてすぐベール氏は仕事を中断せざるをえなくなり、計画は立てられる間もなく放棄されてしまった。それへ戻るまでに一年余の時が流れた。そして、遂にレールス氏から催促されると(四〇二)、必要な本がまだ集まってもいないのに、たまたま目についた材料に盲滅法とびつくほかなかったらしい(二)。

(一)「ベール氏讃」〔四〇一〕。

(一)一三六ページ。

(二)『批評辞典腹案・断片』の扉の裏に印刷された「書肆からのおしらせ」〔邦訳、著作集第二巻、二ページ〕を参照。

その書は一六九二年五月に(二)『批評辞典腹案・断片。ロッテルダム、ライニール・レールス書店、一六九二年』(八折判)という題で出た。マーストリヒトの文学教授デュ・ロンデル氏に宛てた長い序文の中で(四〇三)、ベール氏はこの計画のあらましを述べた。作るつもりなのは、ほかの辞典に見られる事実関係の虚偽ないし誤謬を全部収めるような辞典で、各項目についてほかの辞典の言い落としを補う補遺のようなものだと言い、それだけでも広大な場が開けるが、そこに閉じこもるのではなくて、折あらばあらゆる著作家について外へ討って出るつもりだとも約束した。そういう編纂の効用を述べた上で、この人は次のように言った。「批評辞典といったものがこの世にあって、ほかの辞典やほかの各種の本にのっていることが真実かどうか、それを引けば確かめられるようにすることが望ましくはないでしょうか。それはほかの本の試石になるでしょう。あなたも御存知の、いささか気取ったもの言いをする某氏ならば、この書を〈文芸共和国の保険会社〉とでも呼ぶにちがいありません。……お察しのとおり、たとえば〈セネカ〉という見出しの下に、あの高名な哲人について言われた間違いを全部集めることができたら、その項を引きさえすれば、どんな本であれセネカについて書いてあることの内、何を信じるべきかすぐわかるようになるでしょう。それが虚偽であれば、この集成にちゃんと指示してあるでしょうし、或ることが虚偽としてこの集成に示されていなければ、それを真実としてもよいことになるわけですから。それだけ見ても、この計画がもしも十分実行されたら、どんな読者にもたいへん役に立つ、たいへん便利な書ができるはずだということがわかります。」〔邦訳、著作集第三巻、九―一〇ページ〕ベール氏は付け加えて、そういう企てを完璧にやってのけるには何が必要かよく知っているが、もっとよく知っているのはそれをやってのける能力など自分には全然ないということだから、そこで二折判（フォリオ）一巻に収まる下書を示すだけにして、必要な修正を施したこの腹案が有能な人たちの筆を用いる値打ちがあると判断されたら、続きを書く仕事は必要な能力をお持ちのかたがたに任せることにすると言った。しかし、その下書だけでもかなりの分量になって、作ろうと思ったら非常に骨が折れそうなことは予想できたし、計画の実行の仕方については自信などこれっぱかしもないので、下書の断片をいくつか思い切って発表し、それで世人の好みをあらかじめ摑み、計画を続けるか放棄するかはそれで決めることにした、とも。その「断片」には「アキレウス」、「アントワーヌ・アルノー」、「ジャンヌ・ダラゴン」、「L・コルネリウス・バルブス」、「エティエンヌ・ユニウス・ブルトゥス」という偽名の著作家、「カッシウス」一般、特殊に「スプリウス・カッシウス・ヴィスケリヌス」、「L・カッシウス・ロンギヌス」、「C・カッシウス・ロンギヌス」、「T・カッシウス・セヴェルス」の項があり、この最後の項は「誹毀文書についての余談」のきっかけになった。「L・カッシウス・ヘミナ」、「C・カッシウス・ロンギヌス」、「カティウス」、「コメニウス」、「エラスムス」、「ゲブリアン元帥夫人」、「ヒッポマネス（牡馬狂い）」、「日」、「デ・ロージュ夫人」、「アン、マーガレット、ジェーンのシーモア三姉妹」、「マリ・トゥーシェ」、「ゼウクシス」の項もあった。「ヒッポマネス（牡馬狂い）」と「日」以外はみな「人名項」だったが、この二つだけは人名でも地名でもなく、したがって歴史・地理辞典に属さないので、ベール氏は「事項」と呼んだ（二）。

（一）「書肆からのおしらせ」には一六九二年五月五日という日付が入っていた。
（二）「ヒッポマネス（牡馬狂い）」の項の冒頭、一九七ページで。

こういう著作は実に有益たりえたろうが、この新辞典の構想は好まれなかった。ベール氏はその計画を放棄したが、同時に別の辞典の計画を立て勉励これ努めたため、一六九三年の九月にはその印刷が始まった。それでも、ジュリュー氏が生じさす障害のため仕事から逸らされることもしばしばだった。コンスタン氏〔四〇四〕に宛てた六月二十九日付の手紙では、もっと早く便りをしなかったのを詫びながら、そういう事情を物語っている。いわく（一）、「告発者〔ジュリュー〕〔四〇五〕の画策のため、三、四カ月来動きが取れませんでした。あの人は私との喧嘩にフラマン教会長老会議を掛り合いにして、その会議が私の彗星の本を検討し、あの本は危険で不敬な命題に溢れていると市長たちへ告発に行き、そんな意見を持つ教授に年金を払う義務などどこにもないと言うように持って行ったのです。ほかの告発が無効・軽率として却下されたため、そういう角度を選んだのでした。あの本の〈異端〉なるものの釈明をするため、私はあちこち訪問しなくてはなりませんでした。それに当地では、よそでは半日でできることが二週間あってもできないのです。」

（一）一六九三年六月二十九日付の手紙。

程なく自分が失脚したことを、ベール氏はフラマン教会の牧師たちが要請したためとしている。ミニュトリ〔四〇六〕氏に宛てた十一月五日付の手紙ではこう語った。いわく、（一）「当市の為政者たちは私から教授の職と、付随する五百フロリンの年金を取り上げ、私に与えられていた個人的に教える許可さえ取り消しました。これは去る十月三十日に〔多数決で〕〔四〇七〕決議され、この前の月曜日（二）に市長たちが市長室で私に知らせてくれました。当地でも道理を弁える人はみなこの不正に反対の叫びを上げており、市会議員の一部、それも最古参で最も有能な人たちがその決議に全力で反対しましたが、それでも衆寡敵せずでした。昨年、市長ないし市会議員が七、八人クビになり、かわりに別の人が任命されていなかったら、こんなことにはならなかったでしょう。私の慰めはこの件で市中に不満があること、このやりかたが規則から外れ、根拠も不当なことです。根拠というのは私の『彗星雑考』で、あの本には危険で反キリスト教的なものがあるとフラマン教会の牧師らは市長たちに思わせました。それに反駁すると私は申し入れていましたし、彗星の本は我らの信仰告白に反することも聖書に反することも何ひとつ唱えてないと今でも主張します。それを誰の目にも明らかに証明する用意もあります。とにかく、私の言い分を聞きもせず、抜萃の正確さや言葉の意味について本人が同意するか訊きもせずに私の説を断罪したのです。『亡命者に与うる忠告』についても、私が印刷に付そうとした〈平和計画〉についてもなんにも言われませんでした。あんなものを取り上げたら、もっと忌わしいことになったでしょう。」

（一）一六九三年十一月五日付の手紙。

（二） 十一月二日。

別の手紙でも、ベール氏は同じ人にこう言った。（一）「そちらでもおそらく、『亡命者に与うる忠告』のせいで私が失職したという話をお聞きになったでしょう。彼氏〔ジュリュー〕の密偵らは、〈ジュネーヴの陰謀〉という彼氏の告発なるものも、前記の『忠告』をめぐる誹謗について彼氏が繰り返し出した弁駁書も当市の上に立つ人たちから相手にされなかったのを極度にくやしがり、ここから四方へ手紙を送って、あんな結果になったのは同書をめぐる告発のせいだと触れ回ったからです。誰が見ても不合理な話で、反国家文書という告発が原因だったら、教える許可を取り上げるだけで済ましたりしなかったでしょう。誓っておっしゃってもいいですが、理由はもっぱら、私の彗星論に対してフラマン教会長老会議が寄せた苦情にありました。しかも、発言者は大方あの本を読んでないと認めましたし、一部は私の年金の取り消しに反対したのです。このように、理由は彗星論しかありませんでした。フラマン教会長老会議はほとんどみなフランス語が分らず、神学的な多少の常套句のほかは何も解さぬような人からなっていて、しかも〈市立大学〉の生みの親だった私のパトロン（大共和主義者の故パーツ氏〔四〇八〕です）を毛嫌いしていたため、この国へ来て以来私に悪意を持っていたのです。長老会議がしたことといえば、告発者が世界一悪意をはたらかせて作った私の本の抜萃をフラマン語で見せられ、その訳を参照したことだけでした。」

（一） ミニュトリ氏に宛てた一六九四年三月八日付の手紙。

ベール氏は同じことをもっとくわしく、〔一六九三年〕十二月二十八日に従兄弟のド・〔ブリュギエール・ド・〕ノーディス氏〔四〇九〕へ書き送った。その手紙は活字になっていないから、ここでお目にかければきっと喜んでいただけよう。

「お知らせしますが、去る十月三十日に、フラマン語で Vroedschap（為政者）と呼ばれる二十四人からなる当市の市会の手で、私は五百フランの年金と公的・私的な授業の許可を取り上げられました。その二十四人の中から選ばれる計四名の市長がその決議を伝えてくれましたが、一六八一年に与えたものをなぜ今取り上げるのか、理由は言いませんでした。市会の少なからぬメンバーがこの不正に強く反対したのに数で負けたということがその後分りました。事の原因と口実は区別しましょう。

口実は個人的に話す時彼らが自分の行為を粉飾するもので、二、三の人は私の罷免を決めた日に発言の中でそれを挙げさえしましたが、内容は、私が当地で一六八二年に出した彗星についての本には、若者にそんなものがしみこむのをキリスト教徒の為政者が黙認すべきでないような有害な命題が盛られているというものです。その口実をいっそう引き立たせるために、陰謀の張本人らは長期にわたる色々な画策をして、外国人も新哲学〔デカルト哲学〕も毛嫌いする頑固で乱暴で謀反気の強い数人のフラマン人牧師があの彗星の本を検討し、邪説が盛られていると判断するようにさせました。こうしたことは全く秘密裡に行なわれ、私は何も知らされませんでした。彗星論には正しい理性に反することも、改革派教会の信仰告白に反することも何ひとつ含まれないのを明らかにする用意があると、会話の中で私が市長たち、牧師たち等々に百遍もした公の言明もなんら考慮されませんでした。当地でも無数の君子がこういう乱暴な振舞に憤慨しています。これはローマ教会ですらしないことです。あの教会でも、異説の廉で訴えられた著作家の言い分は聞きますし、当人が釈明したり誤謬を撤回したりするのを許しますから。我らの宗教を迫害される場所でだけ見たら貴方もずっと立派な改革派信徒でいられるでしょうが、支配する場所でその宗教を見たら眉をひそめられるでしょう。次に、私が失脚した原因を申しましょう。

御承知願いたいのは、共和政体の特徴は各都市、各町村が二つ以上の派閥からなることです。オランダではどこにも二つの党派があります。勢力が弱い一方の派は名誉を重んじる善人揃いで、もう一方は高慢に支配権を揮い、きまって地位を悪用します。私が当地へ来た時、パトロンや恩人として温かく迎えてくれたのは弱い派の人でした。弱いといっても、当時はさほど弱くはなかったのですが。以来、私はずっとその人たちと親しく付き合い、宮廷人のようなやりかたはせず、日に日に地位が上がる別の派に取り入ろうとはしませんでした。そんなことは金しだいで動く卑劣な人間のすることだと思ったはずです。そんなわけで、一年余り前に当市で突風が生じて、為政者の一部がそれで倒され、かわりに全能なこの派の人が就任して秤が水平を保てなくなると、新参の連中に尻尾を振らず旧友と付き合い続ける者に対して何をやれるか見せつけるため、連中は私を解雇したのでした。また、若者には危険な説と称するものが口実に使われたため、公に教えるのを禁じるほかに、私的に教えることも禁じなくてはなりませんでした。こうして私は生活の資を得る二つの口を塞がれてしまいました。資産など一文もなく、財産作りなど考えたこともなく、節約できる状態にもなかったため、私は死ぬまで続くと思っていたこの年金が頼りでしたが、この世には確固たるものは何もないのが今にして分ります。お察しのとおり、生活費の高いこの国で先々のことを心配する理由は多々ありましたが、神様のお蔭でまだ不安などいささかも感じておらず、あるのはただ天の御命令に従おうという完全な諦念だけです。

私を攻撃する誹毀文書をあんなに沢山書き、私をあんなにひどく誹謗したフランス人牧師〔ジュリュー〕に触れずに筆を擱いたら、貴方はびっくりなさるでしょう。そこで申しますが、そんな中傷は全部地に落ち、取り上げられたのは十二年近くも前に印刷した彗星の本だけでした。しかも、秘密裡に私の訴追をしたのは数人のオランダ人牧師だったのです。その牧師らが前々から私に含む所があったのは、私が当市へ来てまずみつけた友達やパトロンを嫌っているからで、また、分りもしないのにアリストテレスにのぼせ上がり、デカルトの話など聞くと怒りで震えずにいられないからです。」

ベール氏は失脚の理由をよく知らなかった。それは秘密で、当人にも明かそうとしなかったのだ。当時の情勢から来る或る事情が、実は失脚の真因だったのである。全戦線で勝利を収めたフランスも、そろそろ戦(いくさ)に倦んでいた。優勢ならんとした非常な努力で兵員も資金も底をついていた。講和を結べばあらゆる面で得だったろう。フランスはすでに一六九二年に、ローマ法王や中立国の二、三の君主を介して、〔神聖ローマ〕皇帝とスペイン王とサヴォイア公に講和を申し入れていたが、その提案は相手にされなかった。〔四一〇〕そちらは拒否されたため、フランスはオランダに探りを入れようとして、スイス駐在大使のアムロ氏を使い、何人かの要路の人に自分の意向を伝えてもらった。オランダを外敵の侵入から守る強力な障壁と、十全な通商の自由、その他この国が望める限りの利益を約束した。ドルトの市長のハーレワイン氏〔四一一〕がこの大掛りな約束に魅せられて、国家に内密でアムロ氏と交渉のようなものを始めた。ウィリアム王は通報を受けて、ハーレワイン氏と、共犯とみなすその兄弟を逮捕した。ベール氏もミニュトリ氏に宛てた手紙でそのことを語っている。いわく、(一)「彼らの事件が本当はどういうものだったかは、裁判官が下した判決からしか分りませんでした。裁判の予審では秘密が厳重に保たれたからです。市会議員のハーレワイン氏は一切無関係と分りましたが、兄弟のドルト市長はこの国で和平交渉をするためスイス駐在フランス大使のアムロ氏と接触した廉で有罪と認定されました。同氏もそのことは自白して、こんなに破滅的な戦争をやめさせようと努めるのは良き愛国者の義務だ、フランスの提案に耳を藉したのは自分だけではない、知っていることを自分は全部人に伝えたが、伝えられた方もほかの人からすでにその提案を受け取っていた、と主張しました。いずれにしろ、この人は終身禁錮と財産没収に処せられました。判決の正本には収録されていたこの人の答や弁明も印刷された判決文に全部は収められていませんし、この人は国を裏切るつもりはなく、共和国の国益を愛することでは和平を望まぬ人に優るとも劣らず、両者の違いは戦争の継続は得になると一方が思うのに対してもう一方は損になると思うことだけだと一般に考えられています。しかし、この人にとって不幸なことに、敵と接触して、主権者から特別の委任も受けないのに和平交渉に手を出したりするのは国事犯罪ですから、公平な人たちも刑は軽すぎたと言っているのです。」ベール氏はさらに付け加える。「あの人たちが拘留されたためにわが予言者〔ジュリュー〕が抱いた期待は考えられないほどのものでした。〈ジュネーヴの陰謀〉なるものの全容が暴かれるだろう、貴方もグーデ氏も、自分が標的にした市民代表たちも、両バナージュ氏〔ジャック・バナージュ[四一二]とアンリ・バナージュ・ド・ボーヴァル〕[四一三]も私も供述に含まれるだろうと望みをかけ、〈スイスで企まれる平和計画の呪われた陰謀〉を最初に暴いたのは俺様だと早くも自慢していたのです。しかし、そんな期待は例によって絵空事でした。私たちがアムロ氏や両ハーレワイン氏のことなど考えてもいなかったのが分りました。」

（一）一六九三年九月十四日付の手紙。

なんの罪もなかったのに、ベール氏はこの秘密交渉のとばっちりを受けた。この秘密交渉こそが氏の失脚の原因だった。為政者にしたジュリュー氏の運動は実は無駄骨だったのである。この人がフラマン人の牧師たちを促して自分に有利、ベール氏に不利な行動をさせたのは事実だが、その牧師らの要請はなんの効果も上げなかった。一六九二年にウィリアム王の命令で、ベール氏を保護する七人の為政者が罷免され、ロッテルダムの市政は様変わりしていた。それでも、この七人の後釜に坐った人も最初はベール氏になんの悪意も持たず、公平な態度を取ると言明して、必要な際はベール氏の言い分も聞こうと約束したのである。しかしフランスのひそかな画策から、ウィリアム王はかつてジュリュー氏が大騒ぎしたあの平和計画を思い出した。そして、ナイメーゲン講和[四一四]をもたらしたのもアムステルダムその他にばらまいた同種の文書だったことから、ロッテルダムでも同じ手を使おうとしているのだと考えた。あの偉大な君主はそういう滑稽な計画を検討する暇などなかったのに、和平という考えに不安を抱き、ジュリュー氏の言うとおり講和を結ばせようとする陰謀が現にあって、誰もが知るその首魁がベール氏なのだと想像した。そこでロッテルダムの為政者にベール氏から教授の職と年金を取り上げよと命じ、前の約束を反古にして当人を喚問もせずその言い分も聞かずに命令が実行されたのである。『亡命者に与うる忠告』がなんの役割も果たさなかったのは間違いない。あの本に対する亡命者の苦情にかかずらうほどウィリアム王は亡命者に関心がなかった。しかし「平和計画」は心配で、それの及ぼす結果を恐れていたのである。(二) ロッテルダムの為政者はウィリアム王よりあの絵空事の計画に通じてはいたが、なにぶんこの君主の子分だったので、その命令に従った。それでも、ベール氏に罷免の理由を隠したところを見ると、あんなことをしたのをどうやら恥じていたらしい。秘密を知る人も知らない人を欺いて、問題は彗星の本だと思わせたかにさえ見える。

(一) バナージュ氏の覚書から取った。

〔バナージュ・〕ド・ボーヴァル氏はベール氏のために次のような証言をしている。(一)「この失脚は哲学者らしい毅然たる態度で受けいれた。それどころか、無関心すぎるほどだった。とりわけ、金銭面では悲しみひとつ感じなかった。もともと、財産をためることなど何も考えてなかったのである。実際、そんな必要はなかったのだ。節制・節酒・節食がすべてを補っていたから、僅かな財産だけでこと足りた。それでも貧乏したわけでは全然ないから、再就職の運動など一切しなかった。人に教え授業をするという退屈な仕事から解放されて、前より自由で身軽になれたという気がしていた。」失脚に同情の意を表わしたミニュトリ氏に、ベール氏は或る手紙で自ら次のように説明している。いわく(二)、「キリスト教徒の哲学者がすべき仕方で私はそれ〔失脚〕を受けいれました。お蔭様で心の非常な平静を保ち続けています。没頭している勉強は私の気に入ったもので、そこで味わう楽しさと安らぎのため、置いてくれるならこの町に、少なくとも『辞典』が刷り上がるまでいるつもりでいます。印刷する場所に私がいることがどうしても必要だからです。それに、財産も名誉も欲しくないので、就職のことはあまり考えないつもりでいます。提供されても受けないでしょう。我らの大学のどこにもある内紛、派閥争い、〈教授の食い合い〉などはあまり好きではありませんから。〈我トミューズノタメニ歌ワン〉です。」事実、誰にも依存しないこの平穏な新生活に魅力を感じるあまり、この人は非常に有利な職の提供もことわり、市当局が与えてくれた市会議員の子弟を教える自由さえ利用しようとしなかった。市会議員らはそのことを熱望しており、望みを叶えてやるようにバナージュ氏が何度も頼んだが、懇望は空振りに終わった。前にセダンで友人として遇してくれたギスカール伯爵殿[四一五]が息子の教育を引き受けてくれないかとベール氏に頼み[三]、俸給として千エキュ出すと言い、貴方を十全な良心の自由に浴させるため宮廷にしかるべき手を打ってあると保証した時も、ベール氏は今印刷中の『辞典』を仕上げる必要があるからと言って辞退した。

（一）「ベール氏讃」(四一六)。
（二）一六九四年三月八日付の手紙。
（三）〔ベール『歴史批評辞典』〕「ギスカール」の項、註（C）を参照。

ジュリュー氏のすることからも、この人が敵を憎み迫害する権利があると思っていることは十分に察しがついた。のみならず、「自分の敵は神の敵だ」とこの人は言い、「神の栄光が懸っている時は一切の人間的顧慮を踏みにじり、俗世の繋がりも友情もなんら斟酌しない」のをモットーにすると公に宣言していたのである。こうして、気に入らぬ者に不当な扱いができるようにと、この人は神の大義の守り手という資格を纏い、隣人を憎むことほど福音の格率と対立するものはないのに、恥ずかしげもなく二度の説教でこの隣人憎悪を説いた。一度は「エホバよ、我は汝を憎む者を憎むにあらずや。我いたく彼らを憎みてわが仇とす〔一〕」というダビデの言葉、一度は「汝らの仇を愛し、汝らを責むる者のために祈れ〔二〕」というイエス・キリストの言葉についての説教だった。こんなにスキャンダラスな道徳が説教壇で説かれるのに誰もが驚いた。ベール氏は『道徳における新たなる異端。一六九四年一月二十四日、日曜と、二月二十一日、日曜にロッテルダムのワロン教会においてジュリュー氏が説教せる隣人への憎悪について。すべての改革派教会、とりわけ、諸亡命地に引き取られしフランス人教会に告発す』というちらしでその道徳を告発した。そこではまず、ジュリュー氏が隣人愛について説いた説を紹介した。いわく、「最近のこの二回の説教から抜萃した有害な格率・命題のすべてを細かくは申しません。この人の説は次の点に帰着すると一般的に告発するに止めます。一、神の敵、つまり自ら説明したようにソッツィーニ派〔四一七〕その他オランダにいる異端者や迷信家、偶像崇拝者などが相手の場合、憎悪・憤激・怒りの感情は許されるもの、良いもの、称讃すべきものであること。二、こういう憎悪・憤激の感情は、その連中と完全に絶交し、挨拶もせず、一緒に食事もしない等々の形で表示せねばならないこと。三、憎むべき対象はその連中の異端説や悪しき性質のみでなく、彼らの人間をも憎み嫌わねばならないこと、です。この人が自らに呈し、馬鹿にし切った顔で斥けた反論の一つは、誤謬や悪徳とは戦わねばならないが、それでも罪びとの人間に対しては愛徳を持つべしというものでした。」ベール氏は次に、自分の言う意味に引き寄せるためあの牧師がした聖書の誤った解釈や、その説から生じかねない有害な帰結を指摘し、オランダを混乱させこの国の商業活動を停止することにしかならぬこの悪しき道徳にワロン教会〔四一八〕の指導者たちが不名誉の烙印を押す必要があるのを示した。いわく、「だいたい、改革派の人が他宗教の者に挨拶しようともせず、一緒に食事をすることもそれと取引する〔四一九〕こともしたがらなかったら、どういうことになるでしょうか。あらゆる法王教徒、あらゆるアルミニウス派〔四二〇〕、メノー派等々の人を憎むのが許されること、称讃すべきことで、福音によって義務づけられるのはその連中の霊的な幸を望むことにすぎず、現世的な幸を得させる義務も、溝に落ちた時引き上げる義務も、極貧に喘ぐ時施しをする義務もないとしたら、どういうことになるでしょうか。こんな格率に則ったら、この国は繁栄できるでしょうか。この格率は異端的であるに劣らず、政府を転覆させようとする謀反の説ではないでしょうか。これは主権者と、私たちが戴く政府の法を驚くほど大胆に批判するものなのを、それを説く人は知らないのでしょうか。」

（一）　詩篇、第百三十九篇、二十一、二十二節。
（二）　マタイ伝、第五章、四十四節。

ベール氏はこの告発の発表を急ぎすぎた。またそのことを責められもした。ジュリュー氏は現にその二つの説教を印刷中で、それは刊行寸前だったのである。出るまで待ったら、有害な道徳の歴然たる証拠が得られたろう。だから告発を目にするや、ジュリュー氏は二つの説教を没にしてしまい、『《道徳における新たなる異端》と題するちらし形式の中傷文に関する考察』というちらしを発表して、告発されたような説を唱えたおぼえはないと否定した。〔バナージュ・〕ド・ボーヴァル氏がそれを機にジュリュー氏の道徳を全面的に明るみに出し、あの牧師の行状はこの道徳のとおりなのを見せつけた。その文書の題は『隣人愛をめぐるジュリュー氏の二つの説教に関する考察。付随的に、ジュリュー氏を憎むべきや否やという興味ある問題を取り扱う』といった。ジュリュー氏は自分の説教を没にしたことで、非難される説を唱えたという証拠を自ら出したことを〔バナージュ・〕ド・ボーヴァル氏は実に見事に明らかにした。いわく、「ジュリュー氏の説教にある道徳がなんらスキャンダラスなものでなかったら、印刷を中止したのはかなり驚くべきことである。文書で否定するだけにして、それ以上踏み込まないこともやろうと思えばできた。しかし、説教が印刷中だったことは知れ渡っている。刷った紙がすでに人目に触れていたのに、この人は突然方針を変更してしまった。中断・延期の理由として言うことは、疑いを弱めるのではなく逆に強める。こんなことを言うのである。〈あの御仁たちが待ち伏せをして、これらの説教の内に異端説をみつけるための砲台もすでに用意しているという確かな知らせが入ったため、剣を揮う楽しみを当面彼らに与えるのは得策と思えないので、彼らの熱気が冷めるまで少々待つことにしよう〉。しかし、正統性という面で危惧することが何もなければ、ジュリュー氏は〈あの御仁たち〉に脅かされて自分の説教を没にするどころか、彼らの準備など嘲笑い、その砲台をことごとく無用のものと化すべきだった。この人が指示する〈あの御仁たち〉も、幻を相手に剣を揮うほど冒険好きではないし、なんと言っても共通の審判者である世間の人が、ジュリュー氏が不当な言い掛りをつけられたのならその仇を討ったろう。彼らが世の顰蹙を買ったならお気の毒様で、自業自得というものであろう。ジュリュー氏としては、その道徳が曲ったものでなかったら、説教を印刷することで〈あの御仁たち〉を黙らざるをえなくし、彼らが上げた不満の声を完全に圧殺し去ったはずである。だが、これは認めなくてはならないが、せっかく始めた計画をこんなに急に中止するというのはジュリュー氏としてあまりに異例なことなので、印刷の進行を中断したのは自分の説を世人の避けがたい批判に晒したくなかったからにすぎないことがそこから分る。少なくとも、告発でこの人は足止めをくわされたのだ、本来なら説教の刊行を早める新たな理由になるはずのものが、それを不確かな未来へ先送りするようにこの人を強いたのだ、という強力な予断が形成される。〈あの御仁たちの熱気が冷めるまで〉待つという慎重さは、たぶん、まだ新しすぎ生々しすぎる説教の記憶が自然に消えるに任せ、その上で、忘れられたのをいいことに実際とは全然違った形にしても咎められないようにする凝った手にすぎない。自ら請け合うようにジュリュー氏が〈敵を赦すべし、復讐を求めるべからず、侮辱に我慢して耐えよ〉と説いたのなら、それは異論の余地なく福音そのもので、そう説くことになんの危険もありはしない。この人のあやふやな態度は内心困惑していること、何かペテンに訴えて逃げ出しを図っていることを垣間見させる。〈説教か論考か〉などと約束しているからである。まるで、どっちにしていいか分らないかのようだ。福音の道徳だけ説いたのであれば、こんな不安を覚えるはずはない。説教が物議を醸したのだから説教を出すべきで、そうでなければ何も出さないことである。この主題を扱う論考などで決着がつくわけではなかろう。それに、ジュリュー氏が上記のような格率しか語っていなかったら、聴衆がどうしてざわめき動揺したのか。ロッテルダムの改革派の牧師らがどうして異口同音にこの人の道徳に反対したのか。これらの牧師の証言に頼れるものなら頼るがいい。聴き手の一部がどうしてショックを受け反撥して、以後はこの人の説教を聴かなくなったのか。通常の道を歩んでいた限り、ジュリュー氏もこの種の反乱を見たことはなかった。それだけではない。長老会議の委員らはこの人が求めた出版許可にどうして難色を示したのか。穏便に済ます方便や緩和剤を今度もどうしてみつけられなかったのか。そこから、この人の道徳に委員らが恐怖を感じたという特大の推定が成り立つ。そうでなかったら、躊躇なく出版許可を与えたはずだ。」

(一)〔バナージュ・ド・ボーヴァル〕『ジュリュー氏の二つの説教に関する考察』、二ページ以下。

(四二)ソーラン氏の判断も〔バナージュ・〕ド・ボーヴァル氏と軌を一にした。この神学者は次のように言明している。「この二度の説教についていくら好意的な言いかたをしても、それを聴いた善男善女は眉をひそめて深い心痛を味わった、ジュリュー氏の友人たちは恥ずかしい思いをしたとしか言えない。」(二) またジュリュー氏がしたように、説教を印刷したくなかったのは告発者たちが「待ち伏せをして、これらの説教の内に何がなんでも異端説をみつけるための砲台もすでに用意して」いたからだなどと言うのは下手な逃げ口上にすぎないことを〔バナージュ・〕ド・ボーヴァル氏が見事に指摘したとも言って、そんな言い訳は滑稽だと断じた。いわく、「ジュリュー氏の度胸には感心する。偉そうな顔で戦闘を拒否するのは、自分に戦いを挑もうと敵が身構えているからというのだ。あの人がどこの出身か知らなかったら、みんな別の国の人と思うだろう。真面目な話、ジュリュー氏はこれ以上お粗末なことも、告発者の勝利に繋がることも言えなかった。自分の説教の内にその人たちが実際に異端説をみつけるのを、氏は恐れていたかいなかったかどちらかである。恐れていたら、自分は有罪だと感じていたのだ。恐れていなかったら、一刻も早く説教を刊行して、告発者が誹謗の罪を犯したことを万人の前で証明すべきだったのだ。」ソーラン氏はほかにも多くの考察をしてこの論理を補強し、次に〔バナージュ・〕ド・ボーヴァル氏の文書について語った。いわく、「『ジュリュー氏の二つの説教に関する考察』が物されて、ジュリュー氏の『考察』が反駁され、氏が間違いなく隣人憎悪を説いたこと、取り消しは利かないことが証明された。」さらに、「ジュリュー氏はその著作に『《二つの説教に関する考察》と題するド・ボーヴァル氏の最近の諷刺文で悪口を言われた教会会議と幾多の君子のための弁明』という別の著作で応答した。」ソーラン氏は続ける。「色々な箇条について他人の弁明をし自分自身の弁明もした際、ジュリュー氏は隣人憎悪をめぐる自説の弁明をすることも忘れるべきではなかったように思われる。これこそ、この最新の文書で何より論じるべきことだったし、分別のある人、神の栄光と我らの道徳の清らかさとジュリュー氏の評判を大事にする人がしてほしいと願い期待することだった。しかし、期待は欺かれた。ジュリュー氏はほかの多くの問題を長々と語ったが、この問題については一言半句も言わなかった。」

(一) 〔ソーラン〕『ジュリュー氏の神学の検討』、第二巻、八〇八ページ。
(二) 同、八一二ページ。
(三) 同、八二七、八二八ページ。

もしかすると、この点について話が長くなりすぎたと思われるかもしれない。しかし、いかに憤怒に駆られたとはいえ、聖なる福音を説く牧師ともあろうものが隣人憎悪を説教するなどというのは容易に想像できることではないから、ジュリュー氏がその忌わしい説を事実説いたこと、ベール氏がそれを告発したのには十分な根拠があったことを、ちゃんとした典拠によって示そうと私は思ったのである。

ほぼ時を同じうして、ベール氏は『彗星雑考付記。《彗星雑考の著者の道徳的格率と宗教的原理の簡潔なる点検》と題する中傷文への回答。この問題を審問されんとする教会裁判官に予審として役立たしめんとするもの。ロッテルダム、ライニール・レールス書店、一六九四年』（十二折判）という著作を発表した。そこではあの中傷文にもっと早く反駁しなかった理由を述べた。ジュリュー氏はベール氏を長老会議に無神論として訴えたにもかかわらず、ベール氏の催告や挑戦には答えず、訴えを引っ込めすらした。その後『簡潔なる点検』を発表して、『彗星雑考』とマンブール〔四二三〕に対する『新たなる手紙』にあるいくつかの命題を危険、異端等々として告発し、それらの命題を断罪してほしいと長老会議に訴え出た。そして、この件を検討する用意が出来ると、問題を教会会議へ付託してほしいと言い出し、なのに、その付託については一言半句も語らずに教会会議を前後四回やり過ごした。あの中傷文にあった『彗星雑考』への反論はこの本自体によって反駁できるものばかりで、ベール氏は同書の新しい版を出し、新たな証拠や新たな釈明、前言へのあらゆる異議を解消する新たな答などを盛った加筆をそこでするつもりだった。『簡潔なる点検』にはそこで反駁しようと思っていたのである。ところが一六九四年二月に、あの中傷文で提出した抜萃について判定を下すための委員をジュリュー氏がロッテルダム長老会議に任命させたという知らせが入ったため、予期せぬこんな急変から、何か悪だくみ（一）があるのではないかとベール氏は心配になり、やむなくこの回答を公表することに決めたのだった。いわく、ジュリュー氏は長老会議内で、「私に対して今まで演じられなかった役割を演じたがっているらしい。つまり、訴訟当事者ではなく、私を裁く裁判官になり、無神論という非難には触れずに、私の著作には誤った命題、危険な命題、教会法による処罰に値する命題があるかどうかだけをしらべさせようとしているらしい。しかも、私の言い分は聞かず、自分が作った抜萃とそれに付加した帰結の権威だけにもとづいて裁判させようとしているらしい。こうして論争は新たな形で教会の法廷に引き出されようとしている。しかし、私が全然知らない内に事が運ばれるおそれがあるから、私が公開の弁駁書という手段を使って、予審を希望する裁判官には予審の機会を与え、希望しない裁判官も知らなかったとは言えないようにすることがどうしても必要なのである。ここでは手短かな考察だけにとどめたい。彗星論の第三版に登場するはずの長い弁明が目新しさという魅力を持てれば私としても嬉しいし、また、この訴訟でことさら光に背を向ける人に、弁駁書は長すぎて読む勇気がなくなったという、そうした場合に普通使われる口実を与えたくないからである。」

（一）『彗星雑考付記』、二五、二六ページ〔邦訳、著作集第一巻、四三〇ページ〕。〔ベール〕『小冊子の小作者に与うる新たなる忠告』、序文と四六ページ以下。

『彗星雑考』で言われたことをジュリュー氏が誤り伝え、そこから間違った不合理な帰結を引き出したのをベール氏は示した。たとえば、「神は未来の前兆として神異や異常な事象を絶対に起こされない、地震や異常な大気現象や、天地に見られる徴候、幻、声、奇形児の誕生、洪水なども、みな自然的・必然的な方法で起こり、神はこの種の事象によって人々に対する未来の裁きを予告する意図も、自らの神性を表わす意図もなんらお持ちにならない」〔邦訳、著作集第一巻、四三二ページ〕とベール氏はあの書で主張しているとこの牧師は請け合ったが、それはベール氏の考えではなかった。この人が主張したのは、「神はその裁きが用意する禍で非キリスト教徒を脅かすために彗星・地震・洪水・奇形等を奇蹟的な方法で生みだされることは絶対にない、偶像崇拝のけがらわしい迷信を助長するとしか見えないそういうなさりかたが、神の慈愛と叡知と偽りのなさについてわれわれが抱く観念と合致するとは思えないから」〔邦訳、同ページ〕ということだった。神は世界のいかなる国でも「神異」、「前兆」と言われるものをけっして生みだされないなどと言ったのではなく、ただ、非キリスト教徒の国にも神の子らの間にも等しく無差別に現われる事象は、人類を脅かすための奇蹟的な作物ではけっしてないと言ったにすぎない。この人の説は叡知・慈愛・偽りのなさを鮮烈に表わすような観念を神について与えようとするもので、或る種の前兆を否定するのもそういうものが神のこうした完全性を傷つけるからだった。

ベール氏はジュリュー氏が作った抜萃の細部まで立ち入り、この人の悪意と無分別を暴き出した。異教の偶像崇拝と無神論との比較論、無神論者の品行などをめぐるジュリュー氏の反論に反駁し、マンブールに対する『新たなる手紙』で迷える良心の権利について言ったことを正当化した。次に、自分と論敵の間にある問題の真の所在を説明して、この争いを裁定する教会裁判官はいかに行動すべきか指示し、キリスト教を奉じるすべての大学に宛てた請願書を加えて、今したような説明に基づいて決定を下してくれと頼んだ。そして最後に、『簡潔なる点検』から抜萃した十二の命題を誤りで軽率で不敬なものとして告発した。

この書が出たため、ジュリュー氏は打つ手がなくなり沈黙を余儀なくされた。それだけでもたいしたものだが、ベール氏が証拠をあまりにも明瞭に示したため、応答はそもそも不可能だったのである。とはいえ、これはほんの数日で書いたものにすぎなかった。ベール氏いわく(一)、「非常に書きやすかったので、もっと長い回答をしたためるつもりだったら、実際要した三、四日の期間ですら多すぎるほどだったろう。しかし、短くまとめるつもりだったため、かえって時間がかかってしまった。あの中傷文を私は完膚なきまでに論破し去った。相手が自分の宗教をまったく理解していないこと、ほかの本で自分も主張してきた格率に攻撃を浴びせ、自明きわまることを否定しているのに、読者は気付かれることと思う。いちばん悪いのは、彼の作った抜萃があまりにも不正確で、善意の間違いとはとても見えないことである。」

（一）『彗星雑考付記』、「読者へのおしらせ」〔邦訳、著作集第一巻、四一四ページ〕。

友人の或る将校がベール氏とジュリュー氏の間に和解が成るのを見たいものだと希望を表明したが、ベール氏は不可能だと伝えた。いわく、「この地でしている喧嘩の性質上、和解はいたしかねます。お仕事柄、軍隊用語を使わせていただけば、〈あらゆる戦闘行為の停止〉しかありえません。問題は私が宗教と国家の破滅を企む陰謀の一味だったかどうかということだからです。彼氏は公に私をそう告発し、私は彼氏にそんな陰謀は聞いたことがないほど滑稽なのを示してやりました。彼氏は私を、この国で印刷されるフランス王に対する誹毀文書やジェームズ王の廃位を断罪する『亡命者に与うる忠告』という本を書いたと告発し、私は彼氏に、挙げる証拠はみんな滅茶苦茶なのを見せつけてやりました。……彼氏が私と仲直りしたら、破廉恥な中傷をしたことを自ら認めざるをえませんし、私が彼氏と仲直りしたら、自分を有罪と認めざるをえません。和解が不可能な理由は以上のとおりです。私としては、和解など全く気に掛けておりません。この国の主権者たちが彼氏の告発など一顧だにしなかっただけで十分です。私に対する訴訟手続が取られないのは、彼氏の言う〈証拠〉が相手にされないということですから。私が罷免された理由は別だからです。」

（一）××氏に宛てた一六九四年十一月二十九日付の手書きの手紙。

ベール氏は相変らず『辞典』の印刷に細心の注意を払っていた。第一巻は一六九五年の八月に刷り上がった。ベール氏に好意的な予断を持つ世間の人はこの本を今か今かと待ちかまえていたが、自惚れた予断をほとんど持たぬベール氏は逆に同書の成功を危ぶんでいた。ル・デュシャ氏〔四二六〕にこう言っていたのである。(一)「世間の人が私の辞典に何かの期待や好意的意見を抱いたとしても（私にはそれを疑う理由があります。何を根拠にするか分らないのですから）、私は不満の声があちこちから上がるのを覚悟しています。当がはずれた、卑劣な詐欺に遭ったとみな思うでしょう。有体に白状すれば、この本は引用文を繋ぎ合わせただけの無様（ぶざま）な寄せ集めにすぎませんし、当代の繊細な趣味にこれほどそぐわないものもないからです。でも、どうしようもありません。〈骰ハ投ゲラレタリ〉です。」

（一）　コンスタン氏〔四二七〕に宛てた一六九五年八月二十二日付の手紙を参照。

（二）　一六九六年一月九日付の手紙。

それでも、諸外国の本屋は世人の好みを規準にして非常に多くの数を注文したため、第一巻の刷り部数だけでは間に合わなくなった。そこでレールス氏〔四二八〕は、やむなく第二巻の部数を千部増し、第一巻も同じ数だけ増刷した。全篇の第二版が出たと一部の人が想像したのもそのためだった。(一)増刷にベール氏は全然タッチしなかったが、誤植の多さには愚痴を言った。(二)校正刷りも見られなかったのだ。第二巻の印刷にこの人は掛り切りで、友達に手紙を書く時間さえなかった。コンスタン氏にこう書き送っている。(三)「『歴史批評辞典』の印刷で目が回るほどだったのをお分りいただけたら、御無沙汰したことも赦してくださるでしょう。本屋が是が非でも今年中に終わらせたがっているため、たえず新しい写し〔原稿〕を提供し、誤植が無数にあるゲラを毎日直さねばなりません。私の原稿には削除や挿入が山のようにあるため、印刷工も印刷所の校正係もこんな迷宮から脱け出せないのです。また、これも非常な遅れを招く原因ですが、参照すべき本が全部手もとにあるわけではないので、持っている人が誰か当市にいれば、それを探してもらえるまで待つほかありません。」頭痛が頻繁に襲って、そのため無駄にする時間が多いのも嘆きの種だった。

いわく[四]、「貴方の偏頭痛が退散したとは喜ばしい限りです。勉強せずに暮らせたら私も同じ喜びを味わえたでしょうが、執念深くいつまでも続く仕事のため、頭痛はなくなるどころか頻繁に襲って来ます。そのため毎月何日もフイにして、その後は遅れを取り戻すためいっそう励まなくてはなりません。」

(一) コンスタン氏に宛てた一六九七年七月四日付の手紙と、コスト氏〔四二九〕に宛てた同年七月十五日付の手紙を参照。

(二) D・E・M・S氏〔四三〇〕に宛てた一六九八年七月七日付の手紙。

(三) 一六九六年五月三十一日付の手紙。

(四) 同。

ベール氏の辞典はイギリスでも非常に高く評価されたため、地位・役職に劣らず知力でも擢んでた或る大貴族[一]がこの書を自分に献じてほしいと所望した。この人はバナージュ氏〔四三一〕に依頼して、感謝の印に二百ギニー差し上げるとベール氏に伝えてもらった。友人たち、とりわけバナージュ氏は、その大貴族の望みを叶えてやるようにと長いことベール氏に要請したが、このはたらきかけは功を奏さなかった。自分はしょっちゅう献辞なるものを嗤ってきたから、自分で献辞を書くようなまねはしたくない、とこの人は言うのだった。もっともそれはことわるための口実にすぎず、長いことかたくなに抵抗した本当の理由は、内心含むところのある国王〔ウィリアム三世〕の宮廷でなんらかの地位にある人に諂ったり讃辞を呈したりしたくなかったのである。その大貴族は当時この王の大臣だったのだ[二]。

(一) シュルーズベリ公爵〔四三二〕。

(二) 国務大臣だった。

第二巻は十月二十四日に刷り上がり、本は『歴史批評辞典。ベール氏著。ロッテルダム、ライニール・レールス書店、一六九七年』という題で出版された。序文でまずことわっておいたのは、この書は一六九二年の『腹案』が約束したものと違うことだった。前にも見たように、ベール氏の最初の計画は辞典その他にある大小の誤りだけを報告するというものだったが、間違いを集めただけでは読者も嫌気がさすだろう、求められるのは歴史辞典だと教えられたため、そういう企ては放棄せざるをえなかった。いわく、「世人の好みをうまくつかまえられるように、私が計画をどのように変更したかを次に説明しよう。記述を二つの部分に分けたのである。ひとつは純歴史的なもので、事実の簡潔な叙述だが、もうひとつは大がかりなコメント、証拠と議論がまざったもので、多くの間違いの批判や、時には哲学的考察の長口舌も挿入されている。要するに、各種の読者が気にいるものをどこかでみつけると思えるだけの多様性を持たせてある。」〔邦訳、著作集第三巻、三三ページ〕付け加えて、この変更のためにそれまで用意した材料があらかた使えなくなった、本の刊行が遅れた理由も一つにはそこにあると言った。もう一つの理由は、すでに出ている辞典にみつかることや、有能な人たちが約束している辞典にみつかると予想されることは入念に避けるという掟を自分に課したことだった。デュ・パン氏〔四三三〕の『教会著作家文庫』や、ド・トゥー氏〔四三四〕の史書から引いた学者たちへの讃辞にテシエ氏〔四三五〕が加えた追加に対してもそうした。読者が同じものを二度買わされるようにしたくなかったからである。だが同時に、いちばん集めやすく使いやすい材料がそれで全部使えなくなってしまった。こういう理由にさらに加えられるのは、項目の選びかたが変更されたことである。はじめは「人名項」と「事項」を両方立てるつもりだったが、「事項」は歴史辞典に向かないから好まれまいと教えられたため、それでまた多くの材料がフイになった。但し、『腹案』にも載っていた「ヒッポマネス（牡馬狂い）」と「日」の項だけは、無駄にしないため「論考」という題で巻末に入れた。体が弱いこと、引用では厳密を期したこと、必要な本が乏しかったこと、多義とか韻文とか連関の誤りとかを避けるため多大の注意を払わねばならぬ文体上の困難があったことも遅れの原因として挙げられた。

こういう理由をいちいち列挙したのは、この二巻の執筆に四年余りもかけたのはおかしいと思いかねない人たちに答えるためだった。だが反対に、それだけの期間でこんなに厚い二折本（フォリオ）を二巻も作れたのに驚いて、よっぽど急いだのだろうと考えかねない人もいたから、ベール氏は、ぶっ続けに仕事をすれば僅かな期間でも相当遠くまで行けるものだし、文人たちも日常的にするリクリエーションで時間を浪費することはなかったのだと言った。いわく、「私も御同様に〈汝ノ心労ニ時々ハ喜ビヲサシハサメ、云々〉というカトー〔四三六〕の二行詩を思いだすが、それを使うことなどほとんどないということを申しあげておこう。気ばらしとか、遊びの会とか、賭けごととか、軽食とか、田舎への旅行とか、訪問とか、その他この人たちに言わせると多くの研究者に必要らしいあれこれのリクリエーションなど私には関係ない。そんなことで私は時間を空費しない。家のことや、何かを得るための運動や、たのみごとなどで時間をつぶすこともない。さいわい私は、あまり嬉しくなかった多くの雑務から解放され、文人として望みうるかぎりの大きな心楽しい余暇を得た。それさえあれば、物書きはわずかな年月で遠くまで行けるのである。ぞんざいなやりかたをしなくても、著作は日一日と目に見えて大きくなれるのだ。」〔邦訳、著作集第三巻、三八ページ〕

その上でベール氏は、ギリシャ・ラテンの著作家の長いくだりをなぜ引用したか、それを自分で訳すのではなく、なぜアミヨ〔四三七〕やヴィジュネール〔四三八〕の訳を使ったかを説明した。付け加えて、謹厳でお堅い人は色っぽすぎる行為や考察を収めたブラントーム〔四三九〕やモンテーニュの引用をおそらく咎めるだろうが、書店の利益を気に掛ける立派な人たちが、この本をあまねく引っ張り凧にするためにはラテン語が分らない人でも、神学や哲学の議論に頭を使わない人でも読んで楽しめるようにする必要があると判断したのだと言った。また、この忠告に従うのがそんなに嫌（いや）なら、せめてわれわれがあれこれの覚書や、注目を引きそうな教養上の考察などを時には本屋へ提供するのを黙認してくれと言われて、本屋が送られて来る覚書を全部収録するのに自分としても同意した、哲学的な考察をまま推し進めた点については弁解の必要があるとは思わない、それらの考察はもっぱら、理性の最善の使用法は自分の知性を虜にして信仰に従わせることにあると確信させようとするもので、神学者から感謝されてしかるべきだからだ、と。

次に、幾多の有名作家の誤りを大胆に取り上げ、欠陥を指示したことについていくつかの指摘をした。そういう作家が正当に克ち得た評価を落とすつもりはなく、自分は大体においてすでに活字になった著作を写す写字生にすぎないと言明した。「歴史の侵すべからざる二つの掟の内、間違ったことを何も言うなという掟は私も良心的に遵守した。しかし、真実であることを全部あえて言えというもう一方の掟については、必ずそれに従ったと自慢はできない。それは慎慮ばかりか道理にも反する場合があると思うからである。」〔邦訳、同、四一ページ〕それでも、この書に誤りがないとは全然思っていなかった。いわく、「私も、消極的な罪を無数に犯したばかりでなく、非常に多くの積極的な罪をさぞかし犯していることだろう。間違いを訂正してくださるかたには、心から感謝するしだいである。頭の良い公正な読者から立派な意見を寄せていただけるという期待がなかったら、私は本書に手を入れて、世間の人に見ていただく価値がもう少しあるようにするため、昔の人の忠告どおりに、それを何年も書斎にあたためておいたろう。しかし、あと二巻、分厚い本を作るだけの材料が残っているのを見て、私は急いで打って出ることにした。何がどの点で欠けているか知ってもらえたら、もっと有益で適切な援助をいただけるということが苦もなくわかったからである。そういう援助のおかげで、本書の続篇がよりましなものになることを期待している。年齢が許す間は、片時も休まずにこの仕事を続けよう。私が享受する余暇を、これ以上よく、これ以上楽しく使える仕事はありそうにない。暇にまさるものはないと思うし、学問研究をしかるべく愛する人も、昔から、時間があるのを限りなく願わしいことと考えてきた。」〔邦訳、同、四二ページ〕

そのあと、〔四四〇〕モレリの辞典に対してどういうやりかたをしたかを述べた。あの本で十分くわしく扱われたためここでは触れなかった主題も多いこと、モレリにあるのと同じ項目を掲げたのは、あの著者が僅かしか言っていなかったり、有名人の伝記が手もとにあって自分には完全な叙述が可能だったり、かなり興味深い多くのばらばらな事柄からしかるべき補遺を作れたりしたからであること、多少とも重要な事柄についてはあの辞典を参照してもらうこと、モレリと同じ項目を掲げた時はあの本にみつけた誤りを註で別扱いしたこと、共通でない項目の誤りには触れなかったが、そういう項目の誤りもほかの項目に較べて大きさも頻繁さも劣らぬことなどを語り、結論として、この辞典はあの辞典の売れ行きを減らそうとするものではなく、逆にそれを増し、読むのをいっそう楽しくするはずだと言った。

これはベール氏が自分の名前を付した最初で唯一の著作だった。本当はそうするつもりはなかったのである。印刷中も折にふれ、名前は出さないつもりだと言っていた。友人たちにいくら翻意を迫られても聞き流したが、最後には名前を出すのに同意するほかなかったと序文の終わりで認めている。いわく、「やりたくないとあんなにしばしば言ってきたことをしたのは、自分の心変わりからではなく、最高の権威に従うためだった。一部の書肆の争いをしずめるために、私が名乗ることが適当だと、しかるべき筋が判断されたのである。私が名乗らなかったら、ライニール・レールス氏〔四四一〕はどうしても必要と思う允許を得られなかったろう。そこで私は盲目的に従った。」〔邦訳、同、四六ページ〕争いとは次のようなことだった。レールス氏がホラント州政府に允許の交付を求めた時、モレリをかねて出していた複数の書店が反対して、ベール氏の辞典はモレリの辞典とよく似た作品で、こういう競合は州政府が自分らに与えた允許によって禁じられており、自分らに大損害を招くと称したのである。そして、ベール氏が名乗りたがらないのを知っていたため、それらの書店はこのことを楯に取って、ベール氏の辞典を著者の同意を得ない本のように言い立てた。州政府はそれでもレールス氏に允許を交付したが、但し、ベール氏が扉に名前を出すならという条件を付けたのである。(一)

(一) この条件は允許にも述べられている。

実際、ベール氏の作品はモレリの作品と共通点はほとんどなかった。これは新しい独特な型の辞典で、無限の多様性を具えていた。各項目の本文ないし本体では取り上げた人物の一代記をしごく厳密且つ正確に述べていたが、そのかわり、本文の下にあって註解の役をする脚註ではその人物の性格を述べたり、生涯の様々な状況や行動の動機を説明したり、それについてされた、またはされうる判断を検討したりした。宗教・道徳・哲学の非常に重要な問題を論じてもいた。本文はえてして脚註のために書かれたようにさえ見えた。ぱっとしない、ほとんど無名な人の行動や見解から、ベール氏は読者を教え楽しします機会を摑んだ。だから、一見変哲のない項目に実に面白いものがあることも多かった。ベール氏はどこでも、厳密で忠実で公平な歴史家と、穏やかで慧眼で道理を弁えた批評学者の役を同時に演じた。哲学者を語る際はそれぞれの意見を探り出し、その強み、弱みを感じさせることに力を注いだ。

この世に無数の禍をもたらした宗教上の争いはもっぱら各派の神学者が自分の知識を過信することから来ると確信していたので、ベール氏は神学者らを辱しめ、彼らを控え目にし節度を守らせようと心掛け、そのために、マニ教徒[四四二]ほど滑稽な宗派でも悪の起源や罪の許可について解消不能な反論を神学者に呈せることを明らかにした。いや、もっと先まで行ったのである。一般論として、人間の理性には証明し建設する力より反駁し破壊する力の方が強く、それが絶大な異議を呈さない神学的・哲学的な問題はないから、論争家的な精神で行ける所まで理性について行こうとしたら、人は往々嘆かわしい窮地に陥ること、間違いなく真実でも、解消不能な反論によって理性が反対するような説もあること、そういう場合はこんな反論を考慮せず、人間精神の狭い限界を認め、理性がおのれを虜にして信仰に従うように義務づけねばならないこと、これはきわめて道理に適った原理に基づく行動だから、そうしたところで理性が自分を否定するわけではないことなどをベール氏は説いた。そして同時に、最重要な問題を議論する際にも理性が種々の困難を見いだすことを幾多の例で示したが、多くの場合、単なる報告者としてそうしたにすぎない。歴史上の問題についても、この人は同じような自制心を持たそうとした。疑われたことのない幾多の事実もきわめて不確かだったり、それどころか明らかに虚偽だったりするのを示したが、そこから容易に結論されるのは、軽々しく歴史家を信じてはならないということ、むしろ歴史家を警戒し、厳密に調べて叙述の真実性が保証されるまで判断を停止すべしということだった。

この作品の素晴しさが予想を超えたことに、世間の人は驚き且つ喜んだ。この書が引っ張り凧なのを見て、パリの本屋たちはそれを再刊する計画を立て、大法官のブシュラ氏〔四四三〕に允許を求めた。ブシュラ氏は『ガゼット』〔四四四〕紙を出しているルノード師〔四四五〕に委嘱して、国家ないしカトリック教に反するものがその書にないか調べさせた。同師はこの二点だけに止まらず、批判的な覚書を草して、この本は「脱線」だらけだとか、「どんな宗教体系も見られない」とか、ベール氏が「教父を引くのは笑い物にするためにすぎない」とか、到る所で「ペラギウス主義〔四四六〕」や「ピュロン主義〔四四七〕」を説いているとか、「五十年来キリスト教に対して言われた、または書かれた最も悪質なものを随所にばら撒いた」とか、「カルヴァン派の牧師に対する嘘だらけの讃辞が到る所にある」とか、「〔ナント〕勅令の廃止や亡命者の苦情を種に（ルイ十四世の）御代を忌わしく思わせるものも随所にある」とか、「最近数代の国王のお人柄について、忌わしいもの、不名誉なものを味噌も糞も掻き集めようとする明らかな偏向が全篇を支配している〔四四八〕」とか、「アンリ四世の改宗を胡散臭く見せる多くの作り話を故意に集めた〔四四九〕」とか、「フランソワ一世の項には、ウェールズ公〔四五〇〕は偽物かもしれぬと思わせる、イギリス王をひどく侮辱した余談がある」とか、「我慢ならぬほどの猥褻さが全篇に漲っている」とか、ベール氏は「近代の宗教書や異端者のものしか読んでない」とか、「皆目歴史を知らず、古代や文芸の知識も仏訳から作った抜萃に基づいている」とか、「近代のものを古代のものと滑稽にも比較し、ポンポニウス〔・アッティクス〕[四五一]の功罪を論じる時にサン＝レアル師[四五二]をコルネリウス・ネポス[四五三]と較べている」とか、「ポンポニウス・アッティクス伝の抜萃で librarii を libraire（本屋）と訳しているのだから、能力の程が分ろうというものだ」とか言った。ベール氏の無知を示すものとしてルノード師が挙げるその例は、批判者の速断を示す極めつきの証拠だった。ベール氏は欄外で「この〔libraire という〕語は、当時の本の作りかたにしたがって写しを取る人や製本する人の意に解すべきだ」とことわっていたからである。

同師の判断がどれだけ信用できるかはここからも分る。この人は上の空でベール氏の辞典を斜め読みし、何事も偏見の眼鏡でしか見なかったのだ。それに、生まれつき断定的で無謀で乱暴で、プロテスタントに対しては逆上した人だった。広い教養と古代についての深い知識を誇ってはいたが、著作を調べた人は自称するほど学識があったとは認めていない。『球体の起源について』という同師の文書には無数の大間違いがみつかったし、引き写した作家のものすら分ってないことが露見した[一]。それでもこの人の報告に基づいて、ベール氏の辞典を再刊するためパリの本屋たちが求めた允許は拒否され、この書をフランスへ持ち込むことすら禁止された。ベール氏には、それは願ってもないことだった[二]。或る友人に氏はこう書き送っている[三]。「内々で申しますが、『辞典』の持ち込みがフランスで許可されなかったのを私はとても喜んでいます。〈禁ジラレタルモノヲ求メ〉で、禁令のため好奇心がいっそう搔き立てられるからではありません。ほかに理由が二つあります。一つは、持ち込みが許されたらリヨンの本屋たちが海賊版を作り、無数の誤植が忍び込むのを放置したはずだからです。その版はレールス氏の版の売れ行きを妨げたでしょうし、初版の部数ばかり増すことになったでしょう。大作を大急ぎで作った場合、また私ほど図書館の助けを借りられない場合には、初版はいつでも不備なものです。禁令のお蔭でレールス氏の唯一の版がよく売れて、第二版を作らねばならなくなるのを私は期待しています。第二版でする訂正には、持てる力のすべてを投入するつもりです。私の力などごく限られたものですが、それでも使い途としてはその方がましでしょうし、どこを訂正すべきかという指針も貴方の知識と適切な御注意から期待できます。さらに重要なもう一つの理由は、私の『辞典』が自由にフランスへ持ち込まれたら、この国にいる私の敵はなにぶん徒党を組んでなんでも巧みに中傷するので、そのことから、私の本はプロテスタントに有利なこともフランスに不利なことも何も言ってないという結論を出したはずだからです。〈ヨーロッパの安泰の共通の敵を犯罪的に支持するという嫌疑を作者はかけられているが、今度のことはまさにその証拠じゃないか〉などと言われるでしょう。ですから、『辞典』が禁止されたことは私の得になるのです。もっとも、禁止されるのを願っていたとはいえ、この地の妄想家を喜ばすようなことは何も言いませんでした。ヨーロッパ情勢が問題になっても、賛否を問わずそれには一切触れませんでした。私が間接に最近の革命を断罪した、人民の権利に反対し君主の専制権力を支持すると旗幟を鮮明にしすぎたという非難すらイギリスでは出ているのです。」

（一）『ゲルマン文庫』〔四五四〕、第五巻、記事十一、一五三ページ以下にあるルノード師のこの文書に関するデ・ヴィニョル氏〔四五五〕の指摘を参照。
（二）ジャニソン氏〔四五六〕に宛てた一六九七年二月十一日付の手紙を参照。
（三）××氏〔四五七〕に宛てた一六九七年五月十三日付の手紙。

ベール氏は辞典の随所でジュリュー〔四五八〕氏を批判した。それは、話題にする著作家が犯した事実の間違いや誤った推理を槍玉に上げるという当初からのプランを実行したにすぎない。氏いわく、(一)「私は時々いささか強く敵を批判しました。敵は憤慨して、考えつく限り復讐の方法を探しています。はじめは子分を使って作品を攻撃させ、不敬なことが載ってるなどと言わせましたが、そんなわめき声の次には長老会議を動かして作品を検討させせました。私の答は全部用意してあります。公正のルールを厳格に守ってくれとは申しませんが、羞恥心も節度もなくそれを踏みにじるのを控えてさえくれたら何も恐れることはありません。」

(一) コンスタン氏〔四五九〕に宛てた一六九七年七月四日付の手紙。

ジュリュー氏の支持者の方がロッテルダム長老会議では優勢だったから、同氏はそれを利用してベール氏の辞典を長老会議で検討させた。またその間、この書を貶す目的から、パリ、ロンドン、ジュネーヴ、オランダの二、三の町などから来た匿名の手紙の幾多の抜萃を発表した。事実、そういう手紙の筆者はさんざんに辞典の悪口を言っていた。しかし、大半は辞典を読んでおらず、噂話で言っていたにすぎない。ジュリュー氏はそれにルノード師の覚書と、かつてベール氏が『文芸共和国便り』に載せたあの牧師の本の抜萃を付した。そんなことをしたのは、ベール氏が自分と自分の作品にかつて寄せた盛大な讃辞と辞典にある批判とを対置するためだったという。そしてこの全体に色々な考察を添え、そこでは昔ながらの中傷を蒸し返し、ベール氏の名誉を傷つけてその辞典を軽蔑の的にしようと新手の努力をした。もっとも、自分はタイトルしか読んでないと白状していたのである。この編集書には『ベール氏の《批評辞典》に関する公衆、とりわけルノード師の判定』という題を付けた。

ベール氏はこれについて『《公衆の判定》と題する文書についての考察』を発表した。そこではまず、この文書を公にする主たる目的は自分が今弁明を作成中で、予断を持たぬ読者にはその弁明が批判者たちの不正の証明になるはずだが、大体において寿命が一週間とないちらしのような運命を弁明が辿るのは忍びないので、二折本（フォリオ）の巻頭ないし巻末に入れるためそれは取って置くと世間の人にお知らせすることにあると言った。また付け加えて、同じ理由から、この最新の文書に対して纏まって言えることはみなそこへ譲り、ここでは大急ぎにした少数の考察だけに止めるとも言った。まず指摘したのは、ジュリュー氏の文書の題はまやかしだということだった。いわく（一）、「この誹毀文書は題の付けかたがひどくまずい。本当なら、『刊行者が註釈を加えたるルノード師の判定』という題を付けるべきである。ルノード師以外の判定者はみな幻以下の存在だからだ。目に見えず、白いか黒いかも分らない。だから、そういう人の証言はゼロと同じなのである。……なんというやりかただろう、公衆の判定がこんな文書にありとするとは。慎みさえそれを許せば、私の方でも自分に有利なもっと強力な文書を提出できよう。どれだけ多くの手紙を公表して、論敵をへぼ作家、不徳義漢として示せるか分らないのである。だが、内緒に手紙で言われたことを彼氏のまねをして利用するつもりはない。そんなやりかたは異教徒ですら唾棄したものだ。」

（一）〔ベール〕『《公衆の判定》と題する文書についての考察』、一ページ（および、〔ベール〕『歴史批評辞典』、第四版、第四巻、六五五ページ）。

ジュリュー氏はあらゆる証人の中でいちばん忌避してしかるべき人の名前しか出さなかった、とベール氏は言った。いわく（二）、「公衆の判定なるものを書いた人は、証人への待遇を区別する仕方があまり賢明でなかった。証人の名前は全部伏せたのに、何より隠しておくべき名前だけは除外したのである。フランスと戦うあらゆる国で忌み嫌われ軽蔑される名前だけは除外したのである。世間の人の先入観を楯に取るつもりはない。この人の『ガゼット』紙はどこでも、ずる賢く嘘をつくのに慣れた男という悪評を招いているが、そんな面からこの人を見ないでもかまわない。いい面からだけ見せることにしてもいい。ルノード師はとても学のある、気に入るものを何もみつけないほど趣味が繊細な人とされている。だから、この人が馬鹿にしたとて、そこからどんな結論も出すべきではない。証拠として曖昧なのだ。加えて、とても信心深いそうである。ならば、実際には無数の大作家の例に倣って君子でも自分に与えてよい自由の範囲を超えないものを、この人が自由すぎると考えても驚くことはない。」付け加えて、辞典に見るいささか陽気すぎる点については、今準備している弁明を見れば誰もが満足されることは疑いないと言い、「ダビデ」の項は批判者からの攻撃がもう口実として使えないように手を入れると約束した。「折にふれ宣言したし、ここでも公に宣言するが、拙作に異説的なドグマがあれば、私はそれをまっさきに忌み嫌い、第二版から追放するはずである。知らせてくだされればいいのだ。」

（二）　同、一、二ページ（六五五ページ）。

次に、抜萃の筆者たちが辞典について言いふらした嘘を指摘し、ジュリュー氏の中傷や悪意のある仄めかしに反駁し、あいつを本屋からの年金で暮らすように追い込んだと同氏が滑稽な自慢をしているのを示した。そして、自分はことさらにあの人を批判したのではなく、間違いを取り上げた他の作家と同列に扱ったにすぎない、あの人が故なく批判された時はあの人の方に理があるとした、あの人を正当化する機会がもっと多くなかったのも自分のせいではない、あの人の作品のいくつかの内で自分が非難した事柄は、かつて褒めた事柄と同じではない、当時はそれを本心から褒めたのだが、その後もっとよく勉強したため正当な批判を呈したのだ、と言った。

ルノード氏に関しては、覚書にある事実問題での虚偽を二、三指示するだけにして、同師が覚書の筆者だと宣言したら突っ込んで検討するつもりだと言った。いわく、「私がルノード師の判定に反駁する時があったら、それは、先般印刷されたとおりの形で判定は自分が書いたと同師が認めるのを知ってからである。というのも、印刷された形の判定には大間違いや嘘や非常識な記述が多すぎて、これは原本どおりではないと想像されるからだ。書き写す際に、おそらく何度も偽の文書が縫い付けられたのであろう。この判定は無数の人に予断を抱かせたが、有能な人たちが私の辞典を読んで、間もなくその予断を終熄させた。この同師もそのことを知らないではない。〈これほど多くの人の賛同に私は満足せねばなりません〉と或る手紙で言ったからである。だから私も満足しよう。〔同氏が報告に無用なことをあんなに沢山入れたのにみな驚いた。〔四六〇〕〕私の作品はローマ教会またはフランスを傷つけるかどうかということしかそもそも問題ではなかったのである。ちゃんとした著作家のものを私が読んだかどうかとか、古代人と近代人を秤にかけるかどうかとかこの人に尋ねたわけではない。私の無知について同師に反対した読者が少なくないなら、私はそういう人を否認する。その点は同師もまだまだ言い足りない〔し、同師が言わなかったことも私は山ほど知っている〔四六一〕〕。その面から私の肖像を描きたかったら、いくらでも覚書を提供しよう。」

この論争は後を引かなかった。デ・ヴィット氏〔四六二〕がルノード師のため仲裁に入り、同師に対して筆を執らないとベール氏に約束させた。その約束をベール氏は固く守った。あまりにも良心的で、私がド・サン＝テヴルモン氏〔四六三〕の作品集にあの有名作家がしたルノード師の判定への回答を収録しようとしたのを見て平気でいられないほどだった。ベール氏は私に次のような手紙をくれた。〔一〕「ド・サン＝テヴルモン氏がお書きくださった弁明の件ですが、私に対する貴方の友情はかねて公に表明されていますから、貴方が再刊なさる本の中にルノード師が私とした無用な喧嘩に関係するものが載ると、デ・ヴィット氏がせっかく結んだ二人の間の休戦を私が間接的に破ったと同師は思うかもしれません。御存知のとおり、同師の『判定』をめぐる『考察』を発表した際、私は『判定』を検討してもっとくわしく反駁すると約束しておきました。

ルノード師というのは上流人士以上に感じやすく、学者のくせに文学上の争いを恐れる人です。口頭で批判する自由を持つのはいいとしても、筆を執って議論せざるをえなくなるのはいやなのです。同師の親友の亡きデ・ヴィット氏が非常に強く私に仲直りを勧め、私が発表した『考察』〔四六四〕についても遺憾に思うと言われました。折にふれ同師から親切にしてもらって大変恩義を感じているレールス氏も、この種の争いをするのは気が進まないという手紙を同師から受け取りました。結局、デ・ヴィット氏への敬意とレールス氏への配慮から、同師が弁解に挙げるいろんな事情も考えて、私も人対人の文学戦争などもともと嫌いなので、これまでのことは水に流してこの争いについて今後語らないという取り決めをデ・ヴィット氏が結ばせるのに同意したわけです。私はしごく几帳面にこの約束を守りました。辞典の第二版には、同師の『判定』にまつわる記憶の痕跡を少しでも止めるような言葉は一つもないからです。ド・サン＝テヴルモン氏の回答を収録なさることで、私が自分でしないことを友達を使ってやり、あの訴訟の記憶を蘇らせたと言う余地を同師に与えないかどうか、その点の決定は貴方の分別にお任せします。」ド・サン＝テヴルモン氏はベール氏の辞典を実に面白く読み、繊細微妙な冷かしを盛ったあの回答を戯れに物したのだった。(二)

(一)　一七〇二年三月七日付の手紙。
(二)　この小品は一七〇五年にロンドンから四折判二巻本で出版されたド・サン＝テヴルモン氏の作品集の最初の版に収録され、その後のあらゆる版にも収められている。

ベール氏の『辞典』の第一刷がほとんど売り切れたため、第二版を出すことが考えられた。その作業が始まったのは一六九八年五月二十六日だった。

ジュリュー氏が『公衆の判定』なるものを発表したのは、教会の集まりにベール氏の辞典を断罪させるためだった。同氏はこの誹毀文書を当時デルフトで開かれた教会会議に提出させたが、教会会議は振り向きもしなかった。ロッテルダムの長老会議自体も非常な節度を守った。ベール氏から事情を聴取し、辞典にされた様々な指摘を本人に伝え、ベール氏の答に満足したと言明し、この件であったことを世間の人にみな教えるようにとベール氏に勧めたのである。『《歴史批評辞典》の著者からD・E・M・S氏への手紙。自作に対するワロン教会ロッテルダム長老会議の訴訟手続について』というちらしで同氏がしたのはそのことだった。この文書は『歴史批評辞典』の巻末、第四版第四巻、六六五ページに載っている。

長老会議が自分の情念の片棒を担がないのに不満なジュリュー氏は、長老会議にこの問題を更めて取り上げさせるためありとあらゆる努力をした。長老会議は一六九八年のはじめに改選されており、前よりも従順になるとこの人は内心期待していた。果して委員が任命されたが、その人たちもすでに下された決定を変更するのを適当と思わなかった。委員たちの検討はただ、ベール氏が発表した文書について二、三の指摘をすることだけに止まった。長老会議は委員の報告を承認し、あの文書が出たのは期待するより遅かった(二)、ベール氏はそれを長老会議に送らなかった、印刷部数も少なすぎる、ベール氏は長老会議が要求したことに十分な紙幅を充てず、それに無条件で従ったことを知らせてもいない、だから長老会議としてはベール氏にもっと多くのものを要求する権利があるが、以上のことを口頭で同氏に知らせ、長老会議から伝えられた指摘に基づいて辞典の第二版を訂正するように、長老会議から寄せられた忠告を役立てるようにと同氏に勧めるだけにしておく、そういう忠告を纏めた覚書を起草するが、そこに新たな指摘を加えることもありうる、あの本でジュリュー氏はベール氏にひどく虐待されているから、第二版でも今後発表する他の本でももっと節度のある行動をするようベール氏に勧告する、「司牧の仕事によっても文筆活動によっても教会を人一倍善導してきた、また今も善導している牧師にあれほど手加減しないのを見て、長老会議は胸を痛めざるをえなかった」と言明した。その覚書を起草する委員が任命されて、覚書をベール氏に伝えるよう委嘱された。ジュリュー氏に関係することもそこに含められ、いくつかの指摘も加えられた。その中には、「不品行な一部のローマ法王について我らの神学者らの言ったことに軽々しく反駁せぬ」よう ベール氏に勧める、「或る種の事実についてそれらの法王を弁護するために同氏が二、三の推測を挙げられるとしても、彼らを断罪する強力な理由を同氏に対置できるからであり、教会にかくも大きな害を与えた誘惑者らに不必要に味方して、我らの著作家たちを無謀な告発者に仕立て上げようとするのは正しくない」とかいうのもあった。事はそれより先へは進まなかった。ジュリュー氏も、自分を動かす復讐欲に長老会議がそれ以上手を貸すように仕向けることはできなかった。(二)

(一) 長老会議がこの問題を審議したのは一六九七年十一月八日から一六九八年一月七日までだったが、ベール氏の文書がようやく出たのは六カ月後で、付された日付は一六九八年七月六日だった。

(二) この小文に続いて、ベール氏の辞典に関する「ロッテルダム長老会議の議事」をお見せする予定。

ベール氏は一六九九年に『彗星雑考』の第三版を出した。第二版の「お知らせ」〔「書肆より読者へ」〕を落として別のと差し替え、そこではまず、宗教を扱う時も国事を扱う時もこの書がローマ・カトリック教徒のスタイルを取った理由を説明した。次に、何がこの書を書くきっかけになったかや、本来はパリで出すつもりだったこと、その他私がすでに報告した細々したことを述べた。さらに、この版では多くの新しい証拠や、異論への新しい答を加えると前に約束したけれども、実際は第二版と全く同じで増減は全然ないとも言った。何も加えなかったのは、作品は今でもすでに右へ左へ蛇行する川のような相を呈しすぎ、枝葉の議論をまた新たに加えたら退屈で読むに堪えなくなるからだった。そのことを考えて、追加分はやむなく別の巻のため取って置く、今も続ける批評辞典の執筆がもっと進んだら、その巻も別に活字になるだろうとベール氏は言った。付け加えて、「勝負をそれまでおあずけにするのは、私がした異教と無神論の比較論についてどういう反論が生じうるかをあらためて検討しなおした結果、自分が立てた原理とすでに用いた回答の応用で全部片付くことがわかったからである。だから、急くいわれはどこにもないのだ。」〔邦訳、著作集第一巻、一五ページ〕この新版が作られたのは、辞典の改訂と再版の仕事をしている最中だった。新版が出来上がると、日に日に増えて一瞬の休息も与えないその仕事から逸らしてくれるものはなくなった。マレ氏[四六五]に宛てた手紙にはこうあった。[一]「今第二版を作っている辞典の改訂の仕事と校正で異常なほど多忙でなかったなら、お手紙を差し上げるのがこんなに遅れたことは弁解の余地がないでしょう。……体がいくつあっても足りないほどで、多少時間が出来たという点では『彗星雑考』の第三版が完成したのは私にとって仕合わせでした。印刷する前に一枚一枚読み返したため、加筆は全然せず所々でちょっと文体を変えただけとはいえ、それでもかなり時間をつぶしたからです。」その版は二巻に分かれ、第二巻には一六九四年に出ていた『彗星雑考付記』の第二版が加えられた。

（一）　一六九九年九月七日付の手紙。

その頃、ル・クレール氏[四六六]がテオドール・パラーズという偽名を使って『パラーズ語録、または批評・歴史・道徳・政治の諸問題に関する雑考』[四六七]という書を出したが、その中にはベール氏に関係する一項目があった。ベール氏は辞典で、マニ教徒は道徳的悪や物理的悪をめぐって理性の光では解消できない異議をキリスト教神学者に呈せると主張していた。ル・クレール氏は反対に、すべてのキリスト教徒が捨て去ったオリゲネス[四六八]の説だけでもそういう異議を取り除くには十分だと主張し、オリゲネス派に仮装してベール氏の言うマニ教徒に反駁し、「その種の人間でもマニ教徒を黙らせられるなら、オリゲネスの弟子などよりはるかにましな考えかたをする人には何ができないであろうか」[一]と付け加えた。もっとも、こう言明してはいる。[二]「マニ教徒の反論に答えても、ベール氏をなんら傷つけるつもりはない。ベール氏はマニ教徒に好意を持つのではないかなどと私はいささかも疑っていない。何も隠さず折にふれ賛否の発言をするという哲学の自由を氏が行使したのも、扱う問題を理解する人たちを鍛練するためにすぎず、その言い分を説明する対象に好意を寄せるためではないと私は確信している。この人の呈する異議は、神学や哲学の講堂でならしてもよい反論と受け取るべきである。そういう場では、異議を推し進めれば推し進めるほど、それを解消できる人の名誉になるのだ。こういう公正さをベール氏は読者に要求する権利があるし、誰もそれを拒むことはできない。私も喜んでそれを与える。ただ私の方も、その異議にのみ関わる回答が相手の人格に忌わしく適用されたりしないような形で、この人の反論に答えることが許されるように要求してもいいと思う。」

（一）『パラーズ語録』、第一巻。

（二）同。

翌年（一七〇〇年）、先代のハノーヴァー選挙侯妃ゾフィー公女〔四六九〕と、その息女で後にプロイセン王妃となるブランデンブルク選挙侯妃〔四七〇〕が、フランドルやオランダを見たいという気を起こした。地位の高さ以上に知識・見識で名高い両公女は全ヨーロッパの感嘆の的だった。二人とも学者たちに特別の好意を寄せ、それと話をするのを好み、とても厄介な質問をしばしばしたりするのだった。公女たちは著作を通じてベール氏のこともよく知っていたから、あんなに有名な哲学者と知り合いになれるという楽しみでオランダを見たい気もいや増していた。フランドルを見物した末にロッテルダムへ着くや（一）、二人は人を遣ってベール氏に、会いに来てほしいと伝えた。しかし非常に遅い時刻で、ベール氏は猛烈な偏頭痛で寝込んでいたため、残念ながら表敬に行ける状態ではありませんと返事した。結局公女たちは、体調が悪くて外へ出られないベール氏に会えないまま、翌日ハーグへ向けて発った。それでも、ドーナ伯爵殿〔四七一〕がハーグへ来ていたバナージュ氏〔四七二〕に、妃殿下たちがベール氏に会いたがっていると伝えたため、バナージュ氏がベール氏に知らせ、ベール氏もやって来て、両公女から大いに歓待された。ゾフィー公女は長時間ベール氏と差（さし）で話をし、沢山の質問をぶつけ、種々の大問題を大胆に取り上げた。その間、バナージュ氏はブランデンブルク選挙侯妃のお相手をしたが、この公女もベール氏とその作品のことを非常な敬意を込めて語り、作品はいつでも持ち歩いているとまで言った。妃殿下たちの命令で、ベール氏とバナージュ氏はドーナ伯爵殿と一緒にしばらくいた。公女たちは二人をデルフトへ連れて行きたがったが、ベール氏のために出発が多少遅れたので、結局ハーグで別れることになった（二）。

（一）　一七〇〇年十月二十六日。
（二）　バナージュ氏の手書きの覚書。

一七〇一年に『フォントヴロー会の創立者たる福者ロベール・ダルブリッセルのための護教的論考。ベール氏が《歴史批評辞典》で述べたことについて（一）』という本が出た。ベール氏はロベール・ダルブリッセル〔四七三〕（二）を語る中で、この人は情念を掻き立てることで自分の徳性をいっそう輝かしく勝たせるため、修道女の何人かと同衾していると非難されたと言った。たしかに、ヴァンドーム僧院長で枢機卿のジョフロワ〔四七四〕が福者ロベールにそういう風評を知らせ、「新式の殉教」を考案したとからかっている。フォントヴロー会の修道士のド・ラ・マンフェルム神父〔四七五〕が会の創立者の弁護を試み、ベール氏も辞典で「弁明者の言う理由は非常に強力だと思う」、「ロベールについて言われたことを断定するのは差し控える」と告白した。この告白をきっかけにして、同会の修道士のソリス神父〔四七六〕（三）は問題をさらに深く検討し、それに新たな光を当てた。この人の『論考』はベール氏に宛てた手紙の形を取っていた。福者ロベールについて言われたことを真実と思わないとベール氏が仄めかしたのをこの人は称えて、同時にベール氏の辞典に盛大な讃辞を呈した。

いわく、[四]「文芸共和国はかねて貴方に非常な恩義がありますが、素晴しい辞典で最近なさった貢献はそれに錦上花を添えました。一冊の本をくださったと言うだけでは足りません。図書館を一つ貴方はまるまるくださったのです。計画の新しさ、歴史的事実の選別、引用の正確さ、真の歴史家が守るべき不可侵の掟のとおり間違ったことは何も言わず本当のことはあえて言うという、この驚嘆すべき著作の全篇に漲る抑制の利いた注意――こうしたものは私に、これほど学問的な本を廃棄なさるという誘惑に貴方が負けたら大損害が生じると言わしめます。私など取るに足らぬ一個人ですが、それでも言いようのない感謝の念を抱きつつあの本を受け取りました。少なくとも読者大衆の一人として、貴方がなさった数々の大発見に公衆が捧げるべき感謝の内に名を連ね、その発見を役立てるつもりでおります。

党派の違いはなんの関係もありません。誰でも自分に合ったものをちゃんと見分けられるでしょう。貴方は私たちの〔カトリックの〕聖人をあまり尊敬なさらないようですが、そういう先入観がありつつも、明らかな虚偽を聖人たちになすりつけるのは良くないとお思いです。その面での貴方の公正さ、誠実さにはどれだけ感謝してもし足りません。この真理愛は、啓示されたすべての真理について神がいつの日か貴方の心を照らしてくださるに値します。

貴方がたの宗教改革者たちについては、それと同じ公正さが私にもあると感じられます。熱心家を気取る連中の誇張や欺瞞は昔から好きではありませんでした。怨念の塊のようなボルセック[四七七]の妄言などは言うまでもありません。貴方がたの教祖〔カルヴァン〕は最古の教会に対してあんなに派手に叛旗を翻したのですから、この人をめぐるスキャンダラスな話を信じたくなるのも無理はありませんが、欺瞞という手を使って攻撃すべきではありませんし、この人が絶滅しようとした私の宗教の真理にはこんな助けは要りませんでした。異説は異説として、そちらの博士たちについてカトリック教徒が言うことも異論の余地のない証拠がある時しか私は信じませんし、こちらの博士たちにプロテスタントが言う悪口でも理のあることが一目瞭然なら、自分の奉じるカトリック教も私を欺けません。こんなことを言うのは、あえて貴方に御注意申すことを通しやすくしようという魂胆からでも、誠実さでは他人のお手本になれるかたに手本を示したいからでもありません。私がこういうやりかたをしなくても、私のような無名の人間の取るに足らぬ例など貴方を行く道から逸らせはしないでしょうし、作り話をする者に雷を落とすのを貴方はおやめにならないでしょう。福者ロベール・ダルブリッセルについて言われた問題の作り話は、必ずや〈貴方の辞典に属する〉主題となるでしょう。〈もし本当なら、歴史辞典としてそれを取り上げられますし、もし嘘なら、批評辞典として取り上げられるから〉です。

しかし、あの話は真実だと貴方は思っておられないことを私は確信しております。……この人〈について言われたことを断定するのは差し控える、弁明者の言う理由は非常に強力だと思うから〉と貴方も自ら告白しておられます。しかし、その個所ではおそらく貴方も虚偽に対して十分抗議しておられない、〈伝聞〉にしか基づかぬ話を槍玉に上げたほかの個所ほどの強い筆致も見られない、と申し上げるのを許していただけましょうか。」

（一）アントワープ（アムステルダム）〔四七八〕、アンリ・デボルド書店。
（二）「フォントヴロー」の項で。
（三）〔ベール〕『田舎の人の質問への答』、第一巻、第六十七章、六三四ページを参照。
（四）『護教的論考』、一ページ以下。

ソリス神父がベール氏につけた注文はそれだけで、ほかの点ではしごく満足していた。いわく、「重ねて申しますが、私たちはこの点で貴方の趣味の良さと公正さを喜べばいいのです。それでも、この項では面白おかしさが貴方に御自分の格率を忘れさせ、今引いた好意的な二行以上のことをおっしゃるのを邪魔した、とあえて申し上げましょうか。これほど貴方から批判されてしかるべき作り話はかつてなかったからです。貴方は読者を楽しますことをお考えで、それにはそれなりの理由がおありですが、かといって、真理を犠牲にして読者を楽しますことなど貴方は意図しておられませんし、私たちに対しても一度として真理を見失われたことはありません。」

（一） 同、八、九ページ。

ベール氏は「フォントヴロー」の項の追加部分でこの書の書評をした。いわく、「この弁明は実に巧みでしっかりしているから、道理を弁えた人ならみな同意せざるをえまい。同衾の噂は信用しないとすでに十分お知らせしてあるが、自説の繰り返しをわざわざ添えずにあの話を語った個所では例外なく、その繰り返しが言外に含まれるのを願っていると、ここではっきり申し上げておく。」ベール氏はソリス神父の美点を十分認めた。いわく、「著者の正直さ、礼儀正しさ、才気、学殖がそこに輝かしく現われている。これほど有能な人がお世辞でお寄せくださった讃辞に自分は全く値しないと思うと残念でならない。」

『〔歴史〕批評辞典』の第二版は一七〇一年十二月二十七日に刷り上がり、一七〇二年の初頭に出た。この版は前より半分近く大きくなったが、この増補はベール氏の意図に反していた。はじめの計画ではすでに発表した項目に多少の加筆をするつもりしかなく、新しい項目を入れることは予定せず、そういうものは『批評辞典・続』または『……補遺』の題で別にアルファベット順に置くことにしていた(一)。しかし、新項目も第二版に組み入れてほしいというのが書店側の希望だったので、ベール氏もたっての願いを聞かざるをえなかった。「お知らせ」で言うとおり、こういう方針の変更で氏は大変な苦労をした。追加部分は一目で見分けられるように区別した。自分で気付いたり友人から指摘されたりした第一版の間違いは入念に直した。覚書を提供してくれた人には感謝の意を表し、迷惑をかけないと思った時は相手の名前も挙げた。それでも、追加をしたため第一版の項目を望みどおり正確にはできなかったとこの人は白状した。いわく、「第一版の各項目を望みどおりきびしくこまめに訂正できなかったということを隠しておこうとは思わない。印刷屋がぶっつづけに仕事をしている間に、分厚い二折判(フオリオ)二巻を改訂し、三分の一余も増補して、さらに校正を見るという三つの仕事を同時にこなすのは容易なことではないのである。」〔邦訳、著作集第三巻、五二ページ〕

（一）ド・ラ・モノワ氏〔四七九〕に宛てた一六九七年八月十九日付の手紙と、マレ氏〔四八〇〕に宛てた一六九八年十月二日付の手紙を参照。

第一版にした訂正を語る際、この人は約束していた訂正のことも忘れなかった。いわく、「訂正の中には、世間の人にもお知らせしておいた約束の結果、いわば強制的にしたものもある。その際には、不満を持つ人を満足させようというこの上なく強い意図から、できるだけ細心に行動した。〈ダビデ〉の項にあったかもしれぬ好ましくないものは、そのために全部削った。それは必要とされた削除の内でも最大のもので、それ以外は数からいっても分量からいってもたいしたものではない。数語ないし数行を犠牲にし、とりわけ巻末にある四篇の釈明文を使って、そのへんは全部改めた。」〔邦訳、同ページ〕たしかにベール氏は「ダビデ」の項でロッテルダム長老会議が非とした部分を全部削った。しかし、この版が仕上がる前に少なからぬ人が、（一）あの項が元のままの形で載らなければ買わないと言ったため、本屋はやむなくそれだけ別に再度印刷して、この新版に加えられるようにした。また、何人かの友人がベール氏に一六九二年に出した『腹案』を辞典のいくつかの試作品とともに収録してはと勧めたので、この人は最終巻の「論考」の後にそれを置いた。（二）

（一）　ペシェル氏〔四八一〕に宛てた一七〇五年八月十日付の手紙を参照。

（二）　デ・メゾー氏に宛てた一七〇一年十一月一日付の手紙を参照。

ベール氏の辞典ほどちゃんとした索引の要る著作はなかった。レールス氏〔四八二〕も『腹案』の冒頭〔の「書肆からのおしらせ」〕でその件も忘れないつもりだと予告しており、事実、ユエ氏〔四八三〕が第一版のため実に厳密な索引を作ってくれた。しかし、これでは印刷に時間がかかると思ったレールス氏が原稿を半分没にしてしまったため、索引は原型を留めなくなり、あまりのことにベール氏は巻末の短い「お知らせ」でそのことを世間に教えておかなくてはと思った。あとの半分は取って置いて第二版の索引を作る人に渡し、その人もこれを最大限役立てたが、なにぶん追加が多すぎたため、この新しい索引は非常に不備だった。ベール氏はここ〔「第二版のおしらせ」〕でその欠点を補う方法〔四八四〕を指示し、同時に、ちゃんとした索引がどうあるべきかは経験で知っているからその気になればそういう索引も作れたろうが、そんなに骨の折れる退屈な仕事をする時間も忍耐力もなかったと言った。さらに、索引の作成に使う人が一部の読者の要求するあらゆる些事に首を突っ込むことすら適当と思わなかったと言って、その理由を説明した。

次に、自分好みのものを辞典が十分大量に提供しないと文句を言いかねない人に、そういうのは主題が非常に多岐にわたる雑纂的な文書の避けがたい運命だと言った。また、或る家のことを語りながら、それと同等またはそれ以上の名家である他の家のことを語らなかったのは、べつに依怙贔屓したからではなく、或る家については素材になる覚書があり、他の家についてはそれがなかったからにすぎないと言明した。さらに、有名な武人の項が少ないと文句を言う人に答えて、その原因はほかの辞典とかちあうのを避けたためばかりでなく、そういう項目を望みどおりの形で作れる状態になかったことが大きいと言った。例に挙げたのはリュクサンブール元帥〔四八五〕で、必要な加勢を受け必要な知識があったらどういうプランでその項を作るはずなのかを明示した。

ロッテルダム長老会議との約束を果たすため、この版には四篇の「釈明」を添えた。冒頭には一般的な指摘を置いて、哲学する自由を時に行使したのが顰蹙を買うことはあるまいと思ったわけを述べた。第一の釈明では、品行方正な点では偶像教徒を凌ぐ思弁的無神論者やエピクロスの徒がいたと言ったという非難について弁明し、そういう無神論者の行動は真の宗教にどんな迷惑も損害も与えないのを示したが、この問題は『彗星雑考』の続篇でもっとくわしく論じると約束した。第二の釈明はマニ教徒の反論に関する〔四八六〕もので、自説の要旨を盛った次の六つの命題が最後に置かれた。

「一、自然の光では解明できぬもろもろの反論にさらされるのが、福音の秘義の福音の秘義たるところであるということ。
二、福音の秘義に自分が呈する異議を哲学の格率が解消してやらないからといって、不信者はそこからなんの利益も正当に引き出せないということ。
三、悪の起源や予定に関するマニ教徒の反論は、予定に反対するものとして一般的に見るべきではなく、悪の起源やそれに関する神の決定などはキリスト教のもっとも理解しがたい秘義のひとつであるという特殊な考慮を払いつつ見るべきであるということ。
四、およそ善良なキリスト教徒には、自己の信仰が神の御言葉の証言に支えられていれば、それだけで十分でなくてはならないということ。
五、マニ教徒の体系はそれ自体として見れば不合理で、支持しがたく、秩序の観念に反し、いくらでも言い返しができ、困難を取り除けないものだということ。
六、いずれにしろ、私が言ったことはみなもっとも正統的な神学者の意見から避けがたく生じる自然な結果で、その人たちがあまり長々と説かないことをより長く報告したにすぎないのだから、私の告白に憤慨すれば、そういう神学者の説もスキャンダラスとみなさざるをえなくなるということ。」〔邦訳、著作集第五巻、一一八六―一一八七ページ〕

第三の釈明では、辞典で報告する・キリスト教の二、三の教義に対するピュロン派〔四八七〕の神父の反論は宗教になんの害も与えないことを示した。それはまず、確実で異論の余地のない格率として次のことを立てた。「キリスト教は超自然的な次元のもので、それの最終的根拠は私たちに秘義を提示される神の至高の権威にある。神が秘義を提示なさるのは、私たちにそれを理解させるためではなく、欺くことも欺かれることもありえない無限の存在に示すべき謙虚な態度でそれを信じさせるためである。」〔邦訳、同、一一九〇ページ〕そこから必然的に、キリスト教徒間の宗教論争を裁定するのに哲学の法廷では管轄違いということになる、それらの論争は啓示の法廷にしか持ち出すべきでないから、とも付言された。ベール氏はピュロン派の性格を描き、啓示を基準として承認しないうちはキリスト教の秘義について討論するのを許すべきでないすべての哲学者の中でも、ピュロン主義の信奉者ほど耳を藉す価値のない者はいないのを示した。

第四の釈明では、辞典に猥褻な個所があるという苦情を検討した。この非難は次のような言葉で表わされた。「不浄で不徳義な史実を報じ、事実を提供してくれた他の著作家を正確に引き、その歴史記述に註解を付していろんな証言・考察・証拠などを添え、或る者は医者や法律家として、或る者は騎士や詩人として大胆な物言いをした二、三の作家の言葉を時にあげ、しかし淫猥への賛同を明示的にも暗黙にも含むことは終始何も言わず、それどころか淫猥をおぞましく思わせ、たるんだ道徳を駁撃しようとする……」〔邦訳、同、一二〇六―一二〇七ページ〕そして次には、その種の猥褻は合理的に批判できる猥褻の列に入らぬことが種々の理由、種々の権威、種々の実例で証明された。

ル・クレール氏の[四八八]『パラーズ語録』をきっかけにして、ベール氏は「オリゲネス」の項に加筆した。そこではこう言っていた。その書には「マニ教徒と正統派の論争について若干の考察がのっており、きわめつきの君子から期待できるかぎりの公正な意見が最初に述べられている。それはつまり、私があえてマニ教徒の反論を紹介し、聖アウグスティヌスの体系に従ってもモリナ[四八九]のに従ってもレモンストラント派[四九〇]のに従ってもソッツィーニ派[四九一]のに頼っても、この反論を解消する材料を自然の光〔理性〕はキリスト教徒に提供してくれないと白状した意図についての、公正と真実と道理に全くかなった判断である。テオドール・パラーズはそうではないのだと言い、オリゲネス派は〈マニ教徒を沈黙させうる。……その種の人間でもマニ教徒をだまらせられるなら、オリゲネスの弟子などよりはるかにましな考えかたをする人は何ができないであろうか〉と主張している。〈マニ教徒の反論を全部読んだ上でオリゲネス派が言えるはず〉だとこの人が想定することを、下段で検討してみよう。」〔邦訳、著作集第四巻、九三二ページ〕ベール氏はオリゲネス派の回答を次の三つの命題に還元した。一、神は徳と悪徳、非難と称讃、褒賞と刑罰をあらしめるため、われわれを自由なものとして作られた。二、神は単に罪を犯したという理由で誰を地獄に落とされるわけでもない。地獄に落とすのは悔い改めなかったためである。三、人類の物理的および道徳的な悪は永遠に較べればあまりにも短期間のものだから、神が慈悲深い者、徳の友なる者とされる妨げにはならない。ベール氏は言った。オリゲネス派の強みはもっぱらこの最後の命題にある。なぜかというと、それは地獄の責苦がいつまでも続かず、神は自由な被造物が十分苦しんだと判断したら、次にそれらを永遠に幸福ならしめると想定しているからである。オリゲネス派によれば、それらの被造物に与えらるべき永遠の幸福は、かりに何世紀にもわたる苦しみに先立たれても、無限の慈悲という観念を充たしてくれる。何世紀という時間も無限の持続に較べれば無に等しく、この地球が存続する時間と永遠の比は、一分間と一億年の比より無限に小さいからである。だから、われわれの蒙る禍を神がほとんど無とみなすのに驚くのは道理に合わない。永遠について完全な観念を持ち、われわれの苦しみの始めと終わりを一分間の始めと終わりより無限に近いものとみなすのは神だけだから。悪徳や悪事についても同じように考えねばならない。それらは神から見れば長続きするものではなく、実は宇宙になんの変化ももたらしはしない。一度組み立てたら丸一年正確に動き、ただ例外として動き始めに不揃いな秒が二つ三つあるような、そういう柱時計を時計師が作った場合、その職人が自分の能力も作ったものの正確さも自慢できないと言えようか。同様に、自由の悪用が人間の間に惹き起こす無秩序をいつの日か神が永遠にわたって矯正するなら、われわれがこの地球上にいた瞬間に神がその無秩序に終止符を打たなかったとて驚くいわれがあるだろうか。

それに対してベール氏は、マニ教徒なら次のように答えられると指摘した。

一、悪い結果が生じるとあらかじめ分っているような贈物をし、その悪い結果を食い止められるのに食い止めないというのは、理想的な、またはこの上なく完全な慈愛にふさわしくない。そういう慈愛の本質的な、他と違う属性は、利用できるいちばん手っとり早く確実な道を通って受け手の状態を仕合わせにする善をなそうという気持をその持ち主に起こさせることにある。この理想的な慈愛は本質的且つ必然的に、悪意のある存在に当てはまる一切のものを排除する。悪意のある存在なら、使えば貰い手に有害になると分っている恩恵を振り撒こうという気に容易になることは間違いない。さて、こうした慈愛の観念に諮るなら、この上なく慈愛に充ちた原理である神が被造物の至福を何世紀も続く悲惨のあとまで延ばすことも、破滅を招く使いかたをするに決まっていると思う自由意志を被造物に与えることも、とてもありえたとは思えない。しかし、創造主の無限の慈愛が、善用も悪用も同時にできるような自由〔自由意志〕を被造物に与えることをかりに許しても、少なくともそれは、被造物の一挙手一投足に目を配って現実的に罪を犯させないようにする義務を課すと言わねばなるまい。徳と悪徳、非難と称讃、褒賞と刑罰をあらしめるため被造物に自由を与えねばならなかったというオリゲネス派の挙げる理由についてはこう答えられよう。そういう理由は無限に聖で無限に惜しみない存在に自由意志を被造物に与える義務を負わすどころか、逆に与えないようにさせたはずだ、と。無限に聖なる原因が作ったものの内には、悪徳も非難の余地もあってはならない。すべてが称讃に値せねばならず、徳のみがそこに登場し、悪徳は追放されねばならない。無限に善で無限に力のある至高の存在の支配下ではすべてが幸福であらねばならないから、そこには刑罰などあるべきでない。悪徳・非難・刑罰が理念的・思念的と呼ばれる存在しか持たなくても、徳・称讃・恩恵は十分に存在しうる。何世紀もの苦しみに続く永遠の至福を自由な全被造物が味わう時にはそうなるはずだとオリゲネス派も認めている。被造物が自由を授かっていなければそういう恩恵も褒賞にならないとオリゲネス派が答えたら、こう言い返されよう。永遠の至福と人間がする自由意志の善用との間にはどんな釣合も存在しない、だから、神が善人に味わわせる永遠の幸福は厳密に言って褒賞とはみなせない、それは恩恵であり無償の贈物なのだ、と。それ故、用語の厳密さに従うなら、人間が天国の幸福に値しうるために、褒賞としてそれを獲得できるために、自由意志が人間に与えられねばならなかったと主張することはできない。

二、悔い改めないことは自由の悪用にほかならないから、神は悔い改めないが故に地獄へ落とすと言おうが、神は単に罪を犯したが故に地獄へ落とすと言おうが、つまりは同じことである。過ちを悔む者に対して罰を延期しようとすることが、一般に慈悲の印（しるし）なのは事実である。しかし、悔い改めないにちがいないと確信する者に対して、悔い改めるなら赦すと約束する場合、それは厳密に言うと何も約束したことにはならず、どんな赦しもちらつかせない場合と同じく懲罰の意志を固めていることになる。刑罰を免除しようと本当に思うのだったら、相手が悔い改めずにいるのを防ぐはずであり、心をいかようにもできる者〔神〕にはそれは易々たることなのである。

三、至福な永遠に先立つ責苦の持続期間を画定する勇気はオリゲネス派にもあるまい。それは分らないだけでなく、言えば短すぎたり長すぎたりするおそれがあるからである。短すぎたら罪びとを野放しにすると非難されそうで、長すぎたら神の慈悲について正しい観念を与えないおそれがあろう。たとえばそれを百年とする勇気も、百万年とする勇気もあるまい。百万世紀の持続と無限の持続の間にはどんな比も成り立たないと言われても信用できず、地球の存続期間と永遠の比は一分間と一億年の比より無限に小さいなどと称しても、それで困難が解消するとは思えない。この一億年について言えることは、大洋にある水滴の数だけ百万世紀に掛けたものについても言える。有限と無限の間にはどんな比も成り立たないからである。しかしながら、一億世紀も続く被造物の責苦が創造主のこの上なき慈愛と両立するなどということは理解できまい。その年数は永遠に較べれば無であるけれども、なおかつそれ自体として見ても、苦しむ人との関係で見てもべらぼうに長く続くように見える。さて、その数をいくら減らしても所詮厳しさが減るだけで、地獄の責苦の最後の一分までなくさない限り神の至高の慈愛へは到達できない。柱時計が狂うのが年に二、三秒だけだったら、時計師の正確さをわれわれは褒める。しかし、この上なく完全な作り手の正確さは一切の例外を絶対的に排除するものだ。その作り手の慈愛、聖徳、叡知等々は絶対的に単純なもので、反対の性質はなんら混入しない。考えられる限りの、事物の本性の内にありうる限りの最も僅かな混入すらないのである。

オリゲネスがマニ教徒の反論に答えられても、それならまして、オリゲネスよりはるかに正しく正統的な原理を使えばそんな反論は解消できるということにはならない、とベール氏は注意した。なぜなら、オリゲネスがこの議論で見いだせる利点はすべて、一方では自由意志の力を大いに拡げ、他方では地獄の刑罰の永遠性を廃棄して、かわりに永遠の至福を置くという彼に固有の虚偽から発しているからである。地獄に落ちた者が数世紀間蒙る責苦の次には永遠の至福が訪れるとすれば、マニ教徒が呈する異議の内でもいちばん圧倒的なものは取り除かれる。マニ教徒の最強の論拠は、ほんの少数を除いてすべての人は永遠に地獄へ落ちるという仮説に基づき、またこれはソッツィーニ派を除くキリスト教のあらゆる会派の考えだからである。

一七〇一年にパリで『ノーデ語録・パタン語録、またはノーデ〔四九二〕、パタン〔四九三〕両氏の会話から取った注目すべき特異なことども』という一巻本が刊行された。この種の著作では、或る有名作家の名前を使って、その作家の時代に関係したり時にはその作家の書き物から取ったりした歴史上・文学上の多くの細かな事柄を語るのが常である。報じられる事実に信用が置けるならこういう編集書も馬鹿にしたものではなかろうが、通常は間違ったこと、不確かなこと、多くの基本的状況を示されないことが無数に述べられている。だから、そういう本を有用なものにするには、訂正・補足の役をする註解を付さねばならない。ド・ヴィトリ神父〔四九四〕が『ノーデ語録』にしたのもそのことだった(R)。それへの訂正や加筆については短い序文でことわっていた。いわく、「『語録』のたぐいが現今引っ張り凧なのは誰もが知っていることである。しかし、記述がおよそ不正確なため、扱う問題の多様性や、その種の本と通常不可分な見解の大胆さから読者が味わえる楽しみが激減してしまうことも知らない人はない。『ノーデ語録』と称するものに一種の註解を付そうと企てたのも、ああいう本をこれからはもっと有用にするという考えを世の人にいわば吹き込むためだった。ここで私が目指す唯一の目的は、語られるすべての事実の時期を画定し、時には絶対必要な種々の状況を加え、さらに、誰か信用できる他者の証言に支えられないことは著者に何ひとつ言わせないようにすることである。」ド・ヴィトリ神父が教えてくれるところでは、この人ははじめ、『パタン語録』についても訂正・加筆をするつもりだったが、いくつかの理由から『ノーデ語録』だけにせざるをえなかったという。神父はこの追加分をベール氏に送り、ベール氏はそれを『ノーデ語録・パタン語録』とともに、『パリ版にない《ノーデ語録》への加筆を増補した改訂第二版』という題でアムステルダムから刊行した。（一）ベール氏はそれに書肆の名で「お知らせ」を付し、この版はパリ版より比較にならないほど良いこと、原形が分らぬほど固有名詞を変形してしまった実に多くの誤植が訂正されたこと、パリ版ではあちこちに散在した同一人物に関わる記述を一纏めにしたこと、さらに、それよりはるかに重要なことだが、非常に不可欠で実に興味深い補遺の原稿がフランスから来たのでそれを付けることを述べた。

（R）『ノーデ語録』への加筆・訂正はド・ヴィトリ神父が書いたものではない。〔四九五〕この人の関与は、当時文通していたベール氏に原稿を送ってやったことだけだった。ベール氏が出版を引き受け、巻頭の「お知らせ」を付けたのである。なお、この加筆は一七〇二年の四月に出版されたが、本屋は自分の版を少しでも長く新刊書に見せようとして、一七〇三年という年代を付した。ベール氏はマレ氏〔四九六〕に宛てた一七〇二年三月六日付の手紙でこの版を近々出るものと予告したし、ベルナール氏〔四九七〕も『文芸共和国便り』の同じ一七〇二年四月号と五月号で販売中の本としてそれを語った。

（一）　フランソワ・ファンデル・プラーツ書店、一七〇三年。

『批評辞典』の第二版でベール氏はへとへとになったので、骨休めのため『田舎の人の質問への答』という著作を著わした。（一）序文では、この答の執筆に際しては「勉強の時間に読む本と娯楽の時間に読む本の中間を行くような」〔邦訳、著作集第七巻、六ページ〕本を目指したとことわった。そういう狙いから、深めようと思えば深められた或る種のことにも軽く触れるだけにし、ヴァライエティを持たすため主題から主題へ足早に移り、いくつかのテーマに多少の連続性を持たさざるをえない時も、各章が同じテーマを違った面から見せるようにした、と。さらに、語ったことと本質的な繋がりのあるいろんな考えや事実を使うこともできたが、周知のことをわざわざ繰り返したくないのでそれは控えたとも言った。この書はいささか引用過多だと或る種の読者が判断するのは疑いないが、そういう苦情は不当だと言い、事実を証明し明らかにする本で自分の考えしか使うな、少なくとも引用はめったにするなと言うのは事物の本性に逆行するものだとした。ベール氏は付け加えてこうも言った。「これは数年前からはやりの、世間の人がおそらくはすでに食傷しているたぐいの本ではない。ばらばらな考えや格率、人さまざまの性格描写、気のきいた洒落、気のきいた小咄などを集めたものではない。ではなんだろうか。定義するのはおそらく至難で、それは読者一人一人にお任せしよう。ただ、〈雑講〉とか結局は同じ意味になる他の題名を付けて十六世紀に山ほど出た著作類にいささか似ていることだけは言っておこう。」〔邦訳、同ページ〕

（一）　ロッテルダム、ライニール・レールス書店、一七〇四年。

この書は歴史・批評・文学上の多くの議論を集めた、読んで楽しく勉強にもなる雑纂だった。哲学的な指摘や政治的な考察もいくつか見られた。あの本がオランダで出てすぐ、一人の友人がそれをベール氏の作として知らせてくれた。私はベール氏に貴方が書いたのですかと尋ねた。ベール氏は次のような返事をくれた。[一]「『田舎の人の質問への答』という新刊書は私が書いたものだと貴方へのお手紙にあったことには一向驚きません。当地でも、私が書いたとみんな思っています。野心のある人間でしたら、そんな風評に私は反対するでしょう。あの本は人の声価を高めるのにあまり向いていないからです。文芸上の逸話もなおざりにせず、一般の読者のようにそれをくだらぬなどと言わない人にしか喜ばれないような、細々した考察を集めたものです。」それからしばらくして、私は氏に続篇が出るのか教えてほしいと言い、二、三の人が述べた感想を伝えた。氏からの返事はこうだった。[二]「『田舎の人の質問への答』の利害は全部放棄するとかなりはっきり申し上げたつもりですから、そのことは繰り返しません。それでも、本屋には続篇を出すつもりはないことが分っているというのは本当です。この件については、はっきりしたプランも計画もなく、それに類するものは何ひとつ印刷中でないということです。」付け加えて、「あの本は一般読者の興味をあまり唆らないと言う人に理があることは否定できません。でもそういう人は、民族全体なり宗教団体全体なりの名誉・栄光に関わる問題を論議しない限り、少なくとも道徳や政治の何か重要なドグマを扱わない限り、著作家が一般読者の興味を唆ることはまずできないという点を考えなくてはなりません。文人が本を埋めるその他の主題は、一般読者にはみんな無用のものです。そういうものは、それ自体として滋養がなくても、味覚の多様性に応じて幾多の読者の好奇心を充たす肉のようなものと思うべきです。たとえば、コロミエス氏〔四九八〕の『精撰文庫』ほど一般読者に興味のないものがあるでしょうか。それでも、あの本はそれなりに非常な良書とされてきましたし、文芸上の細かなことに興味を持つ人は読んで陶然となるほどです。一般読者の興味を引くものは何もないのに読まれる本は、ほかにいくらも挙げられましょう。」

（一）一七〇三年十一月九日付の手紙。マレ氏〔四九九〕に宛てた一七〇四年八月四日付の手紙をも参照。

（二）一七〇四年二月八日付の手紙。

テシエ氏〔五〇〇〕は一七〇四年にベルリンで『ド・トゥー氏の《同時代史》より引ける学者讃、新たなる追加。第三巻』を出した。それより前、ベール氏は辞典で第一、第二巻の幾多のくだりを批判していた。この巻でテシエ氏はベール氏の指摘のいくつかがもっともなのを認め、批判されたそれ以外の個所を擁護しようと試みた。だが同時に、ベール氏への非常な尊敬と敬意を表わしもした。いわく（一）、「あの人が同書をわざわざ読んでくださり、思い違いをした個所を指示してくださったことに私は大変恩義を感じる。あの人に批判された他の著作家たちも、すべからく私と同様感謝の意を表し、自分のミスをみつけることであの人が文芸共和国に大きな貢献をしたことを認めるべきであろう。」テシエ氏は自分の答の正確さに自信がないようにすら見えた。いわく、「私が自分の立場を十分主張しえたかどうかは分らない。なにしろ相手は恐ろしい人である。博大な学殖と卓抜な判断力と極度の厳密さを具え、文芸共和国の最大の英雄たちと闘って数々の勝利を収めてきた批評学者である。」

（一）『新たなる追加』の「お知らせ」。

ベール氏は『学芸著作史』〔五〇二〕に掲載された覚書でテシエ氏に答えた。（一）この覚書の発表を急いだのには二つの理由がある、一つはテシエ氏の礼儀正しさにどれほど感謝しているか、氏の著作をどれほど高く買っているかを示したいから、もう一つはテシエ氏の答から引き出されかねぬ帰結に先手を打っておきたいからだとベール氏は言った。いわく、「テシエ氏の追加に関わる批評的指摘の中に根拠不十分なものが氏の言うほど沢山あったら、私の辞典の全体に対して実に困った予断が形成されよう。だから、すべての読者が論争を正しく判定できるように多少の議論をすることが私の義務だと思ったのである。」次にベール氏は、自分が言ってないことをテシエ氏が自分になすりつけていること、〔自分ではなく〕自分が引いた著作家の主張について自分に責任を負わせていること、テシエ氏の表現は時に厳密さを欠き、その考えを誤解する余地を与えたこと、自説の支えにテシエ氏はいろんな著作家を挙げ、そういう人はたしかに氏が報じることを言ってはいるが、ベール氏ももっと重みと権威のある別の著作家を自説の裏付けに引いたことなどを示し、結びとして、テシエ氏がうっかりミスを犯してもそれは赦されることだと言った。いわく、「私の指摘を擁護するために言うべきことは以上である。指摘が正しかったかどうかの決定は読者に任せよう。ただ同時に言っておくが、私に軍配を上げてもなおかつ読者には、テシエ氏に弁解の余地が十分あるのを認める義務があろう。事情をよく知るように見えた著作家にこの人は従っただけだからである。私のささやかな指摘などテシエ氏の書にどんな害も与えはしないと私ほど心から確信していた者はおらず、書物が評価に値するためには完全無欠であるべきだという虚偽で有害な格率を文芸共和国から追放することに私ほど利益を感じる者もいない。或る種の著作、特に辞典の場合、各ページに訂正すべきものが平均七つか八つしかなければ成績は悪くないのである。」

（一）一七〇四年五月号、二〇〇ページ以下。

『善悪の区別と本性。マニ教徒の誤謬、モンテーニュとシャロンの見解、およびベール氏の見解に反駁する論考（一）』〔五〇二〕という本をパリで出した匿名子（二）の攻撃を撃退するためにも、ベール氏は〔バナージュ・〕ド・ボーヴァル氏の新聞〔『学芸著作史』〕を使った。この作品についてはパリで出たいくつかの文書でしごく好意的な言いかたがされ、ベール氏もそれに答えずに済ますわけにはいかないとすら言われていた。ベール氏はそれを取り寄せて検討した結果、マニ教徒について自分がなんと言ったか知っている人のためにはわざわざ答える必要はなく、知らない人のためには短い覚書を草すれば足りると思った。匿名子は問題の所在がなんにも分っていないこと、または分らないふりをしたことを示せばよかったからである。その覚書（三）でベール氏が指摘したのは、著者が自前で言ったり聖アウグスティヌスから取って来たりしたことは結局のところ以下の点を示すだけだということだった。「1、二原理説は虚偽で不合理で、この上なく完全な存在という観念に明らかに反すること、2、マニ教徒が細部まで下りてくると、とりわけこの説は不合理で滑稽でけがらわしくなること――である。」〔邦訳、著作集第七巻、九四四ページ〕しかし、問題はこの二つの命題ではなかった。その両命題はベール氏もはっきり認めていたから、わざわざそれを証明してやろうとするのは余計なお世話だった。ベール氏はただ、二つの原理という仮説はいかに虚偽でも不敬でも、自然の光〔理性〕では解消できない反論でもう一方の仮説〔原理が単一であるという〕を叩くと主張していたのである。匿名子が反駁すべきだったのはもっぱらそのことだったが、それこそまさしくするのを怠ったことだった。この人はマニ教徒の原理に対して攻勢に出るだけで、防戦すること、最も正統的なキリスト教徒にマニ教徒がしうる攻撃を撃退することはしなかったのである。問題は打撃を与えることではなくて、くわされる打撃をかわすことだったのだ。だからベール氏は、著者はマニ教徒の反論に触れてないからこの論争に自分は利害関係がない、なぜ答えないか公に言明すれば十分だと言った。

（一）パリ、一七〇四年、十二折判一巻。
（二）この匿名子はドン・アレクシ・ゴーダン〔五〇三〕というパリのシャルトルー会士で、ノートル＝ダム教会参事会員ゴーダン師〔五〇四〕の甥だった。
（三）『学芸著作史』、一七〇四年八月号、三六九ページ以下。

悪は存在ではなく単なる欠如だと聖アウグスティヌスとともに措定すれば二原理説は容易に崩せる、と匿名子は主張していた。ベール氏も、その説はひとたび証明されたら、悪は実体だと言っていた限りでのマニ教徒に対して堅固な反駁になるだろうと認めたが、しかしマニ教徒も、聖アウグスティヌスと論敵の間にあるのは言葉の争いにすぎない、誤解にすぎないのを示して容易に切り抜けられたろうと言った。さらにベール氏は、この論争を規則どおりに扱うのを適当と思うならもう一度仕切りなおしするほかない、あの本の最初の単語をしたため時から一歩も進んでいないからだが、聖アウグスティヌスにあるものしか挙げられないならいっそ何もしない方がましだろう、と匿名子に注意した。付け加えて、「それ〔聖アウグスティヌスにあるもの〕はたしかにマニ教派の不合理を見事に照らし出せるが、問題はそんなことではない。必要なのは防禦戦であって攻撃戦ではなく、マニ教徒の不敬の説を反論でやりこめてもまだ不十分で、聖アウグスティヌスが反駁した相手ほど与しやすくはない敵をも打倒できるような論争に踏み込まなくてはなるまい。二原理説の障害に嫌気がさしてその仮説を斥けつつ、もう一方の仮説もそれに伴う困難から脱するまでは信じようとしない、そういう懐疑論者と闘う様を思い浮かべねばなるまい。要するに、人類の罪悪や悲惨と無限に聖で無限に力があり無限に自由な原因という観念の間に非常に密接なつながりがあることを自然の光で示さねばなるまい。」〔邦訳、同、九四八ページ〕匿名子はそんな厄介な議論に踏み込もうとはせず、沈黙という道を選んだ。

ベール氏は『彗星雑考』の擁護論を発表するという前々から何度もしてきた約束をようやく果たした。一七〇三年十一月にその仕事にかかり、完成するまでこの作品から離れまいと肚を決めた[一]。印刷は翌月に始まり[二]、本は一七〇四年八月に『一六八〇年十二月の彗星出現に際して、ソルボンヌの某博士に送った諸考察の続き、または、×××氏が著者に呈したいくたの異議への回答』[三]〔邦訳題名は『続・彗星雑考』〕という題で出た。「おしらせ」では、この作品は十年来何度も約束してきたが、出すのを急がなかったのには多くの理由があると言って、それを列挙した。「だから……、この本にかかろうと突然肚をきめた時には準備不足で、いろんな考えを更めて呼び起こしたり、〔はるか彼方から呼び戻したり〕[五〇五]せねばならず、材料を集めるのと使うのを同時にするような羽目になった。」〔邦訳、著作集第六巻、三ページ〕付け加えて、『彗星雑考』の内で、弁明しようという気になったものはただひとつしかなかった。無神論と異教の比較論である。しかし、そこから弁明の筆を執るうちに、作品の他の個所に呈されたいくたの異議にも答えるべきだと思うようになり、回答の配列はもっぱら、章の順序にのみよっている反論の配列に従うべきだと確信するに至った。第一巻のしまいまではその線で行ったが、しかし、それでは予定よりずっと大部の本になってしまうので、それを避けるため第二巻ではこの方針を放棄せざるをえなかった。第二巻には異教と無神論の比較論に属するものだけを収めた。それでも、この問題を全部片付けるわけにはいかなかった。その点をめぐる二、三の反論がまだ議論し残されているが、それは第三巻〔結局書かれなかった〕のためにとっておくことにした。」〔邦訳、同ページ〕

（一）デ・メゾー氏に宛てた一七〇三年十一月九日付の手紙。
（二）ミニュトリ氏〔五〇六〕に宛てた一七〇三年十二月十六日付の手紙を参照。
（三）ロッテルダム、ライニール・レールス書店、一七〇五年、十二折判二巻。

次に、ベール氏は必要不可欠と思う指摘をした。いわく、「異教は少なくとも無神論と同程度に悪いと主張したあの長い議論は真の宗教にとって全くどうでもいいものだということをよくよく留意してくださるよう、読者にお願いしたいのである。キリスト教の利害は異教の偶像崇拝の利害と完全に切り離されているから、異教の偶像崇拝が無信仰ほど悪くないとされようと、無信仰よりもっと悪いとされようと、キリスト教は何ひとつ失うわけでも得るわけでもない。だからあの議論は、正統信仰とはかかわりなくどんな立場でも無差別〔五〇九〕にとれるたぐいの問題なのだ。アリウス主義〔五〇七〕はサベリウス主義〔五〇八〕より悪いか悪くないかとか、ネストリウス異端はエウテュケス異端〔五一〇〕より有害な度合が多いか少ないかとか、その他、いにしえの宗教会議などの決定にほかの点で賛同するならたとえ間違っても信仰に打撃を与えると非難されたりしない多くの問題では、昔から何を主張しようと自由だった。」〔邦訳、同、四ページ〕その上でベール氏はいくつかの反論に先手を打ち、この問題の解明に資するいくつかの指摘をした。先にも見たように、『簡潔なる点検』と題するジュリユー氏〔五一一〕の文書にこの作品でくわしく答えるとベール氏は前に約束していたが、それをしなかった理由をここで教えてくれている。いわく、「なお、一六九四年に『簡潔なる点検』と題する文書を二言三言で反駁するため『彗星雑考付記』を公にした時、私はあの文書のくわしい反駁をするとお約束しておいた。しかし、本書ではそれをなんら考慮に入れなかった。予備的な回答だけで十分すぎると思ったからである。」〔邦訳、同、七ページ〕

この『続・彗星雑考』の第一巻で議論された主な反論は、次の六つの問題をめぐるものだった。一、なんらかの神格を認めることであらゆる民族が一致するのは、神が存在する確実で論証的な証拠か否か、二、占星術にはなんらかの確実性があるか否か、三、異教は徳の実践や品行方正を説いたか否か、四、すべてのものは人間のために創られたか否か、五、歴史家は信じられない迷信的な事柄も報じるべきか否か、六、異教徒の多神教は誇張して言われたか否か、である。第二巻は、「無神論は偶像崇拝より大きな悪ではない」と『彗星雑考』で言ったのは正しかったことを示すのに充てられた。ベール氏はすでに同書で挙げた作家たちを指示し、それ以外にも多くの作家を引いた。その中には、無神論に劣らぬほど悪いもの、あるいはもっと悪いものもあると言ったり、無神論は偶像崇拝ほど悪くない〔五一二〕と言明すらしたのに教会裁判所からべつに批判を受けなかった教父たち、カトリック・プロテスタントの博士たちも含まれていた。そこから引き出す結論は、同じ説を主張する権利が自分にもあったこと、多くの作家が逆の説を唱えても、それは問題が万人の裁量に任され、否定論に与しても肯定論に与しても正統信仰になんの害も与えないことを証明するものにすぎないということだった。

この作品のせいで、ベール氏は二、三の論争に巻き込まれた。この人は行きがかりに、「造型的・生命的本体」というカドワース〔五一三〕、グルー〔五一四〕両氏の説を批判していた。これは非物質的な実体で、自分が何をしているか知らないながらも動植物を形成する能力を持つというのがこの人たちの想定だった。ベール氏が指摘した〔一〕のは、両氏はそれによって、知らないうちに、意図に反して、宇宙の素晴しい造りという神の存在の最も明らかな証拠を弱め、ストラトン〔五一五〕派が言い返しによってその証拠をかわす余地を与えるということだった。なぜなら、作るものの観念も持たずに動物の組織を生みだす能力を神が造型的本体に与えられたら、宇宙にある規則的なものの形成も認識の欠如と相容れぬものではなくなり、世界は盲目的な原因の結果たりうることになるからである。

(一)『続・彗星雑考』、第一巻、九〇、九一ページ〔邦訳、著作集第六巻、八九、九〇ページ〕。

この仮説を採用していたル・クレール氏〔五一六〕は、それを擁護する義務があると思った(一)。この人は、あの仮説が無神論者を最も困らせる論理の一つを言い返しでかわす余地を与えるとベール氏が言ったのはけしからんと思い、その指摘はカドワース、グルー両氏の宗教心と能力について不利な観念を生じさせる、そのことには自分も利害関係があると抗議した。この人が言ったのは、ベール氏も両氏の説を正しく理解していたら二人が無神論者につけこむ余地など与えてないのに気が付いたろう、なぜなら、二人が認める造型的・生命的本体は神の手にある道具にすぎず、神から与えられた以外のいかなる力もなく、行動も神に律せられ、主要原因が生みだし用いる用具因〔道具としての原因〕だからだ、金槌、物差、直角定規、コンパス、斧、鋸といったものも、そういう道具を使った人間の腕も知性を欠いているからといって、建物が技術なしに作られたと言うわけにはいかない、建築家の精神が目的を達するためにそれらすべてを導き用いただけでよい、だから、万物の形成を導き律した知性的原因の存在を否定する無神論者が、二人の哲学者から反論として言われた論理を投げ返せないのは目に見えている、ということだった。

(一)『精撰文庫』〔五一七〕(一)、第五巻、記事四、二八三ページ以下〔邦訳、著作集第七巻、一〇七四―一〇八二ページ〕。

ベール氏はそれに答えて、両氏の正統信仰も能力もなんら傷つけるつもりはなかった、そのことは説明済みでもあると言った。また付け加えて、二人の仮説にみつけた欠陥は二人だけに特有のものではなく、デカルト派を除く古今のあらゆる哲学者に通有のものだとも言った。ベール氏が示したのは、造型的本体を神の手の中の単なる道具とみなしたらせっかく避けようとしたデカルト主義的仮説の不都合に陥ったろうから、造型的本体は能動的原理で、たえず押され導かれる必要はなく、神がそれらをしかるべき場所に置き、その歩みを見守って必要な時は修正すれば足りるとあの二人は思ったのだと想定せねばならないが、だとすると言い返しの余地が生じるということだった。なぜなら、世界の秩序と均斉を神の存在の証拠として挙げる時は、規則的な制作物を生みだすにはそれの観念を持たねばならないことが前提になるが、なのにカドワース氏によると、動植物を生みだす造型的本体は作るものの観念を持たないからである。造型的本体はなんでも知っている存在が創造したもので、その存在が持つ観念を実行するだけだと答えたら、ストラトン派はこう言い返すだろう。造型的本体がそれらの観念を動力因の資格で実行したら、それの不可解さは自分への反論として言われることと変わりない、自分は知らないが別の者は知っている計画に従うのも、誰も知らない計画に従うのと難しさに甲乙ないからだ、と。ストラトン派はこう言うだろう。すぐれた制作物を生みだす能力、それも一切の認識から切り離された能力を神は被造物に与えられたと君は認めているんだから、すぐれた制作物を生みだす能力と制作物の本質や生みだしかたの観念の間には必然的な繋がりが全然ないのも認めるべきだよ。したがって、この二つは自然の内で切り離せないとか、造型的存在が君に言わせると神からの贈物として持つものを自然がおのずから持てないと言うのは間違いなのさ——と。この議論を簡略化するため、ベール氏はそれを「造型的・生命的本体は神の手の中の道具にすぎないとあの人たちは説いたのか」という事実問題ひとつに還元した。そしてこう言ったのである。使った道具は知性を欠くが、それでもきわめて規則的な建物を作った建築家の例で、ル・クレール氏はそれを肯定するかに見える。建築家の場合、そういう道具や自分の腕すらも押される限りでしか動かない受身な道具なのは歴然としている。造型的・生命的本体もそれと同じなら、言い返しなどなんら恐れるに及ばないのは認めよう。だが一方、それだと神だけがあらゆる発生の直接的な近因になり、せっかく斥けようとしたデカルト主義のドグマを承認することになってしまう——と。

（一）『学芸著作史』〔五一八〕、一七〇四年八月号、記事七、三八〇ページ以下〔邦訳、著作集第七巻、九五一—九五六ページ〕。

ル・クレール氏は応答して、[二] カドワース氏は造型的本体を受身な道具とはみなしていない、造型的本体は神の指図を受けており、やりかたは分らないがとにかく神が導いている、造型的本体が規則的にはたらくのも神の命令を受けてのことで、神は好きなように、好きな時に介入するのだ、人間に導かれれば自分が何をしているか知らなくてもいろんなことを規則的にする、そういう獣の能力と造型的本体のはたらきとの唯一の違いは、神がいかにして介入するかはわれわれに分らないが、人間がいかにして行動するかは見れば分ることだけだ、と言った。付け加えて、だがいずれにせよ、無神論者がカドワース氏の論拠を氏に投げ返すことはできない、造型的本体が秩序正しくはたらくその秩序とは神が作ったものだが、無神論者の考えによると、物質は自分を律する原因も規則的に運動する力を自分に与えた原因もないのにおのずと運動するからだ、物質はその力をおのずと持つと言ってもあの論拠を投げ返すことにはならず、容易にひっくり返せる想定をしただけだろう、とも。

（二）『精撰文庫』、第六巻、記事七、四二二ページ以下〔邦訳、著作集第七巻、一〇八八—一〇九〇ページ〕。

ベール氏は再度の答弁をして、[一] まず問題の所在を思い起こさせた。この人が言ったのは、自分が何をしているか知らないのに動物を組織する能力を持つような存在があると仮定したら、世界は知性的な原因のはたらきなしに生みだされえたと称する者に反駁できなくなるというのが言い返しの根拠だということだった。そういう存在は或る知性的な原因からその能力を受け取ったなどと答えても無駄であろう。そんな答をしても、物質を組織できることと認識の欠如とが両立するのを認めることに変わりはないし、したがって自分で自分に反駁することになるからである。ベール氏は次にル・クレール氏の応答を検討した。認識を欠く被造物が神の導きのもとに、知性的な原因に劣らず規則的にいろんなことを行なえるというのは十分理解できると認めはしたが、ただその場合、この被造物は神の手の中の受身な道具となると言った。だから、カドワース氏の造型的本体は組織化の動力因ではありえず、せいぜい道具にすぎないのである。受胎の最初の瞬間にも組織化が完了するまでの後続の各瞬間にも、物を見分ける能力などそれらにはないのである。だから、最初から最後まで神がそれらをたえず押し当て導かねばならない。そこからどうしても、造型的本体は神の手の中の受身な道具にすぎなくなり、したがって、カドワース氏はデカルト派と同じことを仮定しない限り言い返しを避けられないことになる。獣の例はこの異議をさらに裏付けるとベール氏は付け加えた。なぜなら、獣のあらゆる用途を通覧すれば、獣の持つ知識が道案内にならないところでは総じて、まるで純然たる機械のように押すかあるいは導くかしなければならないことが分るからである。

（二）『学芸著作史』、一七〇四年十二月号、記事十二、五四〇ページ以下〔邦訳、著作集第七巻、九五七―九五九ページ〕。

カドワース氏の娘のマサム夫人〔五一九〕が自分宛の手紙で「当然ながら、父君に対するベール氏のやりくちに不満を洩らしておられ」〔邦訳、著作集第七巻、一〇八九ページ〕、その手紙を印刷する自由も与えてくださったが、カドワース氏の説をもっとよく理解してベール氏が考えを変えることもありうるから、自分は印刷に付すべきでないと思ったとル・クレール氏は言っていた。マサム夫人はベール氏への偏見を吹き込まれていたのである。しかし、ベール氏はル・クレール氏への最初の答で言ったことを見てほしいと言い、あの女性も知識の豊かなかただから、それをよく検討なされば情報の誤りがきっとお分りになろうと付け加えた。果して、マサム夫人はベール氏の釈明を見るや、前の手紙は破棄してほしいとル・クレール氏に求めた。(一)

(一) コスト氏〔五二〇〕に宛てた一七〇五年四月三十日付の手紙と同七月三日付の手紙を参照。

ル・クレール氏はなおも、カドワース氏は言い返しの余地を与えていないと主張し続けた。この人が言った(二)のは、動物を形作るというような計画を立てることは第一原因における認識の欠如とは両立しないが、この第一原因に導かれて作用する第二原因においてはそうではないこと、受身な道具に対してするように神が第二原因をたえず導いたり押したりする必要はないことだった。(三)「人間が獣を使うのを例にあげて、そのことは証明したつもりである。獣の身体器官は人間が動かすわけでは毛頭ないが、なおかつ規則的にはたらき、自分の知らない一定の結果を生みだす。ベール氏が言うように、純然たる機械のごとく人は獣を押すわけではない。獣が自分で手足を動かすからである。たとえば、犬が或る種の円筒に入れられて、歩いてはその円筒を回転させ、串と刺したものをぐるぐる廻す場合、その犬の使われかたはただの焼串回転器と同じだと言えるだろうか。焼串回転器は錘だけで動かすが、犬の肢は人が動かすのではない。犬自身が動かすのである。犬のかわりになんらかの機械を置いたら、同じ効果はけっして生じまい。」さらに、「神が非物質的な形成的本体をどうやって物質に押し当て導くのか、しかも形成的本体のあらゆる作用の作り主にならずにそうするのかということは、正直のところ私にも言えない。しかし、直接的な証拠をすでにあげたからには、その考えを不合理として斥けるわけにはいかない。そうでなかったら、〔五二一〕完全で正確な観念を持たないものはおしなべて斥けなくてはならなくなるが、それでは滑稽なピュロン主義に陥ってしまう。」〔邦訳、著作集第七巻、一一〇二―一一〇三ページ〕神の存在をうちたてるのにいちばん適していそうだから機会原因説をほかの説より好むとベール氏が言ったことについては、その点の議論には一切立ち入るつもりはないとル・クレール氏は言明した。いわく、「私はただ、カドワース氏の説を蓋然性のある意見として提示したからには、それが宇宙の秩序という無神論者に呈せる最善の論拠を言い返しで打ち砕く余地を当の無神論者に与えるとベール氏が言ったのは間違いなのを示さねばならないと思ったにすぎない。その仕事は終了したから、言うことはもう何も残されていない。個人的な問題に立ち入るつもりも、意図を穿鑿するつもりもない。隠れた意図を暴いたりしたら、疑いをかけられた者がいやな思いをせずにはすむまい。」(三)

(一)『精撰文庫』、第七巻、記事七、二八一ページ以下〔邦訳、著作集第七巻、一〇九一―一一〇三ページ〕。
(二)同、二八六、二八七ページ〔邦訳、同、一一〇二ページ〕。
(三)同、二八八ページ〔邦訳、同、一一〇三ページ〕。

ベール氏はこの論争のおさらいをして、それをさらに深く検討した。(一)そこで指摘したのは、神は動物の組織化の観念を持つというカドワース氏の仮説も、組織化の直接的な真の動力因は何事も認識しないというこの人の想定にある不可解なもの、不可能なものを取り除いてくれないということ、ストラトン派は第二の仮説を使ってもう一方の仮説に異議を申し立てられるはずで、機械の発明者が何も認識しないということも、機械についてなんの観念も持たない者に発明者がその機械を作らすということもともに等しく不可能に見えるのをカドワース氏に示すだろうということだった。ベール氏はさらに付け加えて、串を回転させる犬の例は自分が提起した事例から外れる、獣を利用する時は獣を「押しかつ導か」〔邦訳、著作集第七巻、九二二ページ〕ねばならないと自分は言ったわけではなく、「獣の持つ知識が道案内にならないところでは総じて、まるで純然たる機械のように押すかあるいは導くかしなければならない」〔邦訳、同ページ〕と言ったにすぎないからだと述べた。「或る種の円筒に入れられた犬は、歩かねばならないこと、休んだら打たれることを知らないではありません。動きを中断したら、そのつどおどかされないでしょうか。いや、実際に殴られないでしょうか。ですから、道案内になる一定の知識がないわけではなく、周囲のいろんな事物を見て恐れを抱き、その恐れや他のなんらかの情念で自己の〈運動〉能力にはたらきかけるわけですし、また置かれている位置からして、動けば必ず円筒が中心を軸にして廻り串を回転させざるをえないのです。したがって、犬を押したり、〈犬の肢を動か〉したりする必要はなく、肢を動かすような感覚か情念を犬の内に掻き立てるだけでいいのです。」ベール氏はさらに続けた。「犬が自らに与える運動がたえず別な原因の導きを受けるのを見ようではありませんか。その運動は犬を或る場所から他の場所へ行かせるようなものではありません。犬はたえず動いているのに、同じ場所にいつまでも留まります。どうしてでしょうか。自分の運動が円筒のありようからしてそうなるべくたえず決定づけられるからです。したがってこれは、獣の持つ知識が道案内にならないところでは総じて、獣を何かに役立てようと思ったら押すかあるいは導くかしなければならないのを証明する例になります。駑馬曳きも御者もみなこれを裏付けてくれましょう。馬が道を知っていれば御者も休むか、馬が務めを怠らないように気を付けるだけにとどめるかしますが、道を曲がるべきだということを馬が知らないと、必要な方向へ向けるため早速自ら行動せざるをえなくなります。」〔邦訳、同、九二一―九二二ページ〕ベール氏は付け加えて、造型的本体の存在の「直接的な証拠をすでにあげた」とされる点については、この見解を採用するかピュロン派になるかどちらかしかないほどその証拠を立派なものとは思わないが、そういう研究に立ち入るつもりはないと言った。

（一）『田舎の人の質問への答』、第三巻、第179章以下。

（二）　同、第181章、一二七九、一二八〇ページ（邦訳、著作集第七巻、九二一ページ）。

ル・クレール氏の最後の応答の締め括りの言葉は、ベール氏に次のように言う余地を与えた。（一）ル・クレール氏が「いとも容易に認識できるひとつの点に十分思いを至さなかったことだけは申し上げておきましょう。それは、或る理由が非常にしっかり神の存在を証明すると宗教熱心から或る人が主張すれば、同じ宗教熱心から別の人が、その理由は無力で危険だと主張する可能性もあることです。二人が目指すところは同じで、違いは論拠の性質をめぐる判断の仕方だけだということもありえましょう。ですから、疑いをかけるような言いまわしはどちらも一切控えるべきです。控えるつもりだなどと言ったら、なおかつ相手を傷つけずにはおきませんから、そんなことを言って控えるのではなく、完全な沈黙によってすべきです。両方とも公正を何よりも旨とすべきで、読者の悪意に迎合しかねないことはこれっぱかしも言ってはなりません。正統信仰をどれだけ熱心に擁護した人でも、神の存在やその他あらゆる信仰箇条の論拠を検討して、弱いと思うものを斥ける権利は常に保持してきました。」そして、教義に異を立てるのと教義を証明するために挙げられるなんらかの理由に異を立てるのは違うということはローマ教会でも認められており、プロテスタントの間ではこの自由がさらに大きいことを示したのである。ベール氏は続けて言った。（二）「いずれにせよ、カドワース氏の言う造型的本体をめぐる論争に宗教がなんの利害関係も持たないのは容易におわかりいただけましょう。これは最近考案された仮説で、追随者も少ししかおりません。それが無神論者に揚げ足とりの口実を与えるか与えないかはどうでもいいことです。そんなことは、無神論を叩くためにあの学識豊かなイギリス人が使い驚くほど見事に展開している他の多くの動かしがたい論拠をなんら損いはしません。逍遙学派〔アリストテレス＝スコラ学派〕の説は何世紀もの間この造型的本体説と同じようなケースに属しましたし、それは今でも変わっていません。ですから、お話する論争は二人の個人の問題にすぎず、純粋に論理学・自然学の問題なのです。争われるのは或る種の言い返しが可能だとベール氏が言うのは正しいかどうか、ル・クレール氏がそうでないと主張するのは正しいかどうか、また、同氏が造型的本体説の障害や欠陥をみつけるきっかけを読者に与えなかったかどうかにすぎません。」

（一）同、第182章、一二八六、一二八七ページ〔邦訳、著作集第七巻、九二五—九二六ページ〕。

（二）同、一二九〇、一二九一ページ〔邦訳、同、九二七—九二八ページ〕。

ル・クレール氏はそうは受け取らなかった。この人いわく、(二)「カドワース氏は……自分らに対して言われる論理のいくつかを投げ返す余地を無神論者に与える……とベール氏が非難した時、私ははじめ、これはカドワース氏の考えがよくわからなかったせいかと思った。実際、……氏にはカドワース氏の考えがわかっていなかったからである。しかし、その点を三回も説明してやったのに、それを一切受けいれる気が氏にないのを見て、私はもう、ベール氏があんなことを言ったのは『彗星雑考』やその『続』でもしているように無神論者の弁解をすることが狙いなのを疑わなくなった。……どうやらこの人は、カドワース氏が非常に輝かしい、キリスト教にも非常に有利な仕方で無神論者を打ち負かす——そのことは、ベール氏もあえて否定しなかった——のを見て遺憾に思い、神がいますのを否定する輩に武器を提供すると非難して、何がなんでもあの偉人の哲学の仕方を貶めねばならなくなったらしい。」ル・クレール氏は次に、現在では困難はみな以下の命題ひとつに還元されていると言った。「自己自身によってはたらき、神から受け取った能力を用いて、動植物の体がそうであるような機械を、しかもそれの観念を持つことなく、小型に形成するようなひとつの非物質的本性がありうるや否や」〔邦訳、著作集第八巻、八二六ページ〕ということである。ル・クレール氏はありうると主張したが、その際も相変らず、この本性を作った者〔神〕が自己自身の内に、この本性がすることの明晰な観念を持つことを前提にしていた。そうでなかったら、盲目的な本性が秩序正しくはたらくことは不可能になるからである。だからといって、その本性が神の手の中の純然たる受身な道具だということにはならない。仮定によれば、それは自己自身によってはたらく本性だからである。この人は、人間が能動的な道具として用いる獣の例を挙げた。人間は獣に荷を積んだ荷車を挽かせたり、一定の秩序にしたがって石臼を回させたりするが、獣自身は自分が何をしているかも、なぜそうするかも、なんらかの秩序を守っているかどうかも知らない。この人はまた、鳥がする重立った行動を列挙して、そういう行動はいかに素晴しいものでも認識を伴わずに行なわれる、そうでなければこれらの動物は人間よりはるかに知力があり、推理の仕方も人間より限りなく優ると結論せねばならなくなるが、それは不合理の極みだからと言った。造型的実体について自分も明晰な観念は持たない、神がいかにしてそれらを物質に押し当てるかも、それらがするはたらきの作り手にはならずにいかにしてそれらを導くかも知らないと白状はしたが、ただ、自分が何をするか知らないのに自分のはたらきの作り手であるような能動的な道具については実に明晰な観念を持っている、獣が様々な面でその種の道具であるのを目にするからで、問題はそこにこそあるのだと言った。付け加えて、ベール氏がするように、まるでカドワース氏がそれしか主張しなかったかのごとく、カドワース氏の意見から一つの命題だけ切り離し、投げ返しに使うためそれを無神論者に持たせてはならない、秩序の観念を持たないものも秩序正しくはたらけるとカドワース氏は一般的に主張したのではなく、秩序の観念を持つ全能の存在は、それを持たないのに秩序を守るような他の存在を作れ、自分が望む仕方でしか行使できない一定の能動性をそれらの存在に与えられるから、またいかにしてかは分らないが、それらの存在を自らはたらきかける物質に押し当てられるからと主張したのだとも。カドワース氏の見解をこのように説明した上で、ル・クレール氏はこう言った。「わざわざ立ち止まって、ベール氏のたとえの細かな反駁はしまい。たとえは正確でなく、問題の真の所在を見失わせるもので、無神論者の肩を持つため氏が意図的にこんがらからせる混乱した観念にしかもとづかない。ベール氏が私の言うことをよく理解せず、どういう狙いで私が語るかについても十分な注意を払ってないことを示すため、足を止めて細々した推論を槍玉にあげることもしまい。それでは読者が退屈しようし、うんざりする繰り返しや、つまらぬことでのしんどい議論を避けられまい。」〔邦訳、著作集第八巻、八二三ページ〕

（一）『精撰文庫』、第九巻、記事十、三六一、三六二ページ〔邦訳、著作集第八巻、八二五ページ〕。

ベール氏は自分がした最後の答でこの論争は終わったとみなし、ル・クレール氏の応答についてはいくつかの考察をするだけに止めた。いわく、（一）「カドワース氏の造型的存在をめぐる論争は、今や終結したとみなしていい。ル・クレール氏が大騒ぎをやめたわけではないが、この人がするのは前に言ったことのパラフレーズだけで、こちらの応答は全部無疵で残るからである。したがって、それらの応答を何ひとつ新たな指摘で支える必要はなく、それをル・クレール氏の最近の文書〔五二二〕とくらべてみるよう読者にお願いするだけでいい。」ライプニッツ氏もストラトン派の逆ねじを正しいと認めた〔五二三〕ことをベール氏は述べ、付け加えてこう言った。「しかし、逆ねじのことはもう言うまい。その造型的本体の作業に神が介入する必要があると仮定することで、ル・クレール氏はそれに十分手を打っている。中断があるような導きでは不足だろうということは同氏に対してすでに証明ずみだから、したがって、神は造型的本体を間断なく導くことになり、造型的本体は用具因としかみなせぬという結果になる。さて、その場合は論争の種などもう残らない。ストラトン派から逆ねじをくわされるか、造型的本体は胎児が組織される本当の意味での動力因でないか、という二者択一をベール氏は常に措定してきたからである。ル・クレール氏の答から引き出すべき帰結は、神が造型的本体を直接導くにせよ、一個のバネのようにそれを機械の内に置き、その機械の形があらゆる部品を導く恒常的な原因になるにせよ、それに相当する他のなんらかの決定づけを用いるにせよ、とにかく造型的本体は神の手中にある道具にすぎないということだ。造型的本体には能動性がそなわっているなどと言わないでほしい。そんなことは、純然たる道具であるのを妨げはしないのだから。」〔邦訳、著作集第八巻、二二四ページ〕ル・クレール氏が獣の喩えなど使えないことは証明済みで、鳥は自分自身の認識にも機械的な法則にも導かれないのに驚くべき規則性を以て種々のことを実行すると同氏のように想定するのはスコラ学者の言う「隠れた性質」に逆戻りすることだとベール氏は言った。付け加えて、(二)「ル・クレール氏をこれ以上追いつめるのは、一種非人道的な行為であろう。この人は困惑を自ら認めるが、窮地に立たされたしるしであろう。もう罰は十分受けたのだ。とりわけ、造型的本体にあれほど熱を上げながら、現代哲学者の全員にせせら笑われたのを見るならば。嗤っている側にしても、ほかのことでは趣味が良さそうに見えた人が、依怙地な態度を改めるくらいなら不合理きわまる唐人の寝言を口走る方がいいなどと思うのが理解できない。」カドワース氏も自分の説から生じる帰結を見越していたらその説を手直ししたに相違ない、ル・クレール氏の最初の答が出た時にまだ存命だったら、これほど不必要に人が自分の栄光に関心を持つのを見てびっくりしたはずだ、ベール氏の意見はカドワース氏やグルー氏に劣らずトマス・アクイナスにもスコトゥスにも、〔五二四〕その他あれこれの大天才にも関わるもので、ル・クレール氏から何やら嗾(けしか)けられたのにグルー氏は気に掛けなかったとも言われた。いわく、(三)「カドワース氏にしても、人類のほぼ全体とくらべて自分の関わりの方が多いわけではないような反論にはグルー氏に劣らず無関心だったろうし、前から種がある喧嘩の口実として自分が使われたにすぎないのではないかと、きっと睨んだことであろう。ちと怪しいぞ、何か前々からの原因が、出来て久しい膿瘍(はれもの)があって、ようやくつぶれかかっているのだろう、と思ったはずである。」ル・クレール氏の感じやすさを知っているのであの人には大いに手心を加え、カドワース氏のドグマを誤解していると非難するのも慎んだ、ル・クレール氏はこちらの言い分に反駁できない無力さを隠すためそれを「つまらぬこと」などと言った、さらに、造型的本体をめぐる論争に負けてル・クレール氏は逆上し、その問題を再論した時は自制心などこれっぱかしもなくなり誹謗中傷を事とした、教区民の誰かが教理の真実性を本当は認めているのに、自分が出した論拠の強さに同意しないと「異端者だ、火あぶりにしろ」とわめき立てる村の司祭さながらだ、とも言った。

(一) 〔ベール〕『ベール氏のためのル・クレール氏への答。《精撰文庫》第九巻、記事三と記事十三について』、三一ページ〔邦訳、著作集第八巻、二二四ページ〕。
(二) 同、三四ページ〔邦訳、同、二二五ページ〕。
(三) 同、三五、三六ページ〔邦訳、同、二二六ページ〕。

カドワース氏の造型的本体をめぐるベール氏とル・クレール氏の論争は、結局こういうことになってしまった。

一七〇五年の暮れに、ベール氏は『田舎の人の質問への答』の第二巻と第三巻を同時に出した。第二巻の序文では、この二巻が第一巻と違うのは、第一巻には文学的・歴史的な雑考が多く理屈っぽい問題は少なかったのに対し、この二巻には逆に理屈っぽい問題が多く文学的・歴史的な雑考が少ないことだと指摘した。付け加えて、「理屈っぽい問題が第一部に多すぎると誰かが文句を言ったという話は聞かないが、そういう問題が十分にないと多くの人が文句を言ったことはかねがね知っていた。そこで比率を変え、一冊目ではアクセサリーにすぎなかったものを続篇では主役にするのが適当と思ったわけである。」〔邦訳、著作集第七巻、一二六二ページ〕この書のプランは当然ながら、どんな種類の主題でも入れる機会を与えてくれた。ベール氏はそれを利用して、自分に利害関係があるいくつかの新刊書を検討した。

ロンドンデリの監督で後にダブリンの大監督になるキング氏〔五二五〕が悪の起源についての本（一）を公にしていた。ベール氏はこの人の原理を検討したが、その書を持っておらず、オランダでみつけるのも難しかったため、ベルナール氏〔五二六〕が『文芸共和国便り』（二）に載せた長い抜萃について一般的な感想を記すだけにした。キング氏がその書を著わしたのは、ベール氏の辞典の中でマニ教徒〔五二七〕が呈する物理的悪と道徳的悪についての異議を取り除くためだった。経験が教えるように、人間は病気になったり苦しみや悲しみを味わったり、その他各種の悲惨に晒されたりするのみならず、さらに無数の罪悪も犯しかねない。問題はこういう事実と、無限に完全な存在〔神〕の至高の慈愛、至高の叡知という共通概念を両立させることである。キング氏は思慮に富む正確な精神の持ち主だったから、この困難がいかほどでそこからどういう帰結が生じるかも鋭い目でたちまち摑み、それを解決するために幾多の新たな原理を使った。この人が措定したのは、宇宙の創造に当たって神が目指した目的は大方の神学者が言うように栄光を獲得することではなく、自分の力を行使し自分の慈愛を伝えることにあった、地球は人間のために形成されたわけではなく、そんな絵空事を吹き込んだのは人間の無知か傲慢にすぎない、世界にある幸福の総量はそこに見る不幸の総量を上まわる、そのことを示す明らかな証拠は、人間は禍に圧しつぶされてどんなにひどく嘆く時でもなおかつ死を恐れ生に激しく執着することだ、人間は物質から引き出されたのでどうしても病気、悲しみなどに晒されるが、苦痛や情念は人体を破壊しかねぬものへの警鐘になるから人体の保全にとって有益且つ必要だ、悪は善と切り離しがたく結び付いており、自然法則から必然的に結果する不都合にすぎない、物理的悪が万有自然に必要だったのは直径の等しさが円に必要なのと変わらず、こういう必要悪は神の慈愛をなんら危うくしないということだった。

（一）『悪の起源について。神学博士、デリの監督ウィリアム・キング著。ダブリン、一七〇二年』（八折判）。同じ年にロンドンで再版された。
（二）　一七〇三年五月号と六月号。

しかし、とりわけ難しいのは道徳的悪の問題、つまり人間の悪しき選択や、人間の意志の悪しき決定、一言で言えば悪徳と呼ばれるものの問題だった。この困難を解消するため、キング氏は自由意志という通常の解決策に頼ったが、ただそれについて他の神学者とは全く違う観念を与えた。自由意志とは選択する力にあり、自由な行為者の他の諸々の能力や対象の性質には依存しないとしたのである。つまり、その力は対象の良さによって決定づけられるのではなく、その力がする選択と決定によって対象が良いもの、好ましいものになるというのだ。この完全な独立性こそ人間の幸福の源である。それは人間を自己の決定の主人にし、自己の運命の決定者にするのだから。したがって、好きなものを選ぶ自由を神が最初の人間に与えなかったら、その人間の幸福は源泉からして乱されたろう。だからどうしても、人間は悪しき選択をして罪に陥ることができなくてはならなかった。自由の悪用を神が防ぐには三つのやりかたしかなかった。1、そういう自由を具えた存在を何も創造しないこと、2、自由な行為者が自由を悪用するのを阻むために、おのが全能の力を用いること、3、悪しき選択をさせかねぬ機会が何も生じないような別の住居に人間を移すこと、である。しかし、この三つの仕方のどれもが実行可能でなかったら、罪を許可したことは正当だと結論せねばならない。しかし、1、自由な存在を神が何も創造しなかったら、世界はいかなる能動的作用もしえぬ純然たる機械にすぎなかったろう。なぜなら、物質は動かされるが自ら動くことはないからである。さらに、神が世界を創造したのは様々な徳を発揮して自己の制作物を喜ぶためだった。さて、被造物は神に似れば似るほどますます自足的になり、神にとってもますます好ましくなるはずである。しかし、自分から動き、自分に満足し、恩恵を受け取ることも感謝することもできる被造物の方が、行動することも物を感じることも恩恵に感謝することもできないような被造物よりすぐれており、作った者にもいっそう気に入るということを疑うわけにはいくまい。2、自由の悪しき選択を防ぐため神が全能の力を介入させたら、人がしかねぬ自由の悪用より大きな不都合が生じるだろう。自由の作用を阻むのに要る力は、太陽の運行を止めるのに必要な力にも劣らない。それに神は、賞罰という動機で相手を義務の内に引き留めるという、自由な行為者への対しかたを一変させねばならなくなろう。自分がする決定でわれわれがいちばん喜びとするのは、決定しないこともできたはずだと心から確信することだが、神はそれも邪魔することになろう。意志の悪しき決定をことごとく防ぐために神がその力を介入させるべきだというのは、神がその徳の内最もすぐれたものの一つを発揮できないようにすべしということであろう。意志のそういう決定も神の叡知の最もすぐれた行使で、そこにはこの叡知が全く特別の仕方で輝き出ているのだ。3、自由の悪しき選択を防ぐ第三の方法について言えば、それは人類を全滅させようとすることだろう。人類はほかならぬ地球に住むべく作られている。たしかに、善人はいずれ別の場所〔天国〕へ移されて、そこに永久に住むはずだが、それは地球上でその用意が出来てからにすぎない。苗木が苗床でまず準備され、その上で庭に移されて、待望の実を付けるのと同じである。

キング氏はこのように物理的悪と道徳的悪に基づく反論に答えた。論争相手〔マニ教徒〕は啓示を認めてないと想定したから、自然の光〔理性〕から引き出す原理しか用いなかった。ベール氏はこの説で困難が取り除かれるとは認めず、非常に厳密且つ強力に展開した幾多の理由でそれに反駁した。

ベルナール氏はベール氏にきわめて重要な別の項目の主題も提供してくれた。『続・彗星雑考』の批評的抜萃を掲載して(一)、諸民族の全体的な一致は神の存在の証拠になるかという問題と、無神論と異教の比較論についてベール氏を攻撃したのである。そんなことをしたのは自分の正統性にかねて持たれている疑惑を払拭するため、またジュリュー氏〔五二八〕の御機嫌取りをするためだ、というのがもっぱらの噂だった。(二)それでも、この人はベール氏に非常な遠慮をした。いわく、(三)「ベール氏は誠心誠意真理を探求していると確信する……から、事前に相談しなくてもこの抜萃で私が二、三の異議を呈するのを悪くは思われまいと信じる。それらの異議は頭に浮かぶままに順次書き記すつもりだが、公正のルールと、氏の人物や真価に対する尊敬と敬意のルールはきちんと守ろうと思う。」諸民族の全体的な一致をめぐるベルナール氏の意見に、ベール氏は『田舎の人の質問への答』の第二巻で多くの紙幅を費して反駁した。

(一)『文芸共和国便り』、一七〇五年二月号と三月号。
(二) 前出の『ベール氏とその著作の歴史』〔五二九〕、二七一、二七二ページ。
(三)『文芸共和国便り』、一七〇五年二月号、一二五ページ〔邦訳、著作集第七巻、一〇二七ページ〕。

第三巻では、『信仰と理性の一致、または、ベール氏の《歴史批評辞典》に散見する主たる異議より宗教を守る』(一)というジャクロ氏〔五三〇〕の本にある自分に関係する部分を検討した。ジャクロ氏はすでにハーグから去ってベルリンへ行き、プロイセン王〔五三一〕の礼拝堂付き牧師をしていた。ベルリンへ移ると、この人はおおっぴらにアルミニウス主義〔五三二〕支持の立場を鮮明にした。オランダでワロン教会会議〔五三三〕の支配下にあった時はあえてしえなかったことである。一六九七年にこの人は『神の存在を論ず。この真理を世界最古代の普遍史と、エピクロスおよびスピノザの体系の反駁と、ユダヤ人の宗教に、またキリスト教の確立に見られる神性の特徴によって証明す。聖書の啓示の説得的な証拠をも収む』(二)という大著を発表していた。ベール氏が辞典でこの書を引いた(三)時の言い回しがジャクロ氏の気に入らず、その怒りすら掻き立てた。(四)「ベールさんが『神の存在を論ず』を引用した時に〈美しい本〉という讃辞しか呈さなかったのを見て、あの人がくやしさに堪えかねた〔のを知ってる人はオランダに無数にいますよ〕。不平たらたらで、方々文句を言って歩いたようですね。ただし、最上級の〈もっとも美しい〉とか、何か最大級の形容詞じゃなくて、原級の〈美しい〉しか使わないから文句を言うんだなんて口にする勇気はなかったもんで、〈美しい〉という言葉を皮肉の意味で使っているなどと言いましたがね。ベールさんはそれを知ったもんで、或る共通の友人に、あの言葉は自然な意味に取ってると明言してもらったわけです。皮肉な言いかたをするつもりだったと誰も疑いをかけようのない本(五)についてもあの言葉を使ってることは間違いないんですよ。ジャクロさんはいずれ不倶戴天の敵のような憎しみをこめてベールさんへの攻撃文を書くだろう、ただし、応答で十分羽をのばせるとわかってるから、一回目の攻撃ではその憎しみにも多少被いをかぶせるだろう、とその頃から占う人も少なくなかったんですね。」果して、ジャクロ氏は同書の序文で、「ここではっきり言明しておくが、私にはベール氏の人格にも心のありようにも攻撃を加えるつもりはさらさらない。同氏の学殖、才気、洞察力、その他文芸帝国で名をなさしめる立派な才能のすべてに私は尊敬を惜しまない」、「重ねて言うが同氏の意図にまで立ち入るつもりは毛頭ない。その判定は神とこの人自身の良心に任せよう。ああいう異議は誰かがそれに答えるように提起するだけだ、とこの人は言明している」〔邦訳、著作集第七巻、一一三六ページ〕と言った。

(一)　アムステルダム、一七〇五年。

(二)　四折判七百五ページ。この書をベール氏がどう見たかについては、デュ・ボス氏〔五三四〕に宛てた一六九六年十二月十三日付の手紙を参照。

(三)　アジアの町「ペルガモン」の項、註(C)、傍註(f)。

(四)　〔ベール〕『マクシムとテミストの対談、または、ジャクロ氏の《ベール氏の神学の検討》への答』、一四、一五ページ〔邦訳、著作集第八巻、五五三—五五四ページ〕。

(五)　バナージュ氏〔五三五〕の本だった。

同書の最大部分を占めるのは、『神の存在を論ず』や『メシア論』(一)のおさらいのようなものだった。ベール氏に関係のあることは、1、無差別の自由、2、悪の起源、3、啓示されたいくつかの教義に基づいてピュロン主義が行なえる反論、という三点に帰着した。そこでベール氏は、ジャクロ氏の本の標題を見ると全篇がベール氏への反駁に充てられているかに思われるが、実をいうとベール氏に関係があるのはこの本の最小部分にすぎないから、標題は人を欺くものだと指摘した。みつけた欠陥にはさらに本質的なものもあった。ベール氏いわく(二)、「このタイトルを見て、ベール氏が宗教を攻撃したと判断しない読者はいないでしょうが、しかし、ベール氏は次のことを示したにすぎないのです。それは、罪の起源と結果をめぐる神学の教えへの哲学的な反論はあまりにも強力なため、われわれの理性は弱すぎてそれを解消できないこと、したがって、われわれは予定の秘義に関しても福音の他の秘義の場合と全く同様にせねばならず、理解できなくても、哲学者の格率と一致させられなくても、神の権威にもとづいて信じねばならないことです。ほかにもいくつかの難問が氏の辞典に散見されますが、それらもみな同じ性格のものです。」ベール氏は付け加えて、これが宗教を攻撃することなら、三位一体、受肉、予定、さらに特殊に悪の起源はわれわれの理性には理解できない秘義で、理性はそれらを啓示した神の権威に服従してそれを信じねばならない、と言う時はどんなに正統的な神学者でも宗教を攻撃していると言わなくてはならなくなる、と述べた。啓示された信仰箇条が問題の時は異口同音に理性を忌避し理性の同意を求めない多くの神学者をベール氏は証言台に呼び出したが、わけても引用したのは、頭に浮かぶ困難を解決するため理性の助けを空しく求めるジュリュー氏だった。ジュリュー氏いわく(三)、「世界と歴史と諸事件に目を転じると、私はそこに自分が迷い込む深淵をみつけ、圧倒的な困難にぶつかる。たしかに、神が万物を創造し、その万物が当初は良きものだったのを見る。神の手から出た時の人間は義しく清らかで聖潔だった。だがたちまち、生みだしたばかりのこの被造物を神がほうりだし、罪に陥るのを放置したのが見られる。しかもその罪の結果たるや、かくも有害で恐ろしいものとなるはずなのに。」「(四)私は神のやりかたに自分には理解できないものをみつける。神が罪を嫌うことを摂理と両立させるのに大変苦労する。」「(五)このことが悩みの種でないとか、このことを神が罪に対して抱く限りない嫌悪とたやすく一致させられるとか言うほど不誠実な者がどこにいよう。神は限りなく罪を嫌うなら、どうして罪を予見しつつそれを防止しなかったのか。ほかの被造物が欺けるような被造物をどうして作ったのか。地獄落ちになるはずだとよくわかっている人間たちをどうして生まれさせたのか。その人間たちが罪にはしるのをどうして止めないのか。大多数の人間がそれにはしって地獄へ行くのをどうして止めないのか。神は百万人の人間を救い、破滅に任せるのは一人だけにすることもできたろう。ところが逆に、百人だけ救い、百万人を破滅に任せるのだ。もしかすると、この件では神はどうすることもできないのかもしれない。しかし、神の意志にさからえる者がどこにいよう。また、神は百人を救える以上、同じ方法で何百万人を救えないはずがどこにあろう。……民の八分の七が道に迷って断崖にとびこむのを予見しつつ、その道をあけ、野放しにし、それを防げるのに彼らが走ってゆくのを放置するような国王は、民の悪事や災難をこの上なく嫌うと言えるのか。」「(六)万人の常識がそこへ行くからである。そことはつまり、最初の人間の堕罪を許可したのと同様にたやすく阻止できた者、人々が迷い込んだ道という道を容易に閉ざせるくせにあけはなった者は、自分の原理からしても自分が抱くそれへの嫌悪からしても当然防止すべきで、なんの苦労もなしにくいとめられたその悪の張本人とみなせると思うことだ。」「(七)出来事について何ひとつ言い渡す前から、そういう状況に置かれたら人間はころぶはずでその子らもみな破滅するはずだと神は予見していた、などと言ったとて無駄である。そんなことをしても困難は一向へらない。私は依然としてこう言えるだろうから。アダムはそういう状況に置かれたら自由意志によって自分も破滅し何億万の人間をも破滅させるはずだと予見しながら、それでも神はそんな嘆かわしい状況にアダムを置いたのだから、悪という悪の第一の張本人なのは明らかだ、と。……本心から語る意志があれば、人間精神を沈黙させられることを神のため何ひとつ答えられないと人は白状するだろう。」(八)「結論として、聖アウグスティヌスの神と何事にも手を出さないエピクロスの神、または月の天球より下のことには世話をやかないアリストテレスの神の間には居心地のいい中間の場所などどこにもないと私は主張するものである。なぜなら、すべてに及ぶ全般的な摂理を認めるや否や、それをどのように理解しようとたちまち困難が再燃し、ひとつの戸をしめたと思うと別の戸からそれが戻ってくるからである。」

(一) 一六九九年出版。
(二) 『田舎の人の質問への答』、第三巻、第129章、六四二、六四三ページ〔邦訳、著作集第七巻、五六二ページ〕。
(三) 〔ジュリュー〕『摂理と恩寵を説明する厳格な方法と弛緩した方法についての意見』、一六八六年版二八ページ〔邦訳、著作集第七巻、五九五―五九六ページ〕。
(四) 同、六三、六四ページ〔邦訳、同、五九六ページ〕。
(五) 同、九二、九三ページ〔邦訳、同、五九七ページ〕。
(六) 同、九九ページ〔邦訳、同、五九八ページ〕。
(七) 同、一〇〇、一〇一ページ〔邦訳、同、同ページ〕。
(八) 同、一〇五ページ〔邦訳、同、五九九ページ〕。

一六八六年当時、ジュリュー氏の見解がいかなるものだったかは以上のとおりである。それから十年後に出した本でも、言葉の強さはその頃に劣らなかった。いわく、(一)「三位一体、受肉、贖罪、最初の人間の罪、〔地獄の〕刑罰の永遠性、肉の復活などについて理性のこの法廷で勝てると言うのは盲目も甚しい。口でそう言う者も、そう信じられない。彼らが誠心誠意語っていると納得させることは絶対できまい。理性の偽りの光はことごとくそれらの秘義に反撥するからだ。しかもこの偽りの光は、信仰の光でしか真の光と区別できないようなものなのだ。」

（一）〔ジュリュー〕『広義論者の宗教』、三八三、三八四ページ〔邦訳、著作集第七巻、六〇四ページ〕。

ベール氏が辞典でマニ教徒に言わせたのも、要約すればまさしくこういうことだった。悪の起源をめぐるこの人の反論はみんなジュリュー氏の反論の内に含まれていたし、悪に関する神の摂理についてわれわれの理性が呈する異議を解消できるような仮説は全然なく、したがって啓示のみで満足すべしと証明することにみな行き着いた。だがそうであれば、ジュリュー氏が重みに圧しつぶされて呻くかに見えるほど困り果てたその異議をジャクロ氏はどうして取り除いてやろうと一度も思わなかったのか、同じことを言ったジュリュー氏に対してはあんなに長く沈黙を守ったのだから、自分に対しては筆を執る義務があるなどとどうして思ったのか、とベール氏は問うた。

次にベール氏は自分に関わる主な三点を取り上げた。相手は自由意志を破壊するのに全力を上げた、目的は自分の反論に一層の力を持たせ、人間は必然的・不可避的に犯す罪悪のせいで不当に罰せられると見せるためだった、とジャクロ氏は非難していた。ベール氏は答えて、自由意志について自分ははっきり否定も肯定もしていない、肝腎な問題に入るのをいつまでも遅らせる予備的な問題に踏み込むのは遠慮する、これは実にこんがらかった、区別や曖昧さが実に多い問題で、議論をする者は無数の策に訴えられるし、自ら矛盾に陥ることも往々にしてある、ジャクロ氏には適当と思うあれこれの仮説に従って、ペラギウス
〔五三六〕主義まで行きたければ行く自由を残しておこう、無差別の自由をうまく利用できる立場はほとんどペラギウス主義ひとつしかない、と言った。

悪の起源の問題へ行く前に、ベール氏は、自分とジャクロ氏の間ではどんな信仰箇条も問題になってい

ない、教義の内容については二人とも完全に意見が一致していると指摘した。問題はただ、神の諸属性と予定の体系の間に実際間違いなくある一致をわれわれの理性が理解できるかどうか、その一致を分らなくする種々の異議に理性が答えられるかどうか、つまり、それについてわれわれの精神を納得させるだけでなく啓発もすることが理性にできるかどうかだ、と。ジャクロ氏は理性派の神学者とともに肯定論を取るが、自分は否定論を取り、初代宗教改革者やその弟子たちの仮説に合わせるのだと言った。次に、ジャクロ氏は目的を達するためどうすべきだったかを指示して、罪についての神学説といくつかの哲学的格率の間にある完全な和合をわれわれの理性に認識させられることを証明せねばならなかったと言い、信仰と理性の和合を確立するために両立さすべきものとして、一方では七つの神学的命題、他方では十九の哲学的格率を挙げた。

道徳的悪をめぐるあらゆる異議は自由意志という手段によって解消できるとジャクロ氏は思っていた。この人によると、自由意志とは「欲するがゆえに欲することをし、欲しなければせず、反対のことすらするように、人間が自己の行為に対して持つ力」〔邦訳、著作集第七巻、一一七〇ページ、および六六三—六六四ページ〕のことだった。ジャクロ氏はこう言った。こういう自由を持つ存在は、創造されたあらゆる存在の中で最も卓越した、最も完全なものである。自分の知性を善用も悪用もできる能力と、自分の行為に対する支配こそ、間違いなく人間が神格に最も近付く点である。神がこの宇宙を形作ったのは自分の栄光のため、つまり制作物の内で自分が知られ、被造物からしかるべき崇拝と服従を受けるためだから、自由な存在だけがこの目論見に寄与できた。自由でないような被造物が崇拝を捧げたとて、創造主の栄光には寄与しまい。人間の形をした機械がバネの力でひれ伏しても、自動人形が褒め言葉を述べてもそれに寄与しないのと同じであろう。神は聖潔を愛する。しかし、火が燃えるべく決定づけられているように、人間がその本性により善に従うべく必然的に決定づけられていたら、そこにどんな徳があるだろうか。だから、神の目論見を実行できる者は自由な被造物しかありえなかった。ジャクロ氏はそこから結論として、自由な被造物はおのが自由意志を悪用するおそれがあったとはいえ、それでも自由な存在はあまりにも気高く貴いもので、その卓越性と価値は悪用から生じうる最も遺憾な結果をもはるかに上まわるほどだったと言った。

ベール氏はそれに答えて、ジャクロ氏の原理が真実なら、神が徳に対して抱く必然的な愛はどんな称讃にも値しなくなり、天使や福者〔天国に行った者〕の聖潔は機械的な聖潔になり、悪魔も神を憎んだとてどんな非難にも値しなくなる、自分しだいで別のやりかたができるわけではないからだ、と言った。付け加えて、神の最も崇高な完全性の一つは善を愛さぬ可能性があることに矛盾が含まれるほど善を愛すべく決定づけられることにある以上、被造物でも善へ決定づけられれば、悪徳を好む力も嫌う力も等しく持つものより神の本性に合致するはずで、したがっていっそう完全なはずだ、とも。福者の状態は褒賞の状態で、そこでは認識が実に純化されているから、それは自由を常に善へいざない、一度として悪へは誘わないとジャクロ氏は言う。つまり、福者は相変らず自由意志を享受するが、それでもけっして悪い方へは向かないというのである。しかし、この状態は褒賞の状態だと認めるのだから、われわれが今いる状態より完全ですぐれたものとみなしているに相違ない。だから、神は人間の内で自由と徳の実践とを不断に変わることなく結び付けることもできたのである。ならば、神に捧げる崇拝と服従に自由が与えうる値打はみな地上でも天国でも見られることになる。したがって、神の栄光と聖徳には、自由の悪用に委ねられた自由な存在などなんら必要なくなる。善用に固定されていても、自由な度合が減りはしないからである。自由が人間を幸福ならしめることにしか役立たなかったら、ジャクロ氏が自由の利点や特典を持ち上げて、それを被造物が受け取れた最大の恩恵とみなさせるのももっともだったろう。しかし神は、かくも盛大なこの贈物が人間たちの破滅の道具になることを予見していたのだから、慈愛という原理からこんな贈物を彼らにするわけにはいかなかった。贈物は危険すぎ、それでは神が人間たちをそんなに高く持ち上げたのも、より激しく落下させるためにすぎなかったろう。これほど禍になる贈物を取り消したら、神が人間に与えた恩恵はさらに大きくなったはずである。

ベール氏はジャクロ氏にもっと強力な別の答えかたもした。すべての神学者が認めており、ジャクロ氏も御多分に洩れず認めるように、恩寵のはたらきは自由意志をなんら傷つけず、人の心を支配する神は自由の権利を侵害せずに人間の自由を好きなように間違いなく導くものである。そこから明らかに、神は人間に良い選択をずっとさせ人間を間違いなく善へ導いても人間の自由意志を傷つけることにはならず、人間を最終的に罪から守っても人間に与えたかくも貴重なこの自由を奪うことにはならないという結果になる。人間が罪を犯せることが必要でも、実際に罪を犯すことが必要なわけではなく、人間が罪を犯すのを神が防いでも、人間の自由をなんら侵害するわけではない。なのに神は、人間を変わることなく善へ向けるどころか、これでは倒れるだろうと予見したような具合に人間を作り、そう予見したような状況を人間に用意し、悪用すると分っている能力を人間に与えたのである。こうして、かりに無制限の自由を人間に与えたとしても、罪の許可と予見が神の慈愛や聖徳と両立できるかどうかという難題が常に再生するのである。ベール氏はほかにも多くの推論を使って、どんな立場を取ろうと道徳的悪の起源と結果をめぐる困難を解決するため自由意志を役立てるのは不可能なことを証明し、ジャクロ氏も予定論者と同じ陣地に隠れざるをえなかったのを示した。神の栄光の発現には罪を許可することが必要だったから、その許可は正しく、神のあらゆる完全性に適っていた、というジャクロ氏の答から生じる恐ろしい帰結を見せつけたのである。物理的悪に関するジャクロ氏の仮説や、地獄の永遠の刑罰についてこの人が与える観念も検討した。

ベール氏とジャクロ氏の論争の第三の項目は、啓示されたいくつかの教義に基づいてピュロン主義がしうる反論に関するものだった。『〔歴史〕批評辞典』の「ピュロン」の項には、ピュロン主義者の神父と良きローマ・カトリック教徒の神父がする討論の話が載っていた。双方に共通の原理は、三位一体、受肉、化体、アダムの堕罪、原罪といったローマ教会の秘義は疑いもなく真実な教義だということである。両討論者が真実と認めるこの仮定から、ピュロン主義者の神父は、玄義の真実性を認めたらたちまち虚偽になる明証的な命題が種々ある以上、明証性は真理の確かな特徴ではないという結論を引き出した。ベール氏はそれで三位一体や〔キリストにおける神性と人性の〕実体的結合は矛盾を含むことを証明しようとしたのだとジャクロ氏は主張して、神学者たちが言うことを説明しながらこの二つの秘義を擁護した。しかし、この人はピュロン主義者の神父の考えを誤解しているのをベール氏は示した。神父の反論の狙いはただ、それらの教義が明証的な命題によって反対され、その明証性に基づかせる確信をわれわれから奪うのを示すことにあったのである。ジャクロ氏はそれが嘘なのを証明して、明証的な命題が虚偽であるこんな例もわれわれに最も明白に見える命題に対してすら不信の念を抱く余地をピュロン派になんら与えるものではないことを示すべきだった。なのに、この人は問題をすりかえ、幻をでっちあげてそれと闘っている。福音の秘義はわれわれの理性に理解できなくても信じるべきだと告白することと、宗教は常に理性と対立すると主張して宗教を滅ぼそうとすることを同一視している。われわれの秘義が抱える様々な困難を解き明かすことなどなんら問題ではなかったのをあれほど慧眼な人が見落としたのは驚くとベール氏は言った。明証性は真理の反論でも秘義は真実だと仮定されていたし、真実だと仮定する必要すらあったのである。明証性は真理の確かな特徴でないという結論をそこから引き出そうとしていたのだから。ジャクロ氏が崩すべきだったのはもっぱらこの帰結だったのだ。

なお、こんな論争をしても、ベール氏はジャクロ氏の真価を正当に認めた。すぐれた天分の持ち主で、非常に洞察力があり、文体は生気があってまばゆいばかり、それに神学のほか現代哲学の勉強もしており、幾多の理論的著作で名をなした人だと白状もした。

ベール氏は同書(二)でまた、ル・クレール氏の言うオリゲネス派〔五三七〕にかつて辞典でした答をも擁護した。ル・クレール氏は応答の中で新たな説明をしていたが、いずれも、罪の許可と結果を神の理想的な、この上なく完全な慈愛と一致させられないとするマニ教徒の異議はオリゲネス派の体系で除去されることを見せようとしたものだった。この一致を証明するため、ル・クレール氏は次のことを指摘した。

(二)『精撰文庫』、第七巻、記事八、三三〇ページ以下〔邦訳、著作集第七巻、一一〇四—一一三〇ページ〕。

一、人間を無から引き出した神には、義務から逸脱できないほど完全なものとして人間を創造する義理はなかったこと。自らが命じた規則を守って、どんな必然性によってもその規則を破らされずに幸福となる手段を人間に与えたのが、神の慈愛の大きな印(しるし)であること。

二、自由が人間に及ぼした害が誇張され、人間の作り主が義務から離れられないように人間を創造していたらその害は避けられたろうと言われていること。

三、人間がしかねない自由の悪用を予防して人間を幸福へ導くために、神の慈愛は永遠の褒賞と無期刑を福音で提示したわけで、その刑罰を回避して褒賞を手に入れるのは人間しだいであること。

四、何が起こるか神はよく知っていたが、人間のせいで起こるだろうと予見する悪を全能の力で予防する義理はなかった。この悪はそれ自体も結果もごく短期間にすぎず、神が瞬時に立て直せないような、また最後には永遠に立て直さないような無秩序は何も宇宙に惹き起こさないからである。

五、神の慈愛を十分満喫するに先立って悪を通過するという不都合は、人間の本性から発している。人間の本性はこれほど不完全なら、実際起こったようなことをなめさせられずにはいなかった。

六、神は人間が罪に落ちるのを予見したが、人間を地獄へ落とすのは罪に落ちるからではなく、もっぱら、人間が立ち直れるのに立ち直らないから、つまり、悪い習慣を死ぬまで自由に持ち続けるからにすぎない。

七、それだけでもすでに大変な慈悲である。誰しも地獄へ落とされるのは自業自得で、過ちから立ち直り来世の刑罰を回避するため神の慈愛を役立てることができるのだから。

八、神はほかにも慈愛の印（しるし）を数多く人間に与えた。人間に数多のすぐれた性質を授け、人間が大いに楽しみつつ味わい、それあるがため生を愛する数多の感覚善〔感覚的快〕で人間を囲繞し、死後に仕合わせになる力を付与した。そして、過ちを悔い改めた者には遅滞なく永遠の幸福を与え、悔い改めない者には同じ幸福を所有させるに先立って適度の刑罰をくぐらせるだけに止める。

九、神は、人間に与えようと決めた幸福に較べれば、人間の禍など無に等しいとみなした。現世と来世で人間が蒙る禍の持続期間は、永遠に比較すれば何物でもない。そんな原理を立てると、何世紀という数はどれほど大きいと仮定しても無限の持続との間にはどんな比も成り立たないから、何百万年の責苦も一日だけの責苦と同じく慈愛の観念と両立でき、同じく無に等しくなるとマニ教徒が言ったら、オリゲネス派はこう答えるだろう。有限と無限の間にはどんな比も成り立たず、被造物の責苦はどれほど長く続いてもいつかは終わるから、神の厳しさと神の慈愛の間には同じくどんな比も成り立たない、と。また付け加えて、刑罰の持続期間を自分は画定しない、義の要求にしたがって刑罰は長くも短くもなる、責苦はひどければひどい短期間になり、罪が多様だったのに劣らず刑罰も多様なはずだ、と。何世紀もの責苦に対する反対論はオリゲネス派には関係ない、期間を正確に決められないとはいえ、責苦がそんなに長く続くとオリゲネス派は考えないからだ、と。

十、今言ったことは道徳的悪にも物理的悪にも、つまり人間の悪徳にも苦しみにも等しく当てはまる。

ベール氏はそれにこう答えた（一）。

（一）『田舎の人の質問への答』、第三巻、第172章以下。

一、或る被造物が他の被造物より完全なのは慈愛の観念に反しないということで立てられる原則は全くそのとおりだから、人間にも、義務から逸脱できないという完全性が自分にないことで文句を言ういわれはないが、反論の根拠はそこにはないこと。根拠はもっぱら、人間が現実に義務から逸脱し、蒙りがちであるように自己の本性が創造された諸種の禍を現実に感じるのを神が許したことにある。このことは慈愛の観念に合致するとは思えない、人間は乗り越えがたいどんな必然性によってもそれを破らされずに神が命じた規則を守ったら幸福なはずだ、というオリゲネス派の指摘を勘案しても同じことである。父親が子供の幸福を従うまいとよく知っている条件に結び付け、条件を充たす確実な間違いない方法を楽々と得させられるのに条件を充たさぬのを許した場合、その父親の慈愛があるべき姿のものだということはわれわれに理解できない。

二、反論の根拠は、人間が不動の形で善に固定されなかったことにあるのではない。被造物は本質的に動きやすいから、なぜ不動でなかったか問うのは不合理であろう。問われるのはただ、悪へ向かうことがなぜ被造物に許されたかということに尽きる。現動〔現にあること〕から潜勢〔ありうること〕への論結は必然的だが、潜勢から現動への論結はなんら必然的ではない。だから、論争のテーマは変化が可能なことではなく、善から悪への変化が現実に起こったことだ。さて、神は自由意志を傷つけずにもその変化を防げたのである。神には予防する義理はなかったと言われようが、それでは問題が変わってしまう。マニ教徒の異議に十分答えてみせると正統派が約束する場合、問題は必ずしも義なる者としての神ではなく、善なる〔慈愛ある〕者としての神であることが非常に多いからである。さて、義なる者としての神には褒賞として約束したものしか被造物に与える義理はないとはいえ、善なる者としては有益な贈物を被造物にする義務がある。つまり、良い贈物をすることは慈愛の本質に属するのだ。しかし、受け手に有害と知っている物を与えるのは良い贈物をすることではない。

三、自分がする約束も威嚇も人間が破滅するのを防げないが、自分が提供しないほかの多くの助けがあれば自由意志を傷つけずにも人間を幸福へ導けたはずなのを神は知っていた。慈愛の観念をそういう予見とどうやって一致させるのか。本当の恩人なら自分の知っているいちばん確かな途を選び、無駄と知っている途は無視するのが自明ではないか。

四、最後にはちゃんと改められるため国内に無秩序をはびこらせる君主がいたら、その君主の慈愛を人はもてはやすだろうか。そんな君主は臣民の過ちのみか自分自身の過ちも償う羽目になり、少なくともしばらくは善なる者でなくなり、慈愛と悪意の交代が見られることになるというのがどうして分らないのか。

五、われわれの本性が罪を犯しがちだったのは間違いないが、かといって、必然的に罪を犯さねばならなかったことになるだろうか。そんなことは全然ない。だから神の慈愛には、罪を犯しがちなアダムが現実に罪を犯すのを許さないことも自由にできたわけで、見舞われがちな、つまり陥ることが可能だった不都合に人間が見舞われないようにしたら神の慈愛は物の本性に反した行動をしたことになるなどと仄めかそうとしても無駄である。

六、事が起こるのを間違いなからしめるのも必然ならしめるのも、それを欲することに差はない。さて、見放された者が地獄に落とされる原因も、したがってまた地獄に落とされることも、死ぬまで彼らは罪を犯すだろうと神が予見し、しかも一切助けを与えまいと決めていたような状況に置かれるや、たちまち間違いないものとされた。ならば、神は彼らを罪のため、地獄の刑罰のために作ったわけで、この反論は予定論者に対して力を持つならオリゲネス派に対しても力を持つはずである。

七、一人の人間がいかなる恩寵の助けも受けずに五、六十年にわたり自由意志を悪用するのをただ見ていることが、この悪用のため地獄へ落とされると分っていても大変な慈悲だなどというのは、理性が抱く観念では皆目分らないことである。それらの観念がこの上なく明証的に示すのは、慈愛ならば、危険から脱するだけの力がない者だけでなく、必要な力と技倆は十分あるのにそれを一向役立てない者も助けに駆け付けるということだ。

八、現世のうまみにはあまりに多くの禍がまじっているから、理想的な慈愛の持つ特徴を充足できない。厳しい煉獄で過ごした末に福者の住みかへ移る無数の悔い改めなかった者についても、その境遇に理想的な慈愛の特徴を見ることはできまい。オリゲネスが神にさせるやりかたは、喩えれば以下のようなものである。君主が或る貴族を寵臣の地位に就かそうと決めているとする。その貴族に大きな欠点があるのを君主は知っており、矯正する間違いない手段も持っているが、なおかつそれを使わない。良い結果をなんら生まないと知っている約束と威嚇を用いるだけである。君主の約束と威嚇があるのに、その若者は悪い傾向に流されて追放され、非常に手荒な懲罰を受けるが、最後は宮廷へ呼び戻され、寵臣の地位に一生浴するわけである。そんな君主が慈愛の英雄として通れるだろうか。誰かを愛し、それに対して慈愛があるなら、過ちを犯す不幸をできるだけ免じてやるものである。過ちに懲罰が続くならなおさらだ。悲しみや罰を友人になめさす者が正当化される手段は一つしかない。そうしなければなんらかの悪徳を矯正できない時だけである。今のケースはそうではない。想定される国王はその貴族の欠点を矯正する有効な手段を持つのに使わず、全然無駄と知っている方法に頼るからである。

九、来世の刑罰の持続期間が制限され、刑罰の度合も種類も様々だと想定されることは、人間の境遇には神の慈愛の印（しるし）の方が神の憎悪の印より無限に多く輝き出ており、人間には創造主の慈（いつく）しみを喜ぶいわれの方がその厳しさを嘆くいわれより比較にならないほど多いことを証明するのに向いてはいる。でも所詮、純粋で、逆の性質がなんら混入しない無限の慈愛、一言で言えば理想的な慈愛はオリゲネス主義の内に現われてこない。こんな軽減策がいくらあっても、理想的な慈愛は手からすり抜けてしまう。子供を程々にしか愛さない父親でも、予定する立身出世の前置きとして過ちを犯すのを許し、その過ちを数日間罰しようとなどするだろうか。そんな前置きなしにも同じように仕合わせにできるなら、そうしたがるだろうか。君主の寵愛を半年にわたり週三回拷問を受けるのと引き替えに得たがる人などそうはいまい。たぶん五、六十年しか続かないから地獄の責苦はたいしたものではないなどと想像すべきではない。その期間はたしかに永遠に較べれば無に等しいが、人間の感受性にとっては恐ろしく長い。「君が苦しむ凄い痛みは五十日しか続かないよ。それが済んだら五十年間健康でいられるんだ」などと痛風患者に言ったら、相手は絶望してしまうだろう。

十、オリゲネス派が応答で言ったことは、道徳的悪と物理的悪に等しく当てはまるものではない。われわれの観念はこの二種類の悪を同等とは見ず、息子が罪悪を犯すのを防げるのに防がない父親を、体に悪いものを食べるのを許す父親より比較にならないほど断罪すべきだと思う。

かねて、イギリスの数人の貴族がベール氏を孤独から引き出しイギリスへ来させようと全力を上げていた。この人の骨休めの時間を役立てられるように、友人として国へ迎えたがったのである。ここでは、多大の学識と君子としてのあらゆる美質を併せ持ったハンティントン（一）〔五三八〕伯爵の名前だけ挙げておこう。伯爵は二百ポンドの終身年金とともに、全き自由と望める限りの快適な生活を提供した。ハーグへ呼ぼうという動きもあった。アルビマール〔五三九〕伯爵はベール氏が自分の家へ来て一緒に住むことを熱望していた（二）。ワレフ男爵〔五四〇〕がその申し入れをしにロッテルダムへ行き、さらに手紙でもしきりに勧めた。いわく（三）、「先に小生がした申し入れをおことわりになるようにお友達が勧めているなら、その人たちの友情は欲得ずくに相違なく、貴方をロッテルダムに引き留めたいというのが唯一の動機に決まっています。そこにおられることで、貴方はもう十分同市に名誉あらしめられたのではありませんか。また、あらゆる利点を具えたオランダの首府には、ただの商業地よりこちらの方を好んでほしいと貴方に促す権利がないでしょうか。当地で貴方がこよなく尊敬されておられることも、貴方の功績に讃辞が呈されていることも申しません。そういうことに貴方は無関心でおいでです。しかし、貴方を限りなく評価している閣下の友情もさることながら、貴方はここで、哲学を育（はぐく）み心地よく保つのに向いた数々の図書館や散策の場所をみつけられましょう。貴方御自身の武器を小生に使わせてください。貴方はいつもながらの雄弁な筆で、およそ文人はその国一の都市に住むことを二位以下の町に住むよりどれほど好むべきかお示しになりました（四）。御自分の考えをお捨てになるか、私たちが求める恩恵をお与えくださるか、どちらかです。貴方にお伝えするようアルビマール卿から申しつかっていたことはもう繰り返しません。あのかたの家では、小生が描いてさしあげられた以上の甘美な生活をお送りになれます。深い学識と卓越した精神で貴方が余人を凌がれるのと同じ程度に、善を施す寛大な心と、誠実さと、生活のこよなき魅惑の一つをなしながらお偉方の間では誠に知られること少ない気分の斑（むら）のなさで、あのかたも一頭地を抜いておられます。……御自分のためでしたら貴方はお体にまるで無頓着のようですが、せめて友人たちのため健康をお保ちください。そして、かくも尊敬すべき老いの日にまつわる種々の不便を、平穏で安全な隠棲の場所であらかじめ予防なさいますように。(五)」アルビマール卿もベール氏に手紙を送り、ワレフ男爵殿が代理で言ったことをみな裏付けた。いわく、「この恩恵を賜わるよう貴方に促すための表現を何かみつけられたらよいのですが。今お持ちなのに劣らない、なんの束縛も知らぬ全き自由をお与えして、なさった決心を貴方が後悔なさらないような形で御一緒に生活するよう努める所存です。このことは当になさって結構です。」

(一) この貴族は一七〇五年三月二日に未婚のまま早世した。
(二) 息子がベール氏の教えを役立てられる年齢になったら、その教育を託そうという腹づもりだった。
(三) 一七〇六年二月九日付の手紙。
(四) 『田舎の人の質問への答』、第一巻、第1章を参照。
(五) 一七〇六年二月十一日付の手紙。

ベール氏はワレフ男爵殿への返事で、遺憾ながら現状ではどうしてもここにいなくてはならないと伝えた。さらに、(二)「摂理は或る種の者の運命を、仕合わせを味わう用意がある時はそれが現われず、もう味わえない時にそれが現われるように配剤します。小生の運命もまさにそうです。私はもう老いぼれで、体も弱く、長い習慣から必要になった判で捺(お)したような生活からはみ出したら、病気になるか体調をひどく崩すかせざるをえません。友達には誰にも相談しませんでした。貴方に申し上げ、貴方が考えられる限りの才気と雄弁を揮って反駁なさった種々の理由を自分で検討して、転居は全く不適当だと打ち克ちがたく思ったからです。……幸運が訪れるのは遅きに失しました。もっと早くやって来たら、私は誰よりも満足して、文人には首都に住むのが得だと判断する理由に最大の熱意を込めて従ったでしょう。アルビマール卿が提供してくださったほど甘美で輝かしい条件が一六九〇年頃、それより前か少し後にでも示されたらよかったでしょうに。それでしたら私にも願ったり叶ったりで、欠けている多くの知識を得、知力と理解力を数等段高める間違いない方法になったでしょうに。いかんせん、そういうものはもう永久に得られません。」ベール氏はアルビマール伯爵殿にも同時に手紙を書いて、与えてくれたその名誉に感謝の意を表したが、その手紙はいまだにみつかっていない。

（一） 一七〇六年二月十二日付の手紙。

ル・クレール氏は、自分の言うオリゲネス派がマニ教徒の異議を全部取り除くのをベール氏も認めるだろうとかねて期待していたが、そうではないと相手が主張し続けるのを見て、ベール氏は〔マニ教徒ではなく〕自分の立場を弁じているのだという結論を出し、回答に次のような題を付した。「神の慈愛と聖徳の擁護。ベール氏の反駁を駁す」。そしていわく、[(二)]「ベール氏は『〔歴史〕批評辞典』でマニ教徒に神の慈愛と聖徳に対する反論をさせ、それに答えることはいかなるキリスト教神学者にもできないと称しているが、『辞典』の第一版でその反論を読んだ時、これは著者がする一種の知的な遊びで、神学者に難題をふっかけて楽しんだのだろうと私は思った。……同氏が真剣に、神の慈愛を叩くマニ教徒の肩を持っている『田舎の人〔の質問〕への答』の最後の二巻〔第二、第三巻〕を見るまでは、私もそう思っていた。……しかし、実にいまわしい、実に侮辱的な仕方で――と私には思える――キリスト教の全体に挑戦し、キリスト教の全体と対立するテーゼを名誉にかけても主張する義務があると氏が思うなら、名誉のみならず真理への愛と良心が防衛の義務を課すものをわれわれが主張するのもよしとしてほしいものである。神学や哲学の講堂ではそうするのがしきたりだったように、満足して議論をやめ、困難を除いてくれた人に礼を言うという形で、評判を危うくせずにも窮地を脱する方法をみんな前々からこの人に示してきたから、ベール氏はおそらく自力で立ち返り、その行ないで神の慈愛と聖徳を認めるだろうという期待が私にはあった。しかし、氏がすることは正反対で、自分へのしっかりした答はまだないなどと主張するから、氏の論理などこわくもなんともないのを見せてやり、これ以上遠まわりせずに、その論理の滑稽さを示してやらねばならない。」

（一）『精撰文庫』、第九巻、記事三、一〇三ページ以下〔邦訳、著作集第八巻、七九六—七九七ページ〕。

ル・クレール氏はまずこの論争のおさらいをし、次にオリゲネス派という役柄を脱ぎ捨てて、自分自身の名でベール氏の異議に答えた。自分には新約聖書以外の信仰告白はなく、擁護する義務があると思うのはその本だけだと言明した。しかし、マニ教徒の最強の反論は福音書であんなにはっきり啓示されているかに見える〔地獄の〕刑罰の永遠性を根拠にするから、ル・クレール氏はオリゲネスの見解を斥けた上で、自分自身の見解を開陳した。いわく、「私としてはこう答えよう。来世の刑罰の本性はわれわれにはよくわからないのだ、と。非常な苦痛を感じさせるが、それでも罪の大きさにしたがって多様化された種々の責苦がまずないかどうか、ついで神がそれらの激しい責苦を停止させられ、神の恩寵をかたくなに悪用した者を良心の呵責に委ねるだけで満足されて、その良心が当人たちに過ちを責め、他人が浴するのを知っている幸福を失ってしまったという考えで彼らをますます不安にするのでないかどうか、それもわれわれは知らないのだ、と。〈死なない蛆〉〔イザヤ書第六十六章二十四節、マルコ伝第九章四十三節ほか〕、〈消えない火〉〔マルコ伝第九章四十三節ほか〕というのはそのことかもしれない。そうなっても、そこにはきわめて正当なことしかないと私には思われる。罪人たちは悔い改めてそういう刑罰を避けられたのに、そうしなかったのである。それが理由で、彼らはなんらかの責苦に値する。」ル・クレール氏はそういう責苦の持続期間についても状況についても何ひとつ断定しなかったが、それでも、断罪された者の境遇はおそらく耐えられる程度のものだろうと言った。しかし、これらの推測を間違いない福音の教理として語るつもりはなく、来世の刑罰をめぐるイエス・キリストの言葉に大変道理に適った意味をみつけられるということをお見せしたいだけだと言い、さらに付け加えて、ほかの人が私よりうまい推測をするかもしれないが、自分が神に帰すやりかたには神の無限の慈愛と相容れぬものは何もないと確信する、それでも、自分の発言の内に神の慈愛と義にふさわしくないものがあったら、神はそういうことをけっしてしないにちがいないと述べた。続けて、オリゲネスよりはるかにましな考えかたと私が呼んだのはこのことだ、地獄に落ちた者の刑罰は永遠でないと言った時、オリゲネスは知らないことをさも知っているかのように請け合ったから、と。それでもこの人はオリゲネスの意見を許容できるものとし、その意見から離れて神を善でも聖でもないと非難するベール氏の立場よりは無限にまさっていると言った。

（一） 同、一四三ページ〔邦訳、著作集第八巻、八一二ページ〕。

この人が次に示そうと力を入れたのは以下の点だった。理性は正しく用いれば人を欺くことはありえないこと、キリスト教の真実性を証明するのにも、聖書の意味を理解するのにも理性は役立つこと、神学にも哲学にも理性で理解できないことは少なからずあるが、そういうものは理性とけっして対立せず、理解できないからとて斥けるべきではないこと、したがって、啓示の光を理性の光と対立させることも、両者は相矛盾するおそれがあると想定することも絶対にしてはならず、そうでなかったらどちらか一方を斥けてピュロン主義へ転落してしまうこと、それは真理が真理に反することはありえないからであること、だった。そこから結論としてこの人は言った。慈愛と聖徳の共通概念を放棄せよと主張するベール氏は、論理の筋を通したら、神は善且つ聖だと考えるわけにはいくまい、ベール氏は信仰のため理性を犠牲にするのではなく、理性を理性自体で壊し、啓示をも同じ運命に巻き込んでしまうのだ、なのに、大方の神学者――そんな連中を馬鹿にしているくせに――のような物言いをするため、自分の理性をへりくだらせるふりをして正体を隠そうとしている、と。

ベール氏は『ベール氏のためのル・クレール氏への答。《精撰文庫》第九巻、記事三と記事十三について』(一)という文書をル・クレール氏にぶつけた。そこでいわく、「ル・クレール氏御推奨のオリゲネス派と造型的本体が一敗地にまみれて、同氏がさぞかし悲嘆にくれるだろうとは思っていたが、そのことに腹を立て、選び取る方策の無秩序ぶりに気を付けることすらままならなくなろうとは思わなかった。だから、復讐の仕方としてこの人がどれより好ましく思ったやりかたは驚きなしに見られなかったが、それでも、こちらもまねして腹を立てる気は起こらず、同氏の行ないに文字どおり同情を禁じえなかった。文芸共和国で非常な栄光に浴する人が些細な挫折にこれほど敏感なのを見て、憐憫をおぼえずにはいられなかった。それにくらべれば成功した数々の勲(いさお)しがほかにあるのだから、それを見て心を慰めるか、少なくとも悲しみのあまり、名誉を重んじる理非をわきまえた人に全く似つかわしくない大道演説などやらないようにすべきだったのだ。この人は不当にもベール氏の心の中を探り、いまわしいもくろみをなすりつけ、そんな非難を百遍も繰り返した。いつも漠然とした仕方で、いつも証拠の痕跡すらなく、ベール氏の著作の随所に見るはっきりした明確な言明をいつも全然考慮せずにである。」〔邦訳、著作集第八巻、一二〇八ページ〕心の底に良からぬ目論見を隠すと称して論争相手を攻撃することが許されたら文芸共和国は山賊の国にすぎなくなろうとこの人は指摘し、付け加えて、論争相手を忌わしく見せるため宗教の利益という口実を使う連中をル・クレール氏はあれほど見事に描いてきたから、こんなやりかたは全く似つかわしくないと言った。いわく(三)、「正当な論争方法ではもう攻撃を支えきれないと見るやあんなふうにベール氏を弾劾するとは、この人にふさわしいことだろうか。神の家への熱意に駆られたようなポーズを取るのは、似つかわしいことだろうか。かくも遅蒔きなそういう宗教熱心も、ベール氏がカドワース氏についての指摘をあきらめ、オリゲネス派の言い分に反駁もしなかったら、いまだに生まれていなかったろう。」グロティウス〔五四一〕は聖書のいくつかのくだりに普通の正統派宗教論争家とは別の意味を持たせてソッツィーニ派〔五四二〕の肩を持っていると非難し、結論として、グロティウスの意図はキリスト教の土台を掘り崩すことだったなどと言った連中にル・クレール氏はかつて抗議していたが、ベール氏がル・クレール氏にぶつけたのはまさにその抗議だった。いわく、(四)「そういう非難に、ル・クレール氏ほど強く反対した人はない。ならば今日、ベール氏は無神論者の弁明をしている、あいつの狙いは宗教を滅ぼすことだなどと言うのはおかしいではないか。その〈弁明〉と称するものは、間違った証拠を斥ける以外のなんだろうか。」また付け加えて、ル・クレール氏自身も何回となくソッツィーニ主義という非難から身を守らざるをえなかったし、そういう攻撃は今でもされていると言った。

(一)『精撰文庫』の記事十三(というより十)は造型的本体に関するもので、それについてはすでに述べた。
(二)この文書は一七〇六年四月二十五日付。
(三)〔ベール〕『ベール氏のためのル・クレール氏への答』、五ページ〔邦訳、著作集第八巻、二一〇ページ〕。
(四)同、七ページ〔邦訳、同、二一一ページ〕。

ベール氏はそのあと、問題のテーマに関する自説を要約し、それを次の三つの命題に還元した。(一)

「一、万物の原理はひとつしかなく、その原理は無限に完全なことを、自然の光〔理性〕も啓示もはっきり教えてくれている。

二、人間の道徳的悪や物理的悪を万物の無限に完全なこの唯一の原理が持つあらゆる属性と折り合わせる方法は哲学的な光を超えているから、マニ教徒の反論は人間の理性では解決できない困難を残す。

(一)同、一八ページ〔邦訳、同、二一七—二一八ページ〕。

三、にもかかわらず、神の単一性と無限の完全性について自然の光と啓示が教えてくれることを固く信じねばならない。三位一体の秘義、受肉の秘義などをわれわれが信仰によって、神の権威への服従によって信じるように。」

第一命題と第三命題については自分も正統的とされるに相違ない、また第二命題について攻撃されたら、ルターもカルヴァンもプロテスタント教会の総体も、それどころかキリスト教のほぼ全体も攻撃されることになる、とベール氏は付け加えた。前記の三命題は自分が著作で常に変わらず説いているものではないとか、或る個所でそれを立てても別の個所では三つの反対命題を立てたとか誰もけっして証明しないに決まっている、とも。

次に、ル・クレール氏の文書にある教義学的なものについていくつか一般的な考察をしたが、細かい批評をやりだしたら切りがないので、そこへ立ち入ろうとはしなかった。いわく(二)、「だから、ル・クレール氏はどこで意味を取り違えているか、どこで問題の所在を偽っているか、どこで自分の考えが誤解されたと故なき苦情を述べているか、どこでありもせぬ矛盾をみつけ、一種類のものを勝手に二種類に分け、都合の悪いものを削り、都合のいいものを付け足しているか、等々の多くの指摘は削除しよう。」ベール氏は「神を善でも聖でもないと非難する」とル・クレール氏は言っていた。ベール氏は叫んだ。(三)「なんと恐ろしい誹謗であろう。なんと悪意に充ちたペテンであろう。少なくとも、なんという分別のなさであろう。しかし、あんなに有能なル・クレール氏ともあろうものが、ここで愚かさから、明らかに異なる二つのものを区別できなかったため躓いたなどと誰に納得させられようか。一方は、神の慈愛と聖徳が人間の悲惨や罪といかにして折り合うのかわれわれの理性にはわからないが、それでも神は無限に善、無限に聖だと言うことで、ベール氏はそれしか言っていない。もう一方は、善でも聖でもないとして神を非難することである。そんなことをベール氏は一度もしていない。」

（一） 同、二二〇ページ〔邦訳、著作集第八巻、二二九ページ〕。

（二） 同、二二二ページ〔邦訳、同、二三〇ページ〕。

ベール氏はオリゲネス主義に全然足を止めなかった。この点についてル・クレール氏は新しいことを何も言っておらず、相手の論理への応答も全くしていないから、相手の論理はいささかも力を失わない、それを納得するために双方の文書を突き合わせてほしいと読者に頼めば十分だ、と主張した。理性の卓越性と用途についてル・クレール氏が言ったことにもほぼ同様に足を止めなかった。ただ指摘したのは、自分が描いたマニ教論争の帰結はいつも、神の権威のもとにおのが知性を虜(とりこ)にせよと結論すべしというもので、これは三位一体その他いくつかの秘義を認めるすべてのキリスト教徒の共通の原理だということだった。さらに、(一)「ル・クレール氏はその点について多くの困難を持ち出す。まるで、啓示された真理が共通概念に合致しないと、もっとも恐ろしいピュロン主義を避けがたいかのようである。それに対しては、こういう反論はユニテリアンが昔からしており、ローマ・カトリック教徒もルター派も改革派もそれに反駁しているることだけ言っておけばいい。」神の内に実在的に区別され同一本質で同一実体である三つの個格(ペルソナ)を認める時も自分は共通概念を放棄していないとル・クレール氏があえて言えるものなら言ってみよ、とこの人は挑戦した。したがって、神学者の通常の原理に対して持ち出す種々の困難に答えねばならないのはル・クレール氏の方だ、自分はくだんの論争をみなこの原理の裏付けとして役立てるのだ、と。

（一） 同、二二九ページ〔邦訳、同、二二三ページ〕。

ル・クレール氏が自分の文書に「神の慈愛と聖徳の擁護。ベール氏の反論を駁す」という題を付けたのは正しかったかどうか誰にも分るように、ベール氏は自分の説とル・クレール氏の説の比較論をした。万物の原理の単一性についてル・クレール氏と自分がゾロアスター〔五四三〕の弟子と議論すると仮定したのである。自分は攻撃を開始して敵陣を残らず突破するが、難しいのはそのことではない、問題はゾロアスター派の方が攻撃に出て、罪とその結果は無限に善で無限に聖なる唯一の存在という観念と一致しないのを示そうとする時にどう抵抗するかだ。自分なら次のように言明して、敵にいきなり足止めをくわすだろう。われわれの持つ慈愛一般、聖徳一般の観念を神の慈愛と聖徳の尺度とは認めない、と。そして、最も正統的な神学者の原理と一致する自分の説をゾロアスター派に対置して、「神は限りなく善で聖である。その慈愛と聖徳が、現世における人類の悲惨と罪悪、来世における大多数の者の永遠の罪悪、永遠の責苦と折り合うことを認識するには、われわれの光は乏しすぎるが」〔邦訳、著作集第八巻、二三一—二三二ページ〕というテーゼを見事に守り抜くだろう。だがル・クレール氏の方は、共通概念つまりわれわれの持つ慈愛一般、聖徳一般の観念が神の慈愛と聖徳を判断する尺度になるべきだと論敵に認めるはずだから、ほかのキリスト教徒の説からいやでも離れざるをえないだろう。まずオリゲネスとともに地獄の刑罰の永遠性を否定するだろうが、その陣地すら支えられないのを見て推測へ逃げ込み、神の慈愛と聖徳を来世でしか答が分らぬ問題にするほかなくなるだろう——と。そこでベール氏は、ル・クレール氏はまさしく自分が非難するのと同じ立場になったと指摘した。ル・クレール氏によると、ベール氏の大罪はキリスト教のいかなる体系も神の慈愛と聖徳に対するマニ教徒の反論を解消できないと思うことだが、ル・クレール氏も同じことを確信しているからである。刑罰の永遠性について、この人はキリスト教徒のあらゆる体系を捨て、オリゲネスの体系まで捨て、「もしかすると」と蓋然性の内だけに立てこもるのだから。したがってル・クレール氏に言わせても、神の慈愛と聖徳に対するマニ教徒の反論を解消できるキリスト教の体系はどこにもないことになる。ベール氏はこう付け加えた（一）。「それでもこれは、同氏がベール氏にした告発の唯一の理由なのである。つまりこの人は、ベール氏を突いた剣で我とわが身を刺し通したのだ。その告発理由から、同氏は多くの帰結を間違って引き出した。ベール氏にした誹謗中傷である。こんなことを言ったのだ。マニ教の反論に答えられないと主張する者は神の慈愛と聖徳を攻撃し、善でも聖でもないと神を非難している、神は善で聖だと思うと言う資格などそんな奴にない、神は善で聖だと思うどんな理由も持たない以上、彼らは明らかに矛盾に陥るから、等々と。それらの帰結も、箇条書きにはしない他のあらゆる帰結も、原告と被告に等しく当てはまるものである。そのことはもう疑いを容れない。」

（一）同、六八ページ〔邦訳、同、二四四ページ〕。

この論争に決着をつけるため、ベール氏はル・クレール氏にライデン、ユトレヒト、フラネケル、フローニンゲンなどの各神学大学の裁定を受けようと申し入れた(一)。それらの大学に提出する要請文を貴方が起草して、負けた方に科すべきだと思う刑を指定したらどうか、と持ち掛けたのである。自分もその要請文に一緒にサインするだろう。貴方がそれに私の本から抜萃したいろんな命題を添え、私に送付すればよかろう。その命題が私の著作にあるのと字数まで同じで、本質的な改竄を全然されてなかったら、自分もその下に署名しよう。そういう要請文と抜萃があれば、各神学大学も何を求められるのか分ろう。つまり、以下の問題について判決を下してほしいということである。「ベール氏の本から抜萃した諸命題は、ル・クレール氏が同氏にした告発のまともな証拠になるものか。ル・クレール氏はそう主張するが、ベール氏は否定し、否定するばかりか、それらの命題にはフランスとオランダの改革派教会信仰告白書と対立するものは何もないと主張している。」〔邦訳、著作集第八巻、二四九ページ〕しかし、『田舎の人の質問への答』の第二、第三巻を調べる前は自分もベール氏の反論を知的な遊びとみなしていた、そんな反論はベール氏を正統派と考える妨げにならなかったとル・クレール氏は言明するから、教授たちの手間を省くために、各神学大学がその二巻を調べる労を取るだけでよかろう、それどころか、ル・クレール氏が抜萃した全命題のページを提示し、密告者は落としたが問題の所在を裁定者がよく知るためには押さえておく必要のあるページを自分が指示すれば、その手間すら大半は省かれよう——と。

（一）同、七二ページ以下〔邦訳、同、二四九—二五〇ページ〕。

ベール氏の敵たちは宗教の破壊に努める者としてこの人を描くだけに止まらず、同氏を国事犯に見せかけようとした。なかなかうまくジュリュー〔五四四〕氏のまねをしていたわけである。それでもオランダではベール氏の意見があまりに周知で、道理を弁えた人にはそんな非難も全く効果がなかったため、敵はイギリスで中傷工作をすべきだ、イギリスでならもっと簡単にやれるだろうと思った。シャフツベリ〔五四五〕伯爵に偏見を吹き込むため彼らはあらゆる手を使った。しかし、あの領主へのはたらきかけは見込み違いだった。この人はロッテルダム滞在中にベール氏と親しく交わり、同氏をあまりによく知っていたからだ。伯爵はこの非難の動機を見抜いて、友人たちと笑い興じた。敵はサンダランド伯爵〔五四六〕にも手紙を送って、捕虜になったダレーグル侯爵〔五四七〕がイギリスへ来るためにオランダを通った時、ベール氏がこの人と何度も会談したと請け合った。ベール氏は君主制と絶対権力に有利な原理を到る所に撒き散らしている、フランスの勢威をたえず持ち上げ、連合国の力やその将軍たちの勲しを貶めているなどとも言った。熱血漢で気性が激しく、ベール氏に帰される考えかたを嫌うのもフランスの衰退とイギリス人総司令官〔一〕〔五四八〕の栄光を望むのに劣らなかったサンダランド卿は、その結果、ベール氏の話になると憤激と怒気で我を忘れるほどになった。私はせいぜい宥めたが、この人の偏見が強すぎて歯が立たなかった。正直に言って、私は不安になった。この人が宮廷を動かして、ホラント州政府に抗議するように仕向けるのではないかと恐れたのである。当時の状況からすれば、州政府がイギリスの申し入れをことわることなどありえなかった。これほど強い要望を受けて、ただの一個人にすぎぬベール氏が〔ネーデルラント〕十七州から出て行けと命じられるおそれがあったのだ。敵の狙いもたぶんそのことにあった。私はシャフツベリ卿に助けを仰ぐことにして、ベール氏が危ないと知らせた。この人はサンダランド卿に話してみようと約束してくれたが、同時に、敵に悪口を言わせないため、イギリスの顧問会議の英知と行動力、それにイギリス人総司令官の巧みさに負うところの多い連合国の軍事的成功をベール氏が何か著作で語ってくれると有難いのだがと言った。さらに、そのことはわざとらしく見えないように、歴史家の資格を捨てないでもできるはずだと付け加え、貴方の意見としてベール氏にそう示唆してくれないかと私に求めた。

（一）　この人はマールバラ公爵の娘と結婚していた。

私はベール氏に事情を報告して、シャフツベリ卿とした話のことも伝えなければと思った。ベール氏から貰った返事（二）には、ダレーグル侯爵と会談したという理由でサンダランド卿の「御機嫌が悪い」ということはかねてシルヴェストル氏〔五四九〕から聞いているが、「これほどの嘘はこの世にありません」とあった。サンダランド卿が敵意を抱く主因をなしたもう一つの告発条項についてはこう言われた。「私にどれほど激しく敵対する者でも、ことさらにフランス王とその大臣たち、将軍たちを持ち上げて連合国側を貶すような衒いの影すら拙作にみつけられるならみつけてほしいものです。というのも、『彗星雑考』は勘定に入れてはいけないからです。第三版の巻頭でもおことわりしたように、あの本はパリで出すのを狙って書いたものですから。周知のとおり、ルノード〔五五〇〕師が私の辞典のフランス持ち込みを妨害した理由の一つは反国家的なものが含まれているということでした。」敵の誹謗を挫くためそうしたらと勧められたやりかたも、この人は頭から斥けた。欲得ずくでお世辞を言うのはもちろん、場違いな褒めかたをすることすらできないような人だったから、提案の内容がそれだと見るや、そんなことは自分として適当でないと言い切ったのである。いわく、「なお、敵を武装解除する方法として指示されたプランは、親友の忠告として心から御礼申し上げますが、私にとっては実行不可能なものです。私は五十九歳になりますが、生まれつき虚弱なため、ほかの人の七十歳、七十五歳を上まわるほど老い衰えています。しかも半年以上前から、私の母もその母も命を落とした遺伝的な胸の病と闘っている身で、この世に長くいられると当にすることもできません。そんな私には、宮廷人やおべっか遣いのような筆致で要路の人について書くことは適当ではありますまい。そういう言動の斑（むら）を私に非難できたら、敵にとっても大歓迎のはずです。」

（一）一七〇六年七月二十三日付の手紙。

ベール氏はシャフツベリ卿にも手紙を書いて[一]、示してくれた好意の新たな印（しるし）に感謝し、ダレーグル侯爵と自分が会談したというのは事実ではない、侯爵がオランダへ来たとかイギリスへ渡ったとかいうことは新聞でしか知らなかったと断言した。付け加えて、貴方とお話しする名誉には一再ならず浴しているから、統治に関する自分の原理がどういうものか貴方は誰よりもよく御存知のはずだと言って、サンダランド卿の迷いを醒ましてほしいと頼んだ。シャフツベリ卿はその仕事をうまくやってのけた。書斎に籠って本と書き物に掛り切りのベール氏は国事になんら口を挟まない、あの人の天分も才能もそんな所にはなく、ああいう非難はみな、あの人と論争したため論敵を忌わしく見せようとする一部の著作家の敵意の結果にすぎないとサンダランド卿に言ったのである。サンダランド卿も遂に欺かれていたのを認め、ベール氏に理ありとした。シャフツベリ卿はすぐベール氏に知らせ、ベール氏はこの人の寛大な心遣いへの感謝の念と、「敵がサンダランド卿に抱かせた誹謗に類する悪印象がお蔭様で幸にも払拭された」喜びを表明した[二]。

（一）一七〇六年七月二十三日付の手紙。
（二）一七〇六年十月二十九日付の手紙。

その頃、ベール氏は『一七〇四年に出たモレリ《歴史辞典》の新版に関する批評的指摘〔五五一〕』というパリで出版された小さな本を受け取った。著者はそこでする指摘をほぼ全部ベール氏の辞典から取っていたのに、それを自分の所有物にし、なおかつ時々ベール氏を批判していた。この文書はオランダでも知られる価値があるとベール氏は思い、それをいっそう有益ならしめるため、著者が間違えたり十分正確に報じなかったりした幾多の事実を解明する註を付けて再刊してやった（一）〔五五二〕。著者が犯したフランス語の慣用に反する誤りや、多義的で曖昧な表現なども指摘した。さらに、モレリの新版を出す人に教訓として役立つようにと長い序文を加えた。この小さな作品とベール氏の辞典との関係から、私の或る友人（二）があの辞典の第四版に付けたいからと言って私にその本を所望した。私は送ってやったが、同時にいくつかの意見を付し、著者が『〔歴史〕批評辞典』から取った個所を明示するとともに、モレリにあった間違いでこの著者が批判したため最新版では取り除かれたものと、まだ残っていて一七二五年版で訂正すべきものとを区別しておいた。

（一）　ロッテルダム、一七〇六年。
（二）　ド・ラ・モット氏〔五五三〕。

ベール氏は時を同じうして『田舎の人の質問への答』の第四巻（一）を出した。一七〇六年十一月二十五日付の序文では、印刷が前々から始まっていて是非とも終わらせねばならぬ大きな本で書店の印刷機が塞がっていなかったら、この第四巻はずっと早く出ていたはずで、最初の全紙五枚分は四月初旬までに刷り上がっていたと言った。この巻でいちばん多くのページを費した主な部分は、無神論と異教の比較論を扱った『続・彗星雑考』の第二巻についてベルナール氏がした批判に関わるものだった〔五五四〕。読者もそこに推論と典拠と歴史の話のまざったものがみつかって飽きないだろう、とベール氏は期待していた。いわく、「ここにあるのがベルナール氏への回答だからといって、興味索然たる内容かという御心配には及ばない。中味はみな理論的なもので、個人的な確執には全然とらわれていない。ベルナール氏もどんな個人も念頭になかったのと同じである。」〔邦訳、著作集第八巻、四ページ〕

（一）　ロッテルダム、ライニール・レールス書店、一七〇七年。

ベルナール氏の方も、『田舎の人〔の質問〕への答』第二、第三巻の批判的な抜萃を作っていた。[五五五]その抜萃への反駁もできればこの第四巻に入れたかったとベール氏は言った。付け加えて、「反駁はとうに書き上げており、扱う問題も重要で興味深く、一言（ひとこと）で言えば、著者が出版を心待ちしていいようなものである。それでも、後続の巻へ譲るのをよしとせねばならなかった。」〔邦訳、同ページ〕この第五巻はベール氏の死後に初めて出、それを見直し、訂正し、できるだけふくらます時間が著者にはなかった。それでも種々の重要な問題が扱われ、幾多の歴史的事実が小心なほど厳密な目で検討されていた。

（一）　『文芸共和国便り』、一七〇六年一月号、記事四、四九ページ〔邦訳、著作集第八巻、七七〇―七八一ページ〕、および同二月号、記事二、一五三ページ〔邦訳、同、七八二―七九五ページ〕。

ル・クレール氏もベール氏の最後の答を応答せずにほったらかしはしなかった。[五五六]この人は猛烈な激しさで更めて非難を繰り返し、（一）自分の主要な異議にベール氏は答えていない、自分に対抗して新たに言うのは無内容なくだらぬことばかりだと主張した。ベール氏はオランダの各大学を二人の争いの裁定者にしようと持ち掛けていたが、ル・クレール氏は答えて、もっと確実で、もっとベール氏の名誉になる方法がある、それは『辞典』や『彗星雑考』や『田舎の人の質問への答』への賛同を氏が自ら求め、それらの本、とりわけマニ教徒や予定に関する項目や章に本学の見解に反するものを何もみつけなかったとそれらの大学に言明してもらうことだ、そういう賛同が得られたら、ベール氏がそれらの大学と同意見なのを私が否定したのは間違っていたと言おう、と述べた。

（一）『精撰文庫』、第十巻、記事八、三六四ページ以下〔邦訳、著作集第八巻、八三六―八六二ページ〕。

ベール氏は『マクシムとテミストの対談、または、ル・クレール氏が《精撰文庫》第十巻に書いたベール氏に対する攻撃への答』（一）という著作で応答した。この本ではマクシムとテミストがこもごもにル・クレール氏の文書を検討し批判していたが、二人が力を注ぐのはベール氏の原理を正しとし、ル・クレール氏がそこから誤った帰結を引き出したのを示すことだった。ル・クレール氏はしょっちゅう問題をすりかえた、自分に対して言われた最も強力な、説得力のある主張をわざと無視した、と二人は交互に文句を言った。そこからも分るように、論争はすでに著者対著者の非難合戦に堕し、いわば個人攻撃と化していた。しかも、その非難は聞き苦しい侮辱的な言葉を多々伴っていた。イギリスの或る才人（二）は、宗教論争書にも恋文以上のとげとげしさがあってはならないと言ったが、この格率は宗教論争家に劣らず哲学者にも当てはまる。正しく言えば、学者は誰しもその点で哲学者たるべきものであろう。しかし、人格、名誉、評判を攻撃された著作家が自分を抑えるのは容易でない。どうしても、こういう侮辱を撃退せねばと思い、今度は自分が鋭い矢を敵に放ってしまうのである。

（一）ロッテルダム、ライニール・レールス書店、一七〇七年。

（二）一六四三年九月三十日〔五五七〕にニューバリの合戦で戦死したフォークランド伯爵〔五五八〕。

ベール氏が四方八方から攻撃されるのを見てジュリュー氏〔五五九〕も勇気を取り戻し、この好機を利用せねばと思った。そこで、『ロッテルダムの哲学者の告発・起訴・有罪認定』（一）という小さな本を公にした。そこでは、すでにグウの音も出ないほど論破されていたかつての非難を蒸し返し、異端の疑いがあるとしてさんざん迫害したジャクロ〔五六〇〕、ベルナール両氏や、死ねほど嫌うル・クレール氏にすら盛大な讃辞を呈した。この人たちはベール氏を攻撃する本を書いたのだから、あんなことはどうでもよかったのである。ジュリュー氏はこの人たちを呼んで証言させ、証人を貶そうともしなかった。ただ、猫撫で声に多少の苦味がまざるのは防ぎようがなく、この人たちが昔経験した不運や異説に類する見解などを意地悪く思い出させもした。しかし、それには狡猾な手を使って、三人の証人を忌避するために挙げられる理由はベール氏やその友人たちが言うものとして報じ、自分自身は証人の一人であるかのように装った。いわく、（二）「彼氏もその友人たちもこれらの証人を非難するが、非難の仕方たるや驚くべきものだ。ロッテルダムの神学者〔ジュリュー〕は頑固者で、自分の作品を偶像のように崇めており、最上級の形容詞が何より好きで、自作があまり褒められなかったのに不満だったというのである。ジャクロ氏は『神の存在を論ず』についてベール氏があまり高く買うような口ぶりでなかったと聞いて気を悪くしていた、それにこの人は胡散臭いどころの話ではなく、体面を保ちつつ難場を切り抜けることもできなかったというのである。もう一人〔ベルナール〕も教会会議に批判されたし、第三の男〔ル・クレール〕は異端と不敬の罪を立証されたペラギウス主義者〔五六一〕、ソッツィーニ主義者〔五六二〕だというのである。」自分の原理とベール氏の原理の間に何か違いをみつけようとジュリュー氏は努めた。それに成功したかどうかは、次の三点に要約した自己の体系の説明から判断していただこう（三）。「一、神は行為においても決定においても摂理においても、御自身の栄光以外の目的を持たれたはずはない。……だから明らかに、神の摂理の配剤は、肉の思いにはいかに苛酷に見え、被造物の利益に反していても、みなことごとく正しく賢明で道理に適っている。……二、人間の内にも人間的事象の内にも神の内にあるのと似たものは何もない。〈存在〉、〈実体〉、〈思考する実体〉、〈意志〉、〈知性〉、〈自由〉、〈権利〉、その他これに類するすべての名詞はみな多義的な名詞で、人間の場合に意味するものを神の場合には意味しない。……人間に対する神の行ないや権利を人間対人間のそれに準(なぞら)えるのは空しい。……〔そこから引き出す〕論拠はみな、神と被造物、神の権利と人間の権利という比較が全く成り立たないものの比較だけを支えにするから詭弁である。……三、〔しかし〕すべてを〈決定する〉はずなのは〈被造物に対する神の至高の権利〉ということである。……この〈無際限な力〉……は、摂理の行ないの中で人間を悲しませたりその理性を困らせたりする一切について人間に沈黙を課さねばならない。したがって、『辞典』の著者がマニ教徒やらパウリキウス派〔五六三〕やらに言わせ、あんなにけばけばしく開陳する不敬で背神的な異議も、これを使えばみな粉々にされる。」

(一) 扉にはアムステルダムで刊行とあるが、書店の名は記されていない。
(二) 〔ジュリュー〕『ロッテルダムの哲学者の告発・起訴・有罪認定』、三九、四〇ページ。
(三) 同、一一三ページ以下。

聖パウロがロマ書で(一)こういう異議をあらかじめ見越して報じ、被造物に対する神の至高の権利が理性に沈黙を課すべきことを示してそれに答えているのをジュリュー氏は見せた。以下のような美しく大きな詠嘆で聖パウロは議論を締め括ると指摘したのである。「ああ神の知恵と知識との富は深いかな。その審判（さばき）は測り難く、その途は尋ね難し。誰か主の心を知りし、誰かその議士（はかりびと）となりし。」ジュリュー氏は付け加えて言った。(二)「火を見るより明らかなのは、人間の理性という途や自らの哲学的格率ですべての困難を取り除こうとし、さながら理性を超えるものは常に理性に反するかのように、人間の理性は神の啓示と相容れないとわれわれに告白させようとするああいう悪しき学者らの無謀さを、この言葉で使徒が抑止しようとしていることである。」ここでの標的がベール氏なのは明らかだが、ジュリュー氏はル・クレール氏もジャクロ氏も忘れなかった。こう言い添えたのである。「しかし、同時に認めねばならないのは、聖パウロのあの敬虔な詠嘆が、ペラギウス主義的な格率の内に理性と啓示を一致させる方法をみつけようとするあの神学者らの迷妄を見せつけることである。たしかに、これらの諸氏が主張するとおり、その迷宮から脱け出すには人間を自己の自由意志と自己の行為の絶対的な主人にすればいいというのが本当なら、〈ああ深いかな。その審判は測り難く〉という詠嘆は、あまり正しくも必要でもなさそうに見える。人間が自由意志を悪用したので神は人間を見捨てたのだと言えば、道は全く平坦だから。」〔一二八―一二九ページ〕これは、少し前でもっと強くくわしく言ったことの繰り返しにすぎなかった。そこではこう言っていたのだ。(三)「あれほど多くの神学者がどうしてこの道（被造物に対する神の至高の権利という）に入るのを怖がり、自由な被造物や自由の卓越性を褒めそやす方を好むのか知りたいものである。結構だ。しかし、それはこの際なんの役にも立たず、しかもペラギウス主義へ導いてしまう。マニ教徒やピュロン派の不敬に門を閉ざしたつもりが、別の門を開けてしまう、または開いたままにしてしまう。神は人間に与えたその自由意志の創出者で、しかるべしと思ったらそれの無秩序の流れを自由に止められることを認めざるをえないからである。したがって、そんな方法を使っても不敬の徒を黙らせられるものではない。」

（一）　第九、第十一章。
（二）　〔ジュリュー〕『ロッテルダムの哲学者の告発・起訴・有罪認定』、一二八、一二九ページ。
（三）　同、一一八、一一九ページ。

これはまさにベール氏が言っていたことだった。しかし、ベール氏はこの文書を利用しようとはせず、こんなものは注意を払うに値すると思わなかった。自分の説がジュリュー氏の説と一致することはすでに十分明らかにしていたからである。

ジャクロ氏もせっかく始めたベール氏との論争をそう簡単には切り上げず、更めて攻撃に出た。しかし、あの論争の基本をなした三つの点に限るのではなく、付随的にしか関係しない、さらには全く無関係ないろんな問題にとびついた。それでも狙いははっきりしていた。ベール氏を宗教攻撃者として示すことである。この人の応答はそのような題だった。『《〔歴史〕批評辞典》、《彗星〔雑〕考》、《田舎の人〔の質問〕への答》に散見するベール氏の神学の検討。《信仰と理性の一致》を同氏の答から守る』。ベール氏は或る友人への手紙で、この書をどう思うか述べた。(一)「打ち明けて申しますが、ジャクロ氏の本は悪意と不誠実と根拠のない推理に充ち溢れています。慈愛と聖徳の共通概念を放棄することではこの人も私と変わりませんから、したがって、ル・クレール氏が私にする突きという突きはこの人を貫いてしまいます。私が忘れずにするこの指摘で、密告者〔ル・クレール〕は困惑してしまうでしょう。あの人はジャクロ氏の友達で、原稿もあの人の手を通ったからです。」ル・クレール氏にしたように、ジャクロ氏に対してもベール氏は対談の形で答えた。『マクシムとテミストの対談、または、ジャクロ氏の《ベール氏の神学の検討》への答』である。ベール氏がまず指摘したのは、全部で四百七十二ページあるジャクロ氏の応答の中で、はじめの三百四ページは論争の内容と関わりないから無視してかまわないということだった。論争は一、無差別の自由、二、悪の起源、三、啓示されたいくつかの教義に基づいてピュロン主義がなしうる反論、という三点に帰着していたからである。第一点には立ち止まる必要はないとベール氏は指摘した。いわく、(二)「ジャクロさんも応答で、その点は完全に放棄すべきだったんですけど。とにかく、ベールさんはあの人に白紙委任してたんですから、つまり、全くのペラギウス主義者として登場するのも許してたんですから。それに、悪の起源については、無差別の自由という原理しか仮定せずにあの人をやっつけてましたからね。ジャクロさんはそれでも、さも〔五六四〕重大問題みたいに、人間がそういう自由を持つかどうかという問題をまたぞろ扱うんですよ。アルミニウス派的な議論をしたくてたまらなかったようですね。改宗したての人は、改宗の動機を始終ふれまわるもんですけど、それと同じこらえ性のなさを表わしてるわけですよ。」

(一) ラ・クローズ氏〔五六五〕に宛てた一七〇六年十月二十五日付の手紙。

（二一）『マクシムとテミストの対談』、四、五ページ〔邦訳、著作集第八巻、五四九ページ〕。

ベール氏はついでジャクロ氏の五つの誤りを非難した。第一は、ベール氏の説が改革派の説と同じなのを知らんふりをして攻撃したこと、次に、それは改革派の説と全く異なると考えるふりをしたことである。第二は、同じ説でも説く者の意図しだいで無罪にもなり断罪すべきものにもなると考えることである。アダムの堕罪とそこから来る結果をめぐる反論はどんな体系でも解消できないと自分より先にジュリュー氏が説いて同じ困難を提示したことをベール氏は示していた。そして、貴方によるとこれは神を罪の創出者（張本人）にして宗教を破壊するらしいから、どうしてこの説にもっと早く反対しなかったのかとジャクロ氏に問うていた。ここでジャクロ氏はこう答えるのである[二二]。ジュリュー氏に反対して筆を執らなかったのは「ジュリュー氏は自分の体系を誠心誠意信じていて宗教の土台をなんら直接に毀損するわけではないと思う」からだ、ベール氏にだけ反駁しようとしたのは、ベール氏はドルドレヒト教会会議[五六六]で立てられた体系をあまり確信しておらず宗教の原理に対して悪意を持つと思うからだ、と。こんな区別は実に奇妙だとベール氏は思った。これらを分けようとなど誰も考え付いたためしがない、二人の著作家が同じ説を唱えた場合、一方の説に反駁して他方の説に反駁しないことはできないと昔から考えられてきたではないか、とこの人は言った。そしてジャクロ氏に、「私にはベール氏の人格にも心のありようにも攻撃を加えるつもりはさらさらない」、「同氏の意図にまで立ち入るつもりは毛頭ない」〔邦訳、著作集第七巻、一一三六ページ〕と最初の本の序文で言明していたことを思い出させた。この言明は作品の本体でも、「著者の秘密のもくろみにまで立ち入るつもりはない。……軽率な判断は差し控えよう[二三]」という言葉で繰り返されていたのである。なのに二冊目の本では、ベール氏には非常に良からぬ意図があるとこの人はたえず断定する。こういう新知識をどこから仕入れたのかとベール氏は問い、やりかたを変えたのは攻撃の不成功に苛立った情念のせいだとした。さらに付け加えて、ジャクロ氏は応答を書いている時すら、議論に熱中したり口実を探したりするために無謀な判断を千回も繰り返さざるをえなくなると見越して、型どおりの取り消しを、一種の前言撤回をあらかじめしていたではないか、「ただ、覚えておいていただきたいのは、ベール氏の人格についても心のありようについても私には語るつもりがないことである」とか、数ページ先では「本章の標題が十分示すとおり、私にはベール氏の意図も心のありようも語るつもりはなく」とか言ったではないか、と述べた。

（一）〔ジャクロ〕『ベール氏の神学の検討』、六六、六七ページ〔邦訳、著作集第八巻、九一八ページ〕。
（二）〔ジャクロ〕『信仰と理性の一致』、一二二ページ〔邦訳、著作集第七巻、一二〇〇ページ〕。
（三）『ベール氏の神学の検討』、六〇ページ〔邦訳、著作集第八巻、九一四ページ〕。
（四）同、七八ページ〔邦訳、同、九二五ページ〕。

ジャクロ氏に非難した第三の誤りは、ベール氏は人間からどんなたぐいの自由も奪うと応答でもまだ主張していることだった。ベール氏はこの問題について何ひとつ肯定も否定もしなかった、ペラギウス派と議論するようにジャクロ氏と議論してもいいと同意したからその点を論議するのは無意味だ、という答がジャクロ氏にはすでに呈されていたのである。ベール氏は終始、無差別の自由を仮定しつつ、その種の自由もマニ教徒の反論を弱めないのを見せることでジャクロ氏に反対していた。だから、無差別の自由に反駁してもあらゆる種類の自由を破壊することにはならず、論より証拠、反レモンストラント派〔五六七〕は無差別の自由を斥けるが、なおかつ、人間は意志的に熟慮して行動するという意味で自由に行動すると主張している。とはいえ、ベール氏は無差別の自由に反駁したところでなんの得にもならなかった。その種の自由を人間から奪おうとなどベール氏は一度もしたことはないのである。次に、ジャクロ氏はどうして錯覚をし、問題の真の所在から外れたのかが示された。

　ジャクロ氏の第四の誤りは、信仰と理性の一致についてベール氏を攻撃しながら、その実、ベール氏と同じことを言っていることだった。『信仰と理性の一致』という第一作のタイトルを読むと、誰でも、『田舎の人〔の質問〕への答』にあるプランどおりにジャクロ氏がその一致を証明しようとしたのかと思った。そのプランは次のことに帰着した。(一)「我らの信仰に有利な哲学的格率が用意されているのを示すだけでなく、我らの教理問答に合わないと反論される個々の格率が判明に理解される仕方で実際はそれに合うことも示さなければならないのです。」(二)「その一致は、貴方のテーゼがいくたの哲学的格率に合うだけでなく、理性の他のいくつかの格率に打ちのめされないことを求めるのです。しかし、わけのわからぬ区別を使うとか、問題は深遠で立ち入りがたいと弁解するとか、そんなやりかたでしか防戦できなかったら、そのテーゼは打ちのめされてしまいましょう。」付け加えて言うには、そのプランを読む前からジャクロ氏は容易に気が付いたはずだが、信仰と理性の一致を願うという以上、まさにこういうことが求められているのだが、ジャクロ氏はそんな観念に基づいて作業をしたわけでは毛頭ない。最近作でも氏はこう言っている(三)。「信仰と理性の一致を語る時も、私が言わんとするのは宗教を承認するために理性を放棄すべからずということである。なぜなら、宗教には理性によく理解できない秘義があるとはいえ、そういう秘義も理性に反することにはならないからだ。物体が無限に分割可能であることも運動することも、それらの命題に反対する異議に理性が答えられないとはいえ、理性に反するものではないのと同断である。」ジャクロ氏がそれしか主張していないなら、この人がベール氏を攻撃したのは全く筋違いだったと指摘された。宗教を承認するために理性を放棄せよなどとベール氏も言ったことはなく、反対に、秘義と対立する哲学的格率より聖書の権威の方を選ぶほど理性に合致した仕方はないと千遍も繰り返したからである。こうして、ジャクロ氏が自分の説をベール氏の説と違うとしたがっても無駄で、ベール氏が言う問題の所在からすれば、ジャクロ氏とベール氏の間に実際には論争などないのが示された。

（一）『田舎の人の質問への答』、第三巻、六八五ページ〔邦訳、著作集第七巻、五八五ページ〕。
（二）同、六八七ページ〔邦訳、同、五八六ページ〕。
（三）〔ジャクロ〕『ベール氏の神学の検討』〔二八七ページ〕〔邦訳、著作集第八巻、一〇四五ページ〕。

ジャクロ氏に見られる第五の誤りは、誰も必要とせぬ和解を企てたことだった。自分の狙いは宗教を承認するため理性を放棄すべからずと示すことだったとジャクロ氏は言うが、誰でも知っているように、三位一体その他福音の秘義を承認する人もしごく理性的なつもりで、理性を放棄するどころか、明証性と確実性を最高に具えた哲学的公理に立脚している。神は欺くことも欺かれることもありえない、したがって神の御言葉をいつでも信じるべしということを根拠にしており、聖書の真の意味を見分けるために理性を使ってもいる。またこれも周知のとおり、多大の困難に晒されることが教理を斥ける正当な理由にはならず、神の本性の卓越性からして、人間を相互に縛るのと同じ義務に神の本性を従わすべきでもない。そういう真理はどれも万人周知のもので、信仰と理性の一致を示すと約束する者から期待されるのはそんなことではない。期待されるのは、理性が敵に提供する、反論の根拠になる格率自体から、われわれの神学諸体系が理性と結び付くのを示すこと、そういう反論に解決を与えて、それらの哲学的格率とそれらの神学的仮説を繋ぐ絆を発見することだ。〔五六八〕しかし、ジャクロ氏はそんなことを全然していない。この人は七つの神学命題と十九の哲学命題の間の和解計画を見せられて怯えてしまい、それに近付く勇気もなかった。あの十九の命題は「間違った格率で、この問題では一切用いるべきでない（一）」と言うしか手がなかった。悪に関する神の摂理を判断する際は慈愛と聖徳の共通概念を放棄すべきだとベール氏は白状していた。この告白は多くの人に呑み込みにくく、ル・クレール氏はそれを根拠に、宗教を破壊するとベール氏を告発した。しかし、ジャクロ氏も同じように共通概念を忌避しており、地獄に落ちた者は永遠に苦しめられると断定してもいるから、ベール氏の「不敬」の共犯者としてル・クレール氏の告発に自分も含まれると考えねばならない。そこから、『信仰と理性の一致、または、ベール氏の《〔歴史〕批評辞典》に散見する主たる異議より宗教を守る』という第一作の標題ほどのまやかしはないという証拠がまた一つ得られる。『信仰と理性の格率のいくつかとの不完全な一致、または、あのタイトルを訂正して、こう変えるべきであろう。ベール氏を相手に議論し、我らの神学諸体系と相容れぬと同氏の思った哲学的格率は事実それと相容れぬことを白状す』と。

（一）〔ジャクロ〕『ベール氏の神学の検討』、三一七ページ〔邦訳、著作集第八巻、一〇六三ページ〕。

そのあと、共通概念を斥けたかわりにジャクロ氏が立てる五つの原理が検討され、それらは理性を満足させられないことが示された。ジャクロ氏は自分の第一作にベール氏がした異議に答えられないため、当初のドグマに固執したらかわせない反論から逃れる役に立つような新たな体系を発明するしか手がなかったと言われた。その新体系でジャクロ氏が、神の栄光の利害によって罪の許可を正当化するために第一作で言ったことを残らず取り消したのが示された。さらに、その体系が検討され、今問題の困難を解決するのにそれが役に立たないことが明らかにされた。ジャクロ氏の体系からはどう見ても、神が罪を望んだ、本来的な意味で神が罪の原因だったことになると主張され、悪の起源をめぐる困難はみな自由意志によって取り除かれるというあの牧師の主張は空しかったことが証明された。悪の許可に関するこの人の説も、物理的悪やピュロン主義についてこの人が答えたことも反駁され、『田舎の人〔の質問〕への答』の第三巻についてこの人がした幾多の指摘にも回答が寄せられた。最後に、ジャクロ氏の応答のはじめの三百三ページを検討しない理由や、この人が『〔歴史〕批評辞典』から取って来て自分の考察を添えた諸種の異議の集成について少数の意見を述べるだけに止めるのはなぜかが明示された。

なお、この本には、ジャクロ氏は多くの厄介な異議に答えなかった、ペテンを弄し問題をすりかえてばかりいる、個人的な憎悪の衝動に従って誠意を踏みにじっている、屁理屈をこね困難を見失わそうとばかりする、相手の文章を改竄し、相手の本についてことさら馬鹿にしたような言いかたをする、えてして自分の原理を自分で叩くほど粗忽で、やたら自惚れてばかりいる、自尊心が強すぎて、自分が間違ったことを一度も認める気になれない、等々の苦情が連ねられていた。こんなスタイルはベール氏本来のものではなかった。議論をしても常に穏やかで節度を守り、反対に相手の欠点を隠したり許したりし、丁寧で親切な多くの言葉を批判に添える人だったからだ。しかし、自分の説以上に自分の人格が攻撃され、自分を世人の憤激の的にしようとあらゆる手が使われるのを見て、この人は苛立ち気が立っていたのである。公平な人から見ても、論敵たちのそういうやりかたは全く道理を失したものだった。〔バナージュ・〕ド・ボーヴァル氏〔五六九〕もそれに抗議した。いわく（二）、「ベール氏に秘密の意図や宗教に対する危険な目論見があったかどうかというのは、ベール氏の個人的な問題であって公衆の問題ではない。真理のみを探求する人は、ベール氏にする非難に十分な根拠があるかどうかわざわざ議論する気にならないだろう。そういう人は一般的な問題にしか関わらないだろう。しかし奇妙なのは、相手方がその点についてベール氏だけしか攻撃しないことである。ローマ・カトリック教徒のほぼ全員とプロテスタントの大部分も公然と同じことを主張しているのは確かなのだからⓈ。どうしてこの人だけに食ってかかり、この人だけを相手にするのか。この人の側につく神学者の大群をどうして勘定に入れないのか。この人と相手方の論争ではこれが主要な点の一つなのに、相手方はそのことに全く力点を置かなかった。本当なら主にその点を論議すべきだと思われる。そうでないと、相手方は真理の擁護よりベール氏への復讐を考えていると疑われるおそれがあろう。」

（一）『学芸著作史』〔五七〇〕、一七〇六年十二月号、五四四ページ。

（S）アルミニウス派の原理でベール氏に反駁しようとした人たちは、ベール氏の説が改革派の説と同じなのをあえて否定せず、ベール氏には悪しき意図があると言うだけだった。それでも、この人たちは改革派の見解を攻撃して、それがベール氏の反論の原因をなしたと主張した。人間の自由意志を持ち上げても無駄で、そんな仮説では困難を解消できないとジュリュー氏が言明する（a）のを見たジャクロ氏は、最新の本〔『ベール氏の神学の検討』〕に「付記」を添えて、マニ教徒の帰結という帰結をジュリュー氏の体系の罪責とした。こうして、ベール氏の論敵たちは互に反駁しあい、こもごもにベール氏の勝ちとしたのである。ジャクロ氏は言った。（b）「答としては〈理性に沈黙を課す〉としか言わない連中の仮説に対するベール氏の異議をよく理解した神学者が、そういう方法からは人間の理性が正当かつ必然的な帰結として〈神が悪の原因、罪の張本人だ〉と確信する結果になるのにどうして気付かないのかわからない。」「ベール氏がその異議を立脚させる仮説を放棄したがらぬ者はみな、見識があり道理をわきまえた人の良心を満足させられる仕方で、氏の言う帰結や反論が誤りなのを示す不可欠の義務がある。そうでないと、かくもおぞましい帰結が引き出される原理に留まろうとするのは、純然たるかたくなさ、ただの面子ということになろう」（c）とこの人は言明した。ル・クレール氏もこの判断を諾った。いわく、（d）「ジャクロ氏は……ベール氏が絶対的予定の教義から引き出す反宗教の帰結に理性で何も応答できないことをこの人に対して認めたら、それはこの帰結が正しく引き出されており、したがってあの教義が偽りであることを告白するものだ、と実に正しく指摘している。それを認めるか、論理学をすべて御破算にするかしかない。」「〔絶対的予定を〕主張することに一部の者がかつて感じた政治的利益などもうなくなったから、答えようがないと白状する帰結が引き出されるような教義からは、今こそ立ち返る時であろう」とル・クレール氏は付け加えた。

一方、ル・クレール、ジャクロ両氏の仮説にあまり満足していないラ・プラセット氏〔五七一〕は、改革派の原理によってマニ教徒の反論に答える義務があると思った。しかし、もともと非常に穏やかな人だったから、ベール氏に遠慮して、名指しすらしようとしなかった。その本は『悪の起源と三位一体の秘義について信仰が教えてくれることに対して、理性の側から対置される二つの反論への答』（e）という題だった。この人いわく、（f）「これらの反論、中でもいちばんもっともらしい第一の反論に、数人のすぐれた著作家〔ジャクロやル・クレール〕が答えようとした。

しかし、その人たちが論を立てた土台はなんら堅固なものとは見えず、どこでも受けいれられるものですらないから、別の者が戦列に加わり、より確かで異論の少ない原理と照合しつつ、それらの反論を検討するのが望ましかった。」ル・クレール氏はラ・プラセット氏のこの書を語って、次のように指摘した。(g)「この本はベール氏が死ぬ前に書かれたものだが、さいわい氏の生前には刊行されなかった。ベール氏がこれを読んだら、ああいう気質の人だったから、著者の名声を隠れ蓑にしたのは間違いないと思う。自分の意見を変えずにもこの書の下に署名する用意があると言い、自分はラ・プラセット氏に劣らず正統派なのだと主張したことであろう。もっとも、ベール氏をラ・プラセット氏に準(なぞら)える者などいはしまいが。」これは、ベール氏の原理はあの学識豊かで思慮深い神学者の原理と一致すると白状することではなかったか。

ノーデ氏〔五七二〕が一七〇八年に『神的諸属性における神の至高の完全性と、往時の改革派のような意味に取った聖書の全き無疵さを、正しい理性によって擁護し、ベール氏の諸作に散見するマニ教のあらゆる反論を斥ける』(h)という本を公にした。その著作で、ノーデ氏はマニ教徒の反論に堕罪前予定論者〔五七三〕の説を対置した。解決をみつけられるのはその説だけだと確信していたからである。したがって、この人はキング氏〔五七四〕、ル・クレール氏、ジャクロ氏などの仮説を到底承認できなかった。それどころか、実に激しい筆致でそれに反駁し、ジャクロ氏はベール氏にしっかり答えられなかったのを示すため多くの紙幅を費した。さらに、ベール氏はジャクロ氏やル・クレール氏に勝ったとも主張した。いわく、(i)「ジャクロ氏は純然たる人間の発明にすぎぬ体系に従って、なんらかの仕方で罪の張本人だという神への非難を濯(すす)ごうとする。まず、その出来栄えがいたってまずい。この人の説から全く必然的な帰結を引き出せば、ジャクロ氏がいくらそうでないと言おうと神が罪の張本人になるはずで、ベール氏の最新作(k)がその真実を無敵の力で証明したからである。それに、この人はさらにいっそう忌わしい仕方で神を罪の張本人にする。聖書の多くの〔明瞭な〕くだりに基づく教義を、この人ははっきり否定している。したがって、神を嘘つきにしている。それだけでも、キリスト教を根底から覆すに十分だ。最後に、ジャクロ氏はしばしば自己矛盾を来し、しばしば正しい理性とも対立する。だから、この人の咎にもかかわらず、すべてのキリスト教徒はベール氏が追い込んだという隘路から出られないのだ。」ノーデ氏は続けた。「オリゲネス主義〔五七五〕を掲げたル・クレール氏は、ジャクロ氏ほどにも進めない。聖書とさらにはっきり対立し、しかも同様の不都合に陥るからである。こうして、二人ともベール氏の最新作で粉砕されてしまった。観戦者たちに判定してもらおう。」

この議論をバナージュ氏〔五七六〕がどう思っていたかお見せしても、読者はおそらくお怒りにはなるまい。この人は私に次のような手紙を寄せられた。〔l〕「最近、ベール氏に反駁する本が二冊出ました。一冊はラ・プラセット氏のもので、もう一冊はジャクロ氏のもの〔五七七〕ですが、こちらは見ていません。どうやら、この人たちをお互に戦わすことができそうです。ドルドレヒト教会会議が言う意味での予定論者なら、ル・クレール氏やベルナール氏やジャクロ氏の答を良からぬものとみなしますし、アルミニウス派の方は通常の体系ではベール氏に答えられないと思うからです。どんな体系を採用しようと、ベール氏に立派に答えたと言うわけにはいきません。反対に各派とも、向こうの派は誤謬と迷妄に陥ってベール氏の異議の重みを支えきれないと言うからです。これは同じ目的地へ行く二つの違ったルートではなく、一方は右、一方は左と逆方向へ行く道なのに、それぞれが自分の道こそ取りうる唯一の道だと主張するのです。しかも、ベール氏はジャクロ氏にアルミニウス派でないと教会会議で厳粛に誓った末にです。ル・クレール氏も〔地獄の〕刑罰の永遠性の問題で弱味を見せざるをえませんでした。古今の人に受けいれられた説を放棄して、なのに摂理を正当化することも困難を除去することもできないのです。困難は依然として残ります。道徳的悪のほかにも、人間の苦情や反論を招く物理的悪がいやというほどあるのですから。」

(a) 先の二二四ページ〔本書、二五五―二五六ページ〕を参照。
(b) 〔ジャクロ〕「ベール氏の神学の検討・付記」、四七五、四七六ページ〔邦訳、著作集第八巻、一一五二ページ〕。
(c) 同、四七八ページ〔邦訳、同、一一五三ページ〕。
(d) 『精撰文庫』、第十一巻、四一二、四一三ページ〔邦訳、著作集第八巻、八六七―八六八ページ〕。
(e) アムステルダム、一七〇七年。
(f) 〔ラ・プラセット〕『二つの反論への答』、序文三枚目。
(g) 『精撰文庫』、第十三巻、四一五、四一六ページ。
(h) アムステルダム、十二折判二巻。
(i) 〔ノーデ〕『神の至高の完全性』、序文二四、二五ページ。
(k) 『マクシムとテミストの対談』。
(l) 一七〇七年八月十九日付の手紙。

半年前からベール氏は胸に燃えるような熱を持ち、見る見る弱っていった。これは家に伝わる病気だったので、氏は命取りになると思い、友人からいくら言われても薬を呑もうとしなかった。死が近付くのを、望みもせず恐れもせずにただ見ていたのである。仕事を休みなく続け、死んでもこれは打ち切られないかのように心は全く平静だった。シャフツベリ卿〔五七八〕に送った礼状の中で、この人は仕事と病気のことを報告している。いわく、（一）「神学者たちと喧嘩をすると気分が落ち込むだろうと前には思ったかもしれませんが、今のような孤独の中ではそれが娯楽の役をすることを経験から実感します。私の病は胸の病気で、物を言うほど体に悪いことはなく、そのため訪問を受けることもすることも一切ありませんが、不誠実の罪をたえず犯してばかりいるル・クレール氏やジャクロ氏に反駁するのは私の楽しみだからです。」

（一）　一七〇六年十月二十九日付の手紙。バリカーヴ嬢〔五七九〕に宛てた一七〇六年十月二十八日付の手紙をも参照。

ル・クレール氏への答もジャクロ氏への応答の大部分もすでに印刷され、ジャクロ氏の最新の本『ベール氏の神学の検討』にある基本的なことへの回答は済んで、最後にしようと取って置いた二、三の指摘しか残らなかった時、死がそれにストップをかけた。その点について、レールス氏〔五八〇〕からいただいた手紙には次のようにあった。（二）「ベール氏は非常に穏やかに息を引き取りました。看取る人はいませんでした。死ぬ前の日は、終日仕事をした上で、ジャクロ氏への答のゲラを校正係に渡し、その時に加減が悪いと言いました。翌朝九時に宿の女主人が部屋に入ってゆくと、暖炉の火はもう起きましたかとベール氏は尋ねましたが、それは事切れつつ言った言葉で、一瞬後には息を引き取ったのです。バナージュ氏〔五八一〕も私も、友人の誰も間に合いませんでした。」亡くなったのは一七〇六年十二月二十八日で、享年五十九歳一カ月十日だった。兄の娘である姪のベール嬢〔五八二〕を相続人にする遺言を前から作ってあったが、その女性は同じ一七〇六年の十月にトゥールーズで亡くなったため、ベール氏は母方の従兄弟のド・ブリュギエール氏〔五八三〕を相続人に指名する別の遺言を作っていた。現金一万フロリンと原稿のすべてはこの従兄弟に遺贈したが、ただ、辞典の補遺のために書いた項目だけはレールス氏に贈った。神学・教会史関係の本はみな遺言執行人のバナージュ氏にやり、ほかの本は高名なるパーツ家から受けた数々の恩恵への感謝の印（しるし）としてロッテルダム鎮守府主計のパーツ氏[五八四]に贈った。ドーナ伯爵殿[五八五]からプレゼントされた金メダル[二]もパーツ夫人[五八六]に贈った。墓所にはロッテルダムのフランス人教会を選び、その教会の貧者たちに百フロリンを遺した。

（一）　レールス氏の一七〇七年一月十八日付の手紙。

（二）　アンシヨン氏[五八七]に宛てた一七〇二年八月十三日付の手紙を参照。

その死はあまねく悼まれた。『学術新聞』[五八八]も世間の声に唱和して、「文芸共和国にこれ以上痛い損失によってこの一年が終わることはまずありえなかった」[一]と述べた。ベール氏は多くのすぐれた人々と付き合いがあった。この小文ですでに名を挙げた人以外にも、友人としてフランスにはノアイユ公爵殿[五八九]、ド・ボンルポー氏[五九〇]、ビニョン師[五九一]、エクス高等法院評定官のトマッサン・ド・マゾーグ氏[五九二]、マールブランシュ神父[五九三]、両ラミ神父[五九四]、メナージュ師[五九五]、ド・ラ・サブリエール夫妻[五九六]、ニケーズ師[五九七]、デュ・ボス師[五九八]、王立古メダル室管理人のランサン[五九九]、ウディネ両氏[六〇〇]、パリ高等法院弁護士のマレ氏[六〇一]、医師でトゥールーズの教授のベール氏[六〇二]、ペロー諸氏[六〇三]、ド・ロンジュピエール氏[六〇四]、ド・ラ・モノワ氏[六〇五]等々、イギリスにはソールズベリの監督バーネット氏[六〇六]、カペル氏[六〇七]、デュブルデュー氏[六〇八]、アバディ氏[六〇九]、ラ・リヴィエール氏[六一〇]、ル・ヴァソール氏[六一一]、ピュジョラ氏等々[六一二]、ドイツにはレックハイム伯爵殿[六一三]、ライプニッツ氏[六一四]、トマジウス氏[六一五]、ブッダエウス氏等々[六一六]、イタリアにはトスカナ大公の図書館長マリャベーキ氏[六一七]、オランダにはフリーセン伯爵殿[六一八]、ブージ侯爵殿[六一九]、レ・レー・デ・ヴィルヘム氏[六二〇]、フレモン・ダブランクール氏[六二一]、バナージュ氏[六二二]、バナージュ・ド・フロットマンヴィル氏[六二三]、グラエヴィウス氏[六二四]、ドルランクール氏[六二五]、レジス氏等々[六二六]、フランドルにはティリ伯爵夫人[六二七]、ル・

ロワ男爵殿[六二八]等々、ジュネーヴにはシューエ氏[六二九]、トゥレッティーニ氏[六三〇]、レジェ氏[六三一]、ピクテ氏[六三二]等々がいた。

（二）『学術新聞』、一七〇七年一月号、オランダ版二〇七ページ。

この人は若い頃、読んだ本の抜萃を作って感想を書き留めることが多かった。作品をいくつか物したり下書きを書いたりもしていた。ノートは公刊用の本を書く時大いに役立った。その頃はもうほとんどノートを取らなかったからで、必要な典拠（ソース）をみつけるには記憶だけで足りた。書類の中にみつかった主な原稿を列挙すれば次のとおりである。

『ヴェルギリウスとホメロスの詩について最近某氏がフランス語で著わした論考への反駁、執筆開始一六七一年十二月九日』〔ラテン語〕。ラパン神父[六三三]への反駁だった。

『大いに尊敬すべきいと親愛なる友ジャック・アバディ[六三四]に宛てた、左の問題についての手紙。神は実際にしたより賢明且つ完全な仕方で振舞うことができるや否や』〔ラテン語〕。

『ベールからフェティゾン[六三五]へ、または、上記の手紙に関するフェティゾンの感想へのベールの答』〔ラテン語〕。

『年代学・地理学・歴史雑纂』〔ラテン語〕。

『歴史講義』〔ラテン語〕。この講義は天地創造からローマ皇帝らにまで至る通史をなし、著作家が犯した年代の誤りが示され、歴史の最も難しい諸点が明らかにされている。

『哲学講義』〔ラテン語〕。この哲学講義には考証的な指摘が少なからずまじえられている。スピノザがそこで強く反駁される。

『哲学カリキュラム』〔ラテン語〕。この哲学講義は論理学、倫理学、自然学、形而上学の四部に分れている。論理学の部では多くのものを疑う理由があることを述べ、同時に、学校〔スコラ学〕で言われるように学問的知が要求するすべてを具えた認識が少なからずあること、したがって学問が存在することを示す。自然学の部では様々な現象の原因を探り、それを非常に明快、簡明に説明している。

『プルタルコス有名人伝要約、アミヨ訳[六三六]による。ローマ有名人伝の繋ぎとなるローマ史ノートまたは抜萃を付す』。プルタルコスにある空白部分をほかの歴史家で埋めて、纏まったローマ通史を作った。

『歴史索引』。これはベール氏が読んだものから歴史に関する興味深い話、注目すべき話を集めたもので、書き始めたのは一六七二年だった。主題は章ごとに区別され、アルファベット順に並んでいる。たとえばAでは、エジプト人その他の民族が誇る古さ（Antiquité）が扱われ、ドイツ（Allemagne）帝国に関する種々の指摘も見られる。Bでは、記憶に値するいくつかの合戦（Batailles）が描かれたり、獣（Bêtes）に呈された讃辞が紹介されたりする。Cでは、折々に行なわれた特異な儀式（Cérémonies）が記述されるが、特に都市の鍵（Clefs des Villes）をめぐる儀式がくわしい。任された仕事について偉人たちがどのように報告したか、等々も述べられる。この巻には、年代学と歴史を対象とした別のノートもいくつかある。

『意見集、または文芸日誌』。このノートには、読んだ本についての批評的考察と、手紙や口頭で伝えられた他者の意見が収められている。

『ジラック[六三七]とコスタル[六三八]の喧嘩についての手紙、および様々な主題をめぐる他の手紙』。

『ド・リュクサンブール[六三九]氏が裁判官たちにした演説、およびその演説についての手紙[一]』。

（一）　先の一六八〇年の項、五九ページ〔本書、三三三ページ〕を参照。

『歴史ピュロン[六四〇]主義についての手紙』。

『第一次[六四一]武装蜂起について改革派を正しとするための手紙』。

『ポワシ会談[六四二]についての歴史・批評書簡』。

この三つの手紙はマンブール氏〔六四三〕の『カルヴァン派史』に関する『新たなる手紙』の続きのはずだった。（一）

（一）　先の一六八五年の項、一一一、一一二ページ〔本書、五六―五七ページ〕を参照。

『スエーデン王グスターヴ・アドルフの生涯に関する歴史論』。最初の二章しか残っていないが、この二章は非常に長い。トルコ軍がした最後のウィーン攻囲が話題になるから、書かれたのは一六八三年以後である。第一章には、グスターヴ〔六四四〕が皇帝フェルディナント二世〔六四五〕と戦うためドイツへ侵入する少し前、一六二九年にポーランドと休戦条約を結ぶまでのことが語られる。第二章はオーストリア王家〔ハプスブルク家〕の起源や、同家が置かれた様々な状況を扱う。直前数代の皇帝たちの性格が描かれ、フェルディナント二世が自ら不運を招きオーストリア王家の権力を失墜させたのはスペインの言いなりになってプロテスタントを残酷に迫害したためなのが示される。この章には一六二〇年までドイツとボヘミアで起こったことが盛られている。ベール氏が作品を完成させなかったのは残念だが、未完で文体がいささかぞんざいとはいえ、いかにも巨匠の作らしく、的を射た鋭い考察や、人と物万事にわたる生き生きした大胆な筆致が到る所に見られる。歴史家のお手本たりうるものである。

　ベール氏が辞典の補遺のため用意してレールス氏〔六四六〕に遺贈した新しい項目はそう沢山はなかった。「あの補遺ははかどっておりません。頭を使う問題に数年来掛り切りになっていますが、以来、ああいうたぐいの仕事には嫌気がさしています」（一）とこの人は自ら言っていた。同じものを二度買わせないように、新しい項目は辞典の新版に組み入れず、別に印刷し販売するとベール氏は前から約束していたが（二）、レールス氏が書店を手放してその資産が二人の書籍業者〔六四七〕の手に落ちると、この人たちはベール氏の意向を無視して、一七二〇年に出した辞典の版にそれを組み込んでしまった。さらに大きいのは、この版ではいろんな新機軸のため辞典の原形が歪められたことである。ベール氏の文体をえてして変え、一文全体を偽造するほど無鉄砲なことをしていた。同じ書籍業者らが一七一三年にロッテルダムで出した『哲学的註解』の新版でも、同じような改竄・改変が行なわれた。しかし、ベール氏が公にした全著作といくつかの遺稿を含む二折判（フォリオ）四巻の予定の『著作集』では、ベール氏の元の版に準拠した（三）。

（一）　デ・メゾー氏に宛てた一七〇六年九月二十一日付の手紙。
（二）　ミニュトリ氏〔六四八〕に宛てた一七〇二年一月二日付の手紙と、マレ氏〔六四九〕に宛てた同年三月六日付の手紙を参照。
（三）　二折判（フォリオ）四巻のこの著作集は現在販売中である。第四巻が本一七三二年の初頭に刊行された。

これらの業者に私から送り、一七一四年に彼らが出版したベール氏の手紙〔『ベール氏書簡選』〕も、同じようなひどい扱いを受けた。多くの不当な改変をされ、削られた所も少なくなかった。註が付されてはいたが、こと文芸についてはひどい間違いが山ほどあり、立派な人への悪意に充ちた低級な仄めかしや誹謗中傷が随所に見られた。ベール氏自身も容赦されなかった。一七二九年にアムステルダムで出した版〔『ベール氏書簡集・原本に基づいて刊行』〕で、私は手紙を原本どおりに復元し、必要と思われる説明をそのつど加えた。

ベール氏は活潑・絢爛・豊饒な想像力と、多大の弁別力・洞察力と、自然で大胆ではあるがあまり彫琢されない文体の持ち主だった。会話は陽気で活気があり、いつも有益なだけにいっそう気持のいいものだった。物覚えが実によく、しかも正確だったから、記憶は託されたものをいつも的確に呼び出した。議論をしても興奮し独断的な物言いをすることはなかった。書いたものを読んでも、人を傷つけることなどとてもできそうになく、逆に褒める方へ傾きすぎているのが見て取れた。友誼に篤く、これほど世話好きな人も私心のない人もかつてなかった。贈物を欲しがるどころか、ことわると失礼になるものでもさんざん渋った末にしか受け取らなかった。(T) 真理愛に溢れた人だったから、真理をみつけるため助けを受けるととても有難がり、この上なく感謝しながら援助を役立てた。ペテンや悪賢い手はおしなべて嫌っていた。

(T) 一例を挙げよう、世の人の興味を惹くに値しないとは思われないから。シャフツベリ伯爵殿〔六五〇〕はベール氏が懐中時計を持たないのに気が付いたため、イギリスへ旅した時に一つ買って、ロッテルダムへ戻ってから氏にあげるつもりだった。難しいのはベール氏に受け取らせることだった。二人が一緒にいた時、伯爵殿は時間を見るふりをして時計を何度もポケットから取り出したが、ベール氏は全然注意を払わなかった。ようやく或る日、ベール氏はその時計を手に取ってじっと見た末、思わず、実に良く出来てるようですねと言った。シャフツベリ卿は好機到来とばかり、時計をプレゼントしようとした。しかしベール氏は、何気なく言った言葉を伯爵が間接的なおねだりと受け取ったらしいのに当惑し気を悪くして、身振り手振りをまじえつつ強い口調で辞退した。二人は長いこと言い争い、シャフツベリ卿は、貴方のためにわざわざイギリスから持ち帰ったのですと請け合って、それを裏付けるため自分自身の懐中時計を見せるまでは受け取ってもらえなかった。

それから数年後、伯爵殿はイギリスで出版されたギリシャ語・ラテン語の本を何冊かベール氏に送りたいから、いちばん気に入りそうな本のリストを作ってほしいと私に言った。最適の本は御当人に指示してもらおうと思って、その話を私は氏に打ち明けた。しかし、ベール氏はそんなことをしたがらなかった。氏からの返事にはこうあった。(a)「本のリストなどシャフツベリ卿にお渡しくださる必要は毛頭ありません。あのかたには慎んで御礼申しますが、かつてあのかたから無理やり受け取らされた立派な懐中時計でもう十分御恩に与っています。ああいう調度品は私には全く無用だと当時は思っていましたが、今ではそれなしにいられないほど必要になっています。こんなにいい贈物をいただいてどれほどあのかたに感謝すべきか、時々刻々に私は感じているのです。」

ベール氏はフランスの宮廷から年金を貰っていると言った者をどう考えるべきかは、ここからも分るであろう。

(a) 一七〇五年四月〔三日〕付の手紙。

品行は名実ともに哲学者らしく、贅沢はせず、野心もなく、他人より自分を優先させることは誰に対してもなかった。粗食と言えるほど酒食を節し、精神が味わう以外のどんな快楽にも関心がなく、種々の情念を知っているのはもっぱらそれを議論するためで、自ら感じるためではないかのようだった。小心なまでに謙虚だったから、可能なら最後まで自分の名前を隠し通したろう。この人の肖像が人目に触れたのも、けっして自分のせいではなかった。(U) 過度なほど、おそらく弱点となるほど自国の栄光を大事にし、それが攻撃されるのに我慢できず、考えを同じうしない人を内心軽蔑していた。

(U) 版画の肖像を辞典の英訳版の巻頭に掲げさせてほしいとこの人はしきりに頼まれたが、返事はいつも決まっていた。「絵に描いてもらったり、本の頭に自分の顔を載せたりする決心がつきません」、「嫌悪感を抑える」ことができません、「この弱さ――そうお呼びになりたければ――をどうかお赦しください」(a) というのだった。以前母親に送った肖像画は家族の外へ出ないはずのもので、それが公にされたのは、パリ高等法院弁護士のマレ氏〔六五一〕と、非常にすぐれた女性でベール氏の名と作品を心から愛するド・メリニアック夫人〔六五二〕のお蔭だった。ベール氏が絵に描かれたのをこの人たちは知らなかったのだが、自分の肖像画を母親へ送る時 (b) ベール氏が書いた手紙を歿後にマレ氏が入手したことから、その肖像画がモントーバンに住むベール氏の親類の女性の家にあることを発見したのである。ド・メリニアック夫人はそれの複製を取り寄せて、死ぬ時 (c) にマザラン学院の副図書館長をするド・フランカステル氏〔六五三〕に与え、その複製を基にしてマレ氏がさらに別の複製を作らせた。パリにあるのはこの二つの複製だけだが、フランクフルト・アム・オーデルのアカデミーが、すでに有名人の肖像画八十二点を集めた部屋に飾るため、第三の複製をマレ氏に所望した。そこに描かれたベール氏は浅黒い顔と、生き生きした顔立ちと、実に美しい目をしており、知力と活気の程が窺われる。この肖像を基にして、版画もいくつか作られた。ド・メリニアック夫人とマレ氏の肝煎りで作られた版画もあって、下に書くため詩句を物してほしいとマレ氏がド・ラ・モノワ氏〔六五四〕に頼んだところ、氏は次のようなラテン語の二行詩を作った。

カノ名高キベール、ココニアリ。ソノ書キ物ガ残ル限リ、
楽シマスコトト教エルコトノ、イズレガ大カ争ワルベシ

一七一五年にジュネーヴで作られたベール氏の辞典の版の巻頭を飾るために、版画はもう一つ制作された。そこにはド・ラ・モノワ氏の四行のフランス語の詩句が載っているが、これは先のラテン語の詩句を模したものである。

才人の誉(ほまれ)、名高きベールはこういう人。
探究の泉のような洗練されたその筆は、
この人の著作では快さと有益さの、
いずれがまさるか疑わせる

（a）デ・メゾー氏に宛てた一七〇五年四月三日付と七月三日付の手紙。
（b）先の一六七五年の項、三九ページ〔本書、二四―二六ページ〕を参照。
（c）この婦人は一七一二年十一月十一日に世を去った。マドレーヌ＝フェリクス・ドストレルといい、フランドルの名家の出で、ド・メリニアック氏の未亡人だった。

想像力の豊かさと知識の該博さの余り、この人はしばしば本題から外れて脱線したが、それでも、出したい帰結に役立つもの、必要なものとして余談を元へ引き戻す腕を持っていた。慧眼な人だったから、どんなに抽象的な主題でもその様々な側面を一目(ひと)で見極め、それのあらゆる原理を発見し、あらゆる帰結を展開して見せた。そこにみつける種々の困難から判断はしごく控え目になり、疑う理由しか残らないこともしばしばだった。この慎重さはピュロン主義〔六五五〕と非難される原因になった。しかし、疑わしいものを疑うとピュロン派になるなら、人はみなピュロン派になるべきではなかろうか。

辞典ではいささか淫らすぎた、女性については放縦に流れたとこの人は文句を言われた。しかしながら、そういう個所はほとんどみな、高く評価されていて誰もが知っている著作家からの引用にすぎない。著作家のその種の記述を断罪する人もいるが、それに較べるとベール氏はこういうものに敏感でなかったのであろう、著作家の文体にもショックを受けなかった。下品で慎みのない表現をありのままの言いかた、せいぜい罪のない奔放さや単なる知的な遊びとみなしたのも、そんな表現で自分の心にどんな乱れも生じないからだった。この人の品行は常に清浄・方正で、いかに激した敵でもその点を非難した者はなかった。だが、固く徳を愛していたからこそ、この点でもやはり悪徳の見かけに怯えたりしなかったのだ。

いくつかの重要な教義に呈せる異議を辞典で報じたことから、この人の宗教心に不利な帰結をなんら引き出してはならない。討論のルールからしても、この人には賛成論と反対論を忠実に挙げる必要があった。しかし、そういう教義を破壊する意図などなかったことは明らかである。この人が報じる様々な理由の中でも、教義を是とする理由の方が教義に反対する理由より強力なのだから。ジャクロ氏も『マクシムとテミストの対談』への『答』でそのことを自ら認めた。ベール氏への悪口を連ねただけの本だったのに。〔六五六〕いわく、(一)「自由思想家(リベルタン)たちも、読んでわかるだけの知力をもってあの哲学者の著作を読めば容易に確認できるように、ベール氏は……神の存在や魂の精神的本性については、それらの重要な真理を叩くため異教徒〔の哲学者〕等々に言わせたものとは比較にならぬほど強力な〔肯定の〕理由を述べていた。」〔六五七〕同じことは序文でも繰り返された。いわく、(二)「神の存在を立証することが問題の時は、シモニデスに言わせたこの真理への異議を提示する時よりベール氏の論法（は）はるかに力強く明証的（である）。……この人の賛否の発言を精読すれば、魂の霊性についても同じ判断を下し、したがって、神の存在と魂の霊性という宗教の二つの源を、理性に全く合致した原理として受け取らねばならなくなる。」

(一)　『《信仰と理性の一致》、《ベール氏の神学の検討》に対してベール氏が著わした対談への答』、二五六、二五七ページ〔邦訳、著作集第八巻、一四八三ページ〕。

(二)　同、序文五枚目〔邦訳、同、一三二九ページ〕。

しかし、ベール氏の意見に賛成しない人ですら氏の天分の素晴しさ、豊かさ、その学識の広さには感嘆しており、この点を正当に認めない者、氏を貶(おと)しめることで自分が高く上がろうとしてことさらに氏を馬鹿にしたり、馬鹿にするふりをしたりする者は、ベール氏を貶すより自分の鑑識眼を貶し、自分の能力より思い上がりを現わしているのである。学識は大いにあるが天分に乏しい人、才気は大いにあるが学殖に乏しい人、堅実さは大いにあるが面白味に乏しい人——そういう人は掃いて捨てるほどいるけれども、これらすべての美点をベール氏ほど完全に併せ持った人はめったにみつかるものではない。だからこそ、ド・サン＝テヴルモン氏〔六五八〕もこう言ったのである。(一)

センスも天分も見られない
多大の学識、無限の学殖に
感嘆するのは
理解できぬが、
**ベール**は感嘆すべきだと思う。
深遠であるに劣らず快く、
教育と楽しみのいずれかを
私に選ばせてくれるから

(一)『ド・サン＝テヴルモン氏作品集』、アムステルダム版(一七二六年)第五巻、三七七ページ。

一七二九年十二月十三日

(完)

# 付録I

## カルラノ暦〔ベール自筆の履歴書、ラテン語〕

誕生ノ時期　一六四七年十一月十八日

| 年月日 | 年齢 | 記事 |
| --- | --- | --- |
| 一六六〇年六月二十九日 | 十二歳 | ギリシャ語ヲ学ビ始メル |
| 一六六一年十二月二十五日、日曜 | 十四歳ニナッタトコロ | 聖餐ニ初メテ連ナル |
| 一六六六年二月十二日、土曜 | 十八歳 | 親モトヲ離レテピュイローランスへ行キ、五月五日ニ、ヴェルダンノ人クレポワン氏ノ受ケ持ツ第一学年ニ入ル |
| 一六六六年 | | カストルへ三日間旅行 |
| 一六六六年九月九日 | | ル・カルラへ戻ル |
| 一六六八年五月二十九日 | 二十歳 | サヴェルダンへ行キ、同年九月二十八日 |

| | | マデ滞在 |
|---|---|---|
| 一六六八年十一月五日、月曜 | 二十歳ノ終ワリ頃 | ル・カルラヲ発ッテピュイローランスへ行キ、一六六九年二月十九日、火曜マデ滞在 |
| | | 論理学ノ勉強 |
| 一六六九年二月十九日 | 二十一歳 | トゥールーズへ着ク |
| 一六六九年三月十九日、火曜 | 二十一歳 | 改宗。皇帝ノ御座所デアル町〔ローマ〕ノ名ヲ持ツイグナティウスノ徒〔イエズス会士〕〔ピエール・ローム神父〕ノモトデ、翌日ニ論理学ノ勉強ヲ再開 |
| 一六七〇年八月十九日、火曜 | 二十二歳 | トゥールーズヲ出テ、マゼールノ近クニアルデュ・ヴィヴィエ氏ノ別荘ニ着ク |
| 一六七〇年八月二十一日 | 二十二歳 | サヴェルダンノ牧師リヴァル氏ノ手デヒソカニ改革宗教へ復帰。立会人ハル・カルラノ牧師デアル兄、マゼールノ牧師ギユマ氏、カルモンノ牧師リヴァル氏 |
| 一六七〇年八月二十一日 | 二十二歳 | ジュネーヴへ発チ、九月五日、火曜ニ到着 |
| 一六七〇年十一月二十一日 | 二十二歳ノ終ワリ頃 | ド・ノルマンディ氏宅ニ住ミ込ム |

| | | |
|---|---|---|
| 一六七二年五月二十三日 | 二十四歳〔正しくは二十三歳〕 | コッペノドーナ伯爵邸ニ移ル |
| 一六七四年五月二十九日、火曜 | 二十六歳 | コッペヲ去ッテ、ノルマンディノリパリウス〔ラ・リーヴ〕氏〔正しくは未亡人〕宅へ。同年六月十五日ニ到着 |
| 一六七五年三月一日 | 二十七歳 | ルアンヲ発ッテパリへ行キ、四月三日ニド・ベリンゲン氏宅ニ住ミ込ム |
| 一六七五年八月二十七日、火曜 | 二十七歳 | セダンへ旅行。八月末日ニ到着 |
| 一六七五年九月二十八日 | 二十七歳 | 競争相手トトモニ、テーゼヲ書クタメ罐詰ニナル。提説ハ十月二十二、二十三両日ノ午後 |
| 一六七五年十一月二日 | 二十七歳ノ終ワリ頃 | 大学評議会ニヨリ採用サレ、十一月四日ニ哲学教授トナルタメノ宣誓ヲスル。コノ講座ハソノ後、一六八一年七月十四日ニ勅令ニヨリ廃止サレル |
| 一六七五年十一月十一日、月曜 | 二十七歳ノ終ワリ頃 | 公開授業ヲ開始 |
| 一六八一年九月二日、火曜 | 三十三歳 | セダンヲ発ッテパリへ行キ、七日ニ到着 |
| 一六八一年十月八日、水曜 | 三十三歳ノ終ワリ頃 | パーツ氏ニ呼バレテイタロッテルダムへ行クタメ、パリヲ発ツ |

| | | |
|---|---|---|
| 一六八一年十月三十日、木曜 | 三十三歳ノ終ワリ頃 | ロッテルダムニ到着 |
| 一六八一年十二月五日、金曜 | 三十四歳ノ始メ | 新設ノ市立大学ノ哲学ト歴史ノ教授トシテ開講演説 |
| 一六八一年十二月八日、月曜 | 三十四歳ノ始メ | 哲学ノ最初ノ授業 |
| 一六八二年三月十一日、水曜 | 三十四歳 | 一六八一年一月十一日ニ書キ始メテ、同年五月二十七日ニパリへ送ッタ『彗星雑考』ノ印刷完了 |
| 一六八二年三月三十一日、火曜 | 三十四歳 | 少シ前ニ他界サレタパーツ夫人ガ、本ヲ買ウタメニト私ニ二千フロリン遺贈サレタコトヲJ氏カラ聞ク |
| 一六八二年五月一日、金曜 | 三十四歳 | 『《カルヴァン派史》ノ一般的批判』ヲ書キ始メル。書キ上ゲタノハ同月十五日。五月三十日ニ原稿ヲウォルフガング〔書店〕ニ渡シ、印刷サレタ本ヲ受ケ取ッタノハ七月十一日 |
| 一六八二年八月 | 三十四歳 | 同書ノ見直シ、改訂、増補。十一月二十九日、月曜ニ第二版ヲ受ケ取ル |
| 一六八二年十月 | 三十四歳ノ終ワリ頃 | フェティゾン氏カラ『内乱ノタメノ弁明』〔正しくは『改革派のための弁明』〕 |

ノ原稿ヲ受ケ取ル。コノ本ハ「フィラレット」トイウ名ノ私ニ捧ゲラレテオリ、ハーグデ出版サレタ。本ヲ受ケ取ッタノハ一六八三年二月二十一日

一六八三年九月二日、水曜　三十五歳
『彗星雑考』第二版ノ印刷完了。百二十部貰ウ

一六八三年十一月二十四日、水曜　三十六歳ノ始メ
ルアンノ牧師バナージュ氏ガ書イテ私ニ捧ゲタ『〔一六八二年ニフランス僧族会議ノ諸氏ガ提案セル〕方法ノ検討』、ド・グラーフ（書店）ニヨリ印刷完了

一六八三年十二月　三十六歳ノ始メ
ド・ラロック氏（子）ガ書イテ私ニ捧ゲタ『欺カレタ改宗者』、十二折判デ印刷完了

一六八四年一月二十一日、金曜　三十六歳
ハイデルベルクカラ、神学生ランファン氏ガ物シタブリュエス反駁書〔の原稿〕ヲ受ケ取ル。後ニソレヲレールス書店ニ渡ス

一六八四年三月十六日、木曜　三十六歳
ルイ・ド・ラ・ヴィルニ反駁スルラテン語ノ論考ヲ含ム論文集〔『デカルト氏の

哲学をめぐるいくつかの興味ある文書の集成』〕（アムステルダムデ再刊）ノ刊本ヲ受ケ取ル

一六八四年三月二十一日、火曜　三十六歳

『文芸共和国便リ』ヲ開始。同年四月四日ニアムステルダムノデボルド書店ト契約ヲ結ビ、五月二十七日ニ最初ノ月ノ号〔三月号〕ノ、六月二日ニ四月号ノ刊本ヲ受ケ取ル

一六八四年五月九日、火曜　三十六歳

フラネケル大学ノ哲学教授ニトイウ旧暦四月二十一日付ノ招聘状ヲレーウワルデンカラ貰ウ。翌日、考エサセテホシイト答エ、同年六月九日ニ辞退スル旨ノ返事ヲ送ル

一六八四年五月十六日、火曜　三十六歳

パリノド・フレジュヴィル氏カラ、弟ノジョゼフガ五月九日ニパリデ病死シタ旨ノ手紙ヲ受ケ取ル

一六八五年三月五日、月曜　三十七歳

十二折判二巻デ出タ『〔《マンブール氏ノカルヴァン派史ノ一般的批判》ノ著者ノ〕新タナル手紙』ノ刊本ヲ受ケ取ル

| | | |
|---|---|---|
| 一六八五年五月八日、火曜 | 三十七歳 | 父ノ訃報ニ接スル。三月三十一日、土曜ノコトノ由 |
| 一六八五年六月二十七日、水曜 | 三十七歳 | アムステルダムデサヴェルダンカラノ手紙ヲ受ケ取ル。六月十日ニパミエデ兄ガ投獄サレタトノコト。七月十日ニ兄ハソコカラボルドーノ俗称シャトー・トロンペット監獄ニ移送サレ、同年十一月十二日ニソコデ死ヌ |
| 一六八五年十月 | 三十七歳ノ終ワリ頃 | アドリアーン・パーツ氏ノ『イギリスノ最近ノ騒動ニツイテ』トイウ手紙ヲフランス語ニ訳ス。『文芸共和国便リ』ノ一〇七〇ページヲ参照 |
| 一六八六年二月二十五日、月曜 | 三十八歳 | 『感覚的快楽ヲメグリマールブランシュ神父ヲ支持スル発言ヲシタコトニツイテ（アルノー氏カラ）寄セラレタ意見ニ対スル《文芸共和国便リ》ノ著者ノ答』、印刷完了 |
| 一六八六年三月六、七両日 | 三十八歳 | デッカーノ『匿名・偽名・仮名(カメイ)著作ニツイテノ推定』ノ巻末ニ置カレルハズノ手 |

一六八六年三月二十二日、金曜　三十八歳

紙ヲ執筆

〔原本ではこの項の記事が切り取られているが、デ・メゾーは『ルイ大王のもと、カトリック一色のフランスとは何か』の出版を言うものと推定している〕

一六八六年十月二十八日、水曜　三十八歳ノ終ワリ頃

〔原本ではこの項の記事も切り取られているが、デ・メゾーは『〈強いて入らしめよ〉というイエス・キリストの言葉に関する哲学的註解』第一、第二部の出版を言うものと推定している〕

一六八七年二月十六日、日曜　三十九歳

病ニ襲ワレ、二月号ノ完成モ見ズニ『文芸共和国便リ』ヲヤムナク中断

同書ヲ完全ニ放棄シ、〔バナージュ・〕ド・ボーヴァル氏ニ託ス。氏ハ九月ニ新タナ新聞ヲ発刊

授業モ中断スル

一六八七年六月二十日　三十九歳

『哲学的註解』第三部ヲ受ケ取ル。病気ニナル前ニ書キ終エテ書店ニ渡シ、印刷モ二月末以前ニ完了シテイタ

一六八七年八月八日　三十九歳

クレーヴェへ向ケ出発。八月十三日ニ着キ、翌日カラ九月十五日マデ城ノ牧師フェラン氏宅ニ宿泊。ソコカラボワ＝ル＝デュック、サラニアーヘンへ行ク。同行シタノハピエラ、ファルジョン両氏。十月十八日ニ戻ル

（以下欠）

# 付録Ⅱ

## パリ市、同プレヴォ裁判区、同子爵領警視総監ド・ラ・レニ氏の命令。『マンブール氏の《カルヴァン派史》の一般的批判』について

国王と
パリ・プレヴォ裁判官殿または
警視総監殿の名において

悪意ある一部の者が、扉の表記によればヴィル゠フランシュ、ピエール・ル・ブラン書店から一六八二年に出版された『マンブール氏の《カルヴァン派史》の一般的批判』と題する書籍を何部も当市に持ち込ませ販売させたこと、前記の書の著者が、文人・学者に許される正当で賢明な批判ではなく、「批判」というもっともらしい標題のもとに偽りの宗教的熱意を装って臣民の忠誠心を腐敗させんとする誹謗に類する少なからぬ偽造の事実を大胆にも主張したことを検事から伝えられたため、また、かくも有害な書籍の

販売を防止するのは公益に適うことであり、それの著者たることが判明した者や、それを印刷し、当市に持ち込ませ、販売・頒布させた者を法令の規定と厳しさに応じて処罰することがそれ故に我らの手で執り行なわれるよう検事が要請したことにより、表記によればヴィル゠フランシュ、ピエール・ル・ブラン書店から一六八二年に出版され、全三百三十八ページで二十二通の手紙に分れた『マンブール氏の《カルヴァン派史》の一般的批判』と題する前記の書籍を実見の上、上記の請求に応えて、『マンブール氏の歴史の一般的批判』と題する書籍を名誉毀損と誹謗の書、無謀で不穏な欺瞞に溢れた書と宣告し、かかるものとして、その書がグレーヴ広場〔パリ市庁舎前の広場〕で上級裁判執行人〔死刑執行人〕の手により引き裂かれ燃やされること、また、検事の要請・請求により、前記の書籍を執筆した者、印刷した者、当市に持ち込ませ販売・頒布させた者に対して罪状調査が行なわれ、犯人には法令の厳しさに応じて裁判がなされ完遂されることを命じるものである。すべての印刷業者・書籍業者に前記の書籍を印刷・販売・頒布することを固く厳禁し、違反者は死刑に処するものとし、また資格・身分を問わぬその他すべての者に前記の書籍のいかなる売買または頒布を行なうことをも固く厳禁し、違反者には見せしめの処罰を加えるものとする。この命令は公表の上、慣例的な通常の場所と、さらには、知らざりしと言わせぬように当市の書籍業者・印刷業者の部屋の中にも掲示されるものとする。一六八三年三月六日、常任国務顧問官、パリ市・同プレヴォ裁判区・同子爵領警視総監**ガブリエル・ニコラ・ド・ラ・レニ**氏、これを作り発す。

署名　ド・ラ・レニ

書記ド・リヤン・サゴ

上記の命令は一六八三年三月九日に、慣例的な通常の場所で、喇叭の音と告知人の声により読み上げられ、公表され、掲示された。行なったのは私こと、パリ市・同プレヴォ裁判区・同子爵領における王命常任告知人宣誓組合員にして同市オテル・デ・ズュルサン中通りに居住するマルク＝アントワーヌ・パキエと、同伴する王命喇叭手宣誓組合員エティエンヌ・デュ・ボス、喇叭手係員フィリップ・ル・シュー、同ルイ・ラ・コスト

署名　パキエ

サン＝ジャック通り、ドニ・ティエリ印刷所製

# 付録Ⅲ

## ベール氏の『歴史批評辞典』に関するロッテルダムのワロン教会長老会議の議事

一六九七年十一月三日

前回の去る九月十五日の議事で任命された委員諸氏が、『歴史批評辞典』と題するベール殿の書にある猥褻に関わるくだりについて牧師のド・シュペルヴィル、ル・パージュ両氏が作った抜萃を検討し、前記の抜萃と前記の書とを照合した結果、そこに卑猥な考察や、下品な表現や問題、多くの淫らな引用などをみつけたこと、それはこれらのくだりを指示する提出した覚書にさらにくわしく述べられるとおりであることを報告し、それに基づき会議は、前記の書について会議が全面的な審議をする時に提出されるよう、前記の覚書が書記により保管されること、またその間、会議の他の構成員も前記の覚書をなお検討して、今から二週間以内に自らの指摘を加えられることを適当と考えた。また当面、本議事も、この問題につき今後なされる同様の議事も、会議の明確な命令がない限り議事録に記載されないことが適当と考えられた。

一六九七年十一月十七日

前回の議事で述べた覚書に〔新たな〕指摘を加えるためその議事が指定した二週間の期間がここに終了したため、会議の他の構成員が〔新たな〕指摘を加えたか否か尋ねたところ、加えたと言う者が一人もいなかったため、前記の覚書に盛られた報告が画定され、会議の見解とみなされることになった。

同日

前記の委員諸氏が、ベール殿の前記の書の「ダビデ」の項にあるくだりについて牧師のド・シュペルヴィル、ル・パージュ両氏が作った抜萃を検討し、前記の抜萃と前記の書とを照合した結果、ベール殿が一般にあの予言者王の振舞と統治の恐ろしい肖像を描き、特殊にはあの王の幾多の行動を不当且つスキャンダラスな仕方で扱ったのをみつけたこと、それはこれらのくだりを指示する前記の委員たちの提出した覚書にさらにくわしく述べられるとおりであることを報告し、それに基づき会議は、その覚書が先のものと同様に保管されること、会議の他の構成員も前記の覚書をなお検討して、今から二週間以内に自らの指摘を加えられることを適当と考えた。

一六九七年十二月一日

前回の議事で述べた「ダビデ」の項に関する覚書に〔新たな〕指摘を加えるためその議事が指定した二週間の期間がここに終了したため、会議の他の構成員が〔新たな〕指摘を加えたか否か尋ねたところ、加えたと言う者が一人もいなかったため、前記の覚書に盛られた報告が画定され、会議の見解とみなされることになった。

同日

前記の委員諸氏が、ベール殿の前記の書の「マニ教徒」、「マルキオン派」、「パウリキウス派」の項にあるくだりについて牧師のド・シュペルヴィル、ル・パージュ両氏が作った抜萃を検討し、前記の抜萃と前記の書とを照合した結果、ベール殿がそこで、マニ教徒がかつて用いた論拠を唱えるだけに止まらず、加えてマニ教徒に有利な、すべてのプロテスタント神学者の仮説にすら反対するような新たな論拠を立て、さらにマニ教徒の仮説を勝たせているのをみつけて、前記の委員たちがそれにいたく憤慨したこと、それはこれらのくだりを指示する前記の委員たちの提出した覚書にさらにくわしく述べられるとおりであることを報告し、それに基づき会議は、この覚書が先のものと同様に保管されること、会議の他の構成員も前記の覚書をなお検討して、今から二週間以内に自らの指摘を加えられることを適当と考えた。

一六九七年十二月八日

前記の委員諸氏が、ベール殿の前記の書の「ピュロン」の項にあるくだりについて牧師のド・シュペルヴィル、ル・パージュ両氏が作った抜萃を検討し、前記の抜萃と前記の書とを照合した結果、そこにみつけたスキャンダラスで非難すべきものについての覚書を起草した旨の報告を行ない、その覚書を会議に提出したため、それに基づき会議は、この覚書が先のものと同様に保管されること、会議の他の構成員も前記の覚書をなお検討して、今から一週間以内に自らの指摘を加えられることを適当と考えた。

一六九七年十二月十五日

今月一日の第二の議事で述べた「マニ教徒」、「マルキオン派」、「パウリキウス派」の項に関する覚書に前記二つの覚書に盛られた報告が画定され、会議の見解とみなされることになった。

議の他の構成員が〔新たな〕指摘を加えたか否か尋ねたところ、加えたと言う者が一人もいなかったため、会に関する覚書に〔新たな〕指摘を加えるためその議事が指定した一週間の期間がここに終了したため、会〔新たな〕指摘を加えるためその議事が指定した二週間の期間と、前回の議事で述べた「ピュロン」の項

同日

前記の委員諸氏が、ベール殿の前記の書の様々な項目にある「無神論者」ないし「エピクロス派」に関するくだりについて牧師のド・シュペルヴィル、ル・パージュ両氏が作った抜萃を検討し、前記の抜萃と前記の書とを照合した結果、そこにみつけたスキャンダラスで非難すべきものについての覚書を起草した旨の報告を行ない、その覚書を会議に提出したため、それに基づき会議は、この覚書が先のものと同様に保管されること、会議の他の構成員も前記の覚書をなお検討して、今から今週土曜日までに自らの指摘を加えられることを適当と考えた。

同日

我らの牧師の一人のル・パージュ氏から、今月十日にベール氏が自宅に来訪し、辞典類が検討の対象になるとは思わなかったため長老会議が『〔歴史〕批評辞典』を検討していると聞いて驚いた、「ダビデ」、「マニ教徒」、「パウリキウス派」、「ピュロン派」の項と、淫らすぎる種々の表現や引用に文句が出ていると言われたが、それならば第二版で加筆なり削除なりしてそれを緩和し修正するつもりである、この言明を当会議に伝えていただきたく、当会議もそれに満足されると期待していると述べた、という旨の報告が

あったため、それに基づいて会議は審議の上、ベール殿の件につき今週木曜日に臨時の会合を開くことを適当と考えた。

一六九七年十二月十九日、木曜日

前回の議事にしたがって会議は臨時の会合を開き、これまでの議事で述べたベール殿の件に関する最初の四つの覚書を更めて読み上げさせた上、書記の口からベール殿に、来週火曜日午後三時半に前記の件のため会議に出頭するよう知らせることを適当と考えた。

一六九七年十二月二十一日、土曜日

今月十五日の第二の議事で述べた「無神論者」ないし「エピクロス派」をめぐる様々な項目に関する覚書に〔新たな〕指摘を加えるためその議事が指定した期間がここに終了したため、会議の他の構成員が〔新たな〕指摘を加えたか否か尋ねたところ、加えたと言う者が一人もいなかったため、前記の覚書に盛られた報告が画定され、会議の見解とみなされることになった。

一六九七年十二月二十四日、火曜日

今月十九日の議事にしたがって会議が臨時の会合を開いたところ、そこにベール殿が出頭し、会議は議長の口からベール殿に、『歴史批評辞典』と題する同氏の書の内に会議の目にはスキャンダラスと映る種々のくだりをみつけたこと、まず第一に、同氏のこの書には淫らな表現や引用や考察が見られたことを説明したが、それについて前記ベール殿は「会議が何を提起されるか知りませんでしたから、お答えする用意がありません」と言い、さらに付け加えて、「哲学者である作家または歴史家と神学者では違います。歴史家は忠実且つ不偏不党たるべきで、間違った報告をしたら責任を問われます。理由を説明するために一回二時間ずつの審問を二十回してほしいと貴会議にお願いすることもできますが、そういう手段は使いたくありません。長くなるのは避けたいと思います。私たちの信仰告白に反するものは何ひとつ前記の書で自分の説として主張していないこと、宗教上の諸点を堅持することははっきり言ってあります。つまらぬことに足を止めるべきではありません。会議が作らせられた抜萃についても事実と権利の両面で批判できますが、そういう議論に立ち入りたくはありません。前記の書の序文ですでに、訂正すべきものがみつかったら訂正する用意があると言ってあります。『公衆の判定』と題する印刷物に反駁するため発表した考察の中でも、同様の言明はしてあります。会議が文句を言われるものは第二版で変更する所存であること、前記の書の訂正作業をすでにしつつあることを貴会議に更めてはっきり申し上げます」と述べた。

それに基づいて会議は審議の上、またベール殿を帰らせた上で、議長殿を通じて同氏に、氏が挙げた前記の理由に答える仕事には今立ち入らないこと、氏が言明した決意は漠然としていると会議には思われること、氏は第二版で変更するとは言ったが前言撤回をするとは言わなかったこと、その第二版がいつ作られるのか会議には保証がなく、種々の障害が起こって実行できないおそれもあること、前記の書について会議のした指摘は重要なものであることを伝えた。それについてベール殿は、「前記の書の変更だけでなく、前言撤回すべきものがみつかったら前言撤回をする用意もあります。今からでも、私たちの宗教に反するような命題が私の説としてあったら、そういうものは異端的と宣言します」と言った。

そのあと会議は、前記の書のくだりと会議の指摘とを指示する予定であると人を介して同氏に伝え、ついで、この件で作られた五つの覚書に盛られているくだりと指摘を前記ベール殿に指示し、それに関する同氏の言い分を聞き、しかるのちそれを会議に報告する係として、牧師のピエラ、ド・シュペルヴィル、ル・パージュ各氏、長老のド・ファヌイユ、ディオダティ、ヴェルマンド各氏、執事のド・ティヌバック、ド・ペステール各氏を任命した。

一六九八年一月五日

昨年十二月二十四日の議事で任命された委員諸氏から、同月三十日に集まって、前記の議事で述べられるベール殿の書に関する五つの覚書に盛られた指摘の要旨をベール殿に説明し、同氏の釈明と一般的回答と、この件についての申し出をも聞いた上で、これらの諸氏の前で申し述べたことを同氏が文書化するのが適当と考えた旨の報告があり、その文書化をベール氏が行なった結果、同氏の署名する覚書がこれらの諸氏により提出されたため、その覚書が会議の前で読み上げられた上で、会議はそれについて思案の末、前記の覚書に対する回答の草案を起草して、そのため今週火曜日に臨時に集まる会議にそれを伝えるよう同じ委員たちに依頼するのを適当と考え、また、同じ日に会議に出頭するようベール殿に知らせることを命じた。

『歴史批評辞典』について一六九八年一月五日、日曜日に
ロッテルダムのワロン教会長老会議の諸氏に提出する覚書

「皆さん、
先月二十四日に皆さんに申し上げ、先週月曜日に委員諸賢がその御指摘を読み上げてくださった際にさ

らにくわしく繰り返したことを、今日は文書にしたためて、もっと細かい説明を付して貴会議に提出いたします。

それは二点に要約されます。第一は、自分を正当化するために私は理由も実例も無数に挙げられ、そういうことを議論しなければ裁判という方法でこの事件を解決できないことです。第二は、長くかかることやその他様々の不都合を避けようとして貴会議が示談という方法で決着をつけることを適当とお思いなら、私もその手段をできるだけ容易にするつもりだということです。そのため、まず第一に心の底から誠実に申し上げますが、私の意図は一度として、憤慨する正当な理由を善男善女に与えるような結論が拙作の辞典で導き出されることではありませんでした。或る種の面で自分が自由に振舞っても、語るのは世俗人で哲学者なのだ、それも歴史書、批評書、大規模な註解書の中でだ、また必要な際はどこでも、理性が理解できてもできなくてもわれわれが何を信じるべきかの規準は聖書だという、私たちの会派の最も正統的な原理に読者を引き戻す但し書や釈明が周到に付せられている、と考えてその自由が好意的に解釈されるものと私は常に期待してきました。また、歴史家という資格は各党派の強み弱みについてほかの著作家が言わない多くのことも報じる必要を課していること、教父たちもゾッとするような卑猥、猥褻な詳細を報じたことを誰もが思い出してくださるだろうと期待してもおりました。

二番目に申し上げますが、自分の意図と期待に反して、私が自由に振舞ったことで少なからぬ人が傷ついたことを私はきわめて遺憾に思います。そうなるとあらかじめ分っていたら、そんなことを私は入念に慎んだでしょう。それに効果的な手を打つため、間を置かずに作成に取り組むつもりの第二版では、不満を招いた個所を改めるとお約束いたします。削るなり書き足すなり表現を変えるなりすれば、これはたやすいと思われます。委員諸賢の御指摘を拝読して、そういう個所が今まで知っていたよりさらにはっきり分りました。それらの御指摘は実に有能なかたがたがなさったものとすぐ分るだけに、訂正に当たってはそれに特大の考慮を払う所存です。本教会の牧師諸賢が将来お寄せくださる良き御意見や、お与えくださる英知の光に対しても同じです。或るものが一部の読者を憤慨させるおそれがあるかどうかを、それが本当は真実かどうか、私たちの信仰告白に反しないかどうかよりはるかに多く考慮するつもりでおります。

特に予言者「ダビデ」の項は、躓きの石が一つも残らぬように書き直すとお約束いたします。「マニ教徒」の異端に関わることについては、この異端がおぞましく非常識で共通概念に反すること、聖書によってそれを難なく倒せることを私は十分はっきり言明してきました。私はただ、この異端が呈する悪の起源をめぐる反論は私たちの理性の力では解消できないことを証示したまでで、それは予定の不可解さについて私たちのあらゆる神学者が告白するのと違うことを言ったのだとは思わなかったのです。それでも、この問題については更めて深く考えてみること、そういう反論に対抗する哲学的な理由を探してみることをお約束いたします。貴会議の牧師諸賢がそれを提供する労を取ってくださるなら、私はできるだけよくそれを役立てるつもりでおります。マニ教は道徳の面ではけがらわしく、形而上学の面では滑稽で醜怪な異端であるだけに、ますます大きな喜びを以てそういたしましょう。あの項についてお約束することは、特殊に「ピュロン」の項にも当てはまります。

要するに、拙作を公衆にいっそう役立つ、教会にもいっそう為になるものにするため、お寄せいただけるどんな御意見でも喜んで受けいれ役立てるつもりであると申し上げているわけです。とりわけ、貴会議の良き御意見は多大の従順さを以て受けいれましょう。

申し上げたいことはあと二つしかありません。一つは、改革派教会信仰告白に反するどんな説をも自分の見解として述べるつもりは一度としてなかったことです。私はこの宗教を告白しており、その中で生き死にできる恩寵を神に求めているものです。ですから、拙作の内にその種の説がもしみつかるなら、今日からでも私はそれを否認して、全面的に前言を撤回します。第二は、貴会議は平和と公衆の教化しか目的としておられませんから、以上の言明で十分御満足いただけると期待するいわれがあることです。今申した内容は、かような際に著作家から要求できるすべてであるように思われますから。しかも、裁判という方法を使えばとめどないほど長くかかり、それぞれの点について私にも挙げるべき弁明の理由が多々あって、おそらく法廷から法廷へ渡り歩かねばならず、印刷された文書にすら訴えることになり、さようなものは新たなトラブルを招くだけで教会にはなんの実りもなく、反対に敵は大喜びすることを貴会議も御存知ないはずはありません。

今申したすべてを以てしてもこの事件の全面的な和解がならず、それでもなおお裁判という方法に訴えられた場合、前段で申したいかなることもその裁判での私の立場や、せざるをえない時は忌避の申し立てや、万一の際は控訴の途に不利にはたらくことなきようお願いいたします。また、あるいは貴会議に、あるいは委員諸賢に申したことが私の弁論の一部と取られないことも同時にお願いするものであります。

署名　ベール」

一六九八年一月七日、火曜日

前回の議事にしたがって会議は臨時の会合を開いたが、この問題につき決定を下すため全構成員に特別の知らせが行っていたにもかかわらず集まりが悪かったため、長老会議が来週日曜日に改選の予定で残された時間が短いのにかんがみ、前回の議事で述べた委員諸氏の起草にかかる回答の草案を検討の上、この草案をベール殿に読み聞かせることのみを適当と考え、同氏がそれの写しを要求したがこれについては決定を下さず、今週木曜日に臨時の会合を開くのを適当と考えた。

一六九八年一月九日、木曜日

前回の議事にしたがって会議は再度臨時の会合を開き、委員諸氏が起草して前回の議事で述べたとおりベール殿に伝えた〔回答の〕草案を更めて読んだ上、全会一致でそれを承認した。その内容は次のとおり。会議はベール殿に関わる事件につき審議を続け、昨年十二月二十四日、火曜日の長老会議の席上、および同月三十日、月曜日に、同氏の辞典につき会議が起草した五つの覚書の要旨を口頭で同氏に伝え、今月五日、今週日曜日にすべてについて報告を行なった委員たちの面前でベール殿がした釈明と一般的回答を聞いた上、また、同じ今週日曜日に前記ベール殿が会議に提出した、自らの意図・目論見をいっそうはっきり説明する、自筆の署名のある文書をも検討した上で、

以下のことを喜ばしく思うと宣言する。

一、前記ベール殿が、それを知る恩寵を神から与えられ現在までその立場を守り通してきた改革宗教を告白しつつ生き死にしたいと確言し、我らの信仰告白に反することを著作の内で述べたならそれをみな今日からでも否認し前言撤回する、但しそれはさようなものが何かあったとしたらで、自分はそうは思わない、自分の意図は常にそれと正反対であったから、と述べていること。

二、前記ベール殿が、自らの意図と期待に反し、同氏が辞典で自由に振舞ったため少なからぬ人が傷ついたのをきわめて遺憾に思い、そうなるとあらかじめ分っていたらさようなことは入念に慎んだはずであること。

三、同氏が「マニ教」を、聖書によって根底から覆される、道徳の面でも形而上学の面でもけがらわしく醜怪な異端としておぞましく思い、それに反駁するよう強力に努めるつもりであると付け加えていること。また「ピュロン主義」についてもそれを約束していること。

四、特に「ダビデ」の項は、躓きの石が一つも残らぬように、同氏が第二版で訂正するつもりであること。

五、さらに、辞典に対する不満に手を打つため、同氏が間を置かずに第二版の作成に取り組むつもりで、その版では読者が憤慨したかもしれぬものをみな変更し訂正し書き改め削除する予定であり、またこの版をより完全にするため、当会議から渡された覚書や、当会議が今後寄せるすべての意見に多大の考慮を払うはずであること。

ベール氏がかような気持でいることを会議は喜ばしく思うが、ただ、前記ベール殿がその文書に含めた他の様々なものは会議として是認できない。たとえば、議論になれば辞典で述べたことを正当化できると称していること、その際に自らを無罪にしうるものとして挙げるであろう種々の理由を述べ、さながら、著作の訂正・書き改めに同意するのは善男善女を傷つけぬためそうしてやるにすぎず、本当はその義務があるわけでも、同書がそれを必要とするわけでもなく、そもそも世俗人・哲学者・歴史家・註解者という資格で、自分には他の著作家では許容されない多くのことを述べるのも許されていたかのようであること、などである。議長がベール氏にさらにくわしく述べるように、会議はこれらの抗弁を是認できないが、それでもこの事件の決着に努めるべく寛大な道を取りたいがため、そこに達するには以下のことが必要であると考える。

一、ベール氏が会議のした指摘に同意し、それを堅固なものと認め、第二版ではそれを役立てそれに合わせると約束すること。それらの指摘は、1、著作に漲る「猥褻さ」、2、「ダビデ」の項、3、「マニ教」、4、「ピュロン主義」、5、「無神論者」に呈する過度な讃辞とそこから引き出す帰結、に関わる。それについては、不満の種を与えたのを遺憾に思うと言明すること。

二、前記ベール殿が、道徳の清らかさにも教理の真実性にも抵触するおそれのあるものを今後著作で述べるのを一切慎む、反対にこの二つを擁護して教会を教化することに神から与えられた才能を捧げる、と約束することが必要である。

三、これまでのスキャンダルを償い、世人の教化をもたらすため、ベール氏には、辞典の第二版では時間がかかりすぎるかもしれぬためそれが出るのを待たず、できるだけ早くなんらかの文書を出版して、提起された諸点について抱いていると我らに述べた見解を世人に知らしめるよう努めることを強く勧めることとする。

次にベール氏が入室し、議長殿が今や会議の決議となった前記の草案を更めて読み聞かせ、それについて答えることがあるかと尋ねた。すると、前記ベール殿はこの決議に同意すると言い、同時に、自らしたため署名した次のような覚書を渡した。

「皆さん、

この事件を終結させるに当たり、貴会議が世人の教化と神の栄光を誠心誠意もたらすことしかお求めでないのを確信いたし、貴会議ともどもその大いなる善に力の限り寄与したく存じますので、私は今月七日に読み聞かされた議事に盛られた条件を受けいれ、特に貴会議から伝えられた御指摘については、新版作成のため辞典を訂正する際に正確に従う規準としてそれに同意することを言明いたします。

新版に先立つ文書をめぐる貴会議のお勧めについても、できる限りそれを果たすつもりでおります。さほど時間はかかるまいと思います。

貴会議の御指摘、その他この事件に関する書類が、それを悪用して種々の文書を発表するおそれのある人々の手に落ちるのをお許しにならぬよう、期待しつつ慎んで貴会議にお願い申します。さような文書はそれ自体によっても、おそらくせざるをえなくなる回答によっても、魂の教化を妨げることにしかなりませぬから。ロッテルダム、一六九八年一月九日。

署名　ベール」

ついでベール氏が退出した上、会議は同氏の回答につき審議して、それに満足する旨決議した。同氏は要求をすべて容れ、『辞典』に関する会議の指摘に同意して、自分の良き心ばえを世人に知らしめる文書をできる限り早く発表すると約束していたからである。事件をかように決着させれば、長期の口論によるよりも教会はいっそうよく教化されるであろう、しかもこれは、主の御国の前進におのが才能を役立たしめるようベール氏に促す最も有効な手段であろう、と会議は考えたのである。そこで、更めてベール氏を会議に呼び戻した上で、議長が同氏に次のことを告げた。一、会議は同氏の回答に満足していること、二、双方が取り交した文書は公表のため誰にも渡されない、さようなことは会議の慣例でなく、事件が決着した上は印刷物でそれを蒸し返す余地を与えるべきでないのを会議は十分弁えている、と同氏に保証すること、三、同氏の側でも、我らに述べた良き見解を世人に知らしめる文書を近く公にするという約束を果たすものと会議は疑わないが、その文書の発表は早ければ早いほど良いこと、である。このことを前記ベール殿は更めて約束した。そのあと、議長が同氏に、神から授かった才能が多ければ多いほど、それを神の栄光のため捧げる義務も大きいこと、教会の教化に努めるべきこと、今後同氏がそれに専心すると期待すること、会議がそれを同氏に強く勧め、そうするならば同氏の仕事に祝福を与えられるよう神に祈るものであることを伝えた。ベール氏は会議の意向に沿うと請け合い、会議の良き願いに感謝の意を表した。

本日、一六九八年一月十一日までの上記すべての議事は、本一六九八年一月十一日に読み上げられ、会議によって承認された。署名——牧師ル・パージュ、牧師ピエラ、牧師ド・シュペルヴィル、牧者バナージュ、長老J・V・カーレン、長老F・ファン・スホンホーヴェン、長老ジャン・ファヌイユ、長老ジャコブ・ヴェルマンド、執事兼書記テオドール・シスムュス、執事D・プリンス、執事ハウエルト・コールブラント、執事ピエール・バルド、執事イーザーアク・フレドゥース、執事G・アラール、執事ジャン・ド・ペステール

一六九八年十二月七日

ベール氏の事件を担当するため九月二十八日の議事で任命された委員諸氏が委員会報告を行ない、それに基づいて会議は次のように考えた。

一、前記ベール殿の印刷された手紙は、発表が期待するより遅く、ベール氏が約束どおりもっと早く印刷させるのが望ましかったこと。

二、前記ベール殿は、約束を果たしたことを会議に示す義務があったにもかかわらず、それを一部も会議に送らなかったこと。

三、その手紙の発行部数は少なすぎ、書店の店頭から姿を消して久しいから、手紙を発表と同時に湮滅

して、本来入手できるはずの人にも入手できなくすることが狙いだったかに見えるが、それは、ベール氏がこの件でした言明が世人に知られることを願った会議の意向に反するものであること。

四、最も重大なのは、読者が憤慨した問題にベール氏がごく軽く触れるだけで過ぎ、それのみか、註解者・歴史家という資格で、教義学者を気取った時とは異なる仕方で語ることも自分には許されたから『辞典』で述べたことを擁護できるなどと称して、これらの問題を支持しうるものとしてすら語っていることである。かような弁解は、同氏がすでに一六九八年一月五日付の文書によって長老会議に持ち出し、当時全く受けいれがたいことが示されたものであり、それ故に同氏も会議のする指摘に純粋に同意し、それが堅固であるのを認め、それに従うと約束したのであった。このことは求められる償いにとって本質的なものであるから、印刷された手紙でもそう言明すべきであった。

これらおよびその他の理由から、会議は、ベール氏の印刷された手紙は約束を一部しか果たしておらず、会議にはさらに多くのものを要求する権利があるが、それでも、すでに取ってきた寛大な道から外れないよう、これらのことを口頭でベール氏に伝えて約束を正確に果たすよう同氏に強く勧めるだけに止めてもよいと考え、前記ベール殿が指示されたものを辞典の第二版で誠実に訂正して、寄せられた意見を役立てる——それこそが、本件で会議が目指した主たる目的であった。神の栄光と教会の教化にとってそれが重要と考えるからである——であろうと確信しつつ、かような道を取ることとする。

さらに、会議がした注意を役立てると約束したベール氏がそれをいっそう容易に行なえるよう、会議は、この事件をすでに担当してきた牧師たちが、会議のした指摘についてなんらかの簡潔な覚書を起草するのを適当と考える。この指摘には、重要な問題をめぐるそれ以外の指摘を加えてもよい。目的は、前記の覚書が会議によって承認された後、ベール氏がそれを記憶しそれに考慮を払うよう、同氏の手に渡されんがためである。

会議はまた、我らの牧師の一人である深く尊敬する兄弟ジュリュー氏が同書でベール氏にひどく虐待されているため、その点についてベール氏に注意を与え、辞典の第二版でも公衆に約束する他の巻でも今後はもっと節度のある行動をするよう同氏に勧告するのを適当と考える。司牧の仕事によっても文筆活動によっても教会を人一倍善導してきた、また今も善導している牧師にあれほど手加減しないのを見て、会議は胸を痛めざるをえなかったからである。

一六九八年十二月二十日

十二月七日の議事で任命された委員諸氏が、ベール氏の文書について会議がした指摘や、前記ベール殿の辞典の最も重要な諸問題について委員諸氏自らが行ない会議によって承認された指摘に関する簡潔な覚書を会議で読み上げ、それらをピエラ、シュペルヴィル、ル・パージュ、ファヌイユ各氏がベール氏に伝えることが決議された。

『辞典』の第二版で訂正するためベール氏が考慮すべき主な事柄についての簡潔な覚書

会議は、『歴史批評辞典』第二版の作成が現在行なわれていると聞いたため、先に長老会議とベール氏との間にあったことの帰結として、同氏が以下のことを記憶し、約束した自作の訂正の際それを考慮すべきことを同氏に注意すべきであると考える。

一、肉体の純潔と同様、精神の純潔も聖書で最も推奨されるものの一つであり、当代にはあまりにも普通に見られ若者があまりにもそれへと傾く放蕩（リベルティナージュ）を助長することなきよう賢明な人間は極度の注意を払うべきことを思い起こして、猥褻にわたるものをことごとく入念に避け、表現でも引用・問題・考察でも卑猥なものは削除すること。

二、約束どおり「ダビデ」の項を全面的に書き直し、善男善女が憤慨するおそれがなくなるようにすること。またそのためには、あの大予言者につき聖書が言う内容に合わせること。のみならず、ダビデの弁明を行なって、サウルの生前からすでにダビデが権利上の王であったことを指摘し、あの君主の行動を地上の王たちの通常普通のやりかたから判断すべきでは毛頭なく、ダビデはカナン人を皆殺しにするための権威を帯びていたこと、ダビデがそれを通じて神に諮った大祭司がこの王には特殊な規準となっていたこと、聖書が黙す所では黙すべきこと、聖書の沈黙はダビデを攻撃する余地を与えるどころか、むしろ賛同に等しいことを示し、さらに、ダビデの書き物の予言的・教会法的権威を十分に高めるよう配慮すること。

三、「マニ教」に関しては、マニ教徒の詭弁をわざわざ見せたり、彼らが挙げもしなかった新たな理由や反論を貸し与えたりするのではなく、また彼らの仮説からそれを滑稽ならしめる種々の困難を取り除こうと努めるのでもなく、ベール氏が彼らに反駁し、かくも唾棄すべき、かくも醜怪な異端に軍配を上げるのを固く慎むこと。そのために「マニ教徒」、「マルキオン派」、「パウリキウス派」の項と、同じく彼らの説や、悪の許可に対して挙げられる異議に肩入れするかに思われる同書の様々な個所をも訂正すること。

四、宗教をおしなべて消滅させる「ピュロン派」、「ピュロン主義」についても同様にし、「ピュロン」の項を書き直し、そこでもほかのどこでも我らの秘義を傷つけぬよう十分注意すること。

五、「無神論者」ないし「エピクロス派」に度を越した讃辞を呈さぬこと。彼らへの好意をいささか衒うかに見える個所を改めること。市民社会の利益と習俗の改革にとっては神と摂理とさらには来世を信じる必要があるという考えを弱めぬこと。それよりむしろ、無神論への多大の恐怖を読者の精神に刻印するのに役立つような条項を入れ、品行方正な無神論者がいたとしてもそれは無神論から来たのではなく、ただ自己愛のみから来たもので、自己愛はいつでも法(のり)に外れていたことを示すべく努めること。きわめて不品行で破廉恥だった幾多の無神論者の知りうる実例を挙げることすらできよう。

六、すでにベール氏に言われ、ベール氏も訂正を約束した以上五つの主たる項目のほかに、寄せられるその他すべての注意も受けいれ役立てる旨同氏は会議に約束したから、長老会議は六番目に、不品行な一部のローマ法王について我らの神学者らが言ったことに軽々しく反駁せぬよう注意することを同氏に勧めるものである。なぜなら、或る種の事実についてそれらの法王を弁護するため同氏が二、三の推測を挙げられるとしても、彼らを断罪する強力な理由を対置できるからであり、教会にかくも大きな害を与えた誘惑者らに不必要に味方して、我らの著作家たちを無謀な告発者に仕立て上げようとするのは正しくないからである。

七、ピュロン主義へ導くかに見え、それによってこそ人は真理の認識に到達でき到達すべきだとプロテスタントが主張する検討という途を侮辱するものを種々含む「ニコル」、「ペリソン」の項も見直すこと。

八、摂理を語る際には、不敬の徒の異議を誇張し誇大視させることなきよう、また彼らの反論の方が我らの回答より優勢であるかに見せたり、聖書に合致する回答にすら反駁したりすることなきよう注意すること。それに関しては、特に「ルフィヌス」の項を指示しておく。悪魔の勝利を誇張する「クセノファネス」の項も見直すこと。

九、さらに、時々言う冗談では聖書の表現をもっと慎重に扱うことが望ましい。

ベール氏がこれらすべての項目に考慮を払い、それに合わせて訂正をすること、また、真の信徒が憤慨しかねなかったものをこの書からすべて除去するよう努めること。会議がこれらの指摘をしたのは最も本質的と思われたものについてのみで、これによって同書の爾余の部分に賛成するつもりはないことを会議は宣言するからである。

会議はまた、我らの牧師の一人であるジュリュー氏がベール氏の書でひどく虐待されているため、ベール氏が辞典の第二版でも公衆に約束する他の巻でも今後はもっと節度のある行動をするよう願うと同氏に注意する義務があると思い、そうすることを同氏に勧める。司牧の仕事によっても文筆活動によっても教会を人一倍善導してきた、また今も善導している牧師にあれほど手加減しないのを見て、会議は胸を痛めざるをえなかったからである。

一六九八年十二月二十日に、
長老会議で承認・決議される

（完）

# 訳註

〔一〕『歴史批評辞典』のこと。

〔二〕一六九六年十月にロッテルダムで出版された第一版（二折判二巻四冊）と、一七〇一年十二月に同じくロッテルダムで出版された第二版（二折判三巻）。

〔三〕一七三〇年にアムステルダムで出版された第五版（第四版と表記、二折判四巻）以後のもの。

〔四〕シャルル・ド・ラ・モット（一七五一歿）。デ・メゾーの親友。フランス人の亡命プロテスタントで、モンペリエの出身。ナント勅令が廃止された一六八五年頃にオランダへ亡命し、ずっとアムステルダムに住んだ。様々な出版社のため校正係として働き、十八世紀初頭にはオランダで最も著名な校正者だった。この仕事を通じて、ロンドン、ジュネーヴ、ローザンヌなどに住む亡命プロテスタントの知識人たち（デ・メゾーをはじめ、ボーゾーブル、ラ・シャペル、バルベラック、クルーザ、ピエール・コスト等々）と親交があり、こうしたフランス人著作家とオランダの出版社の間を取り持ち、彼らの利益を守るために種々の努力をした。また、校正者として『学術新聞』のオランダ版や『ゲルマン文庫』など幾多のフランス語定期刊行物の発行に関わり、一七三八年から一七四四年にかけてはハーグから『新文庫』（全十六巻）という新聞を自ら刊行した。ベールとの関係では、デ・メゾーが刊行したベールの書簡集のため、ロンドンに住むデ・メゾーの依頼により、現地のオランダでベールの書簡の蒐集に当たり、デ・メゾーの『ベール氏伝』のための資料集めも行なった。一七三五―三六年にはアベ・プレヴォと組んで仕事をしたこともあった。一七四三年に卒中に襲われ、一七五一年七月末に他界して、アムステルダムのワロン教会（フランス語教会）に七月二十六日に葬られた。

〔五〕第三代シャフツベリ伯爵アントニ・アシュリ・クーパー（一六七一―一七一三）。『人間・風習・意見・時代の諸特徴』（一七一一年）で十八世紀のヨーロッパ思想界に多大の影響を与えたイギリスの道徳哲学者。ホイッグ党の領袖だった初代シャフツベリ伯爵（一六二一―八三）の孫で、少年期にはロックを家庭教師にした。一六八六―八九年にフランス、イタリアなどを旅し、帰国して一六九五―九八年に下院議員を務めたが、病弱のため辞任して、一六九八年から一六九九年八月までオランダに滞在した。ベールとの親交が始まったのもこの時からである。一六九九年十一月にシャフツベリ伯爵の地位を継ぎ、ホイッグ党の上院議員となったが、今度も病弱のため程なく公職から退き、一七〇三年八月から一七〇四年八月まで再度オランダで生活し、ベールの住むロッテルダムに滞在した。一七一一年に保養のためイタリアへ移り、一七一三年二月四日にナポリで死んだ。ベールから彼への手紙が一六九九年五月十九日付のものから一七〇六年十月二十九日付のものまで、計七通残っている。

〔六〕　ジャック・バナージュ（一六五三―一七二三）。フランス改革派の牧師、神学者、歴史家。ルアンの生まれ。ソーミュール大学、ジュネーヴ大学、セダン大学で学び、ルアンへ戻って一六七六年にそこの牧師となり、一六八四年にはピエール・デュムーランの孫娘シュザンヌと結婚した。一六八五年にオランダへ亡命し、一六九一年にはロッテルダムのワロン教会（フランス語教会）の牧師となったが、政治的には穏健派で、義兄でもありセダン時代の師でもある同僚牧師のピエール・ジュリューと対立し、逆に、一六七一年頃ジュネーヴ大学でともに学んだベールとは昔からの親友だった。一七〇九年にハーグのワロン教会の牧師となり、またオランダ修史官にも任命されたが、外交家の才能もあり、数々の外交交渉に携わった。『一六八二年のフランス僧族会議の諸氏が提案せる方法の検討』（ケルン〔実際はロッテルダム〕、一六八四年、ベールの口利きで出版されたもの）、『モーの司教殿の牧会書簡への答』（一六八六年）など初期の対カトリック論争書や、ベールの寛容論を比較的好意的な立場から批判した『良心論』（二巻、アムステルダム、一六九六年）などもあるが、ボシュエの『プロテスタント教会変異史』への反論をも一つの目的とした『改革教会宗教史』（二巻、ロッテルダム、一六九〇年）や、『教会史』（二折判、ロッテルダム、一六九九年）、『旧・新約聖書史』（二巻、アムステルダム、一七〇四年）、『ユダヤ人史』（五巻、ロッテルダム、一七〇六―〇七年）、『オランダ年代記』（二折判二巻、ハーグ、一七一五年）など歴史家としての仕事が大きな量を占めている。バナージュとベールはともにロッテルダムに住んで日常的に会っていたから文通する必要もなく、二人の間の手紙は両者がオランダへ来る以前のもので、ベールからバナージュへの手紙は一六七二年十二月二十八日付のものから一六七五年五月五日付のものまで、計六通残っている。

〔七〕　一七〇八年にロンドンから、ベールの『彗星雑考』の英訳（Miscellaneous Reflections, Occasion'd by the Comet Wich appear'd In December 1680. Chiefly tending to explode Popular Superstitions. Written to a Doctor of the Sorbon, By Mr. Bayle）に付けて刊行されたもの。『ベール氏伝、イギリスの或る貴族への手紙の形で』（The Life of Mr. Bayle. In a Letter to a Peer of Great Britain）という題で、八折判全二百二十四ページからなり、最後に「一七〇七年十二月一日」という日付が付せられていた。デ・メゾーのフランス語の原稿を出版社側が英語に訳して（アスコリによれば、翻訳者はロンドン在住の亡命フランス人ジャーナリストで、ベールの友人と自ら称し、『歴史批評辞典』の最初の英訳版（二折判四巻、ロンドン、一七〇九年）の翻訳チームでも中心をなしたミシェル・ド・ラ・ロッシュ〔?―一七四二〕だったらしい）刊行したもので、本書の最初の下書きと言ってよかったが、デ・メゾー自身はその出来栄えにいたく不満を持っていたようで（とりわけ、英訳者が勝手に削除・訂正・加筆などをし、原稿にあった引用文を全部割愛したことについて）、「そんなものを一行たりとも書いていない」、「私のものとされるこの作品を、私は自分の子供と認めない」（ともに『学術新聞』、一七〇九年三月号）と強く否認した。

〔八〕　ジャン・ド・バイーズ（一六五五／六〇―一七一一以後）。ベールの母方の従兄弟。ベールの母の姉妹ポールが嫁したサヴェルダンのバイーズなる人物の子で、ベールの弟ジョゼフ（一六五六―八四）の学友だった。やはりプロテスタントで、ナント勅令廃止（一六八五年）前後にイギリスへ亡命し、イギリス軍の将校として働いた後、一六九二年初頭にアイルランドに入植した。場所はアーマーの近くと思われる。この人物からデ・メゾーへ送られた手紙が一通残っており、その手紙は日付を付していないものの、内容から見て一七一一年以前のものではないことから、少なくとも一七一一年まで生きたことは確かだが、それから程なく死んだものと推定されている。この人物の姓はデ・メゾー以後、常にBayzeと書かれており、Bayleを「ベール」と読むのと同様、これも「ベーズ」と読みたくなるが、前記のデ・メゾー宛の手紙でこの人物がBaijzeと署名しているところを見ると、どうやらこれは「バイーズ」と読むらしい。yを生かすなら、正確にはBaÿzeと書くべきなのであろう。今日でも、土地の人の間ではベールが「バイル」と呼ばれているのと同じである。なお、バイーズはベールの文通者で、ベールから彼への手紙も一六八九年二月十三日付のものから一七〇五年九月一日付のものまで、計七通残っている。

〔九〕　ポール・ファランタン・ド・ラ・リヴィエール（一六三五頃―一七二五）。フランス改革派の牧師。ベールの郷里ル・カルラに近いマス・ダジルの牧師ジャン・バリカーヴの甥で、ベールの幼なじみだった。一六七二年九月にこのマス・ダジルの第三席の牧師に任命されたが、どうやらこれは名目だけで、実際は、改革派の教会がないトゥールーズ近辺に孤立分散する信徒たちを担当していたらしい。一六七四年にションベール元帥の礼拝堂付き牧師となり、同元帥に付いて一六七四年のフランドル作戦や一六七五年のカタルーニャ作戦に従軍した。その後またマス・ダジルの牧師に戻ったようだが、ナント勅令廃止（一六八五年）後にイギリスへ亡命し、ロンドンのサヴォワ教会（フランス人教会）の牧師となった。彼からベールに送られた二通の手紙（一六八五年十一月二十二日付と、一六九六年九月二十九日付）が残っている。

〔一〇〕　ジャック・アバディ（一六五四―一七二七）。フランス改革派の牧師、神学者。ベアルン地方ナイの生まれで、ピュイローランス大学、ソーミュール大学、セダン大学で学び、セダン大学で神学博士の学位を取った後、ブランデンブルク選挙侯フリードリヒ・ヴィルヘルムに招かれて、一六八〇年にベルリンのフランス人教会の牧師となった。一六八八年に同選挙侯が死んだあと、同じくプロイセンに亡命していたションベール元帥に請われて、同元帥とともにオランイェ公ヴィレム（ウィリアム）三世のイギリス遠征に参加し、元帥が一六九〇年のボイン河畔の合戦で戦死した後は、ロンドンのサヴォワ教会（フランス人教会）の牧師を務め、一六九九年からはアイルランドのキラルーの教会参事会長をし、そのまま一七二七年九月二十五日にロンドンで客死した。すぐれたキリスト教弁証論として十七、八世紀に無数の版を重ねた『キリスト教の真実性を論ず』（二巻、ロッテルダム、一六八四年）、その続篇とも言うべき『主イエス・キリストの神性を論ず』（ロッテルダム、一六八九年）、同じく『改革キリスト教の真実性』（二巻、ロッテルダム、一七一七年）、高名な道徳論『自己を知る術』（ロッテルダム、一六九二年）、名誉革命を擁護した『イギリス国民の擁護』（ロンドン、一六九二年）や『イギリスの最近の陰謀の歴史』（ロンドン、一六九六年）などの時事的文書、その他説教集等々がある。ベールの友人で、彼からベールへの手紙が二通（一六八四年と一六八六年のもの）、ベールから彼への手紙が一通（一六九二年九月十六日付）残っている。

〔一二〕ジェデオン・ユエ（一六五四―一七二八）。フランス改革派の牧師。出身は定かでなく、オルレアン地方のユエ家の出とも、カーンで生まれた有名なアヴランシュの司教ピエール＝ダニエル・ユエ（プロテスタントからの改宗者だった）と同族ともいわれる。いずれにせよ、ナント勅令が廃止された一六八五年当時はブルボネ地方ブレの牧師をしていたが、勅令廃止の四カ月前の同年六月に出国の許可を取り、妻と娘を連れて合法的に出国、スイスへ亡命した。さらにマールブルクへ移って短期間そこにいた後、プファルツのザンクト＝ランベルトの牧師となった。一六八八年、アウグスブルク同盟戦争でフランス軍がプファルツに進攻したため、着の身着のままで急ぎマールブルクへ逃げ、翌一六八九年にはオランダへ移って、ドルドレヒトの属牧師に任命された。ユエは確信的な寛容論者で、一六九〇年にいずれもドルドレヒトから、前年に出たベールの『亡命者の手紙に対する新改宗者の返事』に呼応する『スイスからオランダへの手紙。ペリソン氏が新改宗者の名で著わした某書に対する、約束された回答の欠を補うために。異端者と呼ぶ者を改宗させるためカトリック教徒の使う暴力につき、同書で行なわれる改革派への逆ねじをめぐって』、『スイスからオランダへの手紙。新改宗者と称する者の著作の第二部に答えるために。そこでされた、プロテスタントの内乱と呼ぶものと現下のイギリス進攻に関する考察をめぐって』を発表したが、それら、特に第二の手紙はピエール・ジュリューの憤激を招き、ジュリューは同じ年に出た『ソッツィーニ主義一覧』でユエを攻撃対象の一つとした。ユエはこれに対して自らの思想を擁護するため、同じ一六九〇年に同じくドルドレヒトから、『真の寛容派のための弁明。彼らの意図の純粋さと、その説の真実性をこの上なく明らかに、どれほど予断を持つ者をも納得させるような仕方で示し、J氏がいくつかの文書、特に《ソッツィーニ主義一覧》で与えようとした誤った観念に対置する』と『寛容派の弁明者のための弁明。この件を通じて彼の意図と行ないがいかに純粋でまっすぐだったかをこの上なく明らかに示し、公的・私的にされた陰険な解釈や、ワロン教会信仰告白第三十六条に違反したという告発に対置する』を相次いで発表したが、結局ジュリューの告発により、一六九一年五月にライデンで開かれたワロン教会会議はユエに六カ月の職務停止の処分を下した。ユエはこれを受けて、折から熾烈に行なわれていたベール(派)とジュリュー(派)の論争にベール派の一人として参入し、一六九一年八月十五日という日付を付した『ベール氏の或る友人からジュリュー氏の友人たちへの手紙』(アムステルダム、一六九一年)を出してジュリューを攻撃した。処分後の彼はドルドレヒトに留まって、出版社の下働きをしながら生活を立てたが、一六九三年にハーグのワロン教会の補助牧師として牧職に返り咲き、その前後に自らの正統信仰の証しとして『天国に達する唯一の手段と、新たなる契約の贖罪所』(ハーグ、一六九三年)という説教を公刊し、その甲斐あって、一六九四年四月にハウダで開かれたワロン教会会議で彼の問題は決着した。その後はずっとハーグにいたようで、ベールの『歴史批評辞典』の索引の作成を任されるなど、ベールの友人、協力者でもあり続けたが、最後は若い頃いたドルドレヒトの牧師に戻ったようで、老齢と病弱のため牧師を離任したいというユエからの申し出を容れる旨決定したというドルドレヒト市当局の記録(一七二八年十一月十五日付)が残っているらしい。ユエが他界したのは、この離任の数週間後のことだったという。彼からベールへの手紙が二通(ともに一六九六年一月のもの)残っている。なお、ユエの妻アンヌ・ランファンは、ベールの友人で本書にも登場する(訳註〔一三三〕を参照)ジャック・ランファンの姉か妹だった。

〔一二〕 一七一四年にロッテルダムで出版された『ベール氏書簡選』(十二折判三巻)と、とりわけ、刊行者としてデ・メゾーの名を掲げて一七二九年にアムステルダムで刊行された『ベール氏書簡集』(十二折判三巻)のこと。

〔一三〕 ベールの死後、その書類の中に遺されていたこの自筆の履歴書は、「付録Ⅰ」として本書の巻末に収められている。本書三〇九—三一七ページを参照。

〔一四〕 マティユ・マレ(一六六五—一七三七)。フランスの弁護士で文筆家。パリの生まれ。パリ高等法院の弁護士で、その仕事により非常な名声を博したらしい。かたわら文筆活動を行ない、『パリ新聞』や『メルキュール』に寄稿し、生前出版した本は『ブルターニュ公ルネ覚書』(パリ、一七一〇年)という全六十ページの小冊子だけだが、死後にラ・フォンテーヌの伝記『ド・ラ・フォンテーヌ氏の生涯と著作の歴史』(パリ、一八一一年)や、特に、摂政時代のクロニクルとして貴重な『日記と覚書』(四巻、パリ、一八六三—六八年。対象とする時期は一七一五—三七年)が刊行された。マレはベールの『歴史批評辞典』にも種々の資料を提供して協力していた(たとえば「アンリ三世」の項、「ギーズ(ロレーヌ公アンリ)」の項、等々）が、熱狂的なほどのベール心酔者で、フランスのカトリック系知識人の間でベールがもっぱら批評学者として受容され讃嘆の的となった典型的な事例だった。ベール晩年の文通相手でもあり、ベールからマレへ送られた多くの手紙（一六九八年十月二日付のものから一七〇五年十二月二十八日付のものまで、計十一通）が残っている。

〔一五〕　スエーデン女王クリスティーナ（一六二六―八九、在位一六三二―五四）。スエーデン王グスターヴ二世アドルフの娘で、一六三二年に父が死んだため即位し、はじめは宰相ウクセンシェルナの補佐を受けたが、一六四四年から親政を行なった。一六五四年に従兄弟のカルル十世に王位を譲って外遊、翌年にはカトリックに改宗して、フランス、ドイツなどを歴訪した後、一六六八年からはローマに定住した。豊かな教養の持ち主で、女王時代にはグロティウス、デカルトをはじめ多くの学者をスエーデンの宮廷に招き、ローマに住んでからは後のアカデミア・クレメンティーナを創立した（一六七四年）。彼女がベールと文通した（ベールから彼女への一六八六年十一月十四日付の手紙と、彼女からベールへの同年十二月十四日付の手紙が残っている）のは退位後三十年以上たったあとだから、正確には「元女王」である。

〔一六〕　『ベール氏とその著作の歴史』は、本文にもあるとおり元来『歴史批評辞典』のジュネーヴ版（一七一五年）の巻頭に掲げられたもので、同じ一七一五年に十二折判全五十五ページの単行本としてジュネーヴで出版され、さらに翌一七一六年には、著者としてラ・モノワの名を掲げた同名の『ベール氏とその著作の歴史』（アムステルダム）の内に収められた。但し、十二折判全五百七十六ページに上るこのアムステルダム版で、ジュネーヴで出た元々の『ベール氏とその著作の歴史』が占めるのは冒頭の五十一ページだけで、この書の中心をなすのは、その文書にある無数の誤りを指摘し訂正した「『ベール氏とその著作の歴史』の厳密な見直し」（五二―二九六ページ）だった。それにさらに、『亡命者に与うる忠告』の著者同定をめぐるラ・バスティード（訳註〔三五九〕を参照）の論考、ベールの『〈強いて入らしめよ〉というイエス・キリストの言葉に関する哲学的註解』の新版（ロッテルダム、一七一三年）に関するジュネーヴからの手紙等々、計六点の資料を添えてこのアムステルダム版は作られていた。このアムステルダム版はデ・メゾーが編集・刊行したもので、添えられた六点の資料の内、ラ・バスティードの論考を除く五点（いずれも、前記の『哲学的註解』新版や『ベール氏書簡選』〔ロッテルダム、一七一四年〕の刊行者で、『歴史批評辞典』の新版〔ロッテルダムから一七二〇年に刊行されることとなる〕の刊行をも予告していたプロスペル・マルシャン〔一六七八―一七五六〕を攻撃したもの）はデ・メゾー自身が書いたものと推定される。なお、ジュネーヴで出た元々の『ベール氏とその著作の歴史』には、ベールの父（ジャン・ベール）と兄（ジャコブ・ベール）の名を両方「ギヨーム・ベール」とし、母の旧姓ブリュギエールを「ブリュニエール」とするなど非常に誤りが多く、それらの誤記はおおむね、アムステルダム版に収められた「厳密な見直し」で訂正されたが、ジュネーヴで一七二二年に刊行された『歴史批評辞典補遺』の巻頭には、更めて、この訂正を加味した『ベール氏とその著作の歴史』の改訂版が掲げられた。なお、本訳書では巻末の「ベール伝資料」の「2」として、この『ベール氏とその著作の歴史』の当初のテキストをジュネーヴで出版された単行本（一七一五年）を底本として訳出しておいた。

〔一七〕ジュネーヴで出た元々の『ベール氏とその著作の歴史』（一七一五年）は、ラ・モノワが原稿に目を通し手を入れていたところから、当初はラ・モノワが執筆したものと考えられて、翌年に出たアムステルダム版は著者としてラ・モノワの名を掲げ、この版の中心を占める「『ベール氏とその著作の歴史』の厳密な見直し」ももっぱらラ・モノワのものとしてその記述の誤りを摘発していた。ラ・モノワは同じ一七一六年に『学術新聞』（パリ版、一七一六年度、五二七ページ）紙上で、自分が『ベール氏とその著作の歴史』の著者とされたことに強く抗議したが、そのせいであろう、一七一九年にジュネーヴで刊行された『ベール氏とその著作の歴史』の新版は著者としてデュ・ルヴェ師（Abbé du Revest）の名を掲げた。それに基づいてデ・メゾーも、この書をラ・モノワではなくデュ・ルヴェ師のものとしているのである。この考えはその後も踏襲されて今では定説となっているが、このデュ・ルヴェ師なる人の詳細（名前、生歿年、経歴、他の著作の有無など）については何も分っておらず、訳者も補足的な情報を持ち合わせていない。

〔一八〕ベルナール・ド・ラ・モノワ（一六四一―一七二八）。フランスの文学者、書誌学者、詩人。ディジョンの生まれ。裕福な菓子屋の子で、イエズス会の学院で学んだ後、オルレアン大学で法律を修め、一六六二年にディジョン高等法院の弁護士となったが、その仕事を嫌って文学に専念した。学院在学中からラテン語やフランス語の寸鉄詩で注目されるほど早熟な才能の持ち主で、一六七一年、アカデミー・フランセーズが募集した決闘禁止をテーマにする懸賞詩に当選し、以後も四回当選を重ねて、最後には、毎回同じ当選者では具合が悪いという理由から、アカデミー・フランセーズから懸賞に応募せぬよう求められたりした。一六七二年にブルゴーニュ会計検査院の評定官の職を買い、一六八〇年頃まで勤めたが、これは定職を持たそうとする家族の意向からだった。フランス語やラテン語で多くの詩を書いており、それらは後に『ド・ラ・モノワ氏詩集』（ハーグ、一七一六年）、『ド・ラ・モノワ氏新詩集』（ハーグ＝パリ、一七四五年）などに纏められたが、特に名高いのはブルゴーニュ方言の俚謡を集めた『ブルゴーニュのノエル』（ディジョン、一七〇〇年）で、これは近代に至るまで多くの版を重ねた。また一方、非常な学殖を持つ書誌学者でもあり、その面からベールの『歴史批評辞典』にも様々な資料を提供して作成に協力し、自らの註を付した『メナージュ語録』やコロミエスの『精撰文庫』の新版を出したりした。しかし、ベールの仕事への協力もラ・モノワ個人の思想とは別次元の話で、彼自身はナント勅令の廃止を祝う詩を書いたほどの熱心なカトリック教徒だった。ラ・モノワは長く、年の半分は郷里のディジョン、半分はパリといわば生活を二分していたが、一七〇七年からはパリに定住し、一七一三年十二月にはアカデミー・フランセーズの会員に選ばれた。晩年はローのミシシッピ会社に全財産を投資して破産し、蔵書の買い手から貰う年金で生活を支えたという。一七二八年十月十五日にパリで歿。一七六九―七〇年に全三巻の選集がディジョンで出版された。ベールからラ・モノワへの手紙が一六九三年四月二十七日付のものから一六九九年二月二十六日付のものまで、計十一通残っている。

〔一九〕「『ベール氏とその著作の歴史』の厳密な見直し」は、訳註〔一六〕でも述べたとおり、『ベール氏とその著作の歴史』のアムステルダム版（一七一六年）の中心をなすもので、全五十三項にわたって、同書のジュネーヴ版（一七一五年。ラ・モノワの筆になるものと著者は考えている）にある誤記や不適切な表現を訂正し、さらに、ベールの伝記に関わる新たな事実（ベールとル・クレールの対立の遠因についてなど）を提示したもの。前々年に出た『ベール氏書簡選』に収められたベールの手紙が素材として大幅に用いられており、その記述のかなりの部分はデ・メゾーの本書にも取り入れられたが、逆に、プロスペル・マルシャン（一六七八―一七五六）への攻撃など、デ・メゾーが書き加えたと思われる個所も散見される（この文書を含むアムステルダム版は、そもそもデ・メゾーが編集・刊行したものだった）。「厳密な見直し」は内容から見て、イギリス事情に精通した者が著わしたことに間違いなく、フランスからの亡命プロテスタントでイギリス国教会の聖職者であり、デ・メゾーの友人でもあったジャン・マッソンが著者と考えられている。

ジャン・マッソン（一六八〇？―一七五〇）は亡命プロテスタントの学者、ジャーナリスト。父のジャン・マッソン・ド・シヴレはフランス改革派のコーズの牧師で、ナント勅令廃止（一六八五年）の際にイギリスへ亡命し、ついでオランダのドルドレヒトへ移った人だった。五歳前後で家族とともに亡命した息子のジャンは、はじめドルドレヒトにいたが、勉強はイギリスとスイスでし、その後ヨーロッパ諸国を旅行した末、オランダで牧師補となり、さらにイギリスへ再度渡って、国教会の聖職禄に与った。ウスターの監督の礼拝堂付き牧師をしていたという第三者の証言もある。オランダで死んだとも、イギリスで死んだとも言われており、死没地は確定できない。『キリスト生誕に際して開かれたヤヌスの神殿』（ロッテルダム、一七〇〇年）、『カナンからエジプトへ移ったヤコブの子孫の人数に関し、モーゼと聖ステパノの間に見られる難問についての批評的手紙』（ユトレヒト、一七〇五年）、『ホラティウス・フラックス伝』（ライデン、一七〇八年）、『オヴィディウス伝』（アムステルダム、一七〇八年）、『小プリニウス・セクンドゥス伝』（アムステルダム、一七〇九年）、『アイリオスのアリスティデス伝』（二巻、オクスフォード、一七二二年）、アントニ・コリンズに反駁した『ベツレヘムの幼児大量虐殺を歴史的事実として主張する』（ロンドン、一七二八年）などの著作があり、細かなことに拘泥する過渡なほど厳密な学者として有名だったが、それだけに敵も多く、『ホラティウス・フラックス伝』をきっかけにしたアンドレ・ダシエ（一六五一―一七二二）との論争や、詩篇第百十篇の解釈をめぐるダヴィッド・マルタン（一六三九―一七二一）との論争など争いがたえず、この詩篇をめぐる論争では、一七一三年九月にブレダで開かれたワロン教会会議により自説を不敬として断罪された。またジャン・マッソンは、兄弟のサミュエル・マッソン（?―一七四二、ドルドレヒトの牧師）が創刊し主筆を務めた年二回刊の雑誌『文芸共和国の批評的歴史』（一七一二―一八年、刊行地ははじめユトレヒト、ついでアムステルダム）の主要な執筆者の一人で、ほかにも一、二の雑誌に寄稿し、ジャーナリストとしても活躍した。

〔二〇〕　ニコラ・ド・ラ・レニ（一六二五―一七〇九）。ベールの時代のパリ警視総監。リモージュの生まれ。国王顧問官の子で、一六四六年にボルドーの初審裁判所長となり、フロンドの乱に際しては反乱側に立ったボルドー高等法院に抵抗、その功により一六五五年にギュイエンヌ州の地方長官に任命された。一六六一年に訴願審査官となり、コルベールに見込まれて一六六五年の司法改革では彼の右腕を務めた。一六六七年、シャトレ裁判所の民事代官や刑事代官とは別にパリ警視総監という官位が新設されるや、その地位に任命され、一六九七年まで三十年余にわたってその職にあった。警視総監の職務は多岐にわたったが、本文で言われるのはその一つである印刷・出版に対する監督のことで、特に無許可の匿名パンフレットの取締りが中心をなしたが、一六八五年のナント勅令の廃止以後、取締り対象は激増した。その他、一六七九―八〇年の「毒薬事件」のために特設された「火刑裁判所」で中心的な役を演じたり、賭博の規制、街路の照明や清掃の改善と近代化、舗装の改良、広告の規制、消防態勢の整備（一六九九年にオランダから消防ポンプを買い、一七〇五年に最初の消防団を作った）、給水設備の改善、保健衛生の充実（一六六八年には、ルアンで発生したペストの流行が首都へ波及するのを防止した）等々、様々な分野で目覚しい業績を上げて、「清潔で明るく安全」なパリにというルイ十四世の指示に立派に応え、「これは非常に有徳で有能な人だった。いわば自分が創設した地位にあって、世の人から嫌われるはずなのに、誰からも尊敬された」と毒舌家のサン゠シモンすら彼を絶讃した。一六九七年に職を退いてからも、顧問会議で四つの部局を実質的に指導したが、力を使い果たして一七〇九年六月十四日に他界した。

〔二一〕　オランダの改革派教会は、フラマン語（オランダ語）を用いるフラマン教会と、ワロン語（フランス語）を用いるワロン教会という二本立ての組織になっていた。当時多かったフランスからの亡命プロテスタントはむろんワロン教会に所属したが、オランダ人でも上流階層ではワロン教会へ行く者が少なくなかった。ゴマルス派とアルミニウス派、ヴォエティウス派とコッツェーユス派等々、フラマン教会は古くから派閥抗争が絶えなかったが、ワロン教会はそれに較べれば比較的内紛が少なかった。

〔一二二〕 ジャン・ベール（一六〇九・三・三―八五・三・三一）。ピエール・ベールの父。モントーバンの染物屋で同市の第三席の町役人だったらしいイザーク・ベールと、ジャン・バルドン（ジャン・ベールの名付け親）の娘イザボー・バルドンの間の子で、父のイザークも母のイザボーも確信的なプロテスタントだった。ジャン・ベールは生地モントーバンにあるプロテスタント大学で神学を学んで、一六三七年十月にカストルで開かれた高ラングドック・高ギュイエンヌ地方教会会議により牧師に任命されて、ル・カルラの教会に配属され、死ぬまでそこの牧師を務めた。

〔一二三〕 ジャンヌ・ベール（旧姓ド・ブリュギエール）（一六七五年五月末／六月はじめに歿）。ピエール・ベールの母。その父母については定かでないが、母親（ピエール・ベールの母方の祖母）が「マニャーヌ」または「メニャーヌ」という名であったことはピエール・ベールの家族宛の手紙で知られる。いずれにせよ、フォワ伯爵領では名門の貴族の娘で、一六四三年六月十三日にジャン・ベールと結婚し（式はモントーバンで挙げられた）、ジャコブ、ピエール、ジョゼフの三児を上げた。

〔一二四〕 ジャコブ・ベール（一六四四・八・三一―一六八五・一一・一二）。ピエール・ベールの兄。ピュイローランスのプロテスタント大学（元のモントーバン大学）で神学を学んで、一六六八年九月十三日にサン＝タントナンで開かれた高ラングドック・高ギュイエンヌ地方教会会議により牧師に任命され、父とともに郷里ル・カルラの牧師を終生務めた。一六八二年十二月に、モントーバンの牧師イザーク・ブラサール（一六二〇―一七〇二）の娘マリと結婚した。権力への抵抗を忌避する徹底した「受動的服従」論者だったが、弟ピエール・ベールが著わした『マンブール氏の《カルヴァン派史》の一般的批判』への報復として、一六八五年六月十日に逮捕されてパミエの獄に投じられ、やがてボルドーのシャトー・トロンペット監獄へ移送されて、同年十一月十二日に獄死した。ナント勅令を廃止した同年十月十七日のフォンテヌブロー勅令には、棄教を拒む牧師は国外追放に処すとあったため、彼の釈放を命じる封印状がヴェルサイユから発せられたが、それがボルドーに届いたのは当人が死んで数日後のことだった。なお、彼の妻マリ・ベール（旧姓ブラサール）はナント勅令廃止後、表向きカトリックに改宗してモントーバンに住み、同市で一七二五年に死んだ。この夫婦の間には子供が二人出来たが、一六八三年に生まれた長男は一六八六年五月十五日以前にたぶん二歳で死に、一六八五年七月二十日に生まれた長女のポールは、叔父ピエール・ベールより少し早い一七〇六年九月ないし十月に二十一歳で早世した。

〔一二五〕 ジョゼフ・ベール（一六五六・六・一一―一六八四・五・九）。ピエール・ベールの弟。ピュイローランスのプロテスタント大学で学んだ後、ジュネーヴへ行き（同市に到着したのは一六八二年六月）、ジュネーヴ大学に入った。一六八三年十二月にはパリへ移って、ボナック侯爵サロモン・デュッソン（母親の親類で、カトリックに改宗した後外交官として活躍したボンルポー、正確にはフランソワ・デュッソン・ド・ボンルポー侯爵〔訳註五九〇を参照〕の兄。自身はフォワ伯爵領の副奉行としてこの土地におり、子供たちだけがパリにいた）の子供たちの家庭教師をしたが、ほぼ一年半後にパリで独身のまま病死した。なお、彼がジョゼフ・ベール・デュ・ペイラと添名を付けたのはこのパリ時代で、自身の文筆活動によって弟に被害が及ぶのを恐れた兄ピエール・ベールの勧めによるものだった。この添名にある「ル・ペイラ」というのは、ル・カルラの南端の地名として今でも残っているらしい。

〔一二六〕 ベールの母の姉か妹。

〔一二七〕 ローラン・リヴァル（一六七九歿）。フランス改革派のサヴェルダンの牧師。ピエール・ベールの父ジャン・ベールとはモントーバン大学時代の学友で、古くからの親友だった。一六三七年に、ル・カルラの北東十七、八キロメートルの所にあるサヴェルダンの牧師となり、死ぬまで在職した。死ぬ前年、一六七八年九月八日に任地サヴェルダンで開かれた高ラングドック・高ギュイエンヌ地方教会会議で議長を務めているところを見ると、この地方では有力な牧師だったらしい。また、ル・カルラにも土地を持っていて、毎夏、小麦の収穫のためル・カルラに来ていたようだから、ベール一家とはきわめて親密だったと考えられる。ピエール・ベールが彼に送った一六七五年一月三十日付の手紙が残っている。

〔一二八〕 アントワーヌ＝フランソワ・ド・ベルティエ（一六三〇―一七〇五）。ベールの時代のリューの司教。トゥールーズの名家ベルティエ家の人と思われるが、そうだとすれば、同じ時代のモントーバンの司教ピエール・ド・ベルティエ（一六〇六―七四）やブロワの司教ダヴィッド＝ニコラ・ド・ベルティエ（一六五二―一七一九）と同族であろう。いずれにせよ、一六六二年にリューの司教となり、一七〇五年十月二十九日に死ぬまで在任した。学問好きの人だったようで、後に、ベールが編集した『文芸共和国便り』の読者であったことも知られているが、反面、プロテスタントからの「新改宗者」に対する強制措置を擁護する不寛容論者でもあったらしい（一七〇〇年頃のこと）。フェヌロンの『諸聖人の格率解説』を断罪する教書（一六九九年五月十五日付）が、公刊された唯一の著作だった。なお、ベールの郷里ル・カルラから最も近い司教座所在地は、東南東約十八キロの所にあるパミエだったが、教区の区分では、北西のほぼ同じ距離にあるリューの司教区にこの集落は属していた。

〔二九〕　フランソワ・パンソン・デ・リオル。ベールの文通相手。パリ高等法院の弁護士だったが、非常に学問好きの人で、ベールや、一六九七年頃からはライプニッツとも文通した。著作としては、いずれもラテン語で書いたデュ・カンジュの墓碑銘（一六八八年）やメナージュの墓碑銘（一六九二年）、フランス語で書いた『シャスブラ氏への手紙』（一六九四年）などがあり、『メナージュ語録』第一版（一六九三年）の刊行にも協力したらしい。現在残っている手紙で見る限り、ベールとパンソン・デ・リオルとの文通は、パンソン・デ・リオルからベールに送られた一六八六年一月十四日付の手紙に始まり、ベールからパンソン・デ・リオルに宛てられた手紙も一六九三年一月八日付のものから始めて、一七〇五年六月二十二日付のものまで、計三十通残っている。

〔三〇〕『メナージュ語録』とは、次註に述べるフランスの批評家ジル・メナージュが生前に自宅での集まりでした談話を死後に友人たちが纏めた語録で、メナージュが死んだ翌年の一六九三年にパリで第一版が出た。編集に当たったのは、『千一夜物語』の仏訳者として有名なアントワーヌ・ガラン（一六四六—一七一五）、ジャン・ボワヴァン（一六六三—一七二六）、後段の訳註〔四五七〕で説明するジャン＝バティスト・デュボス師（一六七〇—一七四二）、グーレ、前註で述べたパンソン・デ・リオルなどだったらしい。この本は同じ一六九三年にアムステルダムからすぐオランダ版が出たが、翌一六九四年にはピエール＝ヴァランタン・フェディ師（一六四四—一七〇九）が刊行した二巻本の第二版がパリで出、さらに一七一五年には、先の訳註〔一八〕で述べたベルナール・ド・ラ・モノワ（一六四一—一七二八）の手によって、同じく二巻本の第三版がパリで刊行された。その後も一七二九年版（四巻、パリ）、一七六二年版（四巻、アムステルダム）、一七八九年版（三巻、パリ）などがある。十七世紀末から十八世紀にかけて非常に読まれた本で、この時期に数多い諸家の「語録」（……ana）の中でも最も代表的なものだった。

〔三一〕　ジル・メナージュ（一六一三—九二）。フランスの作家、批評家、語学者。アンジェの生まれ。弁護士の子で、自らも法律を学んで、郷里のアンジェや、一六三二年からはパリで弁護士をした。一六四〇年に弁護士をやめて僧籍に入り、パリの協働司教（後のレッス枢機卿）に仕えたが、聖職者としては一六四八年に副助祭となったに止まり、その後は聖職禄によって生活しつつ文筆活動に従事した。一六三九年頃からランブイエ館に出入りし、デュピュイ兄弟の集まりにも加わって学者として名声を博し、一六五二年からはクロワートル＝ノートル＝ダム街の自宅で毎週水曜日に文人の集まりを開き、この「水曜会（メルキュリアル）」は一六八四年まで続いて、ベール自身もセダン大学に奉職する前、半年ほどパリに滞在していた時期に少なくとも一度（一六七五年三月頃）それに出席した。ギリシャ語、ヘブライ語も知っていたメナージュは、ラテン語、イタリア語、フランス語で詩作をし、詩人として認められることに執着していたようだが、名を残したのはフランス語関係の仕事によってだった。一六四九年に『辞典類がアカデミーの諸氏に呈する上申書』という諷刺詩を発表して、メナージュはアカデミー・フランセーズの国語規制を批判したが、さらに『フランス語の起源』（パリ、一六五〇年）、『フランス語考』（パリ、一六七二年）を発表し、フランス語の語源研究を初めて組織的に行なった。論争的な、したがってまた敵の多い人で、コタン師からは『メナジュリ』（一六六六年）で衒学者と嘲られ、モリエールの『女学者』（一六七二年）に登場する衒学者トリソタンがこのコタンのことなら、もう一人の衒学者ヴァディウスはメナージュのことであろうと考えられている。死後に出版された『メナージュ語録』（パリ、一六九三年）は非常に面白いもので、ベールもたびたび引用している。一六九二年七月二十三日にパリで死んだ。生前、メナージュとベールの間には文通があり、メナージュに宛てたベールの手紙も一六八五年八月七日付のものから一六九二年七月十四日付のものまで、計二十通残っている。

〔三二〕　ロス・ド・ブリュギエールはピエール・ベールの母ジャンヌ・ド・ブリュギエールの兄か弟で、カトリック教徒の女性と結婚したが、自分自身は少なくとも当時はまだ改革派に属していたらしい。「ロス」というのは、ル・カルラの西方四キロメートルの所にある現名「ペイル」という分益小作地から五百メートルほど離れた一軒家の名で、ピエール・ベールの母の実家ブリュギエール家の持ち家だったらしい。

〔三三〕　オクタヴィアヌス、つまり後の初代ローマ皇帝アウグストゥス。

〔三四〕　原註にあるとおり、ヴェルギリウスのこと。

〔三五〕　マタイ伝、第三章、七節。

〔三六〕　創世記、第四十五章、五―七節。

〔三七〕　正確にはブリュギエール・ド・ノーディス。ジャン・ブリュギエール・ド・ノーディスはピエール・ベールの母ジャンヌ・ド・ブリュギエールの兄か弟の子で、ピエール・ベールとほぼ同年輩のプロテスタントだった。ベールと同じ時期にトゥールーズで勉強しており、二人は同じ家に下宿していた。勉学終了後はル・カルラかそのごく近くで生活し、一六七五年頃に結婚したらしく、一六七八年にはすでに二人の子供がいた。一六八五年のナント勅令廃止後も「新カトリック教徒」としてこの地で暮らしたが、その改宗は本心からではなかったようで、現に一六九九年の教会警察（もちろんカトリックの）の報告書では偽装改宗者と目されていた。この母方の従兄弟はピエール・ベールの親類の中でベールが最も親しくしていた人のようで、ベールから彼に宛てた手紙も一六七五年六月二十八日付のものから一七〇六年九月五日付のものまで、計三十通残っている。ベールの死後、その相続人になったのもこのジャン・ブリュギエール・ド・ノーディスだったが、彼自身もベールが死んで程なく世を去ったようで、実際にベールの書類を相続したのは彼の息子で正真正銘のカトリック教徒のシャルル・ブリュギエール・ド・ノーディスだった。

〔三八〕 プラダル・ド・ラルボン。プラダル家はル・カルラの南南西七、八キロメートルの所にあるマス・ダジルに住むプロテスタントの一家で、ベール家の親類だった。このプラダル・ド・ラルボンは洗礼名は不明で経歴も定かでないが、親戚のボンルポー侯爵（訳註〔五九〇〕を参照）が一六九三年に駐デンマーク大使として赴任した時、それに同行したことが知られている。ボンルポーと同様、カトリックに改宗していたらしい。彼からベールへの一六九三年二月二十八日付の手紙が残っている。

〔三九〕 この人物については何も分っていない。

〔四〇〕 訳註〔二七〕を参照。

〔四一〕 マルク＝アントワーヌ・ギユマ。マゼールの牧師。ジャン・ユベール（一六六〇年から一六六七年まで在任）の後任として一六六七年から一六七〇年までそこの牧師をしたことが知られている。ギユマの離任後、ジャン・ユベールが再びマゼールの牧師となり、一六七八年に死ぬまでその任にあった。

〔四二〕 エリ・リヴァル（一六九二歿）。カルモンの牧師。サヴェルダンの牧師だったローラン・リヴァル（訳註〔二七〕を参照）の甥。ピエール・ベールの兄ジャコブ・ベールとピュイローランス大学での学友だったが、その後さらにジュネーヴ大学に学び（一六六六―六八年）、帰国して一六六八年からカルモンの牧師を務めた。一六七三年にピュイローランスの牧師に転任し、一六八五年にナント勅令が廃止されるとオランダへ亡命してアムステルダムの牧師となり、そのまま一六九二年に同市で客死した。オランダ亡命後にピエール・ベールと再会している。彼からベールへの一六八六年八月二十九日付の手紙が残っている。

〔四三〕 ベールの再改宗がこのように秘密裡に行なわれ、再改宗後すぐベールがジュネーヴへ逃亡したのは、デ・メゾーは当時周知のこととしてあえて言わないが、かような再改宗が法的に禁止されていたからだった。プロテスタントから一度カトリックに改宗し、その後再びプロテスタントに戻る者は、当時「再転落者（ルラプス）」と呼ばれて取締りの対象となっていた。かような再改宗は、まず一六六三年四月の勅語によって禁止され、この勅語にはまだ違反者への罰則はなかったが、一六六五年六月二十日の新たな勅語によって、違反者はフランスからの永久追放に処すという罰則が加えられた。この二つの勅語によって、ベールは改革派教会へ戻った瞬間から、フランス国内では「お尋ね者」となったのである。その後、一六七九年三月十三日の勅語はこの永久追放にさらに加辱刑と全財産の没収を加えた。また、法で禁じられたかような再改宗者(ルラプス)を会堂に入れたという理由でその会堂が取壊され、その地での礼拝が禁止されるという事例が到る所で頻発し、この再転落者取締り令は各地でプロテスタントの礼拝を禁止する恰好の口実となった。

〔四四〕 訳註〔二九〕を参照。

〔四五〕 ミシェル・ド・ノルマンディ(一六一八―九七)。ノルマンディ家はジュネーヴの有力な名家。フランスの訴願審査官、郷里のピカルディ地方ノワイヨン(カルヴァンの郷里でもあった)の国王名代から、宗教故に一五四九年にジュネーヴへ亡命して一五五一年に同市の市民権を取ったローラン・ド・ノルマンディに発する家で、代々、大参事会や小参事会のメンバーを務め、市民代表も輩出していた。このミシェル・ド・ノルマンディはローラン・ド・ノルマンディの曾孫で、父のジョゼフ・ド・ノルマンディは一六一八年に市民代表に選ばれていた。ミシェルも一六五八年に小参事会のメンバーとなり、一六六七年には市民代表を務めた。ジュネーヴ大学の神学教授で当時ベールが心酔していたリベラル派の神学者ルイ・トロンシャン(一六二九―一七〇五)は彼の義弟で、同じく哲学教授でジュネーヴ大学にデカルト主義を導入したジャン＝ロベール・シューエ(一六四二―一七三一。訳註〔六二九〕を参照)は彼の甥だった。ピエール・ベールがミシェル・ド・ノルマンディの家の家庭教師になったのは、ルイ・トロンシャンの推薦によるものと推測されている。

〔四六〕 訳註〔六〕を参照。

〔四七〕 ヴァンサン(三世)・ミニュトリ(一六三九―一七〇九)。ベールの親友で、ベールより八歳年長だった。ミニュトリ家はイタリア系スイス人で、元はナポリの出だが、その後ルッカに定着し、ジュネーヴへ亡命したのは一五九四年、同名のヴァンサン(一世)・ミニュトリの代で、ジュネーヴの市民権を得たのは一六五一年だった。表記のヴァンサン(三世)・ミニュトリはこのヴァンサン(一世)の孫で、父のポール(二世)・ミニュトリはジュネーヴの絹商人、母のマドレーヌ・ペロはジュネーヴ大学の神学教授や学長を務めたシャルル・ペロ(一五四一―一六〇八)の娘だったから、フランスの文学者ニコラ・ペロ・ダブランクール(一六〇六―六四)なども彼の遠い親類だった。ジュネーヴで生まれたこのヴァンサン・ミニュトリは、一六五四年にジュネーヴ大学に入って神学を修め、さらに一六六一年からはライデン大学でも学んだ。はじめオランダで牧師となり、一六六三年八月にロリーヴ教会、つまりスペイン領ネーデルラント(今のベルギー)に散在するプロテスタントを担当する牧師として赴任し、翌一六六四年九月にはミッデルブルフの牧師となったが、三年後の一六六七年五月に放蕩、悪所通い、同僚牧師への誘惑、虚言など不品行の廉で訴えられて停職となり、一六六八年四月にはオランダのワロン教会会議により正式に牧師を罷免された。オランダで復職運動をしたらしいが成功せず、諦めてたぶん一六六九年に故国ジュネーヴへ帰った。ベールを識ったのはこの帰国後のことである。ジュネーヴへ戻ったものの、オランダの教会当局が発行する人物保証の証明書が得られないため、教会関係の職には就けずにいた。一六七一年四月、市民代表ピエール・ファブリの娘シュザンヌ・ファブリ（一六五三—一七二五）と結婚、その前後からジュネーヴ市当局の支持が得られるようになり、市当局からオランダのワロン教会へのはたらきかけにより、オランダの教会当局も一六七四年にミニュトリへの反対を取り下げた。その結果、ミニュトリは一六七五年九月十七日にジュネーヴ大学のギリシャ語と文学の教授に就任し、さらに一六七八年十一月二十九日に牧職に復帰し、一六七九年五月十六日にはジュネーヴ市の牧師の一人となったが、時々説教をするだけで、特定の教区は持たされなかった。一六八三年十一月から一六八六年十月まで三年間、ジュネーヴ大学の学長を務め、一六九九年十二月十九日からはジュネーヴ図書館長をし、晩年の一七〇七年にはジュネーヴのイタリア人教会の牧師となった。ジャーナリズムへの野心があった人で、ベールの『文芸共和国便り』にも時折寄稿していたが、一六九三年にジュネーヴで半月刊の学芸新聞『パルナスからの至急便、または学者新聞』を出し始めたものの、これは四号（第一号—一六九三年九月一日付、第二号—同九月十五日付、第三号—同十月一日付、第四号—一六九四年六月五日付）で潰れてしまった。毎号リヨンで海賊版を出されたため、立ち行かなくなったらしい。その後もジャーナリズムへの夢を捨てられなかったようで、一七〇二年十月三十日にはジュネーヴの小参事会から新聞作りに手を出すなと命じられたりした。『一六七〇年一月十八日にジュネーヴで起こった火災を語る』（ジュネーヴ、一六七〇年）、『一六七〇年一月十八日にジュネーヴで起こったローヌ川の橋の炎上』（ジュネーヴ、一六七〇年）などの時事的作品がいくつかあり、アンリ・アルノーの『ヴァルドー派〈栄光の帰還〉史』（カッセル、一七一〇年）もミニュトリが纏めたものらしく、ほかにフラマン語やイタリア語からの翻訳書も数点ある。一七〇九年四月二十五日歿。ベールの友人の中でも文通の量が最も多かった人で、ベールからミニュトリに宛てた手紙も一六七二年六月十七日付のものから一七〇四年三月二十日付のものまで、計九十五通残っている。

〔四八〕　ベネディクト・ピクテ（一六五五—一七二四）。スイスの改革派神学者で、ジュネーヴ大学時代のベールの学友。ジュネーヴの生まれ。ジュネーヴ大学の神学教授でベールの恩師だったフランソワ・トゥレッティーニの甥で、ジュネーヴ大学で学んだ後フランス、オランダ、イギリスに遊学、特にオランダではライデン大学の神学教授フレデリック・スパンアイム（子）に学んだ。帰国して一六八〇年にジュネーヴの牧師となり、一六八六年からジュネーヴ大学で神学を教え、一七〇二年に正式に神学教授となった。一七〇一年にスパンアイムが死ぬと、その後任としてライデン大学に呼ばれたが辞退して、ジュネーヴ市当局から感謝の意を表されたりしている。ジュネーヴ大学ではフランソワ・トゥレッティーニの後を継ぐ厳格な正統派神学者で、同僚でもあり従兄弟でもあるリベラル派の神学教授ジャン゠アルフォンス・トゥレッティーニ（一六七一―一七三七。訳註〔六三〇〕を参照）などとは対立していた。代表作の『キリスト教神学』（ラテン語版一六九六年、著者自身による仏訳一七〇二年）をはじめ、『宗教的無差別反対論』（一六九二年）、『キリスト教道徳』（六巻、一六九三―九六年）、『教会・世界史』（三巻、一七三二年）など多くの著書や講演集、説教集などがある。ベールの文通相手で、ピクテからベールに宛てた二通の手紙が残っている。

〔四九〕　アントワーヌ・レジェ（一六五二―一七一九）。後のジュネーヴ大学教授で、ジュネーヴ大学時代のベールの学友。元はピエモンテ渓谷のヴァルドー派の牧師で弾圧によりジュネーヴへ亡命し最後はハーグの牧師として死ぬ、ヴァルドー派の歴史を書いたジャン・レジェ（一六一五―七〇）の子。ジュネーヴの生まれ。ライデン大学とジュネーヴ大学で学び、一六七〇―七二年頃にジュネーヴ大学でベールとともに勉強した。ジュネーヴ大学を出たあと、一六七五年から一六七八年にかけて勉強のため諸国に遊学し、その後帰郷してジュネーヴ近郊のシャンシの牧師、ついでジュネーヴの牧師となった。最後はジュネーヴ大学の教授となり、はじめ哲学の教授（一六八六―一七一三年）、次には神学の教授（一七〇九―一九年）を死ぬまで務めた。前註で述べたピクテの親友で、『説教集』（五巻、一七二〇年）などがあるが、神学者としては凡庸な人だったらしい。ベールの文通相手で、彼からベールへの一六九六年二月七日付の手紙が残っている。

〔五〇〕　エール゠ラ゠ヴィルの領主ピエール・ファブリ（一六一六―一七〇〇）。ジュネーヴの有力な政治家で、ベールの親友ミニュトリの義父。元は弁護士で、ジュネーヴの検事総長、小参事会のメンバーなどをし、市民代表に前後七回選ばれ、首席市民代表も五回務めた。

〔五一〕　フランソワ・トゥレッティーニ（一六二三―八七）。スイスの改革派神学者。ジュネーヴの生まれ。イタリア系の人で、ジュネーヴ大学の神学教授ベネディクト・トゥレッティーニの子。ジュネーヴ大学を出てオランダ、フランスに遊学した後、一六五〇年にジュネーヴ大学の哲学の教授になり、一時リヨンの牧師をした後、一六五三年からは同大学の神学教授を務めた。保守的カルヴィニスムの代表的な神学者で、フランスのアミローらが唱えた「仮定的普遍主義」に反対し、この自由主義的新理論を排撃する「スイス協約」（一六七四年）の作成にも大きな役割を演じた。大著『論戦神学教程』（三巻、一六七九—八五年）をはじめ、『キリストの贖いをめぐる討論集』（一六六五年）など多くの著書があり、ジュネーヴ大学におけるベールの恩師の一人だった。彼からベールへの一六八四年六月三十日付の手紙が残っている。

〔五二〕　ファブリス・ビュルラマキ（またはブルラマキ）（一六二六—九三）。当時のジュネーヴの牧師。ジュネーヴの生まれ。ジュネーヴ大学で学んで牧師となったが、一六五五年にフランスのグルノーブルの牧師としてジュネーヴ教会から貸与された。しかし、フランス人以外の牧師を持つことがその国で禁止されたため、一六六五年以後にグルノーブルから去ってジュネーヴの牧師に戻り、死ぬまで奉職した。前註で述べたフランソワ・トゥレッティーニの従兄弟で、『ローマ教会との論争に関する教理問答』（一六六八年）、『神学シノプシス』（一六七八年）、『スピノラ枢機卿への答となる考察』（ジュネーヴ、一六八〇年）などの著書がある。非常な学殖（特に文献的な）の持ち主だったらしく、ベールもジュネーヴ時代の手紙で、このビュルラマキを「生きた図書館」、「文字どおり今世紀のフォティオス」などと呼んでいた。名前も示すとおりイタリア系の人で、自然法学者として名高い後のジュネーヴ大学教授ジャン＝ジャック・ビュルラマキ（一六九四—一七四八）の祖父だった。

〔五三〕　ジャン＝ジャック・サルトリ（一六三〇—七四）。当時のジュネーヴ大学文学教授。ジュネーヴ大学を出た牧師で、一六六九年、エゼキエル・スパンアイムが去った一六五六年以来空席となっていたジュネーヴ大学のギリシャ語と文学の教授に任命され、一六七四年十二月二十四日に死ぬまでその地位にあった。後任の文学教授がベールの親友ミニュトリだった。

〔五四〕　ドーナ伯爵フリードリヒ（一六二一—八八）。ドーナ伯爵家はカルル大帝（シャルルマーニュ）時代まで遡るというドイツでも有数の古い貴族の家で、元来はザクセンが発祥地だが、十四世紀にシュレージエンのドーナ家（十八世紀初頭に消滅）とプロイセンのドーナ家に分かれ、このフリードリヒは後者のドーナ家に属していた。父のドーナ伯爵クリストフ（一五八三—一六三七）はプファルツ選挙侯の侍従長から、同選挙侯の大使としてパリ、ロンドン、ハーグ、ドレスデンなどへ行き、その後オランイェ＝ナッサウ家のためにオランジュ公領の総督を務めた人だった。このフリードリヒはオランイェ公ヴィレム二世やブランデンブルク選挙侯フリードリヒ・ヴィルヘルム（大選挙侯）の従兄弟に当たり、父の後を継いで長く南仏オランジュにあるオランイェ公領（オランイェ＝ナッサウ家の所領）の総督を務めたが、一六五六年にフェラシエール＝モンブラン伯爵の一人娘エスペランス・ド・ピュイと結婚した時、ブレス地方（フランス東部）のプロテスタント貴族であるこの義父が、一人娘が遠いプロイセンへ去るのを嫌がったため、翌一六五七年にジュネーヴに近いコッペ男爵領を買い取って、そこに妻と、後には子供らを住まわせたのである。一六七三年にルイ十四世の軍がオランジュを占領し、オランイェ公領が事実上消滅してからは、総督だったフリードリヒ自身もスイスへ亡命して、このコッペに住んだ。フリードリヒはフランス語で書いた『回想録（一六二一―一六八八年）』を残しており、それはケーニヒスベルクから一八九八年に出版された。彼からベールへ宛てられた三通の手紙（一六八三年から一六八六年までの）が残っている。

〔五五〕　ドーナ＝シュロービッテン伯爵アレクサンダー（一六六一―一七二八）。ドーナ伯爵フリードリヒの長男。コッペの生まれ。ブランデンブルク選挙侯（一七〇一年以後はプロイセン王）に仕えて、第二代プロイセン王となるフリードリヒ・ヴィルヘルム王子の傅育官、同王子が即位してフリードリヒ・ヴィルヘルム一世（在位一七一三―四〇）となるやその国務大臣、陸軍元帥などの要職を務めた。ベールから彼への一六八六年七月七日付の手紙が残っている。

〔五六〕　ドナンはフランスの、今はノール県にある町。一七一二年七月二十四日に、ヴィラール元帥の指揮するフランス軍はここで、オイゲン公の指揮するオーストリア＝オランダ連合軍に壊滅的な打撃を浴びせ、連合軍は一万一千の死者を出して、フランス領から撤退した。

〔五七〕　ドーナ＝フェラシエール伯爵ヨハン・フリードリヒ（一六六三―一七一二）。ドーナ伯爵フリードリヒの次男で、オランダ軍に入り、陸軍中将、モンスの総督にまでなったが、一七一二年七月二十四日のドナンの合戦で戦死した。

〔五八〕　「若死にした」という言いかたはよく分らない。ベールが家庭教師としてドーナ家に住み込んだ頃、その家には男の子として前出のアレクサンダー、ヨハン・フリードリヒと、さらに三男としてクリストフという男子がいたが、一六六五年生まれのこのクリストフは、ブランデンブルク（プロイセン）の軍隊に入って近衛騎兵連隊長にまで進み、「若死に」どころか二人の兄より長生きして、一七三三年に六十八歳前後で世を去ったからである。

〔五九〕　ダヴィッド・コンスタン・ド・ルベック（一六三八―一七三三）。ベールの友人。ローザンヌの生まれで、一六六二年から、ベールが一時いたコッペの牧師をした。その後、一六七四年にローザンヌ大学のラテン語雄弁術の教授と、付属する学院の校長に任命され、一六八四年には同大学のギリシャ語の教授となり、一七〇三年からは神学の教授を務めて、一七二七年まで在職した。コンスタン・ド・ルベックは後々までベールの文通相手で、ベールからコンスタンへの手紙も一六七四年三月三十一日付のものから一七〇四年三月二十一日付のものまで、計二十三通残っている。

〔六〇〕　この「二〇ページ」は、原著では次の五月二日付の手紙のページとして挙がっているが、典拠である『ベール氏書簡集』に即して訂正した。

〔六一〕　ジャック・バナージュやアンリ・バナージュ・ド・ボーヴァル（後段の訳註〔七二〕を参照）の父アンリ・バナ

ージュ・デュ・フランクネ（一六一五―九五）。サント＝メール＝エグリーズの牧師でノルマンディ地方の改革派教会の重鎮だったバンジャマン・バナージュ（一五八〇―一六五二）の子。法律を学んで、一六三六年からルアン高等法院の弁護士をした。プロテスタントだったが、その人格、識見、雄弁のためノルマンディの法曹界で非常に重きをなした人で、そのためナント勅令廃止（一六八五年）前後にも迫害は受けず、プロテスタンティズムを告白しつつ一六九五年十月二十日にルアンで死んだ。『ノルマンディ地方慣習法註解』（二折判二巻、ルアン、一六七八年）、『抵当論』（ルアン、一六八七年）という二つの著作はいずれもその分野での名著とされ、それらを主体とした二折判二巻の著作集がルアンから一七〇九年に出版されて、一七七八年までに三度版を重ねた。

〔六二〕 ルイ＝エムリ（通称エムリック）・ビゴ（一六二六―八九）。ルアンで生まれ死んだ古文書学者。イギリス、オランダ、ドイツ、イタリアなどを旅して諸国の学者たちと交流し、また文通して、写本の蒐集家として聞こえた人だった。フィレンツェ旅行の際に発掘した、パラディオスの『聖クリュソストモス伝』のギリシャ語写本を刊行（パリ、一六八〇年）したり、同じく聖クリュソストモスの手紙を出版（ロッテルダム、一六八七年）したりし、メナージュやイスマエル・ブヨーに宛てた手紙が十九世紀に公刊された。毎週、自分の書庫で学者、文人たちの会合を開いており、ルアン時代のベールもそこに出席していたらしい。ビゴはカトリック教徒だったが、宗教的には寛容な人だったらしく、ベールをメナージュに紹介したのも彼だった。一六八九年十二月十八日歿。

〔六三〕 マティユ・ド・ラロック（一六一九―八四）。当時のルアンの牧師。レラックの生まれ。モントーバンのプロテスタント大学で学んで、一六四三年に牧師となり、この年から二十六年間ヴィトレの教会で牧職に従事した。非常な学者で、『《聖体の祭式》と題する書への答』（シャラントン、一六六五年）、『聖体の歴史』（アムステルダム、一六六九年）という二つの大著によって当代有数の改革派宗教論争家と謳われたため、一六六九年にシャラントン（パリ）教会やソーミュール教会（牧師およびソーミュール大学の神学教授として）から口がかかったが、政府がその就任を許さなかった。さらにモントーバン、ボルドー、ルアンの教会からも呼ばれたため、結局ルアンを選んで、一六六九年から一六八四年一月三十一日に死ぬまでこの町の牧師を務めた。ルアン時代にも『教会の本性とその特性のいくつかに関する考察』（ケヴィリ〔ルアン〕、一六七三年）、『フランスのプロテスタントの教会規律と古代キリスト教徒のそれとの一致』（ケヴィリ〔ルアン〕、一六七八年）、『《二つの形色での聖体拝領》というモーの司教殿の書への答』（〔ルアン〕、一六八三年）などの論争書を出しており、死後にも遺稿として、収益徴収権問題をめぐる改革派側の唯一の専門書である『収益徴収権新論』（ロッテルダム、一六八五年）が出版された。なお、マティユ・ド・ラロックは、このベール伝の後段にしばしば登場するダニエル・ド・ラロック（訳註〔一三一〕を参照）の父親だった。

〔六四〕　リュヴィニ侯爵アンリ・ド・マシュエ（一六一〇―八九）。フランス改革派教会の総代として宮廷にいた軍人貴族。一六二七年に近衛連隊に入り、レ島防衛戦、ラ・ロシェル攻囲戦などを振り出しに各地で転戦、一六四四年に歩兵連隊長、一六四五年に少将、一六五二年に中将となった。一六五三年、ダルズィリエ侯爵の後任としてプロテスタント教会の総代となり、王権とフランス改革派教会の間の折衝に心を砕いて、その政治的手腕と廉直さは口の悪いサン＝シモンなどにも称讃された。外交使節としても一六六九年、一六七六年と二度にわたってイギリスへ派遣されている。一六七八年にプロテスタント教会総代の地位を息子に譲り、ナント勅令廃止（一六八五年）の際は、自宅での礼拝を許すからフランスに留まるようにとルイ十四世に勧められたがことわって、一六八六年一月末に国王の許可を得て出国、イギリスのグリニッジに亡命して同国に帰化し、イギリス王から国務顧問官に任命され、グリニッジにフランス人教会を設立して、そのまま同地で死んだ。

〔六五〕　テオドール・ド・ベリンゲン（一六四四―一七〇四以後）。ベリンゲン家は十六世紀後半にオランダから移り住んだプロテスタント貴族の家柄で、このテオドールは王室書記官で改革派シャラントン（パリ）教会の長老だったジャン・ド・ベリンゲン（一六一二頃―九六）の長男。パリ高等法院の評定官だったが、ナント勅令廃止（一六八五年）後、頑強に改宗を拒んだため、まずヴェズレへ流され、一六八六年には父とともにバスティーユに投獄され、さらに翌一六八七年にはロッシュの城へ移送されたが、結局、父親ともども国外追放となって、二人とも一六八七年にオランダへ亡命した。一七〇四年にハーグから、五十通の手紙を集めた『近時の苦患をめぐる勧めと慰めの手紙』を匿名で出版したが、そこにはルイ十四世の専制への攻撃や、改革派の運命に関する黙示録的な期待の念（ジュリユーに典型的に見られたような）が表明されていたという。

〔六六〕　ラ・フォルス公爵夫人シュザンヌ・ド・ベリンゲン（一六五〇―一七三一）。前註に登場したジャン・ド・ベリンゲンの次女。一六七三年三月十二日にボワス侯爵ジャック＝ノンパル・ド・コーモンと結婚（この夫は再婚だった）し、一六七八年一月に夫がその祖父アンリ＝ノンパル・ド・コーモンの死によりラ・フォルス等族公爵の位を継ぐや公爵夫人となった。このラ・フォルス公爵夫妻は二人とも熱心なプロテスタントで、ナント勅令廃止（一六八五年）後も棄教を拒んだため、夫の公爵は一六八九年六月にバスティーユに投獄されて、二年近く獄中生活を送り、一六九一年四月にはサン＝マグロワール僧院に入れられた。結局そこで改宗して釈放され、エヴルーに近いラ・ブーレの城に引退して、一六九九年四月に死んだ。公爵夫人は夫よりさらに頑強で、はじめ自宅に軟禁され、子供たちもその手から奪われて、女の子は修道院へ、男の子はイエズス会の学院の寄宿舎に入れられたが、やがては彼女自身修道院に入れられ、遂にはアンジェの城に監禁された。しかし、それでも節を枉げなかったため、最後には宮廷も諦めて、すでに改宗していた夫のもとに彼女を返し、一六九九年四月に夫の公爵が死ぬと彼女はイギリスへ亡命して、一七三一年にロンドンで死んだ。

〔六七〕 ジャン・ド・ベリンゲンは非常に子沢山（アーグによると子供が十五人いたという）で、ベールが家庭教師をしたのは末の男の子たちだった。ベールは手紙によってその人数を二人とも三人とも言っているが、二人であれば一六六三年生まれのフレデリックと一六六六年生まれのアドルフ、三人ならばあと一人、名前は分らぬが同じ年頃の子がいたのであろう。二人の内、年長のフレデリック・ド・ベリンゲン・ド・ランガルゾーは、その後一六七七年に弁護士となったらしい（パリ高等法院の弁護士とも、ボルドー高等法院の弁護士ともいわれる）が、一六八六年にカトリックに改宗し、その後転職して軍人になったらしく、騎兵隊の旗手をしていたことが知られている。一七二六年に姉のラ・フォルス公爵夫人に会いにロンドンへ行ったことが分っているが、当時はベリンゲン侯爵と名乗っていたらしい。年少のアドルフは、ベールが去ったあと、ピカルディ地方の牧師トルイヤールの家に、一六七九—八〇年にはカルヴァドス地方のサント＝メール＝エグリーズの牧師ミッソンの家にそれぞれ下宿していたという記録はあるが、やはり一六八六年にカトリックへ改宗し、たぶん一七〇六年以前に死んだらしい。このフレデリックとアドルフは、当局に没収されたベリンゲン家の財産を一人占めし、それを自分らの自由にするため、オランダへ亡命していた姉（か妹）フランソワーズを死んだものと偽ったりしたらしい。二人ともかなりいかがわしい人物だったようである。

〔六八〕 ルイ・エル＝フェルディナン（子）（一六三九—一七一七）。プロテスタントの画家。一六五五年に設立された王立絵画・彫刻アカデミーの創立会員だった同名のプロテスタント画家（一六一二—八九）の子で、一六七三年四月十五日に自らもこのアカデミーの会員となった。一六八一年十月十日、この父子はプロテスタントだという理由で同アカデミーから除名されたが、ナント勅令廃止（一六八五年十月）後に棄教したため、二人とも一六八六年三月三十日に会員として復帰した。なお、この肖像は生前作られたベールの唯一の肖像画で、今はヴェルサイユ美術館に収められており、また、これを基にした複製がいくつも作られた。

〔六九〕 ピエール・ジュリュー（一六三七—一七一三）。フランス改革派の牧師、神学者。メール（今のロワール＝エ＝シェール県にある）の牧師の子で、十七世紀前半のフランス改革派の指導的神学者ピエール・デュムーランは母方の祖父に当たった（ジュリユーの母エステル・デュムーランはピエール・デュムーランの長女だった）。ソーミュール大学、セダン大学で学び、セダン大学で神学博士の学位を取った後、さらにオランダ、イギリスの諸大学にも遊学した。帰国して一六六六年に故郷メールの牧師補となって父を助け、一六七二年までそこの牧師をしたが、その後メールに二人目の牧師が来任したためヴィトリ゠ル゠フランソワの教会に貸与されて、一六七四年までその地で牧職に従事した。一六六七年には、同じくピエール・デュムーランの孫で自分の従姉妹に当たるエレーヌ・デュムーランと結婚している。一六七四年にセダンのプロテスタント大学の神学の教授（翌年からベールの同僚）となり、一六八一年に同校が強制閉鎖に追い込まれてからはオランダのロッテルダムに亡命し、同地のワロン教会（フランス語教会）の牧師と、新設された市立大学の神学の教授（ベールの同僚）を兼任した。ナント勅令廃止（一六八五年）の序曲であるプロテスタント迫害を論難した『フランス僧族の政策』（ケルン〔ハーグ〕、一六八一年）やその続篇『罪なくして苦しめられている者の最後の努力』（ハーグ、一六八二年）、ボシュエの『カトリック教会教理説明』に反駁した『改宗予防』（ルアン、一六八〇年）、マンブールの『カルヴァン派史』に反駁した『カルヴァン派史と法王教史の比較論』（ロッテルダム、一六八三年）、アントワーヌ・アルノーを主たる標的とする『アルノー氏精髄』（デーヴェンテル、一六八四年）、ピエール・ニコルの『カルヴァン派を非とする正当なる予断』に対置した『法王教を非とする正当なる予断』（アムステルダム、一六八五年）、同じくニコルとの論争の書で注目すべき教会論の理論書でもある『教会の真の体系』（ドルドレヒト、一六八六年）等々、驚異的とも言える旺盛な文筆活動を行ない、一六八〇年代以降、迫害のもとにあるプロテスタント陣営の最大の理論家として無数の抗議文書やカトリック系学者との論争書を著わした。また同時に、ベールなどの唱える普遍的寛容に反対し、政治権力によるローマ教会の打倒を追求する別個の路線を主張した（特に『二つの主権者の権利について』（ロッテルダム、一六八七年））。ナント勅令廃止後は、非合法下にある故国の同信徒を鼓舞するために半月刊のパンフレット『バビロン捕囚のもとに呻吟するフランスの信徒に宛てた牧会書簡』（ロッテルダム、一六八六―八九年）を著わしてひそかにフランスへ送り込み、特にその一六八九年四月十五日号以下ではイギリス名誉革命の擁護を直接的な目的として圧制に対する人民の抵抗権や革命の正当性を主張し、著者をフランス大革命の原理の先駆者とする見解をも生みだしている。さらに、『予言の成就』（ロッテルダム、一六八六年）などの著作ではヨハネ黙示録の記述に基づいて亡命プロテスタントの勝利の帰国を予言したり、オランイェ公ヴィレムの腹心という有利な立場を活かして亡命プロテスタントの就職の斡旋などさかんな世話役活動を行なったり、アウグスブルク同盟戦争下ではこのヴィレム（名誉革命によりイギリス王ウィリアム三世となる）のためフランス国内のプロテスタントによる軍事的な諜報網を組織するなど、多面的な活動を展開した。前述のとおり、ジュリユーは十七世紀前半のフランス改革派正系の理論的支柱だったピエール・デュムーランの孫に当たり、自らもドルドレヒト教会会議決定（ドルト信仰規準）に定式化される正統カルヴィニスムの徹底的な擁護者を以て自ら任じ（但し、彼は堕罪前予定論者ではなく、明確な堕罪後予定論者だった）、一面ではその激越さの故に、また一面では多分に政治主義的な発想と、そこから来る理論的御都合主義の故に、自分自身も神学的・道徳的な逸脱を非難されることが多かったが、いずれにせよ改革派教会内の自由主義的傾向に対する非難・攻撃・迫害は激烈を極めて、自ら「雑言家（アンジュリユー）」とも綽名され、亡命プロテスタント内部に異端審問的な空気すら醸し出した。とりわけ、セダン大学時代からの同僚だったベールに対する一六九一年以降の攻撃・迫害は有名で、両者の論争は亡命プロテスタント陣営を二分して長期にわたり続けられ、はじめは彼がベールを著者と目した匿名文書『亡命者に与うる重大なる忠告』（アムステルダム、一六九〇年）に端を発して、亡命プロテスタントの取るべき政治路線をめぐる論争（対仏穏健派と対仏強硬派との）であったものが、事はたちまち「無神論者」、「背神者」というベールに対する人身攻撃へと頽落していった。十八世紀の曙に新思想の脅威から正統信仰を必死に守った護教家としてカトリック陣営のボシュエにも比せられるが、今では、迫害されるフランス・プロテスタントの代表的イデオローグとしての大きな役割は忘れられ、「哲人ベールの狂信的迫害者」という単純化されすぎた不名誉な名をしか歴史に留めていない。一七一三年一月十一日歿。ベールから彼への一六七九年九月四日付の手紙が残っている。

〔七〇〕　イザーク・デュイソー（一六〇七―七二）。フランス改革派の神学者。パリの生まれ。セダン大学で学び、一六四〇年頃にソーミュールの牧師となり、再三ソーミュール大学の学長をも務めた。一六五〇年に『フランス改革派教会規律』を出して高く評価されたが、一六五六年に同僚牧師らと争ってソーミュール教会の長老会議により罷免された。一六五九年にルーダンで開かれた全国教会会議に提訴し、一方アミロー、ドリュエ、ゴワイエらは長老会議決定の確認を求めたが、教会会議はデュイソーの訴えを容れて、彼を復職させた。その後一六七〇年に、おそらくは次註に述べるクロード・パジョン（ソーミュール大学の元神学教授）や、同じくソーミュール大学の文学教授だった人文学者タヌギ・ルフェーヴル（一六一五―七二）らと協力して、教会合同を提唱した『キリスト教の合同』（ソーミュール、一六七〇年）を発表、これは一六八〇年代に亡命プロテスタント内部で説かれた教会内寛容論の先駆となる重要な作品だったが、この書は同信徒らに激しく攻撃され、デュイソーは同年、アンジュー地方教会会議により牧職から罷免、破門され、それから間もなく、一六七二年九月二十六日にソーミュールで世を去った。なお、ジュリユーのデュイソー反駁書『《キリスト教の合同》なる書の検討、または宗教的な寛容と、基本的諸点の本性および幅を論ず』（オルレアン、一六七一年）は、神学書としてはジュリューの処女作だったが、キリスト教の基本的信仰箇条を保持する会派は寛容すべしとする点では反駁するデュイソーの書と似たような理論構造の本で、デュイソーとの相違点はこの基本的信仰箇条の内に三位一体を含めるか否か、現実的な問題としてはソッツィーニ派を寛容の対象に含めるべきか否かという点にすぎなかった。ジュリューのこの書が断罪されたのもそのためだった。

〔七二〕 クロード・パジョン（一六二六―八五）。フランス改革派の神学者。ロモランタンの生まれ。ソーミュール大学で神学を学び、一六五〇年にマルシュノワールの牧師となった。その才能により注目され、一六六六年に母校ソーミュール大学の神学教授として呼ばれた。教授就任前からすでに独自の説を唱えていたが、一六六七年にアンジュー地方教会会議でその理論を問題にされ、その時は教授職を続けるに適格と判定されたが、身の安全のため自発的に辞職し、一六六八年からはオルレアンの牧師を務めた。一六七三年、カトリック側のニコルに対する犀利な批判『《カルヴァン派を非とする正当なる予断》と題する書の検討』（ビオンヌ＝オルレアン、一六七三年）で好評を博し、さらに一六八二年のフランス僧族会議が全プロテスタントに発した警告文に反駁する『牧会警告についての指摘』（アムステルダム、一六八五年）を発表、最後まで改革派の正当性を主張し続けたが、一六八五年九月二十七日、ナント勅令廃止の二十日前にカレで死去した。彼の理論はパジョン主義（パジョニスム）または「適合主義」と呼ばれるもので、聖霊の救済的なはたらきを人間の魂に対する内的・直接的なはたらきかけとしてではなく、「御言葉の説教」という外的・媒介的なはたらきかけとして捉え、神は選ばれた者に対して、説教が彼の知性を動かしてそこに真理の認識を生じさせ、次に知性が意志を動かして回心を行なわせるように、様々な状況を適合的に配置するのだとした。聖霊の神秘的作用を事実上自然の諸過程に解消してしまうこの理論は、パジョンの甥イザーク・パパン（一六五七―一七〇九。訳註〔三八六〕を参照）やシャルル・ル・セーヌ（一六四七頃―一七〇三）に受け継がれてますます急進化してゆくが、改革派正系もこれに対する防衛措置を講じ、一六七六年六月のパジョンとジャン・クロードの会見、翌年七月六日の正系指導者（クロード、ジュリュー、メナール、デュ・ボスク）の密議を経て、一六七七年八月からイル＝ド＝フランス、ノルマンディ、アンジュー地方の各教会会議でパジョン主義の断罪が行なわれ、この論争はナント勅令廃止（一六八五年十月）の直前まで続いた。パジョン自身は前述のとおり勅令廃止の前月に死んだが、勅令廃止後も亡命プロテスタントの多いオランダでこの論争が引き継がれ、一六八六年四月にロッテルダムで開かれたオランダ・ワロン教会会議はパジョン主義を排撃した「ロッテルダム宣言」と呼ばれるクレドを作成、さらに一六九〇年八月にアムステルダムで開かれたワロン教会会議も宗教的寛容論とともにパジョン主義を断罪する「正統信仰護持のための規程」を満場一致で採択した。こういう動きを主導したのは、ほかならぬピエール・ジュリユーだった。

〔七二〕　アンリ・バナージュ・ド・ボーヴァル（一六五六―一七一〇）。亡命プロテスタントのジャーナリストで、ジャック・バナージュの弟。ルアンの生まれ。法律を学んで、一六七六年にルアン高等法院の弁護士となったが、プロテスタントだったため、ナント勅令廃止（一六八五年）後の一六八七年にオランダのハーグへ亡命した。同年九月から、ベールの『文芸共和国便り』の実質的な後継紙である学芸新聞『学芸著作史』をロッテルダムで出し、この新聞は一七〇九年六月まで続いて、ベールもしばしば寄稿した。ベールの親友、いわばその弟分のような人で、一六八四年には『諸宗教の寛容』（ロッテルダム、一六八四年）という先駆的な寛容論を著わしており、ピエール・ジュリユーと公然の論争を始めたのもベールより早く（一六九〇年）、一六九一年からのベールとジュリユーの論争では、ベールの介添役として『ジュリユー氏の学説の検討』（一六九一年）その他、ジュリユーを攻撃する多くの文書を著わした。ここに引かれた『ジュリユー氏の弁明への回答』はジュリユーの『ジュリユー氏の弁明』（ハーグ、一六九一年八月）に反駁したもので、刊行地は表記せず、一六九一年の八月ないし九月に出版された。一七一〇年三月二十九日歿。彼とベールは日常的に往き来していたため手紙を書くまでもなかったらしく、二人の間の手紙は彼がベールに送った二通（一六八四年と一六九六年のもの）しか残っていない。

〔七三〕　クロード・ピトワ（一五八七―一六七六）。ベールの前任のセダン大学哲学教授。おそらくセダンの生まれ。はじめはカトリック教徒で、ミニモ会の修道士だったが、一六三二年にプロテスタントに改宗し、翌一六三三年五月からセダンのプロテスタント大学の哲学の教授を務め、セダン公国の君主ブイヨン公爵の蔵書係をも兼ねた。カトリック時代から迷信批判に情熱を燃やした人で、『偽悪魔憑きの暴露』（シャロン＝シュル＝マルヌ、一六二一年）、『救霊予定者の星占い、籤占い、吉凶占い』（パリ、一六二八年）などは修道士として著わしたものだが、プロテスタントに改宗後も『面白占星術論』（セダン、一六四一年）、『宇宙形状誌、または天球理論』（パリ、一六四一年）などを出している。年齢もすでに九十歳に近いため一六七五年に引退し、同年十一月にベールが後任として採用された。ピトワが死んだのは一六七六年の十二月だから、ピトワが死んだためベールが後任になったというデ・メゾーの記述は誤りである。

〔七四〕　エティエンヌ・ブラジ（一六一八―八一）という人で、医学博士だった。一六六一年からこの大学の哲学の教授を務め、一六七五年からはベールの同僚だった。一六八一年七月に大学が強制閉鎖されるまでその職にあり、廃校後程なく死んだ。なお、このエティエンヌ・ブラジの父のジャン・ブラジ（一五八六頃生）は一六二一年からセダンの牧師をし、一六二四年以来セダン大学の雄弁術と修辞学の教授、付属学院の校長をして、一六六四年にようやく引退した人だったから、ブラジ家はセダン大学内で一種の門閥を形成していたようである。

〔七五〕 アレクサンドル・ブラジ（一七一四歿）という人。エティエンヌ・ブラジの長男で、クロード・ピトワの女婿でもあった。父エティエンヌと同様、当人も医学博士だった。これだけ強力なバックがあれば、はじめから有利な地位に立っていたに相違ないが、当人は気の弱い人だったらしく、採用試験の厳しさに恐れをなして自分から候補の座を下り、試験場に現われなかった。その後、ナント勅令の廃止（一六八五年）に際して、このアレクサンドルは妻のアンヌ・ピトワとともにベルリンへ亡命し、同地のフランス人コロニーの医師やブランデンブルク宮廷の侍医をして、一七一四年に同市で死んだ。

〔七六〕 訳註〔四三〕を参照。

〔七七〕 フランス改革派のアランソンの牧師で、ナント勅令廃止（一六八五年）後オランダへ亡命してデルフトの牧師となったエリ・ブノワ（一六四〇―一七二八）が著わした四折判全五巻の大著で、一六九三―九五年にデルフトから刊行された。ナント勅令の発布から廃止に至るまでの十七世紀フランス改革派史で、史書であるとともに迫害抗議文の範疇にも入り、英語にもフラマン語にも訳された。

〔七八〕 原著では「一〇五ページ」となっているが、典拠である『ベール氏書簡集』に即して訂正した。

〔七九〕 ジャック・デュ・ロンデル（一六三六―一七一五）。プロテスタントの人文学者。シャトー゠ティエリに近いフェール゠アン゠タルドノワの生まれだが、育ったのはパリで、ボワローとは子供の頃からの知り合いだったらしい。ソーミュール大学で学び、人文学者タヌギ・ルフェーヴルの薫陶を受けたようだが、諷刺文書の作成に加わったため一六六〇年に四カ月の停学処分を受けたことが記録に残っている。一六六四年にセダンのプロテスタント大学の雄弁術と修辞学の教授となり、一六七九年からはギリシャ語の教授も兼ねた。一六七五年から同僚となるベールとの間には徐々に強い友情の絆が結ばれたようで、一六七八年一月にデュ・ロンデルとジュリューの間に争いが起こった時、大学の会議でベールがデュ・ロンデルを擁護して、この先輩教授に感謝されたりした。ベールもデュ・ロンデルの学識には非常な敬意を払っていて、後の『批評辞典腹案』（一六九二年）もデュ・ロンデルへの手紙の形を取っていた。一六八一年にセダン大学が閉鎖されると、オランダのマーストリヒト市立大学へ移って、そこの文学の教授となり、その地で歿した。『エピクロス伝』（パリ、一六七九年）、『栄光について』（ライデン、一六八〇年）、『テオフラストスの一章についての考察』（アムステルダム、一六八六年）などの著作があり、ベールの『文芸共和国便り』にもたびたび寄稿した。マーストリヒトへ移って以後、ベールとさかんに文通をし、ベールからデュ・ロンデルへの手紙は一六九一年十二月十四日付のものから一六九六年五月八日付のものまで計十二通しか残っていないが、デュ・ロンデルからベールへの手紙は一六八三年九―十月付のものから一七〇三年十月二十四日付のものまで計六十六通残っている。

〔八〇〕 一人はすでに訳註〔七五〕で紹介したアレクサンドル・ブラジ、一人はスイス生まれでセダン大学付属学院の第五学級の担任だったアントワーヌ・ボルル、もう一人はセダンの医者のバルテルミという人物だった。但し、ブラジははじめから試験場に現われず、ボルルも病気（仮病？）を理由に途中で試験を放棄してしまい、最後まで残った対立候補はバルテルミひとりだった。このバルテルミは、後にマーストリヒト市立大学の哲学の教授となり、オランダ軍の軍医をも兼ねた。

〔八一〕 訳註〔五九〕を参照。

〔八二〕 ラ・ブルリ伯爵ジョルジュ・ド・ギスカール（一六〇六―九三）。フランスの軍人で、ベールがセダン大学にいた頃のセダン総督。ヴァイヤック連隊の歩兵中隊長を皮切りに、サント゠マルグリット島上陸作戦、ロクロワの合戦、アラスの攻囲戦などで武功を上げ、また再三負傷もし、一六四七年にはクルトレの要塞司令官となった。一六四八年には母后アンヌ・ドートリッシュにより幼王ルイ十四世の副傅育官に任命され、一六四九年には国務顧問官、一六五一年には陸軍少将となった。一六六二年、セダン市とセダン公領の軍司令官となり、さらに一六七一年にはセダン総督に任命されてこの国境地帯の軍の総指揮を任され、一六七二年には陸軍中将に昇進し、翌一六七三年にはフュルヌの近くで目覚しい勝利を収めた。一六九二年に老齢のためセダン総督の地位を息子に譲り、一六九三年十二月九日に八十七歳で世を去った。

〔八三〕 訳註〔七九〕を参照。

〔八四〕 ダヴィッド・アンシヨン（一六一七―九二）。フランス改革派の牧師。メッスの生まれ。ジュネーヴ大学で学び、一六四一年に牧師となって、まずモーの教会、一六五三年からはメッスの教会の牧師をし、ナント勅令廃止（一六八五年）後はベルリンへ亡命して、一六八六年から同地のフランス人教会の牧師をし、一六九二年九月三日にその地で死んだ。すぐれた説教師で、非常な読書家、蔵書家としても知られていた。『ルター、ツヴィングリ、カルヴァン、ベーズの弁明』（ハーナウ、一六六六年）、『聖パウロの涙』（シャラントン、一六七六年）など六点程の著書があるが、息子でベールの友人のシャルル・アンシヨン（一六五九―一七一五。訳註〔五八七〕を参照）が一六九八年に編集・刊行した『故アンシヨン氏の会話より集めし文学批評雑纂』（三巻、バーゼル、一六九八年）が最も広く読まれた。ベールから彼への一六七九年四月十三日付の手紙が残っている。

〔八五〕 ピエール・ポワレ（一六四六―一七一九）。フランスのプロテスタント神秘家。メッスの生まれ。バーゼル大学で学び、一六六七年にハイデルベルクの牧師補となり、一六七二年からはツヴァイブリュッケン公領のアンヴァイラーで牧師をした。はじめはデカルト哲学に心酔していたが、アンヴァイラー時代にトマス・ア・ケンピス、タウラーらの神秘家、とりわけ女流神秘家のアントワネット・ブリニョン（一六一六—八〇）に傾倒した。一六七六年に戦乱のためハンブルクへ避難し、そこでブリニョンと会って、彼女と固く結ばれた。一六八〇年にはオランダへ移ってアムステルダムに住み、一六八八年にはライデンの近くのラインスブルフに定住して、そこで三十年以上を過ごし、その地で一七一九年五月二十一日に死んだ。全十九巻に上る『アントワネット・ブリニョン女史全集』（アムステルダム、一六七九—八六年。第二巻にはポワレの『アントワネット・ブリニョン女史伝』が収められている）を刊行しており、『神・魂・悪に関する理性的思索』（アムステルダム、一六七七年）、『心の神学』（ケルン、一六九〇年）、『神秘神学論集』（ケルン、一六九九年）、『精撰神秘家文庫』（アムステルダム、一七〇八年）など四十点近い著作がある。彼がベールに送った手紙が三通（一六八五年のもの二通、一六八六年のもの一通）残っている。

〔八六〕　リュクサンブール元帥フランソワ＝アンリ・ド・モンモランシ＝ブートヴィル（一六二八—九五）。フランスの将軍。決闘が原因で一六二七年に斬首されたフランソワ・ド・モンモランシ＝ブートヴィル伯爵の遺児で、コンデ親王家で育てられ、十五歳から軍務に服して、後の「大コンデ」親王の忠実な部下として働き、二十歳で陸軍少将となった。フロンドの乱でもコンデ親王に随ってフランス軍と戦い、一六五九年のピレネー和議の後にようやくフランスへ戻った。それまではブートヴィル伯爵といっていたが、一六六一年にピネ・リュクサンブール公爵領の相続人であるマドレーヌ・ド・クレルモンとの結婚によりリュクサンブール公爵となった。一六六八年にはフランシュ＝コンテ作戦を指揮し、オランダ戦争ではオランダ側の水没作戦に見舞われてルイ十四世が陣頭指揮を放棄したあとの一六七二年八月にオランダ派遣軍の指揮を任され、ユトレヒトに陣取って占領地の徹底的な掠奪・破壊・焼き払いを実行し、女子供や農民の殺戮も辞さなかった。一六七四年八月にはスネフの合戦に勝って、翌一六七五年七月には元帥に叙せられ、さらにフランドル派遣軍の総司令官としてヴァランシエンヌ（一六七七年三月）、カッセル（同四月）、イーペルン（一六七八年三月）、モンスの近くのサン＝ドニ（同八月）などで勝利を収めた。オランダ戦争終結後、かねて不和だった陸相ルーヴォワの差金により、次註に述べる「毒薬事件」に連座させられ、一六八〇年一月にバスティーユに投獄されたが、五月には釈放され、その後、封印状によりパリから三十里（リュー）以遠の所へ流されたものの、一六八一年六月にはその追放も解除された。一六八七年にはシャンパーニュ、ブリ両州の総督、一六九〇年にはノルマンディの総督に任命され、アウグスブルク同盟戦争ではフランドル派遣軍の総司令官としてフルリュス（一六九〇年七月）、ルーズ（一六九一年九月）、ステンケルク（一六九二年八月）、ネールウィンデン（一六九三年七月）で相次ぐ勝利を収めたが、作戦が一段落してヴェルサイユへ戻ったあと、肺炎のため発病後僅か五日で他界した。テュレンヌ亡きあとの最大の名将で、戦術家としてすぐれ、砲兵の専門家でもあった。

〔八七〕　いわゆる「毒薬事件」のこと。一六七六年、遺産を手に入れるため父と兄を毒殺したブランヴィリエ侯爵夫人の裁判がきっかけとなって毒薬の販売網が摘発され、「相続粉」と呼ばれる砒素が宮廷の多くの名流夫人の間で妖術の儀礼とともに用いられていることが発覚した。そのため、一六七九年には火刑裁判所（本文中で「毒薬裁判所」と呼ばれるのはそれのこと）が設置され、ブイヨン公爵夫人、ソワソン伯爵夫人、リュクサンブール元帥などがそれに関係していることが明らかになったが、ルイ十四世は自分の情人モンテスパン侯爵夫人も関係しているのを知って突然調査を打ち切らせ、毒薬を賄っていたラ・ヴォワザンほか数人が一六八〇年に火刑に処せられただけで、事件はうやむやになった。

〔八八〕　原著には「ド・ヴァロワ神父」とあるが、この人物の正しい名はルイ・ル・ヴァロワなので改めた。ルイ・ル・ヴァロワ（一六三九―一七〇〇）はフランスのイエズス会士。ムランの生まれ。若くして一度イエズス会に入ったが、健康のためじきにやめ、一六六〇年八月にまた入り直した。カーンの学院で文法や人文学、ついで十六年にわたり哲学を教えたが、その後は引退した聖職者や上流人士の世話をやく福祉活動に携わり、晩年は王孫ブルゴーニュ公の聴罪司祭をして、一七〇〇年九月十二日に同会のパリの僧院で死んだ。「ルイ・ド・ラ・ヴィル」という偽名で出した（この書は今でもその名で語られることが多い）、本文で語られる『教会の教理と対立し、聖体に関するカルヴァンの謬見と合致する、物体の本質と特性をめぐるデカルト氏の見解』（パリ、一六八〇年、十二折判三百十七ページ）は、物体の本質を延長とするデカルト主義はカトリック教会の化体の教義と相容れないとする、イエズス会のデカルト主義攻撃を代表する作品で、ル・ヴァロワの処女作だった。その後も、『隠棲の必要につき諸家に送る手紙』（パリ、一六八二年）を書いており、死後に全五巻の『求道作品集』（パリ、一七〇六年）や『隠棲用の祈りと瞑想』（パリ、一七五〇年）が出版された。

〔八九〕　宗教改革に対抗してカトリック教会の内部的引き締めを図るために開かれた世界宗教会議で、一五四五―四九年、一五五一―五二年、一五六二―六三年と断続的にイタリアのトリエントで開催された。

〔九〇〕　クロード・クレルスリエ（一六一四―八四）。デカルトの友人、刊行者。本職はパリ高等法院の弁護士だったが、デカルトに心酔してそれと文通、メルセンヌの死後はフランスにおけるデカルトの主たる文通相手だった。デカルトの死後、四折判三巻に上るその書簡集（パリ、一六五七―六七年）を出し、さらに『人間論』（一六六四年）、『宇宙論』（一六六七年）

などの遺作を刊行した。

〔九一〕　ジャック・ロオー（一六二〇―七五）。フランスのデカルト派哲学者。アミアンの生まれ。商人の子で、パリに出て独学で数学を学び、やがて数学の教師となって大成功を博し、コンティ親王に数学を教えたり、ボシュエにより王太子の数学・哲学の教育を任されたりした。熱心なデカルト派で、それを見込まれて身分違いにもかかわらずデカルトの友人クレルスリエの娘を嫁に貰い、この義父がするデカルトの著作の刊行事業を助けた。デカルト派とはいえ実験的な方法を重んじる人で、一六五八年頃から「水曜会」という公開の実験物理学講座を開いて、上流人士の間で大評判になった。一六七一年には『自然学論』（二巻、パリ、一六七一年）を出版して、自然科学書としては稀に見る成功を収めたが、人間を機械と化すという非難も執拗に浴びせられ、それに対する弁明として『哲学対談』（パリ、一六七一年）を著わしたものの、この迫害が彼の命を縮めたらしく、死の床でも司祭が彼にカトリックの信仰告白を求めたといわれる。義父のクレルスリエの手によって死後に『遺作集』（パリ、一六八二年）が刊行された。

〔九二〕　ニコラ・マールブランシュ（一六三八―一七一五）。フランスのデカルト派哲学者。パリの生まれ。一六六〇年にオラトリオ会に入り、終生修道士として暮らした。一六六四年にデカルトの『人間論』を読んでデカルト思想に傾倒し、それとアウグスティヌス主義との結合を試み、機会原因説をうちたてた。それは、すべての動力因は神であり、神の支配は単純・一様な法則によって行なわれ、被造物はただ機会原因としてこの法則を特殊化するにすぎぬとしたもので、デカルト主義のアキレス腱だった心身関係にもこの理論を適用して、「すべてを神において見る」という有名な命題を引き出した。デカルト主義の宗教化であると同時に、特に摂理問題では自然法則にすべてを帰する近代的な見解を打ち出しており、十七世紀末のフランスでは「デカルト主義」とはほぼ「マールブランシュ主義」と同義で、ベールも特に初期にはマールブランシュから大きな影響を受けていた。一六九九年に科学アカデミーの名誉会員となり、一七一五年十月十三日にパリで死んだ。主著『真理の探求』（二巻、パリ、一六七四―七五年）をはじめ、『自然と恩寵を論ず』（アムステルダム、一六八〇年）、『キリスト教的・形而上学的瞑想』（ケルン、一六八三年）、『道徳論』（ケルン、一六八四年）などがある。マールブランシュからベールへの五通の手紙（一六八四年七月九日付、一六八五年三月二十一日付、同三月二十五日付、一六八六年一月二十二日付、同三月十五日付）が残っている。

〔九三〕　『メルキュール・ガラン』（Mercure galant）は、一六七二年からジャン・ドノー・ド・ヴィゼ（一六三八―一七一〇）がパリで編集・発行した新聞。宮廷や社交界のニュースを知らせるためのもので、一六七八年から月刊となり、『メルキュール・ド・フランス』(Mercure de France) 誌の前身となった。

〔九四〕 ジャン・ドノー・ド・ヴィゼ(一六三八―一七一〇)。フランスの文学者、ジャーナリスト。パリの生まれ。貴族の旧家の出で、社交界に出入りし、国王ルイ十四世の寵愛を受けて多額の年金を得、最後はルーヴル宮殿内に住居を与えられて、一七一〇年七月八日にパリで死んだ。小説家としては『新小説集』(三巻、パリ、一六六三年)、『優艶雑録』(二巻、パリ、一六六四年)、批評家としてはコルネイユを擁護して行なったドービニャック師との論争、劇作家としては『ゴダールの困惑』(パリ、一六六八年)、『女占師』(パリ、一六八〇年)、『彗星』(パリ、一六八一年)、とりわけモリエールの『女房学校』を攻撃した『ゼランド』(パリ、一六六二年)などの喜劇で名を残しているが、むしろ『メルキュール・ガラン』紙(一六七二年創刊)の発行者として名高く、同紙は一六七二年から一六七四年まで全六巻を刊行した後一時中断したが、一六七七年から再び刊行を続け、死ぬまで継続した。彼からベールへの手紙が三通(一六八五年のもの一通、一六八六年のもの二通)残っている。

〔九五〕 訳註〔二〇〕を参照。

〔九六〕 ブイヨン公爵フレデリック＝モーリス・ド・ラ・トゥール・ドーヴェルニュ(一六〇五―五二)。セダン公国の最後の君主。ブイヨン公爵アンリ・ド・ラ・トゥール・ドーヴェルニュ元帥の子で、十七世紀の名将テュレンヌ元帥(テュレンヌ子爵アンリ・ド・ラ・トゥール・ドーヴェルニュ、一六一一―七五)の兄。はじめはプロテスタントで、オランダの統領だったフレデリク＝ヘンリクの下で軍務に服し、一六三二年にマーストリヒトの総督にまでなったが、翌一六三三年にカトリックの女性と結婚、さらに一六三四年には自らもカトリックに改宗した。翌一六三五年にはフランスの宮廷に移って、フランドル派遣軍の騎兵司令官、陸軍少将となったが、一六三六年にはソワソン伯爵の反リシュリュー陰謀に加わり、スペインと通謀して、一六四一年にはラ・マルフェの戦いで政府軍を敗走させた。しかし、結局はスペイン軍にも見捨てられたため、メジエールで国王に恭順の意を表し、反乱の罪を赦された。一六四二年には陸軍中将としてピエモンテ派遣軍の指揮を取ったが、サン＝マールの反リシュリュー陰謀に加担していたことが発覚してリヨンで逮捕され、赦免の条件として自らが主権者だったセダン公国をフランス王ルイ十三世に譲渡した。その際、テュレンヌ子爵領での居住を命じられたが、それを嫌ってイタリアへ亡命、一六四五年にはローマで法王軍の総司令官に任命された。一六四七年にフランスへ戻り、フロンドの乱ではいわゆる「親王たちのフロンド」に加わって、一六五〇年には財産も没収され妻子もバスティーユに投獄されたが、それでもギュイエンヌ地方で反乱の指揮を取り、一六五二年にようやく帰順したのは一六四二年にセダンを譲渡した際の補償が得られたからだった。この取引により、ルイ十四世からアルブレ、シャトー＝ティエリ両等族公爵領、オーヴェルニュ、エヴルー両伯爵領、テュレンヌ、ブルトゥイユ、コンシュ等の各子爵領を与えられてフランス有数の大領主となり、さらに「外国人君侯」として等族公爵より上、王族にすぐ続く地位に叙せられ、国務大臣、財務総監という官位も得たが、こういう栄光の絶頂で同じ一六五二年の八月に死んだ。

〔九七〕　ヨハンネス・ファン・ズーレン（一六五八―八九）。ロッテルダムの弁護士ウルリック・ファン・ズーレンの四男で、アドリアーン・パーツの甥だった。一六八〇年七月二十九日にホラント州裁判所に弁護士として正式に登録された。一六八七年六月二十日にアムステルダムでセア・ハーゼルというイギリス人女性と結婚し一女を挙げたが、一六八九年九月三日にイギリスのブリストルで早世した。なお、ファン・ズーレン家は宗教的にはレモンストラント派（アルミニウス派）教会に所属していた。

〔九八〕　ヘルマン・ファン・ズーレン（一六二五―一七〇二）。オランダの政治家。フランスのラ・ロシェルの生まれ。一六六一年頃からロッテルダムの市政に入り、一六六四年から一六九二年まで何度も市議会議員や市長を務めた。一七〇二年十月五日にロッテルダムで歿。

〔九九〕　アドリアーン・パーツ（一六三〇―八五）。オランダの政治家。ロッテルダムの生まれ。弟の国務長官ヤン・デ・ヴィット（一六二五―七二）とともにオランイェ派の暴民に惨殺されたコルネリス・デ・ヴィット（一六二三―七二。訳註〔一〇一〕を参照）の義弟。弁護士出身の、オランダの政界で重きをなした人で、一六七二年には特派大使としてスペインへ行き、一六八一年当時はロッテルダム市の助役をしていた。ベールやジュリューが教鞭を取った同市の市立大学の創設も彼のイニシアティヴによるものだった。ベールの庇護者だったが、駐英大使として赴いていたロンドンで一六八五年十月八日に死んだ。政治的には共和派（反オランイェ派）、宗教的にはアルミニウス派の人で、ハーグの宮廷との仲は当然ながら良くなかった。彼からベールへ送られた手紙が二通（一六八五年七月十七日付と同九月十二日付）残っている。

〔一〇〇〕　言うまでもなく、ヴィレム一世（在位一五七九―八四）以来オランダの統領を出していた貴族の名家で、当時の統領ヴィレム三世（在位一六七二―一七〇二）は後にイギリス名誉革命によりイギリス王ウィリアム三世（在位一六八九―一七〇二）となった。

〔一〇一〕　コルネリス・デ・ヴィット（一六二三―七二）。オランダの共和派の政治家。ドルドレヒトの生まれ。ドルドレヒト市長ヤコプ・デ・ヴィットの子で、国務長官となるヤン・デ・ヴィットの兄。海軍軍人の出身で、一六六六年にドルドレヒトの市長となり、翌年にはオランダ政府の一員となった。対英戦争中の一六六七年に艦隊をひきいてテームズ川の河口まで遠征したが、一六七二年に対仏戦争が起こり国土が侵略されるや、下層の民衆の激しい憎悪の的になり、「排除令」（王制の偽装にすぎぬ統領制を永久に廃止するという一六六七年の法律）廃止への署名を拒んだために、オランイェ公の暗殺を図ったとして投獄され、拷問にかけられた末、同年八月二十日、獄中へ面会に来た弟のヤン・デ・ヴィットとともに、オランイェ派の暴民の手で虐殺された。

〔一〇二〕『ロンドン・ガゼット』（Gazette de Londres）は一六六六年十一月十二日から、少なくとも一七〇五年（知られている最後の号――第四千百号――の年代）までロンドンで週二回（月曜日と木曜日）刊行されていたフランス語新聞。小型二折判（フォリオ）一枚の表と裏からなる、今の新聞に近い体裁のものだった。これは英語版の『ロンドン・ガゼット』（London Gazette）（一六六六年二月創刊）を仏訳して同じ印刷所から出していたもので、英語版もフランス語版も官製の新聞であり、允許は国務書記局が持ち、発刊当時、英語版はマディマンなる人物が編集していたが、実質的にこの新聞を出していたのは国務大臣ジョーゼフ・ウィリアムソン（一六三三―一七〇一）だった。英語版を訳してフランス語版を作る翻訳者は、最初オクスフォード出の文学士シャルル・ペロ、次にはモランヴィルなるカトリック教徒だったが、モランヴィルの論調がカトリック的すぎるとして一六七八年十一月に議会で問題になり、翌年からは亡命フランス人プロテスタントのドラファーユが後任の翻訳者となって、最後までこの仕事に当たった。

〔一〇三〕訳註〔八二〕を参照。

〔一〇四〕ライニール・レールス（一六五四―一七一四）。ロッテルダムの出版業者、書店主。一六八〇年から出版業を始め、レールス書店を一代で大出版社に育て上げた。ベールの『彗星雑考』、『歴史批評辞典』、『田舎の人の質問への答』、『マクシムとテミストの対談』などはみなこの書肆から出版され、教壇から追われたあとのベールはこの店から貰う年金で生活した。一七〇九年に出版業から手を引き、五年後に死んだ。一六八三年からはロッテルダムのワロン教会（フランス語教会）の執事を務めており、一六九六年に再婚した妻のコルネリア・ブラントはアルミニウス派のフランス・デ・ハーゲの未亡人だった。ベールから彼への一七〇四年九月二十八日付の手紙が残っている。

〔一〇五〕訳註〔九三〕を参照。

〔一〇六〕「ケルン、ピエール・マルトー（石槌）書店」というのは、十七、八世紀にその名で多くの匿名文書が出版された有名な架空の出版社名。その名を掲げた最初の出版物は、一六六〇年に刊行された『アンリ三世史に資するための文書集』

で、これはアムステルダムの大手出版社エルセヴィル書店が実際の版元だった。但し、この本に掲げられる正確な名は「ケルン、ピエール・デュ・マルトー書店」で、エルセヴィル書店は計九点の図書についてこの架空の名を使ったらしいが、その後、オランダ、ベルギー、フランス、ドイツの多くの書店がこの名を使うようになり、架空の書店名も元の「ピエール・デュ・マルトー」から「ピエール・マルトー」、「あの世から戻ったピエール・マルトー」、「シャルル・マルトー」、「ジャン＝ピエール・デュ・マルトー」、「ピエール・マルトーの婿アドリアン・ランクリューム（鉄床）」、「ピエール・マルトーの相続人」等々多くのヴァリアントが生じ、所在地もはじめのケルンのほか、リエージュ、パリ、アムステルダム、ヴィルフランシュ、ハーグ、ロッテルダムなどが掲げられ、マルトーの綴りもはじめのMarteauをMartheau、Martauなどに変えるものが現われた。この種の匿名出版物は十八世紀の前半まで大量に出たが、当然ながら攻撃文書、諷刺文書のたぐいや好色本が内容的に少なからぬ割合を占めていた。

〔一〇七〕　パーツの最初の妻エリザベト・ファン・ベルケル。一六八二年三月二十九日から四月四日までの週の内に死んだ。ベールに二千フロリン遺贈するという遺言状は同年二月二十日付のものだった。

〔一〇八〕　ルイ・マンブール（一六一〇―八六）。フランスのカトリック史家。ナンシーの生まれ。一六二六年五月に十六歳でイエズス会に入り、六年間にわたり学院で人文学を教えた後、説教師、文筆家となった。説教師としては特に、ジャンセニストたちが作ったモンス訳新約聖書を攻撃する一六六七年八月―十月の連続説教が有名で、それらはアントワーヌ・アルノーが『モンス訳新約聖書の擁護、イエズス会士マンブール神父の説教に対して』（一六六七年）を書く契機となった。文筆家としても、このモンス訳聖書や、法王アレキサンデル七世の大勅書に反対するアレト、パミエ、ボーヴェ、アンジェの四司教の回状を攻撃する文書、後に『宗教論争三論文』（パリ、一六八二年）に纏められる『聖体問題でプロテスタントを議論抜きで真の信仰へ連れ戻すための平和的方法』（パリ、一六七〇年）、『イエス・キリストの真の教会を論ず』（パリ、一六七一年）、『神の真の御言葉を論ず』（パリ、一六七一年）といった対プロテスタント論争書によってイエズス会の対ジャンセニスト、対プロテスタント論争の一翼を担ったが、一六七三年頃から歴史書の執筆へと方向転換をして、『アリウス派史』（パリ、一六七三年）、『聖像破壊派の異端史』（パリ、一六七四年）、『十字軍史』（パリ、一六七五年）、『ギリシャ人離教史』（パリ、一六七七年）、『西方教会大分裂史』（パリ、一六七八年）、『ローマ帝国衰退史』（パリ、一六七九年）、『ルター派史』（パリ、一六八〇年）、『カルヴァン派史』（パリ、一六八二年）、『カトリック同盟史』（パリ、一六八三年）、『ローマ教会の樹立と特権に関する歴史論』（パリ、一六八五年）、『聖グレゴリウス大法王時代史』（パリ、一六八六年）、『聖レオ大法王時代史』（パリ、一六八七年）という、護教的色彩の濃い宗教史関係の著書をほぼ年一点の割で次々と公にした。当時のカトリック系宗教史家の代表選手だったが、フランス教会の権利をめぐってフランスの王権と法王庁が対立するや、王権支持のガリカニスムの立場に立ったため、イエズス会からの退会をローマ法王に命じられ（一六八一年）、サン゠ヴィクトル僧院に退いて、以後は国王からの三千リーヴルの年金で生活し、『イギリス離教史』（未刊）を執筆中の一六八六年八月十三日に卒中のため死んだ。

〔一〇九〕 訳註〔七二〕を参照。

〔一一〇〕 「ベール氏讃」は、ベールの親友アンリ・バナージュ・ド・ボーヴァルが発行していた学芸新聞『学芸著作史』の一七〇六年十二月号、記事九として発表されたベールへの追悼文。無署名なので、バナージュ・ド・ボーヴァル自身が書いたものとデ・メゾーが考えたのはごく自然だが、内容や語調から、現在では、バナージュ・ド・ボーヴァルの兄で同じくベールの親友だったロッテルダムの牧師ジャック・バナージュが書いたもの、少なくともこの兄弟が合作したものと研究者の間では考えられている。本書でも、巻末の「ベール伝資料」の中でこの追悼文を全訳したが、著者はジャック・バナージュとしておいた。

〔一一一〕 第四代コンデ親王で「大コンデ」と綽名されるルイ(二世)・ド・ブルボン（一六二一―八六）。宗教戦争初期のプロテスタント側の指導者だった初代コンデ親王ルイ(一世)・ド・ブルボンの曾孫に当たる。パリの生まれ。父の第三代コンデ親王の存命中はアンガン公を名乗り、十九歳で三十年戦争に加わってロクロワの合戦（一六四三年）、フライブルクの合戦（一六四四年）、ノルトリンゲンの合戦（一六四五年）などで数々の勝利を収めた。一六四六年十二月に父の死によりコンデ親王の地位を継ぎ、翌年にはカタルーニャで軍を指揮し、一六四八年にはフランドル戦線へ戻って、イーペルンを占領するなどした。フロンドの乱の第一期に当たる「高等法院のフロンド」の時期は政府側に立ち、国王軍を指揮して一六四九年一月からパリを封鎖し、結局宮廷とパリ高等法院との講和（同年四月一日のサン゠ジェルマン和約）にまで導いたが、その功を鼻に掛けて宮廷の支配者を気取り、マザランに取って代ろうとするかに見えたため、一六五〇年一月十八日に弟のコンティ親王らとともにヴァンセンヌ、ついでル・アーヴルに投獄された。一年後の一六五一年二月十三日に釈放されてパリへ戻ったが、傲慢な態度のため高等法院とも衝突し、パリ市民にも嫌われ、再度の投獄やさらには暗殺を恐れて同年九月に自らが総督を務めるギュイエンヌ州の州都ボルドーに移った。ボルドーではスペインと協定を結んで援助を取り付け、軍をひきいてパリを目指したが、フォーブール・サン゠タントワーヌでテュレンヌの指揮する国王軍に大敗し、残存部隊とともに辛うじてパリに入った（一六五二年七月二日）。しかし高等法院からも市民からも支持を得られず、結局、国王がパリに入城する一週間前の同年十月十三日にパリから去り、ネーデルラントへ逃亡してスペイン側へ寝返った。同年十一月十二日の勅語によって官位を剥奪され、さらに一六五四年三月二十七日の高等法院裁決で死刑を宣告された彼は、七年間にわたりスペイン側の将軍として祖国と戦いフランス北部を荒らしたが、はかばかしい戦果は得られず、逆に一六五八年六月のデューヌの合戦でテュレンヌのひきいるフランス軍に大敗を喫した。一六五九年十一月七日に結ばれたピレネー講和条約によりようやく帰国の道が開かれたため、同年十二月末にブリュッセルを後にし、翌年一月二十七日にエクスでルイ十四世の足もとに身を投げ出して赦しを乞い、彼の反逆の時期はここで終わった。それでもしばらくは国王に警戒され、国務から遠ざけられて宮廷の単なる飾り物に甘んじていたが、一六六七年九月に軍務へ復帰してドイツ派遣軍の総司令官に任命され、翌年二月には二週間でフランシュ゠コンテを征服、一六七四年にはオランダ派遣軍を指揮してスネフの合戦（同年八月十一日）でオランイェ公を破り、一六七五年にはテュレンヌの戦死という事態の中でアルザスへ派遣されて、そこの防衛に成功した。それを最後に、健康上の理由から五十四歳で軍務を退き、以後は多く、贅を尽くしたシャンティイの城に住んだが、晩年は痩せ衰えて痛風に苦しみ、私生活でも不幸続きだった。一六八六年十二月十一日にフォンテヌブローで歿。十七世紀フランスの最大の名将と謳われ、文芸の保護者としても有名だった。なお、「大コンデ」はカトリック教徒ではあったが、ユグノー派の指導者だった曾祖父（初代コンデ親王）や祖父（第二代コンデ親王）の思い出からも、プロテスタンティズムに対してなんら偏見のない人で、晩年にも改革派の総代リュヴィニ侯爵（訳註〔六四〕を参照）との神学的議論を楽しんだり、イギリスのプロテスタント神学者ギルバート・バーネット（訳註〔三〇七〕を参照）をシャンティイの城に迎えて歓待するなどしており、現実的な政策決定にはなんの影響力も持たなかったとはいえ、体制内にまだ僅かに残る「寛容の要素」のシンボルのような存在だった。また、「大コンデ」の実の姉で晩年ジャンセニストになったロングヴィル公爵夫人（一六一九―七九）がジャンセニストたちの作った「モンス訳新約聖書」のスポンサーだったところから、コンデ親王家は「モンス訳」支持で固まっていて、かつて説教師時代に「モンス訳」攻撃で名を馳せたマンブールにかねがね敵意を抱いていた。「大コンデ」の息子のアンガン公（後の第五代コンデ親王）がこの件でマンブールを面と向かって侮辱したようなこともあり、マンブールの側でも「大コンデ」にひとかたならぬ敵意を持っていたに相違ない。彼が『カルヴァン派史』で初代コンデ親王の最期を語った際、この親王の子孫たちに触れ、初代コンデ親王の孫で「大コンデ」の父である、およそ冴えない人物（但し、イエズス会仕込みの神学気違いで、反ジャンセニスム文書などを書き遺していた）だった第三代コンデ親王を絶讃しながら、その息子で良くも悪しくも一代の英傑だった「大コンデ」には一言半句も触れないという多分に不自然な操作をしたのも、「大コンデ」に対するこうした敵意の表現だった。ベールは『マンブール氏の《カルヴァン派史》の一般的批判』で『カルヴァン派史』のその個所の不自然さをすかさず槍玉に上げて批判していたが、こういう経緯を考えれば、「大コンデ」がベールのこの作品を喜んだのは当然すぎるほど当然だった。

〔一一二〕　訳註〔二〇〕を参照。

〔一一三〕　ジャン・クロード（一六一九―八七）。フランスの改革派神学者で、当時のフランス改革派の最高指導者。ラ・ソーヴタの生まれ。プロテスタントの牧師の子で、モントーバンのプロテスタント大学で学んだ後、一六四五年に牧師となり、ラ・トレーヌ（一六四五年から）、サン゠タフリク（一六四六年から）、ニーム（一六五四年から）の各教会で牧職に従事した末、一六六六年にシャラントン（パリ）教会の牧師となった。以後二十年間、しだいに追い詰められてゆくフランス改革派教会の最高指導者として、聖体問題をめぐるアルノーやニコルとの論争（『《聖体に関するカトリック教会の信仰の永続性》と題する二論文への答』〔シャラントン、一六六五年〕、『《聖体に関するカトリック教会の信仰の永続性の擁護》と題するアルノー氏の書への回答』〔ケヴィリ、一六七〇年〕など）、「信仰の分析」問題をめぐるニコルとの論争（『宗教改革の擁護』〔ケヴィリ、一六七三年〕）、ボシュエとの口頭論争（クロード側の記録は『《クロード氏との会談》と題するモーの司教殿の書への答』〔パリ、一六八三年〕）など、カトリック側の学者と数々の論争を行ない、また迫害に対する抗議文や多くの説教集を著わした。ナント勅令の廃止（一六八五年十月）に当たっては、王命により彼ひとり二十四時間以内にパリから退去するよう命じられ、オランダのハーグへ亡命、そこの会堂で一六八六年のクリスマスの説教をしたあと、過労のため倒れ、翌年一月十三日に歿した。弾圧に対する雄弁な告発文『フランス王国で残酷にしいたげられているプロテスタントの抗議』（ケルン、一六八六年）は文字どおり彼の絶筆だった。彼からベールへの一六八六年三月二十八日付の手紙が残っている。

〔一一四〕　ジャン・クロードの子のイザーク・クロード（一六五三―九五）。サン゠タフリクの生まれ。各地のプロテスタント大学で学び、最後にセダン大学で学業を終えて、一六七八年にクレルモン゠アン゠ボーヴェジの牧師となった。一六八二年にその地の会堂が取壊されたため、国王からの許可（同年四月一日付）を得て合法的にフランスから出国し、イギリス、ついでオランダへ亡命し、一六八五年（ナント勅令廃止の数カ月前）にハーグのワロン教会（フランス語教会）の牧師となって、そのまま一六九五年七月二十九日にその地で死んだ。著作には恋愛小説『ソワソン伯爵』（ケルン、一六八七年）と説教集（ハーグ、一六九五年）がある。セダン大学にいた頃からのベールの友人で、一六八四年に彼からベールに宛てられた二通の手紙が残っている。

〔一一五〕 訳註〔六九〕を参照。

〔一一六〕 訳註〔三一〕を参照。

〔一一七〕 ピエール・デュムーラン（一五六八―一六五八）。フランスの改革派神学者で、ピエール・ジュリューの母方の祖父。シャトー・ド・ビュイの生まれ。聖バルテルミの虐殺（一五七二年）の生き残りで、ケンブリッジ大学やライデン大学で学んだ後、一五九二年にライデン大学の哲学の教授となり、七年後の一五九九年にシャラントン（パリ）教会の牧師に任命された。一六一五年にはイギリス王ジェームズ一世に招かれて渡英し、ドルドレヒト教会会議（一六一八―一九年）にも書面により参加、一六二一年にはセダンのプロテスタント大学の神学教授となった。一六二四年にもイギリスへ招かれてロンドンのフランス人教会の牧師に任命されたが、翌年にジェームズ一世が死んだためセダンへ帰り、一時パリやハーグにもいたが結局セダンに落ち着いて、一六五八年三月十日に同市で死んだ。当時のフランス改革派の指導的神学者で、最も権威ある対カトリック論争家であり、またアルミニウス主義や、フランス改革派内部に興ったアミロー主義（仮定的普遍主義）に強く反対した保守派の重鎮でもあった。『法王教の新しさと真のキリスト教の古さとの対比』（セダン、一六二七年）、『ミサの解剖』（ジュネーヴ、一六三六年。セダン、一六三九年）、『信仰の楯』（シャラントン、一六一八年）をはじめとする非常に多くの著作があり、その数は八十点を超える。

〔一一八〕 訳註〔三〇〕を参照。

〔一一九〕 ダニエル・フェティゾン（一六五〇?―九六）。フランス改革派の牧師。一六六七年にジュネーヴ大学へ入学した時の記録には「ランスの生まれ」とあるらしいから、セダンの生まれとするデ・メゾーの記述は誤りのようである。ジュネーヴ大学で神学を学び、一六七一年からサン＝ルー＝オー＝ボワの領主だった次註に述べるプロテスタント貴族アンリ・ド・ブリクモーの礼拝堂付き牧師をした。一六八一年にブリクモーが合法的に出国してブランデンブルクへ亡命すると、それに付いて自らもドイツへ行き、ブリクモーの連隊の従軍牧師として、一六八二年にはリプシュタットの、一六八六年にはケーペニックの教会を任されたが、ブリクモーが死んだあと、一六九三年からベルリンのフランス人教会の牧師となり、死ぬまで在任した。彼からベールの口利きで出版された、本文で紹介される『改革派のための弁明』（ハーグ、一六八三年）が唯一の著作だった。彼からベールへの一六八二年九月十八日付の手紙が残っている。

〔一二〇〕 サン＝ルー男爵アンリ・ド・ボーヴェ・ド・ブリクモー（一六九二歿）。フランスのプロテスタント貴族。宗教戦争期のユグノー指導者コリニ提督の忠臣で聖バルテルミの虐殺（一五七二年）直後にコリニ（すでに殺されていたが）とともに裁判にかけられ絞首刑に処せられた（その後、一五七六年にコリニとともに名誉回復されたが）フランソワ・ド・ボーヴェ・ド・ブリクモー（一五〇二頃―七二）の曾孫で、父はセダンの総督だった。軍人の家系で、自らも騎兵連隊長としてポルトガル作戦などに従軍したが、一六八一年に国王の許可を取って出国し、ブランデンブルクへ亡命した。ブランデンブルクでは選挙侯フリードリヒ・ヴィルヘルムに厚遇されて、一六八三年に胸甲騎兵連隊の編成を任され、一六八六年にはそれにさらに歩兵一連隊を加えられ、総軍参謀長から最後は陸軍中将にまでなったが、一六九二年八月十六日に死んだ。ブランデンブルクへ亡命後、亡命フランス人プロテスタントらに妻ともども手厚い保護の手を差しのべ、自らが要塞司令官を務めるウェストファリア地方のリプシュタットはもとより、ハム、ゼースト、ミンデン等々にフランス人居住区を作って教会を置き、ウェーゼル、エンメリヒ、デュースブルクなどのフランス人教会の組織化にも貢献した。

（一一一）　フランス王ルイ九世（聖王）（一二一五―七〇）の五男のクレルモン伯爵ロベール（一二五六―一三一七）に発するフランスの親王家。厳密には、この第一ブルボン家は一五二七年に断絶し、シャルル・ド・ブルボン（一四八九―一五三七）の開いた第二ブルボン家がその後を継いだ。このシャルルの長男がナヴァール王アントワーヌ・ド・ブルボン（一五一八―六二）、五男が初代コンデ親王ルイ・ド・ブルボン（一五三〇―六九）で、アントワーヌの長子であるナヴァール王アンリが、フランス王アンリ三世の死によってヴァロワ王朝が断絶するや、アンリ四世としてフランス王に即位し、ブルボン王朝を開いた。この王朝はアンリ四世、ルイ十三世、ルイ十四世、ルイ十五世、ルイ十六世とフランス大革命まで連続してフランスに君臨し、十九世紀前半の王政復古期にもルイ十八世、シャルル十世という二人の王を出した。この第二ブルボン家が消滅したのは一八八三年だった。

（一一二）　ブランデンブルク選挙侯フリードリヒ・ヴィルヘルム（一六二〇―八八、在位一六四〇―八八）。プロイセンのフリードリヒ大王の曾祖父に当たり、後のプロイセン興隆の基礎を据えた名君で、「大選挙侯」と綽名される。ベルリンの生まれ。一六四〇年に父ゲオルク・ヴィルヘルムの後を継いでブランデンブルク選挙侯となり、三十年戦争で荒らされた国土の回復に努め、ウェストファリア講和条約で東ポメラニア、カミン、ミンデン、ハルバーシュタットなどを得た上、一六六〇年には東プロイセンをポーランドから解放し、一六七五年にはフェールベリンでスエーデン軍を破って国威を発揚した。一六七九年にはフランスの圧力によりサン＝ジェルマン条約を結んで西ポメラニアの征服地をスエーデンに返還せざるをえなかったが、国際的な大きな威信に飾られた人だった。国内的には産業の振興、海運業の創設、アフリカへの植民、財政の改革、常備軍の設置などによって後のプロイセンの隆盛を準備し、特に宗教的な寛容政策によってあらゆる国の迫害される人々に自国を避難所として開放し、そのためドイツ人、オランダ人、ユダヤ人などが大量に流入して、ブランデンブルクもベルリンも面目を一新した。ナント勅令廃止（一六八五年）の際も約一万五千のフランス人プロテスタントを自国に受けいれ、国の産業を飛躍的に発展させた。

〔一二三〕 訳註〔一一七〕を参照。

〔一二四〕 ピエール・ジュリユー（訳註〔六九〕を参照）の妻エレーヌ・デュムーラン（一七一四以後歿）。ピエール・デュムーランの四男でシャトーダンの牧師だったシリュス・デュムーラン（一六〇八―七二）の長女だったから、ピエール・デュムーランの長女エステル（メールの牧師ダニエル・ジュリユーと結婚）を母とするピエール・ジュリユーの従姉妹でもあった。彼女とジュリユーが結婚したのは一六七五年以前のことである。きわめて敬虔な女性で、夫の影響もあって黙示録的な予言に熱を上げ、晩年にはイギリスへ亡命したカミザールの残党の小予言者たちを支援したため、夫が存命する一七一〇年にすでにロッテルダムの教会から陪餐停止の処分を受けた。一七一三年一月十一日に夫が死んで未亡人になると、この小予言者たちに加わってヨーロッパ各地を宣教して回ったらしく、たぶん一七一四年三月に彼らとともにロンドンへ帰り着き、そのままイギリスで死んだ。ジュリユーとの間に子供はいなかった。なお、ベールとジュリユーの対立の原因はベールとジュリユーの妻エレーヌが恋仲だったことだという説が十八世紀以来あり、これはドリヴェ師（一六八二―一七六八）の手紙（ブイエ法院長に宛てた一七三八年七月六日付の手紙）で言われて以来、ヴォルテールや十九世紀のサント＝ブーヴなどもその説を伝えているが、今では全くの虚構と考えられている。

〔一二五〕 訳註〔六〕を参照。

〔一二六〕 シュザンヌ・デュムーラン（一七二五歿）。ピエール・デュムーランの四男シリュス・デュムーランの次女で、ピエール・ジュリユーの妻エレーヌ・デュムーランの妹。ジュリユーがセダン大学の教授だった頃は、一六七二年以来寡婦となっていた母のマリ・ド・マルベ（一六九一歿）や、叔母のマリ・デュムーラン（一六一〇頃―九九、亡父シリュスの妹）とともに、この叔母がピエール・デュムーランから相続した館でジュリユー夫妻と同居していたが、遅くも一六八〇年暮れからは母やこの叔母とともにハーグに住んだ。一六八一年にイギリスへ行って、ピエール・デュムーランの長男でカンタベリに住む同名の伯父ピエール・デュムーラン（一六〇〇―八四）の家に身を寄せ、一六八四年三月九日に、セダン時代からの知り合いで当時ルアンの牧師をしていたジャック・バナージュとカンタベリのワロン教会で正式に婚約した。同じ年の五月頃に結婚したらしいが、正確な日付や場所は分っていない。この二人の間には婚約前から性的関係があったようで、結婚前か結婚直後にマドレーヌという女児が生まれ、夫婦はこの子を嫡出子とする手続を取らねばならなかった。ジャック・バナージュと義兄ジュリューの仲が悪くなったのはこの一件が原因だったとする説もある。子供は後にもう一人、マリという女児が生まれたが、子供のうちに死に、成人したのはこのマドレーヌだけで、彼女は一七〇五年三月にロッテルダムで、後にザクセン選挙侯の枢密顧問官となるジョルジュ゠ルイ・ド・ラ・サラーズと結婚した。シュザンヌ・デュムーランは一七二五年にオランダのハールレムで死んだ。彼女からベールへの一六八一年十二月十二日付の手紙が残っている。

〔一一七〕 僧族会議というのは旧政体下のフランスにあった聖職者の全国的な代表者会議。最初に開かれたのは一五七九年で、最後は一七八八年。十七、八世紀に定例のものが原則として十年置きに、また重大な問題が起こった時は臨時のものが随時開催された。開催地は宮廷の所在地の近くというのが決まりだったが、パリはむしろ避けられ、ポントワーズやサン゠ジェルマン゠アン゠レーの場合が多く、会期は何カ月にも及んだ。代表は全国十四の教会管区から選ばれた各四名（大司教や司教から二名、その他二名）で、定例会議の主たる議題は国王への「献金」という財政上のことだったが、世俗的な問題を扱うという建前にもかかわらず、霊的な問題も大幅に取り上げられて、十六、七世紀にはプロテスタンティズムとの闘争や海外布教の問題が、十七世紀後半以後はガリカニスムの問題がさかんに論議され、僧族会議は一国規模の宗教会議のような相を呈した。ここで言われるのは、一六八一年十月十日に招集され一六八二年七月一日まで続いた臨時僧族会議のこと。ガリカニスムのピークをなすもので、一六八二年三月十九日付で、一、国王は世上権に関しいかなる教会権力にも従属しない、ローマ法王は国王を廃位することも臣民に忠誠の誓いを免除することもできない、二、ローマ法王の至上権と世界宗教会議の権威とを同時に維持することが要請される、三、法王権の行使は教会法によって規制される、四、法王令は教会の同意が得られなければ破棄しうる、という内容のボシュエが起草した有名な四カ条宣言を採択した。対プロテスタント問題でも、一六八二年七月一日付で国内のプロテスタントへの「牧会警告」を発してカトリックへの改宗を促し、「かたくな」に改宗を拒めばこれまでとは「比較にならぬほど恐ろしく致命的な不幸」が見舞うと脅しをかけるとともに、改革派と議論すべき十七の方法をも決定した。

〔一一八〕 訳註〔六〕を参照。

〔一一九〕 ダヴィッド゠オーギュスタン・ブリュエス（一六四〇―一七二三）。フランスのプロテスタント、のちカトリックの宗教論争家、劇作家。エクスの生まれで、弁護士を業とし、はじめ改革派に属し、モンペリエ教会の長老として対カトリック論争に従事、『《カトリック教会教理説明》なるコンドン殿の書に答う』（ケヴィリ、一六七二年）を出したが、一六八二年に論争相手のボシュエの手でカトリックに改宗し、ルイ十四世に謁見を許されて、かつての同信徒を改宗させるため働くように勧められ、国王と僧族から年金を貰って対プロテスタントの論争家に変身し、一六八五年にはボシュエの導きで僧籍に入った。カトリック教徒としての論争書には、『プロテスタントの分離を生ぜし理由の検討』（パリ、一六八三年）、『カトリック教会の外的祭祀の擁護』（パリ、一六八六年）、『プロテスタントの抗議に答う』（パリ、一六八六年）、『聖体論』（パリ、一六八六年）、『教会論』（パリ、一六八六年）、『現代狂信史』（パリ、一六九二年。完成版、四巻、モンペリエ、一七〇九―一三年）等々がある。一方、一六九〇年代からさかんに劇作を行ない、『叱言屋』（パリ、一六九三年）、『唖』（パリ、一六九三年）などの喜劇や、「キリスト教悲劇」と銘打った『ガビニ』（パリ、一六九九年）等々があり、一七三五年に三巻本の劇作集がパリで刊行された。一七二三年十一月二十五日にモンペリエで死んだ。

〔一三〇〕　ジャック＝ベニーニュ・ボシュエ（一六二七―一七〇四）。フランスのカトリック聖職者。ディジョンの生まれ。ディジョン高等法院弁護士の子で、十三歳で僧籍に入り、ディジョンのイエズス会学院で学んだ後、パリのナヴァール学院で哲学、神学を修め、一六四八年に神学博士の学位を取ってラングルの副助祭、一六五二年にメッスで助祭、ついで司祭に叙任された。数々の説教や棺前演説で名説教家と謳われ、一六六九年にコンドンの司教に任命され、翌年には王太子の教育掛、一六七一年にはアカデミー・フランセーズの会員、一六八一年にはモーの司教となり、死ぬまでその職にあった。十七世紀末のフランス・カトリック教会の最高指導者で、ジャンセニストとは一線を画していたがイエズス会に対しては多分に批判的な立場を取り、ガリカニスムの指導的な理論家でもあった。さらにプロテスタントとの論争（その面では、上流プロテスタントを改宗させる上で絶大な威力を発揮した『カトリック教会教理説明』〔パリ、一六七一年〕や、論争的な歴史神学書『プロテスタント教会変異史』〔二巻、パリ、一六八八年〕が特に重要である）、フェヌロンとの静寂主義論争など多面的な闘争に明け暮れた。一七〇四年四月十二日にパリで歿。十八世紀以来何種類もの全集が出版され（良い版とされる一八六二―七九年のものは全三十一巻）、二十世紀（一九〇〇―二三年）には全十四巻の書簡集も出た。

〔一三一〕　ダニエル・ド・ラロック（一六六〇―一七三一）。訳註〔六二〕で述べたルアンの牧師マティユ・ド・ラロックの子。ヴィトレの生まれ。フランスで牧師となったことは確かだが、いつから、どこの牧師をしたのかは分らない。一六八五年二月にオランダへ亡命し、数カ月後にはイギリスへ行き、ロンドンのキャッスル・ストリートにあるフランス人教会の牧師をした。その後またオランダへ戻り、ロッテルダムに住んで、一六八七年春からは、健康上の理由でベールが編集を手放した『文芸共和国便り』を引き継いで、それの一六八七年三月号、四月号、五月号を出し、後続する三号にも協力した。その後、一六八九年にイギリス王ウィリアム三世がハノーヴァーへ送る使節の秘書としてハノーヴァーへ赴いたが、翌年にはハノーヴァーから去ってデンマークのコペンハーゲンへ行き、フランス大使館の聴罪司祭の手でカトリックに改宗した（たぶん一六九〇年秋）。改宗後、ラロックはパリへ戻り、僧族からの三百リーヴルの年金で生活したが、一六九四年十一月に諷刺文書の作成に加わった廉でシャトレの獄に投じられ、アンジェ、ソーミュールと移送されて、一六九八年まで獄中にあった。釈放後は外務省の翻訳官として働き、一七一五年からは内務評議会の書記をした。一七三一年九月五日にパリで歿。プロテスタント時代の著作には、本文で言われる『欺かれた新改宗者』（ロッテルダム、一六八四年）や、カトリック史家ヴァリヤスに反駁する『ヴァリヤス氏に対する新たな告発』（アムステルダム、一六八七年）があり、改宗後の著作には『ペテン師マホメット伝』（パリ、一六九九年）、『フランソワ・ウード・ド・メズレ伝』（アムステルダム、一七二六年）のほか、デフォンテーヌ師とともにイギリスで出た『ローマ史』の仏訳版（十六巻、パリ、一七二八—四二年）を出したりした。一六九〇年にハーグで出た匿名書『亡命者に与うる重大なる忠告』も、ラロックがハノーヴァーへ行く前に原稿を書いてベールに託し、ベールがそれに手を入れて出版したのであろうという推定が現在では有力である。ベールからラロックへの手紙が一六九三年六月十一日付のものから一七〇六年十一月二十二日付のものまで計三通、ラロックからベールへの手紙が一六八三年十ないし十一月のものから一六九七年十二月八日付のものまで計二十三通残っている。

〔一二二〕　訳註〔一〇六〕を参照。

〔一二三〕　ジャック・ランファン（一六六一—一七二八）。フランス改革派の牧師、歴史家。バゾッシュの生まれ。シャティヨン゠シュル゠ロワンの牧師ポール・ランファンの子。ソーミュール大学、ジュネーヴ大学で学び、ジュネーヴ大学ではベールの弟ジョゼフの学友だった。ジュネーヴ大学で神学の勉強を終え、牧師を志望したものの、ジュネーヴ教会内の保守派からソッツィーニ主義者として非難された（それには、彼の父がクロード・パジョン〔訳註七一を参照〕の親友だったことも影響していたらしい）ため同市での牧師就任の道を断たれ、プファルツのハイデルベルクで一六八四年八月に牧師となり、同市のフランス人教会の牧師とプファルツ選挙侯妃の礼拝堂付き牧師を兼ねた。一六八八年、アウグスブルク同盟戦争でプファルツがフランス軍に侵略されたため東へ逃げ、同年十一月にベルリンへ到着、ブランデンブルク選挙侯に厚遇されて同市のフランス人教会の牧師となり、一六八九年の復活祭からその仕事を始めて、以後三十九年間在任した。その間には、プロイセン王妃ゾフィー゠シャルロッテの礼拝堂付き牧師、同王妃の死後は息子のプロイセン王の宮廷説教師、最高長老会議やフランス人顧問会議のメンバーなどを務め、ベルリンのフランス人教会とフランス人社会の重鎮だった。著作も多く、本文で述べられる『《プロテスタントの分離を生ぜし理由の検討》と題するブリュエス氏の本に関する一般的考察』（ロッテルダム、一六八四年）は彼の処女作だが、特に『コンスタンツ宗教会議史』（二巻、アムステルダム、一七一四年）、『ピサ宗教会議史』（二巻、アムステルダム、一七二四年）、『フス派戦争・バーゼル宗教会議史』（二巻、アムステルダム、一七三一年）の宗教会議史三部作は国際的に有名で、何度も版を重ねた。ベルリン教会での同僚牧師イザーク・ド・ボーゾーブル（一六五九―一七三八）と共同でした新約聖書の仏訳（二巻、アムステルダム、一七一八年）も高く評価されたものだった。十八世紀のフランス改革派が輩出した最大の学者の一人で、一七二四年にはベルリン・アカデミーの会員ともなったが、一七二八年八月七日に卒中で死んだ。若い頃からのベールの友人で、ベールからランファンへの手紙も一六八三年九月八日付のものから一六九三年三月二十八日付のものまで、計十九通残っている。

〔一三四〕　前註を参照。

〔一三五〕　コルネリウス・ジャンセニウス（コルネリス・ヤンセン）（一五八五―一六三八）。フランドルのカトリック聖職者。一六三〇年にルーヴァン大学の神学教授となり、一六三六年にはイーペルンの司教に就任した。若い頃から、ルーヴァン大学の同窓生であるサン＝シラン師デュヴェルジエ・ド・オーランヌと親しく、ともにアウグスティヌスの恩寵論を研鑽して、一六二八年からアウグスティヌスの教理大全の編集に従事、これは彼がペストで早世した翌々年の一六四〇年に『イーペルンの司教コルネリウス・ジャンセニウスによるアウグスティヌス』という大著として出版された。この本はペラギウス主義や半ペラギウス主義（モリナ主義）への批判の上に、彼がアウグスティヌス説として理解する内容を詳細に展開したもので、いわゆるジャンセニスムの発生の契機となった。

〔一三六〕　訳註〔八八〕を参照。

〔一三七〕　ピエール・ガッサンディ（ガッサン）（一五九二―一六五五）。フランスの哲学者。エクス大学で哲学を教え、のちコレージュ・ロワイヤルの数学の教授となった。処女作のアリストテレス批判から出発して、エピクロス哲学（特にその原子論）の復興、それとキリスト教との調停を試み、『エピクロスの生涯と性格について』（リヨン、一六四七年）、『エピクロス哲学集成』（ハーグ、一六五九年）などを著わした。十七世紀前半の学者的自由思想家の一人で、『省察』をめぐるデカルトとの論争は有名である。

〔一三八〕　フランソワ・ベルニエ（一六二〇―八八）。フランスの医師、哲学者、旅行家。モンペリエ大学で医学で学んで、一六五二年に医学博士となり、一六五六年にシリア、エジプトを経てインドのムガール帝国へ行き、アウラングズィーブ王の侍医を務めた。そこで十二年を過ごした後、一六六八年にフランスへ戻り、『ムガール帝国旅行記』（三巻、パリ、一六七〇—七一年）を発表した。哲学的にはガッサンディの解説者として知られ、『ガッサンディ哲学要約』（初版はパリ、一六七四年。完成版は七巻、リヨン、一六八四年）はガッサンディ哲学の普及に多大の貢献をした。生前ベールとも文通しており、ベルニエからベールに宛てられた、いずれも一六八六年の手紙が六通残っている。

〔一三九〕　ピエール＝シルヴァン・レジス（本名ルロワ）（一六三二—一七〇七）。フランスのデカルト派哲学者。ラ・サルヴタ＝ド＝ブランクフォールの生まれ。はじめカトリック聖職者を志し、ソルボンヌで神学を学んだが、デカルト主義者ロオーの講演を聴いてその弟子となり、哲学の道へ進んだ。一六六五年から南フランスのトゥールーズ、エーグ＝モルト、モンペリエなどでデカルト哲学の講義をし、一六八〇年にパリへ戻ってロオーの講演会を引き継ぎ、非常な名声を博したが、パリの大司教アルレー・ド・シャンヴァロンの命により哲学教育を中止させられた。全三巻の代表作『哲学体系』（パリ、一六九〇年）をはじめ、ユエやデュ・アメルのデカルト主義攻撃に対する応答文（『《ピエール＝ダニエル・ユエのデカルト哲学批判》と題する書への答』〔パリ、一六九一年〕と『レジス氏のデカルト哲学体系に関するデュ・アメル氏の批判的考察への答』〔パリ、一六九二年〕）、スピノザ反駁を添えた『理性と信仰の用途』（パリ、一七〇四年）、『古今の哲学史を調査する哲学論』（一七〇五年）などを著わし、一六九九年には科学アカデミーの会員となって、一七〇七年一月十一日にパリで死んだ。デカルト主義者だがいくつかの点でデカルトの説を修正し、本有観念を否定して、すべての観念は身体と結合した魂の変様にすぎないとしたり、連続創造を否定したり、無からの創造を斥けて世界の或る種の無限性と永遠性を認めたり、啓蒙された自己愛を道徳の基礎に据えたりするなど、宗教的・観念論的なマールブランシュ風のデカルト主義とは異なる、多分に経験主義的なデカルト学派を代表した。ベールの文通者でもあり、レジスからベールに宛てた一六八七年三月二十八日付の手紙が一通だけ残っている。

〔一四〇〕　訳註〔九二〕を参照。

〔一四一〕　原註で参照されるベールの後年の作『田舎の人の質問への答』第一巻第二十六章は、ギヨーム・ヴァンデルという偽名で『形而上学についての思索』（一六七八年に出た十六折の小さな本で、刊行地はケルンと表記しているが、実際はパリだとベールは言う）を書いたのは「ド・ラニオン（de Lanion）師」だとして、さらにこの人物について「ブルターニュの人で、名家の出で、とても頭が良く、当時は王立科学アカデミーの会員で、立派な数学者という正当な評価に浴し、フランス陸軍中将ド・ラニオン氏の兄弟」と説明している。「当時は会員だった」とあるから、その後会員でなくなったものと考えられるが、たしかに一六八六年二月二十三日にピエール・ド・ラニオン（Lannion）（一六四四生）という人物が王立科学アカデミーから除名されたという記録が残っているから、ベールの言う Lannion と記録にある Lannion とは同一人物と推定される。

〔一四二〕 題名は正確には『カトリック信仰に反するデカルト氏の哲学。擁護するために先頃出た印刷物への反駁を付す』で、一六八二年にパリのギ・カイユー書店から出版され、『学術新聞』の一六八二年五月十一日号でも紹介された。著者は「シャルル＝ジョゼフ」と記されているが、この人物はカプチン会の修道士で、聖アウグスティヌスの著作の註解や、「奏効的恩寵」説への反駁をほかにも同じ名で著わしている。

〔一四三〕 『学術新聞』（Journal des Savans）はドニ・ド・サロ（一六二六―六九）が一六六五年からパリで発行したフランス最初の学芸新聞。一時中断した後、一六六六年からガロワ師に引き継がれ、何度も持ち主を替えた末、十八世紀初頭に国家の所有となった。フランス大革命期の一七九二―一八一六年には発行を停止していたが、その後復活し、一九〇二年からフランス学士院の発行、一九〇八年以降は碑文アカデミーの発行となった。

〔一四四〕 ドニ・ド・サロ（一六二六―六九）。フランスのジャーナリスト。ラ・クドレ・ド・リュソンの生まれとも、パリの生まれともいわれる。ポワトゥー地方の軍人貴族の家柄だったらしく、彼自身も一六五三年から「ラ・クドレの領主」を名乗るが、父のジャック・ド・サロはパリ高等法院の評定官だった。グラッサン学院を経てパリ大学で法律を学び、一六五二年にパリ高等法院の弁護士となり、一六六三年には死んだ父の後を継いで同高等法院調査部の評定官となった。なお、本文でデ・メゾーが「聖職者評定官」と言うのは誤りで、彼は聖職者ではなく、その証拠に一六五五年に結婚して一男四女を作っていた。学術新聞発刊の構想はメズレが抱きコルベールが激励したものらしいが、それを創刊し初代の主筆となったのはサロで、執筆陣もサロ自身が選定した。創刊は一六六五年一月五日で、同年三月の第十三号まで出たが、もともとサロは周知のジャンセニストで、イエズス会との関係がひどく悪かったため、たまたま同紙に載った宗教裁判についての記事に法王特使やイエズス会士らが騒ぎ立て、今後は毎号事前検閲を受けよと命じられたのにサロはことわり、その結果、允許が停止されて『学術新聞』は約一年中断した。そして、一六六六年一月に復活した時には、同紙はもはやサロの手を離れ、主筆もジャン・ガロワ師（一六三二―一七〇七）に代っていた。他者の著作や諸家の論文集に収められた論文が二点あるきりで、ほかに目立った著作はないが、手稿のノートは九巻も遺されたという。一六六九年五月十四日にパリで死んだ。

〔一四五〕『学術メルキュール』(Le Mercure Savant) はニコラ・ド・ブレニとアブラアム・ゴーティエが一六八四年にアムステルダムで出した月刊の学芸新聞。同年一月号と二月号の二号出ただけで潰れた。形は十六折判で、第一号は六十六ページ、第二号は八十四ページからなり、神学、哲学、自然学、医学、数学、音楽、雄弁術、詩歌、法学、政治学などの欄に分れていたが、最も充実していたのは医学欄だった。

〔一四六〕 ニコラ・ド・ブレニ(一六四二―一七二二)。フランスの外科医。おそらくリヨンの生まれ。十三年間徒弟をした後、外科医として一本立ちし、国王軍の軍医、病院の勤務医、開業医などをした末、一六八〇年に王弟オルレアン公付きの外科侍医となり、一六八五年には宮廷薬剤師、一六八七年には国王付きの侍医という肩書も得た。一六七九年に「医学新発見アカデミー」なるものを創立し、それとの関連で同じ一六七九年に月刊の医学新聞『医学万般の新発見』を刊行、これは翌一六八〇年の『アスクレピオスの神殿』、一六八一―八三年の『新発見新聞』へと続いた。この医学新聞は非常に好評で、ハンブルクでドイツ語訳、ジュネーヴでラテン語訳も出たが、一六七五―八七年にガロワ師の後を継いで『学術新聞』の主筆をし一六八三年には自ら『医学新聞』を同じパリで出したジャン゠ポール・ド・ラ・ロック(一六九〇？歿)を目の敵にして攻撃ばかりしていたため、たぶんド・ラ・ロックの要請により、国務顧問会議は一六八二年にこの新聞を禁止した。それでもブレニは、王弟オルレアン公、警視総監ラ・レニ、国王の侍医頭ダカンなどの庇護のお蔭で、その後もなお一年この医学新聞を出し続けたが、結局一六八三年でそれを廃刊せざるをえなかった。アムステルダム在住のゴーティエにフランスから原稿を送り、この町で『学術メルキュール』を出したのもその後継紙としてだった。その後の活動は定かでないが、一六九三年六月四日にブレニは王命によりフォール゠レヴェック監獄に送られ、さらにアンジェの城へ移送されて八年間監禁された。釈放後はイタリアへ行ってしばらく放浪したらしいが、最後はフランスへ戻って、法王領のアヴィニョンで医者を開業し、一七二二年にその地で死んだ。ブレニは思想的にかなり大胆な人で、科学アカデミーに対抗してデカルト的な機械論やガッサンディ主義を擁護し、原子論者の医学者ギヨーム・ラミ(一六四四―八二)の理論を普及したとジャック・ロジェは言っている。『性病治療法』(パリ、一六七三年)、『各種ヘルニア治療法』(パリ、一六七三年)、『二十六年間母親の胎内にいた子供の解剖誌』(パリ、一六七九年)、『茶・コーヒー・ショコラの正しい使用』(パリ、一六八七年)、『美容と健康の秘訣』(パリ、一六八八―八九年)など十点ほどの著作がある。

〔一四七〕 アブラアム・ゴーティエ(一六五〇頃―一七二〇)。フランスの医師。ニオールの生まれ。プロテスタントの貴金属商の子だったらしい。場所は不明だが、どこかで医学を学んで、一六八二年以前に医学博士となった。一六八四年にド・ブレニとアムステルダムで『学術メルキュール』を二号出したが、フランスから送られてくるド・ブレニの原稿を印刷屋に渡すだけでなく、自らも記事を執筆していたらしい。一六八五年九月に郷里のニオールへ戻って、九月十日にカトリックに改宗し、開業医としてこの町で以後の生涯を送った。「新改宗者」に関する当局側の調査によれば、一六九九年当時、医師会の役員などをして、かなり裕福な暮らしをしていたようである。一七一四年、『或る神学者への論文形式の答、懐疑論者の見解について』という著作をニオールで出版許可を取って合法的に発表したが、懐疑論と唯物論を織りなしたようなこの大胆な作品は、その後『生死一如』という題で反宗教的な地下文書として写本で流布し、十八世紀後半（たぶん一七七一年頃）に更めてその題で刊行された。この作品は一九九三年に批評版が出版されている。

〔一四八〕　アンリ・デボルド（一六四九―一七二三）。アムステルダムにいたフランス人の出版業者、書店主。父のイザーク・デボルド（一六二六―八三）はフランスのソーミュールで書店と印刷屋を開いていたプロテスタントだった。アンリはその長男で、一六七八年から父の仕事を手伝ったが、一六八二年に一家はアムステルダムに亡命し、アンリも弟ジャック・デボルドも同市で店を開き、オランダにおけるフランス語図書出版で枢要な役割を果たした。ベールが編集した『デカルト氏の哲学をめぐるいくつかの興味ある文書の集成』も、ド・ブレニとゴーティエの『学術メルキュール』もともにアンリ・デボルド書店から出ていたが、この書店の名を最も高からしめたのは、なんと言っても当初ベールが編集した月刊の学芸新聞『文芸共和国便り』で、アンリ・デボルドはベールが編集を手放したあともそれの刊行を続け、一七〇八年五月号まで出した（新聞自体はアムステルダムの別の書店から一七一八年五・六月号まで出たが）。彼からベールへの一六九一年七月十六日付の手紙が残っている。

〔一四九〕　ジャン・ル・クレール（一六五七―一七三六）。オランダのアルミニウス派の学者、ジャーナリスト。ジュネーヴの生まれ。ジュネーヴ大学、ソーミュール大学で学び、一時ロンドンで説教師をしたが、一六八三年に最後的にオランダに定住した。翌年から、アムステルダムにあったアルミニウス派の神学校の教授となって哲学、文学、ヘブライ語、さらには教会史を教え、一七二八年まで在職した。七十点を超す厖大な著作を残しているが、とりわけ、アムステルダムで出した学芸新聞『古今東西文庫』（一六八六―九三年）、『精撰文庫』（一七〇三―一三年）、『古今文庫』（一七一四―二六年）で、学術ジャーナリストとして全欧的な名声を博した。リシャール・シモンに反駁した『《旧約聖書の批評的歴史》に関するオランダの数人の神学者の意見』（アムステルダム、一六八五年）、『オランダの数人の神学者の意見の擁護』（アムステルダム、一六八六年）で聖書批評学の歴史にも大きな足跡を残しており、『リシュリュー枢機卿伝』（二巻、ケルン、一六九五年）、『オランダ史』（二折判三巻、アムステルダム、一七二三―二八年）などの史書や、雑纂『パラーズ語録』（第一版、アムステルダム、一六九九年。第二版、二巻、アムステルダム、一七〇一年）、新約聖書の仏訳（二巻、アムステルダム、一七〇三年）などもある。ヴォルテールが『イギリス書簡』で「当代随一の哲学者」と呼んだ人（一六九八年にアムステルダムで四巻本の『哲学著作集』が出ている）で、フランス語圏へのロックの最初の紹介者でもあり、ベール晩年の論争相手の一人だった。ベールから彼への手紙が一六八四年六月十八日付のものから一六九七年九月三十日付のものまで計八通、彼からベールへの手紙が一六八四年四月二十六日付のものから一六九七年十月二日付のものまで計十通残っている。

〔一五〇〕　訳註〔七二〕を参照。

〔一五一〕　訳註〔一一〇〕を参照。

〔一五二〕　訳註〔二五〕を参照。

〔一五三〕　ボナック侯爵サロモン・デュッソン。ユッソン家はベールの郷里ル・カルラに近いマス・ダジルに住む貴族の家で、ベールの母方の親類だった。このサロモン・デュッソンは一六六七年に死んだボナック侯爵フランソワ・デュッソンの長男で、外交官として成功するフランソワ・デュッソン・ド・ボンルポー（一六五〇頃―一七一九）の兄だった。教育のため上の二人の息子をパリに置いており、ベールの弟ジョゼフは、たぶんベールの口利きにより、一六八三年の十二月から、一六八四年五月に死ぬまで、パリでその息子たちの家庭教師をしていた。なお、ユッソン家はもともとプロテスタントの家系だが、ナント勅令廃止（一六八五年十月）前にみなカトリックへ改宗したらしい。

〔一五四〕　クロード＝フランソワ・デュッソン。ボナック侯爵サロモン・デュッソンの長男。のち、父の死によりボナック侯爵となり、一六九〇年に陸軍少将にまで進んだが、その後出家して、ドミニコ会の修道士となった。なお、ベールの弟ジョゼフが家庭教師として教えたユッソン家の男の子にはもう一人、クロード＝フランソワの弟ジャン＝ルイがおり、彼はその後、叔父ボンルポーの引きで外交畑へ進み、兄が出家するとボナック侯爵の位を継いだ。

〔一五五〕　訳註〔一三三〕を参照。

〔一五六〕　訳註〔四七〕を参照。

〔一五七〕　訳註〔五四〕を参照。

〔一五八〕　第二次大戦後のベール研究を主導したエリザベート・ラブルースはこのジュネーヴ版の存在を否定して、デ・メゾーが「ジュネーヴでの再刊」と言うのは、ジュネーヴの本屋がタイトルページだけ刷り替えて発売したものであろうと想像している。しかし、ベール自身も第三版の序文でこのジュネーヴ版に言及し（著作集補巻、一六ページ）、ブラントームの卑猥な引用文が削除されたというその版の特徴をも述べているから、ジュネーヴ版の存在を頭から否定するのは無理であろう（ラブルースはこの第三版序文の記述を見落としたのだと思われる）。さて、訳者の手もとには、明らかに第一版を基にした別個の版（同じく「ヴィル＝フランシュ、ピエール・ル・ブラン書店、一六八二年」と表記した）があり、その版でもブラントームの卑猥な引用文は削除されている。この第一版別版がベールの言うジュネーヴ版であるならば、第二版がジュネーヴで再刊されたとデ・メゾーが言うのは誤りで、ジュネーヴで再刊されたのは第一版ということになる。デ・メゾーはジュネーヴ版を実際に見たわけではなく、ベールがジュネーヴ版に言及する（但し、どの版の再刊かをベールは言っていない）のが第三版の序文であるところから、機械的に直近の第二版がジュネーヴで再刊されたと考えたのかもしれない。

〔一五九〕　ポワシ会談とは、宗教戦争開始直前の一五六一年九月から十月にかけて、母后カトリーヌ・ド・メディシスと大法官ミシェル・ド・ロピタルの肝煎りで開かれた新旧両派の神学者の討論会のこと。カトリック側はロレーヌ枢機卿が、プロテスタント側はテオドール・ド・ベーズが首席代表となり、王や母后の御前、貴顕たちの居並ぶ前で、九月九日の第一回会議を皮切りに、主として聖体問題について討議が行なわれた。ロレーヌ枢機卿は聖体中でのキリストの実在的臨在を認めるルター派の神学者も招くよう提案したが、ベーズはそれを拒否し、会談は結局、両派の妥協点を見いだすという所期の目的を達成できずに閉会した。

〔一六〇〕　第一次宗教戦争の火蓋を切ったプロテスタントの武装蜂起。一五六二年四月二日、コンデ親王の指揮するプロテスタント軍はオルレアンを占領、ついで全国的規模でプロテスタントは武装蜂起し、翌一五六三年三月まで続く第一次宗教戦争が始まった。

〔一六一〕　十六世紀以来、プロテスタントが唱っていた詩篇の仏訳。一五三〇年頃からクレマン・マロ（一四九六―一五四四）が行なったもので、テオドール・ド・ベーズ（一五一九―一六〇五）が引き継いで完成した。

〔一六二〕　訳註〔一三三〕を参照。

〔一六三〕　訳註〔九二〕を参照。

〔一六四〕　訳註〔一二二〕を参照。

〔一六五〕　訳註〔一二四〕を参照。

〔一六六〕　訳註〔一二八〕を参照。

〔一六七〕　ルーヴォワ侯爵フランソワ＝ミシェル・ル・テリエ（一六四一―九一）。当時の陸軍大臣。パリの生まれ。陸相や大法官を務めたミシェル・ル・テリエの三男で、早くから父を補佐して軍の指導に当たり、一六六六年以後は父とともに陸相二人態勢を作った。一六七二年には正式に陸相に任命され、一六七七年に父が大法官に就任してからは単独で陸相を務めて、軍の近代化に大きな功績を上げた。一六八三年にコルベールが死んでからは、ルイ十四世の最高顧問官としてプロテスタント弾圧政策等を推進したが、その専制的・好戦的傾向を国王の妻マントノン夫人に疎まれ、一六八九年に事実上失脚して、失意の内に世を去った。

〔一六八〕　訳註〔一六〕〔一九〕を参照。

〔一六九〕　アンリ・ダゲソー（一六三六―一七一六）。フランスの政治家。国務顧問官の子で、一六六七年にリモージュの、一六六九年にボルドーの、一六七三年六月から一六八五年八月まではラングドック州の地方長官を務め、一六八三年十月から半期の国務顧問官、一六九四年九月から常任国務顧問官をした。財政の専門家で、一六九五年八月に財政担当の国王顧問会議の顧問官となり、大臣並の力を持ったが、有能で公正な高級官僚なのに大法官にも財務総監にもなれなかったのはジャンセニストの疑いをかけられていたかららしい。一七〇〇年七月に通商評議会のメンバーとなり、摂政時代には財務評議会のメンバーや通商評議会の議長をしたが、一七一六年十一月十七日にパリで死んだ。

〔一七〇〕　訳註〔九九〕を参照。

〔一七一〕　イギリス王ジェームズ二世（一六三三―一七〇一、在位一六八五―八八）。イギリス王チャールズ二世の弟で、兄の死により一六八五年二月に王位を継いだが、名誉革命によって廃位され、フランスへ亡命した。

〔一七二〕　アルミニウス派の学者たちと、それに関連する書簡集。一六八四年にアムステルダムで出版された。

〔一七三〕　訳註〔九二〕を参照。

〔一七四〕　アントワーヌ・アルノー（一六一二―九四）。フランスのカトリック神学者で、「大アルノー」と綽名されたジャンセニストの総帥。パリの生まれ。一六四一年にソルボンヌの神学博士となったが、すでにサン＝シラン師の影響でジャンセニスムに帰依しており、翌々年、『頻繁なる聖体拝領について』（パリ、一六四三年）を著わしてイエズス会の弛緩した道徳を攻撃した。一六五六年にソルボンヌを逐われ、以後十二年間ポール＝ロワイヤルに籠って暮らした。一六七七年、イエズス会との論争を再開し、迫害を避けて一六七九年に今のベルギーへ亡命、そのままブリュッセルで客死した。イエズス会との論争のほかにも、プロテスタントとの論争、ニコルとの『ポール＝ロワイヤル論理学』（パリ、一六六二年）、ランスロとの『ポール＝ロワイヤル文法』（パリ、一六六〇年）の作成、マールブランシュとの哲学論争など多面的な活動をし、四折判四十三巻の厖大な著作集が一七七五—八三年にパリとローザンヌで出版された。ベールから彼への一六八五年十二月三十日付の手紙と、彼からベールへの二通の手紙（一六八五年十月十日付のものと一六八七年六月ないし七月のもの）が残っている。

〔一七五〕ヨハン・デッカー（デッケルス）。十七世紀後半のドイツの法学者、書誌学者。シュパイアーの帝国法院の弁護士、ついで検事、デンマーク王の顧問官などを務めた。『市民的平和についての評議』（一六七五年）など法学・政治学関係の著作が多く、一六九一年にフランクフルトで著作集が刊行されたが、書誌学者としては『匿名・偽名・仮名（かめい）著作についての推定』（アムステルダム、一六八一年）があり、一六八六年にアムステルダムで出たそれの新版にはベールも加筆した。また、この書の内容はプラッキウスの『匿名・偽名一覧』（ハンブルク、一七〇八年。但し、原型の『匿名・偽名著作・著作家集成』はすでに一六七四年にハンブルクで出ていた）にも取り入れられた。

〔一七六〕テオドール・ヤンソン・ファン・アルメロヴェーン（一六五七—一七一二）。オランダの医師、古典学者。ユトレヒトの貴族の家に生まれたが、医学を学び、一六八七年からはハウダで医師を開業した。『オノマスティコン』（アムステルダム、一六八四年）と題する医学史をはじめ多くの著作があり、古典の刊行などもしているが、一六九七年からはハルデルウェイク大学の歴史とギリシャ語と雄弁術の教授をした。ベールの友人で、ベールから彼への手紙も一六八四年八月六日付のものから一七〇四年九月二十七日付のものまで計五十三通、彼からベールへの手紙も四十六通残っている。特にハウダ時代の彼は、豊富な蔵書をベールの使用に供していた。

〔一七七〕パウル・ヴィンディング（一六五八—一七一二）。デンマークの古典学者。同じく古典学者だったエラスムス・ヴィンディング（一六一五—八四）の子で、父と同様コペンハーゲン大学のギリシャ語、ラテン語、歴史の教授を務めた。クレタのディクテュスについての註解や、ルキアノスの『ペレグリノス』についての論考などがある。

〔一七八〕原著には「記事七」とあるが、『文芸共和国便り』の原典にしたがって改めた。

〔一七九〕この人物については、『カトリック一色のフランス』の著者であること以外、洗礼名、生歿年も含めて何ひとつ知られていない。この本は一六八四年にリヨンのジャン・セルト書店から十二折判三巻本で出版された。リヨンの大司教カミーユ・ド・ヌヴィルに捧げられており、第一巻巻頭の「お知らせ」には、最初の二巻は「一年以上前」に書かれていて、刊行の予定ではなかったが、ドーフィネ、ヴィヴァレ両地方のプロテスタントの騒擾（一六八三年夏）を見て出版することにした、と述べられている。それらの点から考えて、ゴートローは南フランスの「新改宗者」の一人だったと思われる。

〔一八〇〕　デ・メゾーがするこの標題の紹介はいささか簡略化されている。ゴートローの原典に即して、その長い標題を全訳すれば以下のとおりである。『ルイ大王のもと、カトリック一色のフランス、または、おのがセクトは不敬で国家に有害なのを認めた上で、王様がかくも成功裡に企てられたその絶滅を加速せんとの麗(うるわ)しき決意を固めるフランスの数人のプロテスタントの対談。《法王教とカルヴァン派の比較論》なる諷刺文や、プロテスタントが二年来公にせる他のあらゆる誹毀文書に対抗するローマ教会のための弁明を収む』。この中で『法王教とカルヴァン派の比較論』と言われるのは、ピエール・ジュリューが一六八三年に発表した『カルヴァン派史と法王教史の比較論』のことである。

〔一八一〕　正しくは一六八四年。本の扉にもそう表記されている。この本の允許の日付は一六八四年一月二十九日、出版許可の日付は同年六月二十日だった。

〔一八二〕　プロテスタントの子供がカトリックへ改宗できる年齢は、従来（一六六三年九月二十八日の国務顧問会議決定による）男子十四歳以上、女子十二歳以上とされていたが、一六八一年六月十七日の勅令はそれを男女とも七歳以上と引き下げた。この決定により、プロテスタントの子供をカトリック教徒が掠取・誘拐する事例が各地で起こった。

〔一八三〕　一六八五年十月十七日のフォンテヌブロー勅令。改宗によってプロテスタントはフランスにもはや存在せず、したがってナント勅令は不要になったというのが表向きの理由だった。

〔一八四〕　特に、アウグスティヌスが紀元四〇八年にドナトゥス派の司教ヴィンケンティウスに送った手紙と、四一七年頃にアフリカ護民官ボニファキウスに送った手紙。これらはドナトゥス派（当時アフリカのキリスト教会に混乱を招いていた分離教会派）に対する世俗権力の弾圧・強制を正当化したもので、古来、宗教迫害を擁護するための「権威」としてさかんに用いられてきた。特にナント勅令廃止前後のフランスではそうで、勅令廃止直後、フランス政府はこの二通の手紙の仏訳に長い序文を付けて『プロテスタントを帰順せしむるためフランス教会が行ないしことと、ドナトゥス派をカトリック教会へ帰順せしむるためアフリカ教会が行ないしことの一致』（パリ、一六八五年）という本を作り、大量に印刷して「新改宗者」たちに配布した。ベールはやがて、『〈強いて入らしめよ〉というイエス・キリストの言葉に関する哲学的註解』の第三部で、この二通の手紙におけるアウグスティヌスの発言に逐語的な反駁を行なった。

〔一八五〕　ペラギウス（三六〇頃—四二二頃）。古代キリスト教の異端者。イギリス生まれの修道士で、四一〇年頃ローマで修道生活を指導し、さらにシチリア、アフリカ、パレスチナなどへ赴いた後、四一二年にローマへ再び戻って、恩寵に関する独自の説をなした。彼の説、いわゆるペラギウス主義は、原罪の否定、したがって原罪による人間性の壊敗の否定、洗礼の効力は行為罪を消すことのみにある（原罪は存在しないから）という解釈、恩寵は神が人間に与えた自然的な幸（さち）、とりわけ人間の自由意志にありとする恩寵理解などに要約され、無疵のままに保たれて自力で善をなしうる意志の力の高唱はストア派の影響を感じさせるものだったが、この理論は四一二年以後、とりわけアウグスティヌスと、パレスチナではヒエロニムスによって激しく攻撃され、四一六年と四一八年のカルタゴ宗教会議その他で断罪された。恩寵と自由意志の関係については、ペラギウス主義とアウグスティヌス主義の中間に半ペラギウス主義、半々ペラギウス主義などが考えられ、カトリック教会ではモリナ派、改革派系ではアルミニウス派が、それぞれ半ペラギウス主義として非難された。

〔一八六〕　ヴルガタ（カトリック教会で用いられる公認のラテン語訳聖書）のルカ伝福音書第十四章二十三節の言葉。宴会に客が来ないのに怒ったその家の主人が、召使に、通行人を無理強いして中に入らせ、席を埋めよと命じたとされる譬（たとえ）の中の言葉である。

〔一八七〕　ミカエル・セルヴェトゥス（スペイン読みではミゲル・セルベト）（一五〇九／一一―五三）。スペイン生まれの神学者、医師。フランスのトゥールーズ大学で法律を学んだ後、プロテスタントの洗礼を受けたらしく、カルル五世の聴罪司祭でプロテスタンティズムに理解のあるファン・デ・クインタナの秘書としてイタリア、ドイツなどを遍歴した。一五三一年に『三位一体の誤謬』、一五三二年に『三位一体についての対話』をともにハーゲナウで出版、一五三二―三四年にはパリに住んだ。そこで医学を研究し、一五三九年にシャルリューで開業、一五四一年からはヴィエンヌの大司教の侍医を務めた。一五五三年に『キリスト教刷新』をヴィエンヌで自費出版し、三位一体、キリストの先在、幼児洗礼などを否定して、形而上学的な付加物を取り去った原初の信仰への回帰を説き、かたわらカルヴァンの『キリスト教綱要』を激しく批判した。そのため、カルヴァンにより間接にヴィエンヌの宗教裁判所に告発されて逃亡、イタリアへ向かう途中ジュネーヴに立ち寄ったところ、カルヴァンにみつけられて捕えられ、一五五三年十月二十七日に異端者として火刑に処せられた。『プトレマイオス地理学』の校訂をし、ハーヴェーより早く血液循環を発見して、生理学者としても大きな功績を上げている。

〔一八八〕　ソッツィーニ派は、十六世紀イタリアの宗教改革者レリオ・ソッツィーニ（一五二五―六二）と、特にその甥のファウスト・ソッツィーニ（一五三九―一六〇四）が創始したプロテスタントの一派で、現代まで続くユニテリアンの主たる源流。宗教改革と人文主義との結合とも言えるもので、一方では徹底した聖書主義、他方では大胆な理性主義を特徴としており、三位一体、キリストの先在と神性、原罪、贖罪、予定など、在来の教義の多くを否認した。この派ははじめポーランド、トランシルヴァニアに弘まり、特にポーランドのラクフは十七世紀初頭以来、同派のメッカのごとき観を呈した。しかし、ラクフのセンターはカトリック教徒の攻撃によって一六三八年に壊滅し、一六六〇年にはソッツィーニ派は最後的にポーランドから追放された。亡命した信徒の一部はオランダへ逃れてアルミニウス派、メノー派、コレギアント派などの内に同調者を見いだし、さらに一部はイギリスにも渡って、十七世紀後半以後はこの両国がソッツィーニ派の活動の主要な舞台となった。ロック、ニュートン、サミュエル・クラーク、プリーストリなどにもソッツィーニ派（またはユニテリアン）の思想的影響が見られる。

〔一八九〕「弾劾演説」の意。『フィリッピカ』は、元来はアテナイの弁論家デモステネスがマケドニア王フィリッポス二世を弾劾して行なった四篇の演説の題だが、ローマの弁論家キケロが行なった十四篇のマルクス・アントニウス弾劾演説も、デモステネスに準えて同じくこの名で呼ばれた。

〔一九〇〕『ベール氏書簡集』にあるこの手紙の原典では「哲学についての素晴しい才能」となっている。

〔一九一〕ジョン・レー（一六二七―一七〇五）。イギリスの博物学者。エセックスのブラック＝ノットリの生まれ。鍛冶屋の子で、ケンブリッジ大学で学び、一六五一年に同大学のギリシャ語の講師、一六五三年には数学の講師に任命された。一六六〇年に国教会の聖職者となり、ケンブリッジで説教師としても名声を博したが、一六六二年、長老派を排斥する宣誓を拒否して教壇から去った。翌一六六三年から一六六六年にかけて、親友でありメセナであるウィルビとともにイングランド、スコットランド、フランス、オランダ、ドイツ、スイス、イタリアなどに植物採集旅行をし、一六六七年十一月には王立協会の会員となった。「種」の概念を確立した大植物学者で、果実を指標とした新しい植物分類法を唱えた。『植物新方法』（ロンドン、一六八二年）、『植物全誌』（二折判三巻、ロンドン、一六八六―一七〇四年）、『方法的ブリテン植物要覧』（ロンドン、一六九〇年）など植物学関係の著書が多いが、『方法的四足動物・蛇類要覧』（ロンドン、一六九三年）、遺作の『方法的鳥類・魚類要覧』（ロンドン、一七一三年）などでイギリスにおける動物学の創始者ともされており、親友ウィルビの動物学ノートを刊行した功績も高く評価されている。レーは非常に敬虔な人で、『創造の御業に現われた神の叡知』（ロンドン、一六九一年）は「物理神学」の代表作の一つだった。

〔一九二〕フランシス・ウィルビ（一六三五―七二）。イギリスの博物学者。ミドルトンの生まれ。ケンブリッジで学んで、前註で述べたジョン・レーに師事し、七歳年長のこの師と生涯続く友情の絆で結ばれた。一六六三年に教壇から去ったレーとともに、そのメセナとして欧州各国に採集旅行をし、一六六六年に帰国した。植物学者として出発したレーと違い、ウィルビは動物を専門として、生前に発表したのは王立協会（ロイヤル・ソサイエティ）の機関誌『哲学紀要』に載せた昆虫学関係の論文だけだが、死後に、彼の遺したノートがレーの手で纏められ、大幅に加筆されて、『鳥類学』（二折判（フォリオ）、ロンドン、一六七六年。レーによる英訳も一六七八年に出た）、『魚類誌』（二折判（フォリオ）、オクスフォード、一六八六年。本文中で『魚の自然誌』と呼ばれるもの）という二大作として出版された。どちらも良く出来た図版が付いており、少なからぬ新種を紹介したものだったらしい。

〔一九三〕　イザーク・ド・バンスラード（一六一三―九一）。フランスの詩人、劇作家。パリの生まれ。ノルマンディ地方のプロテスタントの家の出で、イザークという洗礼名もプロテスタントに多いものだが、彼自身はカトリックの教育を受けた。若くして悲劇『クレオパトラ』（パリ、一六三六年）、同『アキレウスの最期』（パリ、一六三六年）など幾篇もの芝居をブルゴーニュ座で上演する一方、詩人として上流人士の間で名声を博し、彼の十四行詩（ソネ）「ヨブ」（一六三八年）とヴォワテュールの十四行詩（ソネ）「ユラニー」のいずれが上かをめぐって、「ジョブラン論争」と呼ばれるものが社交界を二分して行なわれた。リシュリューの遠い親戚とされていて、その庇護を受け、この宰相の勧めによって自らも僧籍に入った。リシュリューの死後はマザランに庇護され、その後はルイ十四世に愛されて、一六五一年から一六六九年にかけてはほとんどすべての宮廷バレーの台本を書き、一六七四年にアカデミー・フランセーズの会員となった。王命でオヴィディウスの『転身物語』をロンドーに訳し（パリ、一六七六年）たり、イソップの寓話を四行詩にし（パリ、一六七八年）たりしたが、晩年はジャンティイに隠棲して、一六九一年十月二十日に死んだ。彼からベールへの二通の手紙（一六八四年十一月六日付のものと一六八五年五月十八日付のもの）が残っている。

〔一九四〕　ジョン・ホスキンズ（一六三四―一七〇五）。ヘリフォードシャの生まれ。準男爵で、法廷には立たなかったが法律家として名を成した人だったらしい。一六六五年に設立された王立協会（ロイヤル・ソサイエティ）の創立会員で、一六八二年に同協会の会長に選ばれ、その地位は翌年他の人に譲ったが、一六八五年から八七年にかけては同協会の書記を務めた。彼からベールへの一六八六年五月二十五日付の手紙と、ベールから彼への同六月八日付の手紙が残っている。

〔一九五〕　エドワード・スミス（一六六五―一七二〇）。アイルランドの国教会聖職者。リズバーンの生まれ。ダブリン大学で学んで僧籍に入ったが、一六八九年、ダブリンがジェームズ二世に抑えられた時イングランドへ逃げ、そこでスミルナ会社に推薦されて、スミルナにあるこの会社の商館付き牧師をした。一六九三年にイングランドへ戻って国王ウィリアム三世の礼拝堂付き牧師となり、オランダで戦う同王に四年間随行した。一六九六年に神学博士、一六九七年にダブリン大学の副総長、一六九九年四月にダウンとコナーの監督となり、一七二〇年十一月四日にバースで死んだ。一六九五年以来王立協会（ロイヤル・ソサイエティ）の会員で、機関誌『哲学紀要』にもオリエントの風習について寄稿しており、ダブリン哲学協会の会員でもあった。彼からベールへの一六八六年十二月十二日付の手紙が残っている。

〔一九六〕 訳註〔一五〕を参照。

〔一九七〕 一六八六年に刊行地も刊行年も表記せずに出版された『テルロン騎士殿の手紙に対するスエーデンのクリスティーナ女王陛下の返事』というもので、一六八六年二月二日という日付が入っていた。おそらくオランダで出たもので、プロテスタント系の出版物であろうが、但しこれは偽書ではなく、クリスティーナ元女王もその手紙を書いたこと自体は認めていた。

〔一九八〕 ユーグ・ド・テルロン（一六二〇頃―九〇頃）。フランスの外交官。トゥールーズの生まれ。はじめマザランの侍臣で、一六五五年にマザランにより外交使節としてスエーデン王カルル十世（クリスティーナ女王が退位したあとの国王）のもとに派遣され、この王にいたく気に入られて、その希望により正式にフランスの駐スエーデン大使となり、一六六二年にはスエーデンとストックホルム条約を結んで同盟を更新した。一六六三年に国務顧問官となり、一六六四年にも再度大使としてストックホルムへ赴いて、フランスやデンマークとの同盟を結ばせようとしたが、イギリスの策動を封じることには成功したものの、スエーデンを中立化させることしかできなかった（一六六六年）。一六六七年から一六七五年にかけては駐デンマーク大使を務め、その後引退した。引退後に『回想録』（パリ、一六八一年）を著わしている。

〔一九九〕 一六八一―八二年のフランス僧族会議が発した有名な四箇条宣言（一六八二年三月十九日付）に盛られた命題のこと。内容は、一、国王は世上権に関しいかなる教会権力にも従属せず、法王は国王を廃位することも臣民に忠誠の誓いを免除することもできない、二、法王の至上権と世界宗教会議の権威とを同時に維持することが要請される、三、法王権の行使は教会法によって規制される、四、法王令は教会の同意が得られなければ破棄しうる、というものだった。

〔二〇〇〕 スエーデンの元女王クリスティーナは一六五五年にカトリックへ改宗していたが、それ以前はもちろんプロテスタントだった。

〔二〇一〕 フランスの作家ジョルジュ・ド・スキュデリ（一六〇一―六七）の英雄詩。スエーデンのクリスティーナ女王に捧げられたもので、一六五四年にパリで出版された。

〔二〇二〕 ジョルジュ・ド・スキュデリ（一六〇一―六七）。フランスの作家。ル・アーヴルの生まれ。はじめ軍人だったが、一六三〇年頃から文筆生活に入り、処女作『リグダモンとリディアス』（パリ、一六三一年）をはじめ多くの悲劇、悲喜劇、喜劇を書き、コルネイユの『ル・シッド』を批判して論争を巻き起こしたりした。一六四九年にアカデミー・フランセーズに入ったが、フロンドの乱でコンデ親王を支持したためルアンに流され、そこで叙事詩『アラリック』(パリ、一六五四年)を著わした。小説『イブラヒム』(四巻、パリ、一六四一年)、『グラン・シリュス』(十巻、パリ、一六四九—五三年)、『クレリ』(十巻、パリ、一六五六—六一年)、『アルマイド』(八巻、パリ、一六六〇—六三年)も彼の名で発表されたが、最後の一点以外はみな妹マドレーヌ・ド・スキュデリ(一六〇八—一七〇一)の作だった。

〔二〇三〕 訳註〔七二〕を参照。

〔二〇四〕 ジャン゠ルイ・ゲ・ド・バルザック(一五九七—一六五四)。十七世紀前半のフランスの作家。アングレームの生まれ。ポワティエとパリで学んだ後、一六一五年にライデンへ留学、一六二〇—二二年にはローマに滞在した。その後は多くシャラントの領地に引きこもっていたが、一六二四年以降『書簡集』を著わして、十七世紀前半の散文文学に大きな足跡を残した。ほかにも『君主論』(パリ、一六三一年)、『キリスト教徒ソクラテス』(パリ、一六五二年)、『対談集』(パリ、一六五七年)などがある。

〔二〇五〕 訳註〔一四八〕を参照。

〔二〇六〕 訳註〔一三二〕を参照。

〔二〇七〕 ジャン・バラン(一六三一—一七〇九)。フランス改革派の牧師。サントンジュ地方マレンヌの生まれ。モントーバン大学で学んで、一六七二年にマランの牧師、一六八〇年にソーミュールの牧師となり、ソーミュールのプロテスタント大学の最後の学長も務めた。ナント勅令廃止(一六八五年十月)直前にオランダへ亡命し、アムステルダムに新設されたワロン教会(フランス語教会)の牧師を務め、そのまま一七〇九年五月十五日に同市で死んだ。『文芸共和国便り』で彼が編集したのは、一六八七年九月号から一六八九年四月号までだった。

〔二〇八〕 訳註〔一三三〕を参照。

〔二〇九〕 訳註〔一八八〕を参照。

〔二一〇〕 ヴァンサン・ヴォワテュール(一五九七—一六四八)。フランスの詩人、書簡作家。アミアンの生まれ。酒屋の息子で、ボンクール学院で学んだ。一六二七年にルイ十三世の弟ガストン・ドルレアンの使節誘導係となって宮廷に入り、かたわらランブイエ館の集まりの常連となった。陰謀家の王弟との関わりでブリュッセル、マドリード、アフリカ、リスボン、ロンドン、再びブリュッセルなどを転々とし、一六三八年には王太子の誕生をトスカナ大公に知らせるためフィレンツェへ派遣されたり、さらにローマへ赴いたりした。一六三九年に国王付き司厨長に任命されたあとも、宮廷についてグルノーブル、アミアン、ルシヨンなどへ行っている。ランブイエ館の集まりの中心人物として才気を謳われ、当代有数の流行作家だった。一六三四年以来のアカデミー・フランセーズの創立会員で、一六五〇年以後様々な版の著作集が出た。

〔二一一〕　訳註〔二〇四〕を参照。

〔二一二〕　バウディウス（ドミニク・ボーディエ）（一五六一―一六一三）。フランスおよびオランダの詩人、歴史家。リールの生まれ。プロテスタントの子で、ジュネーヴ大学で学び、一五八五年に法学博士となった後、駐英オランダ大使館員を務めた。その後しばらくハーグで弁護士をし、さらにパリへ行って十年間滞在し、シュリ、デュ・プレシ＝モルネ、ド・トゥーなどと交わり、一五九二年にはパリ高等法院の弁護士となった。一六〇二年、ライデン大学に招かれて雄弁術の教授となり、さらに歴史の教授、オランダ修史官などを務めた。非常な学者だったが、酒と女に溺れ、ために貧窮の内に死んだという。『ベルギー戦争休戦論』（ライデン、一六一三年）、『書簡集』（二巻、ライデン、一六一五年）、『愛』（アムステルダム、一六三八年）などがあり、ミザントロピーに充ちたその詩は後のルソーを思わせるという。

〔二一三〕　ダヴィッド・ブロンデル（一五九〇―一六五五）。フランス改革派の牧師、歴史家。シャロンの生まれ。ジュネーヴ大学で神学を学び、一六一四年にウダンの牧師となった。一六一九年、『フランス改革派教会の誠意と真実性についてのつつましき声明』（セダン、一六一九年）によって、リュソンの司教（リシュリュー）をはじめとするカトリック側の攻撃に答えて、おおいに文名を上げた。以後多くの著作を行ない、一六三一年にあったソーミュール大学の神学教授就任の話は彼が礼拝堂付き牧師をしていたルシ伯爵の反対で実現しなかったが、一六四四年のイル＝ド＝フランス地方教会会議は、ブロンデルが研究の便宜のためパリに居住することを特に許した。その後間もなく、死んだヴォシウスの後任としてアムステルダム大学の歴史の教授となり（一六五〇年）、その地で歿した。教会史と世俗史に関する当代一流の大学者で、『教会における首座に関する歴史論』（二折判、ジュネーヴ、一六四一年）、『巫女論』（シャラントン、一六四九年）なども名高いが、特に『レオ四世とベネディクトゥス三世の中間に、女性がローマ法王座を占めしや否やという問題の平易なる解明』（アムステルダム、一六四六年）で、プロテスタントの対ローマ攻撃の有力な材料だった「女法王ヨハンナ」伝説をプロテスタントとして初めて正面から否定し、同信徒から非難された。ベールもかねがね彼の学識と批判精神には敬意を表していた。

〔二一四〕　訳註〔六九〕を参照。

〔二一五〕　もちろん、ナント勅令の廃止（一六八五年十月）によるプロテスタンティズムの非合法化に伴って、棄教しない牧師たちをはじめ夥しい数のプロテスタントが国外に亡命したことを言う。

〔二一六〕 ベールの『《マンブール氏のカルヴァン派史の一般的批判》の著者の新たなる手紙』、第一巻のこと。

〔二一七〕 訳註〔一八四〕を参照。

〔二一八〕 ヴィンケンティウスはドナトゥス派の一派であるロガトゥス派に属するカルテンナの司教で、若い頃カルタゴでアウグスティヌスの知り合いだった人らしい。このヴィンケンティウスに宛てたアウグスティヌスの手紙は紀元四〇八年のもの。

〔二一九〕 ドナトゥス派は、紀元四世紀の全体にわたってアフリカ教会に混乱を招いた分離教会派で、ヌミディアのカサエ・ニグラエの司教ドナトゥス（三五五頃歿）の名から来る。ドナトゥスはディオクレティアヌス帝によるキリスト教迫害の際、迫害に屈した信者に寛大な態度を取ったカルタゴの司教やその助祭カエキリアヌスと対立し、カエキリアヌスがカルタゴの司教に任命されるや、その承認を拒んで分離運動を起こし（三一一年）、義人によって与えられた秘蹟しか有効とせず、「殉教者の死刑執行人」カエキリアヌスや「罪びとの子ら」である正統派を弾劾して、再洗礼の上に「聖徒の教会」を自ら組織した。この運動は、「キルクムケリオネス」（「納屋のまわりをうろつく者」の意味で、もともとは季節的な農業労働者を言う）と呼ばれる武闘集団の合流によって武力闘争にまで発展し、アルルの宗教会議（三一四年）をはじめとする幾多の宗教会議で断罪され、ローマの国家権力によっても弾圧された。紀元四一一年のカルタゴ会議で一応正統派との妥協が成立し、ドナトゥス派の多くはそこで帰順したが、小規模な運動はサラセン人の侵入まで続いた。元来、ドナトゥス派運動は宗教運動であると同時に、社会的・民族的な運動でもあったらしく、サトゥルヌス崇拝の根強い地域を基盤とし、都市住民に対する牧畜民の、ローマ人入植者に対するアフリカ原住民の抵抗を表わしたものといわれる。

〔二二〇〕 ボニファキウス（四三二歿）はローマの将軍。トラキアの生まれ。四一三年にゴート族の進攻から今のマルセイユを守って手柄を立て、ホノリウス帝によりアフリカ護民官、ついでアフリカ総督に任命され、ヴァンダル族の進攻と戦った。アウグスティヌスの友人で、キリスト教の信仰が篤く、妻の死後に僧院へ入ろうとしたがアウグスティヌスらに制止された。のち、政敵アエティウスの画策で皇后プラキディアの不興を蒙り、その腹いせに四二九年頃、自らヴァンダル族をアフリカへ呼び入れたが、皇后の勘気が解けるに及んで一転してヴァンダル族と抗戦、四三〇年から一年にわたるヒッポ籠城戦を行なった。やがて脱出してイタリアへ戻り、フン族についた宿敵アエティウスとラヴェンナで対戦、その軍を粉砕したが、指揮官同士の決闘でアエティウスに重傷を負わされて死んだ。本文で述べられるアウグスティヌスからボニファキウスへの手紙は四一七年頃のものである。

〔二二一〕　当時のパリの大司教フランソワ・ド・アルレー・ド・シャンヴァロン（一六二五―九五）。パリの生まれ。ブレヴァル侯爵の子で、パリ高等法院首席長官アシル（三世）・ド・アルレーの従兄弟。十九歳でジュミエージュ僧院長の職禄を与えられ、一六五一年にルアンの大司教となり、一六七一年からはパリの大司教を務めた。ジャンセニストやプロテスタントを敵視し、ナント勅令の廃止（一六八五年）にも少なからぬ役割を演じた。ルイ十四世とマントノン夫人との秘密結婚を聖別したりした典型的な宮廷聖職者で、私生活は非常に乱れたものだったらしく、一六九五年八月六日夜に卒中で急死したのも情人との逢引の最中で、秘蹟を受ける暇もなかった。その生きざま、死にざまのため、彼の棺前演説を引き受ける者がいなくてみな困ったらしいが、ようやく引き受けた某イエズス会士も、演説では故人の道徳面を一切語らなかったという。

〔二二二〕　フィネアス・ピエラ。ロッテルダムのワロン教会（フランス語教会）の牧師。オランジュの出身で、一六六五年頃ジュネーヴ大学で神学を学び、その後フランスで牧師をしたらしい。しかし、フランス人以外の牧師の活動を禁じる法令が出、故郷オランジュはオランダのオランイェ家の所有で形式的にはフランス領でなかったため、かなり早くオランダへ亡命したらしく、レーウワルデンで開かれたワロン教会会議で牧師に採用されたのは一六七二年四月、ロッテルダムのワロン教会の牧師として着任したのは翌一六七三年だった。したがって、ロッテルダム教会ではジュリユーよりずっと古参の牧師で、ジュリユーとは仲が悪かった。逆にベールとは親しく、後年ベールとジュリユーが激しく対立した時も、ロッテルダム教会の長老会議内でベールを支持する少数派の中心となった。

〔二二三〕　訳註〔五九〕を参照。

〔二二四〕　訳註〔一三三〕を参照。

〔二二五〕　シャルル・デュ・ト・ド・フェラール（またはシャルル・フェラール・デュ・ト）（一六九四歿）。ルアン高等法院の評定官。地方的な文筆家でもあり、ヴェネツィアの駐ローマ大使アンジェロ・コラーロの『ローマ宮廷記』を仏訳（ライデン、一六六三年）したり、カーン大学の学長ミシェル・ド・サン＝マルタン師と取り交した短い時事的な手紙をいくつも発表したりした。ルカヌスの『ファルサリア』についての研究が死後（一七〇二年七月号）『トレヴー新聞』に載ったりもしている。

〔二二六〕　『学問・芸術の歴史のための覚書』（Mémoires pour l'Histoire des Sciences et des Beaux Arts）は、『トレヴー新聞』（Mémoires de Trévoux）という通称で有名な十八世紀のイエズス会系学芸新聞。一七〇一年から一七六七年まで、おおおむね月刊で、はじめはリヨンに近いトレヴーから、一七三三年以後は正式にパリから刊行された。但し、ここに引用されるのはこの原『トレヴー新聞』ではなく、アムステルダムで一七〇一年から一七〇五年まで刊行されたオランダ版『トレヴー新聞』である。このオランダ版は単にフランス版を覆刻しただけのものではなく、しばしばオリジナルな記事を加えており、そのオリジナルな記事は当然プロテスタント的傾向のものであって、しばしばフランス版を批判したりした。このオランダ版は一七〇一年中は月二回刊、一七〇二―〇三年は月刊、一七〇四年以後は年二回刊で、一七〇一年三月号から一七〇五年六月号まで全九巻発行された。

〔一二七〕 訳註〔九九〕を参照。

〔一二八〕 訳註〔一〇〕を参照。

〔一二九〕 訳註〔一二二〕を参照。

〔一三〇〕 訳註〔一三三〕を参照。

〔一三一〕 次註に述べるションベール元帥は二度結婚しており、最初の妻は従姉妹に当たるヨハンナ・エリザベト・フォン・ションベルク（ジャンヌ＝エリザベート・ド・ションベール）で、その妻からは五人の子を作ったが、ここで言うのはその妻の死後に娶った二度目の妻シュザンヌ・ドーマル（一六九〇歿）のことである。彼女はフランスのプロテスタント貴族でコンデ親王の侍従だったダニエル・ドーマル・ドークール伯爵の娘で、若い頃は同親王の姉に当たるロングヴィル公爵夫人の家に寄宿していた。しばしば「ドークール嬢」と呼ばれた才知豊かな「プレシユーズ」で、セヴィニェ侯爵夫人、サブレ侯爵夫人など当代一流の才女たちとも親しかったが、一六六九年四月にシャラントンの会堂でションベールとの婚礼を挙げた。ナント勅令廃止（一六八五年）後、夫と亡命の行を共にし、夫がアイルランドで戦死する少し前に子供を残さず病死した。「気高い勇気と、すぐれた敬虔の念の持ち主」と、エリ・ブノワの『ナント勅令史』でも称えられている。

〔一三二〕 アルマン＝フレデリック・ド・ションベール（ドイツ読みではヘルマン・フリードリヒ・フォン・ションベルク）（一六一八―九〇）。フランスのプロテスタントの将軍。もともとドイツ人で、父はプファルツ選挙侯の高官、母はイギリス上院議員の娘だった。リシュリューに傭われたスエーデン軍の一員として三十年戦争に従軍、一六三六年にフランスの軽騎兵大尉となった。ついで、オランダでオランイェ公のフレデリク＝ヘンリクやヴィレム二世に副官として仕えた後、またフランスへ戻り、フロンドの乱では政府軍で働いて、一六五二年に少将となった。テュレンヌ元帥のもとで各地に転戦し、一六五七年のサン＝ギランの防衛戦で名を上げたが、その後スペインへ派遣されてポルトガル軍の支援に当たり、八年間にわたり劣勢な兵力でスペイン軍の攻撃に耐え、エボラで大勝の後、一六六五年にはモンテス＝クラロスで凱歌を上げた。リスボン条約（一六六八年）でスペインがポルトガルの独立を承認し戦火がおさまると、フランスへ戻って一六七四年に元帥、カタルーニャ軍司令官となり、一六八四年のルクセンブルク攻囲戦がフランスでの最後の仕事となった。生まれながらのプロテスタントで、ナント勅令廃止（一六八五年十月）後、出国許可を得てポルトガルへ移ったが、宗教裁判所のいやがらせのためリスボンにも安住できず、はじめベルリン、ついでオランダへ再亡命した。オランダではオランイェ公ヴィレム三世に仕えて、そのイギリス遠征にも参加、同公が名誉革命でイギリス王（ウィリアム三世）となるや公爵に叙せられ、砲兵総監に任命された。前王ジェームズ二世がフランス軍に支援されてアイルランドに上陸するや、ほとんどがフランス人の亡命プロテスタントからなる騎兵隊を指揮して迎え討ち、ボイン川の血戦で敵を撃破したが、追撃戦の中で戦死した（一六九〇年七月十一日）。コンデ親王やテュレンヌ元帥に次ぐ当代有数の名将とされている。

〔二三三〕　ジュリューの著作。その第一篇第二十三、二十四章では約三十ページを充てて、ベールが『《マンブール氏のカルヴァン派史の一般的批判》の著者の新たなる手紙』の第九信でした「迷える良心の権利」論に反駁していた。但し、この反論は「当代最高の作家の一人」に対するものとされており、特にベールを名指したものではなかった。

〔二三四〕　正しくは「第二部と第三部」である。

〔二三五〕　一六七三年にイギリス議会が可決した条令で、これにより、公職に就こうとする候補者はみな、国教会の聖体拝領をし、化体をはじめとするカトリックの教義を忌避すると宣誓することを義務づけられた。ベールのこの文章が書かれた当時、国王ジェームズ二世（カトリック教徒）はさかんにこの条令を廃止しようとしていたが、実際に宣誓条令が廃止されたのは十九世紀の一八二八年だった。

〔二三六〕　訳註〔一〇四〕を参照。

〔二三七〕　アントワーヌ・フュルティエール（一六一九—八八）。フランスの小説家、辞典編集者。パリの生まれ。庶民の出で、父は王室で働く書記だった。法律を学んで、はじめパリ高等法院の弁護士、ついでサン＝ジェルマン＝デ＝プレ僧院の税務代訴人を務めたが、不正を訴えられて辞職を余儀なくされた。そこで僧籍に入り、たぶんサン＝ジェルマン＝デ＝プレ僧院長だったヴェルヌイユ公爵の庇護のお蔭であろうが二つの聖職禄を手に入れ、一六六二年にはそれらをブルジュ教区シャリヴォワにあるシトー派僧院の僧院長の職禄と交換して、それを主たる生活手段とした。『アエネーイス』第四巻をビュルレスク詩に訳した『戯作アエネーイス』（パリ、一六四九年）、メルクリウス神の遍歴にかこつけて、その神が行く先々で見聞するという衒学者、宮廷詩人、弁護士、金融家等々の生態を諷刺した『メルキュールの旅』（パリ、一六五三年）、『詩集』（パリ、一六五五年）、文壇におけるロマネスク派と革新派の争いに想を得た『寓意小説』（パリ、一六五八年）などを出し、これらは今では忘れられているが、その業績により一六六二年五月にアカデミー・フランセーズの会員となった。一六六六年には代表作『町民物語』（パリ、一六六六年）を発表、これは作者自身が住んでいたパリのモーベール広場を舞台に、そこで生活する法律家たちの世界を生活の細部に至るまで生々しく描写した風俗小説の傑作で、十七世紀における写実派小説の作表作とされた。一方、フュルティエールはアカデミー・フランセーズとは別の路線で仏語辞典を編む計画を立てており、それは上流社会で使われない単語をすべて排除するアカデミー・フランセーズの規範主義、純正主義を排して、古語をも技術用語、各学問の専門用語をも取り入れて、単に語義の定義だけに止まらぬ一種の「事典」たらしめようとする雄大な構想だった。この辞典のための允許は一六八四年に大法官から取得したが、こういう対抗的な構想にアカデミー側は反撥し、同僚会員たちの集めたデータをフュルティエールが自分の辞典のために盗用するおそれがあるという理由で允許を取り消させた上、一六八五年一月二十二日に彼を除名してしまった。フュルティエールはこの措置に抗議して、『アントワーヌ・フュルティエール氏のための公開状』（アムステルダム、一六八五年）、『第二公開状』（アムステルダム、一六八六年）、『第三公開状』（アムステルダム、一六八八年）、『フュルティエール氏からアカデミー・フランセーズ首席ドゥージャ氏への手紙』（ハーグ、一六八八年）等々、計十四点にも上るパンフレットを出した。肝腎の辞典の方は、生前には見本として『万般辞典の試作』が一六八四年にアムステルダムから出ただけで、二折判（フォリオ）三巻の『万般辞典』そのものがハーグとロッテルダムで刊行されたのは死後の一六九〇年だった。一六八八年五月十四日にフュルティエールはパリで他界していたからである。

〔一三八〕　ドニ・ド・サント゠マルト（一六五〇―一七二五）。フランスのカトリック神学者、歴史家。パリの生まれ。一六六八年に十八歳でベネディクト会サン゠モール派の修道士となり、哲学や神学を教えた後、一六九〇年にトゥールの僧院長、ついでルアン、パリ、サン゠ドニの各僧院長を歴任し、一七二〇年に同派の総会長となった。『告解論』（パリ、一六八五年）、『イギリスに対するオランイェ公の企図をめぐる対談』（パリ、一六八九―九一年）などの論争書のほか、『カッシオドルス伝』（パリ、一六九四年）、『聖グレゴリウス大法王史』（ルアン、一六九七年）などの史書があり、『ガリア・クリスティアナ』の新版（二折判（フォリオ）三巻、パリ、一七一三―二五年）をも作った。『フランスのいわゆる迫害に関するプロテスタントの抗議に答う』（パリ、一六八八年）は対プロテスタント論争書の一つで、カルヴァンをはじめとする宗教改革者たちも異端者を処罰すべしとしている以上、迫害に対するプロテスタントの抗議は無効であるとしたものだった。

〔二三九〕　訳註〔一八七〕を参照。

〔二四〇〕　訳註〔一八八〕を参照。

〔二四一〕　この君主とは、当時ヨシュアの再来と目されて、全ヨーロッパのプロテスタント、とりわけ苦難に喘ぐフランス改革派の輿望を担ったオランイェ公ヴィレム三世、後のイギリス王ウィリアム三世のこと。オランダを出発したヴィレムの軍は一六八八年十一月五日トーベイに上陸し、ここに名誉革命が開始された。ヴィレムのロンドン入城はこの手紙の日付より二十日ほど後の十二月二十八日だった。

〔二四二〕　これは当時の国際情勢を言っている。一六八八年九月二十五日、ルイ十四世は神聖ローマ帝国に宣戦を布告した。一方、大使の不可侵権の問題などでルイ十四世とローマ法王インノケンティウス十一世の対立もこの時期に頂点に達しており、この年の九月にはルイ十四世がローマから破門されていた。彼は九月六日に法王非難の勅語を発して、「教会の長たる資格と、王権の敵と公然と利害を共にする世俗の君主たる資格を、もはや分離せざるをえない」と言明、九月二十七日にはパリ高等法院に来るべき世界宗教会議への提訴を決定させた。事実、この法王は強硬な反仏論者で、オスマン・トルコとの戦争に追われる神聖ローマ帝国の兵力を対仏戦に振り向けてルイ十四世を抑えることを外交政策の主軸としており、スペイン、オーストリア、ドイツ諸公国、オランダ、さらにはイギリス（ジェームズ二世も同年十月に、オランダ、スペインに対仏同盟への参加を申し入れていた）を結ぶ対仏大同盟（アウグスブルク同盟）の中心のごとき観があり、現法王は偽装したプロテスタントだという非難すらフランスでは横行していた。オランイェ公ヴィレムの側近だったイギリスのギルバート・バーネットは、「フランス王がユグノーに次いで法王に龍騎兵をけしかけ、プロテスタントの全体が法王の大勅書のお蔭で、いまだ血を流している手傷を六十年前に負わせたオーストリア・バイエルン両王家に味方して戦うために同盟を結ぶというのは、いささか珍奇な現象だった」（『同時代史』、一七二四―三四年。仏訳、一七三五年、第二巻、八二〇ページ）と語っているが、こうした国際情勢はオランイェ公のイギリス遠征にきわめて有利に作用した。

〔二四三〕　ジュリューのマンブール反駁書『カルヴァン派史と法王教史の比較論』（一六八三年）の前半第一、第二部の標題。なお、後半第三、第四部の標題は『法王教史』である。

〔二四四〕　訳註〔一〇八〕を参照。

〔二四五〕　ジャン・ルー（一六三八―一七一一）。フランスのプロテスタント文筆家。パリの生まれ。父はパリ高等法院の検事だった。八歳で父を、十四歳で母を亡くして、小父の手で育てられ、はじめソーミュールのプロテスタント大学に入ったが、途中でやめて一六五八年にパリへ戻り、パリ大学、オルレアン大学で法律を学んで、一六五九年にパリ高等法院の弁護士となった。しかし法廷に立つのを嫌って文学・語学に精進し、イタリア語とスペイン語を勉強、一六六四年からは弁護士の活動をやめた。最初に出した本はディエゴ・サーベドラ・ファクサルドの『キリスト教的・政治的君主』をスペイン語から訳したもの（パリ、一六六八年）だが、同信徒のコンラールから王太子の傅育官モントージエ公爵に紹介され、同公爵に目をかけられて、数年前から構想を温めていた歴史年表の作成に取り組み、その仕事はモントージエ公爵や国王自身からも激励されたという。王太子の教育用に作られたこの年表は正式に允許を取って、『歴史年表・系図集』（パリ、一六七二―七五年）（『王太子殿下の御使用に供するため王命によって作られた新歴史年表』〔パリ、一六七五年〕と表記したものもある）として上梓されたが、一部のローマ法王の非行をも遠慮なく記述していたため教会当局を怒らせ、ルーは一六七五年十一月に逮捕されてバスティーユに投獄され、年表の原版も全部押収された。翌一六七六年春に釈放されたが、この一件で破産したルーは、以後数年間、イギリス人貴族の子弟の家庭教師として生活を立て、一六七七年にはイギリスへ行ったりもした。一六八〇年九月に、やはり家庭教師の口をみつけてオランダへ行き、そこでマンブールの『カルヴァン派史』に反駁する『マンブール氏の《カルヴァン派史》についての指摘』（ハーグ、一六八二年）を発表、一六八二年十一月には牧師ジュリユーの推薦により、オランイェ公からオランダ政府の書記（外務省の書記官に相当）の地位を与えられ、さらに一六八九年二月にはオランダ政府の翻訳官に任命されて、以後はずっとハーグに住んだ。本文で挙げられる『誘惑の回避』（ベルン〔実際はハーグ〕、一六八六年）は、ボシュエがオランダへ亡命した元教区民であるラ・フェルテ＝オー＝コルの元法官（バイイ）ピエール・ド・ヴリヤックに送った二通の手紙（一六八五年十月十七日付と一六八六年四月三日付）と、ルーが親友のヴリヤックに代って書いた同じく二通の返事からなるものだった。ルーが生前発表した本は以上挙げた四点だけだが、ルーは非常に学問好きの人だったようで、一六九一年頃から、ハーグで毎週開かれていた主に牧師たちからなる歴史・哲学・神学の研究会に加わったり、十八世紀初頭にはやはりハーグに小型の文芸アカデミーを作ったりし、バナージュ・ド・ボーヴァルの『学芸著作史』、ジャック・ベルナールの『文芸共和国便り』などの学芸新聞に折にふれ小論文を寄稿した。『王立絵画・彫刻アカデミー史』、『要約世界史』、マリアナの『スペイン史』の仏訳などが手稿として遺されたらしいが、これらはいずれも出版されなかった。しかし、晩年に書いた『回想録』はヴァダントンの手により一八五七年にパリから二巻本で刊行されている。一七一一年十二月三日にハーグで歿。ルーは一六九一年以後不倶戴天の敵となるベールとジュリューの双方と親しかった人で、著作はみな原稿をベールに見せて意見を仰いでいたらしい。ロッテルダム市立大学の設立についても、それを同市の助役パーツにはたらきかけてジュリューとベールを教授として推薦したのも自分だと『回想録』では言っている。ベールからルーへの手紙も、一六七九年十一月二十一日付のものから一七〇六年七月三日付のものまで、計三十七通残っている。なお、一六六九年十二月にルーが結婚した相手のルイズ・エル゠フェルディナンは、ベールの肖像を描いたプロテスタント画家ルイ・エル゠フェルディナンの姪だった。

〔二四六〕 ボシュエのこと。訳註〔一三〇〕を参照。

〔二四七〕 訳註〔一七一〕を参照。

〔二四八〕 ポール・ペリソン゠フォンタニエ（一六二四―九三）。フランスの作家、宗教家。南仏ベジエの生まれ。パリ高等法院評定官で一五五九年に火刑に処せられたプロテスタントの殉教者アンヌ・デュ・ブールとも姻戚関係を持つ古いプロテスタント法曹家の家系の出で、父はカストル勅令裁判所のプロテスタント評定官だった。自らもプロテスタントとして育てられ、トゥールーズ大学で法律を学んだ。一六四五年に一度パリに出たが、天然痘にかかって二目と見られぬ容貌となったため、一六四八年に南フランスに帰り、カストルで弁護士をした。一六五〇年に再びパリへ出、一六五二年には王室書記官の位を買い、その才能を見込まれて一六五七年に財務総監フーケの筆頭書記に任命されたが、一六六一年にフーケが逮捕された時、彼を擁護する文書を著わしたためバスティーユに投獄され、四年半を獄中で過ごした。一六六六年に出獄し、カトリックに改宗するという条件で国王ルイ十四世の修史官に任命され（一六七〇年一月）、同年十月に改宗した。さらに僧籍にも入って、ジモンの僧院長、サン゠ジェルマン゠デ゠プレ僧院の会計係等々、多くの聖職禄を手に入れ、プロテスタントの改宗事業や、ボシュエと組んでライプニッツらと行なった教会合同のための折衝など、ルイ十四世の対プロテスタント政策で枢要な役割を演じ、特に一六七六年以降、改宗するプロテスタントを財政的に援助する「改宗金庫」の総責任者として活動した。多くの詩や、死後に刊行された『ルイ十四世史』（三巻、パリ、一七四九年）、対プロテスタントの宗教論争書として当時少なからぬ役割を果たした『宗教対立に関する考察』（パリ、第一部一六八六年、第二部一六八七年、第三部一六九〇年、第四部一六九一年）、死後に出版された『聖体論』（パリ、一六九四年）、ライプニッツとの宗教合同をめぐる文通を纏めた『諸宗教の寛容について』（二巻、パリ、一六九二年）などがあるが、今ではもっぱら『アカデミー・フランセーズ史』（パリ、一六五三年）の著者として記憶されている。一六五三年以来、アカデミー・フランセーズの会員だった。転向者として、「良心を金で買う」と攻撃された「改宗金庫」の総元締として、当時のプロテスタントには至って評判の悪い人物だったが、「改宗金庫」も彼自身の意図からすれば暴力的な改宗強制の回避ないし抑制を目的としていたもののようで、甥のプロテスタント史家ラパン゠トワラスが証言しているように、親類のプロテスタントたちにはきわめて寛容で、改宗を迫ったりはせず、一六八五年前後の大弾圧の中でもたえずそれを保護して、国外亡命を助けたりしていたこと、一六九三年二月七日にヴェルサイユで死んだ時は告解もせず終油の秘蹟も受けず、そのためヴェルサイユの主任司祭が国王に不満を訴え、ペリソンはユグノーとして死んだという噂が立ったことなどを考え合わせると、その内面はかなり複雑だったらしい。死後に上記の噂を確かめようとしたラパン゠トワラスも、ペリソンの秘めた内心は結局窺い知れないとした。

〔二四九〕「忠実に」というのは『亡命者の手紙に対する新改宗者の返事』の原典からの写し間違えで、原典では「しっかりと」となっており、意味上もその方が良い。原典にある solidité という単語を fidélité と誤って書いたのである。

〔二五〇〕訳註〔二四五〕を参照。

〔二五一〕ペリソンが一六八八年にパリで発表したジュリュー攻撃のパンフレット。『同氏の《牧会書簡》第二年度への一般的回答』という副題を持つ四折判十二ページの小冊子で、その後、『宗教対立に関する考察』の第三部（パリ、一六九〇年）に収められる形で再刊された。

〔二五二〕『《ジュリュー氏の妄想》の著者への答』という四折判八ページのパンフレット。刊行地も刊行年も表記されていないが、ジュリュー自身が一六八八年のハーグ滞在中に書いたものとベールはこの手紙で言っており、それに基づいて、今でもジュリューの作と考えられている。

〔二五三〕『学芸著作史』（Histoire des Ouvrages des Savans）というのは、亡命プロテスタントでベールの親友だったアンリ・バナージュ・ド・ボーヴァル（一六五六―一七一〇。訳註〔七二〕を参照）が編集してロッテルダムのライニール・レールス書店から出していた月刊の学芸新聞。一六八七年九月号から一七〇九年六月号まで続き、実質的には、一六八七年二月にベールが病気のため編集を手放した『文芸共和国便り』の後継紙だった（『文芸共和国便り』自体も別の編集者の手で一七一八年六月号まで続いたが）。

〔二五四〕訳註〔一一〕を参照。

〔二五五〕一六九一年五月にライデンで開催されたオランダのワロン教会会議。すでに前回の教会会議（一六九〇年八月、開催地アムステルダム）で、宗教的寛容を説いたドルドレヒトの牧師ユエの諸作の内容を検討するための委員が任命されていたが、このライデン教会会議では、その委員たちの検討に基づき、ユエの著作から引いた七つの命題が虚偽、スキャンダラスとして断罪され、ユエは前言撤回も甲斐なく、六カ月の停職処分を受けた。さらに、この教会会議では、ジュリューやフランソワ・シモンの告発により、ハーグの牧師ジャクロの所説と行状を調査する委員会が設けられたが、反ジュリュー派も反撃に出て、同じ教会会議にはユトレヒトの牧師ソーランなどによるジュリューへの告発も寄せられた。

〔二五六〕 訳註〔一三三〕を参照。

〔二五七〕 原著では「ランファン氏の」となっているが、誤りなので訂正した。

〔二五八〕 訳註〔五九〕を参照。

〔二五九〕 訳註〔七二〕を参照。

〔二六〇〕 訳註〔一七一〕を参照。

〔二六一〕 ニコラウス・ドラビキウス（ドラビーツ）（一五八七—一六七一）。モラヴィアの幻視家。モラヴィアのシュトラスニッツの生まれ。はじめはドラハトゥッツで牧師をしていたが、一六二九年に神聖ローマ皇帝のプロテスタンティズム禁止令によってハンガリーへ逃げた。その後一時ラシャ商人をし、不品行のため同信徒たちの非難を浴びたが、一六三八年に一転して見神家となり、以後様々な予言を唱えた。特に、神聖ローマ帝国の滅亡近しという予言は有名で、迫害される信徒らの復讐者と目したトランシルヴァニアのラーコーツィ公に、一六四五年に自ら神の命令を伝えに行ったほどだった（公はこの予言を焼き、程なく歿したが）。この激烈なオーストリア攻撃のため、最後にはプレスブルクで逮捕されてウィーンへ連行され、斬首の上、屍体と予言書は火に焼かれて、灰はドナウ川に捨てられた。なお、その予言書は、教育学者として有名なコメニウスにより、『闇の中の光』（一六五七年）の中でラテン語に訳されていた。

〔二六二〕 クリストフ・コッテルス（コッター）（一五八五—一六四七）。シレジアの幻視家。シレジアのシュプロッタウの生まれ。幻視や夢によって数々の予言をし、それで名声を博して、諸国の宮廷に呼ばれたりした。しかし、その予言はきわめて反オーストリア的なものだったため、オーストリア当局により逮捕され、晒し物にされた上追放された。予言はコメニウスの『闇の中の光』（一六五七年）に集められている。

〔二六三〕 クリスティーナ・ポニアトヴィア（ポニアトフスカ）（一六一四—四四）。ボヘミアの女性幻視家。ポーランド貴族の娘で、父とともにボヘミアに亡命し、某男爵夫人の侍女となった（一六二七年）。その一カ月後、エクスタシーに陥って教会の再興や迫害者の滅亡を予言し、一六二九年まで同様のことが繰り返されたが、その年一月下旬、仮死状態に陥ってそれから蘇った後は天啓に見放されたという。一六三二年に、もとボヘミア王子の教育掛だったダニエル・フェルターと結婚し、十二年後に熱病で死んだ。その予言はコメニウスの『闇の中の光』（一六五七年）に集められている。

〔二六四〕　訳註〔一二九〕を参照。

〔二六五〕　一六八九年二月十三日という日付が付いた手紙で、同じ一六八九年にロッテルダムのアブラアム・アシェール書店から出版された。同書店はジュリューの『予言の成就』や『牧会書簡』などの版元で、この『ジュネーヴからの手紙』もジュリューの肝煎りで出版されたことは間違いない。そこから、これもジュリューの作とする研究者もいるが、カプレールが作ったジュリューの文献目録（出版二〇〇二年）などは「誤ってジュリューに帰された作品」の一つとしている。

〔二六六〕　原著には「一〇九ページ」とあるが、『牧会書簡』の原典にしたがって改めた。

〔二六七〕　デ・メゾーはこのように、『自由に憧れる奴隷のフランスの溜息』をジュリューの作と考えている。こういう考えは現代に至るまで根強くあるが、より一般的な説は、この作品を元オラトリオ会士の亡命フランス人で後に大部の『ルイ十三世治世史』（全十巻、アムステルダム、一七〇〇―一一年）を著わすミシェル・ル・ヴァソール（一六四八―一七一八。訳註〔六一一〕を参照）の作とするものである。フランス国内での非合法的配布を目的とする定期刊行物という点で『奴隷のフランスの溜息』が『牧会書簡』の後継作品であることは間違いないが、しかしまた、『牧会書簡』がフランス国内に残留するプロテスタントを支え励ますことを目的としていたのに対し、『奴隷のフランスの溜息』は宗教のいかんを問わず、貴族、僧族、高等法院関係者、町民、農民などフランスの各階層に絶対主義権力への「総反抗」を呼びかけるのを狙いにしていたという趣旨の違いがあったことも見落としてはならない。なお、この書はその強烈な反絶対主義的論調のためフランス大革命期に更めて注目され、一七八八年に『或る愛国者の願い』（刊行地はアムステルダムと表記しているが、実際はパリ）の題で、また一七九〇年には原題のまま（刊行地はロンドンと表記しているが、実際はパリ）、いずれも部分的に再刊された。

〔二六八〕　訳註〔九四〕を参照。

〔二六九〕　サン＝ジョルジュおよびテヌリエール男爵ウスタッシュ・ル・ノーブル（一六四三―一七一一）。フランスのパンフレット作家。トロワの生まれ。もともと法律家で、一六七二年から一六八二年までメッス高等法院の検事をしたが、借金を払うためその官位も売り渡した。一六九一年十二月に公金私消と偽造の罪でシャトレの監獄に入れられ、九年間の追放刑に処せられた。その後、コンシエルジュリ監獄に入牢し、獄中でガブリエル・ペローという女囚とねんごろになり、二人で脱走したが再度捕縛された。主に獄中で、フランス政府のプロパガンダの道具となる政治パンフレットを次々と出し、その功により最後は追放も解かれたが、一七一一年一月三十一日にパリで死んだ時は赤貧洗うがごとき状態だったという。オランダで量産される反仏パンフレットに対抗するためフランス政府が利用した政治パンフレットの最大の書き手で、一六八八年十月から『時事問題についての対話』という四十数ページからなるパンフレットを定期的に出し、その第三号『ギユモ王とギユメット王妃の戴冠』（一六八九年）や第四号『ギユモの饗宴』（一六八九年）ではイギリス名誉革命を攻撃し、第五号『インノケンティウス十一世の会計検査院』（一六八九年）ではローマ法王を攻撃した。一六九〇年一月からは、やはり対話からなる月刊のパンフレット『政治的試金石』を出して、一六九一年十一月の第二十八号まで続け、一六九二年にはたぶん二号で終わった『賢者の学校』を、一六九三年一月から一六九四年八月までは月刊で二十一号出た『ヘラクレスの仕事』を、一六九四年九月―十二月には『イソップの精神』を、一六九四―九五年には月刊で十四号まで出た『世間の学校』を、一七〇二―〇九年には月刊で八十七号まで出た『新政治対談』をというふうに、ほとんど途切れることなく政治パンフレットを出し続け、しかも、『時事問題についての対話』が六千部も刷られたように、これらの政府系パンフレットはみな大量に印刷された。ル・ノーブルにはこうしたパンフレットのほかにも多くの著作があり、滑稽叙事詩『噴霧器の並木路』（一六七五年）、ナント勅令の廃止を祝った英雄詩『シャラントン、または異端の滅亡』（パリ、一六八六年）、『オランダ共和国成立史』（二巻、パリ、一六八九―九〇年）、『ユラニ、または哲学者一覧』（三巻、パリ、一六九四―九七年）、小説には『ノルウェー王妃イルドジェルト』（二巻、パリ、一六九四年）、『ズュリマ、または純愛』（パリ、一六九四年）などがある。一七一八―二六年にパリで十九巻の全集が出た。

〔一七〇〕 訳註〔二三八〕を参照。

〔一七一〕 訳註〔一七四〕を参照。

〔一七二〕 この作品の著者同定の問題は本書一五九ページ以下で論じられるが、ベールの年少の友人で、ベールが手を引いた『文芸共和国便り』の編集に一六八七年三月号、四月号、五月号の三号にわたって携わったダニエル・ド・ラロック（一六六〇―一七三一）。訳註〔一三二〕を参照）が原稿を書き、ベールがそれに手を入れて出版したというのが、今ではほぼ定説に近くなっている。なお、ラロックはたぶん一六九〇年秋にコペンハーゲンでカトリックに改宗し、同年十二月以前にパリへ戻り、その後は僧族から支給される年金によって生活した。

〔一七三〕 ジョージ・ブカナン（一五〇六―八二）。イギリスの人文学者。スコットランドの人。パリ大学で学び、早くから宗教改革に好意的で、一五三九年に教会を諷刺した文書により異端の嫌疑をかけられてフランスへ亡命したが、一五六〇年頃に最終的にスコットランドへ帰国して、カルヴァン派へ正式に改宗、一五六六年にセント・アンドルーズ大学のセント・レナード学寮長に任命された。一五六八年にはスコットランドの前女王メアリ・ステュアートの裁判で裁判官を務め、彼女に対する告発を強力に支持して、『メアリ女王暴露』（一五七一年）を発表、一五七〇年からは国王ジェームズ六世の教育掛を務めて、人民主権と暴君殺しの正当性を主張した『スコットランド人統治権論』（一五七九年）をこの生徒のために著わした。ほかに悲劇や詩集、『スコットランド史』（一五八二年）などがある。

〔二七四〕「ユニウス・ブルトゥス」はフランスのプロテスタント・モナルコマキの代表作『暴君に対する自由の擁護』が掲げている架空の著者名。この本ははじめバーゼルからラテン語で出版され、一五八一年には仏訳が出た。ラテン語版は出版の年代を一五七九年としているが、ベールはそれを疑問視し、一五八一年説に傾いている（しかし、最近のウェーベルなどは一五七九年説を採る）。いずれにせよ、これは圧制に対する臣民の抵抗権を主張した、聖バルテルミ大虐殺後のプロテスタント・モナルコマキの代表的作品で、十六世紀における最も有名な抵抗権理論書だった。著者はジュネーヴにおけるカルヴァンの後継者テオドール・ド・ベーズ（一五一九—一六〇五）とも、フランス改革派の領袖デュ・プレシ＝モルネ（一五四九—一六二三）とも言われたが、フランス人の外交官で法学者でもありザクセン選挙侯の駐仏、駐オーストリア外交代表などをしたユベール・ランゲ（一五一八—八一）とする説が最も有力である。なお、ベールの『歴史批評辞典』の巻末に付せられた論考の一つには「一五七九年に出版されたエティエンヌ・ユニウス・ブルトゥスの書について」（邦訳、著作集第五巻、一〇二〇—一〇四八ページ）というものがあり、これはランゲ著者説を主張して、現在まで続くこの書の研究の貴重な出発点となった。

〔二七五〕ダーヴィト・パレウス（ドイツ読みではヴェングラー）（一五四八—一六二二）。ドイツの改革派神学者。シュレージエンのフランケンシュタインの生まれ。農夫の子で、はじめ薬屋、靴屋などに奉公したが、向学心が強く、一五六四年にヒルシュベルクの学院に入って、家庭教師をしながら苦学した。そこの担任教師の影響でルター派から改革派に転じ、土地の牧師の圧力でその教師が学院を逐われ、プファルツ選挙侯フリードリヒ三世が新設したアンベルクの学院の校長に任命されるや、自らも一五六六年にアンベルクの学院に移った。そこからハイデルベルク大学付属の神学校に進んで、校長だった改革派神学者ウルジヌスのもとで学び、一五七一年に改革派の牧師となった。同年五月にシュレッテンバッハ村の牧師に任命され、一時母校であるハイデルベルク神学校の教師をした後、再び牧師生活に戻って、ヴォルムスに近いヘムスバッハ、一五七七年からはオーゲルスハイム、一五八〇年からはノイシュタットに近いウィンツィンゲンで牧職に従事し、一五八三年にプファルツ選挙侯ルードヴィヒの死によってこの公国の支配権がルター派から改革派に戻ると、一五八四年九月にハイデルベルク神学校の次席教授に任ぜられた。一五八六年にルター派の遍在説を批判した処女作『遍在説論争方法』を発表、一五八九年にはルターのドイツ語訳聖書を改訂した通称「ノイシュタット聖書」を出し、これをめぐってテュービンゲン大学のルター派神学者ヤーコプ・アンドレーエと論争をした。一五九一年にはハイデルベルク神学校の首席教授に昇進し、一五九三年には神学博士となり、一五九六年にはカルヴァンの「ユダヤ教的偏向」を批判するルター派に答えて『聖三位一体についてカルヴァンは正統派なり』を公にした。二年後の一五九八年にハイデルベルク大学の旧約学の教授に任命されて、苦労の多い神学校の仕事から解放され、一六〇二年には新約学の教授に移って、この大学の看板教授として、その講義にはハンガリー、ポーランドなどからも多くの学生が詰めかけた。改革派とルター派の和協のためすべての福音主義教会の全体会議を提唱した『イレニクム』(一六一四年)の発表(この提案はルター派のヒュッターらに反対されて容れられなかった)、一六一七年から始まったマインツのイエズス会士たちとの論争などがその後あり、一六一八―一九年のドルドレヒト教会会議にはオランダ政府から出席を要請されて、老齢と病弱を理由に辞退したものの、アルミニウス主義に対する明確な反対の態度は『ドルドレヒト教会会議論』(一六一九年)でも示された。晩年は、プファルツ選挙侯フリードリヒ五世がボヘミア王に選ばれたことからプファルツがカトリック教徒の手に落ちるのを恐れて、一六二一年十月にはハイデルベルクからランダウの近くのアンヴァイルに、数カ月後にはさらにノイシュタットに避難したが、最後はハイデルベルクへまた戻り、同市の自宅で一六二二年七月十五日に世を去った。宗教論争家としてはカトリック側のベラルミーノ枢機卿を批判した多くの論文が名高いが、聖書註解者としても有名で、旧・新約各書についての註解が死後に二折(フォリオ)判三巻の『神学・釈義著作集』(フランクフルト、一六四七年)に纏められた。それにも収められている『ロマ書註解』(一六〇九年)は一六二二年に王権を傷つける危険文書としてイギリスではオクスフォード、ケンブリッジ両大学により焚書とされた。一六四二―五〇年に二折(フォリオ)判四巻の『神学著作集』がジュネーヴで刊行されている。

〔一七六〕訳註〔一七四〕を参照。

〔一七七〕イギリス王チャールズ一世(一六〇〇―四九、在位一六二五―四九)。もちろん、ピュリタン革命で処刑されたイギリス王。

〔一七八〕ヴァルドー派はピエール・ヴァルドーを開祖とする中世以来のキリスト教の一派。ピエール・ヴァルドー(一一四〇頃―一二一七頃)(宗教裁判所の記録にはラテン語で「ヴァルデシウス」、「ヴァルデンシス」とあるから、正確な名前は「ヴァルデス」または「ヴォーデス」で、それが民衆の間で訛って「ヴァルドー」となったのかもしれない)は出自、青少年時代、受けた教育などは分っていないが、とにかくリヨンの裕福な商人で、一一七〇年頃または一一七六年に或る精神的危機を経験して突然回心した。きっかけは友人が急死したこととも、結婚式の日に回心して独身を貫き全財産を貧者に施した聖アレクシウス（四三〇頃歿）とその妻の伝説を読んだこととももいわれる。彼には妻と二人の娘がいたようで、夫の突然の変身に驚いた妻がリヨンの大司教に泣き付き、大司教が彼に世俗人の説教を禁じたという言い伝えもある。いずれにしろ使徒的な清貧を志した彼は、残された家族の生活手段を確保した上で、残りの全財産を売り払って貧者に施し、自分はラテン語が読めないため二人の司祭に頼んで新約聖書の一部をフランス語に訳してもらい、一一七六年から弟子たちとともに巡回の説教活動を行なった。このグループは当初「リヨンの貧者」と呼ばれ、一一七九年には第三ラテラノ宗教会議に代表（おそらくヴァルドー自身を含む）を送って説教活動の公認を求めた。宗教会議はウォルター・マップというイギリス生まれの聖職者を長とする委員会を作ってこの要請を検討した結果、ローマ法王アレキサンデル三世とともに、彼らの自発的清貧は是としつつも、もっぱら聖職者の仕事である説教を一介の平信徒たちが行なうのを禁じた。但し、これは「断罪」というほどのものではなく、「豚に真珠」などというマップの言葉にもあるように、無知な世俗人に対する軽蔑・嘲笑という色合いの濃いもので、それぞれの司教にこの集団への対応を委ねていた。しかし、彼らがこの禁令を無視して活動を続け、南フランスや北イタリアに二人一組の説教者を送って宣教を展開したため、一一八〇年にヴァルドーはリヨンの教会会議に喚問され、一一八二年にはグループ全員がリヨンから追放され、一一八四年にはヴェロナ宗教会議でこの集団を異端者の内に入れるようフランスの司教たちが要求したため、ローマ法王ルキウス三世が彼らを教会から破門した。ナルボンヌの大司教も一一九〇年に彼らを異端として断罪している。この破門後のヴァルドーの消息は明らかでない。このように、当初は禁欲主義と万人司祭主義に立脚する、教理的には「正統的」な分離派集団（それも、自ら求めて分離したわけではない）だったヴァルドー派も、禁止令・追放令・破門宣告を受けてから、一部は教会に帰順したものの、多くは徐々に「異端」的傾向を強めてゆき（それには、当時同じ地域で宣教を行なっていたカタリ派やアンリシアン派――一一四五年にトゥールーズで獄死した修道士ローザンヌのアンリを開祖とする一派――との接触から、彼らの主張を一部取り入れたことが一因となったとの説もある）、徹底した聖書主義から信仰の規準として新・旧約聖書しか認めず、聖人崇拝、ミサ、告解、断食、煉獄、死者のための祈りなどを否認するようになり、実践的には菜食主義を旨として、兵役も死刑も認めなかった。同派はピエモンテ渓谷部を中心とする北イタリア一帯や、フランスのドーフィネ、プロヴァンス両地方の山間部の農民層、さらにはドイツから東欧一帯（マインツ、エアフルトからバルト海沿岸のケーニヒスベルク、リガに至るまで、またアウグスブルク、ウィーンからプラハ、クラクフに至るまで）、フランドル（アラス、ドゥエ、リエージュ）、スペイン（特にバレンシア）などにも弘まったが、当然それに対する弾圧も激しく、一二一一年にはスペインで同派の八十人の信者が火刑に処され、ドイツでも一二二七年に多くの信者が火あぶりにされ、一四八七年にはローマ法王インノケンティウス八世が北イタリアとドーフィネ地方のヴァルドー派に対する十字軍まで宣した（この十字軍はピエモンテのアングローニャの谷で一敗地にまみれたが）。スペインのヴァルドー派は十三世紀に弾圧によって消滅し、逆にこの世紀に勢力を拡大して都市の職人層を主要な基盤とした（ヴァルドー派は「織工」と呼ばれた）ドイツ、東欧のヴァルドー派は十五世紀以後多くはフス派や後には再洗礼派に合流して、十六世紀以後までこの派が組織的に存続したのは北イタリアとフランスに跨がる南部アルプスの渓谷地帯だけだった（ほかに、イタリア最南部のカラブリア地方にも彼らの小規模なコロニーがあった）。宗教改革後、彼らは一五三二年にピエモンテ地方のカンフォラン（フランス読みではシャンフォラン）で開いた教会会議の決議により改革派に合流したが、十六、七世紀はまた彼らに対する弾圧が最も激化した時期でもあった。一五四五年の同派討伐戦におけるプロヴァンス地方メランドル、カブリエール両村での大虐殺は有名だが、ピエモンテ渓谷のヴァルドー派も一六五五年、一六八六年とサヴォイア公による激しい弾圧を受け、多くの信者はスイスや南ドイツへ亡命を余儀なくされた。しかし、一六八九年八月十六日夜、千人弱のヴァルドー派信徒がレマン湖を渡り、サヴォイア、ドーフィネを通ってピエモンテ渓谷に実力で帰還し（「栄光の帰還」と呼ばれる）、サヴォイア公の軍隊やフランス軍に対してゲリラ戦を展開した。やがてサヴォイア公は親仏政策から反仏政策に転換し、ヴァルドー派を公認、逆に同派の部隊を対仏戦に利用した。その後、十八世紀にも同派はしばしば弾圧され、かなりの部分はドイツへ移住したりして、ピエモンテのヴァルドー派が完全な宗教的自由を獲得したのは十九世紀中葉の一八四八年（同年二月十七日に発布されたサルジニア王、サヴォイア公カルロ・アルベルトの勅令による）だった。宗教史上「原プロテスタント」とも評される派で、今日でも北イタリアに残っており、それは一九七九年にイタリアのメソジスト派と合併した。ピエモンテ地方の町トッレ・ペッリチェがその中心地で、この町には今でも同派の学校、図書館、歴史研究センターなどがある。

〔二七九〕 プロテスタントの間で通常「栄光の帰還」と呼ばれるものだが、それを語るには、その前史である一六八六年のヴァルドー派大弾圧から始めねばならない。一六八五年十月にフランスでナント勅令が廃止された後、当時フランスと同盟関係にあったサヴォイア公国でも、フランスに倣って「ドラゴナード」によるヴァルドー派（当時はもちろんプロテスタント）迫害が行なわれた。一六八六年一月三十一日、サヴォイア公はフランス王ルイ十四世の圧力により、カトリック以外の宗教を禁止する勅令を発し、ヴァルドー派の全会堂の取壊し、二週間を期限とする牧師たちの退去を命じ、違反者は死刑に処すとした。サヴォイア公は四月九日にも新たな勅令を発して一月勅令を再確認するとともに、スイスのプロテスタント諸州からの強い要請により、ヴァルドー派の国外亡命を許すという新たな一項をそれに加えた。四月末、サヴォイア軍はカティナ元帥が自ら指揮するフランス軍の増援を得て、計八、九千の兵力でピエモンテ渓谷部に進攻、ヴァルドー派は二千五百ないし三千人で武力抵抗を試みたが衆寡敵せず、結局数週間のうちに次々と投降した（この戦争の終結時までに、投降者は最低八千人に上ったと推定されている）。討伐軍は村々を襲って、住民を根こそぎ捕えて連行し、彼らの土地はカトリック教徒の入植者に分配された。ヴァルドー派住民はピエモンテとサヴォイアにある約二十の要塞に女子供、老人も含めて投獄され、その数は八千ないし八千五百人に上った（ほかに、五百人がルイ十四世への「贈物」としてフランスに送られ、漕役囚とされた）が、少なくともその半分は飢えと寒さのために獄死した。しかし、平定を終えて討伐軍の主力が撤退するや、山中に隠れていた残存のヴァルドー派は再びゲリラ戦を始め、ヴィッラール、トッレ、ルセルナ、サン＝セコンドなどの守備隊を襲撃したため、サヴォイア公はスイスのプロテスタント諸州の代表を介してヴァルドー派と交渉し、投獄者の釈放とヴァルドー派のスイス移送について一六八六年十月にルセルナで合意が成立、それに基づいてサヴォイア公は、一六八七年一月三日にヴァルドー派を国外へ追放する旨の勅令を発した。この勅令によって釈放されたヴァルドー派住民は三六九六人に上り、その内九七七人は亡命よりもカトリックへの改宗を選んだが、残りの二七一九人は十三のグループに分れ、各グループに一人ずつ人質としてサヴォイア軍の近衛士官が付いて、無事ジュネーヴへ移送された。移送の費用はもちろんサヴォイア公が負担した。

さて、一六八七年以来スイス各地に亡命していたピエモンテのヴァルドー派住民は、列強の対仏戦争（アウグスブルク同盟戦争）、イギリス名誉革命という有利な国際情勢に力を得て、実力でピエモンテ渓谷部へ帰郷することを決め、周到な準備の上で、一六八九年八月十六日から十七日にかけての夜に、レマン湖北岸のプランジャン（ニヨンとロールの間）の森に約九五〇人がひそかに集結、十五隻の舟に分乗して湖を渡り、南岸（サヴォイア領）のメルキューブ川河口（ネルニエとイヴォワールの間）に上陸した。彼らはそこから二十個中隊（ヴァルドー派軍はその内十四個中隊で、他の六個中隊はドーフィネ、ラングドック出身の亡命フランス人プロテスタントの部隊だった）に分れてサヴォイア領を南下し、一度フランスのドーフィネ地方に入ってから、再びサヴォイア領に入り、十四の峠（最高地点は標高二七〇〇メートルを超え、夏とはいえ雪の中だった）を越えて約二五〇キロの行程を踏破し、九月一日、ペッリチェ渓谷のボッビオに帰り着いた。途中、大規模な武力衝突は八月二十四日にスーサ川上流のサルベルトラン（サラベルターノ）で行なわれたサヴォイア＝フランス連合軍との激戦だけだったが、それでも出発時の九五〇人は、相次ぐ死亡や脱落のため、ボッビオ到着時には僅か三〇〇人に減っていた。ヴァルドー派は帰還後ただちにピエモンテ渓谷部一帯の再征服を開始し、最奥部のバルシーリアを奪取してそこに自らの砦を築き、ド・ロンブラーユ少佐の指揮するフランス軍の攻撃を数次にわたって撃退した。翌一六九〇年五月末、フランス軍はカティナ元帥の指揮のもと、バルシーリアを再度攻撃して激戦の末そこを占領（五月二十四日）、追撃戦は五月二十八日まで続いたが、その二十八日にサヴォイア公は政策を転換して、トリノに投獄されていたヴァルドー派を全員釈放、さらにヴァルドー派軍に対する武器・弾薬・食糧の補給を開始した。この新政策は六月四日の対仏宣戦布告によって公然化されたが、ヴァルドー派とサヴォイア公の敵対関係もこれによって終止符を打たれ、同じ六月四日にサヴォイア公は領内の全行政・軍事機関に指令を発し、帰国を望むヴァルドー派を自由に通過させるよう命じた。ヴァルドー派が正式に信仰の自由を認められたのは遅れて一六九四年五月二十三日の勅令によるが、実質的には一六九〇年六月から同派は自由を手に入れていた。このヴァルドー派の実力帰還は、イギリス名誉革命と並んで当時国際プロテスタント陣営の最大の「快挙」の一つとされたもので、今でもそれを記念する催しなどが行なわれている。なお、この「栄光の帰還」では、はじめ指揮者に予定されていたジャック・ブルジョワが集合に遅れて参加できず、かわりに指揮を取ったのは牧師のアンリ・アルノー（一六四一―一七二一）だった。アルノーはこの遠征の刻明な記録『ヴァルドー派〈栄光の帰還〉史』（一七一〇年）を著わしている。

〔二八〇〕　一六八八年五月に起こったシャム（タイ国）の宮廷革命のこと。それ以前、シャムでは一六五七年から王位にあるアユティヤ王朝のナライ王が君臨していたが、この王はヨーロッパ諸国に対する開放政策と宗教的な寛容政策を進めた。特に一六八〇年代には、首相（チャオビヤ）にまでなったギリシャ人フォールコンの進言を容れてフランスとの提携を進めすでに一六八〇年には、フランス東インド会社の出先機関がバンコクに置かれて、シャムの対外貿易に対する独占権を獲得し、一六八一年と一六八四年にはシャムの使節団がフランスへ向けて旅立った。一六八一年の第一次使節団は海上で遭難して目的を果たさなかったが、一六八四年の第二次使節団は無事フランスに到着し、国王ルイ十四世から盛大な歓迎を受けた。フランス政府も一六八五年三月に、ショーモン騎士を団長として作家のショワジ師、フォルバン騎士などの加わる使節団をシャムに送り、このフランス使節団もナライ王から熱烈に歓迎された。このショーモン使節団のフランス帰国に同行したシャム側の第三次使節団が一六八六年六月にフランスに着き、首相フォールコンの意を受けて軍隊の派遣をフランス政府に要請したため、ルイ十四世は軍艦二隻、兵員六三六人、イエズス会宣教師十四人からなりシモン・ド・ラ・ルベールの指揮する遠征隊をシャムへ送った。このフランス軍はシャム到着後、バンコクとメルグイ（今はミャンマー領）の間に配置され、アンダマン海に臨むメルグイはフランス東インド会社の基地となった。こうしたシャム＝フランス関係の緊密化に、ナライ王がキリスト教に改宗しシャムがキリスト教化するという過大な期待すらフランスでは持たれたが、シャム国内では、フランスの武力に支えられた首相フォールコンの専制に対する不満から、逆に排外派の勢力が強まり、遂に一六八八年五月、ナライ王は病に倒れたのをきっかけに廃位され、程なく死亡、フォールコンも国事犯として逮捕、処刑された。フランス駐留軍もシャム軍の攻撃を受けて、激戦の末降伏し、インドのポンディシェリ（ポンジチェリ）へ送還された。新たに王位に即いたペートラジャ王（在位一六八八―一七〇三）はもともと排外派の首領で、オランダの支援を受けつつ反フランス、反キリスト教政策を進め、フランスはシャムへの足がかりを完全に喪失してしまった。

〔一八一〕　フランス王アンリ四世（一五五三―一六一〇、在位一五八九―一六一〇）。ブルボン王朝を開いた王で、ルイ十四世の祖父。はじめプロテスタントで、宗教戦争後期のプロテスタント派の首領だったが、即位後の一五九三年にカトリックに改宗した。宗教戦争を終結させて、一五九八年にナント勅令でプロテスタンティズムを合法化したが、狂信的なカトリック教徒ラヴァイヤックに暗殺された。

〔一八二〕　訳註〔一七二〕を参照。

〔一八三〕　ジャン・トロンシャン・デュ・ブルイユ（一六四一―一七二一）のこと。これはフランスのジャーナリスト。ジュネーヴの生まれ。ジュネーヴへ亡命していたシャンパーニュ出身の名家トロンシャン家の分家の出で、十歳の時フランスのソーミュールへ送られ、改革派のこの学都で勉強した。十五歳で文学士となったが、勉強がたたって目を悪くしたため、親の意向によってソーミュール大学を中退し、パリへ行ってコルベールの下僚として働いた。一六八三年頃オランダへ亡命して、そこでジャーナリストとして身を立て、一六八八―九〇年にはアムステルダムから半月刊の『時事問題についての手紙』を出し、一六九一年八月からは週二回（毎週月曜と木曜）刊行の『フランス語ガゼット』（通称『アムステルダム・ガゼット』）を同じくアムステルダムから出した。この新聞の刊行を死ぬまで続け、一七二一年十月十七日にアムステルダムで歿したが、『アムステルダム・ガゼット』は彼の子供や子孫に受け継がれて十八世紀末まで続いた。

〔一八四〕　前註を参照。

〔一八五〕　訳註〔七二〕を参照。

〔一八六〕　アントワーヌ・クーラン（一六六七―九四）。フランス改革派の牧師。アレスの生まれ。ジュネーヴ大学で学んで帰国したが、一六八五年、ナント勅令が廃止されたためスイスへ亡命し、ジュネーヴ、ベルン、ついでチューリヒに住んだ。一六八八年にチューリヒで牧師となったが、同年中にオランダへ移り、同年十一月から一年間、ロッテルダムのジュリューの家に寄食して、ジュリューの代理として説教をしたりした。一六九〇年の一月からアルデンブルク、ついでハンブルクのフランス人教会の牧師をしたが、教会内のドイツ人とフランス人の対立に悩まされ、各地の教会を転々として、一時はデンマーク領のアルトナまで行った。その後、大陸に見切りをつけて、一六九三年にロンドンへ渡り、グラスハウス街のフランス人教会の牧師となったが、就任一カ月後に急死した。著作には、ベールが関与したらしい『亡命者に与うる重大なる忠告』に反駁する『亡命者の擁護。《亡命者に与うる重大なる忠告》と題する本を駁す』(デーヴェンテル、一六九〇年)、リシャール・シモンに反駁する『《新約聖書の批評的歴史》の検討』(アムステルダム、一六九六年)、それに二冊の説教集がある。

〔二八七〕　訳註〔二五三〕を参照。

〔二八八〕　G・ニゼについては、本文で言われる「マーストリヒトの弁護士でマーストリヒト市立大学の法学教授」ということ以外に、訳者としてもさしたる情報を持たない。いずれにせよ、オランダへ亡命したフランス人プロテスタントに相違ない。著作にはこの本のほか、聖書批評学者リシャール・シモンに反駁した『伝承の必要と権威なるものをめぐる二通の手紙。シモン神父が著わせる旧・新約聖書の批評的歴史について或る友人に最近書き送りしもの』(アムステルダム、一六九二年)がある。

〔二八九〕　訳註〔一〇〕を参照。

〔二九〇〕　イザーク・ド・ラレ(一六三八—一七一九)。フランス・プロテスタントの歴史家。モンティヴィリエの生まれ。カーン大学で法律を学び、はじめノルマンディ、次に郷里モンティヴィリエで弁護士をしていたが、折からのプロテスタント迫害の中で、十二歳になる長女がカトリック教徒に唆かされて家出し、修道院に入るという事件が起きた。ほかの子供も同じ運命に陥るのを恐れて亡命を決意したが、ル・アーヴルで妻と四人の子供とともに逮捕・投獄され、釈放後はモンティヴィリエで警察の監視下に置かれた。その後ルアンに住むのを許され、或る船長のはからいで家族を連れて海路オランダへ脱出、生計を立てるため文筆家となり、数々の史書を著わしてホラント州修史官の地位を得たが、程なくブランデンブルク選挙侯に招かれてベルリンへ移り、枢密顧問官、大公使顧問官の地位と多額の年金を与えられ、さらに選挙侯妃ゾフィー・シャルロッテの侍講をも務めて、そのままベルリンで八十歳の生涯を終えた。『アウグストゥス伝』(ロッテルダム、一六九〇年)、『エレオノール・ド・ギュイエンヌ伝』(同、一六九一年)、『イギリス史』(正確には『イングランド、スコットランド、アイルランド史』）（二折判（フォリオ）四巻、同、一六九七—一七一三年）、『七賢人史』（二巻、同、一七一三—一六年）、『ルイ十四世治下のフランス史』（四巻、同、一七一八年。九巻、同、一七二一—二二年）などがあり、ベールが関与したらしい『亡命者に与うる重大なる忠告』（一六九〇年）に反駁した『《亡命者への忠告》に答う』（同、一七〇九年）も著わしている。ベールの文通者の一人とされるが、二人の間の手紙は残っていない。

〔二九一〕　ジャック・アルペ・ド・サン＝モーリス（一七〇〇歿）のこと。アルペはソーミュール大学の神学教授で有名なヘブライ語学者ルイ・カペルの甥で、自らもソーミュール大学で学んで、一六四九年に牧師となり、アイ、シャルトレ、サン＝マールなどで牧職に従事した後、一六六〇年にセダンの牧師、セダン大学の神学教授となった。セダン時代には神学教授としてジュリューと同僚だったが、二人の仲は悪かったらしい。ナント勅令廃止（一六八五年）後、一六八六年にオランダのマーストリヒトに亡命して、同地の牧師、そこの市立大学の神学教授となり、そのまま一七〇〇年八月二十九日にその地で死んだ。著作では、『ミサ聖祭に関する神学討論』（二巻、ジュネーヴ、一六六一年）、『《セダン市の自称改革派の諸氏に呈する計画》と題するアダン神父の書の検討』（シャラントン、一六六三年）という二点の論争書と説教一冊が残っている。ベールの文通相手で、アルペからベールへの手紙が二通（一六九三年のものと一六九六年のもの）確認されている。

〔二九二〕　訳註〔二二一〕を参照。

〔二九三〕　フランソワ・ド・ラ・シェーズ・デクス（一六二四—一七〇九）。フランスのイエズス会士で、国王ルイ十四世の聴罪司祭。フォレ地方エクスの城の生まれ。国王アンリ四世の聴罪司祭だったコトン神父の甥の子に当たった。一六三九年にイエズス会に入り、一六六八年からリヨンの小学院と大学院で教授ついで学院長を務め、一六七四年九月にイエズス会のリヨン管区長となった。一六七五年二月、たぶんヴィルロワ元帥の推挙によって、前年十月に死んだフェリエ神父の後任として国王ルイ十四世の聴罪司祭に任命された。これは本人にとっても意外なことだったらしいが、とにかく以後三十四年近くその地位にあって、険悪の一途を辿るフランスとローマの関係の中でひとかたならぬ苦労をしたが、個々の事件におけるその役割は十分明らかになっていない。パリの大司教アルレー・ド・シャンヴァロンと並んで、ローマ法王インノケンティウス十一世に「国王の悪しき助言者」と言われたり、ナント勅令廃止の元凶としてプロテスタントに憎まれたり、時代が時代だけに毀誉褒貶の多い人だが、個人的には温厚な常識家だったらしく、ルイ十四世は最後まで彼を手放したがらず、毎週のように「死骸（のようなラ・シェーズ）を運ばせて来た」とサン＝シモンは言っている。一七〇九年一月二十日にパリで歿。享年八十四歳だった。

〔二九四〕　訳註〔六九〕を参照。
〔二九五〕　訳註〔六〕を参照。
〔二九六〕　デモクリトス（前四六〇頃―三七〇頃）。ギリシャの哲学者。トラキアのアブデラの人で、哲学のほか数学、天文学、音楽、詩学、生物学などに長じ、快活な気性のため「笑う人」と綽名された。哲学的には原子論の確立者で、その説はエピクロスに受け継がれた。
〔二九七〕　訳註〔一七一〕を参照。
〔二九八〕　古今の名言、常套句をアルファベット順に集めた編纂書で、独創力のない弁論家や説教師が虎の巻として愛用したもの。ドメニコ・ナンニ・ディ・ミラベロが作ったものが最初で、ほかにも数多く作られた。
〔二九九〕　フランス＝スペイン間の戦争に終止符を打った一六五九年十一月七日の講和条約。スペインはこれにより、ルシヨン、アルトワ両地方や、フランドル地方のいくつかの都市をフランスに譲り、フランスはコンデ親王の赦免と、ルイ十四世とスペイン王女マリア＝テレサ（マリ＝テレーズ）との結婚を約した。
〔三〇〇〕　オランダ戦争を終結させた一六七八―七九年の講和条約。フランス＝オランダ間の第一条約（一六七八年八月十日）、フランス＝スペイン間の第二条約（同九月十七日。スペインはこれによりフランシュ＝コンテ地方などをフランスに割譲した）、フランス＝オーストリア間の第三条約（一六七九年二月五日）からなり、ルイ十四世の勢威の絶頂を画した。
〔三〇一〕　バーゼルよりもライン川上流にあって「黒い森」に接するラインフェルト、ヴァルツフート、ゼッキンゲン、ラウフェンブルクの四市。
〔三〇二〕　イムレ・テケイ（一六五七―一七〇五）。ハンガリーの独立運動家。一六一七年に反乱陰謀の廉で処刑されたカルヴァン派貴族の子で、トランシルヴァニアに逃れてその地の亡命者の首領となり、一六七六年に義勇軍クルツをひきいて蜂起、神聖ローマ帝国軍と戦ってハンガリー北東部を占領し（一六八〇年）、フランス、ついでトルコの軍事的・財政的援助のもとに「クルツ」公国を作ってオーストリアを脅かした。フランスとの戦争に忙殺されていたオーストリア政府は武力でクルツに勝つのを諦めて妥協策を取り、一六八一年にハンガリー議会を招集して自治政府を復活させ、プロテスタントへの部分的寛容を認め、全般的な大赦と没収した領地の返還を約束したため、クルツ貴族の大半はハプスブルク側に戻った。一六八二年にはトルコの封臣という資格でハンガリー王を宣し、一六八三年にカラ・ムスタファのひきいるトルコの大軍がウィーンを包囲した時にはクルツ公国も否応なくこの両大国の戦争に巻き込まれ、テケイははじめウィーン攻略作戦に反対したが、結局それに加わった。しかしトルコ軍はプレスブルクの戦いで大敗を喫し、その後テケイは皇帝レオポルト一世にトルコからのハンガリー解放のため共同で戦うことを申し入れたが、ポーランド王ヤン・ソビェスキの仲介の労にもかかわらず皇帝は相手にせず、結局テケイはトルコ側に敗戦の責任を追及されて、コンスタンチノープルで二年間投獄された。その後、赦されて、一六九〇年にトルコの援助によりトランシルヴァニア公に任命され、スラヴォニア、セルヴィアで皇帝軍と戦い(一六九六年)、さらにハンガリー王という名目的な称号も得たが、実質はトルコに傭われた傭兵隊長で、一六九九年のカルロヴィッツ講和条約でハンガリーがオーストリアに併合されるに及んで政治的・軍事的活動に終止符を打たれてトルコに亡命、妻のズリーニ・イロナもクルツの最後の砦ムンカーチを数年間守って戦った末、最後には夫の後を追った。亡命したテケイは、トルコ皇帝から与えられた小アジアのニコメディア(今のイズミト)の領地に隠棲して、そのままそこで生を終え、遺骨がハンガリーに戻ったのは遠く二十世紀の一九〇六年だった。

〔三〇三〕　訳註〔四七〕を参照。

〔三〇四〕　ブランデンブルク選挙侯フリードリヒ三世(一六五七―一七一三、在位一六八八―一七〇一)。「大選挙侯」と綽名されたフリードリヒ・ヴィルヘルム(訳註〔一二二〕を参照)の子で、一六八八年に父の死によりブランデンブルク選挙侯の位を継いだが、一七〇一年に初代プロイセン王フリードリヒ一世となり、死ぬまで統治した。学問・芸術の保護者として有名で、ハレ大学やベルリン・アカデミーを創設したりした。

〔三〇五〕　ブランデンブルク辺境伯ルートヴィヒ(一六六六―八七)。ブランデンブルク選挙侯フリードリヒ三世の弟。二十歳で、子供を残さずに夭折した。

〔三〇六〕　オットー・フリードリヒ・フォン・デル・グレーベン(一六五六―一七二八)。ドイツの旅行家、詩人。ケーニヒスベルクの近くのプラルテンの生まれ。貴族の旧家の出で、一六七五年からイタリア、マルタ島、ついで東方を旅し、帰国してブランデンブルク選挙侯フリードリヒ・ヴィルヘルムの侍従を務めた。その後、アフリカのアンゴラへ行って、その地にドイツ商館を設立、一六八六年にはモリアス(ペロポネソス)への遠征にも加わった。『東方旅行記』(マリエンヴェルダー、一六九四年)などの著作がある。

〔三〇七〕　ギルバート・バーネット(一六四三―一七一五)。イギリス国教会の聖職者、歴史家。エジンバラの生まれ。グラスゴー大学の神学教授(一六六九―七四年)だったが、国王チャールズ二世の素行を非難したためその寵を失い、一六八五年、ジェームズ二世の即位によってオランダへ亡命した。オランダではオランイェ公ヴィレム三世の側近となり、名誉革命で同公がイギリス王（ウィリアム三世）となるや、ソールズベリの監督に就任した（一六八九年）。ウィリアム三世、メアリ二世の助言者で、アン女王の治世まで宮廷に大きな勢力を持っていた。非国教徒への寛容政策の主張者で、説教や宗教論争書などもあるが、『イギリス教会宗教改革史』（三巻、一六七九―一七一四年）と、ホイッグ的色彩の濃厚な『同時代史』（二巻、一七二四―三四年）という二大史書によって、何よりも歴史家として記憶されている。ベールとも親交があり、ベールから彼に宛てた一六八九年七月十一日付と一六九〇年元旦付の手紙が残っている。

〔三〇八〕　ジャン・ジャコベ・ド・フレモン・ダブランクール（一六二一―九六）。フランスのプロテスタント文学者。ヴィトリの生まれ。有名なプロテスタント文学者ペロ・ダブランクール（一六〇六―六四）の甥で、少年期にはこの小父から教育を受けた。テュレンヌ元帥の庇護を受けて、一六五〇年に国王付き司厨長の官位を得、一六五九―六五年には駐ポルトガル大使を務め、一六七五年にはストラスブール駐在のフランス弁理公使をした。ナント勅令廃止（一六八五年）後オランダへ亡命し、フローニンゲンにしばらくいた後ハーグに定住、オランイェ公夫妻にかわいがられて同公付きの修史官となり、そのままハーグで一六九六年十月二日に死んだ。リシュレと共著の『新韻律辞典』（パリ、一六四八年）、『健康についての対話』（パリ、一六八三年）、小父を擁護した『ペロ・ダブランクール氏の仇討ち』（アムステルダム、一六八六年）、一六五九―一六八年のポルトガル史を盛った『回想録』（パリ、一七〇一年）などの著作があるが、熱心なプロテスタントで、『教理問答』（一六七一年）をも著わしている。聖書批評学者リシャール・シモンや、シャラントン（パリ）教会の牧師だったピエール・アリクスなどと親しく、ベールの文通相手でもあり、彼からベールへの手紙も一六八四年のものから一六九三年のものまで三通残っている。

〔三〇九〕　訳註〔七二〕を参照。

〔三一〇〕　ロニ侯爵、シュリ公爵マクシミリアン・ド・ベテューヌ（一五六〇―一六四一）。フランスの大政治家で、国王アンリ四世の大臣。マントの近くのロニ゠シュル゠セーヌの生まれ。プロテスタントの田舎貴族で、パリで勉学し、一五七二年の聖バルテルミの虐殺を免れて、その後プロテスタント軍に入り、一五七六年からナヴァール王（後のフランス王アンリ四世）に仕えて宗教戦争を戦った。確信的なプロテスタントではあったが、政治的には柔軟な人で、アンリ四世のカトリックへの改宗をまっさきに勧めた一人だったが、国王が改宗しても自らは節を枉げなかった。その人格、識見、能力をアンリ四世に高く買われて、一五九六年に財務顧問会議の一員となり、一五九八年からは事実上の財務総監、一六〇一年からは肩書上もそうなって、宗教戦争で疲弊した国の再建に当たり、税制改革と徹底した緊縮政策によって赤字財政を解消し、冗費を削って支出を産業の振興に充て、道路総監（一五九九年以来）としては道路や橋の建設・再建、河川や運河の改修によって陸運・水運を整備し、土地をすべての富の源泉とみなして農業に力を入れ、築城総監（一五九九年以来）、バスティーユ城の司令官（一六〇二年以来）としては大兵器廠や国境沿いの要塞線を建設し、ポワトゥー地方の総督（一六〇四年以来）としてはその地に多い同信徒たちを監督するなど、文字どおり八面六臂の活躍をした。事実上の宰相だったが、一六〇五年には正式に顧問会議の首席となり、一六〇六年には自分のために新たに設けられたシュリ等族公爵の位を与えられた。アンリ四世の暗殺（一六一〇年）後、王妃マリ・ド・メディシスを取り巻く親スペインのカトリック派が権力の座に坐ると失脚し、一六一一年一月に宮廷から去って、一時はこの摂政と対立したが、一六一六年以後は政府支持の立場を取り、モントーバン（一六二一年）やラ・ロシェル（一六二七―二八年）のプロテスタントに対しても政府との間に立って服従を勧める説得を行なった。これは結局不成功に終わったが、その努力に報いるためリシュリューは一六三四年、砲兵総監の地位の返上と引き換えに元帥の位を彼に与えた。その後も七年生き永らえ、一六四一年十二月二十一日にヴィルボンの城で死んだ。フランス史上でも屈指の大政治家とされる人で、引退後に書いた『回想録』（二折判（フォリオ）二巻、アムステルダム〔実際はシュリ〕）が一六三八年に刊行された。

〔三一一〕　アンリ四世とシュリはハプスブルク家に対抗する欧州諸国の大同盟を実現するため、ヨーロッパ全体を権利において平等な大小十五の国家に分け（そのためには人工的な国家をなくして、民族国家の原理を貫き、フランドル地方はオランダ人に、ミラノ地方はサヴォイア公に、ナポリはローマ法王に、シチリアはヴェネツィア共和国に、ボヘミアはボヘミア人に、ハンガリーはハンガリー人に、チロルとトレンティーノ地方はスイス人に与える）、これらがすべて「キリスト教連邦」を作って、相互の紛争はこのヨーロッパ共和国の元老院で解決さるべきであるとした。そしてオーストリア帝国はこのヨーロッパ地図の塗りかえに同意しない限り連邦に加えるべきではなく、それに同意させるためには、最悪の場合「必要な決意と共同の行動」に訴えることを主張した。つまり、スペイン・オーストリアに対抗する同盟の結成によって、ヨーロッパの持続的な勢力均衡を図ろうとしたのである。

〔三一二〕　アシェール書店は、ディエップ出身のフランス人プロテスタント、アブラアム・アシェールがロッテルダムで開いていた書店兼出版社。アブラアム・アシェールはディエップの本屋エティエンヌ・アシェールの子で、ナント勅令廃止（一六八五年十月）に際してオランダへ亡命し、ロッテルダムでこの店を開き、一六八六年から一七三八年まで出版活動をした。ナント勅令廃止後のジュリューの著作を最も多く出版した本屋で、『予言の成就』も『牧会書簡』もここから出ており、アシェール書店から出版されたジュリューの本は一六八六年から一七一三年まで計二十四点を数えた。

〔三一三〕 訳註〔一三三〕を参照。

〔三一四〕 原著には「八月二十四日」とあり、デ・メゾーが編纂した『ベール氏書簡集』（第一巻、三八六ページ）でも同じだが、ラブルースの作った『ピエール・ベール書簡目録』はこの手紙の日付を「八月四日」と訂正しているので、それに従った。

〔三一五〕 アムステルダムのクロード・ル・ジューヌ書店から一六九一年に出版されたもので、一六九一年六月十五日という日付が付されていたが、この書の作者はいまだに同定されていない。

〔三一六〕 前註で述べたとおり、この『ベール氏へ送る手紙』の作者はいまだに不明だが、ベールとジュリューの論争にジュリュー側で加わった者として、後出のジャン・ロブトンのほかに亡命牧師のジェネなる者がいたことが知られているから、デ・メゾーがここで言う「ジュリューの子分の牧師」というのもこのジェネのことかもしれない。たしかに、ナント勅令廃止前、一六六八年から一六八五年までクルセル＝ショーシの牧師を務めたメッス生まれのジャン・ジェネという人物がおり、また、オランダ史『ネーデルラント連合州共和国史』（八折判四巻、ハーグ、一七〇四年）や詩篇のフランス語韻文訳（ユトレヒト、一七〇六年）を著わしたユトレヒトの牧師ジャン・ジェネという人物もいて、この二人のジャン・ジェネはおそらく同一人と考えられるから、この亡命牧師が亡命初期にジュリューの手下としてベール攻撃の匿名文書を書いたことも考えられないではない。

〔三一七〕 ファンおよびリムヴィルの領主ジャン・バザン（一七〇八歿）。フランスのプロテスタント貴族。国王顧問官・書記官、軽騎兵総監で改革派シャラントン（パリ）教会の長老を務めたジャン・バザン・ド・リムヴィル（一五九九—一六四四）の長男で、父の死後に軽騎兵総監の地位を継いだとアーグは言うが、これは年齢的にいささかおかしい。いずれにせよ、ナント勅令廃止後にオランダへ亡命し、はじめロッテルダムに住み、同市で一六九三年五月に結婚しているが、その後ハーグに定住したらしく、死んだのもハーグでだった。

〔三一八〕 ジャン・ロブトン（一七二二歿）。亡命プロテスタントで、ベールとジュリューの論争においてジュリューの介添役を務めたらしい人物。その頃は当然オランダにいたが、その後イギリスへ渡ってウィリアム三世に仕え、一六九八年からはポートランド伯爵、一七〇五年からはハノーヴァー選挙侯ゲオルク・ルートヴィヒに仕えた。同選挙侯が一七一四年にイギリス王ジョージ一世となるや、その顧問官、書記官に任命されている。アレグザンダー・ポープの『批評論』をフランス語の韻文に訳し、これは一七一七年にロンドンとアムステルダムで出版された。なお、ロブトンがベール゠ジュリュー論争に参加していたというのは主にこのデ・メゾーの記述が根拠になっているが、デ・メゾーとロブトンは同じイギリス在住の亡命者として付き合いがあり、ロブトンからデ・メゾーへの手紙（一七一八年の）なども残っているから、デ・メゾーが伝える情報の確度はかなり高そうである。

〔三一九〕　訳註〔一四八〕を参照。

〔三二〇〕　誰のことかはむろんはっきりは分らないが、たぶん、後段に登場するジャック・サルトル（訳註〔三四一〕を参照）のことであろう。

〔三二一〕　この『架空の陰謀』第二版は「ケルン、ピエール・マルトー書店」という有名な架空の書肆名を掲げていた。この名については訳註〔一〇六〕を参照。

〔三二二〕　原著には「八月十七日」とあるが、『ベール氏書簡集』にある（第一巻、三九二ページ）実際の手紙にも、ラブルースの『ピエール・ベール書簡目録』にも「八月二十七日」とあるから、それに従った。

〔三二三〕　訳註〔二五五〕を参照。

〔三二四〕　一六九一年五月にライデンで開かれたワロン教会会議で、ユトレヒトの牧師エリ・ソーラン（一六三九―一七〇三。訳註〔三三七〕を参照）がジュリューの著作から引いたいくつかの神学的命題（きわめて主意主義的、反理性主義的内容のもの）を健全な教理に反するとして告発した。ジュリューも応戦して、ソーランとの間に激しい論争が起こったが、翌一六九二年九月にブレダで開かれたワロン教会会議は、両者の和解を勧め、ジュリューの意見には議論の余地があるがジュリューが正統派であることは疑いないとした。しかし、ジュリューもソーランもこの和解勧告を無視して論争を続けたため、一六九五年九月にレーウワルデンで開かれたワロン教会会議は二人に論争文書の発表を禁じ、違反したら罷免・破門すると威嚇した。それでも二人は論争をやめなかったため、翌一六九六年九月にラ・ブリーユで開かれたワロン教会会議は再度、ジュリューとソーランは副次的な多くの点で意見を異にしても二人とも正統派であると宣言して論争の鎮静を図り、一六九七年を最後に二人の論争は下火になった。

〔三二五〕　訳註〔一三三〕を参照。

〔三二六〕　原著には「実際に書かれたのなら誰が書いたのか」ではなく「いつ書かれたのか」となっているが、引用される『新たなる証憑』の原典に則して改めた。

〔三二七〕　訳註〔四七〕を参照。

〔三二八〕　訳註〔六〕を参照。

〔三二九〕　訳註〔一一〕を参照。

〔三三〇〕　これはバナージュ・ド・ボーヴァルが書いたもので、一六九一年に刊行地を表記せずに出版もされた。

〔三三一〕　訳註〔二五五〕を参照。

〔三三二〕　ジュリューの『《牧会書簡》の著者からド・ボーヴァル氏への忠告』（一六九〇年）より。

〔三三三〕　ボシュエのこと。訳註〔一三〇〕を参照。

〔三三四〕　訳註〔二三八〕を参照。

〔三三五〕　イギリス王ジェームズ二世（在位一六八五―八八）の長男ジェームズ・フランシス・エドワード・ステュアート（一六八八―一七六六）。同王とその二度目の妻メアリ・オブ・モデナの子で、一六八八年六月十日に生まれた。父王のカトリック復興計画にはこの男子の誕生がきわめて好都合だったが、またそれだけに国民の間には偽物説が強かった。生後五カ月にして、名誉革命により母とともにフランスへ亡命し、フランスではサン゠ジョルジュ騎士と呼ばれた。同じくフランスへ亡命した父ジェームズ二世が一七〇一年に死ぬと、イギリス王ジェームズ三世としてフランス王、スペイン王、サヴォイア公、ローマ法王などに承認され、再三イギリスへの実力帰還を図ったが成功しなかった。一七一三年のユトレヒト条約以後はルイ十四世からの援助も絶たれて、翌年にはフランスからの退去を命じられたが、一七一五年九月、スコットランドのジャコバイト蜂起によってエドワード三世の名でイングランド・スコットランド王を宣され、同年十二月にピーターヘッドに上陸、ジャコバイト軍に合流した。しかし、国王ジョージ一世の軍に破られて、翌年には再び大陸へ逃亡し、法王領のアヴィニョン、ついで一七一八年からはローマに住んだ。翌年にはスペイン王の援助を得てスコットランドへの再上陸を図ったが、嵐のためこれも失敗した。最後まで王位奪還の幻想を抱き続けた人で、一七四五年にも自分の息子を旗頭とする再度の遠征を準備したが、これも不成功に終わった。

〔三三六〕　正確な題は『ジュリュー氏の学説の検討。《ジュリュー氏の第二の弁明》と題する中傷文への答として』。一六九一年に刊行地を表記せずに出版された全三十二ページからなるバナージュ・ド・ボーヴァルの小冊子で、全八項中、第五項は「ジュリュー氏の瀆聖について」だった。

〔三三七〕　エリ・ソーラン（一六三九―一七〇三）。フランスの改革派神学者。ユソーの生まれ。ジュネーヴ大学で学んで、一六六一年に牧師となり、ヴァントロル、アンブランの教会に奉職したが、一六六四年の或る日、臨終の聖餐を持って行く司祭に会っても脱帽しなかったため永久追放を宣告され、刑の執行に先立ってジュネーヴへ逃亡、同年六月にオランダへ移った。翌年、デルフトのワロン教会（フランス語教会）の牧師となり、神秘主義者ラバディに対する追及の先頭に立ち、一六七一年にはユトレヒトの教会へ移った。フランス改革派の中でも「理性派」的傾向の強い人で、また牧師・神学者の中でジュリューと最も徹底的に対決した人でもあり、一六九一年、ジュリューの説にある多くの逸脱を摘発した意見書（これは後に、一六九四年の『ジュリュー氏の神学の検討』に収められた）をワロン教会会議に送り、それ以後ジュリューとの間に、ソーラン『ソーラン氏のための弁明』（ユトレヒト、一六九二年）、ジュリュー『ズィリック＝ゼーの教会会議で起こりしことをめぐるオランダ政府への報知と、ブレダの教会会議に代表を送る諸教会への教示』（一六九二年）、ソーラン『《ズイリック・ゼーの教会会議で起こりしことをめぐるオランダ政府への報知と、ブレダの教会会議に代表を送る諸教会への教示》と題する文書の考察』（ユトレヒト、一六九二年）、ソーラン『ジュリュー氏の神学の検討』（ハーグ、一六九四年）、ジュリュー『教会とりわけカルヴァンと改革派の普遍的教理の擁護』（ロッテルダム、一六九五年）、ジュリュー『ジュリュー氏の回答・続』（一六九五年）、ソーラン『レーウワルデン教会会議を構成すべき諸教会への諫奏』（一六九五年）、ジュリュー『広義論者の宗教』（ロッテルダム、一六九六年）、ソーラン『ラ・ブリーユ教会会議を構成すべき諸教会への諫奏』（一六九六年）、ソーラン『改革派教会の真の教理の擁護』（ユトレヒト、一六九七年）、ソーラン『エリ・ソーラン殿の学説を正しとす』（ユトレヒト、一六九七年）、ソーラン『続・エリ・ソーラン殿の学説を正しとす』（ユトレヒト、一六九七年）など蜿蜒たる論争が続けられた。ほかに、寛容問題でベールとジュリューをともに批判した『良心の権利に関する考察』（ユトレヒト、一六九七年）や、『神愛論』（アムステルダム、一七〇〇年）、『隣人愛論』（ユトレヒト、一七〇四年）などがある。

〔三三八〕　訳註〔六〕を参照。

〔三三九〕　一六九一年十一月にアムステルダムのジャック・ル・ジューヌ書店から出版されたこの本は、シオラネスク、コンロンなどによる多くの文献目録ではジュリュー自身が書いたものとされているが、カプレールが作成したジュリューの文献目録はデ・メゾーのここでの記述に基づいて、この本を「誤ってジュリューに帰せられた著作」の一つとし、これをロブトン（訳註〔三一八〕を参照）の作としている。

〔三四〇〕　ピエール・シルヴェストル（一六六二頃—一七一八）。ベールの友人だったフランス人の医師。ボルドーの生まれ。プロテスタントで、ナント勅令廃止（一六八五年十月）当時はパリにいたが、ドイツ人貴族の召使たちの中に紛れてオランダへ脱出した。オランダではオランイェ公ヴィレム三世の侍医となり、一六八八年には同公のイギリス遠征に随行し、のち、アイルランドでションベール元帥の侍医をした末、ロンドンに定住して、一六九九年には王立協会(ロイヤル・ソサイエティ)の会員となった。サン＝テヴルモンの親友で、その遺稿を相続し、ピエール・デ・メゾーとともにサン＝テヴルモンの作品集(四折判二巻、ロンドン、一七〇五年)を出した。記録に残っている限り、ベールとシルヴェストルの間には一六八六年七月以来文通があり、ベールからシルヴェストルへの手紙も一六九一年十一月十三日付のものから一七〇二年五月十六日付のものまで、計九通残っている。

〔三四一〕　ジャック・サルトル(一六四五／五〇―一七一三)。フランス改革派の牧師。モンペリエの出身。ピュイローランス大学、ついでジュネーヴ大学で学び、ピュイローランス大学ではベールの学友だった。モンペリエで牧師をしたが、一六八四年四月にジャン・クロード(シャラントン教会の牧師)の熱烈な推薦状を携えてイギリスに渡り、同年八月にロンドンの監督により国教会の聖職者として叙品された。一六八八年五月にウェストミンスターの教会参事会員となり、一七〇四年にはアディソンの姉妹と結婚している。多分にいかがわしい人間だったようで、ジュネーヴ大学時代の一六七一年七月には素行の悪さ、とりわけ、神学生なのに帯剣していることを咎められ、譴責処分を受けたりした。また、一六八二年にジュネーヴ時代の学友だったパジョン主義者のシャルル・ル・セーヌ(オンフルールの牧師)がシャラントン教会に貸与され、シャラントンでの牧師就任が俎上に上っていた時、この旧友をペラギウス主義者としてシャラントン教会の長老会議に密告し、それでル・セーヌの就任を阻んだという前歴もあったから、どうやらこの人物は、正統派(一六八二年当時はクロードに、一六九一年当時はジュリューに代表される)のために働く常習的な密告者だったようである。彼からベールに送られた一六九一年十月六日付と同十二月十二日付の二通の手紙が残っている。

〔三四二〕　訳註〔五九〕を参照。

〔三四三〕　ヤン・アモス・コメニウス(一五八二―一六七〇)。ボヘミア(今のチェコ)の教育学者、神秘家。一六一八年にボヘミア兄弟団の牧師となったが、オーストリア政府から厳しい迫害を受けて諸国を放浪した。一六三一年に『あけはなたれたる語学の門』を出し、それが縁で一六四一年に招かれてイギリスへ行き、翌年にはスエーデンへ渡り、一六五〇―五四年にはハンガリーで学校の改革を指導し、一六五六年以後はアムステルダムに住んで、その地で死んだ。主著『大教授学』(一六五七年)は教育学の最大の古典の一つとしてあまりにも有名だが、コメニウスは同時に、『闇の中の光』(一六五七年)などでドラビキウス(ドラビーツ)、コッテルス(コッター)、ポニアトヴィア(ポニアトフスカ)らの予言を宣伝した千年王国主義者でもあった。

〔三四四〕　ピエール・ニコル（一六二五―九五）。フランスのカトリック神学者。シャルトルの生まれ。パリで哲学、神学、ヘブライ語などを修めた後、ポール＝ロワイヤルの隠者たちに加わり、ジャンセニストとなった。はじめ（一六四九―五四年）ポール＝ロワイヤルの「小さな学校」で教鞭を取っていたが、アントワーヌ・アルノーにその学識を見込まれて彼の補佐役となり、イエズス会士やプロテスタントとの多くの論争書を、アルノーと共著で、または単独で著わした。一六七九年に迫害を避けてアルノーと同様国外へ亡命したが、フランドルを漂泊した後、パリの大司教アルレー・ド・シャンヴァロンと和解して帰国し、一六八三年にパリへ戻った。これはジャンセニスト陣営から裏切りと非難され、以後ニコルはジャンセニスム論争に一切加わらなかった。一世紀にわたって広く読まれた『道徳試論』（四巻、パリ、一六七一―七八年）の著者として今では知られている。一六九五年十一月十六日にパリで歿。ベールとも文通があり、彼からベールへの一六八五年三月ないし四月の手紙が一通残っている。なお、本文で言われるジュリューの『教会の真の体系』（ドルドレヒト、一六八六年）はニコルの改革派攻撃書『自称改革派の離教の罪を証明す』（パリ、一六八四年）に答えたもので、ジュリューはそこでニコルがする「離教」非難を回避するため、イエス・キリストの真の教会とは単一の会派を言うのではなく、キリスト教の基本的信仰箇条を保持するあらゆる会派を包含するものだという「連合主義」的教会観を主張し、プロテスタントはローマ教会という一会派から分離しても教会から分離したわけではないとした。ジュリューがそこで考えた「教会」とは、ローマ教会、ギリシャ教会、ルター派、カルヴァン派、アルミニウス派などを含むもので、ソッツィーニ派などの小セクトを除く当時のあらゆる大会派を包含するようなものだった。ニコルはこのような教会論に『教会の統一について』（パリ、一六八七年）で攻撃を加え、ジュリューも『教会の統一と基本的諸点を論ず』（ロッテルダム、一六八八年）で応戦して、教会論をめぐる二人の論争がひとしきり行なわれた。

〔三四五〕　原著には「註（M）」とあるが、『歴史批評辞典』の完成版にしたがって改めた。

〔三四六〕　訳註〔三一八〕を参照。

〔三四七〕　原典の『小冊子の小作者に与うる新たなる忠告』のテキストでは、ここに「一」はなく、以下、デ・メゾーの引用で「二」とある所に「一」が、「三」とある所に「二」が来ている。内容的には原テキストよりデ・メゾーの引用にあるものの方が自然で、デ・メゾーが原テキストをより妥当な形に改めたのであろう。

〔三四八〕　訳註〔四七〕を参照。

〔三四九〕　もちろん、ベールが『亡命者に与うる重大なる忠告』の著者だということ。
〔三五〇〕　原著には「一六九一年」とあるが、誤植なので訂正した。
〔三五一〕　訳註〔二四八〕を参照。
〔三五二〕　正確な標題は『改革新報、または新観察者』(Mercurius reformatus, or, the New Observator)。イギリス王の侍医となるジェームズ・ウェルウッドが一六八九年五月十五日から一六九一年十月二十四日まで匿名で発行した週刊紙。ホイッグ的傾向の新聞で、名誉革命を支持し、フランス攻撃の記事も多かったが、一六九一年十月に開会したイギリス議会では、御用金をめぐる同紙の記事を下院が問題にして、印刷者の逮捕と著者の捜索を命じた。著者であるのが露見したウェルウッドは、下院に出頭した上、跪いて赦しを乞い、同紙の発行を停止した。但し、この議会が散会すると、一六九二年に「付録」を刊行して、同紙のいくつかの記事の弁明をした。
〔三五三〕　ジェームズ・ウェルウッド(一六五二―一七二七)。イギリスの医師、政論家。スコットランドの人で、グラスゴー大学で学んだ後、一六七九年にオランダへ行き、ライデン大学で学位を取ったという。一六八八年、オランイェ公ヴィレム三世の遠征軍とともにイギリスへ帰り、一六九〇年十二月にウィリアム王とメアリ女王の侍医に任ぜられた。ロンドン医師会の重鎮でもあり、晩年の一七二二年にはその会長に選ばれた。医師であるとともにホイッグ派の政論家でもあり、名誉革命を擁護するため一六八九年には『イギリス革命の擁護』や『ジェームズ王の最近の声明への答』を発表、一七〇〇年にはホイッグ的な立場からする現代史『一六八八年の革命に先立つ最近百年間のイギリスにおける最も重大な出来事についての覚書』を出し、これは十八世紀に多くの版を重ねた。著作にはほかに『クセノフォンの饗宴』(一七一〇年)があり、一七二七年四月二日に世を去った。
〔三五四〕　訳註〔六九〕を参照。
〔三五五〕　訳註〔二二二〕を参照。
〔三五六〕　訳註〔一七二〕を参照。
〔三五七〕　正確な標題は『時代史(Histoire du Temps)、または、チャールズ二世、ジェームズ二世の御代以来、ヨーロッパ、主にイギリスで起こった記憶すべきことの報告。それらの事件に関する政治的考察を付す。英語からの訳』。本文にあるとおり、ロンドンで出ていた英語の『改革新報』の仏訳版で、アムステルダムのアブラハム・ウォルフガング書店から一六九一―九二年に全五巻(十二折判)で出版された。

〔三五八〕　訳註〔二五三〕を参照。

〔三五九〕　マルク＝アントワーヌ・ド・ラ・バスティード（一六二四頃―一七〇四）。フランス改革派の宗教論争家。ミヨーの生まれ。貴族の出で、父親はクレセル子爵領の総督だった。若くしてパリに出て外務畑で働き、一六五二年には駐英大使館の書記としてイギリスへ行き、その後も単独で（一六六二年）、またはリュヴィニ侯爵（フランス改革派の総代）とともにイギリスへ派遣された。一六七〇年代から、牧師ではないが神学者として活潑な文筆活動を行ない、ソーミュールの牧師デュイソーの『キリスト教の合同』に反駁した処女作『《キリスト教の合同》と題する本についての指摘』（一六七〇年）も改革派内で高く評価されたが、特にボシュエの『カトリック教会教理説明』に対する二篇の反駁書は宗教論争家として彼の名を高からしめたものだった。ボシュエのこの書の最初の版は一六七一年に出版されたが、ラ・バスティードは翌年ただちに『《カトリック教会教理説明》と題するコンドンの司教殿の書への答』（ケヴィリ、一六七二年）を発表、これは翌一六七三年にも改訂第二版が出た。ボシュエは一六七九年に出た『カトリック教会教理説明』第二版の巻頭に付した「この版についてのお知らせ」でラ・バスティードの批判に反駁したが、ラ・バスティードは翌年、ボシュエの第二版に反駁する『コンドン殿への第二の答。《カトリック教会教理論》の新版巻頭に置いた〈お知らせ〉と諸文書を駁す』（一六八〇年、刊行地は表記せず）をさらに発表した。論争書にはほかに、一六八二年のフランス僧族会議に対する『フランスの僧族諸氏への弁明的回答。宗教に関する一六八二年の僧族会議の文書について』（アムステルダム、一六八三年）などもあるが、ラ・バスティードは同時に、ヴァランタン・コンラールが始めた仏訳詩篇の改訂作業を一六七五年にコンラールが死んだあと引き継いで行ない、一六七七年にシャラントンから最初の五十一篇を、一六七九年には同じくシャラントンから全訳を刊行した。シャラントン教会の長老を務める首都の改革派の重鎮で、宗教論争家としても非常に目立った人だったから、ナント勅令廃止時の弾圧の中で無事にいられるはずはなく、勅令廃止の翌月（一六八五年十一月十日）には封印状によってサン＝ピエール＝ル＝ムティエへ流され、さらにシャルトルへ身柄を移されたが、その後友人たちの尽力でヴィルヌーヴ＝ル＝ロワにある別荘に隠棲することを許された。どうやら、カトリックに改宗するとの口約束を当局側にしていたようで、そのためドラゴナードに遭うこともなく、気の早い『メルキュール・ガラン』紙などは彼が改宗したと報じすらした。だがこれは誤報で（同紙も翌月号ですぐ取り消した）、ラ・バスティードはいつまでも改宗しなかったため、結局一六八七年に国外追放処分となり、イギリスへ渡って、一七〇四年三月四日（一説では十五日）にロンドンで死んだ。

〔三六〇〕　前註を参照。

〔三六一〕　ヴォー子爵、ベリール侯爵ニコラ・フーケ（一六一五―八〇）。フランスの政治家。パリの生まれ。メッス高等法院の評定官、訴願審査官、パリ高等法院の検事総長（一六五〇年）などを経て、一六五三年からセルヴィアンと二人で、一六五九年からは単独で財務総監を務め、マザランの腹心として国務大臣、最高顧問会議のメンバーなどの要職にあった。巨万の富を成して、かねてから公金私消を噂されていたが、一六六一年にマザランが死ぬやコルベールの手で失脚させられ、同年九月にナントで逮捕されて、三年にわたる裁判の末、公金私消と反乱謀議の罪で永久追放と財産没収を宣告された。この刑は国王ルイ十四世によりさらに終身禁錮へと加重され、ピエモンテ地方ピニュロル（ピネローロ）の要塞に監禁されたまま一六八〇年三月二十三日に獄死した。失脚前は文学や芸術の保護者として有名で、プッサン、モリエール、ラ・フォンテーヌ、サン＝テヴルモン、セヴィニェ夫人、スキュデリ嬢、ペリソンなど多くの文人・芸術家が彼に恩義を蒙っていた。

〔三六二〕　「亡命者への忠告の著者の読み解き、または、『…亡命者に与うる重大なる忠告』と題する書の匿名の作者に関する管見」という題のもので、デ・メゾーが編んだ『ベール氏とその著作の歴史』アムステルダム版（一七一六年）の二九七―三六二ページを占めている。

〔三六三〕　訳註〔二六一〕を参照。

〔三六四〕　一〇七―一〇八ページの原註（I）を参照。

〔三六五〕　訳註〔二五三〕を参照。

〔三六六〕　訳註〔一六〕〔一九〕を参照。

〔三六七〕　訳註〔二二一〕を参照。

〔三六八〕　パリのサン＝ジャック街にあったガブリエル・マルタン書店の主人。ペリソンの『宗教対立に関する考察』はこの書店から出版されていた。但し、ペリソンの著作でもほかのものは他の書店から出ていたから、マルタンは「掛り付け」というほどでもなかった。

〔三六九〕　訳註〔一三一〕を参照。

〔三七〇〕　アントワーヌ・ヴァリヤス（一六二〇―九六）。フランスのカトリック史家。ゲレの生まれ。一六四〇年頃からデュピュイ兄弟の下で古文書の目録作成に従事し、一六四八年に王弟オルレアン公の修史官、ついで王立図書館の館長補佐となり、一六五五―六二年には国王付き修史官を務めた。一六六二年以降はコルベールから千二百リーヴルの年金を貰ったが、それは一六七〇年に打ち切られ、その後はパリの大司教アルレー・ド・シャンヴァロンから『宗教問題でヨーロッパに起こりし革命の歴史』（通称『異端の歴史』）（六巻、パリ、一六八六―九〇年）の執筆のための新たな年金を貰ってサン゠コームの僧院で暮らし、一六九六年六月九日に世を去った。前記の大作のほかにも、『オーストリア王家の政策』（パリ、一六五七年）、『ウィクリフ主義史』（二巻、リヨン、一六八二年）、『シャルル九世史』（二巻、パリ、一六八四年）、『フィレンツェ奇談』（ハーグ、一六八五年）、『フランソワ一世史』（二巻、パリ、一六八五年）、『ルイ九世史』（二巻、パリ、一六八八年）、『ルイ十二世史』（三巻、パリ、一六八八年）、『シャルル八世史』（三巻、パリ、一六九一年）、『アンリ二世・フランソワ二世史』（二巻、パリ、一六九二年）、『アンリ三世史』（三巻、パリ、一六九四年）など多くの史書を残した。

〔三七一〕『異端の歴史』というのは通称で、正式の標題は『宗教問題でヨーロッパに起こりし革命の歴史』。ヴァリヤスがパリの大司教アルレー・ド・シャンヴァロンの依頼により、その庇護のもとに書いた全ヨーロッパ的な宗教改革史で、一六八六―九〇年にパリで出版された全六巻の大作だった。

〔三七二〕正式の標題は『ヴァリヤス氏に対する新たな告発、または、同氏の《異端の歴史》巻一の一部に対する批判的指摘』。一六八七年にアムステルダムで出版された。

〔三七三〕訳註〔一一九〕を参照。

〔三七四〕訳註〔六〕を参照。

〔三七五〕ニコラス・ハルトゥスケル（一六五六―一七二五）。オランダの物理学者、医師。ハウダの生まれ。十二年間パリに住み、一六九四年に同地で『屈折光学論』を発表して、学界に大センセーションを起こした。それは顕微鏡の改良による精虫の発見が原因で、これは一六九六年の『物理学原理』でさらに詳説された。その後オランダへ戻ってロッテルダムに隠棲し、一六九九年にはアムステルダムでロシアのピョートル大帝に講義をしたりしたが、ロシアへの招きには応じなかった。その後、ヘッセン゠カッセル地方伯から提供されたデュッセルドルフ大学の数学と哲学の教授の座に就き、最後はユトレヒトで死んだ。望遠鏡の改良でも知られ、またザリガニの肢の再生現象から「造型的霊魂」の仮説を立てて様々な論議を呼んだ。論争好きの人で、とりわけニュートンの万有引力説をデカルトの渦動説を上まわる謬説として斥け、ライプニッツとも論争した。一七二二年の『物理学論文集』では、ニュートンを批判して、地球の公転を磁力によって説明している。

〔三七六〕訳註〔五九〕を参照。

〔三七七〕訳註〔二四五〕を参照。

〔三七八〕訳註〔二九〇〕を参照。

〔三七九〕 アドリアーン・ムートイェンス（一六五一?―一七一七）。ハーグの出版業者、書店主。『亡命者に与うる忠告』は「アムステルダム、ジャック・ル・サンスール〔監察官ジャック〕書店」という架空の書肆名を掲げていたが、実際はハーグのこのムートイェンス書店から刊行されていた。この書店はほかにも、フェヌロンの『テレマックの冒険』（オランダ版一七一三年）やサラングルの『酩酊礼讃』（一七一五年）を出したり、月刊のフランス語新聞『歴史書簡』（Lettres historiques）（一六九二年一月―一七二八年六月）の最初の発行所（一六九二年から一七一一年まで）だったりしている。

〔三八〇〕 訳註〔一〇八〕を参照。

〔三八一〕 一六八二年の『マンブール氏の《カルヴァン派史》の一般的批判』と、その続篇である一六八五年の『《マンブール氏のカルヴァン派史の一般的批判》の著者の新たなる手紙』のこと。

〔三八二〕 訳註〔一八八〕を参照。

〔三八三〕 訳註〔一一〕を参照。

〔三八四〕 ピエール・メエラン・ド・ラ・コンセイエール（一六四五―九九）。フランス改革派の牧師。たぶんノルマンディの人。若くしてアランソンの牧師となったが、ラテラノ宗教会議の悪口を説教で言ったため某カプチン会士に密告され、ナントの牢獄に半年間入れられたりした。一六八一年まで在任したが、再びその言動により裁判にかけられ、ノルマンディ、メーヌ両地方で牧職に就くことを禁じられたため、一六八二年に亡命してハンブルクへ行き、同市に近いアルトナにフランス人の改革派教会を作ってその牧師となった。当初から、改革派に属する現地のフラマン人やドイツ人に反感を持たれ、ルター派、アルミニウス派、ソッツィーニ派などという非難を浴びていたらしいが、一六八八―八九年頃、オランダでジュリユーら改革派正系から追及されて流浪の生活を余儀なくされていたイザーク・パパンとノエル・オーベール・ド・ヴェルセをハンブルクに迎え入れ彼らの推薦状を書いたりしたことが原因で、教会の敵としてジュリユーから猛烈な攻撃を仕掛けられた。ジュリユーはまず、イザーク・パパンの棄教を主題とした『パリ、オルレアン、ブロワの信徒に宛てた牧会書簡、一六九〇年一月十五日にパリでパパン氏の背教により生じたスキャンダルについて』（ハーグ、一六九〇年）の中でラ・コンセイエールをパパンの共犯者、ソッツィーニ主義者として告発し、ラ・コンセイエールも身の証しを立てるため『抗議と弁明、最近の牧会書簡と称するものでジュリユー氏が誤って告発した事柄について』（ロッテルダム、一六九〇年）を発表、同時にアルトナ教会の長老会議もワロン教会会議に提訴した。ラ・コンセイエールはこの件で自らオランダへ出掛け、両者の間でひとしきり文書合戦が行なわれた（ジュリユーの『ド・ラ・コンセイエール氏の事件についての弁駁書』〔ロッテルダム、一六九〇年)、ラ・コンセイエールの『被告ジュリュー氏に償いを求める原告ド・ラ・コンセイエール氏の弁駁書』(ロッテルダム、一六九〇年)、同『ジュリュー氏への新たな回答』(一六九〇年)、同『ジュリュー氏に対するド・ラ・コンセイエール氏の応答』(一六九〇年)。しかし、一六九〇年八月にアムステルダムで開かれたワロン教会会議はこの問題を審議した末、ラ・コンセイエールにはドルドレヒト教会会議決定(ドルト信仰規準)に更めて署名するよう求めた(むろんラ・コンセイエールもそれに応じた)だけで、ラ・コンセイエールは異端的な人物と交際はしつつも自身の思想には問題なしという結論を下したため、この事件は一応落着した。ただ、この騒ぎによって任地アルトナでのいやがらせはますます募ったらしく、ラ・コンセイエールは普通より早く一六九三年五月に辞任してハンブルクに引退し、そのまま一六九九年十月十二日に同市で死んだ。著作にはほかに、ローマ教会の「煉獄」の教義に反対した『死後の魂の状態に関する歴史・神学論』(ハンブルク、一六九〇年)がある。ベールとも親交があり、彼からベールへの、いずれも一六八四年のものである六通の手紙が残っている。

〔三八五〕 イザーク・ジャクロ(一六四七―一七〇八)。フランス改革派の神学者。ヴァッシの生まれ。牧師の子で、二十一歳で自らも牧師となり、父アブラアム・ジャクロとともに郷里ヴァッシの教会で牧職に従事した。ナント勅令の廃止(一六八五年十月)により、はじめハイデルベルクへ亡命したが、一六八六年のはじめにはハーグへ移り、貴族団任命の牧師となった。穏健な寛容論者で、ジュリューの『ソッツィーニ主義一覧』(ハーグ、一六九〇年)でベールらと並べて攻撃され、匿名でそれへの反駁『《ソッツィーニ主義一覧》についての意見』(一六九〇年)を発表、そのためジュリューにワロン教会会議(一六九一年五月、開催地ライデン)に告発された。ジュリューとの対立はその後も続き、一六九四年四月にハウダで開かれたワロン教会会議にも彼は喚問されているが、その後、プロイセン王フリードリヒ一世の礼拝堂付き牧師として招かれて一七〇二年にベルリンへ移り、以後は公然とアルミニウス主義を告白して、そのまま一七〇八年十月十五日に同地で死んだ。ジャン・ル・クレールと並ぶベール晩年の論争相手で、『信仰と理性の一致』(アムステルダム、一七〇五年)、『ベール氏の神学の検討』(アムステルダム、一七〇六年)、『ベール氏が著わした対談への答』(アムステルダム、一七〇七年)というベール反駁書を書いており、ほかに『トゥルネの司教殿の覚書についての考察』(ケルン、一六八四年)、『イエス・キリストについて』(ハーグ、一六九二年)、『神の存在を論ず』(ハーグ、一六九七年)、『メシア論』(ハーグ、一六九九年)、『旧・新約聖書の真実性と神感を論ず』(アムステルダム、一七一五年)などの著書や『説教集』(二巻、アムステルダム、一七一〇年)がある。哲学的にはデカルト主義者だった。

〔三八六〕　イザーク・パパン（一六五七―一七〇九）。フランスのプロテスタント、ついでカトリックの神学者。ブロワの生まれ。フランス改革派の有名な神学者で「パジョン主義」の創始者だったクロード・パジョン（訳註〔七一〕を参照）の甥で、ジュネーヴ大学、ついでソーミュール大学で学んだが、「パジョン主義」断罪の文書に署名を拒んだため牧師となる道を閉ざされ、一時ボルドーにあるイギリス人の商館で働いた。一六八六年にイギリスへ渡って、そこで牧師として叙品され、翌一六八七年にはオランダへ移って、教会内寛容を唱えた『信仰を真の原理に還元し正しき限界内に収む』（ロッテルダム、一六八七年。ベールが序文を書いた）や、「パジョン主義」を解説してジュリューを攻撃した『摂理と恩寵に関する神学論集』（フランクフルト〔実はロッテルダム〕、一六八七年）を出した。そのためジュリューによりワロン教会会議（一六八七年九月、開催地ボワ゠ル゠デュック）に告発され、前者の本を断罪されたため、オランダで牧師就任の道を断たれ、同年十二月にハンブルクへ移った。同市近郊アルトナのフランス人教会で約半年説教師を務め、ラ・コンセイエールの推薦で同地の常任牧師になりかかったが、そこにもジュリューの手が伸びてその話は実現せず、そのためハンブルクを去ってダンツィヒへ赴いたが、そこでも同じ目に遭った。こうして行き場がなくなったため、ダンツィヒからフランスのボシュエに手紙を書いてカトリックに改宗する意向を伝え、ハンブルク、ロンドン、ドーヴァーを経てフランスのカレに上陸、牧師としてたちまち逮捕されたが、宮廷からの指示によってすぐ釈放され、一六九〇年一月十五日、パリのオラトリオ教会でボシュエの手によって正式にカトリックへ改宗し、以後は郷里のブロワに住み、一七〇九年六月十九日にパリで死んだ。改宗後の著作には、かつて自らが唱えた寛容原理やプロテスタントの「検討」原理を攻撃した『プロテスタントの寛容と教会の権威』（パリ、一六九二年）があり、ともに改宗した妻の手で一七二三年にパリから全三巻の遺作集が刊行された。

〔三八七〕　訳註〔七一〕を参照。

〔三八八〕　訳註〔七〇〕を参照。

〔三八九〕　イザーク・デュイソー（一六〇七頃―七二。訳註〔七〇〕を参照）の『キリスト教の合同』（ソーミュール、一六七〇年）のこと。十七世紀後半のフランスで「教会内寛容」を最初に説いた本で、一六八〇年代の宗教的寛容論の源ともされている重要な著作だった。著者として名を出しているソーミュールの牧師デュイソーのほかに、ソーミュール大学の神学教授をかつて務めたオルレアンの牧師クロード・パジョン（一六二六―八五。訳註〔七一〕を参照）や、同大学の文学教授タヌギ・ルフェーヴル（一六一五―七二）などが執筆に協力したらしく、その意味でこれは、フランス改革派中でリベラルな一翼をなす「ソーミュール学派」の合作といった趣があった。なお、ジュリューが文筆家としてデビューしたのは、このデュイソーの書に反駁した『《キリスト教の合同》という書の検討』（オルレアン、一六七一年）によってだった。

〔三九〇〕訳註〔一三〇〕を参照。

〔三九一〕訳註〔四七〕を参照。

〔三九二〕ジュリューの『摂理と恩寵を説明する厳格な方法と弛緩した方法についての意見』（ロッテルダム、一六八六年）のこと。パパンはそれに『摂理と恩寵に関する神学論集、ジュリュー氏を自らの体系で出会う〈圧倒的な困難〉より解放せんと努む』（フランクフルト〔実はロッテルダム〕、一六八七年）で反駁した。パパンのこの書の中心部分は「《摂理と恩寵を説明する厳格な方法と弛緩した方法についての意見》と題するジュリュー氏の書の批判」という論文だった。

〔三九三〕正しくは『信仰を真の原理に還元し正しい限界内に収む』。

〔三九四〕訳註〔三〇七〕を参照。

〔三九五〕フィリップ・ル・ジャンドル（一六三六―一七二五以後）。フランス改革派の牧師。たぶんルアンの生まれ。はじめルアンで牧師をし、ジャック・バナージュの同僚だったが、再転落者（ルラプス）や、カトリックへの改宗者の子供を会堂に入れたという理由でルアンでの礼拝が禁止されたためオランダへ亡命し、バナージュとともにロッテルダムの牧師となった。バナージュと同様、ロッテルダム教会内ではジュリューと対立、長老会議でジュリューに濡れ衣を着せられて反撃し、告発状を目の前で破り捨てさせたりした。著作には、『偽キリストの敗北と滅亡』（ロッテルダム、一六八八年）、『前世紀末にルアン教会にされた迫害の歴史』（アムステルダム、一七〇四年）があり、後者は十九世紀（一八七四年）にも再刊された。なお、ル・ジャンドルの妻は有名なカーンの牧師ピエール・デュ・ボスクの娘で、ル・ジャンドルはこの義父の伝記『P・デュ・ボスク伝』（ロッテルダム、一六九四年）も書いている。

〔三九六〕訳註〔三六四〕を参照。

〔三九七〕訳註〔七二〕を参照。

〔三九八〕アムステルダム教会会議とは、一六九〇年八月にアムステルダムで開催されたオランダのワロン教会会議のこと。この会議では、「落ち着きのない軽率な精神の持ち主たち」が「ソッツィーニ主義の毒液と宗教的無差別論〔宗教的寛容論のこと〕を振り撒いている」という苦情が方々の教会から寄せられ、それに基づき、ピエール・ジュリューのイニシアティヴのもとに、パジョン主義と宗教的寛容論を断罪する「正統信仰護持のための規程」が採択された。この会議ではまた、ドルドレヒトの牧師ユエの著作『スイスからオランダへの手紙』、『真の寛容派のための弁明』などが問題にされて、その内容を検討するための委員会が設置された。次のライデン教会会議については訳註〔二五五〕を参照。

〔三九九〕 一六九二年五月にズィリック゠ゼーで開催されたオランダのワロン教会会議。この教会会議では反ジュリュー派が優勢で、アムステルダム教会やユトレヒトの牧師ソーラン、ズートフェンの牧師バナージュ・ド・フロットマンヴィルなどがしたジュリューの著作への批判と、それに対するジュリューの回答とを次回の教会会議で検討するため印刷に付すことを決定した。この決定に危機感を抱いたジュリュー派は、新設の小教会や若い世代の牧師の間に多い支持者たちに、次回の教会会議のための大動員をかけ、その甲斐あって、一六九二年九月はじめにブレダで開催された次のワロン教会会議では、ジュリューは正統派と宣告されてこの危地を脱した。

〔四〇〇〕 パパンの『プロテスタントの寛容と教会の権威』（パリ、一六九二年）の新版（リエージュ、一七一三年）の標題。

〔四〇一〕 訳註〔一一〇〕を参照。

〔四〇二〕 訳註〔一〇四〕を参照。

〔四〇三〕 訳註〔七九〕を参照。

〔四〇四〕 訳註〔五九〕を参照。

〔四〇五〕 オランダ語を使用する教会。前述のとおり、オランダの改革派教会はオランダ語を使用するフラマン教会と、フランス語を使用するワロン教会との二本立てだった。

〔四〇六〕 訳註〔四七〕を参照。

〔四〇七〕 「多数決で」はデ・メゾーによる引用にはないが、ベールの手紙自体によって補った。

〔四〇八〕 訳註〔九九〕を参照。

〔四〇九〕 訳註〔三七〕を参照。

〔四一〇〕 ベールの手紙では、この人物の名が終始「アムロート（Amelote）」と書かれているが、デ・メゾーは「アムロ（Amelot）」と書いており、その方が正しい。これはフランスの外交官ミシェル゠ジャン・アムロ・ド・グルネ侯爵（一六五五—一七二四）のことである。この人は大顧問会議の議長だったシャルル・アムロの子で、一六七四年にパリ高等法院の評定官、一六七七年に訴願審査官となった後、外交畑に転じ、一六八二—八五年に駐ヴェネツィア大使、一六八五—八八年に駐ポルトガル大使を務め、さらに一六八九年から一六九八年まで足かけ十年間駐スイス大使をして、その間、一六九三年に侯爵に叙せられ、一六九五年に国務顧問官に任命された。一六九九年九月には新設された通商評議会の議長となり、保護貿易主義的な通商政策を推進したが、一七〇五年五月から一七〇九年九月までは駐スペイン大使を務め、ブルボン朝のスペイン王フェリペ五世を支えた。一七一五年には短期間駐ローマ大使も務めて、「ウニゲニトゥス」大勅書問題の処理に当たった。オルレアン公とはもともと折り合いが悪かったため摂政時代には冷遇され、通商評議会議長の官位だけを保ったが、それでもロー・システムに反対し、それの清算に貢献した。一七二一年には、マルセイユのペストを契機に新設された保健評議会の議長となり、一七二四年六月二十日にパリで死んだ。

〔四一一〕 シモン・ファン・ハーレワイン（一六五四―一七〇二以後）。一六九一年当時のドルドレヒト市長。ドルドレヒトの生まれ。ハルデルウェイク大学で法律を学んで、一六七五年に法学博士となった後、ドルドレヒトの市政に参加して、一六八五年に市の助役となった。一六八六年にはオランダの国会議員となり、一六八九―九一年度の国務会議のメンバーとして連邦政府の一員となり、一六九一年にはドルドレヒトの市長に任命された。アウグスブルク同盟戦争を終結させるため、スイス駐在フランス大使を介して、他の政府メンバーに内密で和平交渉を行なったが、発覚して逮捕され、裁判にかけられた。一六九三年七月三十一日の判決で、大逆罪の廉により終身禁錮と財産没収の刑に処せられ、ルーヴェステインの獄に投じられたが、一六九六年に脱獄し、ホラント州法廷は三千フロリンの懸賞金をかけて行方を探したが発見できなかった。本人はスリナム（南米のオランダ領ギアナ）へ高飛びして、この植民地へ入植していたが、一七〇二年はじめ、再審を求めに本国へ戻るための通行証の交付をホラント州政府に請願した。この請願は却下されたが、それ以後の消息は分っていない。たぶん、そのままスリナムで死んだのであろう。

〔四一二〕 訳註〔六〕を参照。

〔四一三〕 訳註〔七二〕を参照。

〔四一四〕 訳註〔三〇〇〕を参照。

〔四一五〕 ヌーヴィ伯爵ルイ・ド・ギスカール（一六五一―一七二〇）。ベールがセダン大学に奉職していた頃のセダン総督で訳註〔八二〕で述べたジョルジュ・ド・ギスカールの長男。父と同じく軍人で、船舶連隊の中隊長として一六七二年からのオランダ戦争に従軍し、マーストリヒトの攻囲戦で武功を上げた。一六七四年にノルマンディ連隊の連隊長となり、コンツァー・ブリュッケ、フライブルク、ルクセンブルクなどの戦闘で活躍し、一六九〇年には陸軍少将、ロクロワとシャルルモンの守備隊長に任命された。一六九二年五月には父が老齢のため辞任したセダン総督の地位を継いで、同時にナミュール（ナーメン）の要塞司令官に任命され、一六九三年には陸軍中将に昇進、一六九五年にはそのナミュールの防衛戦で目覚しい働きをして、その功により翌年には勲爵士団の騎士に叙せられた。その後軍務を離れ、一六九八年八月からは駐スエーデンの臨時大使を務め、一七〇一年九月まで在任した。一七〇六年に引退し、一七二〇年十二月十日に世を去った。なお、彼がベールを家庭教師に付けようとした息子というのは、ただ一人の男の子だったルイ＝オーギュスト・ド・ギスカール（一六八〇—九九）で、非常に学問好きの子だったらしいが、駐英大使タラール伯爵の随員としてイギリスへ行ったり、駐スエーデン大使に任命された父に付いてストックホルムへ行ったりした後、さらにローマへ旅しようとしたが、途中ウィーンで天然痘にかかり、一六九九年十二月に十九歳で夭折した。

〔四一六〕　訳註〔一一〇〕を参照。

〔四一七〕　訳註〔一八八〕を参照。

〔四一八〕　訳註〔二一〕を参照。

〔四一九〕　アルミニウス派またはレモンストラント派は、オランダの神学者アルミニウス（ヤコブ・ハルメンセン、一五六〇—一六〇九）の流れを汲む改革派中のリベラル派。贖罪と恩寵の普遍性、自由意志の役割などを強調して、正統カルヴィニスムと対立した。一六一〇年、この派は自己の主張を纏めた「建議書（レモンストラント）」をオランダ政府に提出したが、改革派正系のゴマルス（フランシス・ホンメル、一五六三—一六四一）はそれに対抗して「反建議書」を提出、両派の争いはブルジョワ共和派と、貴族・農民層を基盤とするオランイェ派との政治的確執と結び付き、オランダ改革派教会を二分して続けられたが、結局、一六一八—一九年のドルドレヒト（ドルト）教会会議でアルミニウス派は断罪され、教会から排除された同派は別個にレモンストラント派教会を作り、現在まで続いている。この派の教理は通常以下のような五条項に要約されている。神の選びは予見された信仰に基づく、キリストは万人のために死んだ、再生は自由意志による協働を要する、恩寵は充足的・可抗的である、再生した者が罪の世に戻ることもありうる、というものである。

〔四二〇〕　オランダの再洗礼派指導者メノー・シーモンス（一四九六頃—一五六一）を開祖とする再洗礼派の一派。トーマス・ミュンツァー流の武闘路線を放棄して、剣を取ることを拒否する絶対的平和主義を掲げ、「メノナイト」として現在も存続している。良心的兵役忌避者にはこの派の者が少なくない。

〔四二一〕　訳註〔三三七〕を参照。

〔四二二〕　「別の国」とはスペインのこと。スペイン人は空威張りばかりするというのが定評だった。

〔四二三〕　訳註〔一〇八〕を参照。

〔四二四〕　ベールの従兄弟で、前出のジャン・ブリュギエール・ド・ノーディスの兄弟（たぶん兄）であるガストン・ド・ブリュギエールのこと。もともとはプロテスタントだったがナント勅令廃止前後にカトリックへ改宗した歩兵将校で、アウグスブルク同盟戦争中はレ島に駐屯していた。後のスペイン王位継承戦争にも歩兵大尉として従軍している。生歿年は分っていない。ベールから彼への手紙が一六九一年十二月二十四日付のものから一六九八年十二月四日付のものまで、計十三通残っている。

〔四二五〕　訳註〔一七一〕を参照。

〔四二六〕　ジャコブ・ル・デュシャ（一六五八―一七三五）。フランスのプロテスタント弁護士、批評学者。メッスの生まれ。ストラスブール大学で法律を学んで、一六七七年八月から郷里メッスで弁護士をした。ナント勅令廃止（一六八五年十月）の際に表向きカトリックへ改宗したが、一七〇〇年に監視の目を盗んでライン川を越えてドイツへ逃亡、そのため欠席裁判で漕役刑を宣告され、財産も没収された。ドイツではブランデンブルク選挙侯（プロイセン王）の寵遇を受け、一七〇一年にはベルリンにあるフランス人高等裁判所の陪席判事に、翌年には正式に判事に任命され、一七一五年には学者としての業績からベルリン・アカデミーの会員に選ばれた。自らの著書はないが、主に十六世紀の諸著作の豊富な註記を加えた学問的な版を出し、それはいずれもその後の版の土台となった。対象は、最初の刊行であるアグリッパ・ドービニェの『サンシ殿のカトリック風懺悔』を含む『アンリ三世史に資するための文書集』（刊行一六九三年、ケルン〔実際はアムステルダム〕）、『サティール・メニッペ』（三巻、刊行一六九六年、レーゲンスブルク〔実際はアムステルダム〕）、『ラブレー作品集』（六巻、刊行一七一一年、アムステルダム）、アントワーヌ・ド・ラ・サルの『結婚十五の楽しみ』（刊行一七二六年、ハーグ）、アグリッパ・ドービニェの『フェネスト男爵の冒険』（刊行一七二九年、ケルン〔実際はブリュッセル〕）、アンリ・エティエンヌの『ヘロドトス弁護』（三巻、刊行一七三五年、ハーグ）など。また、ル・デュシャは蔵書の余白に批評的な感想を書き留めておく習慣があり、それらを主体として死後にサミュエル・フォルメが『ル・デュシャ語録』（二巻、アムステルダム、一七三八年）を編んだ。一七三五年七月二十五日歿。ベールの『歴史批評辞典』のためにも多くの批評的情報を提供した人で、ベールからル・デュシャへの手紙も一六九三年九月七日付のものから一七〇二年六月十一日付のものまで、計十三通残っている。

〔四二七〕　訳註〔五九〕を参照。

〔四二八〕 訳註〔一〇四〕を参照。

〔四二九〕 ピエール・コスト（一六六八―一七四七）。亡命プロテスタントの翻訳家。南仏ユゼスの生まれ。綿布商人の子だったが、牧師を志して、アンデューズの学院を出るとジュネーヴへ行き、一六八四年五月にジュネーヴ大学へ入った。翌年のナント勅令廃止で帰国の道を断たれ、さらにローザンヌ大学、チューリヒ大学、ライデン大学などで勉強を続けた。一六九〇年にアムステルダムで開かれたワロン教会会議で牧師補に採用され、時々説教壇に立ったが、就職口がなかったからか嫌気がさしたのかやがて転進し、或る印刷所に校正係として入った。一六九七年九月にイギリスへ渡り、ジャン・ル・クレールの推薦で哲学者カドワースの女婿フランシス・マサム卿の息子たちの傅育掛となり、同時に、その館に住む哲学者ロックの秘書、兼、その著作の仏訳者を務めた。ロックの死後はシャフツベリの子供など貴族の子弟たちの家庭教師をして暮らし、その生徒らに付いて諸国を旅したりもしたが、病躯を押してフランス旅行をする途中、一七四七年一月二十四日にパリで客死した。『コンデ親王ルイ(二世)・ド・ブルボン伝』（ケルン〔実際はアムステルダム〕、一六九三年）、『ド・ラ・ブリュイエール氏とその《人さまざま》の擁護』（アムステルダム、一七〇二年）などの著書もあるが、何よりも翻訳者として名高く、翻訳の対象も古代のクセノフォン、プラウトゥスからニュートンの『光学』（仏訳一七二〇年、アムステルダム）、シャフツベリの『冷かしの効用についての試論』（仏訳題名、仏訳一七一〇年、刊行地不記）にまで及ぶが、中でもロックの『教育論』（仏訳題名『子供の教育について』、仏訳一六九五年、アムステルダム）、『キリスト教の合理性』（最初の仏訳題名『キリスト教はいとも合理的なること』、仏訳一六九六年、アムステルダム）、『人間知性論』（仏訳題名『人間の知性に関する哲学的試論』、仏訳一七〇〇年、アムステルダム）の仏訳が名高く、今ではもっぱらロックの仏訳者として記憶されている。ベールの文通相手でもあり、ベールからコストへの手紙も一六九七年七月十五日付のものから一七〇五年七月三日付のものまで、計十通残っている。

〔四三〇〕 この人物はいまだに同定されていない。

〔四三一〕 訳註〔六〕を参照。

〔四三二〕 このように、デ・メゾーはこの人物をシュルーズベリ公・伯爵（伯爵としては第十二代、公爵としては一代のみ）チャールズ・トールボット（一六六〇―一七一八）と考えているが、今ではこれは国務大臣ウィリアム・トランバル卿（一六三九―一七一六）のことと考えられている。

シュルーズベリ公・伯爵チャールズ・トールボット（一六六〇―一七一八）はイギリスの政治家。第十一代シュルーズベリ伯爵の子で、一六六八年に決闘で死んだ父の後を継いで第十二代伯爵となった。チャールズ二世やジェームズ二世に仕え、ジェームズ二世の侍従となったが、英国国教の熱心な信者で、カトリシスムの復興を狙うこの国王と相容れず、イギリスの貴族たちを代表して、同王の追い落としをオランイェ公ヴィレム三世に持ち掛けたのも彼だった。その功により、名誉革命後、ウィリアム三世により枢密顧問官、国務大臣に任命され（一六八九年）、翌年に病気のため辞任したが、一六九四年に再び国王に請われて国務大臣に返り咲き、同時に公爵にも叙せられた。国務大臣の仕事は一七〇〇年まで続け、その後、駐ローマ大使を数年した末、一七一〇年にアン女王のもとで内大臣、一七一二年に駐仏大使、一七一三年にアイルランド総督、一七一四年に大蔵大臣になり、ハノーヴァー家の迎え入れにも尽力、ジョージ一世のもとで再び内大臣を務めた（一七一四—一五年）。

ウィリアム・トランバル（一六三九—一七一六）。イギリスの政治家。イースト・ハンプステッドの生まれ。オクスフォード大学で法律を学び、フランス、イタリアを旅行した後、一六六七年に法学博士となって弁護士を開業した。ロチェスター教区の尚書・監督代理や、艦隊付きの法務官をし、その功によってナイトに叙せられ、一六八五年に特派使節としてフランスへ派遣された。フランスではナント勅令が廃止される頃だったが、迫害されるこの国のプロテスタントのために種々の尽力をし、そのためヴェルサイユの宮廷に嫌われて本国へ召喚され、一六八六年には大使としてトルコへ行かされた。名誉革命後の一六九一年に帰国して、一六九四年に大蔵委員、翌一六九五年五月に国務大臣、枢密顧問官となったが、一六九七年十二月に突然官を辞して引退し、以後は悠々自適の生活を送った。文芸愛好家で、ポウプやドライデンとも親しい人だった。

〔四三三〕　ルイ＝エリ・デュ・パン（一六五七—一七一九）。フランスのカトリック神学者、歴史家。パリの生まれ。僧籍に入り、一六八四年にソルボンヌの神学博士となって、一六八六年から一七〇三年までコレージュ・ロワイヤルの哲学の教授を務めた。全五十八巻に上る『古今教会著作家文庫』（パリ、一六八六—一七〇四年）を著わして、教会史家として不朽の名を残したが、そこで示されるきわめて自由な判断はボシュエをはじめとする正統派から批判を浴びた。思想的にはジャンセニストで、典礼論争のピークをなすソルボンヌのル・コント神父断罪では断罪派の中心として活躍したが、ウニゲニトゥス大勅書に反対したり、カトリック教会とイギリス国教会の合同を図るなど、ソルボンヌ内の問題児だったらしい。『イエス・キリストから現在までのユダヤ人史』（七巻、パリ、一七一〇年）、『始めから現在までの俗史』（六巻、パリ、一七一四—一六年）など、ほかにも多くの著作がある。

〔四三四〕　ジャック＝オーギュスト・ド・トゥー（一五五三—一六一七）。フランスの政治家、歴史家。パリの生まれ。パリ高等法院の首席長官だったクリストフ・ド・トゥーの子。はじめ聖職者になる予定で、パリのノートル゠ダム教会参事会員で後にシャルトルの司教となる叔父のニコラ・ド・トゥーに預けられた。フランスとイタリアの各地の大学で学んだ後、一五七六年にパリ高等法院の聖職者評定官となり、一五八一年にはプロテスタント指導者との交渉のためボルドーへ派遣されて、そこでモンテーニュを識った。一五八六年に聖職から去って訴願審査官となり、一五八八年には国王アンリ三世により国務顧問官に任命され、プロテスタント側のデュ・プレシ゠モルネらとともに、アンリ三世とナヴァール王アンリ（後のフランス王アンリ四世）の提携のため交渉に当たった。アンリ三世暗殺の報をヴェネツィアで聞くや、急ぎ帰国して新王アンリ四世に仕え、シュリとともにその最側近の顧問官として働き、一五九五年にはパリ高等法院の大審部長官となり、一五九八年のナント勅令の起草者の一人でもあった。アンリ四世の死後は、シュリの後を継いでシャトーヌフ、ジャナンとともに三人の財務総監の一人となった（一六一六年）が、この仕事はあまり好みに合わず、パリ高等法院の首席長官になる夢を断たれた失意も加わって、晩年は執筆活動に主として力を注いだ。著作にはラテン語の詩なども多いが、何よりもラテン語の巨大な史書『同時代史』が名高い。これは一五四三年から一六〇七年までのフランス史を書いたもので、一五九一年から執筆を始め、一六〇四年の第一部を皮切りに、一六〇八年の第四部まで順次出版され、最後の部分は死後の一六二〇年に公刊された（刊行地パリ）。全百三十八巻、二折判（フォリオ）五冊となる（一六二〇年版）。著者はカトリック教徒だったが、若き日に経験した聖バルテルミの虐殺を原体験に持つ宗教的寛容論者で、動乱の十六世紀を描く筆致はきわめて公正であり、またそれ故にこの書は一六〇九年にローマ教会の禁書目録にも入れられたが、現在でもフランス史上最高の史書の一つとされており、十八世紀の一七三四年にはアベ・プレヴォ、デフォンテーヌらの手でフランス語に全訳された（四折判十六巻、ロンドン）。ほかに、同じくラテン語の『自伝』全六巻があり、これは『同時代史』の一六〇九―一四年版、一六二〇年版などに収められた後、一七一一年にそれだけ別個に『回想録』（刊行地ロッテルダム〔ルアン〕）の題で仏訳され、十九世紀以後に色々な回想録叢書に収められた。

〔四三五〕　アントワーヌ・テシエ（一六五二―一七一五）。フランスのプロテスタント学者。モンペリエの生まれ。はじめ牧師を志してニーム、モントーバン、ソーミュールの各大学で神学を学んだが、のち法律家に転じ、ニームで弁護士をした。ナント勅令廃止（一六八五年十月）直前にスイスへ亡命して、チューリヒで自然法についての公開講座を開き、一六八九年から二年間、ベルンのフランス語新聞の編集に当たった。一六九二年にベルリンへ移って、ブランデンブルク選挙侯の修史官となり、そのまま一七一二年九月七日にその地で死んだ。フランスにあった頃はコンラール、ペリソン、メナージュなどと親しかった学者で、『ド・トゥー氏の《同時代史》より引ける学者讃、追加付き』（ジュネーヴ、一六八三年）、『文献目録・作家伝著者リスト』（ジュネーヴ、一六八六年）、プーフェンドルフの『人間・市民の義務』の仏訳（ベルリン、一六九六年）など、二十点を超す著述がある。

〔四三六〕　ディオニシウス・カトー。ラテンのモラリスト。時代は不明だが、キリスト教公認（四世紀前半）より前の人と考えられている。息子に宛てた『教訓的二行詩』四巻の作者とされ、これは十三世紀に仏訳されて、中世に広く読まれた。その道徳観にはストア派の影響が強く見られるという。引用された句は同書第三巻の七にある。

〔四三七〕　ジャック・アミヨ（一五一三―九三）。プルタルコスの仏訳者。ムランの生まれ。ブルジュ大学でギリシャ語、ラテン語を教えた後、一五四八―五二年にイタリアへ赴き、プルタルコスその他を研究した。帰国してアンリ二世の宮廷に入り、一五五七年に後のシャルル九世、アンリ三世の教育掛となり、一五七〇年にはオーセールの司教に任命されたが、カトリック同盟派に迫害されて、一時は亡命生活を送った。ヘロドトスやシチリアのディオドロスの仏訳などもあるが、とりわけ有名なのはプルタルコスの『対比列伝』と『道徳論集』の仏訳（前者は一五五九年、後者は一五七二年、刊行地はいずれもパリ）で、これは後代からも絶讃された。

〔四三八〕　ブレーズ・ド・ヴィジュネール（一五二三―九六）。フランスの文学者。ヌヴェール公爵の秘書だったが、公爵の死後、三十九歳で学校に入りなおし、テュルネーブやドラのもとでギリシャ語、ヘブライ語を学び、一五八四年に国王アンリ三世の部屋付き秘書になった。『彗星論』（パリ、一五七八年）、『暗号論』（パリ、一五八六年）などの著書もあるが、むしろカエサル（『ガリア戦記』）、ティトゥス・リヴィウス（『ローマ史』）、タキトゥス（『ゲルマニア』）、さらにキケロ、フィロストラトス等々の仏訳者として知られている。

〔四三九〕　ピエール・ド・ブルデイユ・ド・ブラントーム（一五四〇頃―一六一四）。フランスの作家。ペリゴール地方の小貴族の出で、軍人・外交官として活動し、宗教戦争ではカトリック軍に属して戦った。一五七四年に軍職を退き、国王アンリ三世の廷臣となったが、王の冷遇に怒って一五八二年に宮廷から去り、郷里に引退した。いずれも死後に刊行されたその作品の内、今では『貴婦人粋之道』（ライデン、一六六五年）のみが一種の軟文学書として読まれるにすぎないが、当時の名士・名将・名婦（フランスおよび外国の）の列伝である『名士・名将伝』、『名婦伝』などからなる『覚書』（ライデン、一六六五年）は夥しい数の同時代人について豊富な情報を伝えており、ベールの時代には歴史資料として広く利用されていた。

〔四四〇〕　ルイ・モレリ（一六四三―八〇）。フランスの学者。バルジュモンの生まれ。リヨンで勉強し、はじめ『愛の国』（リヨン、一六六五年）、『詩歌の楽しみ』（リヨン、一六六六年）などの文学書を出した。リヨンで僧籍に入り、五年ほど説教師として活動した後、歴史辞典の編纂に専念した。一六七三年頃、アプトの司教の施物分配僧となり、二年後にはパリに上って大臣ポンポンヌに庇護された。一六七四年にリヨンで『大歴史辞典』（二折判一巻）を出し、これはその後ル・クレール（一六九一年の第六版、アムステルダム、二折判四巻）、ヴォーティエ（一七〇四年の第十一版、パリ、二折判四巻）などにより次々と改訂増補されて、最終的には二折判十巻（一七五九年の第二十版、パリ）という厖大な量に達した。たしかに記念碑的な大辞典で、最近リプリント版なども刊行されたが、この辞典は当初から誤りが多いので有名でもあり、ベールが『歴史批評辞典』を最初「誤謬を集めた辞典」として構想した際も、第一に念頭にあったのはモレリのこの辞典だった。一六八〇年七月十日にパリで歿。

〔四四一〕　訳註〔一〇四〕を参照。

〔四四二〕　マニ教は言うまでもなく、ペルシャのマニ（マネス）（二一六―二七七）を開祖とする善悪二元論の宗教。早くから北アフリカ（アウグスティヌスも若い頃マニ教徒だった）、南イタリア、ローマ、ガリア、スペイン（プリスキリアヌス派）などローマ世界にも流入して、主としてマルキオン派の地盤を受け継いだ。それに対する弾圧も激しく、ディオクレティアヌス帝は二九七年に有名なマニ教禁止令をアフリカ総督ユリアヌスに送って、マニ教文書の焚書と指導的マニ教徒の火刑、一般信者の財産没収を命じた。三八〇年にはテオドシウス帝もマニ教禁止令を出し、三八五年にはマクシムス帝がプリスキリアヌスを火刑に処している。東ローマ帝国のマニ教徒は五世紀末に皇帝の周囲にも庇護者を得て非常な勢力を持ったが、八四一年、皇后テオドラによる大弾圧で十万を超える死者を出し、百五十年にわたる抵抗の末、東ローマ帝国から追放され、一部はブルガリアへ逃れてボゴミル派を作った。その後、中世にもマニ教迫害は続けられ、一〇一七年にはオルレアンの十人の教会参事会員がマニ教の罪で火刑に処せられている。また、中世のカタリ派、アルビ派がボゴミル派を通じてマニ教の流れを汲むものであったことは更めて言うまでもない。

〔四四三〕　ルイ・ブシュラ（一六一六―九九）。フランスの法官。シャンパーニュ地方の貴族の旧家の出で、法律を（とりわけ、リシェのもとで教会法を）学んだ後、パリ高等法院の評定官となった。その後、訴願審査官、ギュイエンヌ、ラングドック、ピカルディ、シャンパーニュの各地方長官を歴任して国務顧問官となり、一六七九年には「毒薬事件」で設置された火刑裁判所の裁判長を務めた。一六八一年にはコルベールに呼ばれて財務顧問会議の一員となり、一六八五年十一月には死んだル・テリエの後任として大法官に就任、廉潔の士としてかねて呼び声が高かったためこの人事は好評だったが、ナント勅令廃止に伴う宗教上の様々な強制措置も彼の責任において行なわれた。熱心なカトリック信者で、ダビデの詩篇をフランス語の詩に訳したりしたほどだったが、同時にガリカニスムの理論家でもあった。一六九九年九月二日にパリで死んだ。

〔四四四〕『ガゼット（Gazette）』は、一六三一年五月三十日にルイ十三世の侍医テオフラスト・ルノード（一五八五―一六五三）がパリで発刊したフランス最初の新聞。リシュリューの庇護を受けた政府の御用新聞で、週刊で発行、ルノードの死後はその息子や孫に引き継がれた。一七六一年十二月までは『ガゼット』の名で週刊だったが、一七六二年一月からは『ガゼット・ド・フランス（Gazette de France）』の名で週二回刊（一七九一年十二月まで）となり、その後も名前や発行形態を再三変えながら、最終的には一九一五年九月十五日号まで続いた。

〔四四五〕ウゼーブ・ルノード（一六四六―一七二〇）。フランスの歴史家、東洋学者。パリの生まれ。フランス・ジャーナリズムの草分けテオフラスト・ルノードの孫で、父は医者だった。僧籍に入って、一時はオラトリオ会士だった。ブルターニュ地方フレソワの僧院長の職禄を持ったが、早くから東洋諸語を勉強し、かたわら諸外国の事情にも通じて、ローマ、イギリス、スペイン事情などについての覚書は宮廷の外交政策の策定に少なからぬ貢献をした。一六八九年にはアカデミー・フランセーズの、一六九一年には碑文アカデミーの会員となり、一七〇〇年にはノアイユ枢機卿に随行してローマにも行った。一七二〇年九月一日にパリで歿。著作には、アントワーヌ・アルノーらの『聖体に関するカトリック教会の信仰の永続性の擁護』（いわゆる『大永続論』）の第四巻（パリ、一七一一年）、『アレクサンドリア総大主教史』（パリ、一七一三年）、『東方典礼集』（二巻、パリ、一七一五―一六年）などがある。また、祖父が発刊した『ガゼット』紙の社主（一六七九年から死ぬまで）として、同紙の編集・発行を続けた。

〔四四六〕訳註〔一八五〕を参照。

〔四四七〕エリスのピュロン（前三六〇―二七〇頃）の名から来る。ピュロンはアレクサンドロス大王の東征に随って（したが）インドまで行った古代ギリシャの哲学者で、懐疑派の祖。あらゆる命題について賛否の根拠が等しい重さを持つという確認から、判断停止（エポケー）と、それを通じて獲得される不動心（アタラクシア）を説いた。その説は主としてセクストゥス・エンピリクスを通じてルネサンス以後に継承され、フランスでもモンテーニュ、シャロン、ラ・モット・ル・ヴァイエ、ユエと続く流れを形成するが、十七世紀末―十八世紀初頭の代表的なピュロン主義者と目されたのはほかならぬベール自身だった。この場合、ピュロン主義とは懐疑論と同義だが、時には懐疑論の内でもピュロン系のものをアルケシラオス、カルネアデスなど中期アカデメイアのものと区別して、前者にだけ（その場合、後者は否定的定言論と規定される）適用される場合もある。

〔四四八〕　訳註〔二八一〕を参照。

〔四四九〕　フランス王フランソワ一世（一四九四―一五四七、在位一五一五―四七）。アングレーム伯爵シャルル・ドルレアンの子で、姉のマルグリット・ダングレームとともに母のルイズ・ド・サヴォワから人文主義的教育を受けた。フランス王ルイ十二世に男子がなかったため、その従弟および女婿として一五一五年に王位を継ぎ、前王の政策を継承してイタリア戦争を続行、一五一五年九月のマリニャンの合戦でスイス軍に大勝を博し、翌年八月にはローマ法王とも政教条約を結んで国内の聖職者への支配を確立した。一五一九年に神聖ローマ皇帝マクシミリアン一世が死んだ時、次期皇帝の候補として名乗りを上げたがカルル五世に敗れ、一五二一年から神聖ローマ帝国と覇権を争ってイタリア戦争を再開、この戦争は四次にわたって断続的に行なわれ、フランスがイタリアに対する要求を最後的に放棄した一五四四年のクレピ条約まで続いたが、その過程では、一五二五年二月のパヴィアでの敗戦で彼自身が捕虜になり、翌年までマドリードで捕囚の生活を送ったり、カルル五世に対抗するためオスマン・トルコと同盟を結んだりした。内政的にはルネサンス君主の典型とも言える人で、学芸の保護育成に力を注ぎ、今のコレージュ・ド・フランスの前身である王立教授団（コレージュ・ロワイヤル）を創設（一五三〇年）したり、主にイタリアからダ・ヴィンチをはじめとする芸術家や学者をフランスへ招いたりした。人文主義に好意的な人だったため、プロテスタンティズムへの態度もはじめは多分に不決断だったが、一五三四年十月の「檄文事件」以後は一転して弾圧政策を進め、同王の治世の後半と次の王アンリ二世の治世は初期のフランス・プロテスタントにとって苦難に充ちた冬の時代だった。

〔四五〇〕　訳註〔三三五〕を参照。

〔四五一〕　ティトゥス・ポンポニウス・アッティクス（前一〇九―三二）。キケロの親友だったローマの富豪。前八八―六五年にアテナイに住み、ギリシャ語とギリシャ文化に造詣が深かった。広大な領地を持ち、金融・出版などの事業を営み、クィリナル丘の彼の邸は一種の文芸サロンだった。キケロから寄せられた三百九十六通の手紙を公刊、これはキケロの書簡の中心をなしている。

〔四五二〕　セザール・ヴィシャール・ド・サン゠レアル（一六三九―九二）。サヴォィア出身の歴史家。シャンベリの生まれ。パリでイエズス会の教育を受け、僧籍に入ったが、聖職禄は持たなかった。ヴァリヤスに師事して小説風の史書（『ドン・カルロス』〔アムステルダム、一六七二年〕、『ヴェネツィア共和国に対するスペイン人の陰謀』〔パリ、一六七四年〕、『イエス伝』〔パリ、一六七八年〕など）を多く物して一家をなした。一六七六年にシャンベリへ戻ってサヴォィア公に厚遇され、そこで会ったマザランの姪オルタンス・マンシニに付いてイギリスへ渡り、しばらくロンドンに滞在した。一六七八―九〇年にはサヴォイアに住み、一六九〇年にはサヴォイア公の密命を帯びてパリに出、かたわらアルノーやアムロ・ド・ラ・ウッセなどと論争を行ない、ジャンセニストからはソッツィーニ派と非難された。一六九二年にシャンベリへ帰って歿。著作には前記の史書のほか、評論として『歴史の用途について』（パリ、一六七一年）、『セザリオン』（パリ、一六八四年）、『批評について』（パリ、一六九一年）などがあり、一七二二年（五巻、ハーグ）以後、何種類もの著作集が出た。

〔四五三〕　コルネリウス・ネポス（前九九頃―二四）。ローマの伝記作家。キケロやアッティクスの友人で、『名士伝』中の「外国名将伝」、「カトー伝」、「アッティクス伝」などが残っている。

〔四五四〕　『ゲルマン文庫（Bibliothèque Germanique）』は、「ドイツ・北方諸国文学史」という副題を持つフランス語の学芸新聞で、一七二〇年（ベールの死後）に創刊され、一七四〇年まではこの題で、ついで『ドイツ・スイス・北方諸国文学新聞』（一七四一―四二年）、『新ゲルマン文庫』（一七四六―五九年）という題で一七五九年まで続いた。原則として季刊（三カ月に一号）で、刊行地は終始アムステルダムだった。創刊者で最初の編集者はベールの友人だったベルリン在住のジャック・ランファン（一六六一―一七二八、訳註〔一三三〕を参照、一七二〇年から二八年まで）、ランファンの死後はその同僚牧師で同じくベールの友人だったベルリン在住のイザーク・ド・ボーゾーブル（一六五九―一七三八、一七二八年から三八年まで）とシュテッティン在住のポール＝エミール・モークレール（一六九八―一七四二、一七二八年から四二年まで）に編集が引き継がれ、さらにシュテッティン在住のジャック・ペラール（一七一二―六六、一七四六年から四九年まで）とベルリン在住でベルリン・アカデミーの常任書記だったサミュエル・フォルメ（一七一一―九七、一七四六年から五九年まで）が編集に当たった。ベールの『文芸共和国便り』を手本にした、神学・法学・歴史・哲学・地理・博物学など万般にわたる学芸新聞で、ドイツに亡命したフランス人プロテスタントの主要な学術メディアだった。

〔四五五〕　アルフォンス・デ・ヴィニョル（一六四九―一七四四）。ドイツへ亡命したフランス改革派の牧師。低ラングドック地方オーバイスの城の生まれ。ニームの学校を出て、一六六九年からジュネーヴ大学で神学を学び、さらにソーミュール大学、オクスフォード大学にも遊学した。一六七五年に低ラングドック地方教会会議により牧師として採用され、オーバイスやケラールで牧職に従事したが、一六八三年にはクロード・ブルソンの指導する非合法礼拝集会の開催運動に参加したため罰金刑と六年間の説教禁止を宣告された。一六八五年のナント勅令廃止に当たってジュネーヴへ亡命し、ベルン、シュヴェット、ハレなどを転々とした後、一六八九年からベルリンに定住した。一七〇一年のベルリン・アカデミーの創立に加わり、一七〇三年からは友人ライプニッツの推挙によってベルリンの牧師をしながらこのアカデミーの世話役をするようになり、一七二七年には同アカデミーの数学部長に任命された。著作としては、友人ジャック・ランファンが著わした『女法王ヨハンナの話』（二巻、ケルン〔アムステルダム〕、一六九四年）の第四部と『聖書年代学』（二巻、ベルリン、一七三八年）の二点しかないが、『ベルリン雑纂』、『文芸共和国の批評的歴史』、『ゲルマン文庫』などの刊行物に載せた夥しい数の論文があり、ライプニッツに送った手紙も二十通ハノーヴァー図書館に残されている。

〔四五六〕　フランソワ・ジャニソン・ド・マルサン（一六三四—一七〇五）。ベールの友人だったフランスのプロテスタント弁護士。アジャンの生まれ。ボルドー高等法院弁護士の子で、自分もはじめボルドーで弁護士をしたが、国務顧問会議に対してギュイエンヌ地方の改革派諸教会の権利を擁護するためパリに派遣され、一六七一年まで名誉職的のその仕事に従事した。その後パリに居ついて、一六七四年に結婚し、パリ高等法院の弁護士となり、同時にションベール元帥家の家令をも務めた。シャラントン（パリ）教会の長老として首都の教会の有力者だったため、ナント勅令廃止直後の一六八五年十一月二十日にヴィエルゾンへ流され、そこでドラゴナードに遭って多額の金を失い、一六八六年一月には表向きカトリックへ改宗してパリに戻った。しかし、これは全くの偽装改宗で、ジャニソンは亡命せずに残った二人の息子をプロテスタントとして育て、妻のマリ・ブリュニエもプロテスタントの国外逃亡を助けていたという。かたくなな異端者として当局のブラックリストに載っており、現にスパイ行為と対敵通謀（オランダとの通信）の容疑でジャニソンとその息子、親類たちの逮捕を求める警視総監ダルジャンソンから陸軍大臣シャミヤールへの手紙（一七〇二年十月五日付）なども残っているが、なぜかジャニソンは逮捕も訴追もされなかった。ジャニソンは非常な学者で、『ガゼット』紙の社主ルノード師、後のデュボワ枢機卿などの要人やイエズス会士たちとも親交があり、それらの友人たちが彼を保護したからであろうと推測されている。ベールの古くからの文通相手で、ベールからジャニソンへの手紙は一六九五年十月二十七日付のものから一七〇〇年八月三十日付のものまで計十八通、ジャニソンからベールへの手紙は一六八三年六月二十八日付のものから一六九七年八月二十三日付のものまで計二十七通残っている。

〔四五七〕　ジャン゠バティスト・デュ・ボス（一六七〇—一七四二）のこと。デュ・ボスはフランスの歴史家、批評家。ボーヴェの生まれ。商人の子で、はじめ外交官として活動し、かたわらフランス政府の様々な宣伝文書を執筆したが、一七一九年に『詩歌と絵画に関する批評的考察』（二巻、パリ、一七一九年）を出して科学的な美学への道を開き、さらに一七三四年には『ゴールにおけるフランス君主制確立の批評的歴史』（四巻、パリ、一七三四年）を出版し、フランク族はゴール族を征服したのではなく平和的に迎え入れられたのだという大胆な説を唱えた。一七二〇年にアカデミー・フランセーズの会員、一七二二年にはその常任書記となっており、一七四二年三月二十二日にパリで死んだ。まだ若い一六九五年頃からクロード・ニケーズ師の紹介でベールと文通しており、ベールからデュ・ボスへの手紙も一六九六年四月十九日付のものから一七〇六年十二月一日付のものまで、計二十六通残っている。

〔四五八〕 訳註〔六九〕を参照。

〔四五九〕 訳註〔五九〕を参照。

〔四六〇〕 この部分はデ・メゾーによる引用から落ちているが、ベールの原文にしたがって補った。

〔四六一〕 前註と同じ。

〔四六二〕 ヤン・デ・ヴィット（一六六二―一七〇一）。オランダの国務長官で一六七二年にオランイェ派の暴民に虐殺されたヤン・デ・ヴィットの同名の子。父とともに殺されたその兄コルネリス・デ・ヴィットの甥で、一六九二年にコルネリスの末娘で自分の従姉妹に当たるウェルヘルミーナと結婚していたから、コルネリスの義弟だったベールのパトロン、アドリアーン・パーツとは自分も妻も親類だった。ハーグの生まれ。一六七九年からライデン大学で学んだが、学生時代にフランス、イタリア、シチリア島、マルタ島などを旅行した。これは主に書物蒐集のための旅だったらしい。一六八八年からドルドレヒト市の書記を務め、死ぬまでその地位にあった。一七〇一年一月二十四日にドルドレヒトで歿。親が親だけに政治には携わらず、その面では目立った働きをしていないが、そのかわり内外の学者たちと広く交際・文通し、大学者・大蔵書家として自国オランダよりむしろフランスやイタリアで有名な人だった。かねてベールとも親しく、彼からベールへの手紙も一通（一六八六年一月二十五日付）残っているが、彼がフランスのクロード・ニケーズ師に送った一六八九年十月二十七日付の手紙には、「五、六週間前」にバナージュ兄弟（ジャック・バナージュとアンリ・バナージュ・ド・ボーヴァル）と「ベール氏が私に会いに当地（ドルドレヒト）へ来訪して二日いた」という記述があり、ベールとの間の親密さを窺わせる。同じ手紙にはまた、「限りなく尊敬する」ルノード師によろしくという言葉があり、彼が学者としてのルノードを非常に高く買っていたことは、ベールからデ・メゾーに送られた一七〇二年三月七日付の手紙にも述べられている。こういう事情から、ともに尊敬するベールとルノードの間に争いが起こるのをヤン・デ・ヴィットが心配し、二人の間の仲裁人になったというのもごく自然なことだった。

〔四六三〕 シャルル・ド・マルグテル・ド・サン゠ドニ・ド・サン゠テヴルモン（一六一三―一七〇三）。フランスの文学者、社交人。サン＝ドニ＝デュ＝ガストの生まれ。はじめ軍人で、フロンドの乱では政府側につき、一六五二年に少将まで進んだ。ニノン・ド・ランクロなどのサロンに出入りしつつ文筆活動をし、アカデミー・フランセーズを諷刺した『アカデミストの喜劇』（執筆一六四三年、発表一六五〇年）などを著わしたが、『ピレネー和議に関するクレキ侯爵への手紙』（執筆一六五九年）という反政府文書が一六六一年に、失脚したフーケの家の家宅捜索で発見されたため、ルイ十四世の怒りを買ってイギリスへ亡命した。ロンドンのペストを避けてしばらくオランダにいた後、最終的にイギリスへ定住し、マザラン侯爵夫人（マザランの姪）オルタンス・マンシニの親友としてそのサロンの中心となり、一六八九年にルイ十四世の勘気も解けたが、再び故国へは戻らず、そのまま一七〇三年九月二十九日にロンドンで死んだ。ガッサンディを通じてエピクロスの影響を強く受けた自由思想家で、オランダにいた頃にはスピノザとも交わった。作品には上記のほかに『エピクロスの道徳について』（執筆一六八四年、発表一六八九年）、『古今の悲劇について』（執筆一六七二年、発表一六九二年）、『共和国の各時代におけるローマ国民のさまざまな気質の考察』（執筆一六六三年、発表一六八四年）、軍人とイエズス会士を諷刺した『ドカンクール元帥とカネー神父の会話』（執筆一六六九年、発表一六八六年）などがある。なお、デ・メゾーはロンドン在住の医師ピエール・シルヴェストル（訳註〔三四〇〕を参照）と共同で、一七〇五年にロンドンからサン＝テヴルモンの作品集（四折判二巻）を刊行し、サン＝テヴルモンの伝記も書いた。

〔四六四〕　訳註〔一〇四〕を参照。

〔四六五〕　訳註〔一四〕を参照。

〔四六六〕　訳註〔一四九〕を参照。

〔四六七〕　訳註〔四四二〕を参照。

〔四六八〕　オリゲネス（一八五頃—二五四頃）。アレクサンドリア生まれのギリシャ教父。同市の教理学校でアレクサンドリアのクレメンスに学び、やがてその校長となった。二一五年にパレスチナへ行き、カイサリアで司祭となり、二三一年以後、そこに学校を創設して教えた。デキウス帝によるキリスト教迫害の際に投獄され、釈放後テュロスまたはカイサリアで死んだ。プラトン哲学を武器としてキリスト教の信仰内容の組織的な叙述を試み、また『六カ国語対訳聖書』によって聖書の本文批評を開拓したが、御子（キリスト）の従属説、悪霊をも含むすべての魂が終局的には始源の完全性へ戻って救いに与るという救拯論などが死後に異端視され、四〇〇年のアレクサンドリア宗教会議における断罪を皮切りに、最後的には五五三年のコンスタンチノープル宗教会議（第五回世界宗教会議）により異端として断罪された。なお、本文中で「オリゲネス派」と言われるのは、このオリゲネスを始祖とする特定の宗派を指すのではなく、地獄の刑罰の永遠性を否定して最終的には万人が救いに与ると考える者たちを一般的に指している。

〔四六九〕　前々年の一六九八年に死んだハノーヴァー選挙侯エルンスト・アウグスト（一六二九―九八）の未亡人ゾフィー（一六三〇―一七一四）。父はオランダへ亡命していた元プファルツ選挙侯、元ボヘミア王のフリードリヒ五世、母はイギリス王ジェームズ一世の娘だった。一六五八年にブラウンシュヴァイク゠リューネブルク゠カーレンベルク公エルンスト・アウグストに嫁し、この夫が一六九二年にハノーヴァー選挙侯となるや、当然ながら選挙侯妃となった。イギリスのハノーヴァー朝を開いたジョージ一世の母である。

〔四七〇〕　ブランデンブルク選挙侯妃ゾフィー・シャルロッテ（一六六八―一七〇五）。ハノーヴァー選挙侯エルンスト・アウグストの娘で、一六八四年にブランデンブルク選挙侯フリードリヒ・ヴィルヘルム（大選挙侯）の長男フリードリヒと結婚し、この夫が一六八八年にブランデンブルク選挙侯の地位を継ぐや選挙侯妃に、また夫が一七〇一年にフリードリヒ一世の名でプロイセン王となるや同王妃となった。学問好きの人で、ライプニッツの庇護者であり、ライプニッツの『弁神論』が生前彼女がライプニッツとしたベールに関する話し合いを契機としていたことはよく知られている。

〔四七一〕　ドーナ゠シュロービッテン伯爵アレクサンダー。ベールがかつてドーナ家の家庭教師として教えた生徒だった。訳註〔五五〕を参照。

〔四七二〕　訳註〔六〕を参照。

〔四七三〕　ロベール・ダルブリッセル（アルブリッセルのロベルトゥス）（一〇五五頃―一一一七）。フランスのカトリック聖職者で、フォントヴロー修道会の創立者。ブルターニュ地方アルブリッセルの生まれ。パリでランのアンセルムスに学び、神学者として名声を博して、一〇八五年にレンヌの副司教、一〇九〇―九一年にはアンジェの司教座神学教授をしたが、一〇九一年にクラオンの森に隠棲して隠修士の生活を始めた。多くの弟子が彼のもとに集まったため、一〇九六年にラ・ロエに僧院を作り、一一〇一年にはフォントヴローに新しい僧院を建設、以後フランス西部、西南部を巡回して次々と新しい僧院を作り、それらを束ねるフォントヴロー修道会を発足させて、一一一六年にはその会規をも定めた。乞食や売春婦を信仰へ導いた人として知られている。

〔四七四〕　ジョフロワ（一一三〇頃歿）。ベネディクト会の修道士で、ヴァンドームにあるトリニテ僧院の第五代僧院長。十一世紀末―十二世紀初頭のフランス教会の有力者で、教会の仕事で生涯に十二回イタリアへ行ったと伝えられ、ローマ法王たちからの手紙なども残っている。法王ウルバヌス二世（在位一〇八八―九九）によって枢機卿に任命されたというが、その肩書を帯びるのを許されただけという説もあるらしい。一六一〇年にシルモン神父の手で著作集が刊行されたが、内容は主に書簡からなっていた。

〔四七五〕 ジャン・ド・ラ・マンフェルム（一六九三歿）。フォントヴロー会の修道士で、ヴァンドーム僧院長ジョフロワの非難から会の創立者ロベール・ダルブリッセルを弁護するため、『アルブリッセルの福者ロベルトゥスを攻撃する書簡についての論考』（ソーミュール、一六八二年）を著わした。ジョフロワのその手紙なるものは、「異端者」ロスケリヌス（一〇五〇頃―一一二三／二五。唯名論の事実上の祖で、一〇九二年のソワソン宗教会議に三神論者として告発され、自説を撤回した）がヴァンドーム僧院長の名を騙って書いたものだとしている。

〔四七六〕 デ・メゾーは「スーリ（Souri）神父」と書いているが、「ソリス（Soris）神父」が正しいので訂正した。マテュラン・ソリス（一六四二―一七一六）はフォントヴロー会の修道士で、『フォントヴロー会修道院長ジャンヌ＝バティスト・ド・ブルボン夫人の棺前演説』（ラ・フレーシュ、一六七〇年）や、ここで問題の『フォントヴロー会の創立者たる福者ロベール・ダルブリッセルのための護教的論考』（アントワープ、一七〇一年）、それの補遺と思われる『説明、註記、批評、付記』（刊行地不記、一七〇二年）という三点の著作が残っている。なお、『フォントヴロー会の創立者たる福者ロベール・ダルブリッセルのための護教的論考』の著者については、このソリス神父説のほかに、有名なイエズス会士の著作家ガブリエル・ダニエル神父（一六四九―一七二八）とする説もある。ソリス神父からベールへの一七〇一年三月一日付の手紙が残っている。

〔四七七〕 ジェローム・ボルセック（一五八四または八五歿）。カルヴァンへの凄じい誹謗で有名なフランスの宗教家、医師。パリの生まれ。はじめはカルメル会の修道士、神学博士で、パリで説教師をしていたが、いつの頃からかプロテスタンティズムに傾斜して、一五四五年頃に聖バルテルミ教会で「異端」的内容の説教をしたため身の危険を感じ、イタリアへ逃亡して、プロテスタンティズムを奉ずるフェラーラ公妃ルネ・ド・フランスの施物分配僧となった。そこで還俗し、結婚し、おそらくその後に初めて医学を修め、以後は医学博士の肩書で終生医師として暮らした。ベーズによれば性格の悪さが理由でフェラーラの宮廷からも追い出されたといい、一五四七年頃にスイスへ移って、ジュネーヴのすぐ近くだがベルンの管轄下にあるヴェジ村に居を定め、ファレの領主ジャック・ド・ブルゴーニュの侍医となった。それでも相変らず神学に携わり、自説を説き続けたため、一五五一年三月八日にジュネーヴの牧師団に呼び出されて「妄言」を注意された。その時は服従の意を表して事なきを得たようで、五月十五日頃にはカルヴァンと一対一の会談もしたらしいが、十月十六日にジュネーヴのオーディトワール教会で行なわれた集まりの席上、ジュシの牧師サン゠タンドレとギヨーム・ファレルが予定説の説明をするや、突然立ってこの教理への反対論を滔々と述べた。そこに居合わせたカルヴァンが応答して、ベーズによればボルセックをやりこめたというが、立ち会った役人の手で彼はただちに逮捕され獄へ引き立てられた。その晩すぐ、ジュネーヴの牧師たちはボルセックの思想を調査するため十六箇条からなる質問書を獄中の彼に手渡したが、ボルセックはそれらの質問に答えた上で、逆にカルヴァンに何項目もの質問を呈した（カルヴァンは答えなかった）。ジュネーヴ当局はボルセックを投獄したものの、その扱いに困ったため、窮余の策としてカルヴァンをはじめ十六人の牧師に連名の手紙を書いてもらい、バーゼル、ベルン、チューリヒなどスイスの主立った教会の意見を求めた。しかし、ベルンを先頭にそれらの教会は、愛徳を旨として異説をあまり厳しく取締らぬ方がいいという意見だったので、ボルセックが侍医を務めるジャック・ド・ブルゴーニュの口利きもあってボルセックは釈放され、十二月二十二日にジュネーヴからの永久追放に処せられた。追放されたボルセックはそこでレマン湖畔のトノンに居を移したが、そこでもカルヴァンを批判するパンフレットを出し、カルヴァンの予定説は神を罪の張本人にするなどと攻撃したため、カルヴァンはベルン当局に圧力をかけ、その結果、ボルセックはベルンの管轄地全域からも追放され、行き場を失って生まれ故郷のパリへ戻った。その後十年間の消息は分らない。一五六二年四月にオルレアンでフランス改革派の全国教会会議が開かれた時、ボルセックもそれに参加して、ジュネーヴでのことを自己批判した上、牧師の地位を求めた。ボルセックはその直前に『真理から国王シャルル九世に贈られる鏡』という十二折判全三十一枚の本を自らの名を付して出版し、プロテスタントへの寛容を熱烈に主張していたが、一月勅令直後の時代の空気もあり、またこの文書がカルヴァンとの確執に一切触れていなかったこともあって、同書はプロテスタントに好評だったらしい。そのせいもあってか、ボルセックはルアンの地方教会会議で牧師の地位を得たようだが、ただそれも束の間で、一五六三年八月にリヨンで開かれた次の全国教会会議では罷免される牧師のリストに名を連ねていた。その文書では「破廉恥な嘘つき」、「背教者」と形容されている。実は、このリヨン教会会議より四カ月前の一五六三年四月に、ボルセックはベルンの複数の代官の紹介状を持って「医師および外科医」という資格でローザンヌへ来ていたが、それから見ると、この「背教」というのも信仰の放棄ではなく、牧師の無断離任を意味したのかもしれない。しかし、ベーズのはたらきかけでボルセックは同年十二月二日にローザンヌから追放され、モンベリアールへ赴いたものの、そこにも長くはいなかったようで、やがて最後的にフランスへ帰国してカトリックに改宗した。以後は医師としてベルヴィル゠シュル゠ソーヌ（一五七三年頃）、ついでオータン、一五七七年にはリヨンにおり、その年にこの町で悪名高い『ジャン・カルヴァン伝』を出版し、一五八二年にはパリで前作ほど激しくはない『テオドール・ド・ベーズ伝』をも出し、それから二、三年後にリヨンまたはアヌシで世を去った。ラ・クロワ・デュ・メーヌによると、ツヴィングリ、ルター、エコランパディウスの伝記も書いていたという。『ジャン・カルヴァン伝』は正確な題を『かつてジュネーヴの牧師たりしジャン・カルヴァンの生涯・品行・行状・教説・強弱・最期の歴史』といい、一五七七年六月二十四日付でリヨンの大司教ピエール・デピナックに捧げられていたが、おそらく金目当てに書いたものであろう。いささか聖者伝的なベーズの『カルヴァン伝』の向こうを張って、実地に見たカルヴァンのありのままの姿を示すという触れ込みだったが、カルヴァンが若い頃、郷里のノワイヨンで男色の罪に問われ、あやうく火刑にされそうになったが、町の司教のはからいで減刑され、焼き鏝で百合の花（フランス王家の紋章）の烙印を肩に押されたという有名な作り話をはじめとして、カルヴァンは昼も夜も宴会ばかりし、そのため肉が値上がりしてジュネーヴ市民が不平を言ったとか、いつも極上の肉、極上のワインを消費し、パンなどは自分用の特製のものをパン屋に焼かせたとか、極度の女好きで彼の家には人妻や娘たちが足しげく出入りし、彼自身も或る貴族の妻の若い美人のところへ入りびたって、夫の留守の時はそこに泊り、そういう際は翌朝ベッドに同衾の跡があるのを女中が目撃したとか、ボルセックのパトロンだった病身のジャック・ド・ブルゴーニュがジュネーヴへ来た時、カルヴァンがこの領主の妻のヨランド・ド・ブレードロードに、御主人が亡くなったら結婚しようと持ち掛け、怒ったヨランドがそれを夫に話し、夫妻は急いでジュネーヴを去ったとか、カルヴァンは虱症にかかって尻と陰部に膿瘍が出来、悪魔の助けを求めつつ死んだとか、ありとあらゆる誹謗中傷を書き連ねた。そのような話をもちろん今では信じる者はいないが、十七世紀の中葉までこれはカトリック教徒のカルヴァン派攻撃に絶好の材料と見られ、この書は十九世紀（一八七五年）に至るまで夥しい版を重ね、一五七八年に最初の版が出たラテン語訳もよく読まれた。さらに、多くのカトリック系宗教論争家もボルセックの記述をさかんに利用してカルヴァン攻撃を行ない、こうした利用例は枚挙に暇がなかった。ベルギーのイエズス会士レッシウス（一五五四―一六二三）やフランスのリシュリューがそれらの利用者の中では特に代表的だが、このリシュリューの『教会から離れた者を改宗させるもっとも容易で確実な方法を収むる論稿』（一六五一年）に反駁した改革派神学者シャルル・ドルランクール（一五九五―一六六九）の『カルヴァン擁護』（一六六七年）はボルセックの記述の嘘を徹底的に暴き出した。もともと十六世紀以来、カトリック側の宗教論争家でも皆が皆ボルセックの話を信用していたわけではなく、論争的歴史家として人後に落ちぬフロリモン・ド・レモン（一五四〇頃―一六〇二）すらそれを利用していなかったが、とりわけドルランクールのリシュリュー反駁書が出たことでボルセックの信用はかなり失墜したらしく、ベールが反駁したマンブールの『カルヴァン派史』などもボルセックを全く使わなかった。「反駁したのも利用したのも等しく間違い」と現代の或る辞典はボルセックのこの書について言っている。たしかに歴史の偽造の典型というべき悪書中の悪書で、とりわけプロテスタントから作者が「悪魔に身を売った男」（ドルランクール）、「出来そこないの修道士、出来そこないの牧師、出来そこないの詩人・医者だった惨めなボルセック」（アーグ）とこきおろされたのは当然だが、晩年のこの書のひどい内容を別とすれば、この初期プロテスタントの遍歴、彷徨にも深く考えさせるものがないわけではない。

〔四七八〕　デ・メゾーはこのように、この書の実際の刊行地をアムステルダムと考えている。これは、扉に表記された「アンリ・デボルド書店」というのが『文芸共和国便り』の版元であるアムステルダムの書店と同じ名であることから来るのであろうが、この書をマテュラン・ソリスの作としているバルビエの『匿名著作辞典』は、実際の刊行地をフランスのアミアンとしている。

〔四七九〕　訳註〔一八〕を参照。

〔四八〇〕　訳註〔一四〕を参照。

〔四八一〕　デ・メゾーは Pécher と書いているが、Pechels が正しいようである。ジェローム・ド・ペシェル・ド・ラ・ボワソナード（またはビュイソナード）はフランス改革派の牧師。モントーバンのプロテスタントの名家の生まれで、一六六五年（ベールが入学する前年）当時、ピュイローランスのプロテスタント大学で神学を勉強していた。卒業後、一六六八―七四年にはモントーバンに近いブリュニケルで、一六七四―七六年にはボルドで、一六七六―八五年にはミヨーで牧師をしたが、ナント勅令廃止（一六八五年十月）によってブランデンブルクへ亡命、近衛騎兵隊の隊付き牧師をした後、一六九〇年からはクレーヴェに近いエンメリックの牧師をした。ベールから彼に宛てた手紙は、ここに挙げられる一七〇五年八月十日付のものだけが残っている。

〔四八二〕　訳註〔一〇四〕を参照。

〔四八三〕　訳註〔一一〕を参照。

〔四八四〕　その「方法」が具体的にどういうものかについては、「第二版のおしらせ」にある次の言葉を参照。「頭にあった索引のプランを全部は実行すまいときめた主な理由は、ひとこと注意しておけばどんな欠点も補われると思ったからである。本のこの部分を利用される少数の読者には、ひとつだけ御忠告しておけばよい。おぼえておいたり、必要に応じまたみつけたりする価値があると思うなんらかの個所を読まれた際は、それが索引にのっているかどうか見てくだされぱいい。のっていなかったら、索引の余白のいちばん便利と思う言葉の下か、それとも別紙に、御自分で記入しておかれることである。本の索引がお粗末だと思い、それがひきおこしかねぬ損害を予防したい人は、みんなそういうやりかたをするものである。」（著作集第三巻、五五ページ）

〔四八五〕　訳註〔八六〕を参照。

〔四八六〕　訳註〔四四二〕を参照。

〔四八七〕　訳註〔四四七〕を参照。

〔四八八〕　訳註〔一四九〕を参照。

〔四八九〕　ルイス・モリナ（一五三六―一六〇〇）。スペインのイエズス会士。クエンカの生まれ。一五五三年にイエズス会に入り、コインブラやエボラの各大学、一五九二年からはマドリードの神学校で哲学や神学を教えた。一五八八年に主著『自由意志と恩寵の施与との一致』（リスボン、一五八八年）を発表して、神は恩寵を信じるすべての者に至福に至る力を与えると説いて、トマス派や後にはジャンセニストに激しく批判され、イエズス会が一般的に採用したその説は「モリナ主義（モリニスム）」と呼ばれた。そのほか、『契約論』（マインツ、一六〇一年）、『義と法について』（クエンカ、一五九三―一六〇九年）、トマス・アクイナスの註解（クエンカ、一五九二年）などがあり、一六〇〇年十月十二日にマドリードで死んだ。

〔四九〇〕　アルミニウス派の正式名称。訳註〔四一九〕を参照。

〔四九一〕　訳註〔一八八〕を参照。

〔四九二〕　ガブリエル・ノーデ（一六〇〇―五三）。フランスの哲学者。パリの生まれ。哲学・医学を修めたのち、一六三一年から十二年間、枢機卿の秘書としてイタリアに滞在した。帰国後、リシュリューついでマザランの蔵書係となり、非常な労苦の末、今のマザラン図書館の基礎をきずいた。一六五二年、クリスティーナ女王の招きでスエーデンに赴き、帰国の途中に病歿した。合理主義的な立場から魔術に関する古来の伝説を批判した『誤って魔術の嫌疑をかけられたすべての偉人のための弁明』（パリ、一六二五年）、マキャヴェリを思わせる政治論『非常手段に関する政治的考察』（ローマ、一六三九年）、フロンドの乱に際してマザランを擁護した『マスキュラの対話』（パリ、一六五〇年）など著書が多く、十七世紀前半の代表的な学者的自由思想家の一人だった。

〔四九三〕　ギ・パタン（一六〇一―七二）。フランスの医師。ピカルディ地方の生まれ。僧籍に入れようとした家人にさからい、パリで医学を修め、当時有数の医師として名を上げた。一六三二年にパリ医科大学の外科学の教授となり、一六五〇年には同大学の学長ともなった。生前には医学関係の著書しかないが、一六三〇年から四十年以上にわたって地方在住の友人の医師たちに送った書簡集（最初の版は一六八三年）が死後刊行された。これは当時の政治や社会の動向、宗教論争、学者の消息、新刊書から三面記事に類するものまで多方面のニュースを細かく伝えたもので、当時を知る上の異色ある資料とされている。医学面では徹頭徹尾伝統派の瀉血万能論者だったが、宗教的には多分に懐疑派で、ノーデ、ガッサンディなど自由思想家と親しく、手紙にも修道僧やイエズス会士や各種の迷信に対する痛烈な批判が随所に散見される。

〔四九四〕　エドワール・ド・ヴィトリ（一六六六―一七三〇）。フランスのイエズス会士。シャロン＝シュル＝マルヌの生まれ。一六八二年にイエズス会に入り、各地の学院で文法、人文学、修辞学を教えた後、一七〇二年からカーンの学院で四年間哲学を、四年間数学と天文学を、五年間聖書を、三年間神学を教えた。フェヌロンと親しく、数年間大司教付きの神学者としてカンブレにいたが、一七一七年にローマのイエズス会本部に呼ばれて、会内の図書検閲官を務め、そのまま一七三〇年十月三十日にローマで死んだ。纏まった著書はないようだが、『トレヴー新聞』に載った十数篇の論文をはじめとして多くの小論を書いており、『トレヴー辞典』の作成にも加わっていたらしい。ベールの友人ダニエル・ド・ラロック（訳註〔一三二〕を参照）やパンソン・デ・リオル（訳註〔二九〕を参照）と親しかった人で、ベールとも文通しており、いずれも一六九六―九七年のものである彼からベールへの手紙が計六通残っている。

〔四九五〕　この加筆・訂正は、一七一九年に国王書記官、碑文アカデミーの会員となるアントワーヌ・ランスロ（一六七五―一七四〇）が書いたものだった。『ノーデ語録・パタン語録』のパリ版（一七〇一年）もこのランスロが編んだものとされている。

〔四九六〕　訳註〔一四〕を参照。

〔四九七〕　ジャック・ベルナール（一六五八―一七一八）。亡命プロテスタントの牧師、ジャーナリスト。ニヨンの生まれ。牧師の子で、ディー大学、ついでジュネーヴ大学で学び、一六七九年にドーフィネ地方ヴァントロルの牧師となり、一六八〇年には同じ地方のヴァンソーブルの教会へ移った。一六八三年の夏、クロード・ブルソンらが策定した「トゥールーズ計画」にしたがって、取壊された会堂の廃屋で非合法の礼拝集会を強行し、弾圧する軍隊に武力で抵抗、兵士数人を殺したため、官憲に追及されてジュネーヴへ逃亡し、欠席裁判で絞首刑を宣告された。ジュネーヴからやがてローザンヌへ移り、哲学や数学を教えて暮らしたが、一六八五年にナント勅令が廃止されて帰国の望みを断たれるや、最後的にオランダへ亡命した。しかし、フランスでの前歴から「反乱分子」として当局に警戒されたため、常勤の牧師の職がなかなか得られず、テルハウやハウダで非常勤の牧師をし、その間もハーグに住んで、そこで青少年に文学、哲学、数学などを教えて生計を立てた。一七〇〇年にライデンのワロン教会の常勤の牧師の話があったが、オランイェ公に拒否されて実現せず、ようやく就任できたのは同公が死んだあとの一七〇五年十月だった。翌一七〇六年にはライデン大学の哲学の講師に任命されたが、正教授になったのは一七一二年の二月だった。オランダに移ってから、ベルナールは一方でジャーナリストとして活動し、一六九一—九三年にはジャン・ル・クレールの『古今東西文庫』の執筆・編集を任され、さらに一六九九年からは同じル・クレールの推挙により、かつてベールが出していた『文芸共和国便り』の編集に当たり、一七一〇年までそれを続け、その後六年間の休刊を挟んで一七一六—一八年にも（つまり死ぬまで）その仕事を行なった。ほかに『歴史書簡』その他の新聞にも協力している。『遅れたる悔悛を論ず』（アムステルダム、一七一二年）、『宗教の卓越性について』（二巻、アムステルダム、一七一四年）などの著書もある。ベルナールはジャン・ル・クレールの従兄弟（この二人は母親が姉妹同士だった）で親友でもあり、ル・クレールと並んでベールの晩年の主要な論争相手の一人だった。思想的には「隠れアルミニウス派」と見られていた。

〔四九八〕　ポール・コロミエス（一六三八—九二）。フランスのプロテスタント学者。ラ・ロシェルの生まれ。祖父は改革派の牧師、父は医師だった。十六歳でソーミュールのプロテスタント大学に入り、有名な聖書学者ルイ・カペルからヘブライ語を学んだ。一六六四年にパリでイサク・ヴォシウス（フォス）と逢って親交を結び、彼に連れられて一年ほどオランダにいた。帰国して、処女作だが彼の著作中最も評価の高い『フランス東洋学』（ハーグ、一六六五年）を出版、これはヘブライ語、東洋語に秀でたフランス人たちの伝記と著作目録で、当初の計画ではオランダ、ドイツ、イギリスなどについても同種のものを作る予定だったが、全部は実行されず、イタリアとスペインの部が遺作の『イタリア、スペイン東洋学』（ハンブルク、一七三〇年）として死後に刊行されただけだった。オランダから帰国後は故郷ラ・ロシェルに住んで文筆活動を続け、『歴史雑纂』（オランジュ、一六七五年）、『聖書雑考』（アムステルダム、一六七九年）、『精撰文庫』（ラ・ロシェル、一六八二年）をはじめ、対カトリック論争書『ローマ・プロテスタント』（ルアン、一六七五年）、『スカリゲル語録』への付註（フローニンゲン、一六六九年）などを出したが、一六八一年に、ウィンザーの教会参事会員となっていたヴォシウスに招かれてイギリスへ渡り、かつてシャラントン（パリ）教会の牧師だったピエール・アリクスがロンドンに創設したフランス人のアングリカン教会の朗読係の職を得た。イギリスへ行って早々に、長老派（カルヴァン派）を攻撃する『長老派神学者の姿』

と『古代教会の実践とフランスのプロテスタントのそれとの比較』を合本（おそらくロンドン、一六八二年）で出し、就職目的と同信徒に非難された。彼がカンタベリの大監督サンクロフトに送った国教会での聖職禄をねだる手紙なども残っているから、この非難も根拠がなくはなかったらしい。せがまれたサンクロフトは一六八七年十一月、ケント州エインスファドの主任司祭の地位を彼に与え、コロミエスは翌一六八八年にイギリスへ帰化した。しかし、コロミエスの主たる仕事は主任司祭のそれではなく、すでにサンクロフトから与えられていた彼の蔵書係、おそらくはランベス図書館長ウォートンの補佐役の仕事だった。彼自身それを誇りにしていたようだが、ライブラリアンとしての彼に対する後世の評価は概して低いようである。いずれにせよ、パトロンのサンクロフトは名誉革命後、ウィリアム三世への宣誓を拒否したため一六九〇年に聖職を剥奪され、それに伴ってコロミエスも一六九一年二月に失職した。そのことをいたく悲しんだため病に倒れ、一年後の一六九二年一月十三日にロンドンで死んだが、それはホルシュタイン゠ゴットルプ公の蔵書係の地位を得てドイツへ発つ寸前だったという。ロンドン時代の著作には前記のほか、『リシャール・シモンの《旧約聖書の批評的歴史》に関するジュステル氏への手紙』（ロンドン、一六八六年）、『有名人書簡集』（ロンドン、一六八七年）、『イサク・ヴォシウス書簡集』（ロンドン、一六九〇年）などがあり、不完全な著作集が一七〇九年にハンブルクで出版されている。人柄は温厚で人付き合いが良く、宗派の枠に捉われぬ公平な判断を下す人だったが、それだけにイギリスでは「ソッツィーニ派」とか「不信者」とかいう批判も浴びたらしい。同じくロンドンにいたフランスの自由思想家サン゠テヴルモンとも親しかった。

〔四九九〕　訳註〔一一四〕を参照。

〔五〇〇〕　訳註〔四三五〕を参照。

〔五〇一〕　訳註〔二五三〕を参照。

〔五〇二〕　訳註〔七二〕を参照。

〔五〇三〕　アレクシ・ゴーダン（一六五〇頃―一七〇八頃）。フランスのカトリック聖職者。シャルトルー会の修道士で、本文で言われる『善悪の区別と本性』（パリ、一七〇四年）のほか、アンテルム・トリコー師（一六七一―一七三九）と共著で『モレリ《歴史辞典》の新版に関する批評的指摘』（パリ、一七〇六年）を書いたり、トリコー師が出版した『古今学者史要約』（パリ、一七〇八年）を著わしたりした。

〔五〇四〕　ジャック・ゴーダン（一六一四？―九五）。フランスのカトリック聖職者。一六四六年にソルボンヌの神学博士となり、パリのノートル゠ダム教会参事会員を務めた。パリの大司教アルドゥアン・ド・ペレフィクスの棺前演説（パリ、一六七一年)、同僚のノートル゠ダム教会参事会員クロード・ジョリに反対する『聖母マリアの被昇天の擁護』(パリ、一六七八年)、リシュリューの対プロテスタント論争書を改革派神学者アンドレ・マルテルの回答から擁護する『リシュリュー枢機卿殿の《宗教論争論》の擁護』(パリ、一六八一年)などの著作がある。一六九五年七月十八日にパリで歿。

〔五〇五〕〔 〕内の部分はデ・メゾーによる引用から落ちているが、ベールの原文にしたがって補った。

〔五〇六〕 訳註〔四七〕を参照。

〔五〇七〕 アリウス(二五〇頃—三三六)は古代キリスト教の異端者。リビアの人。アンティオキアのルキアノスの弟子で、オリゲネスの神学を学んだ。司祭となった後、キリストは神から生まれたものであるが故に神と同一実体でも永遠でもないと主張して、三位一体説を奉じるアレクサンドリアの司教アレクサンドロスと争った。彼の説は三二五年のニカイア宗教会議で断罪され、彼とその一派はコンスタンティヌス帝によりイルリア地方へ追放された。のち追放を解除されたが、教会との和解の寸前にコンスタンチノープルで急死した。アリウス派の政治的指導者は、すでに三二八年に追放を解除されていたニコメディアのエウセビオスだったが、彼が進めた戦術は、ニカイア決定を骨抜きにするような信仰定式書を作り、皇帝の権威によってそれへの署名を強制し、署名を拒むニカイア派を叛徒として弾圧するというもので、事実、アリウス派に帰依したコンスタンティウス(二世)帝(在位三三七—三六一)のもとで正統のニカイア派は迫害され、その指導者アタナシウスも再三にわたって追放された。その後も、東方ではヴァレンス帝(在位三六四—三七八)がアリウス派に好意的だったが、西方ではヴァレンティニアヌス一世(在位三六四—三七五)の援助により正統派が勝利を収めた。その後、両派の妥協が成立して、法王ダマスス一世が三七七年に作成した信仰定式書に翌年から翌々年にかけて東方の司教たちも署名し、最後に三八一年のコンスタンチノープル宗教会議でローマ帝国内の論争は正式に終止符を打った。しかし、アリウス主義はゴート族をはじめとするいわゆる「蛮族」の間にも移入されていて、これらのゲルマン系諸民族はその後も長くこの説を奉じたが、彼らも徐々に正統信仰に改宗し、最後に残ったランゴバルディ族も七世紀の中葉には正統派に合流した。

〔五〇八〕「サベリウス主義」とは、三世紀の異端者サベリウス(二六〇頃歿)の名から来る。サベリウスはペンタポリスの生まれで、リビアのキュレネ(現名キュレナイカ)の人。法王ゼフィリヌス(在位一九九—二一七)の頃ローマへ行って、クレオメネスに学んだ。その生涯はほとんど不明で、多くの著作を物したらしいが、僅かな断片しか残っていない。その「様態論」はノエトスやプラクセアスに始まるモナルキア主義の代表的なもので、父・子・聖霊は実在ではなくて様式(ペルソナ)であり、単一の神が世界に対して持つ関係性にすぎないとした。つまり、単一の神が父においては創造者、秩序付与者として、子においては贖い主として、聖霊においては聖別者として自己を啓示するのである、と。サベリウスはこの説のため法王カリクストゥス一世（在位二一七―二二二）によって破門され（但し、カリクストゥス自身も助祭の頃はサベリウス説の支持者で、この破門処分も手ぬるいとしてヒッポリュトスらに非難され、彼自身もサベリウス主義者として攻撃された。ヒッポリュトスが対立法王に立てられ、二三五年まで続く教会分裂が生じたのはこのことが一因だった）、二六〇年にも更めて断罪された。エピファニウス（三一五頃―四〇三）によると、メソポタミアやローマ周辺にはサベリウス派がその時代にもかなりいたらしく、三八一年の第二コンスタンチノープル宗教会議が同派を断罪して、その洗礼を無効としているところを見ると、その頃にも同派の教会組織があったらしい。しかしアウグスティヌスは、五世紀初頭にはこの派が完全に絶滅したと考えている。

〔五〇九〕　ネストリウス（三八一頃―四五一）は五世紀の異端者。モプスエスティアのテオドロスの弟子だったアンティオキア学派の神学者で、テオドシウス二世によりコンスタンチノープルの総大主教に任命されて四二八年から四三一年まで在任しアリウス派と闘ったが、その説はアレクサンドリアの総大主教キュリロスらに激しく攻撃され、四三一年のエフェソス宗教会議で断罪された。その結果罷免され、エジプトに流されて死んだ。彼の説はキリストの神性と人性を鋭く区別するもので、整理すれば、一、キリストには御言葉と人という二つの個格（ペルソナ）がある、二、この両性の結合は実体的なものではなく、意志的・偶有的なものである、三、したがって聖母マリアは人としてのキリストの母ではあるが神の母ではない、ということに帰着するが、特に最後の点は、当時礼拝用語として広く用いられ反アリウス派の標語ともなっていた「神の母」という言葉を忌避した点でスキャンダル視された。なお、ネストリウス派はしばらくシリアのエデッサに本拠を置いたが、五世紀末にはそれをペルシャのニシビスに移し、インド、バクトリアを経て唐代の中国にも「景教」として流れ込み、今なお中近東に存続している。最近の湾岸戦争当時、国際的な外交舞台で活躍したイラクの外相がネストリウス派のキリスト教徒として紹介されていたことも訳者の記憶に新しい。

〔五一〇〕　エウテュケス（三七八頃―四五四）も同じく五世紀の異端者。コンスタンチノープル近傍の修道院長だったが、ネストリウス断罪を推進したキュリロスの説を極端に推し進めて、キリストの内には神という一つの本性しかなく、キリストの体は人間の体と共通の本質を持たぬ特別の体であると極論した。これは「（キリスト）単性論」と呼ばれるが、エウテュケスは自分の名付け子の宦官クリュサフィウスが四四一年に政治の実権を握るや宮廷の顧問となって、キリストの内に神人両性を認める者をネストリウス派として迫害し、四四八年にはエフェソス宗教会議で僧兵の暴力を恃んで自説を勝利させた

（そのため、この宗教会議は「盗賊会議」と綽名される）が、四五一年のカルケドン宗教会議で最終的に断罪され、マルキアヌス帝によりエジプトへ流された。単性論者はその後分離教会を作り、六世紀には東ローマ帝国の皇后テオドラに庇護されたりした。現在でも、アルメニア教会、シリアのヤコブ派教会、エジプト・エチオピアのコプト教会などは単性論を信奉している。

〔五一一〕 訳註〔六九〕を参照。

〔五一二〕 原著には「無神論は偶像崇拝より悪い」とあるが、それでは意味が通らないので、誤記と考えて修正した。

〔五一三〕 レイフ・カドワース（一六一七―八八）。イギリスの哲学者で、ケンブリッジ・プラトン派の代表者の一人。サマセット州アラーの生まれ。ケンブリッジ大学で学んで、一六四五年にケンブリッジのクレア学寮の学寮長、同大学のヘブライ語の教授となり、一六五四年にクライスト学寮の学寮長に任命された。一六七八年に刊行された主著『宇宙の真の知的体系』で、ホッブズに代表される唯物論、機械論に反対して宗教的な目的論を唱え、宇宙の内に「造型的本体」と呼ぶ或る精神的力を想定した。ほかに、『永遠・不変の道徳に関する論考』（一七三一年）、『自由意志論』（一八三八年）、数篇の説教などがある。彼の『宇宙の真の知的体系』は英語で書かれたためフランス語圏への紹介はかなり遅れ、一七〇三年からジャン・ル・クレールが『精撰文庫』でその内容を詳細に伝えたのが最初だったが、反唯物論という著者の意図に反し、その所説は唯物論・無神論を利するとしてベールに攻撃され、以後ベールとル・クレールの間の長い論争の一つの主題をなした。

〔五一四〕 ニーヒマイア・グルー（一六四一―一七一二）。イギリスの植物学者。マンセッタの生まれ。ケンブリッジ大学、ついでライデン大学で学んで医師となり、はじめコヴェントリ、ついでロンドンで開業した。一六六四年頃から植物学、特に「植物解剖学」の研究を進め、一六七一年には王立協会（ロイヤル・ソサイエティ）の会員となり、一六七七年からはオルデンブルクの後任としてその書記を務めた。一六八二年に全四巻からなる『植物解剖』を完成し、さらに一七〇一年にはスピノザ主義を主たる攻撃目標として『神聖宇宙論、または、神の被造物および御国としての宇宙を語る』を発表した。植物学者としては、花が生殖器官であることを明らかにしたり、「細胞」という語を作ったりして、後のリンネからも敬意を表された。

〔五一五〕 ランプサコスのストラトン（前二七〇頃歿）は古代ギリシャの哲学者。テオフラストスの弟子で、一時アレクサンドリアで教授をし、師の死後にアテナイでアリストテレス派の学頭をした。自然哲学者としてすぐれ、自然現象は目的によってではなく、あくまでも自然的原因によって説明さるべきだとした。ベールはカドワースを批判する際、唯物論者の代表としてストラトン派の哲学者を登場させ、自らの考えを代弁させている。

〔五一六〕 訳註〔一四九〕を参照。

〔五一七〕『精撰文庫(Bibliothèque choisie)』は、ジャン・ル・クレールが一七〇三年から一七一三年までアムステルダムで発行した学芸新聞。『古今東西文庫(Bibliothèque universelle et historique)』(一六八六—九三年)の後を継ぐもので、『古今文庫(Bibliothèque ancienne et moderne)』(一七一四—二七年)に引き継がれた。当初は六カ月に一号、一七〇五年からは四カ月に一号、一七一〇年からは三カ月に一号の割で刊行され、計二十八冊出た。

〔五一八〕 訳註〔二五三〕を参照。

〔五一九〕 マサム夫人ダマリス・カドワース(一六五八—一七〇八)。イギリスの女流宗教作家。ケンブリッジの生まれ。ケンブリッジ・プラトン派の哲学者レイフ・カドワースの娘で、父の手で教育され、さらに一六八二年頃にはロックを識って、その指導のもとに哲学・神学を学んだ。ロックは彼女を高く評価して、一六九〇年一月のリンボルヒ宛の手紙では、「この人は神学や哲学に大変造詣が深く、また実に独創的な精神の持ち主で、知識の量やそれを役立てる能力で彼女が凌駕しないような人は、貴方にもそうは沢山みつからないほどです」と述べている。一六八五年、亡き前妻との間に九人の子がいる第三代オウツ準男爵フランシス・マサム卿(一七二三歿)の後妻となり、翌年には一子(男子)をもうけた。一六八八年に父カドワースが死ぬや、母はオウツの彼女のもとに身を寄せて、一六九五年に死ぬまで同居した。一六九一年にはロックも健康のためロンドンからオウツに移って、マサム夫人の館で生活するようになり、それは一七〇四年十月二十八日に彼が死ぬまで続いた。彼女はかねてからプラトン主義の哲学者ジョン・ノリス(一六五七—一七一一)と親しく、彼から本を捧げられるほどの仲だったが、ロックを館に迎えてその哲学を信奉するようになってからは、ノリスとの関係も冷却した。一六九六年、『神愛論』をロンドンから匿名で出版し(これはロックの仏訳者として名高いピエール・コストにより一七〇五年に仏訳もされた)、そこでノリスや女流宗教作家メアリ・アストル(一六六八—一七三一)に反論したため、アストルも『イギリス教会の娘が告白するようなキリスト教』(一七〇五年)でそれに答えた。また、マサム夫人は一七〇〇年頃、婦人も知性に基づく宗教の勉強をすべきことを述べた『有徳またはキリスト教的な生活に関する随想』を著わし、これは一七〇五年にロンドンから出版された。『大歴史辞典』にロックの紹介文も書いている。なお、ベールが『続・彗星雑考』でカドワースの造型的本体説に言及して、無神論を利すると批判したことに、彼女は当然、父の名誉を傷つけられたとして腹を立てた。彼女はそのことをル・クレールへの手紙に書き、その手紙を公表する自由をもル・クレールに与えた。ベールがカドワースを誹謗したとして彼女を焚き付けていたらしいル・クレールは、さっそく、彼女から怒りの手紙を貰ったことを『精撰文庫』

で報告し、但し手紙の公表を今は差し控えると述べた。これは明らかに、彼女の手紙をいつでも公表するという脅しでもあったが、ベールはそれに対して、『学芸著作史』で弁明をする一方、マサム家の家庭教師、ロックの存命中はその秘書としてオウツの館にいた友人のピエール・コストに宛てて一七〇五年四月三十日付の手紙を送り、間接ながらマサム夫人に釈明をした。そこには、「カドワース氏が氏の原理に対する私の反論で傷つけられる度合は、あらゆる教父、あらゆるスコラ学者、イギリス国教会・改革派・ルター派などのあらゆる博士、要するに、第二原因の活動力を否定するデカルト派の小さな群を除く全世界が傷つけられる度合より大きくはありません」というような強い表現が見られた。『学芸著作史』の記事とコストへの手紙、またおそらくはコストのとりなしでマサム夫人の怒りはおさまったらしく、コストは一七〇五年五月十九日付のベールへの手紙でその旨を報告した。その手紙に答えて、コストの厚情に感謝し、マサム夫人に深甚なる敬意を伝えてほしいと頼むベールの喜びの手紙（一七〇五年七月三日付）が残っている。デ・メゾーによれば、マサム夫人は別途ル・クレールに手紙を送り、先の怒りの手紙を破棄するように求めたといわれる。

〔五二〇〕　訳註〔四二九〕を参照。

〔五二一〕　訳註〔四四七〕を参照。

〔五二二〕　ベールの原文では、「最近の文書」ではなく「記事十三」となっている。ここで「記事十三」と呼ばれるのは、たしかに前のパラグラフで内容を紹介された『精撰文庫』第九巻記事十のことである。『精撰文庫』第九巻の巻末の目次では、たしかにこの論文に「記事十三」という番号が付いているが、三六一ページにあるこの論文の標題には「記事十」とある。こうした不整合が生じたのは、本文中の記事四が目次では記事四と記事五に、本文中の記事九が目次では記事十、記事十一、記事十二にそれぞれ分割されており、目次の方が本文より記事の数が増えているからである。

〔五二三〕　ライプニッツは『精撰文庫』第五巻（一七〇五年）に載ったル・クレールの「〈造型的本体〉と〈生命世界〉をめぐるカドワース、グルー両氏の説の説明」（邦訳、著作集第七巻、「付属資料」十）に基づいて、カドワースとグルーの説についての批判的感想を述べた「生命原理と造型的本体についての考察。予定調和説の作者による」という覚書を著わした。これは『精撰文庫』に載せてもらうつもりだったらしいが、それには載らず、ベールの友人バナージュ・ド・ボーヴァルの新聞『学芸著作史』の一七〇五年五月号に記事九（二二二―二三七ページ）として発表された。

〔五二四〕　ヨハンネス・ドゥンス・スコトゥス（一二六四―一三〇八）。イギリス出身のスコラ哲学者、神学者。フランシスコ会士で、パリ大学やオクスフォード大学で神学を修め、一三〇二年からパリで、一三〇七年からケルンで教えた。主意主義的な非決定論を主張して、トマス学派と対立した。トマス・アクイナスと並ぶスコラ神学の巨峰で、「精妙博士」と綽名された。

〔五二五〕 ウィリアム・キング（一六五〇―一七二九）。イギリス国教会の聖職者。アイルランドのアントリムの生まれ。粉屋の子で、ダブリンのトリニティ・カレッジで学んで僧籍に入り、一六七六年にテューアムの教会参事会長、一六七九年にはダブリンの大監督尚書、一六八八年には同じくダブリンの首席司祭となった。アイルランドのカトリック勢力と必死に闘い、一六八七年以降、カトリックに改宗した元デリの首席司祭ピーター・マンバイと長い論争をしたが、同時に、その反長老派的言説のため長老派からも激しく攻撃された。ジェームズ二世の治下では「受動的服従」論者だったが、名誉革命が起こるや熱烈なホイッグ派としてウィリアム三世を支持し、そのためジャコバイト政権下のアイルランドで一時投獄された。同政権が倒れるや圧迫から解放され、一六九〇年にデリの監督に就任、国教会の立て直しに努めたが、反面、長老派とは激しく対立した。一六九一年、『前王ジェームズの統治下におけるアイルランドのプロテスタントの状態』を発表して名誉革命の原理を擁護し、これはギルバート・バーネットにも絶讃されてたちまち三版を売り切った。一六九四年には反長老派のパンフレット『神崇拝における人間の発明を語る』を出して長老派との論争を誘発し、さらに一七〇二年にはラテン語の主著『悪の起源について』をダブリンとロンドンで同時に刊行した。これはロックの哲学を土台として、悪（特に道徳的悪）の存在と神の全能・至善の観念とを両立させようとしたもので、大陸のベールからもライプニッツ（「《悪の起源について》という本への註記」）からも反駁された。但しこの書は、一七二九年にエドマンド・ローによる英訳が出るまで、イングランドではあまり注目されなかったらしい。一七〇二年五月にキングはダブリンの大監督となり、スウィフトなどとも親しく交わった。一七〇九年には議会の開会に当たって『神の予定と予知は人間の意志の自由と両立す』という講演を行ない、予定論と自由意志論の調停を図ったが、これは理神論者アントニ・コリンズに批判された。アイルランドにおけるイギリス国教会の最高位を占めた人で、熱烈なホイッグ派ではあったが、同時にアイルランドの愛国者で、イングランドの干渉に反対する派のリーダーでもあった。

〔五二六〕 訳註〔四九七〕を参照。

〔五二七〕 訳註〔四四二〕を参照。

〔五二八〕 訳註〔六九〕を参照。

〔五二九〕 訳註〔一六〕〔一九〕を参照。

〔五三〇〕　訳註〔三八五〕を参照。

〔五三一〕　訳註〔三〇四〕を参照。

〔五三二〕　訳註〔四一九〕を参照。

〔五三三〕　訳註〔二一〕を参照。

〔五三四〕　訳註〔四五七〕を参照。

〔五三五〕　訳註〔六〕を参照。

〔五三六〕　訳註〔一八五〕を参照。

〔五三七〕　訳註〔四六八〕を参照。

〔五三八〕　ベールをイギリスへ呼ぼうとしたというこの貴族については、一七〇五年三月二日に未婚のまま若死にしたというデ・メゾーの記述のほか、いかなる情報も訳者は持たない。

〔五三九〕　アルビマール伯爵アルノルト・ヨースト・ファン・ケッペル（一六六九―一七一八）。オランダの貴族。ヘルデルラント州の生まれ。オランイェ公ヴィレム三世の側近で、一六八八年に同公がイギリスへ来て国王ウィリアム三世となった時はその小姓だった。国王付きの衣裳係、侍従などをし、一六九六年にアシュフォード男爵、ベリ子爵、アルビマール伯爵というイギリスの爵位を与えられた。一六九七年に陸軍少将となり、その後もたえずウィリアム三世の側近くにあり、一七〇一年にはオランダに派遣されて、ボワ＝ル＝デュックの総督に任命された。一七〇二年三月にウィリアム三世が死ぬと最後的にオランダへ戻り、貴族の代表としてオランダ政府の一員となり、同時に騎兵総司令官に任命された。マールバラ公爵の下でオランダ軍を指揮してスペイン王位継承戦争を戦い、一七〇九年にはトゥルネの総督となり、一七一二年のドナンの合戦では一時フランス軍の捕虜となった。一七一四年八月にイギリスでアン女王が死んだ時、オランダ政府を代表して次の王ジョージ一世に祝意を表しにハノーヴァーへ赴いたのもこの人だった。一七一八年五月三十日歿。

〔五四〇〕　ワレフ男爵ブレーズ＝アンリ・ド・コルト（一六六一―一七三四）。スペイン領ネーデルラント（今のベルギー）出身の軍人。リエージュの生まれ。リエージュ公を皮切りに、スペイン、フランス、オランダ、イギリスと各国軍隊を渡り歩いた流れの将校で、一六九九年まではフランス軍にいたが、一七〇〇―〇三年にはアルビマール伯爵に庇護されてロンドンに住み、その後オランダに移って、一七〇六年にはイギリス＝オランダ連合軍の陸軍少将となった。ユトレヒト講和（一七一五年）後にフランスへ戻ったが、一七一七―一八年にはメーヌ公爵夫妻を中心とする親スペイン陰謀に加わり、発覚して逃亡、一七一九年にはスペイン軍の中将、バレンシア総督となった。一七二八年にその職を辞してリエージュへ引退し、程なく同地で神聖ローマ帝国の元帥の位を与えられた。フランス語で詩も書いており、そのいくつかはボワローからも褒められ、死後に作品集（リエージュ、一七七九年）が刊行されている。彼からベールへの一七〇六年二月九日付の手紙と、同二月十二日付のベールの返信が残っている。

〔五四一〕　フーゴー・グロティウス（ホイフ・デ・フロート）（一五八三―一六四五）。オランダの法学者、神学者。デルフトの生まれ。ライデン大学で学んで、十五歳で弁護士となり、ホラント州の修史官（一六〇三年）、ロッテルダムの政務長官（一六一三年）、駐英大使（一六一三年）など数々の要職に就いたが、共和派とオランイェ派の抗争により前者の指導者として一六一九年に終身禁錮を宣告された。しかし、妻の献身的な協力のお蔭で脱獄し、一六二一年にフランスへ亡命してルイ十三世の庇護を受け、一六三五年以降スエーデンの駐仏大使を務めたが、一六四五年に辞職し、オランダへ帰る途中に同年八月二十八日、ロストックで客死した。近代自然法理論の基礎を据えた『戦争と平和の法』（一六二五年）の著者として不朽の名を残しているが、またアルミニウス派の指導的な神学者として聖書の註解など多くの宗教書を著わしており、特に『キリスト教の真実性について』（一六二七年）はマレー語、中国語にも訳されるほど世界的に読まれた。

〔五四二〕　訳註〔一八八〕を参照。

〔五四三〕　ゾロアスター（ペルシャ読みではスピタマ・ザラトゥシュトラ）（前六六〇頃―五八三頃）。ペルシャの宗教家で、ゾロアスター教の教祖。生地はアゼルバイジャンのレザーイィェ付近ともいわれる。伝承によれば、二十歳で隠遁、三十歳の時サバラン山頂で天啓を授けられ、四十二歳の時ヴィシュタースパ王の帰依を受け、その援助により自己の教えを弘めたが、七十七歳の時バルクでトゥラーン王アルジャスプの軍隊に襲われて死んだという。善神アフラマズダと悪神アハリマンを立てるその二元教は、アカイメネス朝からサーサーン朝滅亡までペルシャの国民宗教だった。インド西海岸の拝火教、中国の祆教もその流れに属する。

〔五四四〕　訳註〔六九〕を参照。

〔五四五〕　訳註〔五〕を参照。

〔五四六〕　第三代サンダランド伯爵チャールズ・スペンサー（一六七四―一七二二）。イギリスの政治家。チャールズ二世、ジェームズ二世にもウィリアム三世にも仕えて無節操な政治家として名高い第二代サンダランド伯爵ロバート・スペンサー（一六四〇―一七〇二）の次男。名誉革命の際に一時オランダへ逃亡した父に随ってユトレヒトに住んだが、一六九一年に帰国した。一六九五年に下院議員となり、一六九八年に最初の妻を亡くしたあと、一七〇〇年にマールバラ伯爵（のち公爵）の次女と再婚した。一七〇二年には死んだ父の後を継いで上院議員となり、オーストリアへの特命大使として赴いた（一七〇五年）後、一七〇六年十二月に国務大臣、枢密顧問官となった。一七一〇年にアン女王により罷免されたが、一七一四年にはジョージ一世の即位とともに返り咲き、アイルランド総督（一七一四年）、国璽尚書（一七一五年）、国務大臣、枢密顧問会議議長（一七一七年）などを歴任した。蔵書家としても非常に有名な人だった。

〔五四七〕　イーヴ・ダレーグル侯爵（一六五三―一七三三）。フランスの軍人。オーヴェルニュ地方の名家の出で、エマニュエル・ダレーグル子爵の子。オランダ戦争で初陣を飾り、この戦争の終了時には陸軍大尉だったが、程なく龍騎兵連隊長となった。アウグスブルク同盟戦争ではリュクサンブール元帥、ユミエール元帥、ロルジュ元帥などの部下として従軍、一六九〇年のサンブル川渡河作戦などで武功を上げたが、フルリュス、ステンケルクの戦闘で二度にわたって負傷した。当時は陸軍少将だったが、その後、長女を三十万リーヴルの持参金付きで陸相ルーヴォワの息子でその後を継ぐバルブズィユ侯爵の嫁（相手は再婚だった）にやり、それもあって一六九八年の暮れに陸軍中将へ昇進したものの、この娘は身持ちが悪く協議離婚となったため、出世の道を当面断たれたとサン＝シモンは言っている。スペイン王位継承戦争でも、クレーヴェの森で目覚しい働きをしてフランス軍の勝利に貢献したが、その後、ヴィラール元帥の指揮下でフランドル戦線にあった一七〇五年の或る晩、連合軍の夜襲に遭って部隊が壊滅し、自らも捕虜になった。オランダへ連行されたダレーグルは、捕虜の身ながら外交的な役割を負わされ、連合軍総司令官のマールバラから、任を終えたら再び捕虜生活へ戻るという約束の上、講和条件の打診のためフランスへの一時帰国を許された。フランスの宮廷も、ダレーグルを介して金に目のないマールバラを買収しようと謀ったが、この交渉はいずれも失敗に終わり、ダレーグルの捕虜生活は六年続いて、捕虜交換によりようやく解放されたのはドナンの合戦でフランス軍が勝ったあとの一七一二年だった。捕虜時代の一七〇六年にサン＝トメールの総督、一七〇七年にラングドック州の国王名代の地位を恩賞として与えられたが、これらはむろん有名無実の肩書にすぎず、フランスへ戻るや辞任した。軍務へ復帰したダレーグルは、ヴィラール元帥の指揮するフランドル派遣軍の一員としてドゥエ、ル・ケノワの攻囲戦に加わり、一七一二年十月中旬のブシャン攻囲戦ではその指揮を取り、翌一七一三年にはプファルツ派遣軍を自ら指揮した。一七一四年には駐英大使に任命されているが、実際は赴任しなかった。平和回復後の一七二四年二月に元帥に叙せられ、さらにブルターニュ州の軍司令官に任命されて平穏な余生を送り、一七三三年二月三日にパリで死んだ。

〔五四八〕　原註に指示されるとおり、イギリス゠オランダ連合軍の総司令官だったマールバラ公爵のこと。初代マールバラ公爵ジョン・チャーチル（一六五〇―一七二二）はイギリスの軍人。デヴォンシャのアッシュの生まれ。王党派の郷紳の子で、早くから小姓や近衛将校として王弟ヨーク公に仕え、一六七二年から数年間はフランス軍に勤務して名将テュレンヌ元帥の教えを受けた。アン王女の腹心の侍女セアラー・ジェニングズと結婚し、この妻の発言力に助けられて栄進を重ね、一六八二年にはスコットランドの男爵に、ヨーク公が国王ジェームズ二世として即位したあとの一六八五年にはイングランドの男爵となり、モンマス公の反乱に際しては鎮圧軍の指揮を取った。しかし、名誉革命が起こるや寝返ってウィリアム三世を支持し、一六八九年にはマールバラ伯爵に叙せられ、オランダ派遣軍の司令官（一六八九年）やアイルランド派遣軍の司令官（一六九〇年）として、新王の権力確立に多大の貢献をした。前王ジェームズ二世との通謀容疑で一六九二年、九六年と二度反逆罪に問われ、軍職を解かれて一時投獄もされたが、スペイン王位継承戦争が始まるやオランダ派遣軍の司令官となり（一七〇一年）、翌一七〇二年にアン女王が即位すると、イギリス゠オランダ連合軍の総司令官に任ぜられ、公爵に叙せられた。ドイツの名将オイゲンと呼応して、フランス゠バイエルン連合軍をブレンハイムで破り（一七〇四年）、さらにラミイ（一七〇六年）、オウデナールデ（一七〇八年）などで勝利を重ねてルイ十四世の野望を挫き、国民的な感謝の的となった。しかし、一七一〇年に戦争終結を主張するトーリー党の政権が樹立されるや、妻が女王の寵愛を失ったこととも相俟って失脚し、公金私消の汚名を着せられて軍職から追われ（一七一一年）、一七一二年にはオランダへ逃亡した。一七一四年、ジョージ一世の即位とともに連合軍総司令官の地位に返り咲いたが、その後は目立った活躍をしなかった。不世出の名将とされた人で、一七二二年六月十六日に世を去った。

〔五四九〕　訳註〔三四〇〕を参照。

〔五五〇〕　訳註〔四四五〕を参照。

〔五五一〕　訳註〔五〇三〕で述べたフランスのシャルトルー会士アレクシ・ゴーダンとアンテルム・トリコー師（一六七一―一七三九）の共著で、一七〇六年にパリで出版された。

〔五五二〕　訳註〔四四〇〕を参照。

〔五五三〕　訳註〔四〕を参照。

〔五五四〕　訳註〔四九七〕を参照。

〔五五五〕　原著には「第一、第二巻」と書かれているが、誤りなので訂正した。原註に挙げられる『文芸共和国便り』の一七〇六年一月号、記事四は『田舎の人の質問への答』第二巻の書評、同じく一七〇六年二月号、記事二は同第三巻の書評だった。第一巻の書評は、すでに『文芸共和国便り』の一七〇三年十一月号、記事四として出ていた。

〔五五六〕 訳註〔一四九〕を参照。

〔五五七〕 正しくは九月二十日。

〔五五八〕 正しくは「伯爵」ではなく「子爵」である。第二代フォークランド子爵リューシアス・ケアリ（一六一〇？—一六四三）。イギリスの文人、政治家。バーフォードの生まれ。フランス語、ラテン語を完全にマスターした教養人で、当初は享楽的な生活を送りつつ、ウォーラ、チリングワース、ハイド、シェルドン、ヘイルズなど当代一流の人士と交わり、自らも散文や韻文で作品を書いた。宗教的にはソッツィーニ派という非難を受けたらしい。政界に出たのは一六三九年で、一六四〇年の短期議会、一六四一年の長期議会でそれぞれ議員を務め、初めは熱烈な改革論者だったが、その後突然王党派へ寝返って、国王チャールズ一世により一六四二年元旦に国務大臣に任命された。以後この王を補佐して議会派との内戦を戦い、国王がロンドンから去ってヨークへ移った時もそれに随行したが、一六四三年九月二十日のニューバリの戦闘中、騎兵の突撃を指揮する中で戦死した。

〔五五九〕 訳註〔六九〕を参照。

〔五六〇〕 訳註〔三八五〕を参照。

〔五六一〕 訳註〔一八五〕を参照。

〔五六二〕 訳註〔一八八〕を参照。

〔五六三〕 ここで言うのは、『歴史批評辞典』の「パウリキウス派」の項（「マニ教徒」の項と並んで、摂理と悪の問題を集中的に論じた項目だった）でベールが同派の口を借りて語る内容で、べつだん歴史上のパウリキウス派が問題になっているわけではないが、参考までにこの派の沿革を述べておこう。パウリキウス派は七世紀頃にアルメニアに発生したキリスト教の異端派。伝説によると、マニ教徒の女から生まれたペトルスとパウルスという兄弟が始祖とされるが、紀元七一七年にファナロイア地方のエピスパリス（今のヘレク）でこの宗団を再組織したパウルスという人物からその名が来るとされている。しかし、この派は実際にはもっと古くからあったようで、アルメニア総大主教ネルセス三世（在位六四一—六六一）の時代にもこの派は同地で迫害されており、したがって、この派の真の創始者は、東ローマ皇帝コンスタンス二世（在位六四一—六六八）の時代にアルメニアのマリーナからコロニアの近くのキボサに来て、六六二—六六八年の期間にそこに同派の宗団を作ったコンスタンティヌス・シルヴァヌスであろうという説もある。いずれにせよ、八世紀後半から同派はビザンチンの諸都市、さらにはコンスタンチノープルにまで弘まった。旧約聖書や使徒ペテロとペテロ系の伝承を斥け、ルカ伝福音書とパウロ書簡などパウロ系の伝承を重んじるなど、かつてのマルキオン派と少なからぬ思想的類似点を持っていたが、いずれにしろ既成教会の廃絶と原始キリスト教への復帰を説き、司教・司祭など教会内での位階を認めず、修道士を排撃し、聖像崇拝を否認した。彼らが説いた「神」と「世界」の二元論も、マルキオン派の本来の教えに近いものだったという。しかし、九世紀以後のビザンチンの正統派著作家たちによると、彼らは善神・悪神を立てるマニ教の末流で、その名も三世紀の異端者サモサタのパウルスから来るとされた。この派は九世紀以後激しく弾圧され、特に、東ローマ皇帝ミカエル三世の摂政だった母后テオドラ（摂政在位八四二—八五六）は「マニ教徒」の皆殺しを命令、彼女の治下で十万を超えるパウリキウス派の信者が処刑された。この弾圧を受けた同派の多くは、東ローマ帝国を脅かすサラセン人と結び、特に、父親を弾圧で刑死させられたカルベアスという指導者は四千人の部下をひきいてサラセン人のもとへ逃れ、それと結んで東ローマ帝国の領土を荒らした。やがて、パウリキウス派は各地に砦を作り、或る時は単独で、或る時はサラセン軍と連合して帝国への劫掠を繰り返し、ビザンチン側を震撼させたが、十世紀にクリソキルという指導者のもとで大敗を喫して壊滅、クリソキル自身も殺され、以後は同派も四散して、一部はトラキアへ移住し、ボゴミル派の母胎となった。近代まで「パウリキウス派」を名乗る者はブルガリアに少数いたらしいが、すでに十世紀から同派はイタリアにも弘まって、ロンバルディア地方にかなりの勢力を得、どうやらこれがカタリ派の源となったらしい。

〔五六四〕 訳註〔四一九〕を参照。

〔五六五〕 マテュラン・ヴェシエール・ド・ラ・クローズ（一六六一—一七三九）。フランスのプロテスタント学者。ナントの生まれ。はじめカトリック教徒で、十七歳の時ベネディクト会サン゠モール派の修道士となった。一六八二年から同派の本拠であるパリのサン゠ジェルマン゠デ゠プレ僧院に所属して歴史や東洋語を勉強したが、教父の著作やピエール・デュムーラン、ピエール・ジュリューなどプロテスタント宗教論争家の本を読んでカトリシスムに疑問を抱くようになり、僧院長から虐待されたのをきっかけに、一六九六年二月に僧院からとび出して国外へ亡命した。はじめバーゼルに住み、そこで改革派に改宗し、ル・ジューヌという偽名を使ってバーゼル大学に入学したが、バーゼルではフランスに近すぎて身の危険があったため、同年九月にはベルリンへ移った。主に家庭教師をすることで生活を立てたが、その学識を見込まれて、一六九七年にはブランデンブルク選挙侯（やがてプロイセン王となる）の図書館長（薄給ではあったが）に任命され、一七一七年にはプロイセン王女の教育掛となり、庇護者であるプロイセン王妃のはからいで、一七二五年には死んだショーヴァンの後任として、ベルリンにあるフランス人学院の哲学の教授に任命された。脚の壊疽のため、一七三九年五月二十一日にベルリンで死んだ。ベルリン・アカデミーの会員でライプニッツなどとも親しかった大学者で、代表作として何度も版を重ねた『インド諸国キリスト教史』（二巻、ハーグ、一七二四年）をはじめ、古代作家の作品をほとんどすべて偽書とするイエズス会士アルドゥアンの過剰批評に反対した『古代著作家の擁護』（ロッテルダム、一七〇八年）、『様々な主題に関する歴史論集』（ロッテルダム、一七〇七年）、『歴史の様々な主題に関する対談集』（ケルン〔実際はアムステルダム〕、一七一一年）、『エチオピア、アルメニア・キリスト教史』（ハーグ、一七三九年）、『エジプト語・ラテン語辞典』（オクスフォード、一七七五年）、『書簡集』（三巻、ライプツィヒ、一七四二—四六年）などがあり、シャルル゠エティエンヌ・ジョルダンによる伝記『ラ・クローズ氏の生涯と著作の歴史』（アムステルダム、一七四一年）も出ている。ベール晩年の文通相手で、ベールからラ・クローズへの手紙も一七〇二年八月二日付のものから一七〇六年十月二十五日付のものまで、計五通残っている。

〔五六六〕　一六一八年十一月から翌年五月にかけてオランダのドルドレヒト（ドルト）で開かれた改革派の教会会議。これはオランダの改革派を二分したゴマルス（ホンメル）派とアルミニウス（ハルメンセン）派の論争に決着をつけるためのもので、オランダ以外の諸国の改革派教会からも投票権を持つ代表が参加し、実質的には改革派の歴史で唯一の世界教会会議だった。会議はゴマルス派主導のもとに、五章九十三項からなるドルドレヒト（ドルト）信仰規準を採択したが、これは救霊と遺棄の二重の予定の観念を基礎にして、神の選びは予見された信仰を要件とはせず、神の不変の意志に基づく恵みにのみよること、キリストはこの選ばれた者のためにのみ死んだこと、聖霊の恩寵は奏効的に拒否しがたくはたらくこと、再生した者は恩寵にさからう罪を犯しえないこと等を定め、カルヴィニスムの正統教理を定式化した。この教会会議で断罪され、一切の牧職から追放されたアルミニウス派は、別個にレモンストラント派教会を作り、現在まで及んでいる。

〔五六七〕　正統カルヴァン派のこと。

〔五六八〕　それらの神学命題と哲学命題の内容をここで詳述する余裕はないので、くわしくは著作集第七巻六五八—六六二ページを参照されたい。

〔五六九〕　訳註〔七二〕を参照。

〔五七〇〕　訳註〔二五三〕を参照。

〔五七一〕　ジャン・ラ・プラセット（一六三九—一七一八）。フランスの改革派神学者。ポンタックの生まれ。同地の牧師の子で、モントーバンのプロテスタント大学で神学を学び、一六六〇年にオルテスの牧師となった。一六六四年にネーの教会に移り、説教師として非常な名声を博して、首都のシャラントン教会から呼ばれたがそれもことわり、一六八五年までその地を動かなかった。ナント勅令廃止直前に合法的に出国してプロイセンへ亡命し、ブランデンブルク選挙侯からケーニヒスベルクのフランス人教会の牧師の地位を与えられたが、デンマーク王妃のたっての願いで、一六八六年からコペンハーゲンのフランス人教会の牧師となった。温厚で寛容な人柄のため、同僚にも民衆にも敬愛され、ルター派からも好感を寄せられ、とりわけ王妃からは寵遇されて、コペンハーゲンでの生活は二十五年に及んだ。一七一一年、オルデンブルクへ引退したこの王妃に呼ばれて首都から去り、翌年にはコペンハーゲン教会の後任牧師をみつけるため王妃の命令でオランダへ赴いたが、そのまま王妃の同意を得てオランダに留まった。オランダではハーグに約二年いたが、その後、軍人と結婚した一人娘のいるユトレヒトに移り、最後はユトレヒト近郊にある娘夫婦の別荘に引退して、一七一八年四月二十五日に八十歳の高齢で世を去った。『新篇道徳試論』(四巻、アムステルダム、一六九二―九七年)を著わして「プロテスタントのニコル」と綽名された道徳神学者で、ほかに『敬虔なる聖体拝領』(アムステルダム、一六九五年)、『良心論』(アムステルダム、一六九五年)、『三つの主要な義務に要約・還元されたキリスト教道徳』(アムステルダム、一六九五年)、『良心問題に関する諸論文』(アムステルダム、一六九七年)、『神的信仰論』(アムステルダム、一六九七年)、『施し論』(アムステルダム、一六九九年)、『善業一般論』(アムステルダム、一七〇〇年)、『様々な主題に関するキリスト教的考察』(アムステルダム、一七〇七年)等々、多くの著作を残した。

〔五七二〕　フィリップ・ノーデ(一六五四―一七二九)。フランスのプロテスタント神学者、数学者。メッスの生まれ。十二歳でザクセン゠アイゼナッハの宮廷に小姓として入り四年間いたから、もともとドイツとは縁の深い人だった。その後親もとへ帰り、独学でラテン文学や神学、数学を勉強した。熱心なプロテスタントで、一六八五年に郷里メッスの会堂が閉鎖されるや、すぐその日に妻子を連れてドイツへ亡命し、ザールブリュッケン、ついで約二年ハーナウに住んだ。一六八七年にベルリンに定住して、ヨアヒム学院の数学教授の地位を得、一六九〇年にはブランデンブルク宮廷の書記官・通訳官、一六九六年には絵画アカデミーの数学教授、一七〇一年にはベルリン・アカデミーの会員、一七〇四年には皇族学習院の数学教授となり、宮廷数学者として恵まれた生活を送って、そのままベルリンで七十四歳の生涯を閉じた。ライプニッツなどとも親交があり、現にライプニッツは一七〇〇年に二進法の研究でノーデの協力を仰いでいた。神学的には、カルヴァン派の予定論を極限まで推し進めた堕罪前予定論者で、『魂の平和をめぐる聖なる瞑想』(ベルリン、一六九〇年)、『クエーカー派の誕生と伸張の略史』（ケルン、一六九二年）、『当代のいくつかの哲学的道徳と対比された福音の道徳』（二巻、ベルリン、一六九九年）、本文で取り上げられるベール反駁書『神的諸属性における神の至高の完全性』（二巻、アムステルダム、一七〇八年）、それの続篇とも言うべき『神の至高の完全性という論考に対して現在までになされた反論を回答付きで集む』（アムステルダム、一七〇九年）、この問題とも関係する『ド・ラ・プラセット氏が新たに発表した二論文の検討』（二巻、アムステルダム、一七一三年）、ベールの寛容論を批判した『《哲学的註解》反駁』（ベルリン、一七一八年）、遺作の『義認論』（ライデン、一七三六年）など少なからぬ神学書を著わした。『ライプニッツの《弁神論》についての考察』など、未刊のまま残された原稿も多々あるという。

〔五七三〕「堕罪前予定論」（supralapsarisme）とは、救霊と遺棄への神の二重の予定はアダムの堕罪に先立って永遠の昔からなされていたとする説で、この二重の予定は堕罪の結果としてなされたとする「堕罪後予定論」（infralapsarisme）の対立概念。カルヴァン派の予定論を徹底的に推し進めた考えかただが、反面、人間の堕罪は神の予定の結果であるとすることで、神を罪の創出者（張本人）にするという非難に最も晒されやすい理論でもあった。ジュネーヴにおけるカルヴァンの後継者テオドール・ド・ベーズなどは堕罪前予定論者だったが、カルヴァン派の正統教理を定式化した一六一八―一九年のドルドレヒト教会会議も堕罪前予定論か堕罪後予定論かという問題にまでは踏み込んでおらず、その後の十七世紀の改革派神学では、「超保守派」と言うべき堕罪前予定論者は少数で、ジュリューなども明らかな堕罪後予定論者だった。

〔五七四〕　訳註〔五二五〕を参照。

〔五七五〕　訳註〔四六八〕を参照。

〔五七六〕　訳註〔六〕を参照。

〔五七七〕　ジャクロがベールの死後の一七〇七年にアムステルダムで出版した『《信仰と理性の一致》、《ベール氏の神学の検討》に対してベール氏が著わした対談への答』のこと。ベールの『マクシムとテミストの対談』（対ジャクロの）に対する反駁で、ベールとジャクロの論争におけるジャクロ側の最後の論争文書だった。それの邦訳は著作集第八巻、一三二六―一四八五ページに収められている。

〔五七八〕　訳註〔五〕を参照。

〔五七九〕　ベールの故郷ル・カルラに近いマス・ダジルの牧師だった（一六六〇年から一六七四年まで。その前はカストルの牧師を一六五五年から、モントーバンの牧師を一六五九年から務め、その後は一六七四年から一六七五年までブリュニケルの牧師をした）ジャン・バリカーヴの娘。但し、ジャン・バリカーヴにはローズ（一六六五―一七一〇）とマドレーヌ（一六六八―一七二二）という二人の娘がいて、二人とも一七〇二年にロンドンへ亡命しているが、ベールの手紙がそのどちらに宛てられたのかは判明していない。いずれにせよ、ベールから「バリカーヴ嬢」へ宛てられた手紙は、いずれもベールが死ぬ年の一七〇六年七月十二日付のものと一七〇六年十月二十八日付のものと二通だけ残っている。

〔五八〇〕　訳註〔一〇四〕を参照。

〔五八一〕　訳註〔六〕を参照。

〔五八二〕　ベールの兄ジャコブ・ベールとその妻マリ・ブラサール（一七二五歿）の間に出来たポール・ベール（一六八五―一七〇六）。一六八五年七月二十日の生まれで、その頃父は投獄されており、そのまま獄死したから、父を知らない子供だった。父の死後、母はカトリックに改宗して（偽装か否かはともかく）モントーバンに住んだため、このポールも当然カトリック教徒として（少なくとも表向きは）育てられたが、一七〇六年九月ないし十月に二十一歳で独身のまま夭折した。

〔五八三〕　訳註〔三七〕を参照。

〔五八四〕　アドリアーン・パーツ（一六五七生）。ベールのパトロンで訳註〔九九〕で述べたアドリアーン・パーツの同名の子で、父と区別するためデ・ヨンゲ（the young, le jeune、「小」の意）と添名されることもある。ロッテルダムにあったマース（ムーズ）鎮守府の主計長をしていた人で、ロッテルダムのワロン教会に属し、一六八七年の十二月には同教会の長老にも選ばれた。

〔五八五〕　訳註〔五五〕を参照。

〔五八六〕　訳註〔五八四〕で述べたアドリアーン・パーツ（デ・ヨンゲ）の妻。

〔五八七〕　シャルル・アンシヨン（一六五九―一七一五）。亡命プロテスタントの歴史家。メッスの生まれ。同市の牧師で訳註〔八四〕で述べたダヴィッド・アンシヨンの長男。マールブルク大学、ジュネーヴ大学、パリ大学などで法律を学んで、一六七九年に郷里メッスで弁護士となった。ナント勅令廃止（一六八五年十月）の際は、メッスの改革派の代表として宮廷へ赴き、市の特権を理由に廃止勅令の適用除外を請願したが、むろん一顧だにされなかった。そこで父とともにブランデンブルクへ亡命し、ベルリンのフランス人コロニーの裁判官、監督官に任命された。一六九五年にブランデンブルクの外交代表としてスイスへ行き、そこで知り合ったバーデン＝ドゥルラッハ侯の顧問官をしばらくした後、一六九九年の年末にベルリンへ戻って、高等裁判官、ブランデンブルク宮廷の顧問官に任ぜられ、さらに、ブランデンブルク選挙侯が一七〇一年にプロイセン王として戴冠するや、国王付きの修史官となった。ベルリン・アカデミーの会員でもあった。匿名で出した『改革派迫害はフランスの真の国益に反することを示す政治的考察』（ケルン〔実際はアムステルダム〕、一六八五年）、『ナント勅令は廃止すべからざること』（アムステルダム、一六八八年）、『ナント勅令の復活はフランスの利益』（アムステルダム、一六九〇年）、『ブランデンブルク選挙侯殿下の国への亡命フランス人移住史』（ベルリン、一六九〇年）、『トルコ皇帝スュレイマン二世伝』（ロッテルダム、一七〇六年）、『閹人論』（ケルン、一七〇七年）、ベールの『辞典』の補遺のために書いた『文芸共和国で有名な幾多の近代人の生涯と著作に関する覚書』（アムステルダム、一七〇九年）など少なからぬ著作があるが、いちばん広く読まれたのは、父ダヴィッド・アンシヨンの語録を編んでそれに父の伝記を付した『故アンシヨン氏の会話より集めし文学批評雑纂』（三巻、バーゼル、一六九八年）だった。ベールの古くからの友人で、ベールから彼への手紙も一六八七年一月十二日付のものから一七〇六年八月十二日付のものまで、計十二通残っている。一七一五年七月五日にベルリンで死んだ。

〔五八八〕　訳註〔一四三〕を参照。

〔五八九〕　元帥アドリアン＝モーリス・ド・ノアイユ公爵（一六七八—一七六六）。フランスの軍人、政治家。元帥アンヌ＝ジュール・ド・ノアイユ公爵の子。はじめはアヤン伯爵といい、十四歳で近衛騎兵として軍隊に入り、一六九四年に連隊長、一六九八年に父の後を継いでルシヨン地方とベリ地方の総督に任ぜられた。カタルーニャ、フランドルなどに転戦して、スペイン王位継承戦争中の一七〇二年に準少将、一七〇四年に少将、一七〇六年に中将、一七〇七年に親衛隊長となり、その間、一七〇四年には父の後を継いでノアイユ公爵に叙せられた。一七一〇年、ルシヨン地方の予備軍を指揮して、プロヴァンスに上陸したイギリス軍を撃破するという武功を上げた。その後はカタルーニャにあって、その地方をブルボン朝のスペイン王に服従させるため大きな働きをし、その功によりイスパニア大公に叙せられた。ルイ十四世の治世末期には一時失脚したが、摂政時代に入ると政治家・行政官として返り咲き、一七一五年には摂政会議に入って、一七一八年まで財政評議会の議長を務め、一七三四年には元帥となり、ルイ十五世の親政が始まった一七四三年には国務大臣に任命されて、十三年間その地位にあった。その間、一七四三年にデッティンゲンでイギリス王ジョージ二世の軍と戦って手痛い敗北を喫したり、一七四六年には特命大使としてスペインへ派遣されたりしたが、老齢のため一七五六年に国務大臣を辞して引退し、十年後の一七六六年六月二十四日にパリで死んだ。ルイ十四世の妻マントノン夫人の姪と結婚していた人で、サン＝シモンにはひどく嫌われ、悪人、偽善者と酷評されている。まだ若い頃、晩年のベールと文通しており、ベールから彼への手紙も一七〇三年五月七日付のものから一七〇五年九月十七日付のものまで、計八通残っている。

〔五九〇〕　ボンルポー侯爵フランソワ・デュッソン（一六五〇頃―一七一九）。フランスの行政官、外交官。フォワ伯爵領の生まれだからベールと同郷で、ベールの母方の親類だった。早くから官途に就き、海軍省に入ってコルベールの下僚となり、一六八三年にコルベールの子セニュレ侯爵とともに同省の筆頭書記となった。プロテスタントだったが、セニュレからカトリックへの改宗を勧められ、ナント勅令廃止（一六八五年）前に棄教したらしい。一六九〇年にセニュレが死ぬ前から、外務関係の国務書記官をするコルベールの弟クロワッシ侯爵の庇護下に移って外交畑に転じ、一六八五―八七年にはイギリスへ派遣され、一六九二―九七年には駐デンマーク大使、一六九七―一七〇〇年には駐オランダ大使を務めた。ルイ十四世死後の一七一七年に海軍評議会のメンバーとなり、翌一七一八年には国務顧問官となったが、一七一九年八月十二日にパリで急死した。ルイ十四世からもその妻マントノン夫人からも愛され保護された人だったが、陸相ルーヴォワや大法官ポンシャルトランなどとは犬猿の仲だったらしい。文芸愛好家で、ラシーヌ、ボワロー、ラ・フォンテーヌ、サン＝テヴルモン、ラ・ファイエット夫人などと親しく、サン＝シモンの親友でもあった。ベールとも文通しており、彼からベールに送られた一六九八年一月十二日付の手紙が残っている。

〔五九一〕　ジャン＝ポール・ビニョン（一六六二―一七四三）。フランスの文化行政官、ジャーナリスト。パリの生まれ。有名な大学者で一六四二年に国王付きの図書係となったジェローム・ビニョンの孫で、この官位はビニョン家に世襲のものだった。ダルクール学院やサン＝マグロワール神学校で勉強して、一六八四年にオラトリオ会に入り、一六九一年に司祭に叙品されたが、同じ年にオラトリオ会を退会し、一六九四年には法学士となった。教会内の地位としては、パリのサン＝ジェルマン・ロクセロワ教会参事会員で、一七二〇―二一年にはその教会参事会長を務め、品行の面で悪い噂さえなければ司教にもなったはずといわれた。一六九〇年代から文化行政面で活躍し、一六九一年に科学アカデミー、一六九二年に絵画アカデミー、一六九三年にアカデミー・フランセーズ、一六九四年に碑文アカデミーのそれぞれ会員となり、一六九六年以降、王立諸アカデミーの元締を務めて、トゥルヌフォールやレオミュールなどの調査旅行を後援した。一七一八年には王立図書館長、一七二〇年にはルーヴル宮殿、フォンテヌブロー宮殿の図書館長となり、各国に通信員を置いて海外の出版物を組織的に蒐集、王立図書館（今の国立図書館）の充実のため多大の貢献をした。王立図書館を今のリシュリュー街の建物に置いたのもビニョンで、また同じ組織的な蒐書方法により八万冊に上る個人蔵書をも作り上げ、一七二〇年にはそれを一括してローに売却した。一七〇一年に国務顧問官となり、この年に大法官ポンシャルトラン（ビニョンの母方の小父だった）が

『学術新聞』を改組して、新たな允許（同年八月七日付）のもとに同紙を国家の所有とした時、ビニョンはその主幹に任命されて、各分野の専門家からなる有給の編集スタッフを自宅（一七一四年以後は大法官の館）に集めて編集に当たった。この仕事は一七三九年まで続けたが、医師会と外科医師会の対立に巻き込まれてこの年に辞任、四年後の一七四三年三月十四日にムランに近いリール・ベルの領地で死んだ。きわめて敬虔な最期だったため、世間の驚きを買ったという。自らの作品としてはアカデミーでした演説くらいしかない。諸外国の学者たちと文通していたビニョンだから、当然ベールとも文通していたに相違ないが、どうやらベールの死後、ビニョンは自分が送った手紙を取り戻したらしく、二人の間に交された手紙は一通も残っていない。

〔五九二〕　ルイ・トマッサン・ド・マゾーグ（一六四七―一七一二）。フランスの法官。エクスにあったプロヴァンス高等法院の評定官で、公刊した著作は特にないが、学殖を謳われた人だったらしい。彼からベールへの手紙が二通、ベールから彼への手紙が一通（一六九九年八月三日付）残っている。

〔五九三〕　訳註〔九二〕を参照。

〔五九四〕　ベネディクト会士フランソワ・ラミとオラトリオ会士ベルナール・ラミのこと。

フランソワ・ラミ（一六三六―一七一一）はフランスのカトリック神学者、哲学者。モントローの生まれ。はじめ軍人だったが、一六五九年にベネディクト会サン＝モール派の修道士となり、同会で哲学を教えて、ロオーに学んだデカルト主義を弘めた。一六八七―八九年にはルベの僧院長をしたが、その後はサン＝ドニ僧院に隠棲した。デカルト主義者として教団の上層部に疑いの目で見られ、要職から遠ざけられていたらしい。『自己認識について』（五巻、パリ、一六九四―九八年）、スピノザに反駁した『新たなる無神論をくつがえす』（パリ、一六九六年）、『哲学書簡』（トレヴー＝パリ、一七〇三年）、『理性によって不信者を宗教へ導く』（パリ、一七一〇年）、『神の認識と神への愛について』（パリ、一七一二年）など多くの著作がある。彼からベールへ送られた一六八六年十月十六日付の手紙が残っている。一七一一年四月四日にサン＝ドニで歿。

ベルナール・ラミ（一六四〇―一七一五）はフランスの哲学者、カトリック神学者。ル・マンの生まれ。一六五八年にオラトリオ会に入り、パリやソーミュールで学んだ後、一六七一年からソーミュールの学院、一六七三年からアンジェの学院の哲学の教授となった。デカルト主義の信奉者でそれを公然と教えたため、一六七五年に王権により国内のいかなる場所でも教授としての活動を禁じられ、ドーフィネ地方のサン＝マルタン＝ド＝ミゼレ僧院に流された。八カ月後、オラトリオ会の上司サント＝マルトやグルノーブルの司教ル・カミュのとりなしで禁令を解除され、グルノーブルの神学校で神学を教えるようになり、ル・カミュの下でグルノーブルの司教総代理に就任した。一六八六年にパリへ呼び返されて、サン＝マグロワール神学校で聖書と神学を講じたが、『四福音書の調和と一致』（パリ、一六八九年）でパリの大司教アルレー・ド・シャンヴァロンの怒りに触れ、一六八九年に迫害を避けてルアンに移り、そのまま同地で一七一五年一月二十九日に死んだ。多くの版を重ねた『学問対談』（グルノーブル、一六八三年）や『聖書入門』（グルノーブル、一六八七年）、『キリスト教道徳の真実性と聖性の論証』（初版、パリ、一六八八年。完成版、五巻、ルアン＝パリ、一七〇六―一一年）をはじめ、神学、教会史、力学、幾何学、詩学、修辞学など多方面にわたる著作がある。ベールの死後、その書類を相続したシャルル・ブリュギエール・ド・ノーディスは、ベールが保存していた手紙に基づいて、ベールの文通者として彼の名を挙げているが、彼とベールが交した手紙はその後発見されていない。

〔五九五〕　訳註〔三一〕を参照。

〔五九六〕　これが正しければ、もちろん、アントワーヌ・ド・ランブイエ・ド・ラ・サブリエール（一六二四―七九）と、その妻ラ・サブリエール夫人マルグリット・エッサン（一六四〇―九三）のこと。

夫のアントワーヌは金融家の子で、自らも徴税請負業で巨萬の富を貯え、国王顧問官、王領管理官の官職を買い、パリのフォーブール・サン＝タントワーヌの近くにフォリ＝ランブイエと呼ばれる豪壮な館を建てて、一六五四年に結婚した妻のマルグリットとともにそこでサロンを開いた。また恋歌（マドリガル）を能くして、当代有数のマドリガル詩人と謳われ、死後の一六八〇年にパリから『恋歌集』が出版されたりしたが、恋人だった若いオランダ人女性が急死したため憂鬱症に陥り、一年後にその後を追ったという。宗教的にはプロテスタントだった。

妻のマルグリットは銀行家の娘で、ホメロスもホラティウスも原語ですらすら読めるほどの才女だった上に、数学、自然学、天文学、ガッサンディ哲学などを自ら研究していたほどの人だったから、そのサロンは自由思想家（リベルタン）詩人のショーリュー、ラ・ファールなどとともに、数学者のロベルヴァルやソーヴール、旅行家でガッサンディ哲学の解説者ベルニエなどが集まり、十八世紀の学術サロンを先取りしたような相を呈した。特にベルニエは夫妻の館に住み、一六七二年の年末か翌年はじめからはラ・フォンテーヌもその館の住人となって、寓話一篇や韻文の論説二篇（一篇は獣の魂に関するもの）を彼女に捧げた。しかし、愛人ラ・ファールに捨てられたことや夫が死んだことなどが契機となって、一六八〇年頃から彼女は遁世志向を強めるようになり、一六八五年三月には生まれ育ったプロテスタンティズムを棄ててカトリックに改宗し、同年に神秘家の本数冊と天体望遠鏡だけを持って、パリのセーヴル街にある廃疾者救護院の一室に居を移し、ランセ師を教導者としつつ慈善活動に明け暮れた。マティユ・マレがデ・メゾーに送った一七一一年二月十日付の手紙によると、ラ・サブリエール夫人は『文芸共和国便り』を愛読し、その頃のベールを「現代のエピクロス」と評し、ベールの肖像が欲しいと或る手紙で述べていたという。但し、このマレの発言を裏付ける証拠はみつかっていないらしい。

この夫婦をベールの文通者とするのは、ベールの書類を相続したシャルル・ブリュギエール・ド・ノーディスで、デ・メゾーはそれを踏襲したのだが、前記のマレの発言が真実だとすると、ラ・サブリエール夫人がベールと文通したことも考えられないではない。しかし、一六七九年に死んだ夫のラ・サブリエールがベールと文通したとするのは年代的に無理であろう。ベールの書簡目録を作成したラブルースは、この夫妻の子供のニコラがベールに送った手紙をブリュギエールが父ないし母のものと誤認したのではないかと考えているが、母についてはともかく、少なくとも父についてはそう考えるのが自然と思われる。

ニコラ・ド・ランブイエ・ド・ラ・サブリエール（一六五六―一七一八以後）は前記ラ・サブリエール夫妻の長男で、父の『恋歌集』（パリ、一六八〇年）を出版したのも彼だった。一六八四年八月十七日と同九月ないし十月にパリにいる彼がベールに送った手紙が二通残っている。プロテスタントで、翌年十月のナント勅令廃止の際にカトリックへの改宗を拒んでバスティーユに投獄されたが、その後ロンドンに亡命し、一七一八年に同市にあるフランス人救護院の院長になった。

〔五九七〕 クロード・ニケーズ（一六二三―一七〇一）。フランスの学者。ディジョンの生まれ。ディジョンのイエズス会学院やパリのナヴァール学院で学んで僧籍に入った。ローマやナポリの遺跡を訪れ、帰途にランセと会って、生涯続く親交を結んだ。パリやディジョンに一時住み、ディジョンのサント＝シャペル教会参事会員の職禄を持ったが、その後はヴィリにある自宅に引きこもって、書誌学者、考古家としての仕事を続けるかたわら、国内外の学者、文人、芸術家たちと広く文通し、特にフランスの文人と国外の文人との間の仲介者として大きな役割を演じた。その文通の相手は、ベール、グラエヴィウス、ライプニッツ、ユエ、ランセ、ボシュエ、マビヨン、ソーメーズ、ラ・モノワ等々、夥しい数に上っている。ベールからは「文芸共和国の総代理人」、ラ・モノワからは「パルナスの郵便配達夫」と評された人だった。ベールからニケーズへ宛てられた手紙も一六八七年二月六日付のものから一七〇一年八月四日付のものまで、計三十一通残っている。一七〇一年十月二十日にヴィリの自宅で死んだ。

〔五九八〕 訳註〔四五七〕を参照。

〔五九九〕 ピエール・ランサン（一六四〇―八九）。フランスの古銭学者。ランスの生まれ。はじめランスで医師をし、一六六六年にランスの医学校の教授となったが、古メダルの詰まった壺を発見したのがきっかけで古銭学に転じ、パリに出て古物商となり、やがて認められて一六八三年に碑文アカデミーの会員となり、翌一六八四年にはヴェルサイユ宮殿にある王立古メダル室の管理人に任命された。『学術新聞』所載の論文のほか、『ドミティアヌス帝の百年記念競技会の十二のメダルについての論考』（ヴェルサイユ、一六八四年）などその関係の本もあるが、一六八九年六月七日にヴェルサイユ宮殿内で事故死した。ベールからランサンへの手紙は一通も残っていないが、ランサンからベールへの手紙は一六八五年二月二十日付のものから一六八七年元旦付のものまで、計二十三通残っている。

〔六〇〇〕　マルク＝アントワーヌ・ウディネ（一六四三—一七一二）。フランスの古銭学者。ランスの生まれ。前註で述べたピエール・ランサンの親類で、ランスのイエズス会学院を経て、パリ大学で法律を学び、郷里ランスで弁護士をした。のち、ランス大学の法学の教授となったが、王立古メダル室の管理人だったランサンに呼ばれて古メダル目録の作成を任されたのを機に古銭学者となり、一六八九年にランサンが死ぬと、その地位を継いだ。一七〇一年に碑文アカデミーの準会員となり、同アカデミーの紀要に種々の論文を発表している。ベールと文通していたらしいが、どちらの手紙もいまだ発見されていない。

〔六〇一〕　訳註〔一四〕を参照。

〔六〇二〕　フランソワ・ベール（一六二二—一七〇九）。フランスの医学者。サン＝ベルトラン＝ド＝コマンジュの生まれ。トゥールーズ医科大学の教授。デカルト主義を奉じ、医学を自然科学一般という枠組の中に位置づけようとした哲学者的な医学者で、単なる事実の観察ではなく、数量計算を医学に導入し、力学・物理学・化学の法則をも適用して、その方法は後のブールハーフェにも通じるものがあった。一七〇九年九月二十四日にトゥールーズで歿。『一般哲学要綱』（トゥールーズ、一六六九年）、『経験・理性論、自然学・医学・外科医学で両者を結び付ける必要を示す』（パリ、一六七五年）、『自然学六論文』（トゥールーズ、一六七七年）、『自然学・医学の諸問題』（トゥールーズ、一六七七年）、アンリ・グランジュロンと共著の『悪魔に憑かれたといわれる数人の人の状態についての報告』（トゥールーズ、一六八二年）、『妊娠二十五年の解剖誌』（トゥールーズ、一六八八年）、『学校用自然学綱要』（三巻、トゥールーズ、一七〇〇年）など多くの著書があり、四折判三巻の著作集が一七〇一年にトゥールーズで出版されたが、方法論的な著作『経験・理性論』などはピエール・ベールやフォントネルに通じるともいわれる。年齢的に、フランソワ・ベールはピエール・ベールの父親の世代の人だったが、青年時代に一時トゥールーズにいた頃、ピエール・ベールは財務官ノレの家に出入りしており、そのノレの家ではフランソワ・ベールやシルヴァン・レジスがデカルト哲学の講演会を開いていたから、二人のベールはここで接触したらしく、ピエール・ベールにデカルト主義を紹介したのもフランソワ・ベールが最初だった（少なくとも最初の一人だった）らしい。同じラングドック地方の人で苗字も同じとあらば、二人のベールは遠くまで遡れば共通の祖先に行き着くのかもしれないが、言葉の通常の意味でこの二人は親類ではなかった。また、二人の間の手紙も残っていない。

〔六〇三〕「諸氏（Messieurs）」とあるからには二人以上のはずである。十七世紀後半のフランスには、後世に名を残したペローという姓の四人の兄弟がおり、それはパリ大学経理部長で作家でもあったピエール・ペロー（一六〇八―八〇）、ソルボンヌの神学博士でジャンセニストのニコラ・ペロー（一六一一―六一）、医師で建築家のクロード・ペロー（一六一三―八八）、『童話集』で名高いシャルル・ペロー（一六二八―一七〇三）からなるが、その内誰と誰を言うのかは明瞭でない。いずれにせよ、手紙が残っていてベールとの交際の証拠があるのは末弟のシャルル・ペローだけなので、説明は彼ひとりに止める。

シャルル・ペロー（一六二八―一七〇三）はフランスの作家。パリの生まれ。パリ高等法院弁護士の子で、一六五一年に自らも弁護士の資格を得、サロンに出入りして詩作などをし、一六六三年に碑文アカデミーの前身である「小アカデミー」に入り、一六七一年にはアカデミー・フランセーズの会員ともなった。一六八七年一月に彼がアカデミーで朗読した「ルイ大王の時代」で新旧論争のきっかけを作り、近代派の闘士としてボワローらの古代派と論戦し、その中で『古代人・近代人比較論』（四巻、パリ、一六八八―九七年）を著わした。ほかに『現世紀のフランスに現われし著名人』（二折判（フォリオ）二巻、パリ、一六九六―一七〇〇年）などもあるが、何よりも、自分の末子ピエール・ペロー＝ダルマンクールの名で刊行した『童話集』（パリ、一六九七年）によって不朽の名を残している。彼がベールに送った一六九四年八月三日付の手紙が残っているが、ベールから彼への手紙は発見されていない。一七〇三年五月十六日にパリで歿。

〔六〇四〕ロンジュピエール男爵イレール＝ベルナール・ド・ルケレーヌ（一六五九―一七二一）。フランスの詩人、劇作家。ディジョンの生まれ。裕福な会計検査官の子で、早熟な詩才を示し、アナクレオン、サフォー、ビオン、テオクリトスなどのギリシャ詩を仏訳するかたわら、自らも『牧歌集』（パリ、一六八六年）、『新牧歌集』（パリ、一六九〇年）を書いた。また新旧論争に加わって『古代人論』（パリ、一六八七年）を著わし、ペローの攻撃から古代作家を擁護した。トゥールーズ伯爵（ルイ十四世と愛人モンテスパン夫人の間の三男）やシャルトル公爵（王弟オルレアン公の長男で、後の摂政）など王族の教育掛を務め、後にはシャルトル公爵やその娘のベリ公爵夫人の家令のような仕事をした。劇作家としては、『メデ』

（パリ、一六九四年）、『セゾストリス』（上演一六九五年）、『エレクトル』（上演一七〇二年、刊行パリ、一七三〇年）という三篇の悲劇を書いたが、さして成功しなかった。一七二一年三月三十日にパリで歿。彼からベールへの手紙は一六八六年元旦付のものから一六九六年九月二十六日付のものまで計八通残っているが、ベールから彼への手紙は残っていない。

〔六〇五〕 訳註〔一八〕を参照。

〔六〇六〕 訳註〔三〇七〕を参照。

〔六〇七〕 ジャック・カペル（一六三九―一七二二）。フランス改革派のヘブライ語学者。アミローやラ・プラスとともにソーミュールのプロテスタント大学の名声を担った聖書学者ルイ・カペルの三男で、十九歳で父の後を継いでソーミュール大学のヘブライ語の教授となり、何度も同大学の学長を務めた。ナント勅令廃止（一六八五年十月）の際にイギリスへ亡命し、ロンドンにある非国教系のホクストン・カレッジでラテン語とヘブライ語を教えて余生を送った。ベールの文通者とされるが、二人の間の手紙は残っていない。

〔六〇八〕 ジャン・デュブルデュー（一六四八？―一七二〇）。フランス改革派の牧師。ベルジュラックの生まれ。モンペリエの牧師の子で、はじめピュイローランス大学で勉強し、そこではベールの兄ジャコブの学友だった。その後、一六六五年からジュネーヴ大学で神学の勉強の仕上げをし、一六六七年六月にローザンヌで牧師となり、一六七一年までラングドック地方サン゠パルゴワールの教会に奉職、一六七二―七六年にはユゼスの牧師、一六七七年以降はモンペリエの牧師を務めた。一六八五年のナント勅令廃止の際に父とともにロンドンへ亡命し、ションベール元帥の礼拝堂付き牧師となり、元帥が一六九〇年にボイン川の合戦で戦死した時もそのかたわらにいた。ついで、元帥の子のテットフォード公爵シャルルの同じく礼拝堂付き牧師となり、一六九三年にこの公爵がピエモンテに派遣された連合軍の一員として、亡命フランス人五個大隊を指揮してマルサイユでフランス軍と戦い戦傷死した時は、遺体をローザンヌに運んで埋葬した。一六九六年、同公爵の心臓を捧持してイギリスへ戻り、以後はロンドンのサヴォワ教会の牧師をしたが、イギリス政府への情報提供者、対フランス政策の助言者として裏の仕事もしていたらしい。『コンドンの司教殿の手紙と、モンペリエの牧師・子デュ・ブルデュー氏の返事』（アムステルダム、一六八一年）、『宗教合同に関する数人の平和的プロテスタントの手紙』（一六八五年）、『プロテスタントの願い』（ロンドン、一七一四年）、『プロテスタントに対するフランスの刑罰法規と、法王教徒に対するイギリスのそれとの比較』（ロンドン、一七一七年）、『イギリス国民への呼びかけ』（ロンドン、一七一八年）など少なからぬ著作があるが、大半は短いもので、説教が多い。ベールから彼への手紙が一通だけ（一七〇五年七月八日付）残っている。

〔六〇九〕　訳註〔一〇〕を参照。

〔六一〇〕　訳註〔九〕を参照。

〔六一一〕　ミシェル・ル・ヴァソール（一六四八―一七一八）。フランスのプロテスタント史家。オルレアンの生まれ。はじめカトリック教徒で、一六六七年にオラトリオ会に入った。当初はジャンセニスムに傾いていたが、マールブランシュに接してその傾向を脱した。以後、マールブランシュの思想に心酔し、一六八〇年からサン゠マグロワール神学校でした実証神学の講義にもそれが色濃く現われていたが、かえって教団当局から問題にされ、一六九〇年にオラトリオ会から脱会した。一六九五年にオランダへ行ってプロテスタントに改宗、そこからイギリスへ渡り、ギルバート・バーネットの庇護によりウィリアム三世から年金を与えられ、そのままノーサンプトンで死んだ。カトリック時代の著作には『真の宗教について』（パリ、一六八八年）や、マタイ伝、ヨハネ伝、ロマ書、ガラテア書、ヤコブ書などの釈義があるが、プロテスタントに改宗後は『宗教対立の検討法を論ず』（アムステルダム、一六九七年）や、とりわけ大著『ルイ十三世治世史』（十巻、アムステルダム、一七〇〇―一一年）を著わした。この史書は十八世紀後半までいくつも版を重ねたが、反絶対主義、反リシュリューの色彩が濃厚で、後にヴォルテールは著者を「憎むべき大道演説家」と評した。なお、ル・ヴァソールは、ジュリユーの『牧会書簡』の後を受け、フランス国内での非合法的配布を目的としてアムステルダムから定期的に発行されたパンフレット『自由に憧れる奴隷のフランスの溜息』（一六八九年八月十日―一六九〇年九月十五日）の著者とする説が有力だが（ジュリユーのものとする説もある）、これは僧族・貴族・高等法院・町民・農民などフランスのすべての階層、すべての団体にルイ十四世の暴政に対する総反撃を呼びかけた激烈極まりない反絶対主義の煽動文書だった。ル・ヴァソールはベールの友人で、『歴史批評辞典』の執筆にも協力しており、彼からベールへの手紙は一六九六年二月三日付のものから一六九七年五月七日付のものまで計七通残っているが、ベールから彼への手紙は残っていない。

〔六一二〕　モイズ・ピュジョラ（一七二八以後歿）。イギリスに亡命したフランス人プロテスタント。ロックの仏訳者として名高い、訳註〔四二九〕で説明したピエール・コストの従兄弟で、コストと同じくラングドック地方ユゼスの生まれ。職業はたぶん医者で、数学や自然学にも関心のあった人らしく、ナント勅令廃止（一六八五年十月）後にイギリスへ亡命し、一六九五年十二月十八日に王立協会（ロイヤル・ソサイエティ）の会員となった。翌一六九六年七月十日、友人の医師シルヴェストル（訳註〔三四〇〕を参照）とともにイギリスへ帰化した。一七二八年にロンドンにあるフランス人救護院の院長になったが、翌年には別人が同じ地位に任命されているから、その前後に死んだのかもしれない。ベールとの間の手紙は残っていないが、ピュジョラがシルヴェストルに送った二通の手紙の抜萃がベールの編集する『文芸共和国便り』(一六八六年五月号と一六八七年一月号)に掲載されている。永久運動に関する第一の手紙は一六八六年四月二十日付で発信地はパリ、流体静力学に関する第二の手紙は一六八六年十ないし十一月のもので発信地はロンドンだから、この二つの日付の中間の時期に亡命したのであろう。

〔六一三〕 レックハイムは今はベルギー領だが、当時はウェストファリア地方の伯爵領で、神聖ローマ帝国に属する独立の領邦国家だった。ムーズ(マース)河畔、オランダのマーストリヒトから約二里(リュー)の所にある。当時のレックハイム伯爵はコイーアの司教でケルン、ザルツブルク、ストラスブールなどの教会参事会員だったフランツ・ゴーバート・フォン・アスペルモント゠リンデンだったが、彼と、その妹で訳註〔六二七〕に述べるアンネ・アントアネッテはベールと親交があったようで、ベールが『辞典』に「レックハイム」の項目を立ててレックハイム伯爵家の系図を掲げたりしていたのも、彼らに敬意を表するためだったと思われる。

〔六一四〕 ライプニッツ(一六四六―一七一六)についての一般的な説明は更めてするまでもない。ライプニッツからベールへの手紙は一六八六年十一月のものから一七〇二年十二月五日付のものまで計八通、ベールからライプニッツへの手紙は一六九二年暮れないし一六九三年初頭のもの、一七〇一年十月五日付のもの、一七〇二年十月三日付のものと計三通残っている。

〔六一五〕 クリスティアーン・トマジウス(トマーゼン)(一六五五―一七二八)。ドイツの法学者、哲学者。有名な哲学者ヤーコプ・トマジウス(一六二二―八四)の子で、ライプツィヒの生まれ。フランクフルト・アム・オーデル大学で法学を修めて、一六七九年に法学博士となり、一時弁護士をしたが、やがて教職に転じ、一六八一年にライプツィヒ大学の自然法の教授となった。ドイツ語で授業をしたりスコラ的方法を攻撃したりしたため保守派の風当たりが強く、敬虔主義者を擁護したことなどから正統ルター派の神学者たちとも衝突して、一六九〇年に同大学を辞職、ベルリンへ行ってブランデンブルク選挙侯(後のプロイセン王)フリードリヒ三世に厚遇され、敬虔主義的色彩の濃いハレ大学の創立(一六九四年)に尽力し、そこで法学の教授として以後教えた。ドイツ啓蒙思想の先駆けで、合理的な自然法学説を唱え、迷信や権威への盲従を斥け、ドイツ語で学術書を著わすなど数々の新機軸を出し、『自然法・万民法の基礎』(一七〇五年)をはじめ厖大な数の著作を残した。一七〇〇年十二月にロッテルダムのベールのもとを訪れたことが第三者への手紙で述べられており、ベールの文通者ともされているが、二人の間の手紙は発見されていない。

〔六一六〕 ヨハン・フランツ・ブッダエウス(ブッデウス、ブッデ)(一六六七―一七二九)。ドイツのルター派神学者。

アンクラムの生まれ。一六九四年からハレ大学の道徳学の教授、一七〇五年からイエナ大学の神学教授を務め、『ヘブライ哲学史入門』(一七〇二年)、『哲学原論』(三巻、一七〇三年)、『旧約教会史』(四巻、一七〇九年)、『教義・道徳神学の批評的歴史』(一七二五年)など多くの著作を著わした。ベールの書類を相続したシャルル・ブリュギエール・ド・ノーディスが、ベールが保存していた手紙類を基に、ブッダエウスをもベールの文通者の内に挙げていたが、これらの手紙はその後散佚してしまい、ベールとブッダエウスの間の手紙はいまだみつかっていない。

〔六一七〕 アントーニョ・マリャベーキ(一六三三―一七一四)。イタリアの文献学者。フィレンツェの生まれ。初等教育しか受けず、四十歳まで金銀細工師だったが、独学でラテン語、ギリシャ語、ヘブライ語を学び、並はずれた記憶力によって驚異的な学殖を積んだ。トスカナ大公コジモ(三世)・デ・メディチの蔵書係(図書館長)となったが、宮廷には出仕せず、ぼろぼろの服を着、家具調度もほとんどない家の中で、大量の書物と蜘蛛に囲まれて暮らしたという。「トスカナのヴァロ」とも「生きた図書館」とも綽名された人で、多くの未刊の文献を刊行しただけで自らの著作はほとんどないが、世界中の学者たちと文通して文献の相談に応じ、その書簡集は十八世紀に部分的に刊行された。ベールから彼への手紙は一六九八年九月二十五日付のものから一七〇三年十月十九日付のものまで計三通、彼からベールへの手紙も同じく三通残っている。

〔六一八〕 ベールの書類を相続したシャルル・ブリュギエール・ド・ノーディスはたしかにベールの文通相手としてこの伯爵の名を挙げているが、ベールの書簡の目録を作ったラブルースは、ブリュギエールは「フリーセン伯爵夫人」を「伯爵」と間違えたのであろうと言っており、また実際、伯爵夫人とベールとの間の手紙は残っているが、伯爵とベールとの間の手紙は残っていないので、このラブルースの説は正しいように思われる。フリーセン伯爵夫人アメーリア(一六五八―一七〇七)は、ベールが若い頃家庭教師として住み込んだフリードリヒ・フォン・ドーナ伯爵家の娘で、当時ベールの生徒で後にブランデンブルクの国務大臣となるドーナ゠シュロービッテン伯爵アレクサンダーの姉だった。ランダウの総督をするフリーセン伯爵へンリクと結婚していた。彼女からベールに宛てた一六八六年三月ないし四月の手紙が一通残っている。

〔六一九〕 ブージ侯爵ジャン゠ジャック・ル・レヴェラン(一六五四/五五生)。オランダへ亡命したフランスのプロテスタント貴族。父親はノルマンディのコタンタン地方の貴族だが、母親はモントーバンの出身で、彼の生地もモントーバンだった。軍人で、一六八三年には陸軍少将にまで進んだ。ナント勅令廃止(一六八五年十月)後、国外への脱出を図ったが国境で逮捕され、漕役船へ送られるのがこわさに一六九三年に偽装改宗をした。しかし、釈放後程なく、アーヘンへ保養に行くと偽って出国に成功、ハーグに居を定めて、同市のワロン教会に一六九三年九月十三日に加入したことが記録に残っている。亡命者中の有力者として政治的にかなり重要な役を演じたらしい。ベールから彼への手紙が、一七〇三年十二月十二日付のものから一七〇四年五月三十一日付のものまで、計四通残っている。

〔六二〇〕　マウリッツ・レ・レー・デ・ヴィルヘム。十七世紀末―十八世紀初頭のオランダの政治家、外交官。父のダヴィト・レ・レー・デ・ヴィルヘム（一五八八―一六五八）はオランイェ公の顧問官をした政治家であるとともに、アラビア語・ペルシャ語・カルデア語などにも通じた大学者、大蔵書家でもあった人、また母のコンスタンス・ホイヘンスはデカルトにも大いに尊敬され、その哲学について意見を求められたりしたほどの才女だった。この母を通じて、マウリッツは大物理学者クリスティアン・ホイヘンスの従兄弟でもあった。早くからイタリア、フランス、ドイツ、ハンガリー、スエーデンなどへ旅し、一六六六年頃に法学博士となった後、一六七〇年に再びパリやローマに旅行した。一六七一年十一月にスエーデン駐在オランダ大使の随員となり、一六七三年六月には同じくスエーデン派遣の特命代表に任命された。その前年の一六七二年にブラバント州裁判所の評定官となっていたが、一六七四年にはホラント州裁判所の評定官に転じ、一七〇三年九月にはブラバント州裁判所の長官となった。ローマ史やオランダ史に造詣の深い人で、一六八三年にはロッテルダム市長、兼東インド会社社長の長女と結婚している。以上は、ベールの『歴史批評辞典』にある「ヴィルヘム」の項に拠ったものだが、その項にはマウリッツについて、「これは非常な君子で、非常に学識のあるすぐれた人で、この人との会話は実に楽しい。私は経験からそう言える。オランダへ着いて私が最初に知り合った一人だからである」という言葉がある。『辞典』にこの項が立てられたこと自体、友人のマウリッツに敬意を表するためだったに相違ない。マウリッツからベールへの一六九六年九月十二日付の手紙が残っている。

〔六二一〕　訳註〔三〇八〕を参照。

〔六二二〕　訳註〔六〕を参照。

〔六二三〕　サミュエル・バナージュ・ド・フロットマンヴィル（一六三八―一七二一）。フランス改革派の牧師、歴史家。ノルマンディ地方バユーの生まれ。ともにベールの親友だったジャック・バナージュ（訳註〔六〕を参照）、アンリ・バナージュ・ド・ボーヴァル（訳註〔七二〕を参照）両兄弟の年上の従兄弟（兄弟の父の弁護士アンリ・バナージュ・デュ・フランクネ〔訳註六一を参照〕は、このサミュエルの父アントワーヌ・バナージュの弟だった）で、父はバユーの牧師だった。自らも牧師となって、はじめヴォーセルの教会、ついで父とともにバユーの教会に勤めた。一六八五年のナント勅令廃止の際、父とともにオランダへ亡命して、ズートフェンのワロン教会の牧師となった父を助け、一六九一年に父が死ぬとその地位を継いだ。『聖書・教会諸事の歴史・批評的研究』（ユトレヒト、一六九二年）、『アウグストゥス帝からフォカス帝まで六百四十五年間の政治・教会年代記』（二折判三巻、ロッテルダム、一七〇六年）、『人間の美徳と悪徳に関する神学的・政治的道徳』（二巻、アムステルダム、一七〇三年）という三つの著作がある。ベールとの間の手紙は残っていない。

〔六二四〕 ヨハン・ゲオルク・グラエヴィウス（グレーフ）（一六三二―一七〇三）。ドイツ人の人文学者。ザクセンのナウムブルクの生まれ。ライプツィヒ大学で学び、はじめ法律を志したが、オランダのデーヴェンテル大学で教えていた人文学者グロノヴィウス（フロノフ）を識って人文学に転じ、彼に師事した。やがてルター派からカルヴァン派に改宗、一六五六年にブランデンブルク選挙侯によりデュースブルク大学の教授に任命され、一六五八年には師グロノヴィウスの後任としてデーヴェンテル大学の教授、一六六一年にはユトレヒト大学の雄弁術・政治学・歴史の教授となり、以後はユトレヒトで暮らした。晩年の一六九七年にはヴィレム（ウィリアム）三世の修史官に任命され、ユトレヒト大学教授の肩書・俸給は維持したまま、教授の仕事は免除された。ルキアノス、ヘシオドス、スエトニウス、カエサル、フロルスなど数多くの古典を刊行しており、『イタリア歴史・古美術宝典』（一七〇四年）などで考古学にも貢献した。デカルトとの対談で有名なフランス・ブルマン（同じくユトレヒト大学の教授）を中心とする学者サークルに属して、哲学的にはデカルト主義、神学的にはコッツェーユス（コッホ）主義に近かった。ベールの友人で、ベールから彼への手紙が一六八五年六月一日付のものから一七〇二年三月十二日付のものまで計二十八通、彼からベールへの手紙も計三通残っている。

〔六二五〕 シャルル・ドルランクール（一六三三―九七）。亡命フランス人の医師。十七世紀中葉のシャラントン（パリ）教会の牧師で宗教論争家としても説教師としても有名だった同名のシャルル・ドルランクール（一五九五―一六六九）の三男。パリの生まれ。はじめソーミュールのプロテスタント大学で学んで、一六五〇年に哲学の博士となったが、その後モンペリエの医科大学に入り直して、一六五四年に医学博士の学位を取った。翌年から、プロテスタントだったテュレンヌ元帥の主治医となり、同元帥に付いてフランドル戦線に従軍、さらに元帥の口利きで病院監督官の地位を得た。一六五九年のピレネー講和によってパリへ戻り、国王付きの侍医に任命されたが、一六六八年にライデン大学の医学の教授に選ばれてオランダへ移り、一六七〇年にはさらに同大学の解剖学主任教授となった。その後、ヴィレム三世とその妻マリーア（イギリスの国王、女王となる）の侍医となり、オランダの医者として位人身を極めたが、体が弱く、晩年は仕事も代理の者に徐々に任せるようになり、一六九七年五月三十一日に死んだ。二十数点に上る医学・解剖学関係の著書がある。ベールの友人で、彼からベールへの手紙が一六八五年一月十八日付のものから一六九五年六月二十六日付のものまで、計七通残っている。

〔六二六〕　ピエール・レジス（一六五六―一七二六）。亡命プロテスタントの医師。モンペリエの生まれ。ピュイローランスのプロテスタント大学で学んだ後、郷里モンペリエへ戻って、デカルト派の哲学者ピエール＝シルヴァン・レジスが開催する講演会に通って哲学を勉強した。さらに、独学で数学を勉強し、モンペリエ医科大学で医学を学んで、一六七八年に医学博士となった。それでもさらに勉強を続けるためパリに出て、パリ医科大学の講義を聴くかたわら、メナージュなど多くの文人と交わった。ナント勅令廃止（一六八五年）の時はモンペリエにいたが、自らの思想を守るためオランダへ亡命し、アムステルダムで死ぬまで開業医として暮らし、一七二六年十二月三十日に胃癌で死んだ。亡命前にはフランスの『学術新聞』、亡命後にはアムステルダムで出ていたル・クレールの『古今東西文庫』に医学や自然学に関する論文を一篇ずつ載せており、マルピーギの『遺作集』の正確な決定版（アムステルダム、一六九八年）を出したり、バナージュ・ド・ボーヴァルがフュルティエールの辞典の第二版（ハーグ＝ロッテルダム、一七〇一年）を出した時、医学・植物学関係の項目の全面的な改訂に当たったりした。医学辞典を作成するため長いこと準備したが、死ぬ前に原稿をみな破棄したという。宗教関係の著作としては、コンラールがした詩篇の新訳の導入に反対する保守派を批判した『アムステルダムのワロン教会長老会議の名でさきごろ出版された考察を非とする正当なる予断』（アムステルダム、一七一八年）がある。摂政時代にペストがマルセイユに発生した際、カトリックに改宗していた自分の兄弟にこの疫病の防禦法を述べた覚書を送り、それは亡命者が書いたものであるにもかかわらず、公益のためフランスで活字にされたといわれる。ベールからレジスへの手紙が一六九七年十月六日付のものから一七〇二年五月二十五日付のものまで、計七通残っている。

〔六二七〕　ティリ伯爵夫人アンネ・アントアネッテ・フォン・アスペルモント＝リンデンは、レックハイム伯爵フェルディナントの娘で、訳註〔六一三〕で述べたレックハイム伯爵フランツ・ゴーバートの妹。オランダの軍人ティリ伯爵クロード・ツェルクラースと結婚した。夫は三十年戦争における神聖ローマ帝国軍の将帥ティリ伯爵ヨハン・ツェルクラースを大叔父に持つ人で、オランダ軍の騎兵中将、マーストリヒトの総督をし、一七〇一年にはアルンヘムの総督となった。同伯爵夫人は、セダン大学時代のベールの同僚でナント勅令廃止後にマーストリヒト市立大学へ移ったジャック・デュ・ロンデル（訳註〔七九〕を参照）を介してベールと親交があったようで、ベールとの間の手紙は残っていないが、デュ・ロンデルとベールの間の手紙にはしばしば登場する。ベールが『歴史批評辞典』に「ティリ」の項目を立てたのも、一つには同伯爵夫人に敬意を表するためだったと思われる。

〔六二八〕　ジャック・ル・ロワ男爵（一六三三―一七一九）。スペイン領ネーデルラント（今のベルギー）の地方史家。フランス系のフランドル人で、父フィリップ・ル・ロワはネーデルラント・ブルゴーニュ最高財政評議会のメンバーで一六七一年に神聖ローマ帝国の男爵に叙せられた人だった。ヨーロッパ各地の有名大学で学んだ後、ブリュッセルの宮廷で官途に就き、ネーデルラント事情を報告するためスペイン王のもとへ派遣されたりしたが、その後ネーデルラント総督カステル・ロドリゴ侯爵と衝突して官界から去り、アントワープの近くの領地に引退して、以後はもっぱら著述に精を出した。ネーデルラント十七州の一つである、アントワープを中心とする辺塞管区の地方史『神聖ローマ辺塞管区記』（二折判、アムステルダム、一六七八年）、ブラバント地方フランス語地域の地誌『ガロ＝ブラバント歴史地誌』（二折判、アムステルダム、一六九三年）、ブラバント地方の貴族史『ブラバント貴族の城と館』（二折判、アントワープ、一六九六年）などの大著を次々と著わした。フランス軍の砲撃によるブリュッセルの大火（一六九五年八月十三日）を女流神秘家アントワネット・ブリニョン（一六一六—八〇）が予言していたとする俗説に反駁した『アントワネット・ブリニョンの予言』（アムステルダム、一六九六年）という小冊子もある。ベールの書類を相続したシャルル・ブリュギエール・ド・ノーディスはベールの文通者の一人として彼の名を挙げており、『歴史批評辞典』に彼の項目（Roy）が立てられていることから見てもベールと親交があったものと思われるが、二人の間の手紙は発見されていない。

〔六二九〕ジャン＝ロベール・シューエ（一六四二—一七三一）。ジュネーヴの哲学者、政治家。ジュネーヴの印刷業者の子で、ジュネーヴ大学の神学教授だったテオドール・トロンシャンは母方の祖父、同じくルイ・トロンシャンは伯父だった。ジュネーヴ大学で哲学の課程を終えた後、フランスのニームにあるプロテスタント大学で弁証家として名高いダヴィッド・ドロドンの講義を聴いた（一六六一—六二年）。その後ジュネーヴへ戻って、ジュネーヴ大学で神学を修めたが、遂に牧師にはならなかった。一六六四年に公募によってソーミュールのプロテスタント大学の哲学の教授に採用され、二十二歳で就任、一六六九年六月まで務めた。その後、母校ジュネーヴ大学に呼ばれてそこの哲学教授となり、一六八六年まで在職した。デカルト主義的傾向の人で、その革新的な講義はソーミュールでもジュネーヴでも学生の間に非常に人気があり、当時学生としてジュネーヴ大学にいたベールもシューエから大きな影響を受けた。ジュネーヴ大学時代の一六七九—八〇年には大学の学長も務めている。一六八六年、ジュネーヴ共和国の執行機関である小参事会（二十五人からなる）のメンバーに選ばれたため、教壇から去って政界に入り、一六八九—九八年には官房長官に当たる国務書記官を務めた。一六九九年には市長に当たる四人の市民代表の一人となり、外交使節としてチューリヒやベルン、さらにサヴォイア公のいるトリノの宮廷へ赴いた。市民代表には以後連続してなったが、特に一七一一年から一七二三年までは任期四年の首席市民代表を三期連続して務め、文字どおり市政のトップに君臨した。一七〇七年八月にルター派に寛容を与える旨大参事会が決議したのも、シューエのはたらきかけによるものだった。一七二三年の市民代表の改選に当たって、老齢を理由に辞任を申し出て承認され、八年後の一七三一年九月十七日に老衰のため死んだ。ベールからシューエへの手紙は残っていないが、シューエからベールへの手紙は一六八四年八月二十五日付のものから一六九七年三月二十三日付のものまで、計八通残っている。

〔六三〇〕　ベールの文通者には、ともにジュネーヴ大学の神学教授だったフランソワ・トゥレッティーニ（一六二三—一六八七。訳註〔五一〕を参照）とその子のジャン゠アルフォンス・トゥレッティーニ（一六七一—一七三七）の二人がいるが、前者はジュネーヴ時代のベールの恩師の一人で、友人と言えるのは後者の方だし、残っている手紙も前者は一通、後者は五通だから、ここでデ・メゾーが考えているのも後者のことと思われる。

ジャン゠アルフォンス・トゥレッティーニ（一六七一—一七三七）はジュネーヴの改革派神学者。ジュネーヴ大学の神学教授で保守的な正統主義者だったフランソワ・トゥレッティーニの子。ジュネーヴ大学で神学を学んで、一六九一年に卒業後、二年間にわたりオランダ、イギリス、フランスなどを回って多くの学者たちと交わった。オランダではベール、バナージュ、ル・クレールなどと親交を結び、イギリスではニュートンやカンタベリの大監督ティロトソン、フランスではフォントネル、マールブランシュ、ボシュエ、ユエなどと会い、ソルボンヌで行なわれる公開の討論にも参加した。一六九三年にジュネーヴへ戻って、翌年牧師となり、一六九七年には彼のためにジュネーヴ大学に新設された教会史の講座の教授となり、一七〇五年に恩師の神学教授ルイ・トロンシャンが死ぬと、その後任として神学教授をも務めた。一七〇一年から一七一〇年まで大学の学長もしている。父とは正反対の、寛容な開かれた精神の持ち主で、諸外国の学者たちと広く文通をし、改革派・ルター派・英国国教会というプロテスタント諸派の間の和協に努め、とりわけ、牧師になる者が署名を強制されていた「スイス協約」（一六七四年に作成されたもので、作成の推進者だったのは父のフランソワ・トゥレッティーニだった）の署名強制の中止（一七〇六年）、さらにはそれの最後的廃止（一七二五年）に大きな貢献をしたが、「スイス協約」の廃止はとりもなおさずドルドレヒト（ドルト）信仰規準からの解放を意味していた。カルヴァン派正統主義から啓蒙主義への過度期を代表する神学者だったが、一七三七年五月一日に世界中の学者に惜しまれつつ世を去った。『教会史要』（ジュネーヴ、一七三四年）、『テサロニケ書の理論的・実践的註解』（バーゼル、一七三九年）、『ロマ書の理論的・実践的註解』（ジュネーヴ、一七四一年）、『聖書論』（ベルリン、一七六六年）などの著書があり、一七七五年にオランダのレーウワルデンから四折判三巻の全集が出た。ベールから彼への手紙が一六九三年八月二十日付のものから一七〇〇年十一月十五日付のものまで計四通、彼からベールへの手紙が一通残っている。

〔六三一〕　訳註〔四九〕を参照。

〔六三二〕　訳註〔四八〕を参照。

〔六三三〕　ルネ・ラパン（一六二一―八七）。フランスのイエズス会士の文学者。トゥールの生まれ。一六三九年にイエズス会に入り、パリのクレルモン学院で九年間、文学や修辞学の教師をした後、文筆活動に専念した。はじめは『牧歌』（パリ、一六五八年）や『庭園』（パリ、一六六五年）などのラテン語詩でテオクリトスの再来と謳われたが、やがて文芸批評や美学理論へ進んで、『当代雄弁考』（パリ、一六七一年）、『アリストテレス詩学考』（パリ、一六七四年）や、『ヴェルギリウスとホメロスの比較』（パリ、一六六八年。ベールが反駁したのはこれである）、『デモステネスとキケロの比較』（パリ、一六七〇年）、『プラトンとアリストテレスの比較』（パリ、一六七一年）、『トゥキュディデスとティトゥス・リヴィウスの比較』（パリ、一六八一年）などの一連の比較論によって批評家として名を成し、当時の文芸サロンで非常に持て囃されて、アリストテレスに依拠しつつ「理性」と「作法」と「規則」を説くその理論は、シャプランやボワローに次いで古典主義の確立に少なからぬ貢献をした。また、『キリスト教の精神』（パリ、一六七二年）、『キリスト教の完全性』（パリ、一六七三年）、『救いの重要性』（パリ、一六七五年）、『最近数世紀の信仰』（パリ、一六七九年）などの宗教書も著わしているが、その面で最も重要なのは十九世紀に初めて出版された大部の『ジャンセニスム史』（パリ、一八六一年）で、これはそれなりによく資料を集めており、敵対するイエズス会陣営から物された代表的なジャンセニスム史として、今でも読むに堪えるものとされている。彼からベールへの一六八六年三月八日付の手紙が残っている。

〔六三四〕　訳註〔一〇〕を参照。

〔六三五〕　訳註〔一一九〕を参照。

〔六三六〕　訳註〔四三七〕を参照。

〔六三七〕　ポール＝トマ・ド・ジラック（一六六三歿）。フランスの文学者。アングレームの生まれ。同市の初審裁判所評定官で、ヴォワテュールを擁護するコスタルとの七年にわたる論争（一六五五年の『コスタル氏がなせるド・ヴォワテュール氏の作品の擁護論に対するド・ジラック殿の答』、一六六〇年の『コスタル氏へのド・ジラック殿の応答』などが書かれた）によってもっぱら名を残している。

〔六三八〕　ピエール・コスタル（一六〇三―六〇）。フランスの文学者。パリの生まれ。平民の出身で、ヴォワテュール、バルザック、メナージュなどと交わり、ランブイエ館に出入りして、才人として名を馳せた。『ド・ヴォワテュール氏の作品の擁護』（パリ、一六五三年）、同『続……』（パリ、一六五五年）、『ド・ヴォワテュール氏とコスタル氏の対談』（パリ、一六五四年）、『書簡集』（二巻、パリ、一六五八―五九年）などがある。

〔六三九〕訳註〔八六〕を参照。

〔六四〇〕歴史についての懐疑論。ピュロン主義については訳註〔四四七〕を参照。

〔六四一〕訳註〔一〇六〕を参照。

〔六四二〕訳註〔一五九〕を参照。

〔六四三〕訳註〔一〇八〕を参照。

〔六四四〕スエーデン王グスターヴ二世アドルフ（一五九四―一六三二、在位一六一一―三二）。「北方の獅子」と綽名された勇将で、一六一一―一三年にデンマークと戦ってスエーデン南部を奪回したり、一六一三―一七年にロシアと戦って勝ったり、一六二一―二九年にスエーデンの王位を要求する従兄弟のポーランド王ジグムント二世と戦ってリトアニア、エストニアを得、自らをスエーデン王として承認させたりしたが、一六三〇年には三十年戦争に介入してドイツへ出兵し、神聖ローマ帝国軍の将帥ティリをライプツィヒで破り（一六三一年九月十七日）、さらに翌年にはレヒ河畔の戦闘でそれに致命傷を負わせた（一六三二年四月十五日）。そこから進んで長駆ウィーンを目指し、五月十七日にはミュンヘンを落としたが、十一月十六日、ライプツィヒ南西のリュッツェンの合戦で、勝利を得たものの重傷を負って戦死した。

〔六四五〕神聖ローマ皇帝フェルディナント二世（一五七八―一六三七、在位一六一九―三七）。皇帝フェルディナント一世の孫で、前帝マティアスの従兄弟。イエズス会の教育を受けた人で、プロテスタントに対しては終始敵対的な態度を取り、早くからハプスブルク家世襲領土からのプロテスタントの一掃に努めた。一六一七年にボヘミア王、一六一八年にハンガリー王となったが、対抗改革を性急に推し進めたためボヘミアの反乱を招き、一六一九年八月十九日にボヘミアのプロテスタントにより廃位を宣された。その直後の同月二十八日に皇帝に選ばれ、スペインやカトリック諸侯と同盟を結んで、一六二〇年十一月八日にはプラハの近くのビラ・ホラ（白い山）でボヘミア反乱軍を破り、ボヘミアを回復、さらにドイツ全土をほぼ制圧して、一六二九年に有名な「回復勅令」を発布した。しかし、この勅令による宗派対立の激化や、一六三〇年から始まるスエーデン軍のドイツ侵入、フランスによるプロテスタントへの援助などのため、カトリシスムの覇権確立という所期の目的を達成できず、一六三五年にザクセンとプラハ和平条約を結ばざるをえなくなり、翌々年二月十五日に歿した。

〔六四六〕　訳註〔一〇四〕を参照。

〔六四七〕　ガスパール（カスパル）・フリッチュとミシェル（ミハエル）・ベーム（一七二三歿）。たしかに、一七〇九年にレールス書店の営業権を買い取ったのはロッテルダムのこの二人の書籍業者で、一七一三年に出版された『哲学的註解』の新版も、一七一四年に出版された『ベール氏書簡選』も、扉には「フリッチュおよびベーム書店」と表記されていたが、フリッチュとベームが組んだのは一七〇九年から一七一五年頃までで、『歴史批評辞典』の一七二〇年版はベームひとりの仕事だった。この版の扉にも「ロッテルダム、ミシェル・ベーム書店」とあるだけで、フリッチュの名はない。

〔六四八〕　訳註〔四七〕を参照。

〔六四九〕　訳註〔一四〕を参照。

〔六五〇〕　訳註〔五〕を参照。

〔六五一〕　訳註〔一四〕を参照。

〔六五二〕　メリニアック夫人マドレーヌ＝フェリクス・ドストレル（一七一二歿）。ベールを崇拝していたフランスの女性。フランドルの名家の出で、母親はシャロンの司教フェリクス・ヴィアラールの情人として、その司教館に住んでいた。彼女の洗礼名フェリクスも名付け親だったこの司教の名から取ったという。長じてポワトゥー地方モンモリヨンの代官メリニアックと結婚したが、性格の不一致のため別居してパリに出、パレ＝ロワイヤルにある王弟オルレアン公の宮廷で生活し、本文で言われる頃にはすでに未亡人の老女だった。美貌ではないが知性に秀でた女性で、マールブランシュなどとも親交があった。一七一二年十一月十一日歿。同じくベールに心酔していた弁護士マティユ・マレの親友で、マレの『日記と覚書』の中にマレから彼女への手紙が集められている。マレからは「大ピュロン派女性」と評され、ベールの『辞典』を前に置いた自分の肖像を描かせたりしたほどの熱の入れようだった。ベールの肖像が発見されたいきさつは次のようなものらしい。ベールの肖像はないと当初は広く思われていたようだが、ベールの書類を相続したシャルル・ブリュギエール・ド・ノーディスからベールが近親へ送った手紙を提供されたマレが、それを読んで、ベールがルアン時代に自分の肖像を母に送っていたことを知り、メリニアック夫人とともにそれを探した。肖像はベールの兄ジャコブ・ベールの未亡人マリ・ベールのもとにあり、彼女は表向きカトリックに改宗してモントーバンに住んでいたが、彼女の所在を摑んだメリニアック夫人は、モントーバンの地方長官をする知り合いのル・ジャンドルに調査を依頼し、ル・ジャンドルがみごとベールの肖像を発見して、すぐ複製を作らせ、メリニアック夫人に送ったというのである。マレがデ・メゾーに送った一七一〇年十月十五日付の手紙には、その複製が今目の前にあると述べられている。

〔六五三〕　クロード＝ピエール・ド〔またはデュ〕・フランカステル（一六五三―一七三三）。フランスのライブラリアン。カトリックの聖職者で、はじめルアンの大司教コルベールの秘書だったが、一六九二年に四民族学院（公式名マザラン学院）の図書館（後のマザラン図書館）の副館長となり、後にその館長となった。ジャンセニスト的傾向の人で、デュ・ボス師の友人だった。ベールとも親交があり、ベールから彼への一七〇二年一月二日付の手紙が残っている。

〔六五四〕　訳註〔一八〕を参照。

〔六五五〕　訳註〔四四七〕を参照。

〔六五六〕　訳註〔三八五〕を参照。

〔六五七〕　シモニデス（前五五六―四六八）。ギリシャの抒情詩人。ケオスの生まれ。各地を旅した後、アテナイに定住し、ペルシャ戦争下で国民的詩人として多くの詩を書いた。前四七六年頃、シチリアのヒエロン一世の客となり、その地で死んだ。ヒエロンから神とは何かと尋ねられ、はじめ一日の猶予を求め、次には二日、次には四日とそれを倍々に増やしてゆき、理由を訊かれると、考えれば考えるほど分らなくなるからだと答えたという話がキケロの『神々の本性について』で紹介されている。但し、ここで問題なのは歴史上のシモニデスのことではなく、ベールが『歴史批評辞典』の「シモニデス」の項でシモニデスに仮託して行なった神の本性についての論議だった。

〔六五八〕　訳註〔四六三〕を参照。

# ベール伝資料（訳者による補足）

## 1　ジャック・バナージュ「ベール氏讃」

（『学芸著作史』、一七〇六年十二月号、記事九）

（ピエール）ベール氏は牧師の子ならびに弟で、ル・カルラというフォワ伯爵領の小さな町に生まれた[*1]。早くから、若い者が追いかけるどんな娯楽や遊びより勉強が好きで、学問のある人と付き合いたがり、面白いこと、珍しいことを教わる時は細心の注意を払って、何ひとつ聞き逃さなかった。生まれつき明晰で洞察に富む精神と、活潑で豊かな想像力を具え、記憶の良さは驚異的で、この宝庫からしまったものをなんでも的確に取り出し、重点のみならずいろんな細部（ディテール）もそこに納めて、実に正確に思い出すのだった。

＊1　一六四八年〔正しくは一六四七年〕。

一六七五年に、空席になったセダン大学の哲学教授の座を争って、手に入れた。『一六八〇年の彗星に関する雑考』を執筆したのはその地でだった。前兆をめぐる無数の偏見について世人の蒙を啓こうとしたのだが、主題の陰気さやしかつめらしさを薄めるために、快い学殖に溢れた余談や、非常に精妙で道理に適った考察をまじえた。最初の小手しらべにこんなものを書ける著作家は行く行く大物になるとみなすぐに判断した。果して、この人は読者の期待に応え、後々それを裏切ることはなかった。

セダン大学が倒壊したあと、この人はオランダへ亡命したが[*1]、名声がすでに先回りしていたので、この人のためロッテルダムに哲学教授の座が新設された。そこで同市に定住して、もっと金になる職がよそで提供されたのに、死ぬまでそこから動かなかった。マンブール神父が『カルヴァン派史』を出したため、ベール氏は『《カルヴァン派史》の一般的批判』という題で反駁書を物した。[*2] 著者が帷の蔭に隠れたので長いこと作者探しが行なわれたが、オランダの、それも学院と書斎の埃の中から掘り出しに行くことなど誰も考えなかった。これは苦々しい不機嫌な批判ではなく、軽妙な冷かしだった。それでも分別と道理に充ちた冷かしで、相手を困惑させまごつかせるには重々しい真面目くさった論法などよりその方が向いていた。ベール氏はこう言っていた。真実が容易に見分けられないほど各党派が事実を偽り、それぞれが自分に有利なものをなんでも引き立たせ、自分に不利なものをなんでも隠したり、ちょっと触れるだけに止めたりする。詐欺的な偽装を透視して真偽を見分ける手立てがどこにあろう。だから、歴史の内にかくも多くのピュロン主義〔懐疑論〕があるのにもそう驚くことはないのだ——と。その点で懐疑と不確実さを推し進めすぎたとベール氏は非難されるけれども、この人に理があることも少なくない。とりわけ、党派的な敵意や熱情が歴史家の筆を導き操るような事柄では。

＊1　一六八二年〔正しくは一六八一年〕。

＊2　この作品には版が三つある。第一版は一六八二年、大幅に増補した第二版は一六八三年〔正しくは一六八二年十一月〕、同じ主題の手紙を新たに二巻加えた〔『新たなる手紙』は第三版とは別に一六八五年に出版された〕第三版は一六八四年である。

ベール氏は次に『文芸共和国便り』を著わした。これは自作の中でいちばん愛着を持ったものだった。この人が作った抜萃では、すべてが生き生きとして活気があった。どんな問題でも楽しくし、まずい選びかたや冷たく退屈な考察で読者を飽きさせずに、僅かな言葉で本を紹介する腕がこの人にはあった。判定は賢明で控え目で、作者を不愉快にすることも、讃辞を安売りして自分の立場を悪くすることもしたがらなかったが、傷つけられた著者の恨みがどれほどか知っていたため、最後には多少手綱を緩めた。同書を始めたのは一六八四年、[*1] 終えたのは一六八七年である。[*2] それ以後の号はベール氏の作ではない。そこで手を引いたのは、規則正しさと勤勉さがあまりに要る仕事に疲れを感じたからだった。加えて、秘密にしていた或る作品で力を使い果たしたのかとも疑われた。良心の自由というのがこの人の好みのドグマだったのである。信仰と宗教が命令されることにこの人は我慢ならなかった。哲学的な推理で帰結から帰結へと辿って、この人は諸宗教の寛容と打ち克ちがたい無知が持つ権利を先の先まで推し進めていた。『〈強いて入らしめよ〉という福音書の言葉に関する哲学的註解』も同じ原理に基づいたから、当然これはベール氏の作とされた。しかも、この書に見る推理の力と厳密さは並大抵ではなかったので、こんな本を書けたのは彼しかいないと誰もがこの人に目を向けた。たしかにベール氏の普段の文体ではなかったが、それは政治的に身を隠したのだ、批評家の慧眼な目を逃れようとして廃語や造語をわざと使ったのだとみな想像した。それでも、ベール氏は一度としてそうだとは認めなかった。認めてもたいして危険はなかったろうに。

＊1　三月。
＊2　六月〔正しくは二月〕。

世を騒がせた『亡命者に与うる忠告』[*1] では、凄じい嵐がこの人を襲った。敵はもっともらしいいくつかの推測を楯に、この人を著者だと非難した。これは忌わしい作品で、亡命者を侮辱し、その不幸を加重させようとするものだった。この訴訟は公の場で行なわれており、それについて判定を下すことはわれわれの任ではない。いずれにしろ、ベール氏はどんなに信用する人にも、あの本は自分のものではないといつも誓って言ったから、この本は氏の著作目録から抹消せねばならない。少なくともこれだけの理由があれば、同氏に不利な証拠としてこの本を挙げるべきではない。氏は一貫してこの書を否認した以上、氏の思い出を傷つけるためこの書を証人に呼ぶことは公正というものが許さない。この書を否認したことで、べール氏はこの書の見解をも否認し断罪したものとみなされるからである。その頃、この人は『あけはなたれたる天国の門』を発表した。ジュリュー氏は新発明の『教会の体系』でユダヤ人にも異教徒にも、とりわけキリスト教のどんな宗派にも天国の門をあけはなったというのがこの人の主張だった。うまいラテン語で書いたとはいえ、この本ではことさらにスコラ学者の破格(バルバール)な文体をまねた。まだ表立ってジュリュー氏と絶縁したくなかったのかもしれないし、ほかに何か身を隠す理由があったのかもしれない。そこで使った教義学的な方法が多くの人に嫌気を感じさせたのは残念だが、主題の扱いは実に巧みで精妙だった。なお、『亡命者に与うる忠告』の著者ではないというベール氏の弁明は期待したほど成功しなかった。事は列強と関わりがあり、政治問題では嫌疑だけでも犯罪なのである。敵は為政者を怒らせてベール氏を無き者にしようと大騒ぎした。この人は教授の地位と年金を剥奪された。しかし、この失脚は哲学者らしい毅然たる態度で受けいれた。それどころか、無関心すぎるほどだった。とりわけ、金銭面では悲しみひとつ感じなかった。もともと、財産をためることなど何も考えてなかったのである。実際、そんな必要はなかったのだ。節制・節酒・節食がすべてを補っていたから、僅かな財産だけでこと足りた。それでも貧乏したわけでは全然ないから、再就職の運動など一切しなかった。人に教え授業をするという退屈な仕事から解放されて、前より自由で身軽になれたという気がしていた。本とともに閉じこもり、おのれの徳高さに包まれて、この人は『歴史批評辞典』[*2]の計画を実行することしか考えなかった。これは系図やら単なる事実やらを満載した本ではなかった。話題にする人物の性格をありのまま描き、その生涯の種々の状況や行動の動機を見分け、その人についていっそう正確な観念を与えるため、いっそう確実で深く理解した判断を下すために種々の考察を添えたものだった。宗教・道徳・哲学の諸問題も扱われ、論述には非常な学殖が漲っていたから、これは新しい特異な形の辞典だった。この上なく喜ばれるヴァライエティに富む本だった。とはいえ、ベール氏の辞典は万人の賛同を得たわけではない。批評はそれをも容赦しなかった。この人はスピノザ主義まで行ったといわれるが、実際は逆に、スピノザの体系の不合理を是認せず、この説をしっかり反駁し、それを支持しがたい醜怪なものとみなしたのである。それより攻撃の余地を与えたのはマニ教徒やパウリキウス派の項だった。悪の起源と罪の許可をめぐる彼らの異論を利用したのだが、もしかすると、新たな論拠を自ら提供したのかもしれない。善と悪の最高原理が二つあるという説を採用したわけではない。そういう考えからは程遠かった。目的は、宗教のあらゆる点についてあれほど偉そうに不安気もなく御託宣を下す人たちに、滑稽な宗派ですら脱け出し振り払うのが至難な反論を持ち出せると感じさすことにあったのである。人間の理性を痛い目に遭わせて、少なくとも速断しない習慣や、検討した上でなければ、事情が分った上でなければ何事も採用しない習慣をつけさせようとしたのだ。大方の神学者は断定的すぎると思い、疑わしいことについては疑わしげにしか語ってほしくないというのがこの人の願いだった。そういう精神から、神学者らの安心感をぐらつかせ、彼らが明証的と見る或る種の真理も実に多くの困難に取り巻かれそれで曇らされているから、時には決定を保留する方が賢明なのを示すことにこの人は皮肉な快感を覚えていた。また、並の学者は疑わないが自分は明らかに誤りと認めた夥しい事実についても議論をし、何事も信用せず、歴史家の言うことはくわしい情報が得られるまで仮に信じるにすぎないほどだった。そういう気持だったから、ピュロン主義こそこの人の主たるドグマだと世間の人が結論を下したのも驚くに当たらない。

＊1　一六八九年〔正しくは一六九〇年〕。

＊2　二巻本の第一版は一六九六年、一七〇二年〔正しくは一七〇一年十二月〕の第二版は三巻本。辞典の補遺の校正をしている間、この人は骨休めに『田舎の人の質問への答』を書いた。全五冊で、最

後の巻は遺作になった。この本には〔辞典に〕役立てられずに脇へのけておいたいろんな事柄を満載し、頭に浮かぶあらゆることについて自問自答を楽しんだ。凝りすぎたもの、練りすぎたものは一つもなく、あくまでも役に立つ娯楽だった。だが、終わりの方では方針を変えざるをえなくなり、「田舎の人に答える」のはアクセサリーにすぎなくなった。著作への様々な批判で、この人の独居の安らぎは掻き乱された。ジャクロ氏とル・クレール氏というとりわけ恐るべき二人の論争相手が、ベール氏を敵とする攻守同盟を結んだかに見えた。「信仰を理性と一致させ」うるかという問題で二人は互に手を結び、物理的悪や道徳的悪の起源と配剤についてベール氏がマニ教徒の名で提起した異議を全部取り除こうとした。ベール氏は田舎の人への答を応答や抗議で充たした。ジャクロ氏は再度攻勢に出て、信仰と理性の和解を完全に諦めはしないものの、ベール氏個人の宗教に攻撃を浴びせ、あらゆる著作で無神論に論拠を提供しているとこの人を非難した。ベール氏は弁明に努め、共同戦線を張るジャクロ、ル・クレール両氏を相手に、『対談』という題の同じ作品で防戦した。そして、この仕事がまだ完全に終了しないうちに死に襲われた。

胸の炎症にかかって、この人は見る見る衰えていった。親譲りの病気だったので、これで死ぬのだとベール氏は覚悟した。友人にいくら言われても、薬を呑もうとしなかった。恐怖もなく不安すらなく死が近付くのを見、望みもせず恐れもせず異状なほど平静にそれを直視していた。ただ、その種の病に付きものの気鬱とメランコリーからほとんどあらゆる付き合いを断ち、友人たちからも自らを隔離した。それでもたゆみなく仕事を続け、ペンを握ったまま死んだのである。宿の女主人に話しかけ、一瞬後には、吐息ひとつ洩らさずにベッドで死んだ姿が発見された。一七〇六年十二月二十八日だった。

この人の生活ぶりはまさに哲人そのものだった。派手嫌いで、野心もなく、他人を押しのけることはけっしてせず、粗食どころか無感覚と言えるほど酒食を節し、精神的なもの以外どんな快楽にも無関心で、まるで情念に襲われることがないかのようだった。友誼に篤い、親切な人でもあった。この人と会話するのは楽しかった。話は有益で勉強になったからである。記憶は抜群で、また正確でもあったから、思い出そうとすると即座に、納めたものをなんでも的確に取り出せた。議論をしても興奮せず、独断的な先生口調で物を言うことは一度もなかった。だから、この人が論争で生来の穏やかさの枠からはみ出したのにみんな驚いたものである。しかし、激したのも苛立ったのも、敵は自分の説以上に自分の人格を攻撃している、自分を世人の憤激の的にしようと必死なのだと思い、そういう際は「力デ力ヲ押シ返スコトモ許サレル」と考えたからだった。この人も怒りを抑え恨みを表に出さない方がよかったが、相手方ももっと気を遣い手加減した方がよかったろう。

いちばん大事なのは、書き物でこの人がいささか羽目をはずしすぎ、女性についてやや放縦に流れたことである。礼儀作法からはずれることがえてしてあった。書斎に独り引きこもったのでは身につかぬ洗練された上流社会のしきたりを心得ていたら、軽口を言うにももっと控え目にし、巧みに匂わすだけでわざわざ言う必要もない或る種のことはもっとデリケートにオブラートでくるんだはずである。しかし、そういうことも品行には影響を与えず、いかに執拗な敵でもそれでこの人を非難したことは一度もなかった。こと宗教については、持ち前の懐疑とピュロン主義の精神にこの人は身を委ねすぎ、困難をみつける明敏さを推し進めすぎた。もっと慎重に自分の考えを説明できたはずである。理性の傲りを挫きたいあまり、十分世の人をいたわらず、想像力を羽ばたかせ、精神の放縦となんなら呼べそうな自由に流れてしまった。だがいずれにしろ、この人の意見に全く賛成しない者ですら、この人の天分の見事さ、豊かさ、その学識の広さには感嘆しており、そのように認めるべき点を認めず、この人を貶すことで自分が高く上がろうとことさらに馬鹿にする者、または馬鹿にするふりをする者は、公正で趣味のいい人の見るところ、ベール氏を貶めるよりむしろ自分の鑑識眼を貶めているのである。当代の学者の中にベール氏より上の人が何人かいても、ベール氏より下の人の方がそれより多い。知識は豊かだが天分は乏しい者もいれば、学殖は乏しいが才気は豊かな者もいる。しかし、ベール氏が書いたものにはその両方が輝き出ている。この二つの才能がともに見られることは普通ないのである。

## 2　デュ・ルヴェ師『ベール氏とその著作の歴史』（ジュネーヴ、一七一五年）

### お知らせ

『ベール氏とその著作の歴史』を書くために、以下のものを用いた。

Ⅰ、ベール氏が自らしたためて、四十歳までの生涯の最も注目すべき事柄を盛った「カルラの暦または日誌」。

Ⅱ、デ・メゾー氏が集めた十二折判三巻本の『ベール氏書簡選』。多くの場合、マルシャン氏が付した註も同時に。

Ⅲ、精読したベール氏の代表作。本人の見解を知った上で判断を下せるように。

### ベール氏とその著作の歴史

周知のように、文人が育成され成長するのは、一部は書物に囲まれて引きこもる書斎の中、一部は学者たちとの交流の中だから、征服者、大政治家、有名旅行家、艶福家などの伝記で読者の注意を引きつけ放さぬ華々しい事柄や異常な事件、微妙な状況などがここに見られないのに驚いてはいけない。

大哲学者で同時に大人文学者でもあったベール氏のような学者の一代記は、正確で簡潔なこと以外に飾りは要らない。ここでお読みになる多少とも目立った事柄では証拠に基づかぬものは一つもなく、作品の批評でも十分な根拠のないものは一つもないとあえて保証するものである。

ピエール・ベールは一六四七年十一月十八日にル・カルラというフォワ伯爵領の小さな町に生まれた。父も兄もそこの牧師だった。父はギヨーム〔正しくはジャン〕・ベール、母はジャンヌ・ド・ブリュニエール〔正しくはブリュギエール〕といって、二人ともプロテスタントだった。

幼い頃からすでに、少年ベールが大変知力にすぐれ驚異的なほど物覚えがいいことに誰もが気付いた。あらゆる学問の始まりである好奇心は、この人の場合、口がきけるようになるのとほぼ同時に現われた。熱心に、じっと目をこらして親に質問し、家庭という学校で受ける細かな教えを何ひとつ聞き逃さなかった。

かくも有望な才能の芽を父親は入念に育んだが、期待は過たなかった。「カルラの暦」[*1]とベール氏が自ら名付けた文書によると、この人は十四歳になったばかりの一六六一年十二月二十五日にプロテスタント教会で聖体を拝領し、一六六六年、十八歳の時まで親もとで立派に勉強したからである。

＊1 Calendarium Carlananum.

〔その年に〕大学があるピュイローランスへ行き、非常に有能な教授の指導のもとに人文学の勉強に没頭した。一六六八年五月二十九日にそこを発って、サヴェルダンというフォワ伯爵領の小さな町へ行き、同年九月末までそこにいた。それからル・カルラへ戻り、そこからピュイローランスへ帰って、一六六八年〔正しくは一六六九年〕二月十九日までいた。その期間はもっぱら人文学の勉強に充てて驚くべき進歩を遂げ、同年暮れには論理学の勉強を始めた。

ピュイローランスの主任司祭は有能な上に宗教熱心な人で、青年ベールの精神と心情に実にうまく取り入ったため、その影響でこの人は親の宗教を棄ててローマ・カトリック教に入る決心をしてしまった。その宗教には熱心に随（したが）うかに見えたが、この人のカトリック信仰は長くは続かなかった。

二十一歳になって程なくトゥールーズへ行き、イエズス会の学院のイニャース・ノ〔正しくはピエール・ローム〕神父のもとで論理学の勉強を再開した。〔正しくは一六七〇年〕八月十九日に同市を出て、田舎にある友人の家へ行き、同月二十一日に、選ばれた何人もの立会人とギヨーム〔正しくはジャコブ〕という兄が見ている前でひそかにプロテスタント教へ復帰した。こうして、ローマ・カトリック教徒だった期間は六カ月と二日〔正しくは一年五カ月と二日〕にすぎない。

「再転落者（ルラプス）」を取締る「まことキリスト教徒なる国王」〔フランス王〕の勅令〔正しくは勅語〕が怖かったので、この人はフランスから出てジュネーヴへ移り、それから同市に近いコッペへ行って、ドーナ伯爵の子供たちの躾（しつけ）と勉強を見た。伯爵には生涯にわたり、敬意に充ちた感謝の念を抱き続けた。

この仕事には掛り切りにならざるをえず、自分の勉強には必要な時間を充てられなかったため、フランスへまた戻ってルアンへ行き、親友のバナージュ氏の家に〔正しくは、バナージュの紹介で家庭教師として住み込んだ或る商人の家に〕しばらくいた。そこで、お前の肖像画が欲しいという母親のたっての願いに負けて、〔ルアン高等法院の〕大審部長官がルアンへ呼んだフェルディナン〔正しくはエル＝フェルディナン〕氏に肖像を描（か）いてもらった。この肖像画〔の複製〕がド・メリニャン嬢〔正しくはド・メリニアック夫人〕の手に渡り、彼女が死ぬとマザラン学院の副図書館長ド・フランカステル氏に遺贈されて、今でも同氏が所有している。このことをマルシャン氏は知らなかったので、「ベール氏の肖像画は一枚もない」などと断定的に言ったのである。こんな発言があるから、ここでやむなく、その肖像画を送る際にベール氏が母親へ書いた手紙を掲げておこう。一六七五年四月十六日付のものである。

「深く尊敬する母上、

心の肖像と顔の肖像とを一緒にお送りするつもりでしたが、私の愛情と敬意の深さを十分言い表わせるほど強い表現がみつからず、まずい肖像で心を歪めたくないので、画家の手になるものだけお送りすることにしました。ありのままの肖像画を描くことが画家にたやすかったのと同様に、心に起こることを私がちゃんと言い表わすのもたやすいと思っていたのです。筆を執る前からすでに、適切で意味深い千もの用語が先を争って詰めかけて来るような気がしました。それでもいざ実行する段になると、必要なものが自分の想像力の内にみつからず、不本意ながらその企てを諦めるほかありませんでした。深く尊敬する母上、この欠を補うために、世界一感謝と愛情と敬意に溢れたものを御想像ください。そうすれば、私が母上に対してどうであるかも、手紙で言い表わせなかったものが何かもきっとお分りいただけましょう。私の肖像画を母上があんなに御所望と知って嬉しく存じました。こんなにお待たせしてしまったのは私のせいではないことを納得していただけたら、もっともっと嬉しいでしょうが。母上の肖像画がなくても、少なくともお姿はいつまでも私の胸に描かれております。押印をしたように、心の上に刻まれておりますから。私たちに無償の恵みをいつでも垂れてくださった神様が、どうかますますわが家に目をかけられて、深く尊敬する母上に心配事も悲しみも病苦もない長寿を賜わりますように。また私にも、大事な人の幸福がいつもたらす喜び楽しみを母上に味わっていただけるという保護の手を差し伸べてくださいますように。私は生まれつき不運を恐れず、幸福を強くは願いませんが、それでも私を愛するあまり、私に起こることをよろず母上がわがことのようにお感じなのを思うと、そういう平衡も無関心もたちまちやんでしまいます。そのため、私の不幸は母上を苦しめると思って、私は幸福を望みます。私の仕合わせが母上の喜びのすべてだと考えるにつけ、私の不運が迫害の手を弛めないのを遺憾にも思います。自分ひとりのためでしたら、そんなことにあまり痛痒は感じまいとあえて期待しているのですが。敬白」上書きは「ル・カルラ。ベール夫人へ」。

ベール氏は一六七五年三月一日にルアンを発ってパリへ行き、フランス王国のこの首都にいる学者たちと広く交わった。

同年八月二十七日には、空席になった哲学教授の座を争うためセダンへ行った。九月二十八日[*1]には有名なテーゼを書くため三人の競争者とともに罐詰になった。その後公にした原理が全部盛られたようなテーゼだった。

＊1 「競争相手トトモニ、テーゼヲ書クタメ罐詰ニナル。提説ハ十月二十二、二十三両日ノ午後。」

討論は十月二十二、二十三両日の午後いっぱい続いた。ベール氏は講座を射止め、一六七五年十一月二日に教授として採用された。宣誓をしたのは同四日、公開の授業を開始したのは同年十一月十一日だった。傑作の哲学講義をしたためて、日に五時間ずつ生徒たちにきちんきちんと授業をした。生徒の中には大哲学者になった者も少なくなかった。

この仕事は一六八一年七月十四日まで続けて多大の成功を収め拍手喝采されたが、その日にセダン大学は「まことキリスト教徒なる陛下」の国務顧問会議決定により廃校にされた。

ベール氏は廃校後「オシノビ」でパリへ行くことにしたが、パリでは就職口がみつからないため、一六八一年十月八日にそこを発ち、パトロンのパーツ氏が呼んでくれたオランダへ亡命した。

ロッテルダムへ着いたのは一六八一年十月三十日で、自分のために新設されたばかりの〔ロッテルダム市立大学の〕哲学と歴史の教授の座と年金五百フロリンを与えられた。一六八一年十二月五日にした開講演説はあまねく好評だった。

同年十二月八日には非常に多くの学生に哲学の最初の授業をした。

この人の学識は学生だけを相手にするには広すぎたから、残りの時間を使って、一六八〇年十二月に現われた彗星をきっかけにした『彗星雑考』を執筆した。主たる狙いは、根拠のない偏見に基づく前兆への迷信的な恐怖感から信じすぎる世の人を解放することだった。この本では善良なカトリック教徒のフランス人に扮したが、後段では必ずしもそうはいかなくなった。この書はかつて級友だったソルボンヌの某博士に宛てたもので、[*1]最初はパリで出版したかったが、それは成らなかった。

＊1 『書簡選』第一巻、書簡三十七、一五八、一五九ページ。

この本を書き出したのは一六八一年一月十一日、印刷屋〔正しくはパリ〕へ送ったのは同年五月二十七日、刷り上がったのは一六八二年三月十一日だった。この人にとっては小手しらべだったが、学者の間では大変評判になった。

一六八二年三月〔正しくは五月〕一日には『マンブール氏の《カルヴァン派史》の一般的批判』の執筆にかかった。二週間で書き上げて、同年五月三十日に印刷屋へ渡した。[*1]もっとも、この批判は強い調子の真面目くさった推論を連ねたものではなく、才気と道理に充ちた、肩の凝らない、軽妙な冷かしのようなものだった。不機嫌さも苦々しさも見られなかったが、しかつめらしい論争相手をまごつかせるにはそれが大いに向いていた。

＊1 この本には版が四つある。第一版は一六八二年、第二版は一六八三年〔正しくは一六八二年十一月〕、同じ主題の手紙を新たに二巻加えた〔『新たなる手紙』は第三版とは別に一六八五年に出版された〕第三版は一六八四年、第四版は一七一四年である。

同じ一六八二年の八月にはこの本を見直し、第二版のための改訂・増補をした。一六八三年九月二日には『彗星雑考』の第二版が出来上がった。日誌に自ら記すとおり、本屋からは百二十部受け取った。[*1]

＊1　『彗星雑考』の第三版は一六九九年に十二折判二巻で出た。『彗星雑考付記』〔一六九四年刊〕が加えられた最初の版である。一七〇四年には同じく十二折判二巻の第四版が出、さらに一七〇五年〔表記上。実際は一七〇四年八月〕に、長く待たれていた『続・彗星雑考』が新たに十二折判二巻で出版された。指摘しても無駄ではなかろうが、『彗星雑考付記』は『《彗星雑考》の著者の道徳的格率と宗教的原理の簡潔なる点検。この問題を調査する教会裁判官に予審として役立たんがために』というジュリュー氏の攻撃文書に対するベール氏のすぐれた回答だった。その攻撃文書は一六九一年に著者名も印刷者名も付さず、刊行地も明記せずに出たものだった。

一六八四年三月二日〔正しくは二十一日〕には『文芸共和国便り』にとりかかった。これは世界中から拍手で迎えられた。実際、これほど正確で厳密な摘要はかつて見たことがなかった。退屈なものを何もまじえず、短い抜萃で本を的確に紹介する腕がこの人にはあった。どんなに無味乾燥で抽象的な題材でも、薬味の効いた巧みな生き生きした筆で陽気な趣を与えられた。それは間違いなく読む者の賛同を克ち得た。作者たちも、自分の作品がこの人の手で美しくなったと思わないこと、あるいは、この人を自分らのアリスタルコス〔厳しいが公平な批評家〕とみなす理由がないことはめったになかった。

これはベール氏の好みの作品だったといえる。この作品でいやな思いをしたケースは以下に述べることしかなかった。

ナント勅令廃止後にフランスで行なわれたユグノー虐待に反対するスエーデンのクリスティーナ〔元〕女王の手紙を、この人は『便り』に全文収録していた。[*1]そこで使った二、三の言葉がいたく女王の気に障ったったた。特に怒らせたのは、スエーデン女王のその手紙は「プロテスタンティズムの名残り」だと言ったくだりだった。女王の怒りはまず、お付きの役人がベール氏に送った非常にきつい威丈高な手紙で爆発した。ベール氏は罪を晴らすため、しごくもっともな弁明的考察を公にした。[*2] それでもクリスティーナの怒りはおさまらなかった。前に劣らず激しい、同じような威嚇的な調子の二通目の手紙が来た。そこで意を決して、とても気にするベール氏は、それ以上長く女王に悪く思われるのに耐えられなかった。そこで意を決して、才気に劣らず敬意と服従の念に充ちた手紙をじきじき女王に送った。[*3] そこで陳弁これ努めたので、スエーデン女王は返事として紳士的な、好意的とすら言える手紙を寄せ、かなり特殊な一つの事実だけ公にしてほしいと言った。「クリスティーナは物心ついて以来、生まれた時の宗教を棄てた」ということだった。スエーデン女王の返信によると、ベール氏から「プロテスタンティズムの名残り」と非難されたことが彼女をいたく傷つけたらしい。女王が求めた償いを、ベール氏は『文芸共和国便り』一六八七年二月号〔正しくは一月号〕の扉の裏でした。フランスであれローマであれ私には怖いものはないとクリスティーナは言明し、『文芸共和国便り』の一六八六年五月号、五二九ページに掲載されたユグノー迫害に反対する手紙は私が書いたものだと認めた。また、その手紙が印刷されていると知ったので、何部か欲しいとベール氏に所望し、さらに、罰として今後、ラテン語・フランス語・スペイン語・イタリア語の本で読む価値のある面白いものがあったら自分のところへ全部送るといういとも好意的な義務を課した。題材や学問分野のいかんは問わない、小説も諷刺文も除外しない、特に化学書があったら欲しい、とのことだった。貴方の新聞を勘定書と一緒に送ってくれという注文も付いていた。その手紙はローマ、一六八六年十二月十四日付だった。こうして、非常に困ったことになりかねないこの一件もうまく落着した。

＊1　『文芸共和国便り』、一六八六年四月号、四七二ページ、および五月号、五二九、五九二ページ。
＊2　同、一六八六年八月号、九五二ページ。

＊3　『書簡選』第一巻、書簡六十五、二三二ページ以下。

一六八四年五月九日にベール氏は、フリースラントの州都レーウワルデンから旧暦四月二十一日付の手紙を受け取った。『彗星雑考』で多大の名声を博したため、フラネケル大学の哲学教授の座を提供されたのである。[＊1]俸給も大変高額だった。翌日返事を書いて、少し考えさせてくれと言ったが、結局六月九日には、無私無欲な自分の精神にしか諮らずに辞退の返事を送り、実に有利なこの申し出をことわってしまった。

＊1　『彗星雑考付記』の巻頭にベール氏が置いた「おしらせ」、四ページを参照。

一六八四年五月十六日に、パリのド・フレジュヴィル氏から、ジョゼフという弟の訃報を寄せられた。五月九日にパリで病死したとのことだった。この人はいたく悲しんだが、一六八五年三月三十一日に父が死んだとの報に接して、心痛はさらに倍化した。

同年六月二十五日〔正しくは二十七日〕、サヴェルダンからの手紙で、兄が宗教故にパミエで六月十日に投獄されたことを知らされた。兄はそこから七月十日にボルドーのシャトー・トロンペット監獄へ移送され、そこで同年十一月十二日に獄死した。

父・兄・弟の死で苦しみ・悲しみに打ちひしがれたベール氏は、この死はフランスがするプロテスタント虐待のせいだと思って、一つには苦痛を紛らわすため、一つには当然抱く恨みの念を充たすために『〈強いて入らしめよ〉というルカ伝第十四章二十三節の言葉〔正しくは「……というイエス・キリストの言葉」〕に関する哲学的註解』に取り組んだ。この書は三部に分れており、第一部では諸宗教の寛容を主張する直接的な証拠を開陳して、「強イテ入ラシメヨ」という言葉の字義どおりの意味を覆そうとした。第二部には幾多の反論への回答が見られた。第三部には、異端者に対する迫害を正当化するため聖アウグスティヌスが用いた個々の理由への反駁が盛られた。また同じ頃、『哲学的註解』の前書きともされた『ルイ大王のもと、カトリック一色のフランスとは何か』という小品も出した。

この註解の序文には、使われなくなった廃語や、ローマ教会を攻撃する下品で乱暴な表現が見られるのを指摘せざるをえない。[*1] ベール氏はこれ以上うまく変装することはできなかった。自分の性格を全く以て極端化し、「寛容」という好みのドグマしか温存しなかったからだ。この書は亡命フランス人を喜ばすためイギリスで書かれ、英語からフランス語へ訳されたものだとこの人は偽った。

*1 『哲学的註解』第一巻、序文二五ページを参照。

この人は法王教徒を「キリスト教の恥辱」と呼び、「プロテスタントのすべての君主が両大陸にいる非キリスト教徒のあらゆる民族と合流して、キリスト教圏のみならず全人類の不名誉である法王教を抑えてほしい」〔邦訳、著作集第二巻、七六ページ〕と言った。そんなにおかしな同盟を考えるとは、よっぽど不機嫌だったのであろう。

ベール氏としても、あんなに理屈を捏ねまくらなくても済んだだろう。あれほど壮大な計画など立てず、ここで問題なのは強制でも暴力でもないと言って「強イテ入ラシメヨ」という語を一言（ひとこと）で説明することもできたはずである。実際、家へ食事に来させる時は、棒を持って人を強制したりはしない。ルカ伝第十四章二十三節のあの個所で問題なのは宴席へ人を招くことだが、誰でも知るようにそういう際は、強く迫る言葉や説得力のある言いかたを用いねばならない。弱々しげな頼みかたはことわられるのを望んでいる証拠だ、「恐ル恐ル乞ウ者ハ拒ムコトヲ教ウルナリ」[*1] とさえ言える。この説明の正確さを権威づけようと思ったら、ベール氏も同様の場合に使われる聖書の同様の言葉を引くだけでよかった。創世記の第十九章三節、ルカ伝自体の第二十四章二十九節、使徒行伝の第十六章十五節などである。

＊1　セネカ『ヒッポリトゥス』、第二幕、第三場。

この『哲学的註解』は一六八七年〔正しくは一六八八年〕に書き終えた『補遺』を含めて十二折判全三巻だが、概して書きかたがまずく、文体は生硬でごたごたし、不揃いで退屈である。それでもこの書には、一貫した推理の非常に長い連続や、正確ではあるが先まで行きすぎる論結や、驚くほどの弁証力が見られる。著者の目的は、「あらゆる宗教・宗派の寛容は公共の安寧を乱すような原理をなんら持たず、信じると告白する神格を害するものではない」のを証明することにあった。

ジュリュー氏はこの書に反対して、『良心と君主という宗教問題における二つの主権者の権利について。一六八七年にロッテルダムのグラーフ書店から十二折判で出版された《哲学的註解》で立てられた宗教的無差別と普遍的寛容なるドグマを破壊するために』という題の論考を物した。牧師のソーラン氏は、ジュリュー氏が無数の失策や矛盾を犯しているのを証明した。但し、それはベール氏の言によればで[*1]、この人は自分が覆面の著者だった本が有能な人物の手でこうも安上がりに擁護されたのを喜んでいたのである。

＊1　『書簡選』第二巻、書簡百三十四、五一四ページ。

ベール氏は公的にも私的にもこの書を常に否認した。それについて自らこう語っている。[*1]「あのロンドンの御仁たちはよっぽど印刷気違いなのですね。〈強いて入らしめよ〉という聖ルカの言葉についての『哲学的註解』もあの人たちの作とされています。法王教による迫害に反対するふりをしながら、ソッツィーニ派への寛容を説く所まで行ったものです。」

＊1　書簡六十七、二三八ページ。

あの『哲学的註解』を氏が否認したのも無理からぬことだった。これは恨み辛みの木になった苦い実だった。聖アウグスティヌスもひどくぞんざいに扱われ、著者はまるで、強制というドグマを排するソッツィーニ派や再洗礼派だけが純粋な信仰を十全に保つのではないかと疑っているかのようだった。[*1] 一五三五年にローマの宗教の礼拝を一切禁じ、「宗教改革に帰依したくない者はみな三日以内に市から出るべし。さもなくば投獄・追放に処すと定めた」ジュネーヴのやりかたも非難し、[*2] さらにはミサの廃止や、セルヴェトゥス、ジョヴァンニ・ヴァレンティーノ・ジェンティーレ、ヤン・ラスキに対する宣告をも断罪した。[*3]

＊1 『哲学的註解・補遺』、三四三、三六一ページ。
＊2 同、三八七、三八八ページ。
＊3 同、三九三ページ。

十二折判二巻のこの『哲学的註解』と、同じく十二折判一巻の『註解・補遺』がベール氏の筆になることを今日では疑う者はもういない。秘密を保つ用心からこの人が日誌に残した空白も、白紙の半ページの下に自ら記した次の言葉で十分補われるのがはっきり目にされるからである。「『哲学的註解』第三部ヲ受ケ取ル。病気ニナル前ニ書キ終エテ書店ニ渡シ、印刷モ二月末以前ニ完了シテイタ。」

さらにデ・メゾー氏への手紙でも、この人は同書の作者だと白状しているようである。[*1] こんな言いかたをしているのだ。「私には、作品の書き替えほど難しいものはありません。ですから、『哲学的註解』について貴方が提案されることはお約束できません。」

＊1 『書簡選』第三巻、書簡二百二十二、八五六ページ。

そうこうする間に、心痛と緊張と過労が重なってこの人は健康を害し、日誌で自ら言うとおり[*1]「『文芸共和国便り』を完全に放棄」せざるをえなかった。同誌は十二折判で三十六巻出した。始めたのは一六八四年三月、終えたのは一六八七年二月で、その二月号は完成してなかった。この文芸誌は高名な〔バナージュ・〕ド・ボーヴァル氏が引き継いだ。

＊1　「病ニ襲ワレ、二月号ノ完成モ見ズニ『文芸共和国便リ』ヲヤムナク中断。同書ヲ完全ニ放棄シ、ド・ボーヴァル氏ニ託ス。氏ハ新タナ新聞ヲ発刊。」

一年余りも続く微熱に悩まされたため、この人はクレーヴェへ転地せざるをえなかった。着いたのは八月十三日で、九月十五日までフェラン氏の家にいた。そこからボワ・ル・デュック、さらにアーヘンへ行って温泉療法をしたが、それが効いたようである。同行したのはピエル〔正しくはピエラ〕氏とファルソン〔正しくはファルジョン〕氏だった。旅から帰ってもまだしばらくは、微熱が出るのを恐れて話をすることも手紙を書くこともあえてしなかった。「それがずっと悩みの種でした。少しでも会話をすると病気がひどくなるのですから」と言っている。[＊1]

＊1　『書簡選』第一巻、書簡六十八、一四〇〔正しくは二四〇〕ページ。

それでも健康がかなり恢復したので、これからはもっと体を大事にしようと思ったが、そのゆとりはなかった。敵が猛然と襲いかかり、『亡命者に与うる忠告』はあいつが書いたのだと言ったのである。ベール氏はどこでも一貫してその書を否認し、有名なルアンの牧師の子で学識豊かなド・ラロック氏のものだというのが世間の声だと言った。[＊1]

＊1　『書簡選』第一巻、書簡八十三、二八七ページ。

長いことベール氏の友人だったジュリュー氏が、そこでいきなり、凶暴とも言える仕方でこの人と絶交した。[＊1] そして、『《フランスへの近き帰国につき亡命者に与うる重大なる忠告》と題する反宗教・反国家・反イギリス革命文書の検討』という書を公にした。

＊1　『書簡選』第一巻、書簡七十六〔正しくは九十一〕、三一三ページ。

さらにベール氏は、フランスの手先としてイギリス、オランダ、同盟諸国、そして全プロテスタンティズムの破滅を狙う陰謀の張本人と非難された。[*1] ジュネーヴの商人グーデ氏が書いて出版のためこの人に送った「平和計画」なるものを印刷に付そうとしたからだった。ベール氏はそこで、ジュリュー氏の非難から身を守るため、『架空の陰謀、または、或る平和計画と《亡命者に与うる重大なる忠告》と題する誹毀文書に関し、ジュリュー氏が悪意を以て最近公にせし作り話と中傷を駁す』という作品を書いた。

＊1 『書簡集』第一巻、書簡九十五、三三三ページ。

同じ頃、ベール氏を攻撃する二部に分れた弁駁書が出た。[*1] 『《亡命者への忠告》の著者を非とする新たなる証憑。著者の弁明の無効を併せて示す。ジュリュー氏の某友人著。第一部。および、ベール氏を非とする最後の証憑。《亡命者への忠告》について。国家当局への訴えに関する弁駁書として』という題で、四折判三十六ページだった。ベール氏はそれに、『ジュリュー氏がベール氏に対して発表せる〈証憑〉なるものにより、ロッテルダム陰謀の架空なることを証明す』という実に見事な回答をした。

＊1 書簡九十七、三三二ページに関するマルシャン氏の註九、十を参照。

告発者が病に倒れたため戦闘は一時中断されたが、[*1] ジュリュー氏の友人の熱意でまた再燃した。その男が『失権せる哲学者、または《ロッテルダム陰謀の架空なること》への答』という本を一六九二年にアムステルダムから十二折判で出したのである。ベール氏は『小冊子の小作者に与うる忠告』で答え、あくまでも無実を主張して、それを真理の明証性の域まで高めた。そこでは告発者とその旗持ちを笑い物にしたが、後者に対してはさらに『小冊子の小作者に与うる新たなる忠告、ジュリュー氏とベール氏の争いについての手紙類に関して』という第二の文書も著わした。そして、今度はこちらが攻勢に出るべきだ、ジュリュー氏がユダヤ人にも異教徒にもソッツィーニ派、再洗礼派等々にも天国の門をあけはなったことを証明してやるべきだと思い、その狙いから一六九一年の暮れに「カルス・ラレボニウス」という偽名を使って、ジュリュー氏が一六八六年にドルドレヒトで出版した『教会の〔真の〕体系』を攻撃する、スコラ学者が書いたようなラテン語の本を出した。ベール氏のそのラテン語本は『神の御言葉の牧者たる世にも名高きピエール・ジュリュー氏によりあらゆる宗教にあけはなたれたる天国の門』という題で、一六九二年〔表記上〕にアムステルダムから四折判で刊行された。

＊1　書簡百一、三四七ページ。

しかしながら、ベール氏がいくら弁明しジュリュー氏に反駁しても、嵐から身を守ることはできなかった。この人を裏切者、政治的陰謀家、不敬の徒、無神論者とするこの猛烈な喧嘩は、ジュリュー氏からさかんに火種を供給されていた。「彼氏は悪辣な陰謀をめぐらし、発言力に物を言わせて、フラマン教会長老会議からロッテルダム市長たちに、彗星の本を危険で不敬な命題だらけの書として告発させました」とベール氏は言っている。[*1] ジュリュー殿に掛り合いにされ予断を吹き込まれた同長老会議は、「こんな考えの教授に年金をやるのは適切でない」と強く主張した。

＊1　『書簡選』第二巻、書簡百十二、四三二ページ。

彗星の理論などなんにも分らず、どうやら彗星に怯えていたらしい善良な市長たちはベール氏をクビにしてしまった。彼らはそれでベール氏を英雄にし、この人は不幸な文人の名簿に名を連ねて、『文人の不幸について』という本をさらに厚くすることができたのである。かくして、この人は教授の地位と、それに付随する五百フロリンの年金を失った。前に与えられていた個人教授の許可も取り消された。[*1] 決定は多数決で一六九三年十月三十日に下された。

＊1　書簡百十八、四五六ページ以下を参照。

こんなやりかたは根本的に規則はずれで不当だとこの人は言ったが、たしかにそれは市中に大きな不満を呼び起こした。罷免の理由は自ら命名するところの「彗星の本」にあった。彗星はどんな不幸の原因でも予兆でもないといくら言っても、それをあれほどこと細かに証明しても、この人は、彗星がいつか悪性の発散物を自分の上にばらまき、おのれを慰めるには手持ちの哲学が全部要るほどの状態に追い込もうとは予想しなかったのである。

それでもこの人は文句を言った。「私の言い分を聞きもせず、相手が作った悪意に充ちた抜萃の正確さや、言葉に持たせる意味について本人が同意するか訊きもせずに私の説を断罪したのです。為政者たちは、告発者に反駁する場を私に与えようとしなかったのです」と。

その判決では『亡命者に与うる忠告』にも、この人が印刷に付そうとした「平和計画」にもなんら触れられなかったことを指摘しておくべきだろう。「あんなものを取り上げたら、もっと忌わしいことになったでしょう」とこの人は言う。[1]

＊1　『書簡選』第二巻、書簡百十八、四五七ページ。

なのに、ジュリュー氏やその仲間は、ベール氏の罷免の原因は「ジュネーヴの陰謀」の告発と『亡命者に与うる忠告』にあると到る所に言いふらした。しかし、ベール氏自身が或る友人への手紙に書いている[1]ように、国事犯なら官職と教える許可の剥奪ぐらいでは済まず、もっと厳しく罰せられたはずだし、それに、ジュリュー氏から予断を吹き込まれていたフラマン教会長老会議が、告発者の作った〔抜萃の〕フラマン語訳しか参照せず、それにもともとベール氏に悪意を持ち、学識もおよそ乏しい人たちなので、彗星の本を為政者に激しく告発したことは請け合ってもいい。間違いなく、著者の失脚は彗星が唯一の原因だった。

＊1　書簡百十九、四六〇ページ。

この人は文字どおり哲人として不運に耐えた。哲人とは自分に不足するものを無用とみなす人種で、そういう人では欲のなさと節制・節酒・節食が十分な収入のかわりになるのである。それでもこの人は不如意になった。地位と年金を失ったためでもあるが、もともと蓄財など意に介さなかったせいでもある。[*1]

＊1　書簡百十八、四五八ページ。

ほかの人なら苦境と感じるこんな状態でもベール氏は仕合わせを感じ、心の非常な平静を保ち続けた。物欲や名誉欲から超脱していたため、ほかに就職口があってもことわるつもりでさえいた。[*1]

＊1　書簡百十九、四五九ページ。

家はかなりの大家族で家産も乏しかったから、いきなり年金五百フロリンを切られたのはとても痛かった。そんな状態で、この人はミニュトリ氏に手紙を書いて、[*1]こういう言いかたをした。「グーデ氏の短い覚書〔陰謀説に対する弁明で、ベールが書くように勧め、自分で出版しようとしたもの〕について、もう一度ちょっと拍車を入れてください。その催促が無効でしたら、もうその話はやめにしましょう。」こういう淡泊さ、控え目さは誠に称讃に値する。とりわけ、ベール氏が当時置かれていたような状態では。

＊1　書簡百二十一、四七二ページ。

敵の狂躁はさらに進み、イギリス王ウィリアム三世にベール氏への偏見を吹き込んだため、あの男は共和派すぎる、したがって自分の利害と対立しすぎると同王は思ってしまった。しかし、「私は自分の本のことにしか口を挟んだためしはありません。野心など持たずに暮らしています。あの一件で何か気に入らぬことがあるとしたら、それはこの釘でささやかな出世が止められたことではなく、そのせいで友人たちに役に立たなくなったこと、それどころか迷惑な存在になったことです」とこの人はたえず明言し断言した。[*1]これ以上徳高い、これ以上高貴な気持を持てようか。

＊1　書簡百二十八、四九一、四九二ページ。

こうして宮仕えから解放され、時間をフルに使えるようになると、ベール氏の目はもっぱら、少し前の一六九二年に八折判で『腹案』を出していた辞典の執筆に注がれた。この『腹案』は、後の『歴史批評辞典』に全部組み入れられたものである。辞典の作成には非常に精を出したが、仕事のしすぎで一向に治まらずしょっちゅうぶり返す偏頭痛に悩まされた。そのため月に何日もフイになり、[*1] その後は遅れを取り戻すためいっそう頑張らなくてはならなかった。友人の多くの学者に呼びかけて、[*2] 事実をめぐる確かな説明を求めたり、同時に意見を仰いだりした。寄せられた意見は驚くほど従順に受けいれ、すぐれた判断力を発揮してその見解に従った。お世辞たらたらな讃辞などより真面目な忠告の方がいいというのは、友人たちによく言っていたことだった。実際この人は褒められるのが嫌いで、逆に人から直されること、正当な批判を寄せられること、知識を与えられることを恩恵とみなしていた。そういう謙虚さ、従順さを示す言葉は手紙という手紙に溢れている。だから、あの大作『ベール氏の歴史批評辞典』ほど有益で勉強になり、同時に読んで楽しい本はかつて出たためしがないと請け合ってもいい。そこに見られるのは無味乾燥な事実の退屈な錯綜でも、往々関係者の虚栄心と筆者の物欲しさに応じて書き写されるガラクタのような系図の山でもなかった。国も宗教も問わずあるゆる分野の高名な人物がありのままに描かれ、それぞれの個性がくわしく述べられ、行動の状況、行為の動機、所説・意見——良きにつけ悪しきにつけ——の詳細などが、生き生きした、肩の凝らない、自然でエレガントな文体で論議され、それには筋の通った厳密な批評が伴い、誠に面白いが同時にきわめて道理に適った種々の考察が添えられていた。形式はかなり特異とはいえ、辞典の対象はほぼ万般にわたった。宗教・道徳・哲学・雄弁術・年代学・数学、その他多くの学問の様々な問題も扱われ、その学殖は一流学者すら驚くほどで、文芸を愛し偉人を知ろうとする人が楽しみつつ学ぶのに打って付けだった。「ベール氏は深い学識にとても楽しい趣を与えますから、あの傑作の辞典は読んでもけっして嫌気がさしません」とド・サン＝テヴルモン氏は言っている。[*3] 付け加えて、「年代学的な議論はいささか疲れますが、歴史家には必要なものですし、次に出てくる問題でたっぷり埋め合わされるのが分ります。学者という学者がこの人ほどデリケートで正確な精神の持ち主だったら、読書というのはどれほど魅力的なものでしょう」とも。このささやかな褒め言葉は、次の四行の詩句で締め括られる。

ベールは感嘆すべきだと思う。
深遠であるに劣らず快く、
教育と楽しみのいずれかを
私に選ばせてくれるから

*1 『書簡選』第二巻、書簡百三十二、五〇五ページ。
*2 『書簡選』第二巻所収のミニュトリ氏に宛てた書簡百四、三六三ページ――ド・ラ・モノワ氏に宛てた書簡百四十九、五七九ページ――同じく書簡百六十五、六三一ページ――パリ高等法院弁護士マレ氏に宛てた書簡百六十七、六四〇ページ――同じく書簡百七十六、六七〇ページ――デ・メゾー氏に宛てた書簡九十三〔正しくは百九十三〕、七三六ページ――ル・デュシャ氏に宛てた書簡二百三、七七二ページ――デュ・ボス氏に宛てた書簡百三十五、五二〇ページ。
*3 『ド・サン＝テヴルモン氏作品集』第五巻四四六ページにあるデ・メゾー氏への手紙。

それでも、学問的で面白いこの作品が厳しすぎる批評家たちに酷評されたことは認めねばならない。パリの本屋たちはこの書を再刊したがったが、それには允許が必要だった。大法官のブシュラ氏はルノード師にこの本の検討を命じた。この検閲官がした判定はあまりに厳格すぎて、パリの本屋たちの計画にはそれが乗り越えがたい障害になった。ルノード氏のこの短い文書はすぐ活字にされた。ド・サン゠テヴルモン氏が親切心を発揮してそれに答えたが、ベール氏は、「私がルノード師の判定に反駁する時があったら、それは、先般印刷されたとおりの形で判定は自分が書いたと同師が認めるのを知ってからである」と言明した。

こうして辞典はフランスで禁止されたが、間もなくベール氏は慰めどころか、それに非常な喜びを感じるようになった。理由は〔それで、フランスとの通謀という疑いが晴れたこと〕自ら述べている。[*1]

＊1　書簡百四十三、五五六ページ。

不正な検閲官への配慮は、その後友人のデ・メゾー氏に、当時同氏が出していた『ド・サン゠テヴルモン氏作品集』の新版にあの有名作家がルノード氏の判定に寄せた回答を収録しないように懇望する所まで行った。[*1]ベール氏がそんなことをしたのは、同師の親友のデ・ヴィット氏に、それまでのことは水に流してこの争いについては今後一切語らないと約束していたからだった。辞典の第二版でも、デ・ヴィット氏への敬意からこの約束は固く守った。

＊1　『書簡選』第二巻、書簡百九十八、七五六ページ以下。

胆汁〔怒気〕に火がつきやすく、苦味の強い宗教的熱意の持ち主だったジュリュー氏は、辞典の随所で自分が激しく批判されているように思った。この本を貶(おとし)めるため適当と思うあらゆる手段を動員するのに、それ以上のものは必要なかった。すぐにこの人はルノード氏の判定を公表し、ばらまいた。『ベール氏の《批評辞典》に関する公衆、とりわけルノード師の判定』という文書についての考察を出して、ベール氏はそれに答えた。これに対する応答も出た。ジュリュー氏はすでに十分な発言力を持っていたから、ロッテルダムのワロン教会長老会議にあの傑作に対する訴訟手続を取らせた。このジュリュー氏が各教会の長老会議に対して多大の権力を持っていたことは認めざるをえないからである。一六九八年に十二折判全紙半枚に印刷されたベール氏の手紙[*1]によると、そのいきさつはこうだった。

*1 『書簡選』第二巻、書簡百六十三、六二三ページ以下。

「長老会議は……（拙作）を検討する委員を任命しました。委員たちはこの本を読み、抜萃と注意書きを作成しました。委員の報告が長老会議に伝えられ、ほかの予備手続も全部すんで、判決を下すにはあと私の言いぶんを聞くことしか残らない段階になって、私のもとへ長老会議に出頭せよという通知が届きましたので、指定された日にまかり出たわけです。

一般的に問題の所在と、特殊には抜萃および注意書きの第一項が示された上、それになんと答えるかと私は質問されました。どこから始めるか前もって知らなかったので、ごく一般的な話しか用意していない、と私は答えました。その話は、還元すれば次の二点からなるものでした。ひとつは、苦情の種について個々に申し開きをしたら言うべきものが無数にあること、もうひとつは、辛気くさい議論を長老会議が蜒々としなくてもすむように、また平和と教化に有効な形で資するように、非難の誤りを示すさまざまな手段を強調するより、不満を抱かせたものを第二版で改訂するほうがいいと思っていること、意見を寄せていただけたらそれをもとに自作の改訂に努めるつもりだとすでに公表してあること、とりわけ長老会議が教えてくださることはできるだけ従順にうやうやしく役立てさせていただくとこの席で明言するものであること、要するに、異端的な説や間違った説をもし述べていたら（述べたとは思わないが）、三、四カ月前に印刷された文書でもすでにはっきり言っていたとおり、そういう説を否認し取り消すものであること、です。

この返事はあまりに一般的すぎると思われましたので、辞典について長老会議が作成した注意書きをお伝えしようと言われました。そして数日後、長老会議が任命した委員たちからそれを通知されたのです。とりわけ次の五つの項目からなるものでした。

一、この本に散在する、純潔な耳を傷つけるおそれのある引用や表現や考察。

二、ダビデの項。

三、マニ教徒の項。

四、ピュロン派の項。

五、神の存在ないし摂理を否定した者に捧げた讃辞。

最初と同じように、私は二つ答えました。ひとつは、これらすべての項目について弁明の理由をいくらでもあげられると思うこと、もうひとつは、にもかかわらず本書に躓きの石がみつかるなら取り除く用意があること、です。加えてこうも言いました。一、長老会議の注意書きのおかげで何が苦情の種なのかようやくわかったから、改訂の仕方も前よりはっきりした、削除や表現の変更、補足や釈明など方法はいろいろあるが、全体にわたって欠陥を改めるのは非常にたやすいと思う。

二、特にダビデの項は、敬虔な魂を傷つけるおそれのあるものが何も残らないように書きなおすつもりである。

三、二原理説という恐ろしいドグマ、つまりマニ教については、それがいかに不合理で醜怪で宗教と敬神のみならず理性と正しい哲学のもっとも判明な観念にも反すると思うかは、すでに十分はっきり言ってある。第二版ではその点をもっとくわしく述べよう。私は歴史家としてマニ教徒の反論の力を余すところなく紹介する義務があると思ったが、反面、それは取るに足らないことだと考えていた。あるいは、われらのもっとも正統的な神学者がほんの二言三言で毎日言っていることを敷衍しただけにすぎないような気がする。それはつまり、〈神の聖と善が人間の罪や悲惨と齟齬しないことは理解を絶する神秘で、私たちは謙虚な気持でそれを崇めねばならない、そう啓示されたのだからそうなのだと固く信じ、かよわい理性が呈する異議など沈黙させねばならない〉ことだ。

ほかの問題、とりわけ延長と運動の存在についても、反論に答えられないことは或る説を斥ける理由にならないと十分はっきり言ってある。マニ教徒の反論についてはあらためて考えてみるつもりで、もしも回答がみつかったら、あるいは長老会議の牧師諸賢が回答を提供してくださったら、それをできるだけ立派な形で紹介しようと思う。

四、ピュロンの項についても答は同じ。

五、一部の無神論者の品行方正ぶりを持ち上げたことについては、本でみつけ歴史の掟からして紹介せざるをえなかったそれらの事実が世人の顰蹙を買うべきものではなく、事実、真の宗教になんらの害も与えないことをお見せする釈明文をしたためるとお約束する。

この会談について委員たちが長老会議に報告すると、私が口頭で言った内容を文書にすることが問題になりました。そこで私はひとつの覚書を提出し、口頭でした答の二つの一般的な点にまず触れてから、次のことをはっきり言明しました。神のお恵みで自分がそこに生まれ、また今も信奉する改革派教会の信仰告白に反するようないかなる命題も、自分の意見として述べるつもりは一度もなかったこと――かような命題が捏作にあったら（あるとは思わないが）、それは知らぬまにしのびこんだもので、私はそれを否認し取り消すこと――通常は見られない哲学する自由を私が種々の面で利用したのは、定言家を気取らずに歴史家の役と註解者の役を同時にこなすというこの本の性格から見て、そういう自由が容易に許されると思ったからであること――〈知性をとりこにして神の権威に従わすべし、哲学の光がそれに必ずしもそぐわなくても、神が御言葉〔聖書〕で啓示されるものを信ずべし〉という、私たちの教会で何より重要な位置を占め、ソッツィーニ派に私たちがたえず対置するドグマを裏付けるためにいろんな哲学的考察を用いたのだから、プロテスタントの読者はみな私の註解に傷つけられるよりむしろ教化されるはずだと期待していたこと――結果が期待どおりにならなかったのは残念で、利用する自由がどんな効果をもたらすかあらかじめわかっていたら、固く心してそんなものを使わなかったはずであること――過去に生じた弊害を改めるために、第二版ではそういう個所を訂正し、長老会議が伝えてくれた注意書きに多大の考慮を払うつもりであること――という内容です。

ダビデの項、マニ教徒の項などにつき委員諸氏に口頭でした個別の言明も加えました。

その覚書にもとづいて、長老会議は適当と思う考察や訂正を加えた上でひとつの文書を作成しました。それでこの件は平和裡に落着したのです。第二版は遅れるかもしれないから、それが出る前に何か活字にし、覚書で述べた意見を世間に知らせるように、と長老会議は希望を表明しました。私は喜んで同意し、今日ここにその約束を果たすわけです。もっと早くしなかったのは私のせいではありません。ロッテルダム、一六九八年七月七日〔正しくは六日〕。」〔邦訳、著作集第五巻、一二八六―一二八九ページ〕

『歴史批評辞典』に対するあの長老会議の訴訟手続の沿革を長々と報じたのは、著者の考えを知ってもらうため、また文人をはじめ世の人のもっともな興味を満足させるためである。

次の仕事は『批評辞典』の第二版だった。これは倍近くまで増補し、ゲラという ゲラを直した。この版は一七〇一年十二月二十七日に刷り上がったが、削除はなかった。著者の意図より儲けが大事な本屋がダビデの項等々を残したのは、この人の意に反してだった。[*1]

＊1　『書簡選』第三巻、書簡二百三十、八八六ページを参照。

この辞典はロンドンに住む亡命フランス人のド・ラ・ロッシュ氏[*1]〔ほか〕の手で英語に訳され、著者がしたいくつかの僅かな加筆・訂正とともに、一七〇九年にトムソン書店から二折判（フォリオ）四巻で出版された。とても美しい版である。

＊1　今でも同市におり、新聞を出している。

辞典に使えなかった雑多な事柄を集めて、この人は骨休めのようなつもりで『田舎の人の質問への答』という作品を作った。その著者と目されるのをこの人は好まなかった。[*1] 名声をもたらす力はない作とみなし、「重要なことは何も載っていない」、「勉強で読むよりむしろ娯楽で読むもの」とすら言った。[*2] 謙虚なあまり、この人は自分の作品をいつも卑下してそんなふうに語ったが、学者たち、いや大貴族ですらそうは思わなかった。

＊1　書簡二百十、八〇八ページ。

＊2　この本はロッテルダムのレールス書店から一七〇四年〔正しくは一七〇三年十月に第一巻〕、一七〇六年〔正しくは一七〇五年十二月に第二、第三巻、一七〇六年十一月に第四巻〕、一七〇七年〔二月に第五巻〕に十二折判五巻本で出た。第一巻はいろんな感想や文芸上の逸話を集めたものだが、他の四巻は悪の起源をめぐるキング氏への答、諸民族の全般的な一致という神の存在の証拠をめぐるベルナール氏への答、造型的本体とオリゲネス主義をめぐるル・クレール氏への答などでほとんど占められていた。第五巻はベール氏の死後にようやく出た。書簡二百九〔正しくは二百十〕、八〇八ページの註十三〔正しくは三〕を参照。

アルビマール伯爵閣下がワレフ男爵殿の筆を借りてハーグから世にも鄭重で懇切な手紙を寄せ、自分の所へ来ないか、ハーグにある自分の家で一緒に住まないかと誘ってくれた。御希望どおりの自由と楽しみを保証するとのことだった。貴方がおられることはもう十分ロッテルダム市の名誉になった、あるゆる利点を具えたオランダの首府には、ただの商業地よりこちらの方を好んでほしいと貴方に促す権利がある、とこの人は言った。自分を限りなく評価する領主の友情のみならず、その地で得られる非常な尊敬や、功績に寄せられる讃辞の数々が開陳され、哲学を育み心地よく保つ数々の図書館や散策の場所も提供された。『田舎の人の質問への答』第一巻第一章に書いてある貴方の原理の一つは、「およそ文人はその国一の都市に住むことを二位以下の町に住むより好むべし」ということではなかったかと言い、追い討ちをかけて、「御自分の考えをお捨てになるか、私たちが求める恩恵をお与えくださるか、どちらかです」と迫っていた。さらに、善を施す寛大な心の持ち主で、気分に斑がなく、精神も愛すべきあの領主のかたわらで世にも甘美な生活を送れると約束されていた。また、それらのすべてが健康の維持という動機によって支えられてもいた。[*1] アルビマール伯爵閣下はついで自ら筆を執ってベール氏に手紙を送り、[*2] 同じことを再確認して、懇望に応えてほしいと強く促した。それでもベール氏は、私はもう老いぼれで体も弱いから、判で捺したような生活が合っているのだと言って鄭重にことわった。[*3] 年はまだ五十九だったが、ほかの人の七十歳、七十五歳を上まわるほど老い衰えていたからである。[*4] こうして、楽にもなれば名誉にもなるこの好条件も辞退してしまった。

*1 『書簡選』第三巻、書簡二百三十七、九一八、九一九ページ。
*2 書簡二百三十八、九二〇、九二一ページ。
*3 書簡二百三十九、九二二ページ。
*4 書簡二百四十五、九四二ページ。

ほかにも幾多の名立たる領主がこの人に尊敬と友情を寄せたが、中でも目立つのはシャフツベリ伯爵閣下だった。この人からはいくつか高価なプレゼントを貰ったが、[*1]それは容易に受け取らなかった。頭がいいので先を見越して、あの閣下が新手の贈物をしようとするのに先手を打ち、或る友人に手紙を書いて、閣下の気前の良さに歯止めを掛けてほしいと頼み、自分自身も純然たる欲のなさから、自分が最近出した一、二の本を献呈するのを遠慮した。[*2]金持に何もやらない貧乏人は気前がいいとマルティアリスは言ったが、ベール氏も同じ考えだったのである。

オオ、クインクティアヌスヨ、富メル友ニ何物モ与エザル時、貧シキ者ハ気前良キナリ[*3]

---

*1 『書簡選』第三巻、書簡二百二十五、八六七ページ。
*2 書簡二百四十六、九四四ページ。
*3 マルティアリス、〔『短詩集』〕第五巻、短詩十八、クインクティアヌスへ。

ヨーロッパ各地の学者たちもふんだんに敬意を表し、友達になりたがった。ここでは、高名なるダブリン協会がたぐい稀なる尊敬・敬意を公に表したことだけ挙げておこう。あの有名な学術団体がベール氏の著作類をどう思っていたかは、今はアイルランドのダウンとコナーの監督をしておられる書記の名高いエドワード・スミス氏が協会の命によってこの人へ送った手紙から窺える。[*1]ベール氏はそこの学者たちから清水が滾々と湧き出る泉、学問・芸術の無尽蔵の源泉とみなされていた。[*2]ベール氏はこの人たちに交流と著作の相互贈呈を申し入れていたが、あの高名な学術協会はすっかり謙遜して、自分の方から送るものを、金(きん)や貴重な物産と交換するためインディオのところへ持って行くガラクタや安ピカ物に喩えるのだった。

「私タチノ作品ヲ貴方宛ニ送ッテホシイトノオ申シ越シデスガ、喜ンデオ受ケイタシマス。タダ、インディオノ地デ貿易ニ従事スル者ガクダラヌガラクタヲ高貴ナ金ト交換スルヨウニ、私タチノ無価値ナ試作ガ、文芸界ニモット役立ツ発明ノ贈物ト交換サレルノデハナイカト疑イマス。」

＊1　『書簡選』第一巻、書簡四十四、二二九、二三〇ページ。

＊2　「イツモ御自身ガ学問・芸術ノ泉、湧キ水デ……云々」

学者たちが我先にベール氏と交流しようとしたことや、その著作を高く評価したことをここで報告しようとしたら退屈になろう。

半年余り前から、この人は胸をわずらっていた。これは遺伝的な病気で、身内が何人もそれで命を落としていたのである。とはいえ、ジャクロ氏が自分個人の宗教に猛烈な攻撃を加え、ル・クレール氏も同時に呼応して公然と自分を告発したため[＊1]、ベール氏は『田舎の人の質問への答』の第四巻の巻末にある文書〔「ベール氏のためのル・クレール氏への答」〕でそれらの非難を撃退しようとした。

＊1　『精撰文庫』第九巻、記事三と記事十三〔正しくは十〕、一〇三ページ〔以下〕と三六一ページ以下。

胸が燃え、微熱が出、咳をし、目に見えて痩せ、こうして苦痛がひどかったのに、この人は薬を一切呑もうとしなかった。呑めば少しは楽になったかもしれぬごく簡単な生薬すら受け付けなかった。こんなことを言っていたのである[＊1]。「寝たきりで生きるくらいなら死んだ方がましです。薬で邪魔するよりも、自然を好きなようにやらせ、打つなら打たせた方がいいでしょう。」付け加えて、「自然の方が手っとり早く事を運ぶでしょう。もっとも、お医者は往々にして自然を後退させるより前進させるものですが。」

＊1　『書簡選』第三巻、書簡二百五十一、九六一、九六二ページ。

こんな苦境の中でも、この人はなおかつ一書を著わして、二人の恐るべき論敵を相手に自らの宗教を強力に擁護した。その本は『マクシムとテミストの対談』といったが、出たのは遅れて〔死後の〕一七〇七年だった。

ベール氏が悪いという知らせは学者の間を駆けめぐった。中の一人で、並々ならぬ功績がありベール氏の親友でもあった人が[*1]、「まことキリスト教徒なる陛下」〔フランス王〕の侍医頭をするファゴン氏から、実に見事で興味深いベール氏のための診断を手に入れた。学識豊かで礼儀正しいその医師は、診断書の冒頭でこう言った。「高名なるベール氏が生きることへの無頓着から、少しでも腰を据えたら恐ろしいことになる病気の進行をほったらかしたというのは、心痛を覚えずには聞けません。」次に、いかにも名医らしい食餌法を定め、それ以外特に薬は処方せず、こういう言葉で診断書を結んでいた。「こんな拘束をしなくてもよく、呑まそうとする人の功績に見合った特異な薬がみつけられることを衷心から願ってやみません。ヴェルサイユにて、一七〇六年十二月二十七日」この診断書をパリからロッテルダムへ郵送しようとしている間に、もう手遅れでベール氏はもはやこの世にないという知らせが入った。もっと体をいたわる気があったら少しは長生きを期待できたろうが、本人はそんなことをまるで考えなかった。死にざまも生きざまと全く同じにしたい、ペンを握って生きてきたからペンを握って死にたい、と思っているかのようだった。

*1　ド・ラロック氏。

果して、ベール氏は寝込むことなく、普段の行動を中断することなく最期を迎えた。一つだけ違うのは、生涯最後の約二カ月は胸の病がひどくなるのを恐れて、物を言うのを控えるために訪問をせず来訪も受けなかったことで、それは友人たちに諒解してもらっていた。

最後ノ日ハ恐ルベカラズ、求ムベカラズ[*1]

というマルティアリスの詩句に盛られた忠告を、この人ほど字義どおりに実行した哲学者はかつてなかった。

*1　マルティアリス、〔『短詩集』〕第十巻、短詩四十七。

ゆっくりした足どりで死がやって来るのを、この人は恐れも望みもせずに見ていた。最後まで平静を保ち、全く動じなかった。

息を引き取ったのは、ジャクロ氏とル・クレール氏に強力に反駁する『マクシムとテミストの対談』の原稿を本屋に渡した直後だった。それから宿の女主人と少しの閒話をし、一瞬後には着たままベッドの中で死んでいるのが発見された。吐息ひとつ聞こえなかった。一七〇六年十二月二十八日、享年五十九歳一カ月十日だった。

この略伝で言及した著作のほかにも、ベール氏は次のものを著わした。一、「魂・神・悪に関する四巻の書への反論」というもの。この小品は、アムステルダムのブロー書店から一六八五年に四折判で出たポワレ氏の『神・魂・悪に関する理性的思索』第二版の中で活字にされた。二、カーンのイエズス会士ヴァロワ〔正しくはル・ヴァロワ〕神父に反駁した「物体の本質について」という論考。三、ユニウス・ブルトゥスの書についての論考。ベール氏はこの書をテオドール・ド・ベーズのものと考えた〔誤り。ベールはユベール・ランゲを著者と推定した〕が、ユニウス・ブルトゥスの名であの本を書いたのはユベール・ランゲである。同書は『ステファヌス・ユニウス・ブルトゥス著、暴君に対する自由の擁護。または、人民に対する君主の、君主に対する人民の正当な権能について』という題で、アムステルダムから何度も八折や十二折で刊行された。特に、ワルケネル書店から一六六〇年に十二折で出た版が挙げられる。ユニウス・ブルトゥスの書をめぐるこの論考は、『批評辞典』の巻末に収められた。四、「匿名の著作について」というラテン語の手紙。この文書は世にもお粗末なものと自ら言っていた。[*1]「カルラの暦」によると、それを書いたのは一六八六年、三十八歳の時だった。五、辞典の補遺。二折判（フォリオ）一巻の予定で、もうすぐ刊行される。この補遺は前から約束していたものだが、[*2] ベール氏はその仕事に嫌気がさしていたらしい。[*3] そう言ったのは一七〇六年九月二十一日、五十八歳の時で、この世を去る三（み）月と七日前だから、補遺はベール氏の手で完成できなかったにちがいない。この人は当時、ジャクロ氏とル・クレール氏を相手にした『マクシムとテミストの対談』に掛り切りだったからである。六、死後に以下のものがみつかった。歴史と哲学の講義、名士たちの略伝、『マンブール氏の《カルヴァン派史》の批判』の続き、神話辞典、グスターヴ大王の生涯を述べた見事な論説、多数の手紙、仕上げられなかった幾多の論考。

＊1　『書簡選』第二巻、書簡二百二十五〔正しくは百二十五〕、四八三ページ。
＊2　書簡百九十二、七三四ページ、および書簡百九十七、七四七ページ。
＊3　書簡二百四十九、九五六ページ。

## ベール氏の人柄

ベール氏は歴史・文学にかけては第一級の学者で、大哲学者、すぐれた形而上学者でもあった。正確・繊細・慧眼・闊達な精神と、

活潑・絢爛・豊饒な想像力の持ち主で、

驚異的なほど物覚えが良く、どんなことでも細かな状況に至るまでやすやすと記憶し、覚えたら二度と忘れなかった。

心は優しく、まっすぐで、協調性があり、付き合いやすく、交際して気持良かった。その交友にはいつも、他人に求めるよりはるかに多くのものを自分の方から拠出した。

親兄弟や友人には思いやりがあって親切だった。何事につけそういう人を大事にした。

気質からして争いごとが嫌いなので[*1]、大学に奉職したがらなかった。文人の恥でもあるが、およそ大学には内紛とか、やっかみから来る喧嘩などが多すぎるからである。

＊1　『書簡選』第一巻、書簡七十、二四七ページ。

品行は実に清らかだった。この人をよく知る者は、女性との乱れた関係を思わすような事例は一度もなかったと請け合っている。

節制・節酒・節食を貫き、快楽や名誉や富には超然としていた。

召使は一人も雇わず、収入がなくても貧乏しない術を心得ていた。

学者にはあまりにありがちな虚栄心がない人で、他人の作品は好んで褒めた。誰より激しく自分を非難したジュリュー氏の或る著作すら褒めたが[*1]、その一方で、四方から寄せられる正当な讃辞は受け付けなかった。

＊1　『書簡選』第二巻、書簡百七十七、六七九ページ。

間違いを犯した不快感より知らないことを知る快感にいっそう敏感だった[*1]から、自作についての意見を学者たちに求め、寄せられればそれを受けいれた。驚くほど従順にそういう意見に従い、公に心から礼を言って感謝の気持を表わした。

＊1 『書簡選』第二巻、書簡二百五、三八七〔正しくは七八七〕ページ。

勤勉で、疲れを知らず、四十歳になるまで日に十四時間仕事をした。「二十歳(はたち)の頃から、閑(ひま)になったという記憶はほとんどありません」と友達への手紙にも書いている。[＊1]

＊1 『書簡選』第二巻、デ・メゾー氏に宛てた書簡百八十一、六九三ページ。

体はとても弱かったが、いたわることはしなかった。生きることにそれほど無頓着だったのだ。

文体は多少モンテーニュに似て、生き生きして、大胆で、自然で、伸びやかで、かなりきちんとしていたが、物覚えの良さと深い学識のため往々にして、長いが勉強になる余談に陥った。しかし、出したい帰結に役立つもの、さらには必要なものとして余談を元へ引き戻す腕を持っていた。

書き物でキリスト教の精神を常に守り、その宗教が許す表現からたえて外れなかったら幸いだったのに。

# 解説

## ピエール・デ・メゾーと『ベール氏伝』

# 解説目次

## I　ピエール・ベール伝の諸段階

『ピエール・ベール伝』としてここに訳出した友人ピエール・デ・メゾー（またはデメゾー、一六七三―一七四五）の『ベール氏伝』（Pierre Des Maizeaux〔Desmaizeaux〕, La Vie de Mr. Bayle）（一七三〇年）は、ピエール・ベール（一六四七―一七〇六）の死後二十四年にして発表され、ほぼ同時代に書かれた最も纏った、最も信頼するに足るベール伝として、その後この思想家を語る者が常に座右に置きながら、折にふれ参照し依拠し続けたものである。ピエール・ベールの研究は十九世紀以後夥しい数に上り、その思想については様々な解釈がなされたが、ベールの纏まった伝記はその後遂に書かれることはなかったから、この『ベール氏伝』は今もなおピエール・ベール伝の「決定版」ともいうべき地位を保っている。たしかに、エリザベート・ラブルース（一九一四―二〇〇〇）が一九六三年に著わした『ピエール・ベール。I、フォワの国からエラスムスの町へ』[*1]は、緻密な調査によってピエール・ベールの生涯とそれを取り巻く時代状況について種々の新たな知見を与えてくれたが、この作品は厳密に言えば「伝記」というより、もっぱら専門研究者を対象とした学問的な「伝記研究」であり、しかも、それがキャンバスとして用いたのはここでもやはりデ・メゾーの『ベール氏伝』であった。それ以外に方法がなかったのであろう。訳者自身も、補巻を入れて全九巻に上る『ピエール・ベール著作集』の各巻に付した解説文では、こと伝記的事実に関する限り、この『ベール氏伝』をラブルースの伝記研究とともに最も多く利用してきた。デ・メゾーの記述を引用・援用した回数は数え切れない。

＊1　Elisabeth Labrousse, Pierre Bayle. Tome I : Du pays de Foix à la cité d'Erasme, La Haye, 1963.

しかし、ピエール・ベール伝のこの「決定版」も一挙にして出来上がったものではなく、そこに至るまでには様々な曲折があった。以下、掻い摘んで、その前段階のあらましを述べておこう。

ピエール・ベールの伝記として時期的に最も早く発表されたのは、本訳書巻末の「ベール伝資料」の1として訳出した「ベール氏讃」(Éloge de Mr. Bayle)である。これは、ベールの親友のアンリ・バナージュ・ド・ボーヴァル(一六五六―一七一〇、訳註〔七二〕)がオランダのロッテルダムで発行する月刊の学芸新聞『学芸著作史』(Histoire des Ouvrages des Savans)の一七〇六年十二月号に記事九として掲載された。ベールが世を去ったのはこの年の十二月二十八日で、この十二月号は翌一七〇七年の一月に出たものと思われる。いずれにせよ、これはベールの死の直後にしたためられた追悼文で、その生涯をごく簡略に跡づけていた。ただし、そこで辿られるベールの伝記は、もっぱら、この思想家がセダンのプロテスタント大学の哲学の教授となった一六七五年以後のみであり、したがって、一六六九年にベールが二十一歳にしてカトリックに改宗し、翌年更めて改革派教会に復帰したという青年期の最も重大な事件はおそらく意図的に伏せられていた。かようなプロテスタンティズムへの再改宗が当時フランスでは「再転落者(ルラプス)」の名で法的に厳禁されていた(再改宗後、ベールがただちにジュネーヴへ逃亡したのもそのためだった)こともこの隠蔽の一因であろうが、何よりも、亡命プロテスタントの読書人を中心的な読者層とするこの新聞としては、およそプロテスタントの目にはベールの生涯の汚点としか映らないこのカトリックへの一時改宗を、故人の名誉のためにも一切語りたくなかったというのが最大の理由だったと思われる。一六九一年以後にベールが改革派指導者ピエール・ジュリュー（一六三七―一七一三、訳註〔六九〕）と行なった政治路線をめぐる凄じい論争や、また晩年、ジャン・ル・クレール（一六五七―一七三六、訳註〔一四九〕）、イザーク・ジャクロ（一六四七―一七〇八、訳註〔三八五〕）などリベラル派の神学者たちと行なったこれまた凄絶な神学・哲学論争がこの略伝でほとんど言及されないのも、プロテスタントの読者たちへの配慮からとしか考えられない。ベール＝ジュリュー論争のきっかけとなった匿名文書『亡命者に与うる重大なる忠告』（一六九〇年、訳註〔二七二〕）の作者いかんについて、「ベール氏讃」はあくまで断定を差し控えつつも、語調は明らかにベールの関与を認める側へ大きく傾いていたが、こういう見かたも亡命プロテスタント中の多数意見と合致していた。

最初のベール伝ともいえるこの「ベール氏讃」の際立った特徴は、ピエール・ベールの人物とその思想・言説とがそこで慎重に区別されていたことだった。前者については、「この人の生活ぶりはまさに哲人そのものだった。派手嫌いで、野心もなく、他人を押しのけることはけっしてせず、粗食どころか無感覚と言えるほど酒食を節し、精神的なもの以外どんな快楽にも無関心で、まるで情念に襲われることがないかのようだった」（本書、五〇七―五〇八ページ）という言葉が示すとおり、そこに描き出された人間ベールは世俗的欲望とは全く無縁な求道的学者、この引用文にもあるように「まさに哲人そのもの」で、かようなベール像はデ・メゾーの『ベール氏伝』にもそのまま受け継がれ、やがて十八世紀に広く流布することとなった。

しかし、ことベールの思想・言説に関する限り、この「ベール氏讃」には弁護的な色彩が至って稀薄だった。たとえば、初期のベールが最も力を注いだ「宗教的寛容」の主張についても、追悼文は「良心の自由というのがこの人の好みのドグマだった」（本書、五〇四ページ）という多分に距離を置いた言いかたをして、普遍的寛容という提言への賛否は慎重に保留したし、『歴史批評辞典』の哲学的・神学的論議についても、ベールをスピノザ主義者とする非難は事実無根として斥けつつ、摂理と悪の関係をめぐる「マニ教問題」に関しては、「それ〔スピノザ主義の問題〕より攻撃の余地を与えたのはマニ教徒やパウリキウス派の項だった。悪の起源と罪の許可をめぐる彼らの異論を利用したのだが、もしかすると、新たな論拠を自ら提供したのかもしれない」（本書、五〇六ページ）として、当時各方面からされたその点をめぐるベール批判を半ばは肯定するかのようだった。こうした語調は、「こと宗教については、持ち前の懐疑とピュロン主義の精神にこの人は身を委ねすぎ、困難をみつける明敏さを推し進めすぎた。もっと慎重に自分の考えを説明できたはずである。理性の傲りを挫きたいあまり、十分世の人をいたわらず、想像力を羽ばたかせ、精神の放縦となんなら呼べそうな自由に流れてしまった」（本書、五〇八ページ）という結びの部分の明確なベール批判へと導いてゆくものである。思想だけではない。『歴史批評辞典』が出版当初から非難された表現の猥褻さについても、著者は一切ベールを弁護しなかった。同じ結びの部分では、この点に関し次のように述べていたからである。「いちばん大事なのは、書き物でこの人がいささか羽目をはずしすぎ、女性についてやや放縦に流れたことである。礼儀作法からはずれることがえてしてあった。書斎に独り引きこもったのでは身につかぬ上流社会のしきたりを心得ていたら、軽口を言うにももっと控え目にし、巧みに匂わすだけでわざわざ言う必要もない或る種のことはもっとデリケートにオブラートでくるんだはずである。」（本書、五〇八ページ）

デ・メゾーが『ベール氏伝』に付録として付けた『歴史批評辞典』をめぐるロッテルダムの改革派ワロン教会（フランス語教会）長老会議の議事録からも明らかなとおり、表現の猥褻さにせよ、「マニ教問題」での理論的逸脱にせよ、過度の「ピュロン主義」にせよ、「ベール氏讃」がベールと『辞典』に寄せる批判はことごとく、『辞典』刊行当初にワロン教会長老会議がこの書への批判として纏め、第二版での改善を作者に求めたものだった（ベールは第二版でも実際上改訂はせず、巻末に数篇の釈明文を付すだけに止めたが）。つまり、「ベール氏讃」は一方で人間ベールを「哲人」として理想化し、その人柄と豊かな学殖を高く評価しながら、思想と言説については教会当局が当初から示したのと同じ批判的姿勢に終始したと言ってよい。文章の末尾で述べる最終評価が、知識と天分、学殖と才気を兼ね具える稀有な人物として故人を称揚しつつも、「当代の学者の中にベール氏より上の人が何人かいても、ベール氏より下の人の方がそれより多い」（本書、五〇九ページ）として、評点は「学者の中で中間より上」、つまりは「中の上」程度に止めたのも、こういう姿勢から考えれば当然だった。ベールに心酔するパリの弁護士マティユ・マレ（一六六五―一七三七、訳註（一四））があまりに低いこの評点に憤慨して、「ベールより上の学者」がいるなら名を挙げてみよと述べたりした（レスキュールが刊行した『マティユ・マレの日記と覚書』、一八六三―六八年、第一巻、一〇四ページ）のも、これまた当然と言わねばならない。ともあれ、全体としてこの「ベール氏讃」は、正統的なプロテスタントが正統的なプロテスタントのためにしたためた、多大の思想的留保を含む追悼文と評してよい。

「ベール氏讃」は無署名の記事ゆえ、『学芸著作史』の発行者であるバナージュ・ド・ボーヴァル自身が書いたものと当初は考えられ、現に本書でも、それを再三引用するデ・メゾーはバナージュ・ド・ボーヴァルのものとしているが、多分に批判的なその内容からして、現在では、バナージュ・ド・ボーヴァルの兄で同じくベールの親友であり、ロッテルダムのワロン教会の牧師であったジャック・バナージュ（一六五三―一七二三、訳註（六））が書いたとする説が支配的である。訳者も一応その説に随（したが）った。いずれにせよ、ベールが死んで間もない頃に広く使われたベールの伝記はこの「ベール氏讃」で、これはフランスのイエズス会士らが発行する『トレヴー新聞』(Mémoires de Trévoux)にも「故ベール氏の生涯と著作についての覚書、オランダから送られたもの」という題で盗用され(一七〇七年四月号。イエズス会系の新聞ゆえ、細部では多少手直しされたが)、一七一四年にロッテルダムで出版された『ベール氏書簡選』(十二折判三巻)でも、一七二九年にアムステルダムで出版された『ベール氏書簡集』(十二折判三巻)でも、ともに第一巻の冒頭にバナージュ・ド・ボーヴァルの作として掲げられた。

年代上この「ベール氏讃」の次に来るのは、一七〇八年にロンドンで刊行された『ベール氏伝、イギリスの或る貴族への手紙の形で』(The Life of Mr. Bayle, in a Letter to a Peer of Great Britain)という英語のベール伝だった。これは、ベールの初期の代表作『彗星雑考』の英訳版(Miscellaneous Reflections, occasion'd by the Comet which appear'd in December 1680, chiefly tending to explode Popular Superstitions, written to a Doctor of the Sorbon, London, 1708)に付けて(第二巻の第二部として)刊行されたもので、八折判全二百二十四ページ(ページ立ては独立)からなり、最後に一七〇七年十二月一日と擱筆の日付が付せられていた。この英語のベール伝は前記のジャック・バナージュが書いたと考える研究者もいたが[*1]、本書と同じくピエール・デ・メゾーの手になるとする説が古くから有力で、ブルームの画期的なデ・メゾー研究[*2]以来、今ではそのとおりデ・メゾーの作と確定されている。標題に登場する「或る貴族」とは、ほかでもない、道徳哲学者として歴史的な知名度ではベールに優るとも劣らぬ第三代シャフツベリ伯爵アントニ・アシュリ・クーパー(一六七一—一七一三、訳註(五))だった。『学術新聞』(Journal des Savans)の一七〇九年三月号補遺に掲載された同年二月十八日付のデ・メゾーの手紙は、このベール伝の執筆の経緯を以下のように述べている。「およそ一年半前のことですが、身分に劣らずお人柄もすぐれたベール氏をよく識る或る貴人

THE

LIFE

OF

Mr. Bayle.

IN A

LETTER

TO A

Peer of *Great Britain*.

---

*LONDON*;

Printed in the Year M. DCC. VIII.

デ・メゾーの英語版『ベール氏伝』（1708年）の扉

が、あの高名な哲学者の生涯について知っている特に興味深いことを教えてくれとおっしゃいました。そこでさっそく、手もとにある材料を全部集めて連続した一代記風のものを作り、そのかたへ送りました。ちょうどその頃、『彗星雑考』の英訳の印刷が始まっていて、たまたまその原稿の写しを手に入れた本屋がそれを〔フランス語から英語へ〕訳させ、ベール氏が付していた『〔彗星雑考〕付記』のかわりに、それを『彗星雑考』の第二巻に加えたのです。」この報告を信用すれば、デ・メゾーがシャフツベリからベール伝作成の依頼を受けたのはベールが死んで約八カ月後の一七〇七年八月頃のことで、それから同年十二月一日までにこの伝記は執筆されたことになる。シャフツベリはデ・メゾーより古くからベールを識っており、ロッテルダムに住んだこともあっただけにベールとは何度も会って歓談した仲だったが、親しかった割にはベールの生涯を系統立てては知らなかったのかもしれないし、あるいは、もともとベールから紹介を受けた生活不如意なこの若い亡命者に仕事の機会を提供してやろうという親心からこういう依頼をしたのかもしれない。

＊1　たとえば、Léo Pierre Courtines, Bayle's Relations with England and the English, New York, 1938, p. 136.
＊2　J. H. Broome, An Agent in Anglo-French Relationships: Pierre Des Maizeaux, 1673-1745. Thesis presented for the degree of Ph. D., 1949. 未刊。

フランス語で書かれたデ・メゾーの原稿を英語に訳したのは、ジョルジュ・アスコリによるとロンドン在住の亡命フランス人ジャーナリスト、ミシェル・ド・ラ・ロッシュ（一七四二歿）だというが、この翻訳にデ・メゾーはいたく不満で、英訳者が勝手に原文の削除・訂正・加筆をしたこと、元のフランス語原稿にあった註の部分を全面的にカットしたことなどに憤り、この英訳を否認して、「そんなものは一行も書いていない」（『学術新聞』一七〇八年八月号補遺）とまで言った。しかし、英訳の出来はともかく、一七〇八年に出たこの英語のベール伝がここに訳出した一七三〇年のフランス語版ベール伝の最初の下書きをなしたことは間違いない。

この下書きと完成版とを読み較べると、当然ながらある両者の共通点とともに、少なからぬ相違点もあるのに気付く。たとえば、ベールとピエール・ジュリューとの積年の確執について著者が徹頭徹尾ベール擁護の立場を取り、ジュリューについては文字どおり「狂信者」、「迫害者」としか言えぬ姿に描いていること、またこの確執の発端となった『亡命者に与うる重大なる忠告』(一六九〇年)の著者同定の問題については、ポール・ペリソン(一六二四―九三、訳註〔二四八〕)著者説、ダニエル・ド・ラロック(一六六〇―一七三一、訳註〔一三一〕)著者説、ベール著者説の三論を併記して、いずれが正しいか断定は差し控えつつも、この亡命者攻撃書をひそかに執筆したとするベールへの非難を可能な限り濯ごうとしていることなどは、二つのベール伝に共通するデ・メゾー固有のスタンスと言ってよい。同時に、完成版が下書きのほぼ三倍の長さであるという量の問題もさることながら、両者の間にはいくつかの著しい相違があった。何よりも大きいのは、完成版に比して下書きの段階では著者の用いる材料が至って限られていたことである。英語の伝記の始めでデ・メゾーは、「数年にわたる付き合いの中でベール氏が自分の生涯について教えてくれたことと、著作のいくつかのくだりで自分自身について述べたことを閣下〔シャフツベリ〕にお伝えいたします」(五ページ)と述べているが、それから見ると、この伝記を書くに当たって著者が用いた材料は、ベールから直接聞いた伝記的事実と公刊されたベールの著作が主体をなしたようである。もちろん、オランダにいるベールの親友ジャック・バナージュから種々の情報を得ることはこの段階でもすでに行なわれていたが、デ・メゾーはまだベールの手紙の蒐集を始めておらず、したがってその書簡も執筆の材料としては用いられなかった。ベールが生前ラテン語でしたため、死後に相続人の手に渡った履歴書

「カルラの暦」も、デ・メゾーはいまだそれの写しを入手しておらず、フランス語の伝記に付録として収められたその履歴書に基づいて完成版では異常なほど厳密にされる主要な事件の日付確定なども英語の下書きではいまだに全くなされなかった。また、ベールの手紙類を参照できなかったところから、完成版では多くの紙数を充てられるスエーデンのクリスティーナ元女王（一六二六—八九、在位一六三二—五四、訳註〔一五〕）との一件（『文芸共和国便り』の或る記事について元女王が手紙で激しくベールに抗議し、ベールが陳謝して事なきを得たこと）なども英語の伝記では語られず、青年期の改宗と再改宗の経緯についてもしごく簡略にしか触れられなかった。つまり、あらゆる意味で、一七〇八年に発表された英語のベール伝は、二十二年後に出るフランス語の伝記に較べて内容的にきわめて不十分なものだったと言ってよい。デ・メゾーがその後、アムステルダムに住む親友のシャルル・ド・ラ・モット（一七五一歿、訳註〔四〕）や、パリに住む前出のマティユ・マレを介してベールの手紙の精力的な蒐集に当たり、一七一四年の『ベール氏書簡選』（刊行地ロッテルダム）と一七二九年の『ベール氏書簡集』（刊行地アムステルダム）という二種類のベール書簡集を世に出した（追って述べるとおり、一七一四年のものは他者に編集権を奪われて、結果は意に添わぬものとなったが）のも、一つには、最初の伝記の不十分さを自ら自覚して、いずれ本格的なベール伝と世に問うべく、そのための材料集めをしたのであろう。

英語の国際的な流通力がごく限られていた当時のこととて、デ・メゾーの手になるこの英語のベール伝は後に出るフランス語の伝記ほど普及することはなかったが、それでも、ドイツの学芸新聞『ライプツィヒ学報』（Acta Eruditorum Lipsiensia）には一七一一年にそのラテン語訳が掲載された。さらに、フランス語から英語に訳したこの伝記を再度フランス語に重訳するといういささか滑稽な計画も立てられたらしく、後段に登場する一七一六年の「『ベール氏とその著作の歴史』の厳密な見直し」には、すでにその翻訳は出来ていて、オランダの某出版社にあるとすら述べられていた。それどころか、オラトリオ会士の書誌学者ジャック・ル・ロン（一六六五—一七二一）が著わした『フランス歴史文庫』（パリ、一七一九年）には、その仏訳が一七一二年にロッテルダムで出版されたとすらあった。[*1] ただ、このル・ロンの記述は確認されていないようであり、ラブルースなどは仏訳の計画は挫折したと断定している。この仏訳版の存否についても訳者も確たることは何も言えないが、少なくとも、それの実物はおろか、それが実在するという確実な証拠もいまだ目にしたことはない。

＊1　Pierre Rétat, Le Dictionnaire de Bayle et la lutte philosophique au XVIIIe siècle, Paris, 1971, p. 56による。

デ・メゾーの英語の『ベール氏伝』をベールの伝記の第二段階とすれば、第三の段階は本訳書の巻末に「ベール伝資料」の2として収めた、デュ・ルヴェ師の手になる略伝『ベール氏とその著作の歴史』(Abbé Du Revest, Histoire de Mr. Bayle et de ses ouvrages) であった。これは一七一五年にジュネーヴで刊行された『歴史批評辞典』の第三版（海賊版、二折判三巻）の第一巻冒頭に全十三ページにわたって掲げられたもので、同時に、同じジュネーヴの書店から十二折判全五十五ページの単行本としても出版された。当初は匿名だったこの伝記は翌一七一六年にアムステルダムから再版されたが、デュ・ルヴェ師がもともと原稿をベルナール・ド・ラ・モノワ（一六四一—一七二八、訳註〈一八〉）に見せ、ラ・モノワがそれに手を入れていたところから、一七一六年版は著者としてラ・モノワの名を掲げていた。ただし、追って述べるように、この一七一六年版は標題とは裏腹に、十二折判全五百七十六ページ中、『ベール氏とその著作の歴史』自体が占めるのは冒頭の僅か五十一ページのみで、本の中心をなすのはそれの記述の誤りや不適切な表現などを摘発した「『ベール氏とその著作の歴史』の厳密な見直し」という長大な論文だったが、い

HISTOIRE

DE

M^R. BAYLE

ET DE

SES OUVRAGES.

A GENEVE,

Chez FABRI & BARRILLOT.

M. DCC, XV.

デュ・ルヴェ師の『ベール氏とその著作の歴史』（1715年）の扉

ずれにせよ、この一七一六年版で『ベール氏とその著作の歴史』の著者とされたラ・モノワはただちに『学術新聞』紙上（一七一六年、五二七ページ）でそれに厳重な抗議をし、これを受けて、一七一九年にジュネーヴで単行本として出た『ベール氏とその著作の歴史』の新版では、著者としてデュ・ルヴェ師の名が明記された。その後、一七二二年にジュネーヴで出た『歴史批評辞典補遺』（二折判一巻）の巻頭には二折判全四十七ページにわたって、前記の「厳密な見直し」の内容を加味して大幅に増補・改訂した『ベール氏とその著作の歴史』の新しい版が掲げられた。本訳書の巻末に訳出したのはこの改訂版ではなく、一七一五年に発表された最初の版で、単行本のテキストを底本としている。

著者のデュ・ルヴェ師なる人物は洗礼名すらも分っていないが、いずれにしろ、ジャック・バナージュが書いたらしい「ベール氏讃」やデ・メゾーの筆になる英語の伝記がいずれも亡命プロテスタントが著わした「プロテスタント的」なベール伝だったのに対し、この『ベール氏とその著作の歴史』はカトリックの一聖職者が執筆した「カトリック的」というより多分に没宗派的なベール伝だった。そこに描かれたピエール・ベールは何よりも「大哲学者で同時に大人文学者」（本書、五一〇ページ）、「歴史・文学にかけては第一級の学者」（本書、五四〇ページ）であり、その『歴史批評辞典』には次のような讃辞が寄せられていた。「あの大作『ベール氏の歴史批評辞典』ほど有益で勉強になり、同時に読んで楽しい本はかつて出たためしがないと請け合ってもいい。そこに見られるのは無味乾燥な事実の退屈な錯綜でも、往々関係者の虚栄心と筆者の物欲しさに応じて書き写されるガラクタのような系図の山でもなかった。国も宗教も問わずあらゆる分野の高名な人物がありのままに描かれ、それぞれの個性がくわしく述べられ、行動の状況、行為の動機、所説・意見——良きにつけ悪しきにつけ——の詳細などが、生き生きした、肩の凝らない、自然でエレガントな文体で論議され、それには筋の通った厳密な批評が伴い、誠に面白いが同時にきわめて道理に適った種々の考察が添えられていた。形式はかなり特異とはいえ、辞典の対象はほぼ万般にわたった。宗教・道徳・哲学・雄弁術・年代学・数学、その他多くの学問の様々な問題も扱われ、その学殖は一流学者すら驚くほどで、文芸を愛し偉人を知ろうとする人が楽しみつつ学ぶのに打って付けだった。」（本書、五二七―五二八ページ）これは全体として、十八世紀初頭に宗派も国籍も問わぬ全ヨーロッパの学者たち、学問愛好家たちが「批評学の一大傑作」としてベールの辞典に呈した没イデオロギー的な多大の讃辞を要約したようなものであり、とりわけ、当時フランスのカトリック世界にこの作品がいかなるものとして受容されたかをよく示していた。もっとも、筆者の宗教的立場がそこで完全に没却されていたわけでもなく、そのことはたとえば、ベールが宗教的寛容を強力に主張した『〈強いて入らしめよ〉というイエス・キリストの言葉に関する哲学的註解』を筆者が「恨み辛みの木になった苦い実」（本書、五二〇ページ）と呼んで、この書については全否定に近い立場を取ったこと、また、「書き物でキリスト教の精神を常に守り、その宗教が許す表現からたえて外れなかったら幸いだったのに」（本書、五四二ページ）という最後の言葉も示すとおり、思想の内容や表現にはあえて賛同を差し控えたことにも現われていた。かような思想的留保は改革派の牧師バナージュの「ベール氏讃」がベールの思想に対して終始かなりの距離を置いていたのと相通じるものがあり、プロテスタントであろうとカトリックであろうと、およそ聖職者の手になるベール伝はそうでしかありえなかったと考えられる。

『ベール氏とその著作の歴史』がピエール・ベール伝の「新段階」を画したのは、それに先立つ二つのベール略伝に比して用いる材料が格段に豊富化していたからだった。それはとりわけ二つの面に現われていた。第一は、すでにその前年（一七一四年）に、デ・メゾーの集めたベールの手紙類が『ベール氏書簡選』の題でロッテルダムから十二折判三巻本で出版されており、デュ・ルヴェ師はそれを利用できたことである。「ベール氏讃」でもデ・メゾーの英語の伝記でも触れられなかったクリスティーナ元女王との一件が『ベール氏とその著作の歴史』に初めて登場したのも、関係するベールとクリスティーナ双方の手紙がこの『書簡選』に収められていたからだった。第二は、デュ・ルヴェ師が直接にか間接にか、ベールの書類を相続したあの哲学者の従兄弟の子シャルル・ブリュギエール・ド・ノーディスと連絡して資料の提供を受けていたことである。『書簡選』には収められていないベールからその母に宛てた一六七五年四月十六日付の手紙が『ベール氏とその著作の歴史』で全文公表され、ルアン滞在中に描かれたベールの肖像画が実在することがそれによって明らかになったのも、デュ・ルヴェ師がその手紙を相続人から提供されていたからだったが、何よりも重要なのは、ベール自筆の履歴書「カルラの暦」の写しを同師が同じ相続人から入手していたことだった。この履歴書を用いることで、ベールの前半生の主要な出来事がきわめて正確にその日付を確定された。「カルラの暦」はやがて出るデ・メゾーのフランス語のベール伝でフルに活用され、巻末の付録としてラテン語原文と仏訳文とがともどもに発表されたが、その道を切り開いたのはそれより十五年も早い『ベール氏とその著作の歴史』であった。ベールの手紙類と「カルラの暦」という貴重な二つの情報源を得て、ベール伝はここに質的な飛躍が可能となった。

ただし、こうした有利な条件を筆者が十分活かし切ったとは到底言えない。ベールの手紙類の利用がさほどなされていないのは別としても、『ベール氏とその著作の歴史』は短い割にあまりにも誤りの多い杜撰な伝記だった。開巻劈頭から、ベールの父と兄の名がいずれもギヨーム・ベールと誤記され（正しくは、父はジャン・ベール、兄はジャコブ・ベールだった）、母の旧姓もド・ブリュギエールがド・ブリュニエールと書かれていた。それらの誤記は一七二二年の改訂版でも完全には訂正されず、現にそこでも、兄の名はジャコブに、母の旧姓はド・ブリュギエールに正しく改められたとはいえ、父の名は依然ギヨームのままだった。また、せっかく「カルラの暦」を入手しても、提供されたそれの写しが不備・不正確だったからか、かえってそのため筆者が誤りに陥った個所もあった。たとえば、この履歴書の一六六九年三月十九日の項（カトリックへの改宗を述べた重要な項である）には、「皇帝ノ御座所デアル町ノ名ヲ持ツイグナティウスノ徒ノモトデ」といういささか謎めいたくだりがある。「町」とはむろん古代ローマ、フランス語では「ローム」のことで、これは当時トゥールーズのイエズス会の学院で哲学の教師をしていたローム神父という人物を言うのだが、デュ・ルヴェ師はイエズス会士を意味する「イグナティウスの徒」Ignatianus（イエズス会の創立者イグナティウス・デ・ロヨラの名から来る）の奪格Ignatianoを二つに分断して、イニャース・ノ（Ignace No）神父などという珍妙な架空の人名を拵え上げ、この滑稽な誤読は「厳密な見直し」による摘発をも免れて、一七二二年の改訂版でも改められなかった（もっとも、この点で筆者を責めるのは酷かもしれない。「カルラの暦」の仏訳をラテン語原文と並べて掲げたデ・メゾーも、このくだりだけは解読不能としてあえて訳さなかったし、イエズス会の学院の教師にピエール・ローム神父なる者がいたのを突き止めてこのくだりを初めて理解可能にしたのは、遠く二十世紀も後半のエリザベート・ラブルースだったからである）。こうして、ベールの手紙と「カルラの暦」という新たな武器が具わりながらも、それらを十分活用する仕事は後人に託されることとなった。

『ベール氏とその著作の歴史』に誤りが多いことは発表当初から広く気付かれていたらしい。翌年（一七一六年）すぐ、この書はベルナール・ド・ラ・モノワの作としてアムステルダムで再刊されたが、前述のとおり、この一七一六年版の中心をなすのはこの書の誤記や不適切な表現などを全五十三項にわたって詳細に摘発した「『ベール氏とその著作の歴史』の厳密な見直し」（Exacte Revue de l'Histoire de Mr. Bayle et de ses ouvrages）という大論文（五二一—二九六ページ）で、それにさらに、『亡命者に与うる重大なる忠

# HISTOIRE
DE
# Mr. BAYLE
ET DE
# SES OUVRAGES.

Par Mr. DE LA MONNOYE.

*Nouvelle Edition augmentée des Piéces ſuivantes :*

I. EXACTE REVUE de l'*Hiſtoire de Mr. Bayle*, &c. contenant des Corrections, & des Additions conſidérables, &c.

II. DISSERTATION, où l'on découvre le véritable Auteur de l'*Avis aux Réfugiez*, &c. par Mr. *de la Baſtide*.

III. Trois LETTRES Critiques ſur les Editions, faites à Rotterdam, du *Commentaire Philoſophique*, & des *Lettres* de Mr. Bayle ; Avec une APOSTILLE curieuſe, &c.

IV. FACTUM des Amis de Mr. Bayle, contre la nouvelle Edition de ſon *Dictionnaire*, qui ſe fait a Rotterdam.

A AMSTERDAM,

Chez JAQUES DESBORDES.

M. DCC. XVI.

『ベール氏とその著作の歴史』1716年版の扉

告』の著者はポール・ペリソンであるとしたマルク゠アントワーヌ・ド・ラ・バスティード（一六二四頃―一七〇四、訳註〔三五九〕）の論考、ベールの『哲学的註解』の新版（ロッテルダム、一七一三年）の造りを批判した「ジュネーヴからの手紙」、『ベール氏書簡選』（ロッテルダム、一七一四年）に関する「批判的指摘」、同じく『書簡選』をめぐるデ・メゾーからピエール・コスト（一六六八―一七四七、訳註〔四二九〕）への手紙、「註または新型の対話」、ロッテルダムで作成中の『歴史批評辞典』の新版（やがて第四版〔第三版と表記〕として一七二〇年に出版される）は偽造・改竄されているとする「ベール氏の友人たちの公開状、または公衆への重大なる忠告」という計六点の文書を付してこの版は作られていた。この一七一六年版を編んだのはほかならぬピエール・デ・メゾーであり、前記六点の文書中、ラ・バスティードの論考以外の五点はいずれもデ・メゾーの宿敵プロスペル・マルシャン（一六七八―一七五六）を攻撃したもので、デ・メゾー自身が書いたと推定されている。中心をなす「厳密な見直し」自体は、内容から見てイギリス事情に精通した者が書いたに相違なく、筆者は一応、イギリスとオランダを股にかけた亡命プロテスタントの学者、ジャーナリストでイギリス国教会の聖職者でもあったジャン・マッソン（一六八〇？―一七五〇、訳註〔一九〕）と考えられているが、プロスペル・マルシャンへの攻撃が随所に散見するところから見て、デ・メゾーの手もおそらく入っていたのであろう。だがまた、「厳密な見直し」の筆者はベールの晩年の論敵ジャン・ル・クレール（一六五七―一七三六、訳註〔一四九〕）に対して異常に激しい敵意を燃やし、到る所であの「アムステルダムの神学者」を糾弾して、ベールとル・クレールの対立の遠因はベールが第三者に送った手紙をル・クレールが卑劣にも盗み見て信書の秘密を侵したことにあったという暴露話までしているが、ル・クレールに多大の恩義があったデ・メゾーがこんなことを書くとはまず考えられないから、「厳密な見直し」の全体がデ・メゾーの色に染め上げられていたとも言えない。「厳密な見直し」の筆者は『ベール氏とその著作の歴史』の誤りを摘発するに際してもデ・メゾーの書いた英語の『ベール氏伝』を大幅に材料として用いており、また逆に、この「厳密な見直し」の内容がやがて出るデ・メゾーのフランス語の『ベール氏伝』に採り入れられたことも少なくないから、デ・メゾーと「厳密な見直し」の筆者とはいわば相互依存の関係にあったと考えるべきだろう。前記の暴露話（これはデ・メゾーのフランス語の伝記には採り入れられなかったが）も含めて、この「厳密な見直し」で初めて紹介されるベール伝関係の事実もいくつかあったが、全体として見れば、この長い文書は『ベール氏とその著作の歴史』に付せられた厖大な正誤表のようなもので、互に無関係な五十三もの項目に細分されて連続した流れをなさないのみならず、無数の余談で話がたえず脇道に逸れるその叙述は到底ベールの伝記と呼びうるようなものではなかった。

この「厳密な見直し」では、「デ・メゾー氏の『ベール氏伝』はこんなに前から皆が首を長くして待っているもので、この人がすでに世に出した他の著作を読んで以来、その待ち遠しさはいや増した」（六一ページ）と言われているが、そこで言う『ベール氏伝』こそ、やがてピエール・ベール伝の決定版となり同時にデ・メゾーの代表作ともなるここに訳出したフランス語の伝記であった。筆者が「こんなに前から」の待望と言ったのも、或る意味では当然だったと思われる。デ・メゾーが真正なベール伝の執筆を世の人に約束したのは、「厳密な見直し」より七年も前の一七〇九年春に遡るからだった。すでに他の個所を引いたものだが、『学術新聞』の同年三月号に掲載された手紙（一七〇九年二月十八日付）の中で、デ・メゾーは「私はこのベール氏伝を真正且つ本来の形で出す予定です。いつのことかと訊かれたら、全然分りませんと率直に申しましょう」と言っていた。この手紙は全体として、前年にロンドンで出た英語のべール伝を貶し否認するためのもので、「真正且つ本来の形」という言葉自体、その英語の伝記が英訳者により改竄され原型を留めぬという自らの判断を暗に語ったものだった。思うにデ・メゾーは、原著者としておよそ不満足な英語版のベール伝を目のあたりにして、それとは別に本物のベール伝をいつの日か著わそうと、すでにその頃から意を決していたに相違ない。その本物のベール伝とは、単に英訳者による削除・訂正などを元へ戻した、フランス語原稿どおりのものという意味ではなかったろう。シャフツベリの依頼で書いたあの英語のベール伝が、ベール自身から私的に聞いたりその著作から自分が拾い出したりした伝記的事実や、せいぜいジャック・バナージュから提供された情報に依拠するくらいで、決定的に執筆材料が不足していたことをデ・メゾーは痛感していたらしく、やがて著わす新たなベール伝ではその欠陥を抜本的に改めようと考えていたようである。この手紙が書かれたのとほぼ同じ一七〇九ないし一七一〇年頃から、アムステルダムのラ・モットやパリのマレを通じて彼がベールの書簡の精力的な蒐集作業を始め、またこのマレを介してベールの相続人シャルル・ブリュギエール・ド・ノーディスからそれまで知らなかった「カルラの暦」を含む豊富な伝記資料の提供を受けたのもそのためだったにちがいない。手紙の蒐集がベール伝作成のための材料集めだったことも、蒐集した手紙の公刊自体、そのベール伝に一層の権威を添えるためだったことも、『ベール氏書簡選』刊行直後の一七一四年九月十日にピエール・コストへ送った長い手紙で明確に述べられていた。そのくだりを引いておこう。「あの手紙類を公刊した理由は御存知のとおりです。ベール氏の伝記を書くための材料集めをする中で、私は、漠然としか知らないいくつかの事柄の正確な細部(ディテール)や、十分な典拠なしには報じたくないいろんな事実の証拠が自分にないのに気付きました。ベール氏が友人へ送った手紙の中に両方みつかるはずだと思ったのですが、試しにやってみると実にうまくいったため、できる限り手紙を集めようと決めたのです。沢山の手紙をみんな親切に提供してくれました。しかし、ベール氏の生涯の或る種のことやその精神の特徴をちゃんと示すには全文紹介すべき手紙が少なくないのを思うにつけ、いっそ手紙を活字にした方が便利だという気になりました。そうすれば、手紙を一般的に引くだけで足りるからです。それに、手紙を印刷すれば手書きのものを引くよりも引用にもいうなれば重みが出、読者にもいっそう満足してもらえるような気がしました。……そこで手紙を出版することにしました。公表するほどたいしたものではないと思う百通余りを没にした上でです。」（『ベール氏とその著作の歴史』、一七一六年版、四六八—四六九ページ）書簡の蒐集は順調に進み、一七一一年五月二十四日にデ・メゾーがベールの友人ジャック・デュ・ロンデル（一六三六—一七一五、訳註（七九））へ送った手紙によると、その頃にはすでに約百通の手紙が彼の手もとに集められていたという。そして一七一四年には、二百五十三通の手紙を集めた『ベール氏書簡選』、十二折判三巻がロッテルダムから出版された。

しかし、かつての英語の伝記とは比較にならぬ豊富な材料を取り揃えつつも、この「真正」なベール伝はなかなか執筆されなかった。一七一六年に出た「『ベール氏とその著作の歴史』の厳密な見直し」の筆者も、デ・メゾーのベール伝を「こんなに前から皆が首を長くして待っている」と言ったあと、「われわれの期待がこれまで叶えられなかったのは、おそらく、ほかの仕事が大きな遅れの原因なのであろう」（六一ページ）と述べたが、この状態は『書簡選』の出版後もさらに十六年の長きにわたって続いた。生活に追われ他の仕事にかまけてベール伝の執筆にまで手が回らなかったのだと言ってやりたいのは山々だが、これほどの遅滞は当初の情熱の冷却が一因だったことを否定するのは難しい。フランスにおける伝記資料の蒐集に中心的な役を果たしたマティユ・マレなどは、すでに一七一〇年八月にはデ・メゾーの怠慢に業を煮やして、第三者への手紙の中で、「もう付き合いたくない愚か者、……くだらぬことで手一杯な馬鹿、稼ぎのために本屋の尻を追っかけ回すへぼ作家」（メリニアック夫人に宛てた一七一〇年八月の手紙。レスキュール版『日記と覚書』、第一巻、一二五ページ）とこの亡命者を悪しざまに罵倒し、あんな男にもう協力するなと相手に勧めすらした。いずれにせよ、ブルームがいみじくも言うとおり、「デ・メゾーのベール伝は徐々に伝説の相を帯びていった」（三七五ページ）ようである。自らが集めて世に出したベールの手紙類が自分より早くデュ・ルヴェ師の『ベール氏とその著作の歴史』で利用される（さいわい、その利用はしごく不十分なものだったが）のを目にしても、デ・メゾーはまだ動かなかった。そしてようやく一七二九年、その翌年に刊行予定の『歴史批評辞典』新版の巻頭にベールの伝記を掲げることにつき書店の同意が得られそうなので伝記を至急書くようにと、書肆との間の仲立ちをした友人のラ・モットから強い督促を受けるに及んで、デ・メゾーはようやく重い腰を上げ、同年夏から秋にかけて大急ぎでこの伝記を執筆したらしい。本書の巻頭に置かれたラ・モットへの一七二九年十二月十三日付の手紙の冒頭に、「ようやく、貴方から課せられた仕事が終わりました。でも、かけた時間の短かさが出来栄えに現われていないか、お言い付けに従おうとする熱意のあまり拙速に陥って、いいものを作ろうという欲求に応えられなかったのではないか心配です」（本書、三ページ）とあり、ラ・モットが「悪の元凶」とすら呼ばれているのも、そういう事情を物語っている。伝記の分量は書店側の予想よりはるかに多く、そのため原稿料をめぐってデ・メゾーと書店の間に一悶着あったようだが、ブルームによると、結局僅か二十六ギニー（しかも、筆記者への支払いはその中から出すとの条件で）で原稿は買い取りと決まったらしい（ブルーム、三七七ページ）。もっとも、それには別の説もあり、契約では全紙一枚いくらと原稿料が設定されたため、デ・メゾーは総額を増やすためわざと原稿を水増しして引き延ばし、対抗して書店は活字のポイントを落として全紙の枚数を抑えようとしたとラブルースは伝えている。いずれの説が正しいのか訳者には判定しかねるが、どのみちたいした問題ではない。

ともあれ、デ・メゾーが書いたこのフランス語の『ベール氏伝』は、一七三〇年にアムステルダムで出版された『歴史批評辞典』第五版（第四版と表記、二折判四巻）の第一巻冒頭に掲げられ、それ以後、この辞典のすべての版に収められた。また一七三二年には、ハーグと刊行地を表記して十二折判二巻の単行本としても出版された。本訳書が底本としたのもそれである。この単行本は実際にはパリで出版されたとラブルースは言うが、そう判断する根拠が示されない上に、表記上の刊行地を彼女は終始（一九六一年のベールの書簡目録でも、一九六三年の伝記研究でも）アムステルダムと誤記しており（『辞典』のその版がアムステルダムで出たことから機械的に、単行本の実物を見ることなくそう断定したのであろう）、もともと書誌的なことにかけてはあまり信用のおけない学者だから、その説への賛否は保留したい。このベール伝はドイツ語にも訳され、一七三一年にハンブルクから出版された。

デ・メゾーの『ベール氏伝』の内容や、この書に対して下された刊行当時と後世の評価などについては後段で追って述べねばならないが、それ以前に書かれたバナージュやデュ・ルヴェ師の伝記と比較してまず目につくこの書の際立った特質についてあらかじめ一言言っておかねばならない。その特質は次の二点に要約されよう。第一は、先行する二つの略伝とは比較にならぬ、圧倒的とも言えるほどの詳細さであり正確さである。たとえば、「ベール氏讃」では全く触れられず『ベール氏とその著作の歴史』でも僅か数行で述べられるに止まった青年期の二度の改宗について、けっして十分とは言えないが或る程度具体的な像が結ばれるようになったのはこの『ベール氏伝』が最初であり、その後、この像がいっそう詳細且つ鮮明になることは遂になかった。ローマ教会に一時いた頃、ベールが牧師をする兄へ送ったカトリックへの改宗を勧める長い手紙が全文公表されて、カトリック時代のベールについて僅かとはいえ判断の手掛りが与えられたのはこの伝記の貴重な功績だったし、ベールの親類たちから著者が相当程度の情報を得ていたためであろう、父、兄、親戚などがこの青年を改革派へ引き戻すべく必死の努力をした様もこの伝記で初めて明らかにされた。その他、この『ベール氏伝』で初めて判明した伝記的事実は数知れない。さらに、それ自体としてはつとに周知のものだったベールとジュリユー、ベールとル・クレール、ジャクロなどの論争についても、この伝記の記述は文字どおり詳細・克明を極めており、ベールと論敵双方の出した夥しい論争文書の一つ一つが余すところなくフォローされて、論争の経過がこれ以上ないほど仔細に追跡されていた。後世、それらの論争を語る者が何よりもこの伝記を参照するのもそのためだったが、「ベール氏讃」がそれらの論争の詳細を一切語らず、『ベール氏とその著作の歴史』でも論争の紹介がしごく簡略だったのを思えば、この『ベール氏伝』の資料的価値はまた格別のものだった。総じて、デ・メゾーのこの伝記は語られる事実の豊富さの点で先行する諸作を完全に圧倒しており、これが出て以後、バナージュやデュ・ルヴェ師の略伝も、デ・メゾー自身が物した英語の伝記も、全く忘れ去られてしまったのは当然だった。

この伝記の第二の大きな特徴は、それが終始ベール支持の立場から著わされていたことである。すでに述べたように、先行する「ベール氏讃」も『ベール氏とその著作の歴史』も、一方は改革派の牧師、一方はカトリックの聖職者という著者それぞれの立場を反映して、ベールの思想に対してはいずれも賛同を差し控え、「ベール氏讃」に至ってはあえて故人を批判することも辞さなかったが、デ・メゾーの『ベール氏伝』はそれとは逆に、徹頭徹尾ベール擁護の姿勢で貫かれていた。たとえば、生前からベールが常に非難された「ピュロン主義」（懐疑論）というのも、デ・メゾーによれば単に判断の慎重さを意味するものにすぎなかったから、「疑わしいものを疑うとピュロン派になるなら、人はみなピュロン派になるべきではなかろうか」（本書、三〇五ページ）とむしろこの姿勢は推奨された。悪評を招いたベールのマニ教再評価も、デ・メゾーは神学者の倨傲を挫く有益なショック療法と考えて、「この世に無数の禍をもたらした宗教上の争いはもっぱら各派の神学者が自分の知識を過信することから来ると確信していたので、ベール氏は神学者らを辱しめ、彼らを控え目にし節度を守らせようと心掛け、そのために、マニ教徒ほど滑稽な宗派でも悪の起源や罪の許可について解消不能な反論を神学者に呈せることを明らかにした」（本書、二〇〇ページ）と解説した。表現の猥褻さというベールへの批判に答えて、これはむしろ品行の清浄さの証しだと非難を称讃に反転させる次のくだりなどは、デ・メゾーが取る弁護の姿勢を最も強く示すものであろう。即ち、「辞典ではいささか淫らすぎた、女性については放縦に流れたとこの人は文句を言われた。しかしながら、そういう個所はほとんどみな、高く評価されていて誰もが知っている著作からの引用にすぎない。著作家のその種の記述を断罪する人もいるが、それに較べるとベール氏はこういうものに敏感でなかったのであろう、著作家の文体にもショックを受けなかった。下品で慎みのない表現もありのままの言いかた、せいぜい罪のない奔放さや単なる知的な遊びとみなしたのも、そんな表現で自分の心にどんな乱れも生じないからだった。この人の品行は常に清浄・方正で、いかに激した敵でもその点を非難した者はなかった。だが、固く徳を愛していたからこそ、この点でもやはり悪徳の見かけに怯えたりしなかったのだ。」（本書、三〇五―三〇六ページ）『亡命者に与うる重大なる忠告』の著者同定について、デ・メゾーはかつての英語のベール伝と同じくペリソン著者説、ラロック著者説、ベール著者説の三論を併記して、いずれの説が正しいか断定しようとはしなかったが、「ベール氏讃」の語調にも見たとおり、あの匿名書をベールの作、少なくともベールが関与したものと考えるのが友人たちも含めて当時の趨勢だった中では、三論併記そのものがベール弁護の意図から発したことは明らかで、読む者もベールのための必死の弁明と受け取った。自らも宗教的寛容論者だったデ・メゾーが、「普遍的寛容」というベールの主張に双手を挙げて賛同したことは言うまでもない。『ベール氏伝』の記述が唯一批判的な調子を帯びるのは、ル・クレールやジャクロを相手としたベール晩年の論争の過度な激しさ、悪罵に類する言葉の洪水を語る時だけだったが、それについてもデ・メゾーは、原因は論敵らがしたベールへの人格攻撃にあるとして、ベールをむしろ被害者と見立てた。いわく、「こんなスタイルはベール氏本来のものではなかった。議論をしても常に穏やかで節度を守り、反対に相手の欠点を隠したり許したりし、丁寧で親切な多くの言葉を批判に添える人だったからだ。しかし、自分の説以上に自分の人格が攻撃され、自分を世人の憤激の的にしようとあらゆる手が使われるのを見て、この人は苛立ち気が立っていたのである。公平な人から見ても、論敵たちのそういうやりかたは全く道理を失したものだった。」（本書、二九三ページ）

主人公に対するこの徹底した支持と擁護の姿勢が最も鮮明に現われたのは、ベールとジュリューの抗争を紹介する際だった。前述のとおり、この論争に関する『ベール氏伝』の記述は異常なほどに詳細だったが、その克明な記述は終始、ベール擁護、ジュリュー糾弾という変わらぬ色に染め上げられていた。そこに描かれるジュリューはまさしく、自由な思想の圧殺に狂奔する狂信的な迫害者といったもので、「ベール氏讃」以来の理想化された「哲人ベール」の像と対比されるだけに、それの醜悪さはますます以て際立って見えた。『ベール氏伝』が刊行された一七三〇年頃、ピエール・ベールは新時代を予告した批判的哲学者として令名は日々に高まり、『歴史批評辞典』もこの世紀のベストセラーとなっていったが、その反面、宗派闘争や神学論争が急速に時代の後景へ退くとともに、ピエール・ジュリューの著作などもはや読む者は少なくなり、やがてジュリューはピエール・ベールに関連する単なる副人物として記憶されるにすぎなくなったが、ピエール・ベールに関心を持つ者は誰しもまず『辞典』の巻頭にあるデ・メゾーの『ベール氏伝』を繙いたに相違ないから、この書の描くおよそ不名誉なジュリュー像がそのまま歴史に定着してしまったのもいたしかたなかった。『ベール氏伝』から最も大きな被害を受けたのは、いうまでもなく往時のこの改革派指導者だった。

ともに亡命プロテスタントが著わした一七〇六年の「ベール氏讃」と一七三〇年の『ベール氏伝』との間に見る著しい落差は、とりもなおさず、異郷に離散したフランスのプロテスタントがその後辿った多様な道を物語っていた。思想的な留保と一定の批判をまじえた「ベール氏讃」の記述が亡命第一世代の牧師の手になるベール伝としてまさにそうでしかありえなかったのと同様に、追って述べるとおり亡命地イギリスで自由思想家（フリースインカー）たちの仲間となり、また自由思想（フリースインキング）の先達としてピエール・ベールにひとかたならぬ敬慕を捧げた（そこにどれほどの誤解が潜んでいたとしても）亡命第二世代のデ・メゾーの立場からすれば、そのベール伝が徹頭徹尾ベール支持、ベール擁護の書となったのも、さらには自由思想家たちの十八番である強烈な聖職者批判の恰好の標的として「思想迫害者」ジュリューの醜悪きわまりない人物像が描かれたのも当然すぎるほど当然だった。だが、この当然の結果に伴う副産物として、この『ベール氏伝』には一種「聖人伝（アジオグラフィ）」的な色調が漂うことにもなったのである。

## Ⅱ　ピエール・デ・メゾー

### 一　フランス、ジュネーヴ、ロンドン

頃合いだから、著者デ・メゾーの生涯に話題を移す。

生年は一六七三年と今では確定されている。「今では」と言うのは、フランスのプロテスタント人名辞典として定評のあるアーグ兄弟の『フランス・プロテスタント』（一八四六、一八七七年）以来、ピエール・デ・メゾーは一六六六年生まれと長く考えられてきたからだが、デ・メゾー一家が亡命したスイスのアヴァンシュで一六九六年に作成された亡命者名簿や、アヴァンシュの牧師が発行した証明書に基づいて、一九四九年にブルームの手により一六七三年と訂正された。その後の研究書や主要な文献目録なども一六七三年としており、依然として旧説に随う(したが)ものも一部に残っているとはいえ、それは執筆者の不勉強によるものと考えて無視することにする。一六七三年生まれであれば、一六四七年に生まれたピエール・ベールとの間には二十六歳の開きがあったことになる。文字どおり親子ほどの年齢差で、同じ亡命プロテスタントとはいえ、デ・メゾーはベールよりちょうど一世代下だった。亡命者仲間では、グロティウスの『戦争と平和の法』やプーフェンドルフの『自然法・万民法』の仏訳者として名高いジャン・バルベラック（一六七四―一七四四）などがほぼ同年輩である。

デ・メゾー家はフランス中部ブルボネ地方に代々続くプロテスタントの家で、父のルイ・デ・メゾー（一六二三／二五―一七〇二）は改革派の牧師として、一六六〇年以来、オーヴェルニュ地方のパイヤ、イソワール、シラックの三教会を担当していた。母はマリ（またはマドレーヌ）・デュ・モンテイユといったらしい。ピエール・デ・メゾーの生地は父親の主たる任地のパイヤであった。

周知のとおり、フランスでは一六八五年十月十七日にナント勅令を廃止するフォンテヌブロー勅令が発せられ、プロテスタンティズムが非合法化されたから、ピエール・デ・メゾーは十二歳前後でこの嵐に見舞われたことになる。牧師として国外退去を命じられた父は、家族を連れて、スイスのヴォー地方にあるアヴァンシュの町へ亡命した。実は、説教の中で国王ルイ十四世を暴君とされる古代ローマの王たちに準えたため、この父は同年十月十二日に反乱罪で起訴されていたが、ナント勅令がその五日後に廃止されたので裁判が打ち切りとなり、一家は無事にスイスへ移り住んだのである。父は亡命地のアヴァンシュでも牧師を続けた。

父は息子のピエールに牧師の職を継がせるつもりで、一六八八年九月からバーゼルで、翌年からはベルンで中等教育を受けさせた。ピエールはベルンの学院で哲学・神学に良い成績を残したらしく、その後、一六九五年五月にジュネーヴ大学へ入学した。ピエール・ベールが同じ大学に入った二十五年後のことである。以後四年間、デ・メゾーはペルドリオーなる金持の家で子供たちの家庭教師をして生活を立てつつ、この大学で神学を修めた。この傭い主は、一六九九年にジュネーヴの市民代表となり翌年に物故したピエール・ペルドリオーか、一七〇二年に市の参事会員に選ばれながら一七〇七年の暴動に加担した廉で翌々年に罷免されたジャン゠ダニエル・ペルドリオーであろうと推定されている。

デ・メゾーの在学当時ジュネーヴ大学で教鞭を取っていたのは、かつてベールも教わって私淑していたリベラル派の神学教授ルイ・トロンシャン〔一六二九―一七〇五〕、同じく神学の講師で一七〇二年から教授となる保守派のベネディクト・ピクテ〔一六五五―一七二四、訳註〔四八〕〕、当時は教会史の教授で一七〇五年にトロンシャンの後任として神学教授になるリベラル色のきわめて強いジャン゠アルフォンス・トゥレッティーニ〔一六七一―一七三七、訳註〔六三〇〕〕、文学教授で図書館長もするヴァンサン・ミニュトリ〔一六三九―一七〇九、訳註〔四七〕〕などだったが、ここに挙げた人々はいずれもピエール・ベールと旧知の仲で、とりわけミニュトリはベールと最も近しい古くからの文通相手だった。これらの教師からデ・メゾーがしばしばベールの話を聞かされていたことは推測に難くない。いずれにせよ、一六九九年三月三十一日にデ・メゾーはこの大学を卒業した。成績は優良可でつければ良だった。

牧師の養成機関ともいうべきジュネーヴ大学でせっかく神学を修めながら、この青年が親の意向に逆って牧師の道へ進まなかった正確な理由は分らない。四年にわたる在学中に知的な視野が飛躍的に拡がり、とりわけ文学への関心が増したデ・メゾーは、堅苦しい牧師生活を嫌ったのであろうとブルームは考えているが、せいぜい受けいれられそうなのはこの程度の漠然とした推量に止まる。ジュネーヴで牧師の資格を得るためには、一六七四年に起草された「スイス協約」（Consensus Helveticus. モイズ・アミロー〔一五九六―一六六四〕らフランスの一部リベラル派神学者の所説〔仮定的普遍主義〕を排撃する正統カルヴィニスムのクレド）に署名する義務があったが、かようなカルヴァン派正統主義への屈従をデ・メゾーは潔しとしなかったのだというラブルースやアルマゴール[*1]のさらに立ち入った説明には、率直に言って訳者は懐疑的である。およそ若者の進路選択はこういう一般的な状況だけで決められるものではなく、当人の性格・気質・好みなど種々の個人的要因が何より大きな働きをするのは誰もが知っていることであり、しかも学生時代のデ・メゾーの思想傾向など何も分ってはいないのだから、やがてイギリスで自由思想家（フリースインカー）の仲間となる後のデ・メゾーの思想的立場から逆算して、青年期の進路決定をもそれで説明したりするのは、何事にも一応の説明だけはつけたがる研究屋の浅ましさと言うほかない。訳者としてはむしろここでは、田舎の貧しい牧師の子で、家庭教師をしつつ同じジュネーヴ大学で神学を学び、しかもなお牧師となる道を放棄して文筆で身を立てたという、ピエール・ベールとデ・メゾーの経歴上の共通性に目を引かれる。

＊1 Joseph Almagor, Pierre Des Maizeaux (1673–1745), journalist and English correspondent for Franco–Dutch periodicals, 1700–1720, Amsterdam & Maarssen, 1989, pp. 2–3.

ともあれ、ペルドリオー家の家庭教師を一六九九年に解雇されたのを機に、デ・メゾーはスイスを去ってオランダへ移った。オランダに滞在したのは同年五月から六月にかけてのせいぜい二カ月だったが、その間にロッテルダムでピエール・ベールに会い、ジャック・バナージュ（一六五三—一七二三、訳註〔六〕）とアンリ・バナージュ・ド・ボーヴァル（一六五六—一七一〇、訳註〔七二〕）の兄弟に会い、同市に住むイギリス人の商人でロック（一六三二—一七〇四）やシャフツベリ（一六七一—一七一三、訳註〔五〕）などとも親しいクエーカー教徒のベンジャミン・ファーリ（一六三六—一七一四）に会った。六月十九日にはアムステルダムにおり、そこではアルミニウス派の神学者ジャン・ル・クレール（一六五七—一七三六、訳註〔一四九〕）に会い、また生涯の友として『ベール氏伝』の作成にも大きな役を演じるシャルル・ド・ラ・モット（一七五一歿、訳註〔四〕）に会った。こういう人々との交友はデ・メゾーにとってその後一生の財産となるものだったが、意外なことに、デ・メゾーがオランダに滞在したのはこの時限りで、ベールに直接会ったのも一度だけであり、以後の交友はもっぱら手紙を通じて行なわれた。

六月末にデ・メゾーはイギリス行きの船に乗った。はじめからイギリスを目指し、オランダは単なる中継地と思っていたのか、オランダへ行ってからさらにイギリスまで足を伸ばす気になったのか、その点は不明である。ベールの勧めがイギリス行きの原因かもしれないとアルマゴールは考えており、証拠として、「考証的知識で味付けした形而上学や自然学の深遠な推理がイギリスほど好まれ、はやっている国は世界中にありません。あそこほど貴方が知られて得になる国はありません」という、ベールがデ・メゾーに送った一七〇〇年十月二十二日付の手紙の言葉を挙げているけれども、ベール自身もロッテルダムへ亡命する前にはイギリス行きを考えていたほどだから、イギリスへ行くようこの若い友人に勧めたというのもたしかにありえない話ではない。

よく言われるのは、デ・メゾーはベールが書いたシャフツベリへの紹介状と、ル・クレールが書いたロックへの紹介状を携えてイギリスへ渡ったということだが、ブルームによってもアルマゴールによってもことベールに関する限りそれは誤りで、ベールがデ・メゾーに頼まれてシャフツベリ宛に書いた紹介状はデ・メゾーのイギリス到着から一年半近くもたった一七〇〇年十二月十四日付の手紙だったらしく、イギリス到着時にデ・メゾーがシャフツベリへの紹介状を携えていたとすれば、それはベンジャミン・ファーリが書いたものと思われるという。しかし、一七〇一年六月十日にベールがデ・メゾーへ送った手紙の文面から見ると、その時までにベールがデ・メゾーをシャフツベリに紹介していたことは間違いないし、シャフツベリ自身も後年、「人を見る目のあるベール氏」からデ・メゾーのことは「数年来、熱心な推薦を受けていた」と語っているから[*1]、時期はともあれ、ベールがデ・メゾーをシャフツベリに紹介したことは疑いない。一方、ル・クレールがロック宛に書いた紹介状は一六九九年六月十八日付のものがロックの書簡集にもル・クレールの書簡集にも現に残っており[*2]、そこでル・クレールはロックに無沙汰を詫びた上で以下のように続けていた。「今日は、デメゾー君から提供された機会を利用してお手紙いたします。この人は非常な君子で、ジュネーヴにいる私の友人たちも褒めていました。元いた国〔スイス〕では外国人に働き口がないので、職を探しにイギリスへ行くところです。貴方のお友達で、子供のための傅育係を必要とするかたがいたら、この人に十分満足なさることは疑いないと存じます。」おそらくデ・メゾーはこれを携えてイギリスへ渡ったのであろう。

＊1　B. Rand (ed.), The Life, unpublished letters and philosophical regimen of Anthony, Earl of Shaftesbury, London, 1900, p. 395. アルマゴールの前掲書、三ページによる。

＊2　The Correspondance of John Locke, edited by E.S. De Beer, Oxford, 1976–1988, vol. VI, p. 636. Jean Le Clerc, Epistolario, a cura di Maria Grazia e Mario Sina, vol. II, Firenze, 1991, p. 300.

職のないインテリが暮らしを立てる手近な手段は、貴族や金持の家に家庭教師として入ることだった。ロックもベールも若い頃にはそれで生活を立てていたし、ル・クレールからロックへの紹介状も具体的には家庭教師の口をみつけてやってくれという依頼だったことは文面に見るとおりである。こういう紹介・推薦が功を奏したのであろう、イギリス到着後程なく、デ・メゾーはロンドンでトルコ絨緞を商うダランダという人の家に、十四歳になる息子の家庭教師として住み込み、一六九九年秋から翌年五月頃までケント州ショーラムで過ごした。ダランダはベンジャミン・ファーリと親しい人だったから、デ・メゾーがその職にありついたのはファーリの口利きによる公算が強いという。それ以後、デ・メゾーが子供の家庭教師として、または家庭教師という名目の実質的な召使として住み込んだ家は、一七〇五年秋頃までいた元国王付き侍医のピーター・バリック（一六一九—一七〇五）の家、一七一三年頃にいた高等法院首席裁判官の初代マックルズフィールド伯爵トマス・パーカー（一六六六？—一七三二）の家など、いくつかが分っている。

シャフツベリからも経済的な援助を受けつつ、デ・メゾーはかなり急速にイギリス社会へ（それも上層の社会へ）溶け込んでいった。国務大臣、枢密顧問官からアイルランド総督となる第三代サンダランド伯爵チャールズ・スペンサー（一六七四―一七二二、訳註〔五四六〕）、長く大蔵総裁を務めた初代ハリファックス伯爵チャールズ・モンテギュ（一六六一―一七一五）、国務大臣の第二代クイーンズベリ公爵ジェームズ・ダグラス（一六六二―一七一一）、当時アイルランド総督の秘書をしてその後国務大臣にまでなる作家・ジャーナリストのジョーゼフ・アディソン（一六七二―一七一九）など、政界の有力者たちの間にも彼を庇護する者が現われた。一七〇八年三月二十日にデ・メゾーがイギリスへ帰化したのも、この国での生活に一応の目途が立ったからであろう。一七一〇年四月二十六日から、サンダランドとアディソンの計らいにより、デ・メゾーはアイルランド政府から「入植者」の資格で一日三シリング六ペンスの年金を貰うようになり（ただし、アイルランドには一度も足を踏み入れなかったが）、翌一七一一年十二月には国営富籤委員という官職も得て、その頃からようやく経済的にも多少安定したらしい。一七二〇年十一月十日に王立協会（ロイヤル・ソサイエティ）の会員に選ばれたのもむろん世俗的な出世の一つだが、これは文筆活動の成果だから、富籤委員などと同列には置けない。ロンドンでの生活のかなりの時間は、フランス人亡命者や自由思想家（フリースインカー）たちの溜り場だったセント・マーティンズ・レインの「ダグラス」や「レインボウ」というコーヒーハウスで過ごしたようで、彼はさながら、これらの喫茶店の主（ぬし）のようだったらしいが、たしかに、ナント勅令の廃止によってフランスからイギリスへ亡命した総数四、五万と推定されるプロテスタントの中でも、デ・メゾーは明らかに恵まれた部類に属する「成功者」だった。それは、自ら言うとおり最後まで「その日暮らしの金欠病患者」だったということとべつだん矛盾するわけではない。

## 二　イギリスと大陸

ピエール・デ・メゾーの名が歴史に記憶されるのは、何よりも本書『ベール氏伝』の著者として、あるいは広く、ベールの著作の刊行を含む死後のベールの顕彰者としてだが、デ・メゾーの活動にはもう一つ重要な側面があった。それは、フランスおよびオランダ、ドイツなどの「フランス語読者」を対象としたイギリス文化やイギリス思想の紹介者としての仕事である。周知のとおり、フランスで「イギリスばやり」が始まったのは一七三〇年代、ヴォルテールの『イギリス書簡』が多大の反響を呼んだ一七三四年前後からだが、デ・メゾーのイギリス通信がオランダやフランスのフランス語新聞雑誌に載るようになったのは、それより三十数年も早いこの世紀のはじめからだった。フランスを含むヨーロッパ大陸ではいまだ英語を読む者の数がごく限られ、ニュートン、ロックなどの仕事によってイギリス思想の動向が大陸でも注目される割には、それの纏まった紹介がきわめて乏しかった当時のこととて、イギリスと大陸の間の文化・学術交流にデ・メゾーが果たした先駆的役割は大きかった。そのことは、ブルームのものにせよアルマゴールのものにせよ、ピエール・デ・メゾーを対象とする現代の研究がもっぱら、デ・メゾーの活動のこの側面に主たる焦点を当てる比較文学者によって担われていることにも現われている。

デ・メゾーのこうしたジャーナリストとしての活動はイギリス到着後程なく始まっていたが、最初にその舞台となったのは一六九九年に刊行を再開した学芸新聞『文芸共和国便り』(Nouvelles de la République des Lettres) であった。周知のとおり、『文芸共和国便り』はかつてピエール・ベールがアムステルダムで刊行して(一六八四年三月号―一六八七年二月号)全ヨーロッパ的な名声を博したフランス語の月刊学芸紙だったが、ベールが手を引いたあと他の者の手で細々と続いた挙句、一六八九年四月号を最後に刊行を打ち切られていた。それからほぼ十年後、ベール時代からの発行所だったアンリ・デボルド書店がこの高名な新聞を更めて再発行する計画を立て、ハーグに住む改革派の牧師ジャック・ベルナール（一六五八―一七一八、訳註〔四九七〕）に編集を依頼したのである。ベルナールの編集にかかるこの新しい『文芸共和国便り』は一六九九年一月号から月刊で一七一〇年十二月号まで続き、その後しばらく中断したのち、一七一六年一・二月号から一七一八年五・六月号まで隔月に刊行された。

一六九九年の初夏にデ・メゾーがオランダに滞在した当時、すでにベルナールは同紙の刊行を始めていたが、その時はベルナールが病気のため、デ・メゾーは彼に会えなかったらしい。彼がイギリスへ渡った直後（たぶん一六九九年の暮れ）、「イギリスの文芸共和国に起こる興味深い事柄を最もよく知る人」としてデ・メゾーをベルナールに紹介したのは、アムステルダム在住の友人シャルル・ド・ラ・モットだった。ベルナールはこの新聞のために信頼できるイギリスからの通信員を探しており、渡りに舟とこの話にとびついた。ラ・モットからデ・メゾーへの一七〇〇年二月一日付の手紙には、一月付のベルナールからデ・メゾーへの手紙が同封されていたが、そこでは次のように言われていた。「私の場合、貴方のように知性のあるかたが文芸面でイギリスに起こることを教えてくださるのを切に希望せざるをえない立場にあります。たしかにお国にも私の友人が何人かいて、時々教えてはくれますが、一人はロンドンに住んでおらず、もう一人はほかの仕事にかまけて、私の要求を必ずしも定期的に充たせません。そういう欠陥を補う労を貴方に取っていただけると有難いのですが。」四月には、デ・メゾーが毎月定期的にイギリスから記事を寄せるという取り決めがベルナールとの間に結ばれた。彼が実際にその仕事を始めたのは、ダランダ家の家庭教師としていたケント州ショーラムからロンドンへ戻った一七〇〇年五月と推定されている。

『文芸共和国便り』へのデ・メゾーの寄稿は二つの形で行なわれた。一つは随時寄せる十二折判二十数ページの長い記事である。最初に掲載されたのは一七〇〇年八月号に記事二として載ったソールズベリの監督ギルバート・バーネット（一六四三―一七一五、訳註〔三〇七〕）の『イギリス教会三十九信仰箇条の説明』（一六九九年。デ・メゾーは自分の手でそれを仏訳することを考えていた）の紹介、次に載ったのは同年十一月号に記事一として出た聖書の種々な翻訳についての指摘で、以下、この新聞が一時中断する一七一〇年十二月までの間に、この種の記事は計十篇に上った。無署名のものもあれば、「デ・メゾー氏」、「デ・M氏」などと筆者名を記したものもあり、内容は新刊書の書評、イギリス事情の紹介、哲学的・神学的な論争文など多岐にわたった。論争文では、デカルト流の神の存在証明を否定してデカルト主義者の改革派神学者イザーク・ジャクロ（一六四七―一七〇八、訳註〔三八五〕）と行なった論戦（一七〇二年七月号と一七〇三年二月号）が重要だし、また中には、ロンドンへ亡命した南仏セヴェンヌ地方のカミザール（プロテスタントの農民ゲリラ）の残党である「予言者」たちの行状を暴露した記事（一七〇七年九月号と一七〇八年二月号）などもあった。

もう一つは、各号の最後の記事をなす「様々な手紙の抜萃」に載るイギリスからの通信文であった。この巻末の記事は「イギリスから」、「フランスから」、「オランダから」等々と国別に通信文を掲げていたが、「イギリスから」は常に先頭に置かれ、それだけで五ないし十ページを占める場合が多く、内容的にもきわめて充実したものだった。この定期的な通信文こそ編集者ベルナールがデ・メゾーに最も期待したもので、ブルームによると最初に載ったデ・メゾーの通信文は一七〇〇年六月号所載のものらしいが、以後毎号欠かさずイギリスからの通信文が掲載されたところを見ると、デ・メゾーはベルナールの期待に十分応えたようである。通信文の内容は概して新刊書の紹介だったが、そこで紹介される書籍を精査したアルマゴールは、一七〇〇年から一七一〇年までに見る分野別の分布について以下のような数字を挙げている。

文学二五九点（二八・一%）、神学・宗教二五七点（二七・九%）、歴史・政治二〇五点（二二・三%）、科学・哲学一八八点（二〇・四%）、法律一二点（一・三%）。二位の神学・宗教が一位の文学とほとんど変わらぬ比重を持つのが特徴的だが、これは『文芸共和国便り』の主要な読者層である亡命プロテスタントにとって宗教こそが最大の関心事であったという事情と同時に、執筆するデ・メゾー自身の興味の所在をも物語っていた。

大陸の定期刊行物への寄稿は、その後、『文芸共和国便り』以外のメディアにも拡がった。パリで刊行される『学術新聞』（Journal des Savans）への寄稿が始まったのは一七〇五年七月からで、これは一七二九年頃まで続き、デ・メゾーはその中でシェイクスピアの紹介なども行なった（一七〇八年十月号と一七一〇年二月十七日号）。同じくフランスのイエズス会系の新聞『トレヴー新聞』（Mémoires de Trévoux）、正式名『学問・芸術の歴史のための覚書』（Mémoires pour l'Histoire des Sciences et des Beaux Arts）への寄稿はそれよりさらに早く、少なくとも一七〇二年六月から始まり、特に一七一三―一四年頃には活潑だったらしく、「デ・メゾーとトレヴーとの結び付きは彼のジャーナリストとしての提携の中でおそらく最も恒常的で、最も広汎なものだった」、「『トレヴー新聞』のイギリス情報は、デ・メゾー一人か、デ・メゾーと緊密な関係にある寄稿者に依存していた公算が強い」とブルームは推定している。さらに一七一〇年以後には、サミュエル・マッソン（一七四二歿）がユトレヒト、ついでアムステルダムから出した当初季刊の『文芸共和国の批評的歴史』（Histoire critique de la République des Lettres, tant Ancienne que Moderne. 一七一二―一八年）、ハーグで出ていた当初隔月刊の『文芸新聞』（Journal littéraire. 一七一三―三七年）、同じくハーグで出た当初週刊の『文芸ニュース』（Nouvelles littéraires. 一七一五―二〇年）、後にはフランスの『メルキュール』(Mercure. 一六七二—)、短命に終わったハーグの『ヨーロッパ文芸史』(Histoire littéraire de l'Europe. 一六二六—二七年)、フランソワ・ブリュイス(一七〇八—三八)がハーグで出した同じく短命な『文芸新聞・学術著作の公平な批評』(Critique désintéressée des Journaux littéraires et des Ouvrages des Savans. 一七三〇年一月—九月)、アムステルダムから出た季刊の『ヨーロッパ学術著作理論文庫』(Bibliothèque raisonnée des Ouvrages des Savans de l'Europe. 一七二八—五三年)、ミシェル・ド・ラ・ロッシュ(一七四二歿)とアルマン・ボワブロー・ド・ラ・シャペル(一六七六—一七四六)がアムステルダムで出したイギリス専門紙『イギリス文庫』(Bibliothèque Angloise, ou Histoire littéraire de la Grande Bretagne. 一七一七—二八年)、ハーグで出た同じくイギリス専門紙の『ブリテン文庫』(Bibliothèque britannique, ou Histoire des Ouvrages des Savans de la Grande–Bretagne. 一七三三—四七年)等々が加わった。『文芸共和国便り』をはじめ、オランダで刊行されるそれらのメディアは大方が亡命プロテスタントの手になるものだったが、さような新聞雑誌からフランス政府系の『学術新聞』、さらにイエズス会系の『トレヴー新聞』に至るまで、デ・メゾーがイギリスからの通信を寄せるメディアはまさに「無原則」ともいえるほどの拡がりを見せていた。また、同じ本の書評を複数のメディアに同時に発表するような例もあり、さような際は、たとえばオランダの新聞と『トレヴー新聞』とではメディアの性格も読者層も全く異なるところから、それぞれに合わせて書評の内容・口調も当然変化させるという政治的操作も忘れなかった。たしかにデ・メゾーは発表の場を選ばなかったようである。イギリス文化の紹介という大義の前では宗派の対立などあえて無視したのだと理想主義的に解釈することもできなくはないが、稼ぎのためには贅沢など言えなかったというのが実態であろう。

ちなみに、前出の『ヨーロッパ学術著作理論文庫』の第十一巻には、ヴォルテールの『イギリス書簡』

（一七三四年）に関するデ・メゾーの次のような批評が載った。「とてもヴァライエティに富んだ本で、そこで言われることを全部額面どおり受け取れと私に勧める人など、たぶんどこにもいないだろう。そこには真実もあれば嘘もある。良いものもあれば悪いものもある。知ったかぶりもあればひどい無知もある。それでもなお、これらの手紙がド・ヴォルテール氏の他の著作に劣らず好評を博すことは疑いない。」（ブルーム、四二二三ページによる）この文面には、新参のイギリス紹介者に対してその道では大先輩のデ・メゾーが感じたらしい或る種の反感と軽侮の念が透けて見えるが、十八世紀の最初の三十年にわたって大陸のフランス語読者を対象とするイギリス文化の紹介者として誰より大きな役を演じたこの亡命者の長い閲歴を考えれば、それも無理からぬことだった。

こういうイギリス文化の紹介者としての活動と並行して、デ・メゾーはイギリス、オランダ双方の出版界との繋がりを利用し、種々の仲介業務を行なっていたらしい。書店と書店の間の橋渡しをし、出版の企画を立てて方々の本屋へ持ち込み、自ら編集に当たったり編集者や翻訳者を手配したりし、こうしたことでなにがしかの手数料を得ることがデ・メゾーの生活手段の一つだったようである。出版アドヴァイザーといえば聞こえはいいが、実態は出版ブローカーであろう。活字が残る文筆活動と違い、こういう裏の仕事は実状が摑みにくいが、先に挙げたマティユ・マレのデ・メゾー評が「稼ぎのために本屋の尻を追っかけ回すへぼ作家」などと言っているのも、デ・メゾー自身の著作よりむしろそのブローカー活動を指していたように思われる。実際、最後に纏めて述べるとおり、デ・メゾーが編集して世に出した書籍の数は自らの著作の数より多かったが、様々な形で彼が出版に関与した書物の数はさらにそれをも上まわっていたと想像される。

## 三　デ・メゾーと自由思想家（フリースインカー）

イギリス事情、とりわけこの国の文壇・思想界の動向や出版事情の紹介の中で、フランス思想のその後にとって少なからぬ意味を持つのは、道徳哲学者シャフツベリ（一六七一―一七一三、訳註〔五〕）や、十七世紀末から現われる初期の自由思想家（フリースインカー）、理神論者たちの紹介であった。これは単に出版界のトピックとしてではなく、デ・メゾー自身の交友や思想、「思想」という言葉が大袈裟でこの場合似つかわしくなければ、少なくともその傾向・好みを反映したものだった。

デ・メゾーが最も早く接触したイギリスの思想家は、疑いもなくロック（一六三二―一七〇四）と、この哲学者にかつて家庭教師として教わったシャフツベリであった。一六九九年に彼がイギリスへ渡った時、ジャン・ル・クレール（一六五七―一七三六、訳註〔一四九〕）。フランス語圏へのロックの最初の紹介者だった）が書いたロックへの紹介状を携えていたことも、遅くとも一七〇〇年十二月までにベールがこの若者をシャフツベリに紹介していたことも前述のとおりである。イギリス到着後間もない一七〇一年に、デ・メゾーはシャフツベリの『徳性についての研究』（一六九九年）を一部仏訳して著者に送った。シャフツベリからデ・メゾーに宛てられた同年八月五日付の礼状と、この翻訳を嘉納したシャフツベリに感謝して、自らの不如意と病弱を訴えつつこの恩人の好意と庇護の継続を懇願するデ・メゾーの八月十二日付の返信が残っている（ブルームの三三―三四ページによる）から、デ・メゾーはすでにそれ以前からシャフツベリの援助を受けていて、その徳性論を仏訳したのもそれへの返礼という意味があったと推測される。この翻訳は未完に終わり出版もされなかったが、一七〇一年といえばシャフツベリの代表作『人間・風習・意見・時代の諸特徴』（一七一一年）が公刊される十年も前であり、『徳性についての研究』がディドロの手で仏訳されるのはそれより実に三十四年も後のことだから、実を結ばなかったとはいえ、デ・メゾーのその試みが持つ先駆的な意味は過大評価も禁物だが無視もできない。フランスやオランダの定期刊行物に載せるイギリスからの通信文でも、デ・メゾーは系統的にシャフツベリの著作の紹介をした。『学術新聞』、『トレヴー新聞』、『文芸共和国便り』、『文芸共和国の批評的歴史』などでフランスや広く大陸の読者の注意を最初にシャフツベリへ向けたのはデ・メゾーだったとブルームは言い切っている（一四八ページ）。

ロックとデ・メゾーの関係は具体的には分っていないが、ロックの秘書兼仏訳者だったピエール・コスト（一六六八―一七四七、訳註〈四二九〉）とデ・メゾーが親しく、一七二〇年に『ジョン・ロック氏のいくつかの文書のコレクション』というロックの遺作集を出版したところを見ると、当然なんらかの関わりがあったと思われる。ロックは一七〇四年十月に世を去ったから、その関わりはデ・メゾーの渡英初期のことに相違ないが、トーランド、コリンズといった自由思想家（フリースインカー）たちはみなロックと深い関係のある人々だから、デ・メゾーと彼らの間の交友が始まったのも、あるいはロックないしその秘書コストを通じてであったのかもしれない。いずれにしろ、デ・メゾーのイギリス通信でこうした自由思想家、理神論者の著作が系統的に紹介されたのは、フランス思想のその後の動向と考え合わせると注目すべきことだった。たとえば、イギリス理神論の代表作の一つである『創造とともに古きキリスト教』（一七三〇年）の著者マシュー・ティンダル（一六五七―一七三三）が一七〇六年に発表して多大の物議を醸した『キリスト教会の権利』とそれをめぐる騒動は、『文芸共和国便り』の一七〇六年五月号、一七〇七年一月号、同三月号、一七〇八年一月号、一七〇九年三月号、『学術新聞』の一七〇九年四月号、『トレヴー新聞』の一七〇八年三月号、同五月号、一七一〇年九月号と様々なメディアで紹介されており、それのみならずデ・メゾーは、一七一〇年頃、この書を仏訳する計画を自ら立てていたらしい。

ティンダルと並ぶイギリス理神論の代表的思想家ジョン・トーランド（一六七〇―一七二二）の場合、その代表作『神秘ならざるキリスト教』はデ・メゾーがイギリスへ来る前の一六九六年にすでにロンドンで出版されていた。トーランドとデ・メゾーの交友を示す直接的な物証は残っていないが、ブルームの研究によると二人の交友はデ・メゾーが渡英した翌々年の一七〇一年頃から始まっていたらしい。ピエール・ド・ボワッサ（一六〇三―六六二）が仏訳して友人ジャン・ボードワン（一五六四―一六五〇）の「道徳的考察」を添えた『イソップ寓話集』（パリ、一六四九年）が巻頭にメズィリアック（一五八一―一六三八）の『イソップ伝』（ブル＝カン＝ブレス、一六三二年）を置いて一七〇四年にロンドンで英訳出版されたのも、ブルームによるとトーランドとデ・メゾーの合作で、本体を訳したのがトーランドなら、『イソップ伝』を訳したのはおそらくデ・メゾーであろうという（一五一ページ）。その翌年の一七〇五年には、トーランドの『プロイセン、ハノーヴァー宮廷記』が同じくロンドンで出版されたが、デ・メゾーがそれの仏訳を考えていたことは友人ラ・モットが彼に送った同年三月三十一日付の手紙から窺われる。それは、この書の仏訳の刊行をアムステルダムのモルティエ書店がことわったことを知らせたものだが、同時に、「貴方に訳する気があれば本屋はみつけてあげます」とあるから、翻訳計画は頓挫したと考えるブルームの判断とは逆に、仏訳刊行の可能性はまだ残されていたと見ることもできる。事実、翌一七〇六年に、デ・メゾーとも関係の深いハーグのジョンソン書店からこの書の「仏訳」と銘打ったものが現に刊行されているから、それとデ・メゾーの仏訳計画とを当然関連付けてみたくもなる。だが一方、この書ははじめフランス語で書き、次にそれを英語に訳したのだとトーランドは序文で言っており、それが事実とすれば仏訳の必要など元来なかったことになるが、著者のこうした言明にどれだけの信憑性を付与するかはおのずから別問題で、トーランドの精密な書誌を作ったイタリアの学者もこのフランス語版の問題については[*1]

断定を差し控えている。門外漢の訳者には、こういう微妙な問題に決定を下す資格も能力ももともとない。

＊1 Giancarlo Carabelli, Tolandiana. Materiali bibliografici per lo studio dell'opera e della fortuna di John Toland（1670–1722）, Firenze, 1975, pp. 111–112.

トーランドは一七〇七年に大陸へ渡り、一七一〇年までイギリスを留守にしたから、二人の接触もこの間は当然中断したと思われる。しかし、トーランドの『アデイシダエモン』と『ユダヤ人の起源』の合本がその間の一七〇九年にハーグのジョンソン書店から出版され、デ・メゾーは『トレヴー新聞』の一七〇九年九月号と『学術新聞』の一七一〇年二月十七日号で『アデイシダエモン』の紹介をした。一七一〇年にトーランドが帰国して以後、二人の交友は再開されたようである。アイルランド政府からの年金が一七一七年に差し止められた時も、デ・メゾーはトーランドに相談したらしく、トーランドは自分のパトロンであるロバート・モウルズワース子爵（一六五六—一七二五）に、デ・メゾーへの年金支給が継続するよう運動してもらった。この件についてはデ・メゾーからモウルズワースへの手紙と、トーランドからモウルズワースへの手紙がそれぞれ下書きだけ残っているが、一七一九年八月一日付のモウルズワースからトーランドへの手紙には、運動が成功して年金は継続と決まったと述べられていた。同じ頃に出たトーランドの『ナザレヌス』（一七一八年）や『テトラデュムス』（一七二〇年）も、デ・メゾーを含む自由思想家（フリースインカー）たちの議論の所産とブルームは考えている。

トーランドは一七二二年三月十一日に他界したが、大英博物館に今残るトーランドの書類はデ・メゾーの手を通った明らかな痕跡を帯びているという。いずれにせよ、一七二六年に『ジョン・トーランド氏のいくつかの文書のコレクション』（A Collection of several Pieces of Mr. John Toland）という題を掲げてロンドンから二巻本で刊行されたトーランドの遺作集はデ・メゾーが編集・出版したものだった。第一巻の巻頭に置かれたトーランドの略伝もデ・メゾーの筆になるもので、一七四七年にこの遺作集が『ジョン・トーランド氏著作集』(The Miscellaneous Works of Mr. John Toland) と題だけ変えて再刊された時には、正式に著者としてデ・メゾーの名が掲げられた。それだけではない。トーランドが死んだ直後(一七二二年五月十日という日付が入っている)にロンドンで出版されたその略伝すら、やがてティンダルの略伝も書く本屋のエドマンド・カール(一六七六—一七四七)の作とされたが、用いる典拠や材料が一七二六年の伝記と共通するところから、デ・メゾーはそれの作成にも関与したものと推定されている。

しかし、イギリスの自由思想家(フリースインカー)の中でもデ・メゾーとの関係がとりわけ濃密だったのは、疑いもなく、自由思想(フリースインキング)の宣言的な書『自由思想論』(ロンドン、一七一三年)を著わしたアントニ・コリンズ(一六七六—一七二九)だった。コリンズがピエール・ベールを深く尊敬し、ロックと並ぶ「心の師」と仰いでいたことはよく知られているが、デ・メゾーがピエール・ベールの顕彰者として十八世紀のヨーロッパ思想界で最大の役割を演じたことを考え合わせると、この二人の親交も十分頷けるものがある。

デ・メゾーがコリンズと知り合った経緯について、確かなことは分っていない。コリンズが死んだ翌年の一七三〇年一月六日という日付を付したデ・メゾーの手紙(宛先不明)の下書きには、コリンズとの交友は二十六年にわたると記されているらしく(ブルーム、五六ページ)、そこから、二人が最初に会ったのは一七〇三年と推定されている。紹介者としてはシャフツベリや、デ・メゾーがすでに一七〇一年から知り合っていたトーランドなども考えられるが、蓋然性が高いのはロックの秘書だったピエール・コストであろうとされている。コストはデ・メゾーの親友で、ロックが身を寄せていた哲学者カドワース(一六一七—八八、訳註〔五一三〕)の娘マサム夫人(一六五八—一七〇八、訳註〔五一九〕)の住むオウツの館に居住していたが、残された手紙から見てコリンズがロックと親しくなったのもこの哲学者が死ぬ前年の一七〇三年かららしいので、デ・メゾーはこのオウツの館でコリンズと初めて会ったのかもしれない。コリンズの初期の作品『理性の使用についての試論』(ロンドン、一七〇七年)や『ヘンリ・ドッドウェル氏への手紙』(ロンドン、一七〇七年。霊魂の不滅をめぐるサミュエル・クラーク〔一六七五―一七二九〕との論争文)がデ・メゾーの手で『文芸共和国便り』や『学術新聞』でいちはやく紹介されたのも、この交友に基づくものであったろう。一七一〇年にコリンズは反教権主義的なパンフレット『堂に入ったる坊主策略』を出したが、同じ年にデ・メゾーも、イギリス国教会への支配を狙うローマ教会、とりわけイエズス会の策謀を糾弾するホイッグ的、反ジャコバイト的な政論『サン゠ジェルマンの宮廷にいる某貴族からイギリスの友人への手紙』をオランダ(表記上はケルン)で発表した。この政論はすぐ英訳版(一七一〇年)がロンドンでも刊行され、一七一二年にはアイルランドのダブリンで焚書の憂き目にも遭ったが、時を同じうして発表されたコリンズとデ・メゾーのパンフレットの内容的な類似性、とりわけ共通する強烈な反教権主義から、両者の間の呼応関係や著者同士の協力関係を見ようとするのが、ブルーム、アルマゴールなどデ・メゾー研究家たちの通例である。同じ一七一〇年にコリンズがオランダを訪れて、アムステルダムでジャン・ル・クレールや、デ・メゾーの親友シャルル・ド・ラ・モットと会い、オランダで刊行される書籍や雑誌を大量に購入したのも、デ・メゾーの紹介によるものであろう。二人の仲がひときわ親密になったのは、コリンズのオランダ旅行以後だったらしい。

デ・メゾーより三歳年下のコリンズは、当時、最初の妻を亡くして三人の幼い子供を抱え、冬の間はロンドンのリンカンズ・イン・スクエアで、夏の間はサリにある地所で過ごしていたが、「男やもめ」の気軽さも手伝って、いつの頃からか、自分の家で一緒に夏を過ごすようデ・メゾーを誘うようになった。残っている手紙から跡づけられる最初の誘いはコリンズからデ・メゾーへの一七一二年五月四日付の手紙で、その時は多忙のためデ・メゾーのサリ行きは実現しなかったろうとブルームは考えているが、一七一五年にコリンズがエセックス州ハットフィールド・ペヴァレルの地所に生活の本拠を移し、さらに一七一八年には同じエセックス州のグレート・バドウにほぼ年間を通じて住むようになると、デ・メゾーはコリンズの田舎の家で毎夏を過ごす習慣になった。哲学・宗教・政治の万般にわたって二人の間の意見交換がそこで活潑にされたことはけだし想像に難くないが、しかしまた、夏の間のこの同居を過度な「綺麗ごと」に仕立て上げるのも禁物で、デ・メゾーはコリンズのいわば有給の助手として働いたというのがたぶん実態だったろう。思想的な共感が二人の関係の根底にあったのは疑いないが、同時に、慢性的な生活不如意に悩むデ・メゾーは裕福な田紳のコリンズから様々な形で物質的恩恵に浴していたろうし、またコリンズの側でも、出版界の事情やそこでの裏工作に通じたデ・メゾーの助けを必要としていたろうから、二人の間には実質的な「ギヴ・アンド・テイク」の関係があったものと思われる。たとえば、コリンズの『人間の自由に関する哲学的研究』（ロンドン、一七一七年）の改訂第二版（ロンドン、一七一七年）の出版に際して、デ・メゾーは刊行・配布の実務を一手に取り仕切っていたらしく、コリンズからデ・メゾーへの一七一六年（新暦では一七一七年）二月九日付の手紙に「拙作の件で御苦労いただいたことに厚く御礼申します。この本に何か取り柄があったら、それは大方貴方のお蔭です」とあるのも、そういう事情を指すものと推定される（ブルーム、一七一ページ）。フランス啓蒙思想に色濃い哲学的決定論の成立にとって重要な鍵をなすコリンズのこの論文は、やがて仏訳もされ、デ・メゾーが編集してアムステルダムから出版した論文集『哲学・自然宗教・歴史・数学等に関する文書集』（一七二〇年）に収められた（ヴォルテールがこの論文を読んだのもその中でだった）が、フランス語へのこの翻訳は明らかにデ・メゾーの依頼によるもので、訳者のフィリップ・ド・ボンもハットフィールド・ペヴァレルにあったコリンズの家から僅か数マイルの距離にあるマンチェスター伯爵の館で働く、思想的にはコリンズに共感などするはずのない亡命フランス人であった。

実務の面だけではない。『人間の自由に関する哲学的研究』の執筆自体にもデ・メゾーが少なからぬ寄与をしたらしいというのがブルームの推定である。それの根拠は、デカルト、ガッサンディ、ベール、フォントネル、ル・クレール、ジャクロ、ラ・プラセット（一六三九—一七一八、訳註〔五七一〕）などフランス系の典拠がこの論文で多く用いられること、マールブランシュ（一六三八—一七一五、訳註〔九二〕）の所説に対する嘲笑気味の批判が一七一四年の『ベール氏書簡選』（デ・メゾーが材料を提供したもの）に収められたベールからデ・メゾーへの手紙から引かれていること、さらに、『学術新聞』の記事を引いた際、その「一七〇五年三月号」という出典の指示がフランス語でされていることなどだが、もともと本質的にアマチュアで哲学的・神学的な学殖に乏しいコリンズには、この書を書くに当たっても十分な考証的蓄積がなく、議論の裏付けとして必要な典拠を集め、それを基に豊富な脚註を作成したのは助手として働く神学生上がりのデ・メゾーであろうとされている。同じことは一七二四年に出た『キリスト教の基礎と根拠を語る』や一七二六年の『字義的予言説の考察』といったコリンズ晩年の歴史批評的キリスト教批判書についても言われており、批判的理神論者コリンズの仕事のピークとされるこれらの著作でもおよそ考証的側面をなすものはみなデ・メゾーに帰せられ、これらの本はたぶんデ・メゾーが仲介者となってオランダで秘密出版されたというのがブルームの見解である。そう考えるのは必ずしも後世の研究家だけではなかった。当時アムステルダムで刊行されていた『イギリス文庫』で『キリスト教の基礎と根拠を語る』を書評したアルマン・ボワブロー・ド・ラ・シャペル（一六七六—一七四六）も皮肉な口調でその点を衝き、コリンズの背後にフランス人がいることを次のような言葉で仄めかした。「匿名子〔コリンズ〕はイギリス人なのにフランス語を完璧にマスターしている。少なくともマスターしていると自慢する。フランスの著作家を夥しく引き、機会があれば原語で正確にその言葉を引用して、おかしなところはないようにする。それどころか、多分に奇異なことだが、この書では註でラテン語の著作が指示される時、それがフランス語でされるのである。」（ブルーム、一八九ページによる）コリンズとデ・メゾーの関係は当時周知のものだったから、これは明らかに黒衣（くろご）としてのデ・メゾーの存在を示唆したものだった。

このコリンズ゠デ・メゾー合作説を、ブルームはコリンズ初期の代表作『自由思想論』[*1]（一七一三年）にまで押し拡げようとしている（断定はしないが）けれども、コリンズ研究家のオーヒギンズなどはこの合作説に総じて否定的である。コリンズの作品へのデ・メゾーの寄与いかんは今も未解決の問題らしく、それらの本の仏訳を若い頃読んだくらいでコリンズについてもデ・メゾーについても所詮素人にすぎぬ訳者には、これについて何かを断定する資格はない。ただ、デ・メゾーの肝煎りですでに一七二〇年に仏訳された『人間の自由に関する哲学的研究』（一七一七年）は別として、『キリスト教の基礎と根拠を語る』（一七二四年）が『ユダヤ教の精神』の名で、『字義的予言説の考察』（一七二六年）が『キリスト教の土台となる予言の検討』の名でそれぞれ仏訳されたのは、前者は一七七〇年、後者は一七六八年といずれもはるか後代のことで、仏訳者は無神論者のドルバック（一七二三―八九）ないしそのチームだったから、後のフランス啓蒙思想が反宗教闘争の絶好の武器としてトーランドの諸作などとともに活用したコリンズのこれらのキリスト教批判書が、すでに作成当時からイギリスへ亡命したフランス人プロテスタントの協力を仰いでいたというのは、事実とすればまさに刮目すべきことであり、思想の歴史におけるその重要性は門外漢の訳者などにも十分に理解できる。

＊1　James O'Higgins, Anthony Collins. The Man and his Works, The Hague, 1970.

だが、『字義的予言説の考察』の出版後、コリンズとデ・メゾーの仲は急速に疎遠になったらしい。一七二七年にコリンズがデ・メゾーへ送った手紙は少数残っているが、一七二八年にはそれがもはや一通もなく、文通が再開されたのは一七二九年七月十一日にコリンズがデ・メゾーをグレート・バドウに招いた手紙がきっかけだったようである。デ・メゾーは当時『ベール氏伝』の執筆に掛り切りだったため、この招待は実現しなかったとブルームは考えているが、それから五カ月後の一七二九年十二月十三日にコリンズは五十三歳でこの世を去った。二人が疎遠になったのは、コリンズが一七二四年にエリザベス・ロッリという女性と再婚したことが主因だったらしい。この女性は自由思想家（フリースインカー）の妻には不似合な信心深い人だったが、信仰の問題は別としても、為体（えたい）の知れぬ外国人が自宅に同居などすることを新妻が疎ましく思ったのは当然であろう。

　一七二九年八月に作成されていたコリンズの遺言状には、現金百ポンドとともに、書斎その他にある原稿は家庭や領地に関係するもの以外はみなデ・メゾーに遺贈するとあった。だが、コリンズが遺した豊富な蔵書を一年後には売り払ってしまう妻のエリザベスは、夫の死後二週間もたたぬうちに、遺された夫の原稿の引き渡しをデ・メゾーに求めたらしい。二人の間に取引きが成立したことはデ・メゾーが友人に送った一七三〇年一月六日付の手紙の下書きから窺われるが、それによると、デ・メゾーはコリンズの遺稿を未亡人へ渡すのと引き換えに、未亡人から現金五十ギニーを受け取ったという。未亡人の背後には、コリンズの晩年に一家と親しくなり彼女に大きな影響力を持っていたトムリンソンという国教会の聖職者がおり、コリンズの遺した危険文書が将来公刊されるのを恐れて、この聖職者が未亡人を通じて原稿を入手すべく画策したらしい。それに気付いたデ・メゾーは、軽率にした取引きを悔んで、貰った金は返すから原稿を戻してくれと未亡人に申し入れたが、後の祭りだった。自由思想家コリンズの遺稿は信心深い未亡人から聖職者トムリンソンの手へ、一説ではさらにトムリンソンからロンドンの監督の手へと渡り、当然ながら湮滅されて行方知れずになってしまった。後世の研究家から見れば惜しんでも余りあるが、金のため思想を売り友の遺志を裏切ったとしてデ・メゾーを過度に責めるのは酷であろう。金に困っていたデ・メゾーは、遺稿の売却代五十ギニーを亡き友からの最後の贈物とみなしたのかもしれないし、もともと彼は、思想のためにはすべてを犠牲にするのも厭わないといったタイプの人間ではなかったのである。

## 四　デ・メゾーとサン＝テヴルモン

大陸へのイギリス文化の紹介者、自由思想家・理神論者の友人・協力者としてのデ・メゾーの活動は、文化史上・思想史上にそれぞれ大きな意味を持つものではあったが、この亡命フランス人が歴史に名を残したのはけっしてそのような面からではなかった。デ・メゾーの名が今も記憶されるのは、何よりも、亡命初期にしたサン＝テヴルモン作品集の刊行と、とりわけピエール・ベールの死後にしたその著作・書簡の刊行やその伝記の作成など、対サン＝テヴルモンのものをはるかに上まわる顕彰活動からである。

ガッサンディの影響を受けたエピキュリアンで、十七世紀的な自由思想家作家の最後の代表者であると同時に、この世紀の自由思想と次代の啓蒙思想との繋ぎの役をする文人でもあったサン＝テヴルモン（一六一三—一七〇三、訳註（四六三））は、ピレネー講和をめぐる筆禍事件のため一六六一年以来国外に（翌一六六二年以後はイギリスに）亡命して、チャールズ二世、ジェームズ二世、ウィリアム三世と三代のイギリス王から年金を受けつつ、ロンドンで平穏な余生を送っていた。彼がそのサロンの主だったマザラン公爵夫人オルタンス・マンシニ（一六四〇—九九、宰相マザランの姪）ももはや世になく（一六九九年七月二日歿）、デ・メゾーがサン＝テヴルモンを識った頃、この老エピキュリアンはすでに齢九十になんなんとして、自らもこの世に暇を告げる用意をしていた。こういう事情が、デ・メゾーには有利にはたらいたようである。職業作家でないサン＝テヴルモンは、もともと自作の管理がしごく杜撰な人だった。作品は友人たちに見せるのがもっぱらの目的で、公刊を予定したものではなかっただけに、次々と筆写・回覧される過程で無数の改変を蒙っていたし、その作でない文書がサン＝テヴルモンのものとして世に流布する場合も多く、一六六八年以来様々な版があるその作品集も真作・偽作が入りまじる信頼できないものばかりだった（作品集はほとんどがパリで刊行されたため、亡命地の著者が出版を監督できなかったということが最大の原因であろう）。こうした偽作を除去し、真作も原稿どおりに戻した真版の作品集を出すことに彼は長らく無頓着だったが、一七〇〇年頃からそのことを真剣に考えるようになったのも、死期が間近いのを自覚したからに相違ない。そして、真版作品集の準備作業にこの老作家の介添役として当たったのが前年秋にロンドンへ来たデ・メゾーであり、この作業の成果として世に出たのが、ロンドン在住の医師ピエール・シルヴェストル（一六六二？―一七一八、訳註〔三四〇〕。サン＝テヴルモンの死後、その原稿を一括して託された人）とデ・メゾーとが共同で出版した一七〇五年のロンドン版作品集（四折判二巻）であった。このロンドン版作成の経緯については、当のシルヴェストルがその版の序文の中で以下のように述べている。

「ド・サン＝テヴルモン氏は自作の刊行をずっとことわり続けてきたが、亡くなる少し前に考えを変え、その仕事を引き受けてくれる人としてデ・メゾー氏に目を付けた。デ・メゾー氏と一緒に自分の作品を読み返し、一冊の本の上に自作とそうでないものの印を付け、多くのくだりに手を入れ、註釈が要る個所には説明を付し、さらに原稿をデ・メゾー氏に渡して、同氏が作った写しを一緒に見直した。老齢と病弱のためド・サン゠テヴルモン氏はそう長く生きられそうになかったので、デ・メゾー氏は必要なあらゆる助け、あらゆる知識を生きているうちに得ようと急いだが、あと数篇しか残らないという時に田舎へ行かざるをえなくなった。その間、ド・サン゠テヴルモン氏はますます弱っていくのを感じたため、デ・メゾー氏に会いたいと何度も言い、早く来るように手紙を書いてくれとル・フェーヴル氏〔サン゠テヴルモンの主治医だったロンドンの医師〕に頼みさえした。しかし、デ・メゾー氏が戻れる前にド・サン゠テヴルモン氏は他界したため、私に遺贈すると生前何度も約束していた原稿類は、命令どおり、歿後私の手に渡された。そのため私は、いわば義務として、作品集の出版のためデ・メゾー氏と共同作業をすることになった。」（『ド・サン゠テヴルモン氏作品集』、一七一一年版〔十二折判七巻、ロンドン〕、第一巻、前付二〇―二一ページ）サン゠テヴルモンの原稿を託されたシルヴェストルは、当初、独力で作品集を出すことを考えたようだが、サン゠テヴルモンとデ・メゾーのする校訂作業がすでにかなりの程度まで進んでいたため、結局、サン゠テヴルモンの遺言執行人だったギャロウェイ卿の勧めで、デ・メゾーと刊行計画を一本化したらしい。ブルームによると、サン゠テヴルモンのロンドン版作品集を上梓するジェイコブ・トンソン書店との出版契約書が今も残っており、一七〇三年（この年号は旧暦で、新暦では一七〇四年なのではないかとブルームは考えている。サン゠テヴルモンが死んだのは一七〇三年九月二十九日で、契約書記載の年号が新暦によるなら、契約はサン゠テヴルモンの生前に結ばれたことになるからである）三月九日付のその契約では、利益の半分はトンソンが取り、あとの半分をシルヴェストルとデ・メゾーが四分の一ずつ折半することになったという。ただ、このシルヴェストルの記述からでは、サン゠テヴルモンがなぜ自作の校訂作業の介添役としてデ・メゾーに「目を付け」たのかは分らない。この選任について補足的な情報を与えてくれるのは、ほかならぬデ・メゾー自身である。やがてロンドン版のサン゠テヴルモン作品集にも付せられるデ・メゾーの『ド・サン゠テヴルモン氏伝』には、その点についてさらに立ち入った説明があった。それによると、一七〇〇年頃、サン゠テヴルモンは友人たちの勧めにより真版作品集の刊行を考えるようになり、真作と偽作を自ら区別した上で、真作と認めるものにも或る程度手を入れたらしい。自ら行なうこの校訂は不十分なものではあったが、ともかくそれに基づいて一七〇〇年にサン゠テヴルモンの英訳作品集が出版された。それを知ったデ・メゾーは、自分が持つ本にも真作・偽作の印を付けてくれとサン゠テヴルモンに頼み、サン゠テヴルモンもそれに応じて、従来の作品集にある偽作にはマークを付け、真作にも少しく改訂を施したという。デ・メゾーは続けて以下のように言っている。「その翌年（一七〇一年）、ド・ラ・モット君がアムステルダムから手紙をくれて、前にも『ド・サン゠テヴルモン氏作品集』というのを出した同市の或る本屋（ピエール・モルティエ書店）が、否認する文書をド・サン゠テヴルモン氏が指示した本に基づいて新しい版を出す気があるらしいと言ってきました。私はド・ラ・モット君に返事を書いて、その本屋が期待するものよりはるかに正確な写しを自分は提供できると思うと言ってやりました。ではそれを送ってくれ、と本屋が言うので、少しして私は送ってやりました（一七〇二年）。ド・サン゠テヴルモン氏の名で刊行されて実際にこの人のものである文書を全部集め、或る種の順序に並べたものです。手もとにある本で私はそれを校訂し、未発表の文書もいくつか加えました。さらに、必要な個所には註を付けて説明しました。……その本をオランダへ送ったのです。付け加えれば、その写しを送ったのは二つの狙いからでした。一つは、どれがド・サン゠テヴルモン氏の真作で、それが今までいかに改竄されていたかを世の人に知ってもらうため、もう一つは、そうすることでド・サン゠テヴルモン氏に、原稿どおりの完全版を出すように促すためでした。事実、少しして私はド・サン゠テヴルモン氏に、ことわりもなく自分が勝手にしたことを打ち明け、オランダへ送った写しはまだ印刷が始まっていなかったため、原稿どおりできるだけ正確な形で作品を一度に出版した方が、何度にも分けて細切れに出すよりずっといいでしょうと言いました。氏は最初（一七〇三年）、この計画にかなり気乗り薄のようでしたが、やがて考えを変え、自分と一緒に原稿を見直してちゃんと配列する仕事のため私を選んでくれました。……そこで私はアムステルダムの本屋に手紙を送り、前に送った写しを印刷しないように言いました。その写しは従来出ていたものより無限に優っていたとはいえ、私がやがて世に出すはずの原テキストの完全性には程遠かったからです。そう言われても、本屋は完全には承服せず、私が送ったかなり沢山の文書を印刷してしまいました。」（『ド・サン＝テヴルモン氏作品集』、一七一一年版、第一巻、前付二二〇―二二二ページ）ここから分るのは、サン＝テヴルモンの真版作品集を出す計画をすでに一七〇〇年の段階からデ・メゾーが温めていて、サン＝テヴルモン自身ともそのことで接触しており、それあるがため、サン＝テヴルモンも自作の校訂作業に当たり、孫のように若いこの青年を介添役に選んだということである。だが同時に、このデ・メゾーの説明には偽善的でおよそ不自然な自己合理化が見られないでもない。オランダへ写しを送ったのは真版作品集を出すよう著者に促すためだったというのはどう見ても「綺麗ごと」に過ぎるし、アムステルダムの書店が送られた写しを印刷したことに自分は関知せぬかのような言いかたも、自分の書いたサン＝テヴルモン伝が初めて活字になったのはこのアムステルダム版の巻頭だったことから見て到底真実だったとは思われない。どう言い繕ろおうと、一七〇一年に最初に話を持ち込んだアムステルダムのモルティエ書店と、一七〇三年に正式に契約を交したロンドンのトンソン書店とに、デ・メゾーは明らかに二股をかけていたのである。ブルームによれば、仲介者のラ・モットとそのアムステルダムの本屋モルティエがデ・メゾーに送った一七〇六年一月付の手紙が残っているそうで、その中でモルティエは「こんな物書きと今後関わり合うのは真っ平だ」と書いていたらしいが、煮え湯を飲まされたモルティエがそう言うのも無理はなかった。

いずれにせよ、アムステルダムのモルティエ書店から出版されたのは『ド・サン゠テヴルモン氏に帰せられる最良の文書と、珍しい、または新しい他の幾多の著作の興味ある雑纂』という十二折判二巻本で、表記上は一七〇六年、実際はたぶん一七〇五年後半に刊行された。すでに一七〇五年にはシルヴェストルとデ・メゾーが共同で出版したロンドン版作品集の第一版（四折判二巻）が出ており、このロンドン版は一七〇六年には（これも表記上で、実際はおそらくその前年の後半に）『ド・サン゠テヴルモン氏真作集』の題で十二折判五巻の第二版が出ていたが、アムステルダムの『興味ある雑纂』はこのロンドン版第二版と相前後して出たらしい。『興味ある雑纂』の允許の日付は一七〇四年八月二十三日だから、允許を取得してても実際の刊行はかなり遅れたようだが、この遅延もデ・メゾーの不明朗な行為と関係があったのかもしれない。ロッテルダムにいたピエール・ベールは、アムステルダムに住むラ・モットを通じてデ・メゾーから、この『興味ある雑纂』とロンドン版第二版とを同時に受け取ったらしく、この二つの贈物と、とりわけ『興味ある雑纂』の巻頭にある『ド・サン゠テヴルモン氏伝』が自分に捧げられたことについて、一七〇六年一月十九日付で丁寧な礼状をデ・メゾーに送っていた。ともあれ、サン゠テヴルモン自身がした真作の指示と最後の自作校訂に基づいたロンドン版の作品集は、その後第三版（四折判三巻、一七〇九年）、第四版（十二折判七巻、一七一一年）と版を重ね、近代に至るまでこの作家の最良の著作集としてその後の研究の土台となった。デ・メゾー個人とすれば半ばは金のための仕事だったかもしれないが、動機はともあれ、彼が著者自身とともにした作品の校訂作業が文学史上果たした役割は大きかった。

一七〇六年の『興味ある雑纂』に初めて収められ、一七〇九年以後はロンドン版作品集の巻頭をも飾ることになった『ド・サン゠テヴルモン氏伝』も、いわばこの校訂作業の副産物だった。前述のとおりこれはピエール・ベールに捧げられており、当初は公刊を予定していなかったと冒頭の「お知らせ」にはある。「ド・サン＝テヴルモン氏の伝記を書く計画を立てた時、私にはベール氏の好奇心を充たすという狙いしかなかった。しかし、アムステルダムの或る本屋が『雑纂』に加えたいから欲しいと言ったので送ってやった。」（『ド・サン＝テヴルモン氏作品集』、一七一一年版、第一巻、前付五三ページ）公刊の意図の有無についてこの話をどれだけ信用するかは別問題だが、ただ、ベールがかねがねサン＝テヴルモンやその周囲にいる人々について（たとえば、サン＝テヴルモンが亡命した理由について、ウィンザーの教会参事会員だった大人文学者イサク・ヴォシウス〔一六一八―八九〕の人柄について、サン＝テヴルモン作として流布する文書の真の著者について、マザラン公爵夫人が死んだ時の宗教心の有無について、またサン＝テヴルモン自身の宗教心について、等々）デ・メゾーに種々問い合わせていたのは事実だったし、ベールに捧げたこの伝記でも著者は随所で、これがお問い合わせへの答だと述べているから、執筆に当たってベールからの質問が著者の念頭にたえずあったことだけは間違いない。この伝記がいかなる材料に依拠したかは、冒頭で著者が述べるとおりであった。即ち、「ド・サン＝テヴルモン氏の生涯の連続した完全な一代記は期待なさらないでください。……そんなものを御提供できる人はイギリスにおりません。ド・サン＝テヴルモン氏ほど自分のことを語りたがらない人はおそらくこの世にいないのを御存知いただけたら、そのことを意外とはお思いにならないでしょう。自分の生涯の何かの出来事に人が話を持って行こうとするのに気付くと、この人はすぐに話題を逸らしたり、〈あんまり昔のことなのでもう覚えていません〉とあやまったりするのが常でした。それでも、この点をできる限り学ぶ機会を私が一つも逃がさなかったとお思いくださって結構ですし、一緒にした作品の校訂作業が、私より付き合いの長い他の多くの人も知らないような生涯の色々な状況を教えてくれたとあえて言うこともできます。明確で確かな観念を失わないように、この人が言った細かなことを私は念入りに書き留めておきました。ですから、ド・サン＝テヴルモン氏の生涯について知りえた最も興味深いことはみなここに収めてあります。それに主要な作品の沿革を添え、この覚書をあまり大きくしない限りで各作品の梗概もお伝えすることにしましょう。」（『ド・サン＝テヴルモン氏作品集』、一七一一年版、第一巻、前付五五―五六ページ）つまり、サン＝テヴルモンとの会話によって知りえた伝記的事実と、校訂作業の中で著者自身が明かした作品個々の成立事情、執筆の意図やきっかけ、反論の相手などについての情報と、さらに主要な作品のくわしい内容紹介という三者が、この伝記を構成する主たる要素だということである。デ・メゾーが冒頭でした自作についてのこの説明は意外なほど正確だった。しかし、十二折判で約百九十ページ（一七一一年版作品集による）を占めるこの『ド・サン＝テヴルモン氏伝』で、厳密に言って「伝記」の名に値するのは、陸軍少将にまでなった亡命前の軍歴を述べた（しかも、その内容はシルヴェストルが書いたロンドン版序文の中で大筋はすでに語られていたことだった）はじめの四十ページ弱にすぎず、それ以後については作品個々の執筆事情の説明と内容紹介とが記述のほぼ全部をなしており、伝記的事実はその間に時たま挿入される程度にすぎない。極端に言えば、この伝記は主人公の後半生に関する限り、本来なら作品個々に付さるべき「解題」を寄せ集めたようなものので、それが与える作品の成立事情をめぐる情報が文学史的にはいかに貴重でも、およそ伝記の体をなしてはいなかった。デ・メゾーが後年書く『ベール氏伝』に較べると、『ド・サン＝テヴルモン氏伝』は分量的にはほぼ三分の一にすぎないが、極度に動きの乏しいこの伝記は、短いとはいえ、およそ退屈な読後感しか残さない。だが、出来栄えはともあれ、一七〇六年に発表されたこの『ド・サン＝テヴルモン氏伝』は、「どんな人間の生涯でも一篇の伝記に仕立て上げる」と後に悪口を言われたほど多くの人物伝を著わすデ・メゾーが最初に書いた伝記作品であると同時に、三十三歳にして彼が初めて著わした自前の纏まった作品だった。シャフツベリの依頼で物した最初のベール伝も、書かれたのはその一年後、出版されたのは二年後だったからである。

## 五　デ・メゾーとピエール・ベール

フランスの文学・思想の歴史によほど通じていても、ピエール・デ・メゾーをピエール・ベールの刊行者、その伝記の著者としてしか知らない人は多いだろう。デ・メゾーの名はそれほどまでにベールの名と分ちがたく結び付いており、デ・メゾーがいなければベールもいないとはむろん言えないが、ベールがいなければデ・メゾーもいないというのはそのとおりだった。「デ・メゾーの生涯と仕事で、ベールは巨大で基本的なライトモチーフだった」（三四七ページ）とブルームが言うのも故なしとしない。そこで最後に、この二人の関わりや、とりわけベールの死後にデ・メゾーが行なったその著作の刊行作業を、これまでの記述との重複を極力避けつつ編年的に辿っておこう。

すでに述べたとおり、デ・メゾーがロッテルダムでベールと会ったのは生涯に一度きり、一六九九年の五月ないし六月で、デ・メゾー二十六歳、ベール五十一歳の時だった。デ・メゾーは六月末にはイギリスへ渡ったが、現在残っているベールからデ・メゾーへの最初の手紙が同年七月二十八日付で、それ自体デ・メゾーがイギリスから或る資料を送ってくれたことへの礼状だから、二人の間の文通はデ・メゾーのイギリス到着後すぐに始まっていたことが分る。ちなみに、アルマゴールが作成した大英博物館所蔵のデ・メゾーの書簡の目録によると、渡英後にデ・メゾーが受け取った一六九九年付の手紙で今も保存されているのは、ジャン・ル・クレールからの八月二十三日付の手紙と、スイスのアヴァンシュから来た十二月二日付の父からの手紙だけだから、目録にないこのベールの手紙はデ・メゾーがイギリスで受け取った最初の手紙といわれるのも、不確かではあるが、ありえない話ではない。いずれにせよ、ベールが世を去るまでの以後七年間、二人の間にはきわめて頻繁な手紙のやりとりがあり、ラブルースの作ったベールの書簡目録によると、ベールからデ・メゾーへの手紙はこの一六九九年七月二十八日付のものから、死ぬ三カ月前の一七〇六年九月二十一日付のものまで計三十二通が今も残っている。逆にデ・メゾーからベールへの手紙は、一七〇五年（月日不明）のものと一七〇六年三月ないし四月のものと、二通しか残っていないという。

最初の手紙からもすでに窺われるとおり、デ・メゾーは資料や情報、特にイギリスで刊行される図書や雑誌の提供者としてベールに大変重宝がられた。ベールとシャフツベリ、ベールとサン゠テヴルモンの連絡も主にデ・メゾーを通じて行なわれたようで、その意味でもデ・メゾーは仲介者としてベールにはかけがえのない存在だった。親子ほど年の違うベールにも、親子どころか祖父と孫ほどの年齢差があるサン゠テヴルモンにもこれほど信頼され頼りにされたところを見ると、この若者にはどうやら年寄りに愛される独特の才能があったようだが、むろんそれだけではなかったろう。イギリス到着の翌年、ライプニッツの哲学をめぐるデ・メゾーの見解をベールは手紙（一七〇〇年十月二十二日付）で称讃し、そこに漲る理論的思考力と豊かな学殖を褒めそやしているが、文面から察するに、ベールはこの青年の知力を相当高く買っていたらしい。たしかに、デ・メゾーは後年、デカルト流の神の存在証明を否定してジャクロと論争をしたりしたから、その面での才能が遂に伸ばされなかったとはいえ、もともと哲学者ともなりうる素質が具わっていたようである。

私的な連絡だけではない。すでにベールの生前から、デ・メゾーは『歴史批評辞典』の英訳版の刊行について、ベール自身と連絡を取りつつロンドンの書店と交渉したらしい。最初に話したのは後にサン゠テヴルモンのロンドン版作品集を出すジェイコブ・トンソン書店で、この店が取得した『辞典』英訳版の允許は一七〇一年四月付だから、デ・メゾーとトンソンの関係もたぶんその頃に始まったのであろう。デ・メゾーがこの企画についてトンソンと折衝したのはサン゠テヴルモン作品集の刊行の話が出るより前で、デ・メゾーは或る時期、同じ書店との間で、ベールの辞典の英訳版とサン゠テヴルモン作品集の刊行の話を同時に進めたようである。辞典英訳版の話はベールからデ・メゾーへの一七〇二年一月二十七日付の手紙でも言及されているが、どうやらこの英訳版ではデ・メゾー自身が校閲者となる予定だったらしく、一七〇四年六月十七日付の手紙でベールはデ・メゾーに、「貴方が原稿と最終ゲラを校閲してくださったら辞典の英訳にとって願ってもないことでしょうが、御健康とほかのお仕事を犠牲にしてまでそうしていただこうとは思いません」と言っていた。ベールとしてもこのデ・メゾーの尽力がよほど嬉しかったのであろう、一七〇五年十二月一日付のデ・メゾーへの手紙では、直接的な感謝の対象は別のことだが、「貴方ほど御親切な友人はいませんでした」とまで言った。

デ・メゾーが企画した『歴史批評辞典』の英訳版は結局実現せず、デ・メゾー自身も同じ書店が出すサン゠テヴルモン作品集の仕事にしばらくは集中せざるをえなかったが、その間隙を縫うかのように、『辞典』の英訳の話は別の所でも進行した。残されたベールの書簡でそれについて最初に言及されるのは一七〇五年二月十日付のデ・メゾーへの手紙で、「貴方が引き受けられなかった私の辞典の英訳」について、校閲に当たるボーヴォワール、モーンディ両氏から問い合わせを受けたので、訂正原稿をその両氏に渡してほしいとデ・メゾーに依頼したものである。こちらの企画については、中心的な翻訳者ミシェル・ド・ラ・ロッシュ（一七四二歿）がベールに報告していたことがベールからデ・メゾーへの一七〇五年十二月一日付の手紙から窺われるが、ほぼ一年前の一七〇四年十月十七日付の手紙でもまだ、ベールは英訳版のための訂正原稿をデ・メゾー宛に送っていたから、同時に立てられた二つの企画の間で、原著者としてさぞかし対応に困ったことであろう。結局日の目を見たのはデ・メゾーの企画ではなくラ・ロッシュの企画の方で、これはベールの歿後、一七一〇年に二折判(フォリオ)四巻本で出版されたが、刊行者はジェイコブ・トンソンを含むロンドンの十三の書店の連合体だった。ベールの辞典のこの最初の英訳版にもデ・メゾーは直接、間接に深く関わっていたろうとブルームは推測している。関わっていたことは疑いないが、主導権はもちろん彼にはなかった。後に出版した『ベール氏書簡集』の或る註で、デ・メゾーはこの英訳版について、翻訳の悪さが知れわたったため誰も買いたがらず、本屋たちも投資した金を回収するのに苦労したと散々に悪口を言っており、このように本の出来栄えを貶すのは自分の企画が他者に奪われた時にするデ・メゾーの常套的な行動パターンだったからである。

ピエール・ベールは一七〇六年の年末に他界したが、その死の直後からデ・メゾーは、『歴史批評辞典』の版元だったロッテルダムのライニール・レールス書店に辞典の新版を刊行するよう持ち掛けたらしい。レールスも原則的に同意したが、ただ、新版にはイギリスの人名を大量に加えたいとデ・メゾーが考えていたのに対し、レールスの方は古代の人名を補足したいと思っており、こうした細部の不一致からこの話は流れてしまった。同じ頃、デ・メゾーはシャフツベリからベール伝執筆の依頼を受け、一七〇七年中はそれの作成に集中したらしい。彼がフランス語で書き他の者(前出のミシェル・ド・ラ・ロッシュらしい)が英語に訳したこの最初のベール伝は、ここに訳出した『ベール氏伝』の下書きのようなもので、一七〇八年に『彗星雑考』の英訳版に付けて刊行されたが、この短い伝記についてはすでに前段で述べたから繰り返さない。なお、『彗星雑考』のこの英訳版にも彼は当然関与したものと思われるが、詳細は分っていない。同じ一七〇八年にロンドンで出た『〈強いて入らしめよ〉というイエス・キリストの言葉に関する哲学的註解』の英訳についても同じである。

ライニール・レールス書店は一七〇九年に店を閉じ、営業権はカスパル・フリッチュとミハエル・ベームの二人に買い取られた。二人は一七一五年まで共同で書店を経営したが、デ・メゾーは一七一〇年にさっそく、かつてレールスにもしたように、『歴史批評辞典』新版の刊行を二人に持ち掛けたらしい。しかし、それの実現は当面望み薄だったので、そのかわりに、かねてレールスの時代から温めていたベール書簡集の刊行計画を二人に話し、これについては同意が得られた。そこでデ・メゾーは、アムステルダムにいるラ・モットやパリにいるマレを通じてベールの手紙の精力的な蒐集に当たり、それを材料にして二百五十三通の手紙を集めた『ベール氏書簡選』(十二折判三巻)がこのフリッチュ＝ベーム書店から一七一四年四月に出版された。またその前年には、やはりデ・メゾーが企画したらしいベールの『哲学的註解』と『カトリック一色のフランスとは何か』を合わせた新版が同じ書店から上梓されていた。しかし、『書簡選』にせよ『哲学的註解』の新版にせよ、企画したのはデ・メゾーでも、編集・制作に当たったのはデ・メゾーではなく、アムステルダムの本屋プロスペル・マルシャン(一六七八—一七五六)だった。『書簡選』のゲラも途中からデ・メゾーには送られなくなり、彼は全く聾桟敷(つんぼさじき)に置かれてしまった。書店側とすれば、海を距てたロンドンにいるデ・メゾーより、身近にいるマルシャンの方が編集実務を任せるのに便利と考えたに相違ないが、何よりも決定的な理由は、デ・メゾーがここでも二股をかけていて、ベールの手紙の写しをイギリスの本屋へ売り、ベール書簡集の英訳版を準備しているという風聞を耳にしたため、フリッチュとベームがデ・メゾーに対し抜きがたい不信感を抱いたことにあった。この噂は間違いだったらしいが、同じ企画をオランダとイギリスの二つの出版社に持ち込んだサン＝テヴルモン作品集の一件以来、道義に欠けるいかがわしい出版ブローカーという悪評がデ・メゾーには付き纏っていたのであろう。それ以後、デ・メゾーは『文芸共和国の批評的歴史』、『文芸ニュース』、オランダ版『学術新聞』、サラングル（アルベール＝アンリ・ド、一六九四―一七二三）の『文芸覚書』（Mémoires de Littérature. ハーグ、一七一五―一七年）など様々なメディアを使って、マルシャンと『ベール氏書簡選』を猛烈な勢いで攻撃した。ベールの手紙が改竄されている、『書簡選』は編註が多すぎる、索引が第三巻の半分以上を占めるなどというのが攻撃の理由だったが、企画を奪われた恨みから来るのは火を見るよりも明らかだった。一七一六年にデ・メゾーは、前年に出たデュ・ルヴェ師の『ベール氏とその著作の歴史』をそれの「厳密な見直し」を付けて再刊したが、それに添えられた種々の文書も大半は、マルシャンが編集した『哲学的註解』の新版や『ベール氏書簡選』、さらには、すでに刊行を予告されていた同じくマルシャン編集の『歴史批評辞典』新版を攻撃するためのものだった。デ・メゾーがするこうしたネガティヴ・キャンペーンに辟易したフリッチュとベームは、同じ一七一六年に『ベール氏書簡選』の版権をアムステルダムのジャック・デボルド書店（デ・メゾーが編集した『ベール氏とその著作の歴史』一七一六年版の版元）に売り渡してしまい、デ・メゾーはベールの書簡集を新たに出すためのフリーハンドを得たが、それが実現するのはさらに十三年後のことだった。一七二〇年にはマルシャンの編集にかかる前記の『歴史批評辞典』新版（第三版と表記されたが、実際は第四版）がフリッチュと別れたロッテルダムのベーム書店から刊行されたが、デ・メゾーはむろんこれには関与せず、後々までこの版を貶し続けた。

一七二七年から一七三一年にかけては、ハーグとロッテルダムから『辞典』以外のベールの著作を網羅する『著作集』の最初の版（二折判四巻）が出たが、材料蒐集など多くの面でこれはデ・メゾーに負うものだった。その間の一七二九年にはアムステルダムで、マルシャン編集の『ベール氏書簡選』に代るべき、二百九十五通の手紙を集めたベールの新しい書簡集（十二折判三巻）が『ベール氏書簡集。原本に基づき刊行。王立協会会員（ロイヤル・ソサイエティ）デ・メゾー氏による註を付す』という麗々しい標題を掲げて刊行された。さらに、翌一七三〇年には同じくアムステルダムから、デ・メゾーが監修した『歴史批評辞典』の第五版（第四版と表記、二折判（フォリオ）四巻）が、第一巻の冒頭に彼自身の書いた『ベール氏伝』を掲げて出版され、大陸でするベール刊行事業はここで一段落した。その後、この一七三〇年版を再刊した一七四〇年版（二折判四巻、刊行地アムステルダム・ライデン・ハーグ・ユトレヒト）はもとより、一七三四年にトレヴーのイエズス会士が作ってパリ（表記上はアムステルダム）で出版した『辞典』の版（二折判五巻）すらも、実質的にはデ・メゾーが監修したものであろうと言われている。

いつの頃からか、デ・メゾーは「イギリスのベール」たらんとして、『歴史批評辞典』と同種の辞典をこの国から英語で出すことを考えていたらしい。一七一九年にロンドンで出した『ジョン・ヘイルズ氏の生涯と著作の歴史批評的報告』も、一七二五年に同じくロンドンで出した『ウィリアム・チリングワース氏の生涯と著作の歴史的報告』も、「イギリス版歴史批評辞典の見本」と前者の標題にも謳われるとおり明らかにそのための準備作業で、これらの著作はベールの『歴史批評辞典』と同様、各ページの上部に組まれた本文と下部に細字で組まれた厖大な脚註で構成され、ページによっては本文が一、二行であとはみな脚註という所も少なくなかった。しかし、ベールのものに匹敵する大辞典を無から創造するのはあまりに難事業なのに気付いたためか、ベールの著作の刊行が一段落した一七三〇―三一年頃からデ・メゾーが考えたのは、ベールの辞典の正確な英訳版を出すことと、その英訳を土台として中に組み入れ、さらにイギリス関係を中心とする大量の人名を新たに加えた拡大版の歴史批評辞典を作ることだった。『歴史批評辞典』の英訳は亡命初期に彼自身が企画して実現せず、他人が別に企画したものが一七一〇年に出版されたという苦い思い出のあるものだったし、イギリスの人名を補足した拡大版の歴史批評辞典は、ベールが死んだ直後にデ・メゾーがレールス書店に企画（もちろんフランス語の本として）を持ち込み、それも実現を見ずに終わったものだった。つまり、デ・メゾーが齢（よわい）六十に近い一七三〇年代初期にいわば最後の大仕事として取り組んだのは、三十そこそこの青年期に果たせなかった二つの夢を実現することだったのである。そして、この二つの夢がともに成就したのであるから、なんとも仕合わせな人と言うほかない。デ・メゾー自身が監修し一部は改訳した『歴史批評辞典』の英訳第二版は、デ・メゾーが書いたフランス語版『ベール氏伝』の英訳を第一巻の巻頭に掲げ、二十五の出版社の連合体により一七三四―三八年にロンドンから二折判（フォリオ）五巻で出版されたし、拡大版歴史批評辞典の方は『万般歴史批評辞典、高名なるベール氏の辞典の正確な新訳を含む』という題で、別の十四社の連合体により、同じ一七三四年から一七四一年にかけて（つまり、『歴史批評辞典』の新訳が出るのに合わせて順次それを組み入れる形で）、やはりロンドンから二折判十巻の巨大な本として刊行されたからである。東洋学者のジョージ・セイル（一六九七？―一七三六）、植物学者のジョン・マーティン（一六九九―一七六八）、最大多数のイギリス人名項を執筆した伝記作家トマス・バーチ（一七〇五―六六）などの執筆陣を新たに加えて、ジャン＝ピエール・ベルナール（一七五〇歿。『文芸共和国便り』を出したジャック・ベルナールの子）、トマス・バーチ、ジョン・ロックマン（一六九八―一七七一）の三人を中心に編纂されたこの『万般歴史批評辞典』は、「文芸の伝記的側面を好む人には参照して大いに役立つ本」と文壇の大御所サミュエル・ジョンソン（一七〇九―八四）からも推奨されたほどだったが、第一巻冒頭の序文で支持と協力を感謝された者の筆頭は、いうまでもなく「王立協会（ロイヤル・ソサイエティ）会員デ・メゾー氏」であった。

大陸ではベールの辞典とそれ以外の全著作、さらには書簡集をも自らの監修で出し、イギリスでも辞典の英訳版と拡大版とを自らの手で、または自らの協力のもとに刊行したデ・メゾーは、一七四〇年前後にはもはやベールの刊行者として押しも押されぬ存在となった。この刊行活動は単に金儲けのためではなく、ベールへの一種の「英雄崇拝」が動機だったとブルームは言う。訳者としてもそれに異を唱える理由はないが、ベールを顕彰することはいうまでもなくデ・メゾー自身の名を高める所以でもあったのだから、その「英雄崇拝」をそれほど無私のものと考えるべきでもない。ただ、それよりも重要なのは、デ・メゾーがピエール・ベールを何の英雄と見ていたかである。『ベール氏伝』の行文などから察するに、それはとりわけ次の二つのものであったろう。第一は宗教的拘束や宗派的利害から超脱した「自由な思想」、第二はそれと不可分の関係を持つ「宗教的寛容」の原理である。その「自由な思想」とは思想の内容よりむしろ思考の姿勢に関わるもので、日本語では同じになって紛らわしいが、フランス十七世紀に伏流としてあった「自由思想（リベルティナージュ）」よりも、むしろ、デ・メゾーの親友コリンズが宣言的な『自由思想論』（一七一三年）で輪郭を描き、ピエール・ベールをその先達と考えた「自由思想（フリースインキング）」に近かった。つまり、トーランドやコリンズのみならず、シャフツベリや、見ようによればベールの弟子とみなせるマンデヴィル（一六七〇頃―一七三三）などをも含む、世紀初頭のイギリスが輩出した広義の自由思想家（フリースインカー）たちとほぼ同じような視点から、デ・メゾーはベールを師と仰いでいたと言ってもいい。それはもちろん、デ・メゾーが自由思想家の仲間と自認していたからでもあったが、いずれにせよこのようなベール観は、同じ時期にフランスの（したがってカトリック系の）学術界の少なからぬ部分がベールを最初に受容して一種のブームを起こした際の「歴史批評学の権化」という没イデオロギー的なベール観とは多分に異質なものだった。第二の「宗教的寛容」の原理については多くを語る必要もない。イギリス亡命後、デ・メゾーが最初に翻訳出版を企て

（成功しなかったが）、『文芸共和国便り』で最初に紹介した本も寛容論者ギルバート・バーネット（一六四三—一七一五、訳註（三〇七））の『イギリス教会三十九信仰箇条の説明』（一六九九年）であり、「イギリス版歴史批評辞典の見本」として書いた二冊の伝記の対象人物がともに内乱期の代表的な広義論者（ラティテューディナリアン）（寛容派）だったジョン・ヘイルズ（一五八四—一六五六）とウィリアム・チリングワース（一六〇二—四四）だったことから見ても、寛容問題についてデ・メゾーが当初から取った立場は明らかだったし、ロックと並ぶ「寛容の使徒」ベールに彼が深い尊敬を捧げたのも当然だった。現に、一七〇六年に発表した『ド・サン＝テヴルモン氏伝』でも、デ・メゾーは寛容論者マーティン・クリフォード（一六七七歿）の『人間理性論』（ロンドン、一六七四年。仏訳、アムステルダム、一六八二年。一七〇五年にハーグで仏訳の新版が出た）を話題にしつつ、「キリスト教徒の間に漲る偏見と不寛容の精神」（『ド・サン＝テヴルモン氏作品集』、一七一一年版、第一巻、前付九六ページ）を告発していたからである。

## 六　その晩年

これまで、主要な四つの側面に限ってデ・メゾーの活動を見てきたが、もちろん、文筆家・出版人としてこの亡命者が手懸けた仕事の範囲はこれだけに止まらなかった。多くは生活のためにした他の細々した仕事を逐一紹介する余裕も必要もないから、最後に著作一点、編集・刊行した図書一点だけを個別に取り上げ、あとはその仕事の総目録を示すだけで済まそう。

デ・メゾーが書いた伝記作品には、これまで言及したもの以外に、フランス語で著わしたボワロー（一六三六—一七一一）の伝記もあった。アディソン（一六七二—一七一九）に捧げられたこの『ボワロー＝デプレオー氏伝』は、一七一一年十月二十二日という擱筆の日付が記されており、アムステルダムから一七一二年に出版された。これは元来、英訳版ボワロー作品集の刊行に合わせて英語で出すべく、その作品集の版元であるロンドンのカール書店の依頼でデ・メゾーが書いたもの、書いたというより金のため書かされたものだったが、ブルームによるとデ・メゾーはここでもまた二股をかけて、原稿をフランス語のままオランダの書店に売り、職業翻訳家ジョン・オウゼル（一七四三歿）によるその英訳が同じ訳者の手になる英訳版ボワロー作品集（一七一二年）に付けて出版されたのはフランス語原文の刊行より後だったという。このボワロー伝は量的にはかなり大きく、訳者が披見した一七一五年のフランス語版（刊行地アムステルダム）では十二折判三百十五ページ（『ベール氏伝』の約半分）にもなるが、一読して著者の熱のなさは目を覆うばかりで、その内容は極論すれば、一六七四年版、八三年版、九二年版等々、パリで相次いで出版されたボワロー作品集のそれぞれの序文を繋ぎ合わせたものにすぎない。フランス語で書かれたデ・メゾーの伝記作品の中でも、これは明らかに最低のものだった。

このボワロー伝よりはるかに重要なのは、デ・メゾーがフランス語で編集・刊行した『ライプニッツ氏、クラーク氏、ニュートン氏その他の有名著作家による哲学・自然宗教・歴史・数学等に関する文書集』（十二折判二巻、アムステルダム、一七二〇年）であろう。この書の第一巻には、ニュートンの思想をめぐるライプニッツとサミュエル・クラーク（一六七五―一七二九）との論争文書が、この論争の沿革をニュートン支持の立場から纏めたデ・メゾー執筆の長い序文（それを書くのに必要な資料はニュートン自身から提供されていた）を付けて収められ、さらに加えて、コリンズの『人間の自由に関する哲学的研究』とそれに対するクラークの反論とがいずれも仏訳で収録されていた。第二巻は、「フランス人起源論」とそれに対するトゥルヌミーヌ神父（一六六一―一七三九）の反論への答、「実体の本性及び実体の交通並びに精神物体間に存する結合に就いての新説」とそれをめぐるベールとの論争文、ロックの『人間知性論』、シヤフツベリの『神がかりについての手紙』、サン゠ピエール師（一六五八―一七四三）の『恒久平和計画』等々に関する指摘・感想など計十八点に上るライプニッツの小品を中心として、それにライプニッツ、ニュートンなどの二十数通の手紙を付したものだった。史上名高いライプニッツ゠ニュートン、ライプニッツ゠クラークの論争やコリンズの自由意志論がフランス語読者の目に初めて触れたのはこの文書集の中で、デ・メゾーが編集したこの書の歴史的な重要性は少なからぬものだった。一七四〇年の改訂第二版（アムステルダム）、一七五九年の第三版（ローザンヌ）と、この書が以後多くの版を重ねたのも当然である。

新聞雑誌に載った多数の記事を除き、デ・メゾーの著書、訳書、編集書を確実なもののみに限って年代順に列挙すれば、次のようになる。再版は原則として除外した。

（編集）『ド・サン゠テヴルモン氏作品集』Œuvres meslées de Monsieur de Saint-Evremond.（四折判二巻、ロンドン、一七〇五年）。

（編集）『ド・サン゠テヴルモン氏に帰せられる最良の文書と、珍しい、または新しい他の幾多の著作の興味ある雑纂』Mélange curieux des meilleures pièces attribuées à Mr. de Saint-Evremond et de plusieurs autres ouvrages rares ou nouveaux.（十二折判二巻、アムステルダム、一七〇六年）。第一巻の巻頭に次のものを付す。

（著書）『ド・サン゠テヴルモン氏伝』La Vie de Messire Charles de Saint-Denis, sieur de Saint-Evremond, Maréchal de Camp des Armées du Roi Très-Chrétien.

（著書）『ベール氏伝、イギリスの或る貴族への手紙の形で』The Life of Mr. Bayle in a Letter to a Peer of Great Britain.『彗星雑考』英訳版（八折判二巻、ロンドン、一七〇八年）の第二巻第二部として。フランス語の原稿を他の者が英訳。

（著書）『サン＝ジェルマンの宮廷にいる某貴族からイギリスの友人への手紙』Lettre d'un Gentilhomme de la Cour de Saint Germain à un de ses amis en Angleterre, touchant les moyens d'établir le Prétendant sur le trône de la Grande Bretagne.（ケルン〔実際はオランダ〕、一七一〇年）。

（著書）『ボワロー＝デプレオー氏伝』La Vie de Monsieur Boileau-Despréaux.（アムステルダム、一七一二年）。

（編集）『ベール氏書簡選』Lettres choisies de Mr. Bayle, avec des Remarques.（十二折判三巻、ロッテルダム、一七一四年）。

（編集）『ド・ラ・モノワ氏著、ベール氏とその著作の歴史』Histoire de Mr. Bayle et de ses ouvrages, par Mr. de la Monnoye の第二版（アムステルダム、一七一六年）。

（著書）『ジョン・ヘイルズ氏の生涯と著作の歴史批評的報告』An Historical and Critical Account of the Life and Writings of the Ever-memorable Mr. John Hales, being a Specimen of an Historical and Critical English Dictionary.（ロンドン、一七一九年）。

（編集）『ライプニッツ氏、クラーク氏、ニュートン氏その他の有名著作家による哲学・自然宗教・歴史・数学等に関する文書集』Recueil de diverses pièces sur la Philosophie, la Religion Naturelle, l'Histoire, les Mathématiques, etc. par Messieurs Leibniz, Clarke, Newton, et autres Auteurs célebres.（十二折判二巻、アムステルダム、一七二〇年）。

（編集）『ジョン・ロック氏のいくつかの文書のコレクション』A Collection of several pieces of Mr. John Locke, never before printed.（ロンドン、一七二〇年）。

（編集）『オーヴェルニュの人ジャン・ボヌフォン詩集』Johannis Bonefonii Arverni Carmina.（アムステルダム、一七二〇年）。

（著書）『ウィリアム・チリングワース氏の生涯と著作の歴史的報告』An Historical Account of the Life and Writings of Mr. William Chillingworth.（ロンドン、一七二五年）。

（編集）『父ジャン・ボヌフォン全集、ジル・デュランによるフランス語翻案を付す』Johannis Bonefonii patris Opera omnia, tam latino quam gallico idiomate ab Aegidio Durant donata.（アムステルダム、一七二五年）。

（編集）『ジョン・トーランド氏のいくつかの文書のコレクション』A Collection of several pieces of Mr. John Toland, now first publish'd from his Original Manuscripts.（八折判二巻、ロンドン、一七二六年）。第一巻の巻頭に次のものを付す。

（著書）『ジョン・トーランド氏の生涯と著作に関するいくつかの覚書、S・B・Lへの手紙の形で』Some Memoirs of the Life and Writings of Mr. John Toland, in a Letter to S***B***L***.

（編集に協力）『ピエール・ベール氏著作集』Œuvres diverses de Mr. Pierre Bayle.（二折判四巻、ハーグ＝ロッテルダム、一七二七―三一年）。

（翻訳）エンゲルベルト・ケンプファー（ケンペル）『日本帝国誌』Engelbert Kämpfer, Histoire de l'empire du Japon, composée en allemand et traduite en français sur la version anglaise de Scheuchzer.（二折判二巻、ハーグ、一七二九年）。

（編集）『ベール氏書簡集。原本に基づき刊行。デ・メゾー氏による註を付す』Lettres de Mr. Bayle, publiées sur les Originaux, avec des remarques par Mr. Des Maizeaux.（十二折判三巻、アムステルダム、一七二九年）。

（監修）ピエール・ベール『歴史批評辞典』Dictionnaire historique et critique 第五版（第四版と表記、二折判四巻、アムステルダム、一七三〇年）。第一巻の巻頭に次のものを付す。

（著書）『ベール氏伝』La Vie de Mr. Bayle.

（著書）『ジョーゼフ・アディソン氏伝、その父ランスロット・アディソン博士の伝記を前に置く』The Life of Mr. Joseph Addison, to which is prefixed the Life of Dr. Lancelot Addison, his father.（ロンドン、一七三三年）。

（監訳）『ピエール・ベール氏の歴史批評辞典。デ・メゾー氏による著者の伝記を前に置く』The Dictionary Historical and Critical of Mr. Peter Bayle, to which is prefixed The Life of the Author by Mr. Des Maizeaux.（『歴史批評辞典』の英訳第二版）（二折判（フォリオ）五巻、ロンドン、一七三四―三八年）。

（編集に協力）『万般歴史批評辞典、高名なるベール氏の辞典の正確な新訳を含む』A General Dictionary Historical and Critical, in which A New and Accurate Translation of that of the Celebrated Mr. Bayle.（二折判（フォリオ）十巻、ロンドン、一七三四―四一年）。

（編集）『スカリゲル語録、ド・トゥー語録、デュ・ペロン語録、ピトゥー語録、コロミエス語録』Scaligerana, Thuana, Perroniana, Pithœana et Colomesiana, ou Remarques historiques, critiques, morales et littéraires de J. Scaliger, J.-A. de Thou, le cardinal du Perron, F. Pithou et P. Colomiès avec les notes de plusieurs savans.（十二折判二巻、アムステルダム、一七四〇年）。

（監訳）フェヌロン『テレマックの冒険』Fénelon, The Adventures of Telemachus, the son of Ulysses, written by the archbishop of Cambray. A new translation, revised by Mr. Des Maizeaux.（十二折判二巻、ロンドン、一七四二年）。

（翻訳）ジョウサイア・マーティン『一クエーカーからフランソワ・ド・ヴォルテールへの手紙。イギリス人に関する同氏の指摘に際して送る』Josiah Martin, Lettre d'un Quaker à François de Voltaire, écrite à l'occasion de ses remarques sur les Anglais. Traduit de l'anglais.（ロンドン、一七四五年）。

一七一〇年代後半から一七三〇年代前半にかけて、ピエール・デ・メゾーはイギリスの文壇・思想界にかなり名の通った存在で、とりわけ、文筆に携わる亡命フランス人の間ではリーダーともいうべき地位を占めていた。彼が直接会うなり文通するなりした人物の内には、晩年のライプニッツやニュートンをはじめとして、イギリス滞在期（一七二六―二八年）に彼と会っていた若き日のヴォルテール（一六九四―一七七八）、やがてグロスターの監督となる国教会の大神学者ウォーバートン（一六九八―一七七九）、後の大哲学者ヒューム（一七一一―七六）などもいた。ライプニッツやニュートンとの交わりは前記の『哲学・自然宗教・歴史・数学等に関する文書集』（一七二〇年）の内容からして当然だが、ヒュームが処女作の『人間本性論』（一七三九―四〇年）を彼に見せて意見を仰いでいた（ヒュームからデ・メゾーへの一七三九年四月六日付の手紙が残っている）ことなどは、デ・メゾーがイギリス思想界で或る種の威信に飾られていたことを示すものであろう。それはおそらくデ・メゾー自身の著作によるより、ほぼ一手にピエール・ベールの著作や書簡の刊行に従事し、すでにその頃にはそれをほぼ完了していたデ・メゾーが、言うなれば「死せるベールの代理人」とも目されていたことから来たものだったと思われる。デ・メゾーはこの若い哲学者を激励して、アムステルダムで出ている『ヨーロッパ学術著作理論文庫』の「ニュースレター」欄で、「ヒューム氏という紳士」の同書をフランス語読者に紹介し、「新しいものを求める人はこの本に満足の種をみつけるだろう。著者は自前で物を考え、問題を深め、新しい道を開拓している。実に独創的である」（第二十二巻、第二部、四八一―四八二ページ）と称讃した。一七三〇年頃から、ロンドン在住の亡命フランス人たちはセント・マーティンズ・レインにある「スローターズ」というコーヒーハウスを溜り場にして政治や思想を論じ合い、フランスからの旅行者たちもそこを訪れるのが常だったらしいが、デ・メゾーはそこの集まりの常連で、高齢と権威から「神父様」という綽名で呼ばれていたという。亡命プロテスタントの子でベルリン生まれの牧師だったシャルル＝エティエンヌ・ジョルダン（一七〇〇―四五）の旅行記『一七三三年にフランス、イギリス、オランダにした文芸旅行記』（ハーグ、一七三五年）にも、ロンドンで親しく交わった人として、「文芸を生業にする人ならみな識っている、学識豊かで親切なデ・メゾー氏」（二四一ページ）が登場する。

しかし、一七三〇年代後半以後、デ・メゾーの活動量は徐々に落ちていった。トーランドは一七二二年に、親友コリンズも一七二九年にそれぞれ世を去り、最盛期の仲間だった初代の自由思想家たちが次々と姿を消したこと、イギリスの文学・思想の動向を大陸のフランス語読者に伝える紹介者としての役割も、すでに一七三四年に『イギリス書簡』を発表したヴォルテール（一六九四―一七七八）やアベ・プレヴォ（一六九七―一七六三）に奪われていったことなどもこの縮小の理由として挙げられようが、デ・メゾー自身の老齢と病弱、気力・体力の衰えが何より大きな原因だったことは推測に難くない。それでも、「英仏間の自由思想の地下運動」（四五〇ページ）は最後まで続けたとブルームは言うが、晩年のデ・メゾーが最も親密に交わったのは自由思想の闘士たちよりむしろ、伝記作家でやがて王立協会の書記となるトマス・バーチ（一七〇五―六六）、雑文家でヴォルテールやマリヴォーの英訳者でもあったジョン・ロックマン（一六九八―一七七一）、医師で一七一七年以来王立協会の副会長を務めるリチャード・ミード（一六七三―一七五四）など、『万般歴史批評辞典』作成の中心メンバーたちだった。一七三四年に第一巻が出、一七四一年に最後の第十巻が刊行されるこの巨大な歴史辞典への協力がデ・メゾーの最後の大仕事だったのを思えば、それもしごく当然のことではある。

一七四〇年二月二日に、デ・メゾーは六十六ないし六十七歳で初めて正式に結婚した。死後も継続して年金が妻に支給されるという確約を得ていた彼は、そのためにも妻と子供（娘が一人いたらしい）の身分を法的に確立しておく必要を感じたのだろうが、これは明らかに死ぬ準備だった。デ・メゾーには一七三〇年代から妻といわれる女性がいたが、正式に結婚した相手がその女性なのか、娘の実母なのかも分らないという。現在知られているのはただ、結婚相手がアン・ブラウンという初婚ではない中年の女性だったことだけである。

デ・メゾーが世を去ったのは一七四五年七月十一日、享年七十一、二歳だった。『ジェントルマンズ・マガズィーン』（Gentleman's Magazine）紙の死亡広告欄にはその日のこととしてこのニュースが載ったが、『ロンドン・マガズィーン』（London Magazine）紙には単に七月中の物故者の一人としてその名が挙がっていたにすぎないという。死因や最期の模様、妻と娘のその後の運命などは、今となっては誰も知らない。

## III　デ・メゾーの『ベール氏伝』

デ・メゾーの『ベール氏伝』が刊行当時、フランスのベール愛好家たちからどのように評価されたかは、ベールの友人でこの伝記のため多くの資料を提供したパリの弁護士マティユ・マレ（一六六五—一七三七、訳註〔一四〕）の記述から或る程度窺われる。十九世紀の一八六三—六八年にレスキュールが初めて刊行した『マティユ・マレの日記と覚書』に基づいて、まずその点を確かめておこう。

すでに述べたとおり、デ・メゾーが不満足な結果に終わった英語の『ベール氏伝』（一七〇八年）に代るべき本格的なベール伝の執筆を世の人に約束したのは一七〇九年の春頃からだったが、マティユ・マレのみならず、オルレアン公の宮廷にいるメリニアック夫人（一七一二歿）、ディジョン高等法院の大審部長官ですぐれた古典学者でもあったジャン・ブイエ（一六七三—一七四六）など、マレの周囲にいるベール愛好家たちのデ・メゾー評価は、もともと至って低かった。それは何よりも、デ・メゾーがすでに発表した『ド・サン゠テヴルモン氏伝』（一七〇六年）や『ボワロー゠デプレオー氏伝』（一七一二年）の出来から判断した結果と思われる。たとえば、マレがメリニアック夫人に送った一七一〇年五月十三日付の手紙には、サン゠テヴルモン伝の出来から見て、ピエール・ベールを語るのに必要なのはあんな男ではないという極度に軽蔑的な評言が見られた。いわく、「デメゾー君の『サン゠テヴルモン伝』を読みましたが、不出来で生気のない間延びしたものだと思いました。世界一の偉人〔ベールのこと〕を語るのに必要なのはあんな男ではありません。その評価はゼロとほとんど変わりません。」（レスキュール版第一巻、一二三ページ）同じメリニアック夫人に宛てた同年八月の手紙の口調はさらにひどかった。いつベール伝を書くのかという自らの問い合わせにデ・メゾーが分らないと答えたことへの憤りが根底にあったようだが、ともかく、この手紙に見るデ・メゾーへの評価は文字どおり目を覆わせるようなものだった。断片的な言葉だけはすでに前段で引用したが、デ・メゾーに関係するくだりを纏めて引いておこう。即ち、「昨日、イギリスのデメゾー君から小包が届きました。私の見るところ、あれはくだらぬことで手一杯な馬鹿、稼ぎのために本屋の尻を追っかけ回すへぼ作家です。あの男の手紙にあるのは作ろうとするサン＝テヴルモンの新版の話ばかりで、私の手紙の或る個所にはほとんど答えていません。今は病気で、いつ〔ベール伝の〕仕事をするか分らないと言うのです。英語の作品〔英語のベール伝〕の元は自分だと言ったり、そうでないと言ったりします。要するに愚か者で、あんなのとはもう付き合いたくありませんから、今後はバナージュ氏に任せることにしましょう。バナージュ氏宛に彼が書いた手紙を同封でお送りしますが、同氏はそれをまだ見ていません。読めばお分りのように、この男はいつもバナージュ氏から言われた意見ばかり強調して、私の言うことは全然聞きませんでした。自分が否認した本〔英語のベール伝〕はバナージュ氏が書いたとまで言う始末です。あんな男に私たちはみすみす宝物〔ベール伝のための資料〕を預けたのです。こんな敵から神が解放してくださいますように。本物の敵だったらこちらの敵意も弁明意欲も掻き立てますから、その方がまだましでしょう。この手紙類はどうか御返送ください。この熱のない物書きはCと比較したくなります。二人はいい勝負でしょう。心から発する本当の気持より欲得が勝った連中には何も期待しないことにして、友〔ベール〕の墓前で涙を流すだけにしましょう。あんなに遅れた、あんなに熱のない、あんなに欲得ずくな称讃演説に較べたら、そういう涙の方がまだ貴いでしょうから。」（レスキュール版第一巻、一二五―一二六ページ）それから十四年後、ベール崇拝の同志メリニアック夫人はとうにこの世の人ではなかったが、一七二四年十一月三十日付のジャン・ブイエ宛の手紙で、イギリス旅行中にデ・メゾーと会ったドリヴェ師（一六八二―一七六八）を話題にする時のマレのデ・メゾー評も、一七一〇年当時のものと基本的に変わらなかった。「ドリヴェ師はデメゾー君とも会いました。顔つきは見すぼらしい男だそうですが、精神からしてそうだと私はかねて睨んでいました」（レスキュール版第三巻、二七二ページ）とあるからである。マレがデ・メゾーに示すこの極端な侮蔑には、安定した地位にあるパリ高等法院弁護士が異郷でその日暮らしをするルンペン・インテリに対して抱く一種「階級的」な軽侮の念が透けて見えるが、それはともかく、一七三〇年六月四日付のブイエ宛の手紙に、「素晴しい女性だったド・メリニャック夫人は、〈ムッシュー、あの男〔デ・メゾー〕はベールさんを生き返らせるんじゃなくて、もう一遍死なせますよ〉といつも私に言ったものです」（レスキュール版第四巻、一三六ページ）とあるのを見ると、マレがひときわ強烈な言葉で述べたデ・メゾーへの最低の評価は、マレのみならず、その周辺にいたベール愛好家たちにも大筋では共有されていたものと考えられる。

この一七三〇年六月四日付の手紙は、全体として、デ・メゾーの『ベール氏伝』が『歴史批評辞典』の一七三〇年版に収められてようやく活字になった時、辞典のその部分の抜刷りを送られたマレがそれの第一印象を語ったものだが、この伝記を実際見た上での評価も読む前からの予想どおりだった。「生涯、伝記」を意味する vie という語が本来「生、生命」の意であるところから、この伝記は vie ではなく「死」だという決定的な評言すらそこにはあった。その手紙で『ベール氏伝』を語るくだりは次のようにして始まっている。「デメゾー君が『ベール伝』を一部送ってくれました。貴方〔ブイエ〕宛にもう一部送ると約束しています。あんなものをお持ちでなくてもたいした損失にはなりますまい。長ったらしく退屈で生気のない話を、多くの作品の平板な梗概で引き延ばしたものだからです。そこにある興味深いものは、貴方にもすでにお話ししたことのある宗教論争的な手紙と、私が提供した、まだ誰も見ていないスエーデン女王の威嚇的な覚書です。宣伝文によると伝記に続いて〈カルラの暦〉が載っているらしいのですが、〔生ではなく〕死であるあんなに長ったらしい伝記より、その暦の方がましでしょう。」（レスキュール版第四巻、一三五ページ）ここで言う「宗教論争的な手紙」とは、青年時代に一時カトリックに改宗していた頃、牧師をする兄に宛ててベールが書いた改宗勧誘の手紙で、本訳書の一四―一八ページに全文引かれているものだが、この手紙をデ・メゾーに提供したのもマレ自身だから、このくだりは、デ・メゾーの伝記の取り柄は自分が提供したものだけだと言っているに等しい。その他、巻末に付録としてある三つの文書は『辞典』より『著作集』の第四巻（それはまだ出ていなかった）に入れるべきもので、こんなに不自然なことをしたのは伝記の分量を水増しし、「五十スーにも値しないものに五十エキュ払わせる」（同、一三六ページ）ためにすぎないという批判なども見られるが、こういう悪口を除けばこの手紙は総体として、『辞典』の一七三〇年版の造りや、伝記の冒頭にある著者からラ・モットへの手紙の内容を紹介しただけにすぎない。少々意地悪に想像すれば、この手紙を書いた頃マレはまだ『ベール氏伝』をあちこち覗き見、拾い読みしただけで、通読はしていなかったのであろう。ただ、伝記の最後にあるベールの友人たちの名簿（本訳書では二九八―二九九ページ）だけは、そこに自分の名を探すため目を皿のようにして精読したに相違なく、そこに自分の名がないのを見るや、全く無関係なブイエに向かってそれへの怒りを書き連ねた。全部読んでもいない（たぶん）このベール伝に、マレが「生ではなくて死」だと言うほどの壊滅的な批判を浴びせたのも、この憤懣が一因だったと思われる。マレはデ・メゾー自身にもこの点を直接抗議し、デ・メゾーは慌ててマレの名を書き加えたらしい。この翻訳で訳者が底本に使ったのは『辞典』の一七三〇年版所収のテキストではなく、その翌々年に出た単行本のテキストだが、そこにはベールの友人のリストの中に「パリ高等法院弁護士のマレ氏」（本書、二九八ページ）の名がちゃんと挙がっているからである。

だが面白いのは、それから二カ月半後、一七三〇年八月二十六日にマレが同じブイエに送った手紙では、『ベール氏伝』の評価が前便とは一変したことである。この手紙は、著者がかねて約束していたブイエ宛の献本が自分の手もとに届き、それを人に託してブイエへ送ったことを通知したものだが、その時にはマレもすでにこの本を通読しており（手紙では「読み返した」と称したが）、先の怒りもあらかたおさまっていたのであろう、この書に対するマレの判定は意外なほどに好意的だった。『ベール氏伝』に言及したのはこの手紙の最初のパラグラフだが、それは以下のようなものである。「デメゾー君が貴方に贈るベールの『伝記』が一冊イギリスから届きましたので、マルタン氏に託しました。貴方の御意見を聞かせてほしいと言っています。私も読み返してみましたが、興味深いものが多々あります。出来栄えも悪くありません。『亡命者への忠告』の弁明というより諷刺をしたり、関連する著作を参照させれば済む或る種の哲学論争を長々と紹介したりしなかったら、この『伝記』はかなりいいものになるでしょう。」（レスキュール版第四巻、一五七―一五八ページ）自分宛の献本を受け取ったブイエの読後感も、マレのこの感想とほぼ同じだった。フランス国立図書館にはブイエがマレに送った一七三〇年九月二十三日付の手紙が今も残されており、日付から見て八月二十六日付のマレの手紙への返信と思われるその書簡はブルームが発掘してデ・メゾー論に引用したが、ブイエがそこで下した『ベール氏伝』の評価は次のようなものだった。「あの人〔デ・メゾー〕の『ベール伝』を面白く読みました。実に正確な本だと思います。興味深いことを多々言っており、特にベールの色々ないざこざについてはそうです。揉め事の主題がなかなかよく説明されていますから。……要するに、貴方のお友達がこんなにいいものを書けるとは私も思っていませんでし

た。この伝記はあの人の名誉になるでしょう。」（ブルーム、三七八ページ）

つまり、この伝記の正確さを一面では高く評価しつつ、他方ではその長ったらしさ、生気のなさ、平板さを貶すというのが、マレやブイエなど同時代のベール愛好家たちが出版当初に示した共通の反応と見てよかろう。この伝記は生ではなく死だというマレの第一印象などもこの書の生気の乏しさを誇張して言ったものに相違ないし、それは、この『ベール氏伝』を読むことなく死んだメリニアック夫人がその出来栄えを予想して言った「ベールを生き返らせるのではなく、もう一遍死なすだろう」という言葉とも相通じるものだった。

このような正負両面の評価は、ベールやデ・メゾーを研究する現代の専門学者たちがこのベール伝に対して下す判定にも基本的に受け継がれていると言ってよい。記述がきわめて詳細且つ正確で、以後のベール研究の土台となった本ではあるが、およそベールの「人間」が描かれていないから伝記としては失格、というのが現代の学者たちの共通の評価と考えても差し支えなかろう。

たとえば、デ・メゾーについて最も信頼に足る研究を著わしたブルームは、この『ベール氏伝』について、前段で引いたブイエの評言を受ける形で、以下のように彼自らの評価を述べた。「たしかに『ベール氏伝』は駄作ではなく、同時代の平均的な伝記に較べればはるかに優っている。それは一七三二年に単行本でも出版され、『辞典』を補完するものとして英語にもドイツ語にも訳された。ベールを一人の人間として示すことには失敗したが、それでも読めば楽しくはないにしろ役に立ち、以後の研究にとって価値ある土台をなしている。……かなり冗長で、地味で、資料は十分取り揃えてあるが、不幸にして、デ・メゾーが入念に集めたファーストハンドの資料や既刊の資料の山が、彼と主題をなす人間との間を隔ててしまったように思われる。結果は、ベールの生涯ではなくベールの著作の報告だった。デ・メゾーのベールは一個の抽象物だが、それ以外でありえたろうか。」（三七八―三七九ページ）

第二次世界大戦後のベール研究を主導した女流学者エリザベート・ラブルース（一九一四―二〇〇〇）が下す評価もブルームと基本的に同じだが、表現はさらに痛烈だった。即ち、「デメゾーが書いた『ベール氏伝』は、蝋人形の足もとに置く正確でよく調べた〈履歴書〉である。近代的な意味での伝記でもなければ、ピエール・ベールの肖像でもない。……近代の研究者は、事件の続き具合の確定に関してはデメゾーの細心な仕事に依拠しつつ、この最初の伝記作者がかくも良心的に立てている凝固した没個性的な彫像に、なにがしか生の戦きを吹き込めると期待できるかもしれない。」（『ピエール・ベール。I、フォワの国からエラスムスの町へ』、三―四ページ）

「万人の一致」と呼びたくもなる同時代から現代にまで至るこの通有の作品評価は、事実としては当たっている。デ・メゾーの『ベール氏伝』にピエール・ベールの「人間」が描かれていないというのはたしかにそのとおりであり、この作品を伝記文学の傑作として持ち上げるつもりなど訳者にも毛頭ない。多様なエピソードを積み重ねることで主題となる人物の像を多面的に造形するという近代的な伝記作品の基本的な手法をこの作品でデ・メゾーは全くと言っていいほど取っておらず、シャフツベリがベールに懐中時計を贈った際の面白いやりとりを述べた原註（T）を除いて、そもそもこの『ベール氏伝』にはエピソードらしいエピソードはほとんど何ひとつ登場しない。たとえば、晩年（一七〇二ないし〇三年）のベールは或る日、教会からの帰り途に誤って運河へ転落したが、泳げないのに助けを呼ぶでもなく、何もせず体が沈むに任せていたという有名な逸話があるけれども、デ・メゾーは『ベール氏伝』でこの逸話に全く触れず、デュ・ルヴェ師の略伝にあった「生きることへの無頓着」という抽象的な仄めかしすらしなかった。この逸話を知らなかったわけではない。その話を述べたベルリンのジャック・ランファン（一六六一―一七二八、訳註（一三三二）からデ・メゾーへの手紙（七月八日付とあるだけで年号は記されていないが、ラブルースは一七一七年と推定している）が現に大英博物館に残っており、それがいささか異様なこのエピソードの確実な物証とされているからである。近代の伝記作家であればまっさきにとびつくであろうこのような話を知りつつあえて語らなかったデ・メゾーには、ブルームが言うように厖大な資料に阻まれて人間が見えなくなったのではなく、はじめから、この伝記で生身の人間を露出させるのを厭う気持があったに相違ない。総じて、具体的な人物造形に対するデ・メゾーの忌避ないし無関心は徹底しており、そこから推して、この伝記でベールの「人間」が描かれないのは、もともとさような意志が著者になかったからと思わざるをえない。

たしかに、フランス語で書かれたサン゠テヴルモン伝、ボワロー伝、ベール伝、英語で書かれたベール伝、トーランド伝等々、およそ伝記作品を書くに際して、デ・メゾーは或る決まった枠を必ず自らにはめていた。それは「人間」ではなく「著作家」を描くということである。たとえば、一七〇八年に発表された英語のベール伝でも、具体的な叙述に入るに先立って、この伝記の意図と目的が次のような言葉で明確にされていた。「哲学者の生涯に目立った出来事が沢山あるということはめったにありません。これらの英雄の一代記では、著作と論争だけが唯一の戦いで、目につく事件です。ですから私の主たる狙いは、ベール氏が公にした作品と引き込まれた論争について若干の報告をすることにあります。」（五ページ）同様のことは、一七一二年のボワロー伝でも言われた。「単純で一様なこの人〔ボワロー〕の生きかたは、そう目立った事件を容れうるものではなかった。この人の著作の方が豊かな収穫を与えてくれよう。著作について私が念入りに語るのは、著作家の作品の沿革、それぞれの制作理由、執筆の時期、書いた目的などを知れば、いわばそれなしには主たる美しさが失われ理解不能にすらなる無数の個所の鍵が得られるからである。」（一七一五年版、四ページ）そもそも、デ・メゾーが伝記を書いた対象は学者・文人ばかりだったし、学者・文人の生命は言うまでもなくその著作にあるから、伝記はもっぱら著作のより良い理解に資するのを目的とすべきだという大前提がデ・メゾーにはあったにちがいない。英語のベール伝やボワロー伝のこれらの発言は、フランス語の『ベール氏伝』にもまさにそのまま当てはまった。

一七三〇年に出たこの完成版のベール伝でも、語られるのは厳密に次の三つの事項に限られていた。第一は、主人公の伝記に関わる外形的な事実である。ベール自筆の履歴書「カルラの暦」や、デ・メゾーが自ら蒐集し出版したベールの書簡（この二つは、英語のベール伝を書く頃にはいまだ利用できなかったものである）という貴重な材料が手もとにあったことから来るが、伝記のこの部分は詳細・正確を極めており、この『ベール氏伝』の価値も半ば以上はそのことに負うていた。第二は、ベールが生涯に行なった種々の論争の、これまた精緻な跡づけである。それらの論争では何が主題で、何が対立点であったのか、対立する双方がいかなる文書を発表し、論争はいかなる経過を辿ったのか、等々が過剰なほど微に入り細を穿って紹介される。とりわけ、ベールの生涯の二大論争ともいうべき、一六九一年からのピエール・ジュリュー（一六三七—一七一三、訳註（六九））との政治論争と、晩年に行なったリベラル派神学者たちとの神学・哲学論争については、片々たるパンフレットに至るまでベールと論敵双方の文書が細かくフォローされており、論点の把握がきわめて的確なこととも相俟って、およそこれらの論争について『ベール氏伝』を凌ぐほど詳細で信頼できる報告はどこにもなかった。また第三は、この第二とも関連するが、ベールの主要な著作の沿革と内容の紹介であり、そこでは可能な限りベール自身の言葉を用いて、それぞれの作品の正確な観念が与えられる。「平板な梗概」とマレが貶したのはその部分で、たしかに作品の内容を十分知る人にとっては退屈を催すものだが、ベールの著作に親しんでいない人には絶好の手引きとなるに相違ない。

だが、この伝記でデ・メゾーが語るのはそこまでであり、その先まで行くことを著者は自らに禁じていた。伝記を構成する外形的事実としてあるベールの行為は綿密に辿りながらも、行為を生みだし規定した内面的心理にまで立ち入ることをデ・メゾーは終始回避した。ベールの青年期の最大の事件であり最も深刻な危機でもあったカトリックへの改宗と、約一年半後にしたプロテスタンティズムへの再改宗についても、それがいかなる心理的動因によってなされたかをデ・メゾーは全く語らなかった。ベール自身も「カルラの暦」でこの二度の改宗を単に事実として述べるだけで、その理由については口を閉しており、後年までそれについては多くを語らなかったから、本人が語りたがらぬ当時の心理まであえて穿鑿することをデ・メゾーは差し控えたに相違ない。同様の抑制は、ベールとジュリユー、ベールとリベラル派神学者らの論争を紹介する中でもはたらいた。前述のとおり、デ・メゾーによるそれらの論争の紹介は実に詳細で、論点の把握もきわめて的確だったが、かような論争に生涯を賭けたともいえる当のベールの思想的立場を、デ・メゾーはけっして一義的に規定しようとはしなかった。周知のとおり、思想家ベールについては徹底した懐疑論者、近代的な合理主義者、仮面を被った無神論者、保守的カルヴィニスムの理論家等々、実に多様な解釈が後世の研究家によってなされたが、こうした解釈の特に一つを利するような記述はこの『ベール氏伝』には見られなかった。「啓蒙思想の先駆者」という今も有力なベールの歴史的な位置づけがこの伝記にないのも、啓蒙思想なるものがいまだ存在しなかったほぼ同時代の作品ゆえ、当然すぎるほど当然である。アントニ・コリンズなどイギリスの自由思想家（フリースインカー）から強い感化を受けていたデ・メゾーは、ピエール・ベールを自由思想の先達と見立てていたに相違なく、伝記の行文にもそのことは感じられたが、そこで言う自由思想が思想の内容自体より、むしろ、宗教的・宗派的利害を超脱して物を考えるという思考の「姿勢」に関わるものであったことは前述のとおりである。こうして、伝記的部分で主人公の心理を穿鑿せぬのと同様に、ベールが行なった諸種の論争を紹介する中でも、ベールの思想的立場をデ・メゾーは一切穿鑿しようとしなかった。心理も語らず思想も語らぬこの伝記は、結果として、主人公の内面にはけっして踏み込まぬ無地無色のキャンバスのようなものになった。

ロマン派以降の近代的伝記文学を唯一絶対の価値基準として、この『ベール氏伝』を「蝋人形」、「凝固した彫像」、「単なる履歴書」などと罵倒することは、年代錯誤とでもいうべき或る種の誤解から発している。この伝記はそもそも、近代の伝記文学とは属するジャンルを異にしていた。「近代的な意味での伝記ではない」というのは、もともと作品評価の前提として押さえておくべきことであり、それを批判・貶下・罵倒の言葉として用いるのは、用いる者の見識をも疑わせかねぬただの「無い物ねだり」にすぎない。本訳書の巻末にも補足の資料の一つとして『ベール氏とその著作の歴史』というデ・メゾー以前に著わされたベールの略伝を収めたが、一般に十六世紀から十八世紀にかけて、学者・文人の著作集の巻頭には、「××氏とその著作の歴史」、「××氏の生涯と著作の歴史」というほぼ共通の標題を掲げる当該著作家の略伝が収められることが多かった。それらの伝記は大体において、本体をなすその著作家の作品の理解に資するための伝記的メルクマールを置くことを主たる目的としたもので、主人公の「人間」を描くことなど意図したものでは毛頭なかった。この種の「巻頭略伝」で語られるのは、何よりも主人公の業績をなす作品であり、当の著作家の心理や思想をいたずらに穿鑿することはむしろ非礼にわたるものとして忌避された。著作と区別されるその「人物」については、伝記の末尾に「人柄」を語る短い一項を設け、「温厚篤実」、

「快活明朗」、「親孝行で友誼に篤い」等々、一般的、抽象的な種々の形容詞を数行にわたって列挙すれば足りるとするのが、この種の「巻頭略伝」の常だったのである。デ・メゾーが著わした多くの伝記作品も、「××氏の生涯と著作の……」という何篇かの標題自体も示すとおり、みなこのような種類のものだった。サン゠テヴルモン伝やトーランド伝はそれぞれサン゠テヴルモンの作品集やトーランドの遺作集の第一巻冒頭に掲げられた文字どおりの「巻頭略伝」だったし、英語で書かれた最初のベール伝も置かれた場所こそ『彗星雑考』英訳版の巻頭ではなく巻末だったとはいえ、内容的には同じ性格のものだった。一見単独で出たかに見えるボワロー伝すら、英訳版ボワロー作品集の出版に合わせたもので、実質的にはその「巻頭略伝」にほかならなかったことはすでに述べた。ここに訳出した完成版のベール伝も、本来そのようなものとして書かれたのである。デュ・ルヴェ師の『ベール氏とその著作の歴史』が『歴史批評辞典』の一七一五年版の巻頭に掲げられていたように、この『ベール氏伝』ももともとは同じ辞典の一七三〇年版の巻頭に置かれたもので、作品の理解に資するための伝記的手引きという意味では両者は同じ種類のものだった。デュ・ルヴェ師の略伝に較べても、サン゠テヴルモン伝をはじめデ・メゾー自身が著わした他の伝記作品に較べても、この『ベール氏伝』が異常なほど大部なものになったのは、「カルラの暦」とベールの書簡集という伝記の宝庫が手もとにあって、用いる材料が圧倒的に豊富だったことと、また何よりも、著者が対象に寄せる傾倒の度合が対ボワロー、対サン゠テヴルモンなどの場合よりははるかに深かったことから来たのであって、この『ベール氏伝』のみがそれらの略伝と異なる種類のものとして構想され執筆されたということではなかった。そのような「巻頭略伝」の一つとして『ベール氏伝』を捉えたのは著者のデ・メゾーだけではない。マティユ・マレをはじめ、フランスのベール愛好家たちもさようなものをかねがね予想していたことは、ようやく活字になったこのベール伝を目にしたマレが、せいぜいデュ・ルヴェ師の作品程度の長さのものを期待していたからであろう、デ・メゾーの伝記のあまりの長さにまず驚いて、おそらく通読もせぬ前から、「長ったらしさ」をこの書の欠陥の第一に挙げたことにも窺われる。前述のとおり、この書に対するマレの評価は通読後に一変したが、その段階のマレにしろ、初読であったジャン・ブイエにしろ、『ベール氏伝』をそれぞれに高く評価したのは、あくまでも、よく出来た「巻頭略伝」だという意味からだったに相違ない。訳者から見ても、二人のこの判断は妥当なもので、『ベール氏伝』は近代的な伝記文学といういまだ存在もしなかった異質のジャンルに年代錯誤（アナクロニスム）的に押し込めればいかに物足らなく見えようと、「巻頭略伝」という当時隆盛だった固有のジャンルの中で考えればたしかに出色の作品だった。

いずれにせよ、デ・メゾーがこの伝記でベールの心理も思想も語らず、総じてベールの内面に立ち入ることを厳に慎んだのは、「巻頭略伝」というこのジャンルの約束事を忠実に守ったからであり、基本的には主題をなす人物への敬意がしからしめたものだった。この作品でも、悪役ジュリューに対しては著者がかような配慮を一切せず、あの神学者の内面に平気で立ち入り、あるいは「支配欲」、あるいは「嫉妬心」など、種々の心理的要因からそのベール攻撃を説明していることなども、この慎みの由って来るところをよく示している。この伝記に描かれたベール像を「血が通っていない」と批判するのはたやすいが、繰り返し言えば、さような批判はジャンルの固有性を無視する「無い物ねだり」と年代錯誤（アナクロニスム）にすぎない。いや、それだけではない。ラブルースがベールの伝記研究で吹き込むと自負する（どう見ても成功したとは思えないが）「生の戦き」などというのが多分に胡散臭い近代的措辞であるのは別としても、運河に転落した晩年のベールが踠（もが）きもせず助けを呼びもしなかったという前述の逸話を大々的に取り上げて、怪しげな心理学など振り回しつつ、その瞬間のベールの心理のありようまであれこれ穿鑿し「説明」するこの女学者のはしたなさと比較すれば、語りうることと語りえぬこと、言うべきことと黙すべきことを弁えて、秘めた内面の聖域にはけっして立ち入ろうとしなかったデ・メゾーの（というよりは、「巻頭略伝」というジャンル一般の）慎み深さの方が、訳者などにははるかに好もしく思える。

ピエール・デ・メゾーの『ベール氏伝』は、喩えて言えば、幼児が遊ぶ塗り絵のための下絵のようなものである。下絵に書かれた黒の輪郭線に当たるのは、この場合、『ベール氏伝』に述べられた詳細且つ正確な伝記的事実、様々な論争のこれまた綿密な報告、著作のくわしい内容紹介などであり、その点に関する限りこの作品にはまさに間然する所がない。それは現代でも研究者が等しく認めることで、この伝記をただの履歴書と罵るラブルースですら、「近代の研究者は、事件の続き具合の確定に関してはデメゾーの細心な仕事に依拠する」と、この「良心的」な伝記への多大の借りを自認している。この書がベールの伝記の決定版としてその後のベール研究の不動の土台をなしたのは、明らかに、主人公の心理や思想にあえて立ち入らぬその内容がいうなれば無地無色のキャンバスに近く、塗り絵で言えば正確な輪郭線からはみ出さぬ限りその内部にいかなる彩色を施すことも許すという解釈上の中立性に負うていた。極論すれば、詳細且つ正確な「履歴書」なのは歴史的にはこの書のかけがえのない長所であって、それあればこそ、この書はピエール・ベール伝の古典として揺るぎない地位を占めえたのである。塗り絵で遊ぶ幼児が黒の輪郭線の内部を様々な色で埋めてゆくように、デ・メゾーが教える諸種の外形的事実を出発点とも枠組ともして、好みのベール像を立体的に造形するのはベールの読者一人ひとりの仕事であり、研究家といえども所詮は一介の読者にすぎないのだから。

訳者個人について言えば、デ・メゾーのこの『ベール氏伝』を訳出することは、『ピエール・ベール著作集』の翻訳に携わったこの三十年間、片時も忘れることのない宿題だった。それは次の二つの理由から来る。第一は、著作集各巻に付した解説文の中では「作品の沿革」として当該著作の執筆の経緯も語り、それとの関連でベールの伝記に関わることにも当然触れた（その中で、この『ベール氏伝』を引いたこともいくたびあったか知れない）が、各巻の解説文に分散し断片化されたそれらの伝記的事実をその内部に位置づけるべき、ピエール・ベールの誕生から死にまで至る一貫した伝記記述は遂に行なう機会がなかったことである。したがって、最も信頼するに足るデ・メゾーの『ベール氏伝』を訳出することは、その欠を埋めるものとして不可欠だった。第二の理由は、『ピエール・ベール著作集』がもともとベールの完全な全集ではなく（それでもあれだけの分量になったが）、訳し残した著作がかなりの量に上ったことである。それらの内で最大部分を占めるのは、一六九一年以後のピエール・ジュリューとの論争の中で書かれた夥しい文書群だった。この対ジュリュー論争は、もともと、一六九〇年に匿名で出版された『亡命者に与うる重大なる忠告』はベールが書いたものか否か、また列強が行なう対仏戦争という状況下で、あの「ロッテルダムの哲学者」がヴェルサイユに操られる親仏陰謀の首魁か否かという事実問題を争点（少なくとも起点）としたものだっただけに、思想的意味はさしてないものとして著作集からは除外していた（第一巻に収録した『彗星雑考付記』だけは例外として）。だが、やむをえなかったものとはいえ、この選別が著作集に大きな欠落を生じさせたのは事実で、何かの形でそれを補う必要があった。さいわい、デ・メゾーの『ベール氏伝』はこのベール＝ジュリュー論争を多大の紙幅を費して詳述しており、ベールの筆になる多くの論争文書の内容を、細かなパンフレットに至るまで懇切に紹介している。それ故、この伝記を訳出すれば、著作集から除外した多くの文書についてもかなりの程度の知識が得られると判断された。

以上二つの理由から、ここに訳出したピエール・デ・メゾーの『ベール氏伝』は、『ピエール・ベール著作集』全九巻（八巻プラス補巻）を補う付録のようなものと訳者自身は位置づけている。当初これを著作集の別巻とすることを考えたのもそのためで、その後、著作集自体も補巻を一冊加えることになったのでこの構想は立ち消えとなり、『ピエール・ベール伝』は独立の単行本として出ることになったが、訳者がするこの伝記の位置づけ自体は変わっていない。この伝記が元来『歴史批評辞典』に付けられた「巻頭略伝」だったのを思えば、『ピエール・ベール著作集』に付す補充の伝記としてそれの翻訳を出すことは、最初に来るべきものが最後に回ったという点以外は著者の執筆意図にも最も適ったものと思われる。この伝記をお読みの読者が本体の著作集にまで手を伸ばす気を起こしてくださるなら、双方の翻訳者としてそれに過ぎる喜びはない。

この解説の主たる対象をなすピエール・デ・メゾーについては、主に次の二つの研究に依拠した。一つは、一九四九年にJ・H・ブルームがロンドン大学に提出した博士論文（J. H. Broome, An Agent in Anglo-French Relationships：Pierre Des Maizeaux, 1673–1745）、もう一つは、一九八九年にオランダで出版されたアルマゴールの研究（Joseph Almagor, Pierre Des Maizeaux（1673—1745）, Journalist and English Correspondent for Franco-Dutch Periodicals, 1700–1720, Apa-Holland University Press, Amsterdam & Maarssen, 1989）である。とりわけ前者は、それまで不正確且つ概括的にしか知られなかったデ・メゾーの生涯と活動を、大英博物館に保存される大量の書簡を主な材料として初めて実証的に明らかにしたまさに画期的な研究だった。デ・メゾーについては素人にすぎぬ訳者の記述は、ほとんどみなこの研究に負うている。

理由は分らぬが、ブルームのこの博士論文はイギリス本国でもいまだに出版されていないらしい。この論文の存在自体は訳者もかねがね知っており、それを入手すべく努力はしたが、長らく実現しなかった。

十数年前、タイプ印刷されたこの論文のコピイをようやく手にすることができたのは、イギリス在住のお知り合いを介してロンドン大学からそれを手に入れてくださった東京医科歯科大学の佐々木武氏のお蔭である。また、ここに訳出したデ・メゾーのフランス語版『ベール氏伝』には、それより二十二年前にロンドンで出版された英語の『ベール氏伝』という下書きのようなものがあり、訳者はその英語版ベール伝をやはり十数年前に東京、神田の某古書店でみつけたが、その店にこの書があるのをお教えくださったのも同じ佐々木武氏であった。このように、この解説の作成には佐々木氏の御恩に負うところがきわめて大きい。この場を借りて、厚く御礼申し上げるしだいである。

『ピエール・ベール著作集』の開始以来、実に三十年にわたってお世話になり続けている法政大学出版局編集部の藤田信行氏、また平川俊彦氏をはじめとする同出版局の皆さんに心からなる感謝の言葉を捧げなければならないのは、更めて言うまでもないことである。

野沢　協

二〇〇五年一月

| No. | 書名 | 著者／訳者 | (頁) |
|---|---|---|---|
| 749 | 王の肖像 | L.マラン／渡辺香根夫訳 | 454 |
| 750 | ヘルマン・ブロッホの生涯 | P.M.リュツェラー／入野田真右訳 | 572 |
| 751 | ラブレーの宗教 | L.フェーヴル／高橋薫訳 | 942 |
| 752 | 有限責任会社 | J.デリダ／高橋, 増田, 宮﨑訳 | 352 |
| 753 | ハイデッガーとデリダ | H.ラパポート／港道隆, 他訳 | 388 |
| 754 | 未完の菜園 | T.トドロフ／内藤雅文訳 | 414 |
| 755 | 小説の黄金時代 | G.スカルペッタ／本多文彦訳 | 392 |
| 756 | トリックスター | L.ハイド／伊藤誓訳 | |
| 757 | ヨーロッパの形成 | R.バルトレット／伊藤, 磯山訳 | 720 |
| 758 | 幾何学の起源 | M.セール／豊田彰訳 | 444 |
| 759 | 犠牲と羨望 | J.-P.デュピュイ／米山, 泉谷訳 | 518 |
| 760 | 歴史と精神分析 | M.セルトー／内藤雅文訳 | 252 |
| 761<br>762<br>763 | コペルニクス的宇宙の生成〔全三冊〕 | H.ブルーメンベルク／後藤, 小熊, 座小田訳 | I・412<br>II・<br>III・ |
| 764 | 自然・人間・科学 | E.シャルガフ／山本, 伊藤訳 | 230 |
| 765 | 歴史の天使 | S.モーゼス／合田正人訳 | 306 |
| 766 | 近代の観察 | N.ルーマン／馬場靖雄訳 | 234 |
| 767<br>768 | 社会の法（1・2） | N.ルーマン／馬場, 上村, 江口訳 | 1・430<br>2・446 |
| 769 | 場所を消費する | J.アーリ／吉原直樹, 大澤善信監訳 | 450 |
| 770 | 承認をめぐる闘争 | A.ホネット／山本, 直江訳 | 302 |
| 771<br>772 | 哲学の余白（上・下） | J.デリダ／高橋, 藤本訳 | 上・<br>下・ |
| 773 | 空虚の時代 | G.リポヴェツキー／大谷, 佐藤訳 | 288 |
| 774 | 人間はどこまでグローバル化に耐えられるか | R.ザフランスキー／山本尤訳 | 134 |
| 775 | 人間の美的教育について | F.v.シラー／小栗孝則訳 | 196 |
| 776 | 政治的検閲〈19世紀ヨーロッパにおける〉 | R.J.ゴールドスティーン／城戸, 村山訳 | 356 |
| 777 | シェイクスピアとカーニヴァル | R.ノウルズ／岩崎, 加藤, 小西訳 | 382 |
| 778 | 文化の場所 | H.K.バーバ／本橋哲也, 他訳 | |
| 779 | 貨幣の哲学 | E.レヴィナス／合田, 三浦訳 | 230 |
| 780 | バンジャマン・コンスタン〈民主主義への情熱〉 | T.トドロフ／小野潮訳 | 244 |
| 781 | シェイクスピアとエデンの喪失 | C.ベルシー／高桑陽子訳 | 310 |
| 782 | 十八世紀の恐怖 | ベールシュトルド, ポレ編／飯野, 田所, 中島訳 | 456 |
| 783 | ハイデガーと解釈学的哲学 | O.ペゲラー／伊藤徹監訳 | 418 |
| 784 | 神話とメタファー | N.フライ／高柳俊一訳 | 578 |
| 785 | 合理性とシニシズム | J.ブーヴレス／岡部, 本郷訳 | 284 |
| 786 | 生の嘆き〈ショーペンハウアー倫理学入門〉 | M.ハウスケラー／峠尚武訳 | 182 |
| 787 | フィレンツェのサッカー | H.ブレーデカンプ／原研二訳 | 222 |
| 788 | 方法としての自己破壊 | A.O.ハーシュマン／田中秀夫訳 | 358 |
| 789 | ペルー旅行記〈1833-1834〉 | F.トリスタン／小杉隆芳訳 | 482 |
| 790 | ポール・ド・マン | C.ノリス／時実早苗訳 | 370 |
| 791 | シラーの生涯〈その生活と日常と創作〉 | P.ラーンシュタイン／上西川原章訳 | 730 |
| 792 | 古典期アテナイ民衆の宗教 | J.D.マイケルソン／箕浦恵了訳 | 266 |
| 793 | 正義の他者〈実践哲学論集〉 | A.ホネット／日暮雅夫, 加藤泰史, 他訳 | |
| 794 | 虚構と想像力 | W.イーザー／日中, 木下, 越谷, 市川訳 | |
| 795 | 世界の尺度〈中世における空間の表象〉 | P.ズムトール／鎌田博夫訳 | |
| 796 | 作用と反作用〈ある概念の生涯と冒険〉 | J.スタロバンスキー／井田尚訳 | 460 |
| 797 | 巡礼の文化史 | N.オーラー／井本, 藤代訳 | 332 |
| 798 | 政治・哲学・恐怖 | D.R.ヴィラ／伊藤, 磯山訳 | 422 |
| 799 | アレントとハイデガー | D.R.ヴィラ／青木隆嘉訳 | 558 |
| 800 | 社会の芸術 | N.ルーマン／馬場靖雄訳 | 760 |

| | | | (頁) |
|---|---|---|---|
| 700 | マリア〈処女・母親・女主人〉 | K.シュライナー／内藤道雄訳 | 678 |
| 701 | マルセル・デュシャン〈絵画唯名論〉 | T.ド・デューヴ／鎌田博夫訳 | 350 |
| 702 | サハラ〈ジル・ドゥルーズの美学〉 | M.ビュイダン／阿部宏慈訳 | 260 |
| 703 | ギュスターヴ・フロベール | A.チボーデ／戸田吉信訳 | 470 |
| 704 | 報酬主義をこえて | A.コーン／田中英史訳 | 604 |
| 705 | ファシズム時代のシオニズム | L.ブレンナー／芝健介訳 | 480 |
| 706 | 方　法　4．観念 | E.モラン／大津真作訳 | 446 |
| 707 | われわれと他者 | T.トドロフ／小野,江口訳 | 658 |
| 708 | モラルと超モラル | A.ゲーレン／秋澤雅男訳 | |
| 709 | 肉食タブーの世界史 | F.J.シムーンズ／山内昶監訳 | 682 |
| 710 | 三つの文化〈仏・英・独の比較文化学〉 | W.レペニース／松家,吉村,森訳 | 548 |
| 711 | 他性と超越 | E.レヴィナス／合田,松丸訳 | 200 |
| 712 | 詩と対話 | H.-G.ガダマー／巻田悦郎訳 | 302 |
| 713 | 共産主義から資本主義へ | M.アンリ／野村直正訳 | 242 |
| 714 | ミハイル・バフチン 対話の原理 | T.トドロフ／大谷尚文訳 | 408 |
| 715 | 肖像と回想 | P.ガスカール／佐藤和生訳 | 232 |
| 716 | 恥〈社会関係の精神分析〉 | S.ティスロン／大谷,津島訳 | 286 |
| 717 | 庭園の牧神 | P.バルロスキー／尾崎彰宏訳 | 270 |
| 718 | パンドラの匣 | D.&E.パノフスキー／尾崎彰宏,他訳 | 294 |
| 719 | 言説の諸ジャンル | T.トドロフ／小林文生訳 | 466 |
| 720 | 文学との離別 | R.バウムガルト／清水健次・威能子訳 | 406 |
| 721 | フレーゲの哲学 | A.ケニー／野本和幸,他訳 | 308 |
| 722 | ビバ リベルタ！〈オペラの中の政治〉 | A.アーブラスター／田中,西崎訳 | 478 |
| 723 | ユリシーズ グラモフォン | J.デリダ／合田,中 訳 | 210 |
| 724 | ニーチェ〈その思考の伝記〉 | R.ザフランスキー／山本尤訳 | 440 |
| 725 | 古代悪魔学〈サタンと闘争神話〉 | N.フォーサイス／野呂有子監訳 | 844 |
| 726 | 力に満ちた言葉 | N.フライ／山形和美訳 | 466 |
| 727 | 産業資本主義の法と政治 | I.マウス／河上倫逸監訳 | 496 |
| 728 | ヴァーグナーとインドの精神世界 | C.スネソン／吉水千鶴子訳 | 270 |
| 729 | 民間伝承と創作文学 | M.リューティ／高木昌史訳 | 430 |
| 730 | マキアヴェッリ〈転換期の危機分析〉 | R.ケーニヒ／小川,片岡訳 | 382 |
| 731 | 近代とは何か〈その隠されたアジェンダ〉 | S.トゥールミン／藤村,新井訳 | 398 |
| 732 | 深い謎〈ヘーゲル,ニーチェとユダヤ人〉 | Y.ヨベル／青木隆嘉訳 | 360 |
| 733 | 挑発する肉体 | H.P.デュル／藤代,津山訳 | 702 |
| 734 | フーコーと狂気 | F.グロ／菊地昌実訳 | 164 |
| 735 | 生命の認識 | G.カンギレム／杉山吉弘訳 | 330 |
| 736 | 転倒させる快楽〈バフチン,文化批評,映画〉 | R.スタム／浅野敏夫訳 | 494 |
| 737 | カール・シュミットとユダヤ人 | R.グロス／山本尤訳 | 486 |
| 738 | 個人の時代 | A.ルノー／水野浩二訳 | 438 |
| 739 | 導入としての現象学 | H.F.フルダ／久保,高山訳 | 470 |
| 740 | 認識の分析 | E.マッハ／廣松渉編訳 | 182 |
| 741 | 脱構築とプラグマティズム | C.ムフ編／青木隆嘉訳 | 186 |
| 742 | 人類学の挑戦 | R.フォックス／南塚隆夫訳 | 698 |
| 743 | 宗教の社会学 | B.ウィルソン／中野,栗原訳 | 270 |
| 744 | 非人間的なもの | J.-F.リオタール／篠原,上村,平芳訳 | 286 |
| 745 | 異端者シオラン | P.ボロン／金井裕訳 | 334 |
| 746 | 歴史と日常〈ポール・ヴェーヌ自伝〉 | P.ヴェーヌ／鎌田博夫訳 | 268 |
| 747 | 天使の伝説 | M.セール／及川馥訳 | 262 |
| 748 | 近代政治哲学入門 | A.バルッツィ／池上,岩倉訳 | 348 |

| | | | (頁) |
|---|---|---|---|
| 650 | 知の全体史 | C.V.ドーレン／石塚浩司訳 | 766 |
| 651 | 法の力 | J.デリダ／堅田研一訳 | 220 |
| 652<br>653 | 男たちの妄想（I・II） | K.テーヴェライト／田村和彦訳 | I・816<br>II |
| 654 | 十七世紀イギリスの文書と革命 | C.ヒル／小野，圓月，箭川訳 | 592 |
| 655 | パウル・ツェラーンの場所 | H.ベッティガー／鈴木美紀訳 | 176 |
| 656 | 絵画を破壊する | L.マラン／尾形，梶野訳 | 272 |
| 657 | グーテンベルク銀河系の終焉 | N.ボルツ／識名，足立訳 | 330 |
| 658 | 批評の地勢図 | J.ヒリス・ミラー／森田孟訳 | 550 |
| 659 | 政治的なものの変貌 | M.マフェゾリ／古田幸男訳 | 290 |
| 660 | 神話の真理 | K.ヒュプナー／神野，中才，他訳 | 736 |
| 661 | 廃墟のなかの大学 | B.リーディングズ／青木，斎藤訳 | 354 |
| 662 | 後期ギリシア科学 | G.E.R.ロイド／山野，山口，金山訳 | 320 |
| 663 | ベンヤミンの現在 | N.ボルツ，W.レイイェン／岡部仁訳 | 180 |
| 664 | 異教入門〈中心なき周辺を求めて〉 | J.-F.リオタール／山縣，小野，他訳 | 242 |
| 665 | ル・ゴフ自伝〈歴史家の生活〉 | J.ル・ゴフ／鎌田博夫訳 | 290 |
| 666 | 方　法　3. 認識の認識 | E.モラン／大津真作訳 | 398 |
| 667 | 遊びとしての読書 | M.ピカール／及川，内藤訳 | 478 |
| 668 | 身体の哲学と現象学 | M.アンリ／中敬夫訳 | 404 |
| 669 | ホモ・エステティクス | L.フェリー／小野康男，他訳 | 496 |
| 670 | イスラームにおける女性とジェンダー | L.アハメド／林正雄，他訳 | 422 |
| 671 | ロマン派の手紙 | K.H.ボーラー／高木葉子訳 | 382 |
| 672 | 精霊と芸術 | M.マール／津山拓也訳 | 474 |
| 673 | 言葉への情熱 | G.スタイナー／伊藤誓訳 | 612 |
| 674 | 贈与の謎 | M.ゴドリエ／山内昶訳 | 362 |
| 675 | 諸個人の社会 | N.エリアス／宇京早苗訳 | 308 |
| 676 | 労働社会の終焉 | D.メーダ／若森章孝，他訳 | 394 |
| 677 | 概念・時間・言説 | A.コジェーヴ／三宅，根田，安川訳 | 448 |
| 678 | 史的唯物論の再構成 | U.ハーバーマス／清水多吉訳 | 438 |
| 679 | カオスとシミュレーション | N.ボルツ／山本尤訳 | 218 |
| 680 | 実質的現象学 | M.アンリ／中，野村，吉永訳 | 268 |
| 681 | 生殖と世代継承 | R.フォックス／平野秀秋訳 | 408 |
| 682 | 反抗する文学 | M.エドマンドソン／浅野敏夫訳 | 406 |
| 683 | 哲学を讃えて | M.セール／米山親能，他訳 | 312 |
| 684 | 人間・文化・社会 | H.シャピロ編／塚本利明，他訳 | |
| 685 | 遍歴時代〈精神の自伝〉 | J.アメリー／富重純子訳 | 206 |
| 686 | ノーを言う難しさ〈宗教哲学的エッセイ〉 | K.ハインリッヒ／小林敏明訳 | 200 |
| 687 | シンボルのメッセージ | M.ルルカー／林捷，林田鶴子訳 | 590 |
| 688 | 神は狂信的か | J.ダニエル／菊地昌実訳 | 218 |
| 689 | セルバンテス | J.カナヴァジオ／円子千代訳 | 502 |
| 690 | マイスター・エックハルト | B.ヴェルテ／大津留直訳 | 320 |
| 691 | マックス・プランクの生涯 | J.L.ハイルブロン／村岡晋一訳 | 300 |
| 692 | 68年－86年　個人の道程 | L.フェリー，A.ルノー／小野潮訳 | 168 |
| 693 | イダルゴとサムライ | J.ヒル／平山篤子訳 | 704 |
| 694 | 〈教育〉の社会学理論 | B.バーンスティン／久冨善之，他訳 | 420 |
| 695 | ベルリンの文化戦争 | W.シヴェルブシュ／福本義憲訳 | 380 |
| 696 | 知識と権力〈クーン，ハイデガー，フーコー〉 | J.ラウズ／成定，網谷，阿曽沼訳 | 410 |
| 697 | 読むことの倫理 | J.ヒリス・ミラー／伊藤，大島訳 | 230 |
| 698 | ロンドン・スパイ | N.ウォード／渡辺孔二監訳 | 506 |
| 699 | イタリア史〈1700－1860〉 | S.ウールフ／鈴木邦夫訳 | 1000 |

## 叢書・ウニベルシタス

| | | | (頁) |
|---|---|---|---|
| 601 | ギリシア文学概説 | J.ド・ロミイ／細井, 秋山訳 | 486 |
| 602 | パロールの奪取 | M.セルトー／佐藤和生訳 | 200 |
| 603 | 68年の思想 | L.フェリー他／小野潮訳 | 348 |
| 604 | ロマン主義のレトリック | P.ド・マン／山形, 岩坪訳 | 470 |
| 605 | 探偵小説あるいはモデルニテ | J.デュボア／鈴木智之訳 | 380 |
| 606<br>607<br>608 | 近代の正統性〔全三冊〕 | H.ブルーメンベルク／斎藤, 忽那<br>佐藤, 村井訳 | I・328<br>II・390<br>III・318 |
| 609 | 危険社会〈新しい近代への道〉 | U.ベック／東, 伊藤訳 | 502 |
| 610 | エコロジーの道 | E.ゴールドスミス／大熊昭信訳 | 654 |
| 611 | 人間の領域〈迷宮の岐路II〉 | C.カストリアディス／米山親能訳 | 626 |
| 612 | 戸外で朝食を | H.P.デュル／藤代幸一訳 | 190 |
| 613 | 世界なき人間 | G.アンダース／青木隆嘉訳 | 366 |
| 614 | 唯物論シェイクスピア | F.ジェイムソン／川口喬一訳 | 402 |
| 615 | 核時代のヘーゲル哲学 | H.クロンバッハ／植木哲也訳 | 380 |
| 616 | 詩におけるルネ・シャール | P.ヴェーヌ／西永良成訳 | 832 |
| 617 | 近世の形而上学 | H.ハイムゼート／北岡武司訳 | 506 |
| 618 | フロベールのエジプト | G.フロベール／斎藤昌三訳 | 344 |
| 619 | シンボル・技術・言語 | E.カッシーラー／篠木, 高野訳 | 352 |
| 620 | 十七世紀イギリスの民衆と思想 | C.ヒル／小野, 圓月, 箭川訳 | 520 |
| 621 | ドイツ政治哲学史 | H.リュッベ／今井道夫訳 | 312 |
| 622 | 最終解決〈民族移動とヨーロッパのユダヤ人殺害〉 | G.アリー／山本, 三島訳 | 470 |
| 623 | 中世の人間 | J.ル・ゴフ他／鎌田博夫訳 | 478 |
| 624 | 食べられる言葉 | L.マラン／梶野吉郎訳 | 284 |
| 625 | ヘーゲル伝〈哲学の英雄時代〉 | H.アルトハウス／山本尤訳 | 690 |
| 626 | E.モラン自伝 | E.モラン／菊地, 高砂訳 | 368 |
| 627 | 見えないものを見る | M.アンリ／青木研二訳 | 248 |
| 628 | マーラー〈音楽観相学〉 | Th.W.アドルノ／龍村あや子訳 | 286 |
| 629 | 共同生活 | T.トドロフ／大谷尚文訳 | 236 |
| 630 | エロイーズとアベラール | M.F.B.ブロッチェリ／白崎容子訳 | 304 |
| 631 | 意味を見失った時代〈迷宮の岐路IV〉 | C.カストリアディス／江口幹訳 | 338 |
| 632 | 火と文明化 | J.ハウツブロム／大平章訳 | 356 |
| 633 | ダーウィン, マルクス, ヴァーグナー | J.バーザン／野島秀勝訳 | 526 |
| 634 | 地位と羞恥 | S.ネッケル／岡原正幸訳 | 434 |
| 635 | 無垢の誘惑 | P.ブリュックネール／小倉, 下澤訳 | 350 |
| 636 | ラカンの思想 | M.ボルク=ヤコブセン／池田清訳 | 500 |
| 637 | 羨望の炎〈シェイクスピアと欲望の劇場〉 | R.ジラール／小林, 田口訳 | 698 |
| 638 | 暁のフクロウ〈続・精神の現象学〉 | A.カトロッフェロ／寿福真美訳 | 354 |
| 639 | アーレント＝マッカーシー往復書簡 | C.ブライトマン編／佐藤佐智子訳 | 710 |
| 640 | 崇高とは何か | M.ドゥギー他／梅木達郎訳 | 416 |
| 641 | 世界という実験〈問い, 取り出しの諸カテゴリー, 実践〉 | E.ブロッホ／小田智敏訳 | 400 |
| 642 | 悪　あるいは自由のドラマ | R.ザフランスキー／山本尤訳 | 322 |
| 643 | 世俗の聖典〈ロマンスの構造〉 | N.フライ／中村, 真野訳 | 252 |
| 644 | 歴史と記憶 | J.ル・ゴフ／立川孝一訳 | 400 |
| 645 | 自我の記号論 | N.ワイリー／船倉正憲訳 | 468 |
| 646 | ニュー・ミメーシス〈シェイクスピアと現実描写〉 | A.D.ナトール／山形, 山下訳 | 430 |
| 647 | 歴史家の歩み〈アリエス　1943-1983〉 | Ph.アリエス／成瀬, 伊藤訳 | 428 |
| 648 | 啓蒙の民主制理論〈カントとのつながりで〉 | I.マウス／浜田, 牧野監訳 | 400 |
| 649 | 仮象小史〈古代からコンピューター時代まで〉 | N.ボルツ／山本尤訳 | 200 |

| | | | (頁) |
|---|---|---|---|
| 550 | ハイデガーと実践哲学 | O.ペゲラー他,編／竹市,下村監訳 | 584 |
| 551 | 彫　像 | M.セール／米山親能訳 | 366 |
| 552 | 人間的なるものの庭 | C.F.v.ヴァイツゼカー／山辺建訳 | 852 |
| 553 | 思考の図像学 | A.フレッチャー／伊藤誓訳 | 472 |
| 554 | 反動のレトリック | A.O.ハーシュマン／岩崎稔訳 | 250 |
| 555 | 暴力と差異 | A.J.マッケナ／夏目博明訳 | 354 |
| 556 | ルイス・キャロル | J.ガッテニョ／鈴木晶訳 | 462 |
| 557 | タオスのロレンゾー〈D.H.ロレンス回想〉 | M.D.ルーハン／野島秀勝訳 | 490 |
| 558 | エル・シッド〈中世スペインの英雄〉 | R.フレッチャー／林邦夫訳 | 414 |
| 559 | ロゴスとことば | S.プリケット／小野功生訳 | 486 |
| 560<br>561 | 盗まれた稲妻〈呪術の社会学〉(上・下) | D.L.オキーフ／谷林眞理子,他訳 | 上・490<br>下・656 |
| 562 | リビドー経済 | J.-F.リオタール／杉山,吉谷訳 | 458 |
| 563 | ポスト・モダニティの社会学 | S.ラッシュ／田中義久監訳 | 462 |
| 564 | 狂暴なる霊長類 | J.A.リヴィングストン／大平章訳 | 310 |
| 565 | 世紀末社会主義 | M.ジェイ／今村,大谷訳 | 334 |
| 566 | 両性平等論 | F.P.de ラ・バール／佐藤和夫,他訳 | 330 |
| 567 | 暴虐と忘却 | R.ボイヤーズ／田部井孝次・世志子訳 | 524 |
| 568 | 異端の思想 | G.アンダース／青木隆嘉訳 | 518 |
| 569 | 秘密と公開 | S.ボク／大沢正道訳 | 470 |
| 570<br>571 | 大航海時代の東南アジア（I・II） | A.リード／平野，田中訳 | I・430<br>II・598 |
| 572 | 批判理論の系譜学 | N.ボルツ／山本,大貫訳 | 332 |
| 573 | メルヘンへの誘い | M.リューティ／高木昌史訳 | 200 |
| 574 | 性と暴力の文化史 | H.P.デュル／藤代,津山訳 | 768 |
| 575 | 歴史の不測 | E.レヴィナス／合田,谷口訳 | 316 |
| 576 | 理論の意味作用 | T.イーグルトン／山形和美訳 | 196 |
| 577 | 小集団の時代〈大衆社会における個人主義の衰退〉 | M.マフェゾリ／古田幸男訳 | 334 |
| 578<br>579 | 愛の文化史（上・下） | S.カーン／青木,斎藤訳 | 上・334<br>下・384 |
| 580 | 文化の擁護〈1935年パリ国際作家大会〉 | ジッド他／相磯,五十嵐,石黒,高橋編訳 | 752 |
| 581 | 生きられる哲学〈生活世界の現象学と批判理論の思考形式〉 | F.フェルマン／堀栄造訳 | 282 |
| 582 | 十七世紀イギリスの急進主義と文学 | C.ヒル／小野，圓月訳 | 444 |
| 583 | このようなことが起こり始めたら… | R.ジラール／小池,住谷訳 | 226 |
| 584 | 記号学の基礎理論 | J.ディーリー／大熊昭信訳 | 286 |
| 585 | 真理と美 | S.チャンドラセカール／豊田彰訳 | 328 |
| 586 | シオラン対談集 | E.M.シオラン／金井裕訳 | 336 |
| 587 | 時間と社会理論 | B.アダム／伊藤,磯山訳 | 338 |
| 588 | 懐疑的省察 ABC〈続・重大な疑問〉 | E.シャルガフ／山本,伊藤訳 | 244 |
| 589 | 第三の知恵 | M.セール／及川馥訳 | 250 |
| 590<br>591 | 絵画における真理（上・下） | J.デリダ／高橋,阿部訳 | 上・322<br>下・390 |
| 592 | ウィトゲンシュタインと宗教 | N.マルカム／黒崎宏訳 | 256 |
| 593 | シオラン〈あるいは最後の人間〉 | S.ジョドー／金井裕訳 | 212 |
| 594 | フランスの悲劇 | T.トドロフ／大谷尚文訳 | 304 |
| 595 | 人間の生の遺産 | E.シャルガフ／清水健次,他訳 | 392 |
| 596 | 聖なる快楽〈性，神話，身体の政治〉 | R.アイスラー／浅野敏夫訳 | 876 |
| 597 | 原子と爆弾とエスキモーキス | C.G.セグレー／野島秀勝訳 | 408 |
| 598 | 海からの花嫁〈ギリシア神話研究の手引き〉 | J.シャーウッドスミス／吉田,佐藤訳 | 234 |
| 599 | 神に代わる人間 | L.フェリー／菊地,白井訳 | 220 |
| 600 | パンと競技場〈ギリシア・ローマ時代の政治と都市の社会学的歴史〉 | P.ヴェーヌ／鎌田博夫訳 | 1032 |

| | | | (頁) |
|---|---|---|---|
| 501 | 音楽のはじめ | C.シュトゥンプ／結城錦一訳 | 208 |
| 502 | 反ニーチェ | L.フェリー他／遠藤文彦訳 | 348 |
| 503 | マルクスの哲学 | E.バリバール／杉山吉弘訳 | 222 |
| 504 | サルトル，最後の哲学者 | A.ルノー／水野浩二訳 品切 | 296 |
| 505 | 新不平等起源論 | A.テスタール／山内昶訳 | 298 |
| 506 | 敗者の祈禱書 | シオラン／金井裕訳 | 184 |
| 507 | エリアス・カネッティ | Y.イシャグプール／川俣晃自訳 | 318 |
| 508 | 第三帝国下の科学 | J.オルフ＝ナータン／宇京賴三訳 | 424 |
| 509 | 正も否も縦横に | H.アトラン／寺田光徳訳 | 644 |
| 510 | ユダヤ人とドイツ | E.トラヴェルソ／宇京賴三訳 | 322 |
| 511 | 政治的風景 | M.ヴァルンケ／福本義憲訳 | 202 |
| 512 | 聖句の彼方 | E.レヴィナス／合田正人訳 | 350 |
| 513 | 古代憧憬と機械信仰 | H.ブレーデカンプ／藤代，津山訳 | 230 |
| 514 | 旅のはじめに | D.トリリング／野島秀勝訳 | 602 |
| 515 | ドゥルーズの哲学 | M.ハート／田代，井上，浅野，暮沢訳 | 294 |
| 516 | 民族主義・植民地主義と文学 | T.イーグルトン他／増渕，安藤，大友訳 | 198 |
| 517 | 個人について | P.ヴェーヌ他／大谷尚文訳 | 194 |
| 518 | 大衆の装飾 | S.クラカウアー／船戸，野村訳 | 350 |
| 519<br>520 | シベリアと流刑制度（I・II） | G.ケナン／左近毅訳 | I・632<br>II・642 |
| 521 | 中国とキリスト教 | J.ジェルネ／鎌田博夫訳 | 396 |
| 522 | 実存の発見 | E.レヴィナス／佐藤真理人，他訳 | 480 |
| 523 | 哲学的認識のために | G.-G.グランジェ／植木哲也訳 | 342 |
| 524 | ゲーテ時代の生活と日常 | P.ラーンシュタイン／上西川原章訳 | 832 |
| 525 | ノッツ nOts | M.C.テイラー／浅野敏夫訳 | 480 |
| 526 | 法の現象学 | A.コジェーヴ／今村，堅田訳 | 768 |
| 527 | 始まりの喪失 | B.シュトラウス／青木隆嘉訳 | 196 |
| 528 | 重　合 | ベーネ，ドゥルーズ／江口修訳 | 170 |
| 529 | イングランド18世紀の社会 | R.ポーター／目羅公和訳 | 630 |
| 530 | 他者のような自己自身 | P.リクール／久米博訳 | 558 |
| 531 | 鷲と蛇〈シンボルとしての動物〉 | M.ルルカー／林捷訳 | 270 |
| 532 | マルクス主義と人類学 | M.ブロック／山内昶，山内彰訳 | 256 |
| 533 | 両性具有 | M.セール／及川馥訳 | 218 |
| 534 | ハイデガー〈ドイツの生んだ巨匠とその時代〉 | R.ザフランスキー／山本尤訳 | 696 |
| 535 | 啓蒙思想の背任 | J.-C.ギユボー／菊地，白井訳 | 218 |
| 536 | 解明　M.セールの世界 | M.セール／梶野，竹中訳 | 334 |
| 537 | 語りは罠 | L.マラン／鎌田博夫訳 | 176 |
| 538 | 歴史のエクリチュール | M.セルトー／佐藤和生訳 | 542 |
| 539 | 大学とは何か | J.ペリカン／田口孝夫訳 | 374 |
| 540 | ローマ　定礎の書 | M.セール／高尾謙史訳 | 472 |
| 541 | 啓示とは何か〈あらゆる啓示批判の試み〉 | J.G.フィヒテ／北岡武司訳 | 252 |
| 542 | 力の場〈思想史と文化批判のあいだ〉 | M.ジェイ／今井道夫，他訳 | 382 |
| 543 | イメージの哲学 | F.ダゴニェ／水野浩二訳 | 410 |
| 544 | 精神と記号 | F.ガタリ／杉村昌昭訳 | 180 |
| 545 | 時間について | N.エリアス／井本，青木訳 | 238 |
| 546 | ルクレティウスのテキストにおける物理学の誕生 | M.セール／豊田彰訳 | 320 |
| 547 | 異端カタリ派の哲学 | R.ネッリ／柴田和雄訳 | 290 |
| 548 | ドイツ人論 | N.エリアス／青木隆嘉訳 | 576 |
| 549 | 俳　優 | J.デュヴィニョー／渡辺淳訳 | 346 |

## 叢書・ウニベルシタス

| | | | (頁) |
|---|---|---|---|
| 451 | エコロジーの新秩序 | L.フェリ／加藤宏幸訳 | 274 |
| 452 | 想念が社会を創る | C.カストリアディス／江口幹訳 | 392 |
| 453 | ウィトゲンシュタイン評伝 | B.マクギネス／藤本, 今井, 宇都宮, 髙橋訳 | 612 |
| 454 | 読みの快楽 | R.オールター／山形, 中田, 田中訳 | 346 |
| 455 | 理性・真理・歴史〈内在的実在論の展開〉 | H.パトナム／野本和幸, 他訳 | 360 |
| 456 | 自然の諸時期 | ビュフォン／菅谷暁訳 | 440 |
| 457 | クロポトキン伝 | ピルーモヴァ／左近毅訳 | 384 |
| 458 | 征服の修辞学 | P.ヒューム／岩尾, 正木, 本橋訳 | 492 |
| 459 | 初期ギリシア科学 | G.E.R.ロイド／山野, 山口訳 | 246 |
| 460 | 政治と精神分析 | G.ドゥルーズ, F.ガタリ／杉村昌昭訳 | 124 |
| 461 | 自然契約 | M.セール／及川, 米山訳 | 230 |
| 462 | 細分化された世界〈迷宮の岐路III〉 | C.カストリアディス／宇京頼三訳 | 332 |
| 463 | ユートピア的なもの | L.マラン／梶野吉郎訳 | 420 |
| 464 | 恋愛礼讃 | M.ヴァレンシー／沓掛, 川端訳 | 496 |
| 465 | 転換期〈ドイツ人とドイツ〉 | H.マイヤー／宇京早苗訳 | 466 |
| 466 | テクストのぶどう畑で | I.イリイチ／岡部佳世訳 | 258 |
| 467 | フロイトを読む | P.ゲイ／坂口, 大島訳 | 304 |
| 468 | 神々を作る機械 | S.モスコヴィッシ／古田幸男訳 | 750 |
| 469 | ロマン主義と表現主義 | A.K.ウィードマン／大森淳史訳 | 378 |
| 470 | 宗教論 | N.ルーマン／土方昭, 土方透訳 | 138 |
| 471 | 人格の成層論 | E.ロータッカー／北村監訳・大久保, 他訳 | 278 |
| 472 | 神　罰 | C.v.リンネ／小川さくえ訳 | 432 |
| 473 | エデンの園の言語 | M.オランデール／浜崎設夫訳 | 338 |
| 474 | フランスの自伝〈自伝文学の主題と構造〉 | P.ルジュンヌ／小倉孝誠訳 | 342 |
| 475 | ハイデガーとヘブライの遺産 | M.ザラデル／合田正人訳 | 390 |
| 476 | 真の存在 | G.スタイナー／工藤政司訳 | 266 |
| 477 | 言語芸術・言語記号・言語の時間 | R.ヤコブソン／浅川順子訳 | 388 |
| 478 | エクリール | C.ルフォール／宇京頼三訳 | 420 |
| 479 | シェイクスピアにおける交渉 | S.J.グリーンブラット／酒井正志訳 | 334 |
| 480 | 世界・テキスト・批評家 | E.W.サイード／山形和美訳 | 584 |
| 481 | 絵画を見るディドロ | J.スタロバンスキー／小西嘉幸訳 | 148 |
| 482 | ギボン〈歴史を創る〉 | R.ポーター／中野, 海保, 松原訳 | 272 |
| 483 | 欺瞞の書 | E.M.シオラン／金井裕訳 | 252 |
| 484 | マルティン・ハイデガー | H.エーベリング／青木隆嘉訳 | 252 |
| 485 | カフカとカバラ | K.E.グレーツィンガー／清水健次訳 | 390 |
| 486 | 近代哲学の精神 | H.ハイムゼート／座小田豊, 他訳 | 448 |
| 487 | ベアトリーチェの身体 | R.P.ハリスン／船倉正憲訳 | 304 |
| 488 | 技術〈クリティカル・セオリー〉 | A.フィーンバーグ／藤本正文訳 | 510 |
| 489 | 認識論のメタクリティーク | Th.W.アドルノ／古賀, 細見訳 | 370 |
| 490 | 地獄の歴史 | A.K.ターナー／野﨑嘉信訳 | 456 |
| 491 | 昔話と伝説〈物語文学の二つの基本形式〉 | M.リューティ／高木昌史, 万里子訳　品切 | 362 |
| 492 | スポーツと文明化〈興奮の探究〉 | N.エリアス, E.ダニング／大平章訳 | 490 |
| 493<br>494 | 地獄のマキアヴェッリ（I・II） | S.de.グラツィア／田中治男訳 | I・352<br>II・306 |
| 495 | 古代ローマの恋愛詩 | P.ヴェーヌ／鎌田博夫訳 | 352 |
| 496 | 証人〈言葉と科学についての省察〉 | E.シャルガフ／山本, 内藤訳 | 252 |
| 497 | 自由とはなにか | P.ショーニュ／西川, 小田桐訳 | 472 |
| 498 | 現代世界を読む | M.マフェゾリ／菊地昌実訳 | 186 |
| 499 | 時間を読む | M.ピカール／寺田光徳訳 | 266 |
| 500 | 大いなる体系 | N.フライ／伊藤誓訳 | 478 |

| | 書名 | 著者／訳者 | | (頁) |
|---|---|---|---|---|
| 402 | 歴史のモラル | T.トドロフ／大谷尚文訳 | | 386 |
| 403 | 不可解な秘密 | E.シャルガフ／山本,内藤訳 | | 260 |
| 404 | ルソーの世界〈あるいは近代の誕生〉 | J.-L.ルセルクル／小林浩訳 | 品切 | 378 |
| 405 | 死者の贈り物 | D.サルナーヴ／菊地,白井訳 | | 186 |
| 406 | 神もなく韻律もなく | H.P.デュル／青木隆嘉訳 | | 292 |
| 407 | 外部の消失 | A.コドレスク／利沢行夫訳 | | 276 |
| 408 | 狂気の社会史〈狂人たちの物語〉 | R.ポーター／目羅公和訳 | 品切 | 428 |
| 409 | 続・蜂の寓話 | B.マンデヴィル／泉谷治訳 | | 436 |
| 410 | 悪口を習う〈近代初期の文化論集〉 | S.グリーンブラット／磯山甚一訳 | | 354 |
| 411 | 危険を冒して書く〈異色作家たちのパリ・インタヴュー〉 | J.ワイス／浅野敏夫訳 | | 300 |
| 412 | 理論を讃えて | H.-G.ガダマー／本間,須田訳 | | 194 |
| 413 | 歴史の島々 | M.サーリンズ／山本真鳥訳 | | 306 |
| 414 | ディルタイ〈精神科学の哲学者〉 | R.A.マックリール／大野,田中,他訳 | | 578 |
| 415 | われわれのあいだで | E.レヴィナス／合田,谷口訳 | | 368 |
| 416 | ヨーロッパ人とアメリカ人 | S.ミラー／池田栄一訳 | | 358 |
| 417 | シンボルとしての樹木 | M.ルルカー／林 捷 訳 | | 276 |
| 418 | 秘めごとの文化史 | H.P.デュル／藤代,津山訳 | | 662 |
| 419 | 眼の中の死〈古代ギリシアにおける他者の像〉 | J.-P.ヴェルナン／及川,吉岡訳 | | 144 |
| 420 | 旅の思想史 | E.リード／伊藤誓訳 | | 490 |
| 421 | 病のうちなる治療薬 | J.スタロバンスキー／小池,川那部訳 | | 356 |
| 422 | 祖国地球 | E.モラン／菊地昌実訳 | | 234 |
| 423 | 寓意と表象・再現 | S.J.グリーンブラット編／船倉正憲訳 | | 384 |
| 424 | イギリスの大学 | V.H.H.グリーン／安原,成定訳 | 品切 | 516 |
| 425 | 未来批判 あるいは世界史に対する嫌悪 | E.シャルガフ／山本,伊藤訳 | | 276 |
| 426 | 見えるものと見えざるもの | メルロ=ポンティ／中島盛夫監訳 | | 618 |
| 427 | 女性と戦争 | J.B.エルシュテイン／小林,廣川訳 | | 486 |
| 428 | カント入門講義 | H.バウムガルトナー／有福孝岳監訳 | | 204 |
| 429 | ソクラテス裁判 | I.F.ストーン／永田康昭訳 | | 470 |
| 430 | 忘我の告白 | M.ブーバー／田口義弘訳 | | 348 |
| 431<br>432 | 時代おくれの人間（上・下） | G.アンダース／青木隆嘉訳 | | 上・432<br>下・546 |
| 433 | 現象学と形而上学 | J.-L.マリオン他編／三上,重永,檜垣訳 | | 388 |
| 434 | 祝福から暴力へ | M.ブロック／田辺,秋津訳 | | 426 |
| 435 | 精神分析と横断性 | F.ガタリ／杉村,毬藻訳 | | 462 |
| 436 | 競争社会をこえて | A.コーン／山本,真水訳 | | 530 |
| 437 | ダイアローグの思想 | M.ホルクウィスト／伊藤誓訳 | 品切 | 370 |
| 438 | 社会学とは何か | N.エリアス／徳安彰訳 | | 250 |
| 439 | E.T.A.ホフマン | R.ザフランスキー／識名章喜訳 | | 636 |
| 440 | 所有の歴史 | J.アタリ／山内昶訳 | | 580 |
| 441 | 男性同盟と母権制神話 | N.ゾンバルト／田村和彦訳 | | 516 |
| 442 | ヘーゲル以後の歴史哲学 | H.シュネーデルバッハ／古東哲明訳 | | 282 |
| 443 | 同時代人ベンヤミン | H.マイヤー／岡部仁訳 | | 140 |
| 444 | アステカ帝国滅亡記 | G.ボド,T.トドロフ編／大谷,菊地訳 | | 662 |
| 445 | 迷宮の岐路 | C.カストリアディス／宇京頼三訳 | | 404 |
| 446 | 意識と自然 | K.K.チョウ／志水,山本監訳 | | 422 |
| 447 | 政治的正義 | O.ヘッフェ／北尾,平石,望月訳 | | 598 |
| 448 | 象徴と社会 | K.バーク著,ガスフィールド編／森常治訳 | | 580 |
| 449 | 神・死・時間 | E.レヴィナス／合田正人訳 | | 360 |
| 450 | ローマの祭 | G.デュメジル／大橋寿美子訳 | | 446 |

| | | | | (頁) |
|---|---|---|---|---|
| 303 | 平等原理と社会主義 | L.シュタイン／石川, 石塚, 柴田訳 | | 676 |
| 304 | 死にゆく者の孤独 | N.エリアス／中居実訳 | | 150 |
| 305 | 知識人の黄昏 | W.シヴェルブシュ／初見基訳 | | 240 |
| 306 | トマス・ペイン〈社会思想家の生涯〉 | A.J.エイヤー／大熊昭信訳 | | 378 |
| 307 | われらのヨーロッパ | F.ヘール／杉浦健之訳 | | 614 |
| 308 | 機械状無意識〈スキゾ-分析〉 | F.ガタリ／高岡幸一訳 | | 426 |
| 309 | 聖なる真理の破壊 | H.ブルーム／山形和美訳 | | 400 |
| 310 | 諸科学の機能と人間の意義 | E.パーチ／上村忠男監訳 | | 552 |
| 311 | 翻　訳〈ヘルメスIII〉 | M.セール／豊田, 輪田訳 | | 404 |
| 312 | 分　布〈ヘルメスIV〉 | M.セール／豊田彰訳 | | 440 |
| 313 | 外国人 | J.クリステヴァ／池田和子訳 | | 284 |
| 314 | マルクス | M.アンリ／杉山, 水野訳 | 品切 | 612 |
| 315 | 過去からの警告 | E.シャルガフ／山本, 内藤訳 | | 308 |
| 316 | 面・表面・界面〈一般表層論〉 | F.ダゴニェ／金森, 今野訳 | | 338 |
| 317 | アメリカのサムライ | F.G.ノートヘルファー／飛鳥井雅道訳 | | 512 |
| 318 | 社会主義か野蛮か | C.カストリアディス／江口幹訳 | | 490 |
| 319 | 遍　歴〈法, 形式, 出来事〉 | J.-F.リオタール／小野康男訳 | | 200 |
| 320 | 世界としての夢 | D.ウスラー／谷　徹訳 | | 566 |
| 321 | スピノザと表現の問題 | G.ドゥルーズ／工藤, 小柴, 小谷訳 | | 460 |
| 322 | 裸体とはじらいの文化史 | H.P.デュル／藤代, 三谷訳 | | 572 |
| 323 | 五　感〈混合体の哲学〉 | M.セール／米山親能訳 | | 582 |
| 324 | 惑星軌道論 | G.W.F.ヘーゲル／村上恭一訳 | | 250 |
| 325 | ナチズムと私の生活〈仙台からの告発〉 | K.レーヴィット／秋間実訳 | | 334 |
| 326 | ベンヤミン-ショーレム往復書簡 | G.ショーレム編／山本尤訳 | | 440 |
| 327 | イマヌエル・カント | O.ヘッフェ／薮木栄夫訳 | | 374 |
| 328 | 北西航路〈ヘルメスV〉 | M.セール／青木研二訳 | | 260 |
| 329 | 聖杯と剣 | R.アイスラー／野島秀勝訳 | | 486 |
| 330 | ユダヤ人国家 | Th.ヘルツル／佐藤康彦訳 | | 206 |
| 331 | 十七世紀イギリスの宗教と政治 | C.ヒル／小野功生訳 | | 586 |
| 332 | 方　法　2. 生命の生命 | E.モラン／大津真作訳 | | 838 |
| 333 | ヴォルテール | A.J.エイヤー／中川, 吉岡訳 | | 268 |
| 334 | 哲学の自食症候群 | J.ブーヴレス／大平具彦訳 | | 266 |
| 335 | 人間学批判 | レペニース, ノルテ／小竹澄栄訳 | | 214 |
| 336 | 自伝のかたち | W.C.スペンジマン／船倉正憲訳 | | 384 |
| 337 | ポストモダニズムの政治学 | L.ハッチオン／川口喬一訳 | | 332 |
| 338 | アインシュタインと科学革命 | L.S.フォイヤー／村上, 成定, 大谷訳 | | 474 |
| 339 | ニーチェ | G.ピヒト／青木隆嘉訳 | | 562 |
| 340 | 科学史・科学哲学研究 | G.カンギレム／金森修監訳 | | 674 |
| 341 | 貨幣の暴力 | アグリエッタ, オルレアン／井上, 斉藤訳 | | 506 |
| 342 | 象徴としての円 | M.ルルカー／竹内章訳 | 品切 | 186 |
| 343 | ベルリンからエルサレムへ | G.ショーレム／岡部仁訳 | | 226 |
| 344 | 批評の批評 | T.トドロフ／及川, 小林訳 | | 298 |
| 345 | ソシュール講義録注解 | F.de　ソシュール／前田英樹・訳注 | | 204 |
| 346 | 歴史とデカダンス | P.ショーニュー／大谷尚文訳 | | 552 |
| 347 | 続・いま, ここで | G.ピヒト／斎藤, 大野, 福島, 浅野訳 | | 580 |
| 348 | バフチン以後 | D.ロッジ／伊藤誓訳 | | 410 |
| 349 | 再生の女神セドナ | H.P.デュル／原研二訳 | | 622 |
| 350 | 宗教と魔術の衰退 | K.トマス／荒木正純訳 | | 1412 |
| 351 | 神の思想と人間の自由 | W.パネンベルク／座小田, 諸岡訳 | | 186 |

| | 書名 | 著者／訳者 | | (頁) |
|---|---|---|---|---|
| 253 | 言語の牢獄 | F.ジェームソン／川口喬一訳 | | 292 |
| 254 | 失望と参画の現象学 | A.O.ハーシュマン／佐々木,杉田訳 | | 204 |
| 255 | はかない幸福—ルソー | T.トドロフ／及川馥訳 | 品切 | 162 |
| 256 | 大学制度の社会史 | H.W.プラール／山本尤訳 | | 408 |
| 257<br>258 | ドイツ文学の社会史（上・下） | J.ベルク,他／山本,三島,保坂,鈴木訳 | | 上・766<br>下・648 |
| 259 | アランとルソー〈教育哲学試論〉 | A.カルネック／安斎,並木訳 | | 304 |
| 260 | 都市・階級・権力 | M.カステル／石川淳志監訳 | 品切 | 296 |
| 261 | 古代ギリシア人 | M.I.フィンレー／山形和美訳 | 品切 | 296 |
| 262 | 象徴表現と解釈 | T.トドロフ／小林,及川訳 | | 244 |
| 263 | 声の回復〈回想の試み〉 | L.マラン／梶野吉郎訳 | | 246 |
| 264 | 反射概念の形成 | G.カンギレム／金森修訳 | | 304 |
| 265 | 芸術の手相 | G.ピコン／末永照和訳 | | 294 |
| 266 | エチュード〈初期認識論集〉 | G.バシュラール／及川馥訳 | | 166 |
| 267 | 邪な人々の昔の道 | R.ジラール／小池健男訳 | | 270 |
| 268 | 〈誠実〉と〈ほんもの〉 | L.トリリング／野島秀勝訳 | 品切 | 264 |
| 269 | 文の抗争 | J.-F.リオタール／陸井四郎,他訳 | | 410 |
| 270 | フランス革命と芸術 | J.スタロバンスキー／井上尭裕訳 | 品切 | 286 |
| 271 | 野生人とコンピューター | J.-M.ドムナック／古田幸男訳 | | 228 |
| 272 | 人間と自然界 | K.トマス／山内昶,他訳 | | 618 |
| 273 | 資本論をどう読むか | J.ビデ／今村仁司,他訳 | | 450 |
| 274 | 中世の旅 | N.オーラー／藤代幸一訳 | | 488 |
| 275 | 変化の言語〈治療コミュニケーションの原理〉 | P.ワツラウィック／築島謙三訳 | | 212 |
| 276 | 精神の売春としての政治 | T.クンナス／木戸,佐々木訳 | | 258 |
| 277 | スウィフト政治・宗教論集 | J.スウィフト／中野,海保訳 | | 490 |
| 278 | 現実とその分身 | C.ロセ／金井裕訳 | | 168 |
| 279 | 中世の高利貸 | J.ル・ゴッフ／渡辺香根夫訳 | | 170 |
| 280 | カルデロンの芸術 | M.コメレル／岡部仁訳 | | 270 |
| 281 | 他者の言語〈デリダの日本講演〉 | J.デリダ／高橋允昭編訳 | | 406 |
| 282 | ショーペンハウアー | R.ザフランスキー／山本尤訳 | | 646 |
| 283 | フロイトと人間の魂 | B.ベテルハイム／藤瀬恭子訳 | | 174 |
| 284 | 熱　狂〈カントの歴史批判〉 | J.-F.リオタール／中島盛夫訳 | | 210 |
| 285 | カール・カウツキー 1854-1938 | G.P.スティーンソン／時永,河野訳 | | 496 |
| 286 | 形而上学と神の思想 | W.パネンベルク／座小田,諸岡訳 | 品切 | 186 |
| 287 | ドイツ零年 | E.モラン／古田幸男訳 | | 364 |
| 288 | 物の地獄〈ルネ・ジラールと経済の論理〉 | デュムシェル，デュピュイ／織田,富永訳 | | 320 |
| 289 | ヴィーコ自叙伝 | G.ヴィーコ／福鎌忠恕訳 | 品切 | 448 |
| 290 | 写真論〈その社会的効用〉 | P.ブルデュー／山縣熙,山縣直子訳 | | 438 |
| 291 | 戦争と平和 | S.ボク／大沢正道訳 | | 224 |
| 292 | 意味と意味の発展 | R.A.ウォルドロン／築島謙三訳 | | 294 |
| 293 | 生態平和とアナーキー | U.リンゼ／内田,杉村訳 | | 270 |
| 294 | 小説の精神 | M.クンデラ／金井,浅野訳 | | 208 |
| 295 | フィヒテ-シェリング往復書簡 | W.シュルツ解説／座小田,後藤訳 | | 220 |
| 296 | 出来事と危機の社会学 | E.モラン／浜名,福井訳 | | 622 |
| 297 | 宮廷風恋愛の技術 | A.カペルラヌス／野島秀勝訳 | 品切 | 334 |
| 298 | 野蛮〈科学主義の独裁と文化の危機〉 | M.アンリ／山形,望月訳 | | 292 |
| 299 | 宿命の戦略 | J.ボードリヤール／竹原あき子訳 | | 260 |
| 300 | ヨーロッパの日記 | G.R.ホッケ／石丸,柴田,信岡訳 | | 1330 |
| 301 | 記号と夢想〈演劇と祝祭についての考察〉 | A.シモン／岩瀬孝監修．佐藤,伊藤,他訳 | | 388 |
| 302 | 手と精神 | J.ブラン／中村文郎訳 | | 284 |

## 叢書・ウニベルシタス

| | | | | (頁) |
|---|---|---|---|---|
| 153 | エクスタシーの人類学 | I.M.ルイス／平沼孝之訳 | | 352 |
| 154 | ヘンリー・ムア | J.ラッセル／福田真一訳 | | 340 |
| 155 | 誘惑の戦略 | J.ボードリヤール／宇波彰訳 | | 260 |
| 156 | ユダヤ神秘主義 | G.ショーレム／山下，石丸，他訳 | | 644 |
| 157 | 蜂の寓話〈私悪すなわち公益〉 | B.マンデヴィル／泉谷治訳 | 品切 | 412 |
| 158 | アーリア神話 | L.ポリアコフ／アーリア主義研究会訳 | 品切 | 544 |
| 159 | ロベスピエールの影 | P.ガスカール／佐藤和生訳 | | 440 |
| 160 | 元型の空間 | E.ゾラ／丸小哲雄訳 | | 336 |
| 161 | 神秘主義の探究〈方法論的考察〉 | E.スタール／宮元啓一，他訳 | | 362 |
| 162 | 放浪のユダヤ人〈ロート・エッセイ集〉 | J.ロート／平田，吉田訳 | | 344 |
| 163 | ルフー，あるいは取壊し | J.アメリー／神崎巌訳 | | 250 |
| 164 | 大世界劇場〈宮廷祝宴の時代〉 | R.アレヴィン，K.ゼルツレ／円子修平訳 | 品切 | 200 |
| 165 | 情念の政治経済学 | A.ハーシュマン／佐々木，旦訳 | | 192 |
| 166 | メモワール〈1940-44〉 | レミ／築島謙三訳 | | 520 |
| 167 | ギリシア人は神話を信じたか | P.ヴェーヌ／大津真作訳 | 品切 | 340 |
| 168 | ミメーシスの文学と人類学 | R.ジラール／浅野敏夫訳 | 品切 | 410 |
| 169 | カバラとその象徴的表現 | G.ショーレム／岡部，小岸訳 | | 340 |
| 170 | 身代りの山羊 | R.ジラール／織田，富永訳 | 品切 | 384 |
| 171 | 人間〈その本性および世界における位置〉 | A.ゲーレン／平野具男訳 | | 608 |
| 172 | コミュニケーション〈ヘルメスI〉 | M.セール／豊田，青木訳 | | 358 |
| 173 | 道　化〈つまずきの現象学〉 | G.v.バルレーヴェン／片岡啓治訳 | 品切 | 260 |
| 174 | いま，ここで〈アウシュヴィッツとヒロシマ以後の哲学的考察〉 | G.ピヒト／斎藤，浅野，大野，河井訳 | | 600 |
| 175<br>176<br>177 | 真理と方法〔全三冊〕 | H.-G.ガダマー／轡田，麻生，三島，他訳 | | I・350<br>II・<br>III・ |
| 178 | 時間と他者 | E.レヴィナス／原田佳彦訳 | | 140 |
| 179 | 構成の詩学 | B.ウスペンスキイ／川崎，大石訳 | 品切 | 282 |
| 180 | サン=シモン主義の歴史 | S.シャルレティ／沢崎，小杉訳 | | 528 |
| 181 | 歴史と文芸批評 | G.デルフォ，A.ロッシュ／川中子弘訳 | | 472 |
| 182 | ミケランジェロ | H.ヒバード／中山，小野訳 | 品切 | 578 |
| 183 | 観念と物質〈思考・経済・社会〉 | M.ゴドリエ／山内昶訳 | | 340 |
| 184 | 四つ裂きの刑 | E.M.シオラン／金井裕訳 | | 234 |
| 185 | キッチュの心理学 | A.モル／万沢正美訳 | | 344 |
| 186 | 領野の漂流 | J.ヴィヤール／山下俊一訳 | | 226 |
| 187 | イデオロギーと想像力 | G.C.カバト／小箕俊介訳 | | 300 |
| 188 | 国家の起源と伝承〈古代インド社会史論〉 | R.=ターパル／山崎，成澤訳 | | 322 |
| 189 | ベルナール師匠の秘密 | P.ガスカール／佐藤和生訳 | | 374 |
| 190 | 神の存在論的証明 | D.ヘンリッヒ／本間，須田，座小田，他訳 | | 456 |
| 191 | アンチ・エコノミクス | J.アタリ，M.ギヨーム／斎藤，安孫子訳 | | 322 |
| 192 | クローチェ政治哲学論集 | B.クローチェ／上村忠男編訳 | | 188 |
| 193 | フィヒテの根源的洞察 | D.ヘンリッヒ／座小田，小松訳 | | 184 |
| 194 | 哲学の起源 | オルテガ・イ・ガセット／佐々木孝訳 | 品切 | 224 |
| 195 | ニュートン力学の形成 | ベー・エム・ゲッセン／秋間実，他訳 | | 312 |
| 196 | 遊びの遊び | J.デュビニョー／渡辺淳訳 | 品切 | 160 |
| 197 | 技術時代の魂の危機 | A.ゲーレン／平野具男訳 | 品切 | 222 |
| 198 | 儀礼としての相互行為 | E.ゴッフマン／浅野敏夫訳 | | 376 |
| 199 | 他者の記号学〈アメリカ大陸の征服〉 | T.トドロフ／及川，大谷，菊地訳 | | 370 |
| 200 | カント政治哲学の講義 | H.アーレント著，R.ベイナー編／浜田監訳 | | 302 |
| 201 | 人類学と文化記号論 | M.サーリンズ／山内昶訳 | 品切 | 354 |
| 202 | ロンドン散策 | F.トリスタン／小杉，浜本訳 | | 484 |

| | | | | (頁) |
|---|---|---|---|---|
| 104 | 言語芸術作品〔第2版〕 | W.カイザー／柴田斎訳 | 品切 | 688 |
| 105 | 同時代人の肖像 | F.ブライ／池内紀訳 | | 212 |
| 106 | レオナルド・ダ・ヴィンチ〔第2版〕 | K.クラーク／丸山,大河内訳 | | 344 |
| 107 | 宮廷社会 | N.エリアス／波田,中埜,吉田訳 | | 480 |
| 108 | 生産の鏡 | J.ボードリヤール／宇波,今村訳 | | 184 |
| 109 | 祭祀からロマンスへ | J.L.ウェストン／丸小哲雄訳 | | 290 |
| 110 | マルクスの欲求理論 | A.ヘラー／良知,小箕訳 | 品切 | 198 |
| 111 | 大革命前夜のフランス | A.ソブール／山崎耕一訳 | 品切 | 422 |
| 112 | 知覚の現象学 | メルロ=ポンティ／中島盛夫訳 | | 904 |
| 113 | 旅路の果てに〈アルペイオスの流れ〉 | R.カイヨワ／金井裕訳 | | 222 |
| 114 | 孤独の迷宮〈メキシコの文化と歴史〉 | O.パス／高山,熊谷訳 | | 320 |
| 115 | 暴力と聖なるもの | R.ジラール／古田幸男訳 | | 618 |
| 116 | 歴史をどう書くか | P.ヴェーヌ／大津真作訳 | | 604 |
| 117 | 記号の経済学批判 | J.ボードリヤール／今村,宇波,桜井訳 | | 304 |
| 118 | フランス紀行〈1787,1788&1789〉 | A.ヤング／宮崎洋訳 | | 432 |
| 119 | 供　犠 | M.モース,H.ユベール／小関藤一郎訳 | | 296 |
| 120 | 差異の目録〈歴史を変えるフーコー〉 | P.ヴェーヌ／大津真作訳 | 品切 | 198 |
| 121 | 宗教とは何か | G.メンシング／田中,下宮訳 | | 442 |
| 122 | ドストエフスキー | R.ジラール／鈴木晶訳 | 品切 | 200 |
| 123 | さまざまな場所〈死の影の都市をめぐる〉 | J.アメリー／池内紀訳 | | 210 |
| 124 | 生　成〈概念をこえる試み〉 | M.セール／及川馥訳 | | 272 |
| 125 | アルバン・ベルク | Th.W.アドルノ／平野嘉彦訳 | | 320 |
| 126 | 映画　あるいは想像上の人間 | E.モラン／渡辺淳訳 | 品切 | 320 |
| 127 | 人間論〈時間・責任・価値〉 | R.インガルデン／武井,赤松訳 | | 294 |
| 128 | カント〈その生涯と思想〉 | A.グリガ／西牟田,浜田訳 | | 464 |
| 129 | 同一性の寓話〈詩的神話学の研究〉 | N.フライ／駒沢大学フライ研究会訳 | | 496 |
| 130 | 空間の心理学 | A.モル,E.ロメル／渡辺淳訳 | | 326 |
| 131 | 飼いならされた人間と野性的人間 | S.モスコヴィッシ／古田幸男訳 | | 336 |
| 132 | 方　法　1. 自然の自然 | E.モラン／大津真作訳 | 品切 | 658 |
| 133 | 石器時代の経済学 | M.サーリンズ／山内昶訳 | | 464 |
| 134 | 世の初めから隠されていること | R.ジラール／小池健男訳 | | 760 |
| 135 | 群衆の時代 | S.モスコヴィッシ／古田幸男訳 | 品切 | 664 |
| 136 | シミュラークルとシミュレーション | J.ボードリヤール／竹原あき子訳 | | 234 |
| 137 | 恐怖の権力〈アブジェクシオン〉試論 | J.クリステヴァ／枝川昌雄訳 | | 420 |
| 138 | ボードレールとフロイト | L.ベルサーニ／山縣直子訳 | | 240 |
| 139 | 悪しき造物主 | E.M.シオラン／金井裕訳 | | 228 |
| 140 | 終末論と弁証法〈マルクスの社会・政治思想〉 | S.アヴィネリ／中村恒矩訳 | 品切 | 392 |
| 141 | 経済人類学の現在 | F.プイヨン編／山内昶訳 | | 236 |
| 142 | 視覚の瞬間 | K.クラーク／北條文緒訳 | | 304 |
| 143 | 罪と罰の彼岸 | J.アメリー／池内紀訳 | | 210 |
| 144 | 時間・空間・物質 | B.K.ライドレー／中島龍三訳 | 品切 | 226 |
| 145 | 離脱の試み〈日常生活への抵抗〉 | S.コーエン, N.テイラー／石黒毅訳 | | 321 |
| 146 | 人間怪物論〈人間脱走の哲学の素描〉 | U.ホルストマン／加藤二郎訳 | | 206 |
| 147 | カントの批判哲学 | G.ドゥルーズ／中島盛夫訳 | | 160 |
| 148 | 自然と社会のエコロジー | S.モスコヴィッシ／久米,原訳 | | 440 |
| 149 | 壮大への渇仰 | L.クローネンバーガー／岸,倉田訳 | | 368 |
| 150 | 奇蹟論・迷信論・自殺論 | D.ヒューム／福鎌,斎藤訳 | | 200 |
| 151 | クルティウス-ジッド往復書簡 | ディークマン編／円子千代訳 | | 376 |
| 152 | 離脱の寓話 | M.セール／及川馥訳 | | 178 |

| No. | 書名 | 著者／訳者 | | (頁) |
|---|---|---|---|---|
| 52<br>53 | 社会学的思考の流れ（I・II） | R.アロン／北川, 平野, 他訳 | | I・350<br>II・392 |
| 54 | ベルクソンの哲学 | G.ドゥルーズ／宇波彰訳 | | 142 |
| 55 | 第三帝国の言語LTI〈ある言語学者のノート〉 | V.クレムペラー／羽田, 藤平, 赤井, 中村訳 | | 442 |
| 56 | 古代の芸術と祭祀 | J.E.ハリスン／星野徹訳 | | 222 |
| 57 | ブルジョワ精神の起源 | B.グレトゥイゼン／野沢協訳 | | 394 |
| 58 | カントと物自体 | E.アディッケス／赤松常弘訳 | | 300 |
| 59 | 哲学的素描 | S.K.ランガー／塚本, 星野訳 | | 250 |
| 60 | レーモン・ルーセル | M.フーコー／豊崎光一訳 | | 268 |
| 61 | 宗教とエロス | W.シューバルト／石川, 平田, 山本訳 | 品切 | 398 |
| 62 | ドイツ悲劇の根源 | W.ベンヤミン／川村, 三城訳 | | 316 |
| 63 | 鍛えられた心〈強制収容所における心理と行動〉 | B.ベテルハイム／丸山修吉訳 | 品切 | 340 |
| 64 | 失われた範列〈人間の自然性〉 | E.モラン／古田幸男訳 | | 308 |
| 65 | キリスト教の起源 | K.カウツキー／栗原佑訳 | | 534 |
| 66 | ブーバーとの対話 | W.クラフト／板倉敏之訳 | | 206 |
| 67 | プロデメの変貌〈フランスのコミューン〉 | E.モラン／宇波彰訳 | | 450 |
| 68 | モンテスキューとルソー | E.デュルケーム／小関, 川喜多訳 | 品切 | 312 |
| 69 | 芸術と文明 | K.クラーク／河野徹訳 | | 680 |
| 70 | 自然宗教に関する対話 | D.ヒューム／福鎌, 斎藤訳 | 品切 | 196 |
| 上・71<br>下・72 | キリスト教の中の無神論（上・下） | E.ブロッホ／竹内, 高尾訳 | | 上・234<br>下・304 |
| 73 | ルカーチとハイデガー | L.ゴルドマン／川俣晃自訳 | 品切 | 308 |
| 74 | 断　想　1942—1948 | E.カネッティ／岩田行一訳 | | 286 |
| 75<br>76 | 文明化の過程（上・下） | N.エリアス／吉田, 中村, 波田, 他訳 | | 上・466<br>下・504 |
| 77 | ロマンスとリアリズム | C.コードウェル／玉井, 深井, 山本訳 | | 238 |
| 78 | 歴史と構造 | A.シュミット／花崎皋平訳 | | 192 |
| 79<br>80 | エクリチュールと差異（上・下） | J.デリダ／若桑, 野村, 阪上, 三好, 他訳 | | 上・378<br>下・296 |
| 81 | 時間と空間 | E.マッハ／野家啓一編訳 | | 258 |
| 82 | マルクス主義と人格の理論 | L.セーヴ／大津真作訳 | | 708 |
| 83 | ジャン=ジャック・ルソー | B.グレトゥイゼン／小池健男訳 | | 394 |
| 84 | ヨーロッパ精神の危機 | P.アザール／野沢協訳 | | 772 |
| 85 | カフカ〈マイナー文学のために〉 | G.ドゥルーズ, F.ガタリ／宇波, 岩田訳 | | 210 |
| 86 | 群衆の心理 | H.ブロッホ／入野田, 小崎, 小岸訳 | | 580 |
| 87 | ミニマ・モラリア | Th.W.アドルノ／三光長治訳 | | 430 |
| 88<br>89 | 夢と人間社会（上・下） | R.カイヨワ, 他／三好郁郎, 他訳 | | 上・374<br>下・340 |
| 90 | 自由の構造 | C.ベイ／横越英一訳 | 品切 | 744 |
| 91 | 1848年〈二月革命の精神史〉 | J.カスー／野沢協, 他訳 | | 326 |
| 92 | 自然の統一 | C.F.ヴァイツゼカー／斎藤, 河井訳 | 品切 | 560 |
| 93 | 現代戯曲の理論 | P.ションディ／市村, 丸山訳 | 品切 | 250 |
| 94 | 百科全書の起源 | F.ヴェントゥーリ／大津真作訳 | 品切 | 324 |
| 95 | 推測と反駁〈科学的知識の発展〉 | K.R.ポパー／藤本, 石垣, 森訳 | | 816 |
| 96 | 中世の共産主義 | K.カウツキー／栗原佑訳 | 品切 | 400 |
| 97 | 批評の解剖 | N.フライ／海老根, 中村, 出淵, 山内訳 | | 580 |
| 98 | あるユダヤ人の肖像 | A.メンミ／菊地, 白井訳 | | 396 |
| 99 | 分類の未開形態 | E.デュルケーム／小関藤一郎訳 | | 232 |
| 100 | 永遠に女性的なるもの | H.ド・リュバック／山崎庸一郎訳 | 品切 | 360 |
| 101 | ギリシア神話の本質 | G.S.カーク／吉田, 辻村, 松田訳 | | 390 |
| 102 | 精神分析における象徴界 | G.ロゾラート／佐々木孝次訳 | | 508 |
| 103 | 物の体系〈記号の消費〉 | J.ボードリヤール／宇波彰訳 | | 280 |

## 叢書・ウニベルシタス

| | | | | (頁) |
|---|---|---|---|---|
| 1 | 芸術はなぜ心要か | E.フィッシャー／河野徹訳 | 品切 | 302 |
| 2 | 空と夢〈運動の想像力にかんする試論〉 | G.バシュラール／宇佐見英治訳 | | 442 |
| 3 | グロテスクなもの | W.カイザー／竹内豊治訳 | | 312 |
| 4 | 塹壕の思想 | T.E.ヒューム／長谷川鉱平訳 | 品切 | 316 |
| 5 | 言葉の秘密 | E.ユンガー／菅谷規矩雄訳 | | 176 |
| 6 | 論理哲学論考 | L.ヴィトゲンシュタイン／藤本, 坂井訳 | | 350 |
| 7 | アナキズムの哲学 | H.リード／大沢正道訳 | | 318 |
| 8 | ソクラテスの死 | R.グアルディーニ／山村直資訳 | | 366 |
| 9 | 詩学の根本概念 | E.シュタイガー／高橋英夫訳 | | 334 |
| 10 | 科学の科学〈科学技術時代の社会〉 | M.ゴールドスミス, A.マカイ編／是永純弘訳 | 品切 | 346 |
| 11 | 科学の射程 | C.F.ヴァイツゼカー／野田, 金子訳 | 品切 | 274 |
| 12 | ガリレオをめぐって | オルテガ・イ・ガセット／マタイス, 佐々木訳 | | 290 |
| 13 | 幻影と現実〈詩の源泉の研究〉 | C.コードウェル／長谷川鉱平訳 | 品切 | 410 |
| 14 | 聖と俗〈宗教的なるものの本質について〉 | M.エリアーデ／風間敏夫訳 | | 286 |
| 15 | 美と弁証法 | G.ルカッチ／良知, 池田, 小箕訳 | 品切 | 372 |
| 16 | モラルと犯罪 | K.クラウス／小松太郎訳 | | 218 |
| 17 | ハーバート・リード自伝 | 北條文緒訳 | | 468 |
| 18 | マルクスとヘーゲル | J.イッポリット／宇津木, 田口訳 | 品切 | 258 |
| 19 | プリズム〈文化批判と社会〉 | Th.W.アドルノ／竹内, 山村, 板倉訳 | 品切 | 246 |
| 20 | メランコリア | R.カスナー／塚越敏訳 | | 388 |
| 21 | キリスト教の苦悶 | M.de ウナムーノ／神吉, 佐々木訳 | | 202 |
| 22 | アインシュタイン<br>ゾンマーフェルト往復書簡 | A.ヘルマン編／小林, 坂口訳 | 品切 | 194 |
| 23<br>24 | 群衆と権力（上・下） | E.カネッティ／岩田行一訳 | | 440<br>356 |
| 25 | 問いと反問〈芸術論集〉 | W.ヴォリンガー／土肥美夫訳 | | 272 |
| 26 | 感覚の分析 | E.マッハ／須藤, 廣松訳 | | 386 |
| 27<br>28 | 批判的モデル集（I・II） | Th.W.アドルノ／大久保健治訳 | 〈品切<br>品切〉 | I 232<br>II 272 |
| 29 | 欲望の現象学 | R.ジラール／古田幸男訳 | | 370 |
| 30 | 芸術の内面への旅 | E.ヘラー／河原, 杉浦, 渡辺訳 | 品切 | 284 |
| 31 | 言語起源論 | ヘルダー／大阪大学ドイツ近代文学研究会訳 | | 270 |
| 32 | 宗教の自然史 | D.ヒューム／福鎌, 斎藤訳 | | 144 |
| 33 | プロメテウス〈ギリシア人の解した人間存在〉 | K.ケレーニイ／辻村誠三訳 | 品切 | 268 |
| 34 | 人格とアナーキー | E.ムーニエ／山崎, 佐藤訳 | | 292 |
| 35 | 哲学の根本問題 | E.ブロッホ／竹内豊治訳 | | 194 |
| 36 | 自然と美学〈形体・美・芸術〉 | R.カイヨワ／山口三夫訳 | 品切 | 112 |
| 37<br>38 | 歴史論（I・II） | G.マン／加藤, 宮野訳 | I・品切<br>II・品切 | 274<br>202 |
| 39 | マルクスの自然概念 | A.シュミット／元浜清海訳 | 品切 | 316 |
| 40 | 書物の本〈西欧の書物と文化の歴史. 書物の美学〉 | H.プレッサー／轡田収訳 | | 448 |
| 41<br>42 | 現代への序説（上・下） | H.ルフェーヴル／宗, 古田監訳 | 品切 | 上・220<br>下・296 |
| 43 | 約束の地を見つめて | E.フォール／古田幸男訳 | 品切 | 320 |
| 44 | スペクタクルと社会 | J.デュビニョー／渡辺淳訳 | 品切 | 188 |
| 45 | 芸術と神話 | E.グラッシ／榎本久彦訳 | | 266 |
| 46 | 古きものと新しきもの | M.ロベール／城山, 島, 円子訳 | | 318 |
| 47 | 国家の起源 | R.H.ローウィ／古賀英三郎訳 | 品切 | 204 |
| 48 | 人間と死 | E.モラン／古田幸男訳 | | 448 |
| 49 | プルーストとシーニュ（増補版） | G.ドゥルーズ／宇波彰訳 | | 252 |
| 50 | 文明の滴定〈科学技術と中国の社会〉 | J.ニーダム／橋本敬造訳 | 品切 | 452 |
| 51 | プスタの民 | I.ジュラ／加藤二郎訳 | | 382 |

著者

**ピエール・デ・メゾー**(またはデメゾー)
(Pierre Des Maizeaux／Desmaizeaux)
1673－1745．フランスのオーヴェルニュ地方に牧師の子として生まれ，宗教迫害により12歳でスイスへ亡命，ジュネーヴ大学で学ぶ．卒業後，オランダを経てイギリスへ渡り，ロンドンに定住．途中，1699年にロッテルダムでピエール・ベールと会い，それ以後ベールが死ぬまで頻繁に文通して，晩年のベールの親友だった．イギリスではジャーナリスト，出版人として活動し，18世紀初頭からフランスやオランダの新聞雑誌にイギリスの文芸・思想を系統的に紹介，英仏間の文化交流に大きな役割を演じた．またベールの著作や手紙の刊行事業を精力的に進め，『歴史批評辞典』の英訳版も出した．シャフツベリやアディソンに庇護された人で，ライプニッツ，ニュートン，トーランド，コリンズなどと交わり，本書ベール伝を筆頭に，サン＝テヴルモン伝，ボワロー伝，トーランド伝，アディソン伝など多くの伝記作品も著わした．

訳者

**野沢　協**（のざわ きょう）
1930年鎌倉市に生まれる．東京大学文学部仏文科卒業．元東京都立大学教授，元駒沢大学教授．
主な訳書：P．アザール『ヨーロッパ精神の危機』〔第９回クローデル賞〕，B．グレトゥイゼン『ブルジョワ精神の起源』，A．リシュタンベルジェ『十八世紀社会主義』〔第19回日本翻訳文化賞〕，ジャン・カスー『1848年―― ２月革命の精神史』（監訳），『ディドロ著作集　全４巻』（共訳），『啓蒙のユートピア　全３巻』（監修・共訳），『ピエール・ベール著作集　全８巻・補巻１』（全巻個人訳）〔第２回日仏翻訳文学賞・第34回日本翻訳文化賞〕，（以上の翻訳書は，法政大学出版局刊）ほか．

《叢書・ウニベルシタス　816》
ピエール・ベール伝

2005年3月25日　　初版第1刷発行

ピエール・デ・メゾー
野沢　協 訳
発行所　財団法人　法政大学出版局
〒102-0073 東京都千代田区九段北3-2-7
電話03(5214)5540／振替00160-6-95814
製版，印刷　三和印刷／鈴木製本所


Printed in Japan

ISBN 4-588-00816-1

# 人名索引

1　索引の対象は『ピエール・ベール伝』の本文と，それに付く各種の原註に登場する人名である。3つの付録と，訳者が補った「ベール伝資料」は対象としない。

2　ページは，その人物が実質的に登場するすべての個所を網羅した。たとえば，ベールの父ジャン・ベールの項やフランス王ルイ14世の項には，単に「父」，「国王」として登場する個所も含めた。

3　項目の最後の〔　〕内の数字は，その人物について説明される訳註の番号を示すもので，ページを示すものではない。

## ア行

## カ行



## サ行

## タ行

## ナ行



## ハ行

## マ行

## ヤ行



## ラ行

## ワ行